JACK KEROUAC
&
ALLEN GINSBERG

AS CARTAS

EDITADAS POR
BILL MORGAN E DAVID STANFORD

HOTEL LUIS MOYA, CUARTO #16, LUIS MOYA 24, MEXICO CITY, MEXICO

Dear Allen — (1418½ CLOUSER ST. ORLANDO, FLA.)
This is by way of being a letter to Bill also, to tell him that Bill Garver is dead, buried somewhere in Mexico City with Joan, died last month or so — That was the first catastrophe, then I went to Esperanza's hotel, she's disappear'd then that night the earthquake which made me tremble and hide under the bed in this hotel room with a 20-ft ceiling (woke up from deep sleep to what I wordlessly thought was the natural end of the world, then I said "It's a giant earthquake!" and waited as the bed heaved up & down, the ceiling creaked deeply, the loose dresser doors moanedsqueaked back & forth, the deep rumble and SILENCE of it in my Eternity Room) —
One horror after another as usual in Doom Mexico —
Now, a few days later, I walk & see the building that used to say "Burroughs" on it is divided in two, all the windows broken and only "Burrou" left of the name in front — Anyway I wrote the article they want, EXPLAINING THE BEAT GENERATION, all about our visions, yours, mine, Bill's, Philip Lamantia's, Gregory's visions of "devils and celestial heralds," Joan's, Hunkey's, Cary's, Phil's — even Alene's and the Times Square Kid of the Second Coming — I hope they publish the article, in it I show that "beat" is the Second Religiousness of Western Civilization as prophesied by Spengler — I also mention Neal's religiousness and Lucien's attempt to gain asylum in a church, which is really the most Gothic mad event of all — Also, I'm writing new scenes for DOCTOR SAX but I've decided to showdown with Cowley by inserting a clause in the contract against removal of (Gothic) phantasie and in fact against extensive editorial fucking-up — I have $17 left, however, and am waiting to be saved — Will start back Sept. 15 and so to New York in October — Joyce wanted join me here —
I keep thinking of Bill Garver ... and of November when we were all together here — I have no typewriter and thinking of looking up old painter Alfonso for one, or Donald Demarest of the Mexico City News who mentioned you & Denise Levertov last Sunday in a review about a painter's autobiography (The painter, Lester Epstein, is an "aficionado" of yours & Henry Miller, it says) — I asked Viking to send you copy of ON THE ROAD — O what a lonely room I have, 20 foot ceilings, whorehouse mirrors, no windows, right downtown — Except for writing-work, I haven't got a single reason in the world to be here, especially since Catastrophe No. 3 was my visit to Panama Street. The whores have been driven off the streets completely apparently by spreading Cancer of Americanism — and I'm without my holy weed too! WRITE TO ME IN FLORIDA, AM LEAVING   Jack

LATEST LATEST NEWS — I GOT ASIATIC FLU & GOING HOME   Even Club Bombay closed, tell Peter — Love to Alan Ansen — LATEST NEWS: Alphonse Michel also dead!

TELEPHONE CENTER

U. S. MARITIME SERVICE TRAINING STATION
Sheepshead Bay, Brooklyn, New York

August 12.

Cher Jean –

"L'Automne déjà"... Il y a une année, jadis, si je me souviens bien, que le monde a venu à son fin. Today is Sunday; this evening, or on the 14th, we violent and pensive children will be reenacting our crimes and judging ourselves. The year somehow has passed quickly, almost has eclipsed itself. at moments when les remords sont crystalisées by some proustian feature, I think of the season of hell with a ~~~~ willing sentimental yearning. Today while I was trying to sleep I heard a negro singing softly, "you always hurt the one you love," and I began singing it myself in hommage. You must change your life!

The abrupt fluctuation of your personal fortunes vis-à-vis stable employment have ceased to surprise me, though they still ~~~~ are "kind of amusing". I can't criticise your leaving the camp, but what I miscalled "Emotional smugness" – a sense of something missing in your head besides bourgeois idealism – was responsible for your getting yourself into such ~~~~ bettises.

JACK KEROUAC & ALLEN GINSBERG

AS CARTAS

EDITADAS POR
BILL MORGAN E DAVID STANFORD

Tradução de Eduardo Pinheiro de Souza

L&PM
EDITORES

Texto de acordo com a nova ortografia.
Título original: *Jack Kerouac and Allen Ginsberg: The Letters*

Tradução: Eduardo Pinheiro de Souza
Capa: Ivan Pinheiro Machado. *Foto*: Jack Kerouac (esquerda) e Allen Ginsberg (direita), 1959, por John Cohen / Hulton Archive / Getty Images
Preparação: Guilherme da Silva Braga
Revisão: Marianne Scholze

CIP-Brasil. Catalogação na fonte
Sindicato Nacional dos Editores de Livros, RJ.

K47j

Kerouac, Jack, 1922-1969
  Jack Kerouac e Allen Ginsberg: as cartas / Jack Kerouac, Allen Ginsberg; editadas por Bill Morgan e David Stanford; [tradução de Eduardo Pinheiro de Souza]. – Porto Alegre, RS: L&PM, 2012.
  528p. : il. ; 23 cm

  Tradução de: *Jack Kerouac and Allen Ginsberg: The Letters*
  Inclui índice
  ISBN 978-85-254-2696-3

  1. Ginsberg, Allen, 1926-1997. 2. Kerouac, Jack, 1922-1969. 3. Ginsberg, Allen, 1926-1997 - Correspondência. 4. Kerouac, Jack, 1922-1969 - Correspondência. 5. Kerouac, Jack, 1922-1969 - Citações. 6. Poetas americanos - Séc. XX - Correspondência. 7. Geração beat. I. Ginsberg, Allen, 1926-1997. II. Título. III. Série.

12-4332.   CDD: 816
                            CDU: 821.111(73)-6

Copyright © 2010, John Sampas, Literary Representative of the Estate of Jack Kerouac
Copyright © 2010, The Allen Ginsberg Trust
Introduction © 2010, Bill Morgan and David Stanford

Todos os direitos desta edição reservados a L&PM Editores
Rua Comendador Coruja, 314, loja 9 – Floresta – 90.220-180
Porto Alegre – RS – Brasil / Fone: 51.3225.5777 – Fax: 51.3221.5380

Pedidos & Depto. Comercial: vendas@lpm.com.br
Fale conosco: info@lpm.com.br
www.lpm.com.br

Impresso no Brasil
Primavera de 2012

Passei estes dois dias inteiros arquivando cartas velhas, retirando-as de velhos envelopes, juntando as páginas com clipes, colocando-as de lado... centenas de velhas cartas do Allen, do Burroughs, do Cassady, que poderiam fazer você chorar com os entusiasmos dos jovens... como nos tornamos lúgubres. E a fama mata tudo. Um dia, "As cartas de Allen Ginsberg para Jack Kerouac" vão fazer a América chorar.
– Jack Kerouac, numa carta para Lawrence Ferlinghetti, 25 de maio de 1961.

Sumário

Introdução dos editores xvii
Agradecimentos xxiii

1944

c. meados de agosto de 1944: Allen Ginsberg para Jack Kerouac 3
c. setembro de 1944: Jack Kerouac para Allen Ginsberg 4

1945

c. fim de julho de 1945: Allen Ginsberg para Jack Kerouac 9
10 de agosto de 1945: Jack Kerouac para Allen Ginsberg 11
12 de agosto de 1945: Allen Ginsberg para Jack Kerouac 12
17 de agosto de 1945: Jack Kerouac para Allen Ginsberg 14
22 de agosto de 1945: Allen Ginsberg para Jack Kerouac 16
23 de agosto de 1945: Jack Kerouac para Allen Ginsberg 17
4 de setembro de 1945: Allen Ginsberg para Jack Kerouac 19
6 de setembro de 1945: Jack Kerouac para Allen Ginsberg 20
depois de 6 de setembro de 1945: Allen Ginsberg para Jack Kerouac 25

1948

c. abril de 1948: Jack Kerouac para Allen Ginsberg 31
18 de maio de 1948: Jack Kerouac para Allen Ginsberg 34
depois de 18 de maio de 1948: Allen Ginsberg para Jack Kerouac 35
3 de julho de 1948: Allen Ginsberg para Jack Kerouac 37
verão de 1948: Allen Ginsberg para Jack Kerouac 38
9 de setembro de 1948: Jack Kerouac para Allen Ginsberg 40
c. fim do verão de 1948: Allen Ginsberg para Jack Kerouac 41
18 de setembro de 1948: Jack Kerouac para Allen Ginsberg 42
depois de 19 de outubro de 1948: Allen Ginsberg para Jack Kerouac 46
c. dezembro de 1948: Allen Ginsberg para Jack Kerouac 50
c. dezembro de 1948: Allen Ginsberg para Jack Kerouac 51
c. 16 de dezembro de 1948: Jack Kerouac para Allen Ginsberg 52
c. dezembro de 1948: Allen Ginsberg para Jack Kerouac 58
c. dezembro de 1948: Jack Kerouac para Allen Ginsberg 62

1949

c. 23 de abril de 1949: Allen Ginsberg para Jack Kerouac 67
c. início de maio de 1949: Allen Ginsberg para Jack Kerouac 68
antes de 15 de maio de 1949: Allen Ginsberg para Jack Kerouac 70

23 de maio de 1949: Jack Kerouac para Allen Ginsberg   73
depois de 23 de maio de 1949: Allen Ginsberg para Jack Kerouac   75
10 de junho de 1949: Jack Kerouac para Allen Ginsberg   80
13 de junho de 1949: Allen Ginsberg para Jack Kerouac   83
15 de junho de 1949: Allen Ginsberg para Jack Kerouac   86
c. 29 de junho de 1949: Allen Ginsberg para Jack Kerouac   92
5 a 11 de julho de 1949: Jack Kerouac para Allen Ginsberg   93
13 a 14 de julho de 1949: Allen Ginsberg para Jack Kerouac   98
26 de julho de 1949: Jack Kerouac para Allen Ginsberg   106

1950

13 de janeiro 1950: Jack Kerouac para Allen Ginsberg   113
21 de janeiro de 1950: Allen Ginsberg para Jack Kerouac   114
c. fevereiro de 1950: Allen Ginsberg para Jack Kerouac   117
24 de fevereiro de 1950: Allen Ginsberg para Jack Kerouac   120
c. março de 1950: Allen Ginsberg para Jack Kerouac   122
8 de julho de 1950: Allen Ginsberg para Jack Kerouac   125

1952

c. fevereiro de 1952: Allen Ginsberg para Jack Kerouac e Neal Cassady   131
c. fevereiro de 1952: Jack Kerouac para Allen Ginsberg   135
15 de fevereiro de 1952: Allen Ginsberg para Neal Cassady e Jack Kerouac   137
25 de fevereiro de 1952: Jack Kerouac para Allen Ginsberg   143
c. 8 de março de 1952: Allen Ginsberg para Jack Kerouac e Neal Cassady   144
15 de março de 1952: Jack Kerouac para Allen Ginsberg   145
20 de março de 1952: Allen Ginsberg para Neal Cassady e Jack Kerouac   149
c. fim de março de 1952: Allen Ginsberg para Jack Kerouac   150
fim de março de 1952: Jack Kerouac para Allen Ginsberg   156
fim de março – início de abril de 1952: Allen Ginsberg para Jack Kerouac   159
10 de maio de 1952: Jack Kerouac para Allen Ginsberg   162
15 de maio de 1952: Allen Ginsberg para Jack Kerouac   169
18 de maio de 1952: Jack Kerouac para Allen Ginsberg   173
12 de junho de 1952: Allen Ginsberg para Jack Kerouac   176
8 de outubro de 1952: Jack Kerouac para Allen Ginsberg   178
c. 1º a 7 de novembro de 1952, mas antes de 8 de novembro de 1952:
Allen Ginsberg para Jack Kerouac   180
8 de novembro de 1952: Jack Kerouac para Allen Ginsberg   185

1953

19 de fevereiro de 1953: Allen Ginsberg para Jack Kerouac   189
21 de fevereiro de 1953: Jack Kerouac para Allen Ginsberg   190
24 de fevereiro de 1953: Allen Ginsberg para Jack Kerouac   191
7 de maio de 1953: Jack Kerouac para Allen Ginsberg   192

13 de maio de 1953: Allen Ginsberg para Jack Kerouac   193
2 de julho de 1953: Allen Ginsberg para Jack Kerouac   194
13 de julho de 1953: Allen Ginsberg para Jack Kerouac   195
21 de novembro de 1953: Jack Kerouac para Allen Ginsberg e
William S. Burroughs   196

1954

antes de 12 de janeiro de 1954: Allen Ginsberg para Jack Kerouac, Neal Cassady e
Carolyn Cassady   201
18 a 25 de janeiro de 1954: Allen Ginsberg para Neal Cassady, Jack Kerouac e Carolyn
Cassady   205
18 a 19 de fevereiro de 1954: Allen Ginsberg para Neal Cassady, Carolyn Cassady e
Jack Kerouac   208
c. março de 1954: Jack Kerouac para Allen Ginsberg   211
4 de abril de 1954: Allen Ginsberg para Neal Cassady, Carolyn Cassady e
Jack Kerouac   213
c. fim de maio de 1954: Jack Kerouac para Allen Ginsberg   218
18 de junho de 1954: Allen Ginsberg para Jack Kerouac   220
depois de 18 de junho de 1954: Jack Kerouac para Allen Ginsberg   222
c. 10 de julho de 1954: Allen Ginsberg para Jack Kerouac   228
30 de julho 1954: Jack Kerouac para Allen Ginsberg   230
c. início de agosto de 1954: Allen Ginsberg para Jack Kerouac   232
23 de agosto de 1954: Jack Kerouac para Allen Ginsberg   235
5 de setembro de 1954: Allen Ginsberg para Jack Kerouac   238
antes de 26 de outubro de 1954: Allen Ginsberg para Jack Kerouac   244
26 de outubro de 1954: Jack Kerouac para Allen Ginsberg   246
9 de novembro de 1954: Allen Ginsberg para Jack Kerouac   248
26 de novembro de 1954: Allen Ginsberg para Jack Kerouac   250
22 de dezembro de 1954: Jack Kerouac para Allen Ginsberg   253
29 de dezembro de 1954: Allen Ginsberg para Jack Kerouac   254

1955

12 de janeiro de 1955: Allen Ginsberg para Jack Kerouac   261
14 de janeiro de 1955: Allen Ginsberg para Jack Kerouac   262
18 a 20 de janeiro de 1955: Jack Kerouac para Allen Ginsberg   266
10 de fevereiro de 1955: Jack Kerouac para Allen Ginsberg   272
14 de fevereiro de 1955: Allen Ginsberg para Jack Kerouac   276
4 de março de 1955: Jack Kerouac para Allen Ginsberg   280
13 de março de 1955: Allen Ginsberg para Jack Kerouac   281
20 de abril de 1955: Jack Kerouac para Allen Ginsberg   282
22 de abril de 1955: Allen Ginsberg para Jack Kerouac   282
3 de maio de 1955: Jack Kerouac para Allen Ginsberg   285
c. 10 de maio de 1955: Allen Ginsberg para Jack Kerouac   286
11 de maio de 1955: Jack Kerouac para Allen Ginsberg   287

20 de maio de 1955: Jack Kerouac para Allen Ginsberg   289
27 de maio de 1955: Jack Kerouac para Allen Ginsberg   291
27 de maio de 1955: Allen Ginsberg para Jack Kerouac   292
1º de junho de 1955: Jack Kerouac para Allen Ginsberg   294
5 a 6 de junho de 1955: Allen Ginsberg para Jack Kerouac   296
c. 10 de junho de 1955: Jack Kerouac para Allen Ginsberg   300
27 a 28 de junho de 1955: Jack Kerouac para Allen Ginsberg   300
29 de junho de 1955: Jack Kerouac para Allen Ginsberg   302
5 de julho de 1955: Allen Ginsberg para Jack Kerouac   303
14 de julho de 1955: Jack Kerouac para Allen Ginsberg   304
depois de 14 de julho de 1955: Allen Ginsberg para Jack Kerouac   311
7 de agosto de 1955: Jack Kerouac para Allen Ginsberg   314
antes de 15 de agosto de 1955: Allen Ginsberg para Jack Kerouac   315
19 de agosto de 1955: Jack Kerouac para Allen Ginsberg   317
25 de agosto de 1955: Allen Ginsberg para Jack Kerouac   319
30 de agosto de 1955: Allen Ginsberg para Jack Kerouac   320
1º a 6 de setembro de 1955: Jack Kerouac para Allen Ginsberg   321

1956

10 de março de 1956: Allen Ginsberg para Jack Kerouac   325
c. fim de maio de 1956: Allen Ginsberg para Jack Kerouac   326
12 a 18 de agosto de 1956: Allen Ginsberg para Jack Kerouac   327
26 de setembro de 1956: Jack Kerouac para Allen Ginsberg   330
1º de outubro de 1956: Allen Ginsberg para Jack Kerouac   331
10 de outubro de 1956: Allen Ginsberg para Jack Kerouac   332
10 de outubro de 1956: Jack Kerouac para Allen Ginsberg   335
26 de dezembro de 1956: Jack Kerouac para Allen Ginsberg   336

1957

fim de abril, início de maio de 1957: Jack Kerouac para Allen Ginsberg e William S. Burroughs   341
17 de maio de 1957: Jack Kerouac para Allen Ginsberg   344
31 de maio 1957: Allen Ginsberg para Jack Kerouac   345
7 de junho de 1957: Jack Kerouac para Allen Ginsberg, Peter Orlovsky, William S. Burroughs e Alan Ansen   348
21 de julho de 1957: Jack Kerouac para Allen Ginsberg, Peter Orlovsky e Alan Ansen   351
9 de agosto de 1957: Jack Kerouac para Allen Ginsberg   353
13 de agosto a 5 de setembro de 1957: Allen Ginsberg para Jack Kerouac   354
28 de setembro de 1957: Allen Ginsberg para Jack Kerouac   355
1º de outubro de 1957: Jack Kerouac para Allen Ginsberg   356
9 de outubro de 1957: Allen Ginsberg para Jack Kerouac   360
16 de outubro de 1957: Allen Ginsberg para Jack Kerouac   363
18 de outubro de 1957: Jack Kerouac para Allen Ginsberg   365

13 a 15 de novembro de 1957: Allen Ginsberg para Jack Kerouac 367
30 de novembro de 1957: Jack Kerouac para Allen Ginsberg 372
5 de dezembro de 1957: Allen Ginsberg para Jack Kerouac 374
10 de dezembro de 1957: Jack Kerouac para Allen Ginsberg, Peter Orlovsky e Gregory Corso 376
28 de dezembro de 1957: Jack Kerouac para Allen Ginsberg 379

1958

4 de janeiro de 1958: Allen Ginsberg para Jack Kerouac 383
8 de janeiro de 1958: Jack Kerouac para Allen Ginsberg 384
11 de janeiro de 1958: Allen Ginsberg para Jack Kerouac 387
16 de janeiro de 1958: Jack Kerouac para Allen Ginsberg 389
21 de janeiro de 1958: Jack Kerouac para Allen Ginsberg 390
c. 26 de fevereiro de 1958: Allen Ginsberg para Jack Kerouac 392
8 de abril de 1958: Jack Kerouac para Allen Ginsberg 394
26 de junho de 1958: Allen Ginsberg para Jack Kerouac 396
2 de julho de 1958: Jack Kerouac para Allen Ginsberg 399
11 de agosto de 1958: Jack Kerouac para Allen Ginsberg 401
20 de agosto de 1958: Allen Ginsberg para Jack Kerouac 403
28 de agosto de 1958: Jack Kerouac para Allen Ginsberg 405
c. 31 de agosto de 1958: Allen Ginsberg para Jack Kerouac 407
8 de setembro de 1958: Jack Kerouac para Allen Ginsberg 408
c. 16 a 17 de setembro de 1958: Allen Ginsberg para Jack Kerouac 409
5 de outubro de 1958: Jack Kerouac para Allen Ginsberg 412
28 de outubro de 1958: Jack Kerouac para Allen Ginsberg 412
29 de outubro de 1958: Allen Ginsberg para Jack Kerouac 416
17 de novembro de 1958: Allen Ginsberg para Jack Kerouac 417
19 de novembro de 1958: Jack Kerouac para Allen Ginsberg 420
16 de dezembro de 1958: Jack Kerouac para Allen Ginsberg 421

1959

24 de março de 1959: Jack Kerouac para Allen Ginsberg, Gregory Corso e Peter Orlovsky 427
12 de maio de 1959: Allen Ginsberg para Jack Kerouac 428
19 de maio de 1959: Jack Kerouac para Allen Ginsberg 430
18 de junho de 1959: Jack Kerouac para Allen Ginsberg 432
1º de julho de 1959: Allen Ginsberg para Jack Kerouac 434
6 de outubro de 1959: Jack Kerouac para Allen Ginsberg 435
16 de outubro de 1959: Allen Ginsberg para Jack Kerouac 437
2 de novembro de 1959: Jack Kerouac para Allen Ginsberg 439
5 de novembro de 1959: Allen Ginsberg para Jack Kerouac 440
24 de dezembro de 1959: Jack Kerouac para Allen Ginsberg 441
29 de dezembro de 1959: Allen Ginsberg para Jack Kerouac 443

1960

4 de janeiro de 1960: Jack Kerouac para Allen Ginsberg   449
20 de junho de 1960: Jack Kerouac para Allen Ginsberg   450
19 de setembro de 1960: Allen Ginsberg para Jack Kerouac   454
22 de setembro de 1960: Jack Kerouac para Allen Ginsberg   457
c. 13 de outubro de 1960: Allen Ginsberg para Jack Kerouac   459
18 de outubro de 1960: Jack Kerouac para Allen Ginsberg   461

1961

14 de abril de 1961: Jack Kerouac para Allen Ginsberg   465

1963

29 de junho de 1963: Jack Kerouac para Allen Ginsberg   469
6 de outubro de 1963: Allen Ginsberg para Jack Kerouac   473

Índice remissivo   477

INTRODUÇÃO DOS EDITORES

"Que não se admitam impedimentos à união de almas sinceras – o amor não é amor se, quando encontra empecilhos, altera-se – Ó, não! É sempre um divertimento."
– Um Jack Kerouac de 22 anos de idade parafraseando William Shakespeare em sua primeira carta para um Allen Ginsberg de dezessete anos.

É comum hoje em dia lamentar a morte lenta da carta escrita à mão ou datilografada ao longo das últimas décadas. Uma parte significativa da culpa é muitas vezes atribuída, com razão, ao barateamento radical das tarifas telefônicas. Até meados da década de 60, para muita gente era um luxo dispendioso fazer ligações interurbanas de um lado a outro do país – um procedimento reservado apenas para emergências ou para compartilhar notícias de nascimento ou morte. Com as melhorias tecnológicas, as pessoas cada vez mais podem arcar com os custos de tirar o telefone do gancho e falar com amigos e família detalhadamente sobre suas vidas, sem ter que buscar o tempo necessário para sentar e escrever. Em tempos mais recentes, o advento do e-mail diminuiu ainda mais o fluxo de correspondência terrestre.

A questão agora é saber se escritores que despertarem interesse duradouro, e que escreverem extensamente sobre suas vidas e seu trabalho por e-mail, terão o cuidado de manter registros acessíveis para o uso de futuros leitores e eruditos. Mas, o que quer que ocorra a esse respeito, é improvável que possamos nos deparar com um corpo de correspondência entre dois importantes escritores que jogue mais luz sobre suas obras e vidas do que a coleção de cartas e cartões-postais trocados por Jack Kerouac e Allen Ginsberg. O simples volume de correspondência e a duração da amizade literária começada e desenvolvida durante esse contato são suficientemente impressionantes. Mas ela é verdadeiramente extraordinária em termos da miscelânea de assuntos tratados, da qualidade e da intimidade que revela. Uma correspondência tão extensa e tão rica é algo muito raro.

Kerouac e Ginsberg se mostraram dois dos mais influentes escritores da segunda metade do século XX. *On The Road*, de Jack Kerouac, e *Uivo*, de Allen Ginsberg, são trabalhos seminais que inspiraram incontáveis leitores, incluindo muitos artistas que trabalham fora do campo da literatura e citam estes livros como libertadores e revolucionários. Os romances de Kerouac tiveram grande impacto na forma dos escritores americanos escreverem e ajudaram a moldar a visão de mundo de muitas gerações. A poesia de Ginsberg, suas fascinantes performances públicas e seu papel como ativista e professor fizeram dele uma força cultural por várias décadas. O legado desses escritos e dessas vidas continua a se desdobrar, em tal magnitude que sua importância para a história ainda não pode ser definida de maneira conclusiva.

Esta seleção traz uma contribuição importante às obras de ambos e à compreensão destas obras. Dois terços destas cartas ainda não foram publicados. A amizade entre Ginsberg e Kerouac, eixo principal para o movimento literário e o construto cultural que se tornou conhecido como geração beat, foi essencial para ambos ao longo das vidas adultas como profissionais da escrita. Esses incomparáveis 25 anos de correspondência oferecem autorretratos passionais, um registro vívido da cena cultural que ajudaram a criar, insights imprescindíveis sobre as explorações literárias no núcleo do movimento beat, uma crônica única de suas explorações espirituais mutuamente encorajadas e um registro comovente de uma amizade profunda e pessoal.

Esta amizade começou quando Ginsberg estudava na Universidade de Colúmbia, em 1944, e sua correspondência iniciou-se no mesmo ano. As cartas registram uma conversa longa, intensa, que continuou, com variados períodos de frequência e intensidade, até pouco antes da morte de Kerouac, em 1969.

Ambos eram comprometidos, desde cedo, com uma vida na literatura; suas cartas foram uma oficina importante na qual suas ideias, sempre em desenvolvimento contínuo, eram compartilhadas e interminavelmente debatidas. Estivessem de acordo ou seguindo trilhas divergentes de pensamento, em qualquer caso escreviam um para o outro com grande abertura de espírito e confiança. Em suas cartas, Ginsberg e Kerouac surgem em primeiro lugar como escritores de paixão, inovação e gênio artísticos. As carreiras de ambos envolveram infindáveis dificuldades, trabalho duro e sacrifício para que suas visões literárias fossem realizadas; e cada um deles servia ao outro como um confiável ponto de referência nos bons e maus momentos. Sua correspondência ilumina tanto essas convergências quanto os conflitos como escritores. Partilhavam de uma versatilidade marcante e quase sobrenatural como "esboçadores" de palavras, e ambos devotaram-se a explorar a escrita como "pensamento espontâneo" disciplinado. O apoio e o encorajamento incansável de Ginsberg foram de grande ajuda para Kerouac. As habilidades sociais de Ginsberg e seus esforços irrefreáveis para conectar as pessoas umas com as outras foram importantes na promoção da própria ideia de uma geração beat. As inovações de Kerouac como escritor foram centrais ao trabalho de Ginsberg. Como Ginsberg certa vez afirmou: "Minha própria poesia sempre foi modelada na prática de Kerouac de traçar os pensamentos e sons de sua mente diretamente na página".

"A amizade é como o amor sem asas", escreveu Lord Byron. Ele certamente estava errado, já que este livro é a evidência de uma amizade de uma vida inteira que era amor com asas. Estes dois amigos planaram nas altitudes das correspondências enquanto as cartas iam e vinham. Algumas vezes escreviam com tamanha avidez um para o outro que suas cartas se cruzavam em pleno voo. As cartas foram uma parte essencial de seu trabalho e frequentemente o veículo através do qual esse trabalho se desenvolvia. Frases eram compartilhadas e ponderadas, livros eram recomendados, escritores e amigos eram analisados, poemas eram trocados e ideias eram testadas, enquanto as respostas de um para o outro ajudavam a determinar o próximo passo adiante. Aqui encontramos loucura, alegria insana, brincadeira e sofrimento e erudição, bem como a estratégia do cotidiano, dificuldades financeiras e planos logísticos detalhados para coordenar encontros e eventos. Mantinham-se informados sobre os amigos e repassavam um ao outro cartas destes amigos, preciosas naquele tempo em que a fotocópia ainda não havia sido inventada e o original era muitas vezes o único exemplar.

Algumas de suas cartas são épicos incrivelmente extensos em espaçamento simples, maiores do que artigos ou histórias publicadas. Há aerogramas longínquos, com palavras espremidas nas bordas, preenchendo cada polegada, cartas escritas à mão em folhas pautadas de cadernos pequenos, papéis de carta antigos. Adendos são rabiscados nos envelopes, e algumas vezes pós-escritos longos são acrescentados. Há uma atenção contínua às estratégias de publicação, e os dolorosos esforços ano após ano para conseguir que seu trabalho – e também o trabalho dos amigos – seja publicado. Há agentes, editores e editoras a discutir, raivas e frustrações a compartilhar, novas direções, decisões renovadas, desespero. Há argumentações, e por trás de todas estas coisas, movendo-se por todas elas ao longo dos anos, apreciação mútua e afeição frequentemente expressas. "Cher Breton", escreve Allen. "Jackiboo", "Mon cher ami Jean", "King King Mind" e "Fantasma". "Cher Alain", Jack começava, "Cher jeune singe", "Alleyboo", "Irwin", "Old Bean".

Quando a atenção de Kerouac se voltou ao pensamento budista, ele não poupou esforços para despertar o interesse de Ginsberg, tomando diversas notas durante as extensas leituras e compartilhando, instruindo e exortando. Por fim Kerouac abandonou a prática, mas Ginsberg abraçou o budismo tibetano e o praticou seriamente por décadas. Seu funeral ocorreu num templo em Manhattan. As origens das explorações do budismo por ambos estão nestas cartas.

A atenção que o sucesso trouxe a Kerouac não era sua aliada. Ele se escondeu da maior parte da contracultura da década de 60 e, nos últimos anos de vida, fechou-se em si mesmo. Ginsberg abraçou a era completamente, assumindo um papel único ao unir arte e política. Os dois continuaram a trocar correspondências durante essa época, mas apenas de maneira esporádica. Telefonemas ocasionais tornaram-se o principal elo emotivo a sustentar a conexão entre eles. Quando Kerouac morreu, em 1969, Ginsberg alcançara havia pouco o patamar do amigo, mas continuou avançando em cada aspecto de seu trabalho pelos próximos trinta anos.

Alguns anos após a morte de Kerouac, Allen Ginsberg e a poeta Anne Waldmann fundaram a *The Jack Kerouac School of Disembodied Poetics* (Escola Jack

Kerouac de Poética Desincorporada) no Naropa Institute, em Boulder, Colorado. Enquanto lecionava ali durante um verão, Ginsberg pediu a Jason Shinder, seu aluno-assistente naquela época, para ajudá-lo a reunir cópias de todas as correspondências entre ele e Kerouac. Felizmente, tanto Ginsberg quanto Kerouac eram cuidadosos com a posteridade e haviam organizado e guardado quase tudo. Naquele momento, a maior parte de suas cartas já estavam nas coleções das duas grandes bibliotecas de pesquisa: as de Kerouac, na biblioteca da Universidade de Colúmbia, e as de Ginsberg, na Universidade do Texas. A esperança de Ginsberg era de que algum dia um livro de cartas pudesse ser publicado, mas, uma vez que a montanha de material foi reunida, ficou claro que o trabalho de transcrever tudo seria dificílimo. Pouco foi feito nos trinta anos seguintes.

Ao editar este livro, começamos com cerca de trezentas cartas. Cada uma delas tinha alguma qualidade a seu favor e teria sido aceitável simplesmente incluí-las todas, mas isto era impossível na prática. Acabamos incluindo dois terços delas – as melhores. Nosso objetivo era publicar o maior número de cartas relevantes e, tendo isso em vista, abandonamos os últimos anos de escrita esporádica, pois essas cartas eram meros suplementos a conversas ao vivo. O livro termina num tom vivaz, com uma troca de ideias animada entre os dois velhos amigos muitos anos antes de a voz de Kerouac se silenciar.

Na maior parte incluímos cartas inteiras, mas em raras ocasiões omitimos trechos, indicando-os com reticências dentro de colchetes [...]. Tanto Ginsberg quanto Kerouac ocasionalmente utilizaram reticências em suas próprias cartas como uma forma de espaçamento. Estas foram preservadas, mas colchetes indicam cortes no texto. Em alguns casos, pós-escritos foram eliminados quando não tinham nada a ver com o fluxo da carta ou não eram essenciais; muito frequentemente eram perguntas sobre amigos, pedidos de informações sobre como chegar a locais ou cumprimentos para serem passados a outras pessoas. Ambos os escritores algumas vezes incluíram poemas e textos com suas cartas, e alguns foram deixados de fora.

Atribuir datas precisas a algumas das cartas foi problemático. Onde datas exatas são desconhecidas, os editores fizeram estimativas aproximadas, e estas datas são indicadas com colchetes, bem como correções à datação dos próprios autores, como no caso em que o ano passado é incorretamente utilizado por vários meses ao longo do ano novo. Em geral, erros simples de ortografia foram corrigidos, a não ser onde era óbvio ou provável que a ortografia incorreta fosse deliberadamente criativa. Alguns erros foram cometidos de forma consistente pelos autores, como nas ocasiões em que Ginsberg escreveu "Caroline" em vez de "Carolyn" e "Elyse" em vez de "Elise", e estes são apontados no início de cada carta e corrigidos dali em diante. Outros erros são mais variáveis. Kerouac poderia usar *On the Road* numa frase e *On The Road* na próxima. A cidade em Marrocos poderia surgir como Tanger, Tangier, Tangiers e mesmo Tangers, com pouca preocupação em relação à consistência da grafia.

A caligrafia de Ginsberg pode ser particularmente difícil de decifrar, e algumas das cartas de Kerouac escritas em frente e verso são muito translúcidas, tornando difícil ler todas as palavras, mesmo com a ajuda de uma lupa. Portanto, nas instâncias em que os editores conjecturaram uma palavra em particular, a palavra é colocada entre colchetes: [assim]. Da mesma forma, quando uma palavra ou passagem é completamente ilegível, ela é indicada com [?].

Notas de rodapé foram adicionadas de forma a ajudar a identificar pessoas e eventos que podem não ser totalmente familiares, mas os editores tentaram manter o mínimo possível de notas de rodapé, e sugerimos que os leitores busquem suas próprias fontes de referência. As vidas de Kerouac e Ginsberg já foram bem contadas em biografias. Neste volume, as Notas do Editor, que aparecem por todo o texto, têm a intenção de serem pontes para levar o leitor a atravessar saltos cronológicos ou prover contexto para uma determinada carta. As histórias estão nas cartas, e deixamos para o leitor a tarefa de descobri-las.

AGRADECIMENTOS

Os editores, Bill Morgan, em nome do Acervo Ginsberg, e David Stanford, em nome do Acervo Kerouac, agradecem às seguintes pessoas e instituições:

Ao Allen Ginsberg Trust, aos diretores Bob Rosenthal e Andrew Wylie, com um agradecimento especial a Peter Hale, que realmente é o dínamo do mundo Ginsberg. Steven Taylor gentilmente ofereceu sugestões ao manuscrito final. Judy Matz, como sempre, foi o herói desconhecido do processo de edição.

À Wylie Agency: em particular ao agente de Allen Ginsberg, Jeff Posternak.

Ao Acervo de Jack Kerouac: a John Sampas, executor do acervo, com um agradecimento especial aos muitos anos de dedicação entusiasmada ao contínuo desvelar do trabalho de Kerouac e à preservação de seus escritos para gerações futuras.

À Sterling Lord Literistic: em particular ao agente de longa data de Kerouac, Sterling Lord, com quem é sempre um prazer trabalhar – e de quem Kerouac disse "O Senhor [The Lord] é meu agente, nada me faltará".

À Penguin USA, especificamente à Viking-Penguin, e ainda mais especificamente a nosso editor Paul Slovak, com profunda gratidão pela contínua expansão do cânone de Kerouac na casa editorial antes conhecida como Viking Press, onde ele e David Stanford vararam noites em muitos anos juntos na camaradagem do trabalho duro. Também grandes agradecimentos à veterana pastora das palavras Beena Kamlani, cujo meticuloso trabalho em outros livros de Kerouac e Ginsberg fez dela a colega ideal para este projeto.

Às seguintes bibliotecas: Harry Ransom Humanities Research Center, Universidade do Texas em Austin; Butler Library, Department of Special Collections, Universidade de Colúmbia; e Green Library, Department of Special Collections, Universidade de Stanford.

Gostaríamos de honrar a memória do editor, escritor e poeta Jason Shinder, que trabalhou neste projeto desde seus primeiros estágios. Quando o interesse de levá-lo a cabo ressuscitou, ele se ofereceu como coeditor em nome do Acervo Ginsberg. Sua morte prematura tirou-lhe essa oportunidade. Ao consultar as notas da proposta do livro escrita também por ele, incorporamos, sem sombra de dúvida, alguns de seus pensamentos na introdução dos editores. Reconhecemos sua contribuição e, como colegas editores, o saudamos.

David Stanford oferece agradecimentos eternos à divina Therese Devine Stanford, sua amada e adorável esposa, aliada, namorada e amiga.

1944

Nota dos editores: A primeira carta entre Ginsberg e Kerouac foi escrita seis ou sete meses depois de se conhecerem. Durante este período eles se tornaram amigos próximos, encontrando-se quase todos os dias no campus da Universidade de Colúmbia ou nas proximidades, no Upper West Side de Manhattan. Então, em 14 de agosto de 1944, envolveram-se num assassinato trágico, quando Lucien Carr, amigo dos dois, matou David Kammerer, um homem mais velho há anos apaixonado por ele. Kerouac ajudou Carr a esconder provas e, mais ou menos um dia depois, quando Carr se entregou à polícia, foi detido como testemunha-chave. Incapaz de pagar a fiança, acabou confinado na prisão do Condado do Bronx.

Allen Ginsberg [Nova York, Nova York] para Jack Kerouac [Prisão do Condado do Bronx, Nova York]

c. meados de agosto de 1944

Cher Jacques: do metrô:

Acompanhei *la belle dame sans mercip* [Edie Parker[1]] toda a manhã – primeiro até a casa da Louise[2], e agora até a prisão. Não tenho autorização, por isso não vou visitá-lo.

Eu a vi levar *Almas mortas* para você ontem – não sabia que você estava lendo (ela disse que você tinha começado). Nós (Celine [Young[3]] *et moi*) também retiramos o livro na biblioteca da universidade para Lucien [Carr]. Enfim, vamos ao que interessa: que bom! Aquele livro é a Bíblia da minha família (além de *As mil e uma noites*) – tem toda a grandeza melancólica da mãe Rovshia [Rússia], todo o borche e caviar que borbulha nas veias do eslavo, toda a vacuidade etérea daquele bem incalculável, a alma russa. Tenho um belo volume de críticas aqui em casa – envio a você (ou, melhor, dou de presente) quando você terminar o livro. O diabo em Gogol é o Demônio da Mediocridade, portanto tenho certeza que você vai gostar. Deixo para lê-lo noutra ocasião.

Edie e eu olhamos o velho quarto de D. Klavier [David Kammerer] – todas as inscrições a lápis na parede foram cobertas de tinta por algum pintor de paredes filisteu. A pequena marca de grafite acima do travesseiro não existe mais – certa feita levava o emblema (onde o gesso havia caído da parede) "Lu – Dave!". As neves do passado parecem ter sido cobertas por tinta igualmente branca.

Para sair deste mórbido *recherché tempest fortunatement perdu*, estou lendo

---

1. Edie Parker era a namorada de Kerouac naquela época.
2. Ginsberg frequentemente utilizava pseudônimos para disfarçar a verdadeira identidade das pessoas sobre as quais escrevia. É provável que Louise fosse ou Joan Vollmer Adams, com quem Edie e Jack dividiam o apartamento, ou Lucien Carr, que estava na cadeia. Adams depois veio a se tornar esposa (por união estável) de William Burroughs.
3. Celine Young era a namorada de Lucien Carr naquela época.

Jane Austen e terminando *Grandes esperanças*, de Dickens. Comecei também *O morro dos ventos uivantes*, de Brontë, pela segunda vez para uma disciplina de literatura; e, é claro, além disso estou (quando Edie não está mordiscando minha orelha) remando em quatro livros de história sobre a revolução na Europa no século XIX. Quando terminar, iniciarei uma por aqui.

Leve meu mais afetuoso amor para Grumet [Jacob Grumet, o defensor público assistente] – *A pet de eu fease*.

Allen

Nota dos editores: *Em 25 de agosto de 1944, ainda sob custódia da polícia, Jack Kerouac casou-se com Edie Parker. Edie pôde então fazer um empréstimo, dando seu fundo fiduciário como garantia, para pagar a fiança de Jack. Esta carta parece ter sido escrita bem no momento em que os recém-casados estavam prestes a sair de Nova York para ir morar com a mãe de Edie em Grosse Pointe, Michigan.*

Jack Kerouac [Nova York, Nova York] para Allen Ginsberg [Nova York, Nova York]

c. setembro de 1944

Caro Allen:

Que não se admitam impedimentos à união de almas sinceras – o amor não é amor se, quando encontra empecilhos, altera-se – Ó, não! É sempre um divertimento...

Nosso casamento aconteceu no mesmo dia da liberação de Paris. Suponho que essa notícia agora deixe Lucien de mau humor – ele que queria estar entre os primeiros a chegar a Paris. Isso vai ter que esperar... mas certamente um dia vai acontecer.[4] Eu gostaria de ir a Paris depois da guerra com Edie, Lucien e Celine – e com um pouco de dinheiro para um apartamento razoável nas imediações de Montparnasse. Talvez, se eu trabalhar mais e fizer minha fortuna rapidamente, poderei realizar essa ambição transcendente. Você mesmo poderia deixar de lado seus trabalhos legais[5] e juntar-se a nós. A nova visão[6] desabrocharia...

Mas tudo isso é especulação, mediação... Não, emasculação... Obrigado pela carta. Em partes, me comoveu. Vejo em você, como em mim, uma absorção na identidade, no sentido dramático, na unidade clássica e na imortalidade: você

---

4. Lucien Carr passou os dois anos seguintes na cadeia.
5. Allen Ginsberg foi originalmente para a universidade com a intenção de estudar direito trabalhista.
6. A "nova visão" era um termo que Kerouac e o pequeno grupo de amigos de Ginsberg em Morningside Heights usavam para descrever sua própria filosofia, que esperavam expressar pela arte. Tomaram muitas de suas ideias da noção de "poeta como um alquimista" de Baudelaire, da atitude simbolista de rebeldia espiritual e do *esprit nouveau* de Apollinaire, que contrapunha as artes "experimentais" a uma conformidade social cada vez maior.

caminha num palco, mas senta nos camarotes e assiste. Você busca identidade em meio ao caos indistinto, na vasta realidade sem nome. Como eu mesmo, você merece o veredito adleriano, mas não estamos nem aí: Adler[7] pode dar nome a nossas egocentricidades, mas só porque ele mesmo é um egocêntrico... (aquele filho da puta.)

Essa mania se origina dos grandes alemães, Goethe e Beethoven. Aquele que busca todo o conhecimento, e então toda a vida e todo o poder – aquele que se identifica com o trovão. Ele é egocêntrico. Mas que pobre essa definição.

Lucien é diferente, ou ao menos seu egocentrismo é diferente. Ele odeia intensamente a si mesmo, e nós não odiamos a nós mesmos. Odiando a si mesmo como ele se odeia, odiando sua própria "humanidade", ele busca uma nova visão, uma pós-inteligência pós-humana. Ele quer mais do que Nietzsche proscreveu. Ele quer mais do que a próxima mutação – ele quer uma pós-alma. Só Deus sabe o que ele quer!

Prefiro a nova visão em termos de arte – creio, pretensiosamente me apego à crença de que a arte é potencialmente a saída derradeira dos materiais humanos da arte e, digo a mim mesmo, a nova visão reverbera. Olhe para *Finnegans Wake* e *Ulisses* e *A montanha mágica*. Só Deus conhece a verdade! Só Deus pode dizer!

Então, adeus... e escreva-me: diga mais sobre a sombra e o círculo.

Ton ami,
      Jean

---

7. Alfred Adler foi um psicólogo vienense que rompeu com os métodos de Freud na primeira metade do século XX.

1945

Nota dos editores: *Depois de passar apenas um mês em Michigan, Kerouac retornou para a cidade de Nova York e renovou sua amizade com Ginsberg e William Burroughs. Mais uma vez passaram a manter contato diário, então havia pouca necessidade de escrever; quando se correspondiam, era apenas para marcar encontros em vários locais na cidade. Durante o verão de 1945, Kerouac viajou para encontrar trabalho, e Ginsberg se inscreveu para o treinamento da Estação de Treinamento do Serviço Marítimo, em Sheepshead Bay, no Brooklyn.*

Allen Ginsberg [não disponível, Paterson, Nova Jersey?] para Jack Kerouac [Ozone Park, Nova York]

c. fim de julho de 1945

Cher Breton:
  Fiquei chateado porque não pudemos resguardar um encontro final antes de nossa despedida. O bom Dr. Luria [um médico da Marinha Mercante] me disse que você havia ligado, e enviei outro postal às pressas. Estou escrevendo uma última vez na esperança desta chegar a você antes da sua viagem. *A moi* – Amanhã de manhã, tudo já tendo sido resolvido, me alistarei na Marinha Mercante. *Incipit vita nuova!* Segunda-feira devo partir para Sheepshead Bay, onde pretendo mais uma vez ensinar a mim mesmo todas as estranhas realidades aprendidas durante a estada no purgatório.
  Sua carta chegou a mim no momento em que retornava de uma viagem infrutífera a Nova York para recapturar a grandiosidade de outro tempo. Veio quase que como uma carta do passado, evocando todas as emoções que eu havia buscado nos dias anteriores.
  Mas, Jack, pode saber que vou retornar a Colúmbia. Bill [Burroughs] nunca me aconselhou a me desviar da fonte do ensino superior! Devo retornar para terminar meus estudos, mas retornaria mesmo que fosse apenas por uma peregrinação de aceitação do passado.
  Vez que outra, Celine [Young] fala comigo; encontrei-a duas semanas atrás. Provavelmente vou vê-la mais uma vez antes de partir. Hal [Chase] retornou para Denver para o verão (uma semana atrás). De Joan [Adams] ou de John [Kingsland] não tenho notícias. Ainda vejo [Lionel] Trilling[1] vez que outra. Ele me convidou para visitá-lo em casa (reconheço que recebi o convite com meu deleite habitual perante essas coisas). Espero notícias suas de Paris; pelo menos, por favor, me escreva quando retornar aos EUA, antes de se mandar para a Califórnia.
  Compreendo, e me comoveu que você estivesse abertamente consciente de que não éramos os mesmos *comme amis.* Sei disso, e de certa forma respeitei essa

---
1. Lionel Trilling, escritor e crítico literário, foi um dos professores de Ginsberg em Colúmbia.

mudança. Mas talvez eu devesse explicar, porque me senti o principal responsável por isso. Somos diferentes, como você disse, e reconheço isso ainda mais completamente agora do que antes, porque num dado momento eu temia esta diferença, talvez com vergonha dela. Jean, você é mais completamente americano do que eu, mais totalmente filho da natureza e de tudo que é a graça da terra. Você sabe (divago) que era isso o que eu mais admirava em nosso animal selvagem, Lucien. Ele era o herdeiro da natureza; ele foi dotado pela terra de toda a bondade da sua forma, física e espiritual. Sua alma e seu corpo estavam em consonância um com o outro e espelhavam um ao outro. Da mesma forma, você é, em muitas coisas, irmão dele. Para classificar de acordo com seus próprios termos, apesar de mesclados, vocês são visionários românticos. Sim, introspectivos, e, sim, ecléticos. Eu não sou nem romântico nem visionário, e essa é minha fraqueza, e talvez meu poder; no mínimo, é uma diferença. Em termos menos românticos e visionários, sou um judeu (com poderes de introspecção e ecletismo anexos, talvez). Mas sou estranho à graça natural de vocês, ao espírito que vocês conhecem como participantes da América. Você e Lucien são parecidos com Tadzio [o jovem e belo garoto de *Morte em Veneza*]; não sou tão romântico ou impreciso a ponto de me autointitular Aschenbach [o velho professor enamorado por Tadzio], embora isolado; não estou num exílio cósmico tal como o de [Thomas] Wolfe (ou o seu), pois também estou em exílio de mim mesmo. Respondo à minha casa, minha sociedade, como você, com tédio e enervação. Você berra: "Ah, estar numa cidade distante e sentir a dor lancinante do ego não reconhecido!". (Você lembra? Já fomos o eu supremo.) Mas não quero escapar para dentro mim, quero escapar de mim. Quero obliterar minha consciência e meu conhecimento da existência independente, minhas culpas, minha discrição, que você (talvez pouco gentil) chama de minha "hipocrisia". Não sou filho da natureza, me vejo como feio e imperfeito e não posso exaltar a mim mesmo numa glória simbólica por meio da poesia ou de visões românticas. Não me entenda mal, não vejo, ou ainda não vejo, essa diferença como sendo uma inferioridade. Percebi que você duvidou de minha – força artística – vamos dizer assim? Jean, sinceramente, já faz tempo que parei de duvidar de meu poder como um criador ou iniciador em termos de arte. Disso estou seguro. Mas, mesmo se duvidasse, eu não poderia, como você, olhar para ela como radiância suprema, glória salvadora, gênio redentor. A arte tem sido para mim, quando não enganei a mim mesmo, uma fraca compensação para aquilo que desejo. Estou entediado dessas ânsias frenéticas, cansado delas todas e, portanto, de mim mesmo. E desdenho, ainda que me mantenha tolerante perante eles, todos os meus vastos poderes de autopiedade e sofrimento autoexpressivo. O que sou eu? O que busco? Autopromoção, como você coloca, é uma descrição superficial de meus motivos e finalidades. Se me excedo pelo amor é porque anseio demasiado por ele e porque dele conheci muito pouco. Este amor que é como talvez um opiáceo, mas que também reconheço como algo criativo. Que conheço mais como uma autopromoção que transcende a modéstia pela qual inconscientemente anseio, e que assim nega seu poder. Não sei se você consegue entender. Renuncio à dor do "ego frustrado", renuncio à histeria passiva e à histeria poética. Conheci-as de perto, e estou gasto e enervado de buscá-las com tanto sucesso. Estou enojado desta merda de vida!

É, estes últimos anos têm sido os que mais chegaram perto de satisfazer meus desejos, e sentindo de verdade agradeço a você pelo presente. Você estava certo, creio eu, ao manter distância. Eu estava me focando demais na autossatisfação e bem descarado no que diz respeito a isso, cheio de toda a minha encenação de arlequim e manipulação deliberada da sua piedade. Possivelmente sobrecarreguei mais a minha própria paciência e força do que as suas. Você se portou como um cavalheiro, embora eu ache que você me levou a sério demais, concedendo exagerado valor simbólico aos meus movimentos e atritos. Muito daquilo não era meramente irônico, mas também desproposital e tolo comigo mesmo e com minha atividade. Não consigo esquecer os sorrisos tolerantes de Burroughs enquanto eu explicava em tom jocoso e sério todos os ardis da minha inteligência. Ainda assim, Jack, estive consciente de tudo que fiz e sempre me mantive sincero internamente, sempre fui assim. Pergunto-me se você consegue compreender os sentidos que não posso explicar. Bem, apesar de na poesia eu vir a jazer imaculado e elevar estas frustrações a "feridas", vou ter lampejos de discernimento e vou saber mais. No mínimo, se você for capaz de me entender, peço paciência; se não for capaz, peço perdão. Quando nos encontrarmos de novo prometo a você que sete meses não vão ter passado por nada, que vamos nos encontrar novamente como irmãos na comédia, numa tragédia, como você quiser, mas irmãos.

Não sei o que nos aguarda; nossa herança é uma despedida; a estação morre por um tempo, e até que ressurja precisamos também morrer. A todos que morrem, a todos que perdem, adeus; ao forasteiro, ao viajante, ao exílio, deles me despeço; aos apenados e juízes do processo, adeus; à juventude reflexiva e estrondosa, adeus; às crianças boazinhas e aos filhos da ira, àqueles com flores nos olhos, de dor ou doença, um afetuoso *adieu*.

Allen

Jack Kerouac [Ozone Park, Nova York] para
Allen Ginsberg [Estação de Treinamento do Serviço Marítimo, Sheepshead Bay, Brooklyn, Nova York]

10 de agosto de 1945

Oi, Allen:
As coisas não deram certo na colônia de férias,[2] o trabalho e o pagamento não corresponderam ao que eu esperava, então estou em casa de novo. Comece você com a correspondência.

---
2. Naquele verão, Kerouac havia sido convidado para trabalhar numa colônia de férias para jovens, antes de achar um trabalho mais perto de casa como atendente de sorveteria.

Vou ajudar um pouco na sorveteria, o suficiente para pagar o transporte para L.A. Também estou escrevendo um lote de histórias de amor de revista bem potáveis. Espero que possa vender alguma delas.

(Eles queriam que eu limpasse latrinas por $30 por semana lá na colônia de férias. Pfui.)

Conte se gostou ou não de Sheepshead.

Comme toujours
                                    Jean

Allen Ginsberg [Sheepshead Bay, Nova York] para Jack Kerouac [n.d., Ozone Park, Nova York?]

12 de agosto de 1945

12 de agosto.
Cher Jean:

"*L'Automne deja.*"... *Il ya une annee jadis, si je me souviens bin, que le monde a venu a'sou fin*. Hoje é domingo; nesta noite, até o dia 14, nós crianças absortas e violentas estaremos reconstituindo nossos crimes e julgando a nós mesmos.[3] De alguma forma o ano passou rápido, quase eclipsando a si mesmo. Em certos momentos, quando *les remords sont crystalisees* por algum gesto proustiano, penso na estação do inferno com uma ânsia sentimental voluntária. Hoje, enquanto tentava dormir, ouvi um negro cantando baixinho: "você sempre machuca quem o ama" e comecei a cantar junto em homenagem. Você precisa mudar de vida!

A flutuação abrupta de suas fortunas pessoais *vis-à-vis* empregos estáveis já não me surpreende, embora ainda seja "meio que divertido". Não posso criticar seu abandono da colônia de férias, mas o que chamo de "Presunção Emocional" – uma sensação de algo faltando na sua cabeça além do idealismo burguês, que teria sido responsável por você acabar nessas [bobeiras?]. Nunca sabe no que está se metendo? Você tem o que minha avó chama de *Goyeshe Kopfe* – cabeça de gói – isto é, não uma *Yiddishe Kopfe* – uma antevisão iídiche teimosa *a la* Burroughs. Não tive notícias dele.

Uma *moi-l'histoire d'un de mas folies* – estou acampado aqui já faz doze dias. Os meninos aqui são todos adolescentes maduros demais ou desvirtuados – todos neuróticos aos berros. Eu, com todas as minhas culpas e frustrações altamente propagandeadas, *moi*, fui capaz de absorver a mudança para servir com uma benevolência equânime e desapaixonada completamente desconhecida na maruja. No segundo dia aqui nos foi mostrada uma versão arruinada de Freud num curta-metragem, explicando aos demônios das ruas que suas dores nas costas,

---
3. Uma referência ao assassinato de Carr-Kammerer, que aconteceu um ano antes, na noite de 13 para 14 de agosto de 1944.

nas pernas, na cabeça, seus desmaios e melancolias eram meramente funcionais – que seus problemas eram puramente psíquicos. Um durão profissional ingênuo à minha esquerda se inclinou e sussurrou com algum tipo de voz assustada que puxa, talvez ele devesse ir ver um psiquiatra, como dizem por aí. Me surpreendi de encontrar uma preponderância tão avassaladora de destrambelhados que desandam sob a "tensão" inicial. Há muita burrice no gerenciamento deste lugar. Os oficiais nanicos etc. são todos sargentos bundões da fuzilaria naval que falam gritando. Falam muito sobre ordem e disciplina, mas foi nas seções de chefia e administração que encontrei o bando mais confuso, contraditório, indisciplinado e desordenado que já vi, e a atmosfera inspira falta de definição e engendra ansiedade. A primeira coisa que fiz foi seguir uma máxima de Burroughs e encontrar a disposição das coisas; rotulei o barraco todo; me inteirei de todos os regulamentos e defini a mim mesmo. De forma que não tive tensão ou surpresas em minha *Yiddishe Kopfe* quando tudo fluiu bem. Conheço todas as técnicas de "cagar mole" (escapar dos deveres e punições e grupos de trabalho). A rotina aqui é mesmo rotineira; o telos é periferia, a preocupação é o "trabalho em grupo", o que de alguma forma me surpreendeu. Nunca havia pensado sobre as razões para o treinamento de um exército qualquer. Simplesmente mantém a si mesmo sem nenhum objetivo exterior. Assim eu lavo as roupas, pratico o asseio todo o tempo, guardo meu equipamento adequadamente num armário limpo, faço minha cama, sempre rindo por dentro. Há também escalas de polimento. Polir o chão (empurrar panos de polir com os pés pelo chão) é a rotina comum para manter os iniciantes ocupados. Já que até mesmo limpar atinge um ponto em que não há como melhorar, quando já não dá para deixar mais limpo do que já está, simplesmente se pede para recomeçar. Isto nos mantém ocupados, nos ensina disciplina e cumprimento do dever. Já que a minha presença aqui é voluntária e experimental, não levo nada muito a sério, e não me vejo me coçando para dar um soco na boca de alguém ou me ausentar sem permissão. A reação Thomas Wolfeana a tudo isso, a rejeição ardente e a desaprovação romântica, particularmente não me interessa. Questiono a consciência e a validade dos gestos. De toda forma, estou gostando, já que não tomo nada de forma pessoal, e a mudança, ah, é refrescante. Tem uma praia aqui onde nado e lagarteio nos fins de semana. Mais do que tudo, sinto falta de música. Tem rádios aqui, mas você já entendeu.

 Comecei a usar as críticas de Burroughs e comecei a criticá-las. Para começar, ele tende a rotular todos os indivíduos que não conhece pessoalmente, e assim, portanto, teria dificuldade de avaliar uma multidão de indivíduos. E estes são todos indivíduos – são reminiscentes de um ou outro rótulo, alguns tipos de personagens (o bicha regressivo, o chorão filhinho da mamãe, o garoto sem saída, o sádico etc.). Aliás, fracassei em manter uma máscara de "sujeito normal", já que não consegui evitar externar meu ego de tempos em tempos. Felizmente, fui também capaz de falar como eles falam; então, tinha experiência como soldador, que usei bem – ela fez de mim um mecânico, um ser humano normal. E então só temo que seja talvez um "cabeção" (me pegaram lendo Hart Crane e o carteiro entregou seu postal dizendo que estava em francês – ele viu a última linha, que estava em francês, acho.) Mas não tem chegado a prejudicar minhas relações com os caras legais, e fui aceito por todos ("Louvado seja o céu!") como um "dos caras". Descubro-os me procurando por empatia (que eu forneço) e aconselhamento, já que sou um dos mais velhos na minha seção. Também seguem me contando sobre suas mulheres. Essas conversas de sexo são uma grande arma. Então lhes conto sobre essa vaca Joan Adams com quem eu vivia, e como ela abria as pernas para mim de tarde. Minha linguagem é geralmente cuidadosa: quando quero parecer "normal" uso um sotaque levemente sulista, falo sobre Denver e Saint Louis e xingo os crioulos. Então tudo vai bem e não viro uma vítima, nem fico ansioso com esse tipo de coisa.

Gosto de alguns dos garotos (no nível da amizade, nada mais do que isso, entenda). Um deles é um ruivo, um virgem longilíneo chamado Gaffney que tem um certo medo da coisa toda. Outro se autodenomina "homem de aço" e envia para sua mãe uma dessas fronhas tenebrosas verdes e roxas com uma frase (rimada) bordada.

Não tenho escrito nada senão uns raros poemas. Isso me incomoda um pouco. Recebi uma carta da Joan, que vai estar em NY na primeira semana de setembro. John [Kingsland] escreve para ela, usando o nome de Celine no verso da carta para enganar os pais de Joan. Agora pensam que ela é tão amiga de Celine que talvez devam convidá-la para vir a Albany. Celine escreveu – está no Lago Champlain. Lancaster está trabalhando como garçom num clube campestre.

Não estou com muita vontade de escrever agora, estou cansado.
Allen

Jack Kerouac [Ozone Park, Nova York] para Allen Ginsberg [Sheepshead Bay, Nova York]

17 de agosto de 45
1 Ozone Parc

Mon garçon,

Sim, amigo, anseio ser o orgulhoso proprietário de uma cabeça *yiddishe kopfe*. É uma cabeça que sente os únicos valores verdadeiros: ao retornar da colônia de férias na semana passada, tive a oportunidade de sentar ao lado de um senhor de característica *yiddishe kopfe*. Ele tinha cerca de cinquenta anos. Eu estava lendo *Os moedeiros falsos* [de André Gide] – (era um maneirismo, confesso!) – quando meu companheiro se inclinou e retirou o livro de minhas mãos. Não preciso dizer o quanto me deleitei com sua informalidade.

"Ah, este livro é ótimo!", ele disse, me cutucando com o dedo. "Ah, livro realmente valioso!"

"É? Gosta dele?"

Acenando com a cabeça, ele então abriu o livro (enquanto eu relaxava antecipando um tratado sobre trechos escolhidos) e removeu a sobrecapa. Ele a examinou muito cuidadosamente, desamassando-a amorosamente com dedos sensuais. Então abriu o livro de novo até a encadernação ranger e a examinou por um instante. Finalmente virou o livro de cabeça para baixo e, com seus olhos de relojoeiro, fitou a capa, as letras douradas, e, enfim, as próprias páginas! Ele as sentiu entre os dedos e suspirou. Disse a ele: "Gostaria de ler? Se quiser, não há problema, tenho outros livros aqui na minha bolsa".

"Oh!", disse ele, "você vende livros."

"Não, mas tenho alguns aqui comigo." Meti a mão na bolsa e revelei a *República*, de Platão. Ele imediatamente retirou o livro de minhas mãos e, zapt--zupt!, com um julgamento rápido e inquestionável, com uma visão *yiddishe kopfe*, com um sorriso triste, ainda que, por certo ângulo, astuto – me devolveu o volume. Bateu seus dedos no livro enquanto permanecia em minha mão e sacudiu a cabeça: "Ruinzinho, ruinzinho".

Então eu fiquei com Platão enquanto ele, talvez de maneira inadequada, mas com certeza sem qualquer repreensibilidade consciente, continuou a suspirar por e acariciar nosso bom amigo André Gide.

Bill [Burroughs] está na cidade. A "noite da rendição" nos viu reunidos. Saímos com Jack e Eileen, e eu e Bill não conversamos muito. Havia muita bebida e insanidade charmosa, embora eu tenha certeza de que isso não agradou Bill. No final ele e eu acabamos sozinhos tentando arranjar mulher... Ele usava um chapéu panamá, e algo sobre sua aparência deve certamente ter sido responsável por nosso fracasso em encontrar mulheres... Parado de pé na Times Square, dava para sentir que ele não examinava um oceano de cabeças, mas um oceano de papoulas "até o horizonte". Ou talvez se parecesse como o emissário de Lúcifer, *charge d'affaire de l'Enfer*, o próprio, e as mulheres transeuntes tinham um vislumbre do forro vermelho em seu casaco. Isso tudo é bobagem, claro. Era uma noite para operários, não para um magnata da marijuana, sóbrio, e um gângster, bêbado. Depois de Bill ir para casa, fui até a casa de Eileen e a comi enquanto Jack dormia do nosso lado.

Bill vai encontrá-lo aí em Sheepshead! Pode ir largando os esforços exaustivos de se ajustar, porque o Bill vai chegar aí e gritar "SNOOPY! Quando lhe soltaram? CONSEGUIU SE LIVRAR DAQUELE ATENTADO AO PUDOR EM CHICAGO??"

Sugeri que ele chegasse e dissesse "SNICKERS! Que CHARME! POR ONDE andava, COISINHA ARISCA!" – mas Bill decidiu que não seria no melhor interesse de nenhum de vocês dois.

Vou encontrar com Bill amanhã e espero fazer bons planos com ele.

Quando me escrever, tente não ser tão infantil e moribundo com suas críticas de Jean *et son weltanschauung*. Um pouco mais de trato, por favor, ou, se possível, uma pitada de humor. Algumas das suas tiradas foram meio *PM*[4], se é que chegaram a tanto; e, você sabe, nem um pouco convergentes com os esforços na direção do lucienismo perfeito. *Ele* seria satírico, *mon ami*, mas nunca paranoico e tão pesado. Você "questiona a consciência e a validade dos gestos." Nunca subscreveria a "reação Thomas Wolfeana e a desaprovação romântica." Me dói, amigo, me dói. Talvez você me julgue impulsivamente demais, especialmente com referência à minha última "rejeição ardente" de *goyesha kopfe* na colônia de férias. Veja, eu era um ajudante de garçom e como tal vivia de gorjetas, e as gorjetas precisam ser substanciais para sustentar um ajudante de garçom *goyesha kopfe* que lê Thomas Wolfe, só que, veja bem, *mon vieux*, nesta instância melancólica os convidados na colônia de férias eram todos 100% *yiddishe kopfe* de classe média, mas, no fim das contas, é preciso ganhar a vida, e, com desaprovação romântica, larguei fora e saí com uma dignidade byrônica – um gesto, temo, que se depara com sua desaprovação romântica, mas que foi, no fim das contas, baseado na mais estrita urgência da realidade, a não ser que eu esteja sendo presunçoso, neste caso eu certamente mereço toda a censura suave, pena e empatia que você sempre teve em reserva para mim nos momentos cruciais.

Feliz *cauchemars!*
        Do seu afetuoso monstro
        Jean

Allen Ginsberg [Sheepshead Bay, Nova York] para Jack Kerouac [n.d., Ozone Park, Nova York?]

22 de agosto de 1945
Em Serviço a Meu País.

Cher ape:

Transbordei de alegria (é demais?) ao ouvir que Bill [Burroughs] estava na cidade. Qual é seu endereço? Estou curioso para saber que tipo de casebre ele pegou de fachada dessa vez. É do lado de um banho turco? Mas que ele venha ter comigo aqui em Sheepshead é bom demais para ser verdade! Diga para ele me enviar ou envie você mesmo detalhes das promessas dele e do dia e hora de partida etc. (E arranjarei para que haja um comitê de boas-vindas nos portões para o receber.)

Com relação a essa punhetagem infantil, foda-se você, Jean. E se esses "esforços laboriosos na direção do Lucienismo" são supostamente meus, faça-os seus, não estou a fim. *Je sais aujourdhu comment orluer la beaute avec l'yiddishe koffe.* O que eu quis dizer, aliás, é que o romantismo pica-pau aconteceu quando

---

4. *PM* era um jornal socialista publicado em Nova York.

você destruiu suas opções de trabalho até que acabasse tão ferrado que a única coisa prática é acabar sendo wolfeano. Ok. Não foi sua culpa acabar no trabalho errado. Mas só aconteceria com você. Minha carta foi pesada, mas, pelo amor de deus, não foi paranoica.

   Allen

  P.S.: Tenho passe neste fim de semana, acho, e quero ver você e o Bill de novo, se possível. *Pro tem*, estarei no Restaurante Admiral às 5h30 no sábado. Escreva ou mande um postal urgente, *s'il vous plait*, me dê os detalhes de quando você e o Bill podem me encontrar e o telefone e endereço dele. Se quiserem, mudem a hora e o local; posso chegar em NY às 3h.

  Recebi uma carta fantástica de Trilling; vou levá-la para lhe mostrar.

  Sua trepadeira,

   A.

Nota dos editores: *Nesta carta aparece um novo Bill, Bill Gilmore. Gilmore e outras pessoas com o prenome Bill aparecerão, mas serão sempre identificadas claramente com o sobrenome em colchetes. Na falta dessa identificação, o leitor pode supor que seja uma referência a William Burroughs.*

Jack Kerouac [Ozone Park, Nova York] para Allen Ginsberg [Sheepshead Bay, Nova York]

23 de agosto de 45

Cher jeune singe:

  Vou responder a todas as suas perguntas, já que não tenho saída. Bill [Burroughs] está agora em Sheepshead, e esteve aí desde segunda-feira, dia 20. Claro que ele não vai procurar você imediatamente – é o esquema dele, não quer que pensemos que está ansioso. Ele vai procurá-lo em breve, a não ser que aconteça de se pecharem. Não se surpreenda! – Ele esteve em Nova York por cinco dias antes de me procurar, digo, de me ligar avisando que estava por aqui. Imediatamente fui ao seu encontro, sem me preocupar com minha própria ansiedade. Ele não estava morando num casebre desta vez – estava num hotel na Park Avenue a $4.50 por dia. Não era ao lado de um banho turco (ainda estou respondendo suas perguntas), mas o próprio hotel era um conhecido banho turco, segundo consta.

  Esquadrinhei sua carta em busca de outras perguntas, mas não havia mais nenhuma. Estranho! – Eu tinha a noção de que era cheia de por quês e comos. Bom, tudo bem... não há Por quê. O mistério é esse: que a noção de Por quê deveria entrar em nossas mentes! Este é o mistério, entre outros. A morte é um mistério quase tão enigmático quanto a vida. Mas chega disso.

Você estava certo sobre meu "romantismo pica-pau". Claro. Concordo perfeitamente com você. Agora tudo está resolvido. Podemos ocupar nossas cabecinhas com outras coisas agora.

Na outra noite, na noite em que encontrei com Bill, aquela coisa estranha aconteceu comigo... fiquei muito bêbado e perdi meu equilíbrio psíquico. Não acontece sempre, tenha em mente, mas algumas vezes sim, e aconteceu naquela noite. [Bill] Gilmore convidou alguns de seus amigos para a nossa mesa... bebemos... fomos todos ao apartamento dele, onde bebemos ainda mais. Até Bill já estava meio bobo. Estávamos todos bobos. Odiei o cara. Você o conhece, ele estava naquele grupo enorme no Café Brittany naquela noite em que estivemos com Gilmore e tio Edouard, aquele enorme grupo americano barulhento, atravessado de insígnias e garotas da sociedade. Tenho que lhe contar sobre aquela noite em que perdi meu equilíbrio psíquico. Só levei uma coisa do turbilhão de bobice... um livro! Roubei um livro. *Voyage au Bout de la Nuit*, de Celine. Numa impressionante tradução para o inglês. E também levei comigo muita bebedeira. Foi a segunda vez que encontrei Bill, e ainda não havíamos conversado. Por um tempo estivemos a sós, num restaurante, e me ocorreu que não tínhamos mais nada para falar. E foi assim que se deu; foi assim que aconteceu. Não temos mais nada que falar um com o outro. Exaurimos as possibilidades um do outro. Nos cansamos. Passam-se alguns anos, novas possibilidades acumuladas, e temos novamente algo do que falar. Com relação a você, meu amiguinho, sempre há algo sobre o que falar porque você é profundamente vaidoso e estúpido, e isso sempre deixa uma abertura esplendidamente carregada de eletricidade com que se argumentar. *Merde a toi!* – é isso que eu digo.

Tendo tudo isso em vista, suponho que podemos nos encontrar no Admiral, se você fala sério sobre me encontrar lá. Com relação a comer lá, não sei. O local se deteriorou, o serviço, a comida, tudo. É uma nojenta mudança biológica, como o câncer. Traga junto sua Carta Emocionante. Posso começar a descobrir agora que tipo de tolo ele realmente é... se é um tolo maior ou menor do que eu ou você ou qualquer um.

Pode ser uma surpresa para você que eu ande escrevendo profusamente. Estou escrevendo três romances agora mesmo, e além disso mantendo um diário enorme. E lendo!... Tenho lido feito um louco. Não há nada mais a fazer. É uma dessas coisas que se pode fazer quando não há nada mais interessante, digo, quando tudo mais não se mostra de muito mais valor. Quero fazer esse tipo de coisa pelo resto de minha vida. Com relação ao domínio da arte, isso é agora um problema pessoal, algo que diz respeito apenas a mim, e portanto não perturbarei você com isso de novo. Está tudo muito bem, tudo muito bom. Uma frase do meu diário: "Estamos todos selados em diminutas atmosferas de melancolia de nós mesmos, tal como planetas, girando ao redor do sol, nosso desejo comum ainda que distante". Não está tão bom, talvez, mas se você me roubar essa frase eu literalmente te mato, para variar.

 5:30 *a l'Admiral, Samedi...*
  Tchauzinho, pequeno,
   Jean

Nota dos editores: Ginsberg ficou doente e teve que passar algumas semanas no hospital da base. Perdeu a rápida visita de William Burroughs à base e o jantar com Kerouac no restaurante em Nova York, como mencionado nesta carta.

Allen Ginsberg [Sheepshead Bay, Nova York] para Jack Kerouac [n.d., Ozone Park, Nova York?]

Tarde de segunda-feira
4 de setembro de 45 [*sic.* segunda-feira foi 3 de setembro de 1945]

Caro Jean:

 Fiquei bem o suficiente para sair da cama hoje, então caminhei até o quartel e peguei minha correspondência que estava lá me esperando. Peguei sua carta e fiquei tão animado com a perspectiva de ver Bill [Burroughs] imediatamente que corri até o B-1, o prédio da recepção, para procurar por ele. Ele chegou, você disse, no dia 20. Depois de implorar às autoridades para me dizer como localizá-lo, consegui um oficial nanico para abrir os livros. Disseram-me que ele havia deixado Sheepshead no dia 22, dois dias depois de chegar. Retornei ainda agora para a ala dos doentes muito desorientado e decepcionado. O que aconteceu? Onde ele está agora – já soube dele desde então? De volta a Park Avenue, suponho. Quero muito vê-lo, mas estou preso aqui pelas próximas semanas. Mas agora me sinto anticlimático, absolutamente confuso.

 Espero com alguma impaciência ouvir sua descrição de *La Nuit de Folie*. Espero que você já tenha recomposto seu equilíbrio psíquico; gosto de ouvir suas exposições labirínticas de masculinidade recomposta – não eram necessárias. Mas principalmente gostaria de ouvir sua descrição do personagem de limbo de aparência degenerada que lembro tão bem. Com relação à polícia, [serucisiente?], não permita que sua culpa ou arrependimento o perturbe, como pressinto pelo seu tom que já o tenha perturbado.

 Sua carta soa um tanto cansada, vinda de um espírito fatigado, não importa se estamos falando de suas conversas com Bill ou de seu fastio (a causa particular de sua leitura pesada) ou de seus inexplicados ataques a minhas "vaidade e estupidez", que mais me perturbaram do que me feriram ou surpreenderam, não importa sua intenção. Qual é o problema? Em qualquer caso, não pastoreie seus problemas artísticos para dentro da caverna, gostaria de ouvir sobre eles já que imagino serem a mais importante estação de sua jornada celestial, para pegar sua metáfora emprestada.

Puxa vida! Peço desculpas pelo Admiral no outro sábado. Minha ausência foi inevitável, como expliquei no postal que mandei ontem à noite. Estou me sentindo bem melhor agora, embora por um dia estivesse tão doente que me vi preocupando-me com o futuro da alma do homem, da minha alma em particular. Você foi até lá? O que você fez, o que você pensou, você praguejou na minha ausência?

Tenho lido acamado/na cama, já que é a única coisa que se pode fazer. Finalmente terminei *The Way of All Flesh*, e *A ponte de São Luís Rei*, de Thornton Wilder, nenhum dos quais me comoveu em particular. Comecei agora, enfim, *Guerra e paz* e estou acabado com todas as suas 825 páginas. Acho que não gosto tanto de Tolstói quanto de Dostoiévski (o que quer que signifique a confissão), mas estou me divertindo mais com G&P do que com qualquer romance que li desde *O idiota*. Em anexo a carta de Trilling. [...]

Allen.

Jack Kerouac [n.d. Ozone Park, Nova York?] para Allen Ginsberg [Sheepshead Bay, Nova York]

6 de setembro de 1945

Noite de quinta-feira, 6 de setembro

Caro Allen,
Sua cartinha me comoveu, preciso dizer... em particular a frase: "estive tão doente que me vi preocupando-me com o futuro da alma do homem, da minha alma em particular". Aqui você tocou no retrato verdadeiro das coisas terrestres... a saber, doença e perda e morte. Gosto do jeito como Rilke encara estes fatos do seu jeito não burguês, e preciso dizer que em particular não aprovo essa coisa de esquecer os fatos da vida e da morte numa orgia de pseudossíntese intelectual... o "domo de iridescência branca" se tornou agora uma espécie de domo cor-de-rosa, jogando tecnicolor rosada sobre todos nós. Porém, não acho que faça sentido dizer a *você* tudo isso porque sei que você não representa o intelectual médio de forma suave. Ou agressiva.

Parte de minha feroz amargura neurótica é resultado de perceber o quanto as pessoas se tornaram falsas... e você precisa admitir que, entre nós dois, sou eu que estou mais próximo da vulgaridade pública. Embora Bill também leia o *Daily News*, eu o supero e me dou ao trabalho de ouvir o rádio... *e* também de sofrer com o *P.M.* A moralidade arquetípica em sua moderna hipertensão E.I.G. [Escritório de Informação da Guerra] Wellesiana e trajes Hearstianos – compreenda, não há distinções de esquerda ou direita, e nunca houve, apesar do que eu acho que os

Lancasters e Fritz Sterns[5] diriam – se tornaram uma espécie de moinho de vento para o meu Quixote... penso no que Joan Adams e Kingsland diriam sobre tudo isso; e isso faz de mim um tipo muito absurdo. Estou lutando com o que já se passou... é provavelmente isso que você está pensando. Bem, deixemos isto de lado por agora...

Notícias de Burroughs é o que você quer... não o vi e não sei onde está. Porém, enderecei uma carta para o Clube da Universidade na esperança de que chegue a ele, e talvez ele me deixe saber onde está. O colega de quarto de Gilmore, Francis Thompson (!) acha que Bill ainda está em Nova York... o próprio Gilmore está ficando num chalé em Cape Cod, escrevendo um romance. O motivo de Bill ter dado baixa de Sheepshead é porque ele queria ir para a MM [marinha mercante] como comissário de bordo, e eles muito provavelmente não iriam colaborar com ele... Francis acha que Bill vai tentar de novo. Isso resume o que sei sobre Burroughs nesse momento, mas quando receber seu novo endereço envio para você. Fica só um item referente a Burroughs... Joyce Fields diz que ele é "leproso". Preciso contar isso para Bill...

Fiquei comovido com sua carta, repito. Em parte porque você esteve e ainda está doente... em parte por causa da carta de Trilling, que representa algo que eu gostaria que um dia acontecesse comigo, ou seja, ser admirado e apreciado por alguém como ele. Embora haja algo meio desgastante sobre sua ênfase no "efeito" da poesia, a carta que ele escreveu para você é sem dúvida um exemplo maravilhoso de como um homem de letras estabelecido pode inspirar confiança num jovem poeta. Há algo de francês nela... digo, cheira a Mallarmé encorajando o jovem autor de *Le Cahier d'Andre Walter* [André Gide]; ou de [Paul] Verlaine louvando o tempestuoso rapaz provinciano numa carta endereçada a Charleville; ou Gide concedendo calorosa apreciação e admiração ao jovem e desconhecido Julian Green. Tudo isso digo muito gauche na minha pressa, mas honestamente o invejo. Acho que nenhum de nós percebe a importância, não, a doçura da admiração; é uma das virtudes agonizantes do caráter. Veja por exemplo o jeito como Lucien [Carr] ressentia neuroticamente todo mundo em Colúmbia como um bando de peixes mortos que não conseguiam contra-argumentar com ele, ou algo assim, ou que não conseguiam se safar vestindo camisas vermelhas e fantásticas máscaras brancas pelas ruas, como ele conseguia. Uma visita recente a Colúmbia, onde Carr ainda estava muito em evidência, revela, acho eu, e para cunhar uma frase nojenta e rasteira, a natureza neurótica de nossos tempos... Todos aqueles idiotas retorcendo o canto da boca para tudo – e particularmente para Lucien. Não há nada da percepção amorosa de "Veja! Veja!"... ninguém pega no seu braço para docemente seduzir você num argumento... não há entusiasmo alemão, nenhum grito gutural profundo... apenas a escritura incessante e monótona

---

5. Ambos eram colegas na Universidade de Colúmbia.

de epigramas e, enquanto isso perdura, não há Oscar Wildes em Colúmbia. Exceto Wallace Thurston, claro...

Estive lá e vi Celine Young, Joyce Field, Grover Smith, Joan [Adams] e John [Kingsland], Auerbach, o chato infantil, Wallace Thurston, [Arthur] Lazarus (que perguntou por você), e outros que não consigo lembrar. Celine ficou bêbada e me mostrou uma carta de [Hal] Chase. Ela diz que romperam, mas não acho que tenham rompido... teria lhe divertido ver a maravilhosa compreensão que Celine e eu tivemos naquela noite: exatamente como irmão e irmã, exceto pela luta livre. Mas verdadeiramente acho que Celine é uma garota fantástica... ela perdeu sete quilos, parece alguém saído de um sanatório de Mann – inefável, bela, perdidamente autocorroída, um pouco doida. Ela me disse, com ar melancólico, que Lucien não a amava e que no futuro ele buscaria seu amor noutro canto... a isso ela adicionou que nenhuma garota satisfaria Lucien. Fui tão gentil com Celine naquela noite... sabe, Allen, que eu e Celine não podemos nunca mais ser amantes? É como se ela me quisesse mais como um irmão... e estou inclinado a achar bom, já que para mim ela perdeu toda a atração sexual em uma espécie de imolação mística do desejo. Mas o enlouquecedor!... ela se resignou a todos os tipos de destinos, incluindo um caso, fique sabendo, com Don Kahn! A situação vem diretamente de Dostoiévski, amiguinho! Olha só: ela gosta muito de Edie [Parker Kerouac] e portanto se reserva o direito de pedir por minha amizade. Em segundo lugar, ela sempre desejou minha confiança. Qualquer coisa menos o romance, é bem isso. Finalmente, tendo isso tudo em vista, ela decide ter casos com quem quer que a deseje... Agora ela diz que não quer mais Chase; e fala daquele Kahn. Não consigo evitar ver a ironia disso tudo. A cada dia que passa me sinto cada vez mais como Míchkin[6]... estou apaixonado por muitas pessoas neste momento, e não menos por Celine. Sendo um Bretão sensual, é difícil para mim resistir ao sexo na relação com as mulheres. Mas aqui me encontro felizmente representando o papel de padre confessor, o amigável Raskólnikov para a Sonia dela[7], enquanto seus charmes são reservados, por acordo tácito, para um bando de ninguéns. *O merde à Dieu!* A novidade está presente, claro, e sou jovem o suficiente para nadar em outros lagos. E, de toda forma, vou para a Califórnia em outubro.

Pedi a Edie para me encontrar em Colúmbia neste fim de semana. Haverá alguma espécie de encontro, que incluirá Edie, Joan, John, Grover, Celine, Khan, eu mesmo e, espero, Burroughs – se conseguir localizá-lo. Brindaremos em seu nome, eu garanto. Não interessa: mesmo que Kingsland dê uma risadinha e Burroughs abra um sorriso de escárnio e Edie vire o canto da boca e Joan casquine e Celine sorria docemente e Grover faça um trocadilho, vou sugerir um brinde a nosso camaradinha acamado.

---

6. O príncipe Míchkin é o personagem central de *O idiota*, de Fiódor Dostoiévski.
7. Raskólnikov e Sonia são personagens em *Crime e castigo*, de Dostoiévski.

Sua curiosidade com relação a *la soirée d'idiocie* é compreensível. É verdade, senti remorso... A ponto de cancelar um compromisso com Burroughs no dia seguinte, o que provavelmente o deixou muito chateado. Ele não tem paciência para o meu tipo de neurose, eu sei... Mas desde então tenho encarado minha natureza de frente, e o resultado é uma purgação. Você me entende, estou certo. Lembre que a primeira parte da minha vida sempre foi gasta numa atmosfera vigorosa e diretamente oposta a este tipo de atmosfera. É uma repulsa automática, que me causa muito remorso e desgosto. Há uma certa monotonia lúgubre em torno destes personagens, uma mesmice americana sobre eles que nunca varia e é sempre amorfa... quase como um grupo profissional. O jeito como se reúnem em antecipação nos bares e tentam atingir algum tipo de síntese vaga entre a respeitabilidade e o ilícito... Isso incomoda, mas não chega nem perto das fofocas bobas e do escárnio. Se pelo menos eles fossem gregos as coisas soariam muito diferentes. Tenho repulsa, portanto, acima de tudo por estes aspectos sociais, dos quais recebi uma overdose naquela noite. Com relação aos aspectos físicos, que você sabe me enojam conscientemente, não posso me assegurar de que... meu subconsciente esteja ali. Não vou fazer papel de bobo quanto a isso. Toda minha natureza desperta me diz que este tipo de coisa não condiz comigo. Está sempre me dizendo. Repica em minha natureza, me alertando vez após vez, até que começo a suspeitar de suas motivações. Mas não vou esquentar minha cabecinha com isso. Acho que no final será apenas uma questão de "siga na pista!" – você já ouviu aquela história sobre o *junky* Phil, não ouviu? Vou deixar minha neurose se dissolver no fogo branco da ação, por assim dizer. Estranhamente, a coisa que mais me perturba é a ilusão que todos têm de que estou partido em dois por tudo isso... quando, na verdade, tudo o que quero é limpar o ar que respiro, e não há ar nenhum, porque todos estão cheios de ar quente. O remorso que você detectou em minha última carta não é pelas razões que você imaginou... Uma vez estava com uma garota na cama, lá em Baltimore. Eu a tinha apanhado em um bar e ela prometeu que iria me impressionar. Na cama, ela caiu no sono e eu não consegui acordá-la... passei a noite toda lutando com seu corpo mole como um trapo enquanto ela roncava. Foi uma experiência horrível, que... Você sente remorso no dia seguinte, envergonhado do seu desejo; talvez você se sinta como um necrófilo, talvez haja algum medo de necrofilia em cada um de nós, e esse negócio de lutar com o corpo de uma mulher inconsciente é a coisa mais próxima da necrofilia... Bem, foi esse o tipo de remorso que senti, pelas exatas mesmas razões. Mas sei que não haveria ar limpo assegurado para mim pela manhã... Não havia ninguém a quem eu pudesse contar essa história que não me jogasse ar quente nas ventas... É quase como se minhas neuroses não fossem inatas, mas um resultado do ar, da atmosfera ao meu redor. Pois há muitas coisas horríveis que fiz em minha vida, no escuro longe de tudo, e não somente de mim. Não sou um puritano, não respondo por mim mesmo; em vez disso, sou um filho de Jeová – e avanço com trepidação na direção dos anciões desconfiados que parecem saber sobre cada uma de minhas transgressões e que vão me punir de um jeito ou de outro. Quando menino, sabe, comecei um fogo florestal muito sério em Massachusetts... nunca me preocupou nada, já que só tive meu próprio e tranquilo eu a quem responder por esse crime... Se, por outro lado, tivesse sido pego, teria sofrido horrivelmente. É este, portanto, o tipo de remorso que sinto... Mas isso também agora está purgado... espero.

Você não devia ter ficado "perturbado" pelo tom de minha última carta. Era apenas um chiste... e não era um chiste do mal, nem um pouco. Veio de um irmão mais velho. Algumas vezes você provoca um sentimento de superioridade tão intenso, digamos de superioridade moral, que não consigo me controlar... Em outros momentos, me sinto inferior a você – como neste momento, sem dúvida. Acho que você nunca vai me entender completamente, e por causa disso às vezes você vai sentir medo, nojo, perturbação ou satisfação... A coisa que me torna diferente de todos vocês é a imensa vida interior que tenho, uma vida interior preocupada com, entre todas as coisas, exterioridades... Mas isso seria discutir minha arte, e ela é tão íntima que não quero balbuciar sobre ela. Você pode deplorar o fato de que estou "pastoreando meus problemas artísticos de volta para a caverna", mas o certo é que eles pertencem a ela. Quando maior e mais profunda se torna essa vida interior, menos vocês vão me entender... Colocar as coisas assim pode parecer idiota, pode em particular divertir a Burroughs, mas é assim que é. Até que eu encontre um jeito de soltar a vida interior num método artístico, nada sobre mim será claro. E, claro, isso me coloca numa posição invejável... me lembra um comentário que Lucien compartilhou comigo certa vez. Ele disse: "Você nunca parece se entregar completamente, mas, claro, os morenos são sempre misteriosos." Foi isso que ele disse, por Deus... Então você mesmo se referiu a "uma estranha loucura crescendo há muito tempo" em mim, num poema escrito no inverno passado... lembra disso? Eu vivo disso, por Deus. De agora em diante, penso que vou começar deliberadamente a mistificar a todos; isso vai ser uma atração.

Enfim, minha arte me é mais importante que tudo... Nada dessa egocentricidade emocional na qual vocês todos chafurdam, com análises eternas de suas vidas sexuais e assim por diante. Isso é um passatempo, é sim! Há muito tempo me dedico a mim mesmo... Julian Green, entre outros, tem um tema em toda a sua obra: a impossibilidade de nos dedicarmos a um outro ser. Assim Julian pratica o que ele prega... Só há um defeito: ansiamos tanto por nos dedicarmos ao outro, mesmo quando é tão impossível... Não há questão de escolha.

No verão passado contei a Mimi West que estava procurando um novo método para liberar o que tenho em mim, e Lucien falou, do outro lado da sala, "Que tal uma nova visão?". O fato era que eu tinha a visão... acho que todos a têm... o que nos falta é método. Tudo que o próprio Lucien precisava era um método.

Compreendo a impaciência de Trilling com o Alto Sacerdote da Arte... *De fato* existe uma impostura em relação a isso. É o gesto adotado quando o método não se prova autossuficiente... depois de um tempo o gesto, esse Sacerdócio, começa a significar mais que a própria arte. O que poderia ser mais absurdo?

Mas não deixemos que a coisa toda se deteriore, como imagino que pode ocorrer em mentalidades como a de Trilling – adotar a arte com fervor e devoção unifocados é fazer esse gesto do Alto Sacerdote. Não, há uma distinção a ser feita, sem dúvida.

Então boa noite por enquanto... Sobre o [Restaurante] Admiral, recebi seu postal a tempo, então fui avisado. Vou ficar com a carta de Trilling por um tempo para mostrar para algumas pessoas: isso deve fazer você entender que a qualidade de minha amizade por você é muito mais pura do que a sua por mim jamais poderá ser, com seu complexo de alvo móvel. Não há nada que eu odeie mais que a condescendência que você começa a mostrar sempre que permito a meus instintos afetivos agirem totalmente com relação a você; é por isso que sempre reajo com raiva contra você. Me dá uma sensação de que estou desperdiçando uma boa quantidade de amizade numa trairazinha presunçosa. Honestamente espero que você tenha um caráter mais essencial, do tipo que respeito. Mas, então, talvez você o tenha e sinta medo de mostrá-lo. Pelo menos tente me fazer sentir que meu entusiasmo não está sendo desperdiçado... com relação a seu entusiasmo, para o inferno com ele... você tem mais dele para desperdiçar do que eu. E agora, se você me desculpa pelo chilique, me permita dar boa noite.

[...]
Jean

Allen Ginsberg [n.d. Sheepshead Bay, Nova York?] para Jack Kerouac [n.d., Ozone Park, Nova York?]

depois de 6 de setembro de 1945

Caro Jack:

Recebi ontem sua carta. Disse a Joan [Adams] quando a vi no W.E. [West End Bar] "Celine [Young] me lembra de Natasha, ou sei lá o nome dela, da *Montanha mágica*". Um comentário similar na sua carta – seria telepatia? Então me surpreendeu que Joan não tenha concordado com isso. Acho que ela está pensando na Celine saudável, amante dos advogados promissores (embora isso de certa forma se encaixe com Mann também). Da mesma forma que você ultimamente tem sido padre confessor, eu tenho sido irmão (ou irmã) por alguns anos já e conheço a sensação. Suspeito que haja alguma transferência de libido no papel.

E também imagino que haja algo parecido na curiosidade que partilho com Bill *vis à vis* seus vários *affaires de folie*. As minhas presunções (já quase habituais) com relação à sua natureza ambígua e aos conflitos que dela surgem – "a ilusão que todos têm de que estou partido em dois por tudo isso" era antes uma forma de quase libidinosa realização de desejos. Aqui você me pegou. Ainda assim você mesmo não pode chegar a um veredito – de que em certo sentido você está sendo perseguido por uma atmosfera – tão facilmente quanto você se vira "como se estivesse" dissolvendo a coisa no gelo branco da ação. Tenho repulsa pela atmosfera do Larry e da Main Street e pelos padrões de duplo sentido de [Bill] Gilmore, e ao mesmo tempo me encontro girando em torno desse universo particular (para usar uma frase sua). É o mesmo com você; no final das contas, a atmosfera é aquela que você escolheu por outros impulsos que não os estéticos, você também é tragado por uma curiosidade libidinosa da qual suponho você esteja ciente. Você poderia até mesmo aceitá-los (estas pessoas afetadas) como gregos, embora você tenha desprezo e medo por elas como elas são. E o remorso que você sente é abertamente exteriorizado, você teme a curiosidade sardônica de Burroughs, a consciência externa de seus defeitos fatais. Burroughs ou Gilmore estão talvez tentando levá-lo a este nível, e você por outro lado os provoca com manifestações de medo, ao tentar manter a si mesmo em outro nível superior ao deles e ignorando ou racionalizando todas as evidências em contrário. Você é mais grego que Gilmore, e mais americano que grego, portanto não precisa ficar tão tenso em relação a isso.

Não aprecio sentar a seus pés sendo jogado ao desalento por surtos de loucura divina – alternadamente "amedrontado, perturbado, enojado ou satisfeito". Você não é um brinquedo, entenda, e nem eu sou um simplório bem-intencionado tentando compreendê-lo sem sucesso. Ao mesmo tempo, sua conservação de energia especulativa e a crescente distância em uma promíscua exibição de seus materiais me toca como mais uma faixa na gama de emoções, surpreendentemente burroughsianas e (me curvo) maduras em termos do seu desenvolvimento. Sua arte é, você diz, mais importante para você do que tudo mais; a minha é uma egocentricidade emocional. Aceito isso porque relegaria a arte a uma posição puramente expressiva e afirmativa – aqui sou mais Rimbaud, creio. E para mim seu valor final igualmente é como uma ferramenta para a descoberta. Mas a afirmação – eu mesmo – e a descoberta – externa – são meus objetivos; estou dedicado a mim mesmo. É você que não reconhece a impossibilidade de se dedicar a seus seres-amigos, você está dedicado à sua arte. Minha arte é dedicada a mim.

De toda forma, se traçarmos as correntes da poesia, creio que no final toda a máquina de fazer arte (tanto em mim quanto em você) seria egocêntrica, por mais que queiramos nos iludir com outras ideias. E, ao final, o mesmo com Julian [Lucien Carr]. Ele não quer se dedicar ao outro, exceto na medida em que para ele o outro se dedicar a ele. O amor é apenas o reconhecimento de nossa própria culpa e imperfeição e uma súplica por perdão ao ser amado perfeito. É por isso que amamos aqueles que são mais belos do que nós, porque os tememos e porque precisamos ser amantes infelizes. Quando nos tornamos nós mesmos altos sacerdotes da arte nos iludimos de novo, a arte passa a ser como um gênio da lâmpada. É mais poderosa do que nós mesmos, mas apenas por nossa própria virtude ela existe e cria. Como um gênio, ela não tem vontade própria e é até mesmo meio estúpida; mas por nossa vontade ela se move para construir nossos impressionantes palácios e provê o palácio com uma consorte, o que é mais importante. O alto sacerdote é um adorador que cultua o gênio que outro invocou.

Você avisa que vai ficar com a carta de Trilling, amigo de fé, e diz que eu deveria perceber a qualidade de nossa amizade por essa notícia. Minha luxúria autocentrada em minha própria alma parece ter convencido você da validade de meu complexo de pombo de barro. Bem, você *é* o ingrato – e eu cometi a temeridade de dizer a Trilling (meio ano atrás) que você era um gênio. Estes são os agradecimentos que recebo! (Incidentalmente, acho que metade dos motivos para dizer a ele isso era fazê-lo pensar que meus amigos eram gênios e que, por implicação etc. Ainda assim, arrisquei minha reputação por você.)

Deixando de lado toda essa frivolidade, me surpreendi com sua crença de que quando você mostra sua natureza afetuosa para mim me torno condescendente – acho que tem sido exatamente o oposto. Você realmente pensa assim?

Aliás – tive vergonha de contar a você na frente de Burroughs – escrevi para Trilling uma carta de oito páginas explicando (minha versão) a *Weltschaung* de Rimbaud. Era em sua maior parte uma exegese das ideias Spenglerianas e antropológicas de Bill. Me sinto meio bobo agora – extremamente metido.

Acho que estarei em NY – na casa de Bill – na noite de sábado, talvez domingo. Espero ter segunda-feira de folga. Não tenho dinheiro, então terei que procurar entretenimento introspectivo – P.

Gilmore está mesmo escrevendo um romance?

Aqui vão dois sonetos sobre o poeta que contêm metade da minha versão da arte.[8]

Allen

P.S.: Não me escreva a não ser que seja por algo especial. Não quero tomar seu tempo e vamos nos encontrar em breve. Por algum motivo, gostaria de resguardar suas cartas para ocasiões trágicas, despedidas longas ou viagens.

---

8. Ginsberg incluiu aqui dois poemas que podem ser encontrados reimpressos como "The Poet: I" e "The Poet: II" em seu *The Book of Martyrdom and Artifice* (DaCapo, 2006).

1948

Nota dos editores: *Entre setembro de 1945 e abril de 1948, as cartas foram poucas e esparsas. Durante anos Jack e Allen passaram boa parte do tempo juntos, o que tornou desnecessário escrever. Quando a correspondência é retomada, em 1948, os dois já passaram um tempo no mar, conheceram Neal Cassady e fizeram suas primeiras viagens ao Oeste para visitá-lo, e sua amizade teve altos e baixos.*

Jack Kerouac [n.d., Ozone Park, Nova York?] para
Allen Ginsberg [n.d.]

c. abril de 1948

Sábado à noite

Caro Allen

Distrações, excitação e influências malévolas me impediram de compreender o que você estava dizendo sobre Van Doren e a proposta de publicação de seu *doldrums*.¹ Assim, sente-se e escreva uma carta a respeito. Por algo assim iria vê-lo pessoalmente, mas estou tão perto do fim de meu livro que tremo ao pensar em deixá-lo por um momento sequer. Exagero – mas só posso vê-lo no próximo fim de semana. Enquanto isso, gostaria de saber mais a respeito disso. Faça um resumo.

Meditando sobre as cabeças *yiddishe kopfe*, pergunto-me se você estava certo sobre eu levar meu *Cidade pequena, cidade grande* para Van Doren em vez de para uma editora. Diga-me o que você pensa sobre isso em sua refinada opinião húngara ponderada de Brierly-de-roupão.² Parece-me talvez que se eu levasse meu romance a uma editora eles olhariam para ele com olhos de icterícia, tendo em vista que não fui publicado e sou desconhecido, enquanto que, se Van Doren o aprovasse, tudo seria diferente. Imagino que você pense assim também. Nós gênios criativos precisamos roer as unhas juntos, ou devíamos fazer – quem sabe? Uma coisa ou outra.

Já recebeu notícias de Neal [Cassady]? O que me faz perguntar é que, se eu for a Denver em primeiro de junho para trabalhar em fazendas por lá, gostaria de vê-lo. É estranho que ele não escreva – e, como digo, ele deve estar cumprindo noventa dias por algo, só espero que não sejam noventa meses, é tudo com que me preocupo.

Hal [Chase] leu meu romance e disse que era melhor do que imaginava, algo que todos dizem. Para dizer a verdade, não o conheço tão bem já que nunca o li do começo ao fim, se é que o li. Hal ainda é o fantástico Hal – sabe, Hal

---

1. Mark Van Doren era um professor de inglês em Colúmbia para quem Ginsberg mostrara seus ciclos de poemas *The Denver Doldrums* e *Dakar Doldrums*.

2. Justin Brierly, de Denver, foi o aluno de Colúmbia que havia recomendado a Hal Chase e a Neal Cassady que fossem estudar em Colúmbia.

no seu melhor e mais *misteriosamente intenso* eu. Que cara estranho. Com um milhão de inocências insuspeitas saltitando na monotonia de sua profundidade. E é uma profundidade real.

É curioso que o que quer que escreva para você nunca soa bem porque fico imaginando você se perguntando: "Mas por quê? Por que ele está dizendo *isso*? Qual é o sentido disso tudo? Por que isso?" E sabe que isso soa como Martin Spencer Lyons, grande filósofo. Ele diz: "O que está fazendo?" E você diz: "Escrevendo um romance" e [ele] diz "POR QUÊ?" – com a voz de Gabriel, presumivelmente para fazer você se estirar perante o de-onde-e-por-quê do universo. E digo mais, cara, um sujeito como Martin Spencer Lyons tem estado na casa do como-e-por-quê e teve que se esquivar pela *porta de trás*, e você pega a *mim* – estive nessa casa e olhei ao redor em todos os recintos, mas saí por onde entrei. Me pergunte sobre os por-quês-e-de-ondes de fazer qualquer coisa, ou sobre a insanidade da ação inconscientemente fabricada, e direi a você em meu mais debochado tom marktwainiano: "Merda, eu sei o nome de todos os cupins da casa do de-onde-e-por-quê". Bom, né? E tudo isso é só para dizer que não se deve perguntar *por que* o tempo todo, e portanto não me pergunte *por que* estou escrevendo essa carta para você. Na verdade é porque tive uma vontade repentina de falar com você a respeito disso e, também, subliminarmente, para completar o pequeno círculo que começamos na noite do sábado passado quando peguei uma merreca emprestada de você e ambos sorrimos graciosamente como dois judeus velhos do ramo da alfaiataria que conhecem um ao outro *tão* bem que podem trocar sorrisos falsos. Também, a merreca não vai retornar até eu, quem sabe, ver você neste fim de semana.

Então, quando você for ver Van Doren – diga a ele que planejo levar meu romance (380 mil palavras) para ele. Diga a ele que eu *vou levá-lo* para ele por meados ou fim de maio, romance pronto. Diga que é o mesmo sobre o qual falei com ele dois anos e meio atrás e vá lá e diga que trabalhei em meio à pobreza, à doença e ao luto e à loucura, e que esse romance ainda assim é coeso. E se isso não é pertinência ou tenacidade ou algo de gênio, não sei o que é. Vá e diga a ele que estive consumido por tempos dolorosos misteriosos e que ainda assim permaneci nos tempos, e que estive tristíssimo e assombradíssimo pelo tempo, mas ainda assim trabalhei. E diga a Martin Spencer Lyons, pobre curiosidade mórbida deplorável que ele é, que ele conseguiu perturbar um homem de ação. Tchau, cara. Me conta sobre Hunkey [Huncke].

Homem de conhecimento-enigma e desespero da agressão,
J.

P.S.: O que gosto no Van Doren é isso: ele foi o único professor que conheci pessoalmente em Colúmbia que tinha a aparência de humildade sem pretensão – a aparência, mas para mim profundamente também a realidade da humildade. Um tipo de humildade sofridamente honesta, como se imagina num velho Dickens ou num velho Dostoiévski no fim da vida. Também ele é um poeta, um "sonhador" e um homem de moral. A parte do homem de moral é minha parte favorita. Este é o tipo de homem cuja abordagem na vida tem o elemento de proposição moral embutido. Ou a proposição foi feita a ele, ou ele a fez perante a vida. Entende? Meu tipo favorito de homem. Nunca fui capaz de mostrar estas coisas para ninguém com medo de parecer hipócrita e não empático ou simpático. Assim, se ocorrer de ele gostar do meu romance, eu terei a mesma sensação que Wolfe deve ter tido do velho [Maxwell] Perkins na Scribner's – um sentimento filial. É terrível nunca encontrar um pai num mundo cheio de pais de todos os tipos. Finalmente você encontra a *você mesmo* como um pai, mas então você nunca encontra um filho de quem ser pai. Deve ser terrivelmente verdadeiro, velho, que os seres humanos tornem as coisas tão difíceis para si mesmos etc.

P.S.: Saca essa frase de meu romance, numa sequência no Greenwich Village: "Em todas estas cenas (festas do Greenwich Village) o grave Francis era como um autêntico jovem oficial da igreja despadrado no início da carreira depois de um escândalo de tremendas proporções teológicas".

P.S.: E saca essa descrição de Nova York: "Eles viram a própria Manhattan erguendo-se em meio ao rio na grande luz vermelha da tarde do mundo. Era demais para acreditar, próxima, quase ao alcance da mão (como as estrelas), e imensa, complexa, insondável e bela na distância, fumaça, brilhos nas janelas, como as sombras de um cânion de realidade, com a tessitura das coisas tocando e tremendo como sombras sem fundo na tapeçaria exposta de poderosos abismos, e pequenas coisas movendo-se em milhões enquanto o olho se esforça para vê-las, e miríades de fumaças subindo e saindo por todo lado, por todo lado desde as margens até os grandes flancos da cidade e seus mais altos pontos etc. etc." Então escurece: "E assim foi: o sol se punha, deixando no mundo uma grande e inchada luz como vinho tinto e rubis, e nuvens emolduradas pelos tons de púrpura e rosa brilhante acima, tudo sombrio, escuro, imenso e indizivelmente belo: tudo mudando, o rio mudando num borbulhar de cores escuras até a escuridão (sacou?), os abismos das ruas na escuridão etc., o brilho fabuloso de mil estrelas etc. etc., e finalmente, – " quando se olha acima do rio na direção do Brooklyn – "o correr das pontes sobre o rio – o rio como tostões – para o Brooklyn, para o fervilhante e complicado para os navios fim das águas que tece suave enquanto ondula incompreensivelmente e o próprio bastião do Brooklyn."

P.S.: Muito, muito mais, mas estou cansado.

Até logo

Jack Kerouac [n.d., Ozone Park, Nova York?] para
Allen Ginsberg [n.d., Nova York, Nova York?]

Tema: Todos os jovens anjos gingando com a música dos bailões (num rinque de patinação)
Terça à noite, 18 de maio de 48

Caro Allen:

Obrigado por me escrever. Vejo você talvez sexta à noite, mas agora não quero discutir sua carta[3] em detalhes porque nela há um bocado de coisa para mim já passada. Em resposta a todos os seus questionamentos: sim. Tenho os mesmos problemas de "pessoalidade" na expressão que busca ao mesmo tempo ser comunicativa (e doce, se quiser)... e tudo mais e, sim, consegui lidar com isso do meu jeito. Em *Cidade pequena, cidade grande,* não tanto quanto depois, também. Podemos conversar sobre isso. Estou certo de que "amadureci" certinho; como poderia me equivocar? Não fiz nada a não ser escrever por anos a fio, e você sabe que não sou burro ou pouco inteligente. Talvez possa ajudá-lo apontando dificuldades. Com relação ao romance, já o entreguei na Scribner's duas semanas atrás. Eles estão lendo; não recebi retorno ainda.

Mas tenho notícias que vão despertar seu interesse, soube de Neal [Cassady]. Oh, estas são as coisas doces e negras que fazem da escrita o que ela é... De todo modo, soube de Neal e tive que preencher um formulário atestando seu caráter para um empregador. Asseguro que empilhei ali todo o melhor estilo epistolar de Bill Burroughs. Acho que disse que ele seria "prontamente de enorme valor à sua organização e metas" etc. O trabalho é como guarda-freios na ferrovia Southern Pacific. Disso presumi – e adivinhei corretamente – que Neal se meteu numa, pegou três meses, e estão conseguindo um trabalho através de algum tipo de agência penitenciária. No entanto, não ouvi nada do próprio Neal. A Southern Pacific, por acaso, é a melhor ferrovia do mundo... numa manhã de domingo, pelo ensolarado vale das uvas e mulheres com corpos de uvas de San Joaquin, reclinei-me num vagão aberto lendo as tiras de domingo com outros meninos, e os guarda-freios sorriram e abanaram alegres. É a melhor ferrovia para o vagabundo. Na Califórnia, qualquer pessoa com algum tino pode pegar esta estrada entre Frisco e LA a qualquer hora, uma vez por semana se quiser, e ninguém vai se incomodar. Quando o trem dá uma parada você pode sair e pegar umas frutas, se estiver próximo a um pomar. É maravilhoso que Neal esteja trabalhando para uma fantástica ferrovia no país de Saroyan... (na eventualidade de qualquer assassinato monstruoso, não é culpa minha, de Neal ou de Saroyan.) Os guarda-freios de Santa Fé, se pegam alguém e estão munidos de bastões, matam. Mas não na SP.

---

3. Kerouac se refere a uma carta de Ginsberg escrita em meados de abril de 1948 que não foi incluída no presente volume.

Tive uma temporada, Allen, que temporada. Durou exatamente quatro dias. Ela tinha dezoito anos, vi-a na rua, era de doer, e a segui até o rinque de patinação. Tentei patinar com ela e caí o tempo todo. Jovem e bela, claro. – Tony Moracchio, o amigo de Lucien (e meu) estava a par da minha bela temporada... Ele achou a garota, Beverly, burra demais para mim, pouco articulada. Odiei que ele tenha pensado assim... não tem ideia de quão loucamente apaixonado eu estava, parecido com Celine [Young], só que pior, porque ela era melhor. Mas no fim ela me rejeitou porque "não sabia nada sobre mim". Tentei levá-la à minha casa para conhecer minha mãe, pelo amor de Deus, mas aparentemente ela ficou com medo achando que eu estava tentando enganá-la. Doce amor negado. Ela pensou que eu era algum tipo de gângster... não parava de sugerir isso. Ela achou também que eu era "esquisito" porque não tinha um trabalho. Ela mesma tem dois empregos e trabalha até se esfolar, e não consegue entender o que é "escrever". Eu e Tony Monacchio encontramos Lucien podre de bêbado no quarto de Tony depois de uma festa – na noite em que Lucien deveria ter viajado a Providence para tirar suas duas semanas de férias. Nós o levamos até o ônibus da Air Lines. Ele estava com olhos cansados, cego, usando sapatos marrons e brancos costurados como um personagem de Scott Fitzgerald nos anos 20. Percebi então que Lucien está bebendo demais e que Barbara [Hale][4] não está fazendo nada a respeito. Para deixar claro, ele estava mesmo mal. Tony disse a ele: "A garota de Jack é doce e bela, mas burra". E Lucien, no seu estado grogue, disse: "Todo mundo é doce e belo, mas burro". Allen, são essas coisas, são essas coisas, não se preocupe com a *teoria* de escrever, de forma alguma. Então Lucien nos agradeceu por levá-lo até o "avião", como ele chamou o ônibus, e tivemos uma despedida. Naquela tarde minha menininha me rejeitou. E agora, como você está? Como estão todos no doce e belo mundo burro?

Jack

Allen Ginsberg [n.d., Sheepshead Bay, Nova York?] para Jack Kerouac [n.d., Nova York, Nova York?]

depois de 18 de maio de 1948

Segunda-feira à noite: 1:30

Caro Jack:

Recebi sua carta sábado à noite – havia ido a Paterson por alguns dias. Estarei aqui nesse fim de semana (em NY).

Você me pareceu muito orgulhoso ao tratar da "coisa passada". O que eu

---

4. Barbara Hale era a namorada de Lucien Carr naquela época.

estava dizendo em parte (a parte menor) é que não me era reconhecível (a mim, em sua prosa), mas, mas, mas... Não é a mesma velha maturidade sobre a qual eu (e [Bill] Gilmore) estávamos falando antes. Não tenho a menor ideia se Gilmore entenderia e não ligaria muito. Mas você está certo, talvez eu esteja xeretando. E com isso não quero continuar.

Acabaram as aulas e tenho lido Dante, que achei muito inspirador. Terminei a *Divina comédia* durante o semestre, e estou lendo outros livros incluindo *A Vita Nuova* (Vida nova) [de Dante Alighieri]. Hoje sonhei um vasto plano provisório, vou te contar. Meu interesse na leitura é o lucro pela experiência de outros homens. Algumas vezes encontro (apenas ultimamente) autores que falam diretamente a mim, do fundo de suas mentes. Acho que vou escrever uma sequência de sonetos. Quero ler Petrarca e Shakespeare, Spencer e Sidney etc. e aprender sobre sonetos do início ao fim, e escrever uma série sobre o amor, perfeita, com uma concepção nova. Concebi essa ideia de imediato vendo a primeira palavra num título em uma das páginas do *Vita Nuova*: meus poemas têm sempre sido profetizados por seus títulos. Ou seja, o poema muitas vezes tem uma única "ideia transcendental, pessoal e séria" por trás dele, como um romance – uma imagem única. Quero celebrar meus "amantes" de diversas formas, no plano intelectual, espirituoso, apaixonado, extático, nostálgico, reflexivo, estético, realístico, "sóbrio", entusiástico etc., cada percepção possível encaixada numa tessitura límpida de versos complexos – incluindo aquele humor ainda não definido ou expresso, melhor ainda, aquele conhecimento que tenho e que em alguns momentos você sabe que eu tenho, não interessa o quão bobo eu fique. O título dele é: "A Fantasia do Belo". Só repita em voz alta, o nome carrega a ideia toda consigo. Uma das principais ideias é o sentido dinâmico do "Rosto de Lucien", que certa vez você me propôs e que eu meio que entendi na época. Quero formular a ideia em termos poéticos, se possível como o fim do poema, mas sem nenhum uso do nome como ponte, privada ou subjetiva, ou qualquer ideia NY de LI [Long Island]. Estou falando de humanidade e começando a escrever na eternidade.

Tenho sofrido de uma sequência de sonhos perturbadores com Neal [Cassady]. Seu comentário vem no meio dessa crise, embora não seja uma crise passional e não seja acompanhada por nenhuma tempestade do intelecto. Pergunto-me o que ele andará fazendo em sua eternidade. Sinto-me tão distante das pessoas, sem solidão, que estou bastante feliz agora. [...]

Não estou preocupado com a teoria da escrita, estou apenas variando a prática. Os Doldrums são antiquados. Por essa razão estou enviando poesia pela primeira vez. Recebi minha primeira tarjeta de rejeição do *Kenyon*; uma nota de J.C. Ransom, editor e poeta: "Gostei muito deste poema lento, iterativo, organizado e reflexivo. Por alguns momentos parece uma sextina. Obrigado por enviá-lo. Creio que não seja exatamente para nós. Acho que precisamos de algo mais compacto".

Eu havia enviado a eles "Denver D. [Doldrums]" mas, como a fortuna determina, tenho algumas coisas compactas que eles receberão semana que vem.

Sua temporada parece ter sido bela. De minha parte gostaria de ter visto Lucien tão bêbado. Entenda o que quiser disso.

Não, soou como você. (Alguém está cantando uma cantiga "me passe uma fatia de pizza") e me faz desejar que eu estivesse vivo, é por isso que não posso dizer mais.

Todo mundo está bem, mas este mundo é doce, belo e nada burro. Lucien diz burro porque não sabemos o que sabemos. Digo, não admitimos o quanto sabemos.

White[5] disse que a Scribner's também rejeitou você, igual à garota. Posso ver o romance [*Cidade pequena, cidade grande*]? Não se preocupe, não quero dizer nada com isso. É só minha opinião.

Grebsnig

Allen Ginsberg [East Harlem, Nova York] para Jack Kerouac [Ozone Park, Nova York]

3 de julho de 1948

Caro Jack:

[...]

Sim, papai, estou no Harlem, lendo *Huckleberry Finn.* Tenho um rádio e ouço qualquer coisa quando tenho vontade, Durgin[6] sai e retorna a qualquer hora no meio da noite bêbado rindo alto de absurdos, temos conversas curtas e longas loucas, talvez até jubilosas, e eu sento e escrevo, e ele senta e escreve sobre T. de Aquino e Martin Buber e Shakespeare, e tosse. Estou engendrando um grande sentimento fraternal por ele, ele é muito legal e bem triste. Ele conhece todos os bares por toda a cidade: conhece a cidade, e não liga, é muito cuidadoso com a alma de um jeito teológico. Ele vai tratar o pulmão no Saranac[7] daqui a uns dias. Eu sento e lhe conto histórias improvisadas sobre as caminhadas que dou no Harlem, sobre ver Lester Young no Apollo, sobre quem é Lester, com o que ele se parece quando toca, sobre a proprietária do imóvel, que é uma velha judia chamada Sra. Bitter etc.

O que aconteceu com [Allan] Temko[8] em Frisco? Ele conseguiu aguen-

---

5. Ed White, de Denver, foi aluno em Colúmbia e era conhecido de Neal Cassady.

6. Russell Durgin era o aluno em cujo apartamento Ginsberg morava na ocasião.

7. Lago Saranac, em Nova York, nas montanhas Adirondack, era o local onde havia um famoso sanatório de tuberculose.

8. Allan Temko foi um colega de Ginsberg e Kerouac em Colúmbia. Um de seus amigos de Denver, ele mais tarde se tornou crítico de arquitetura em São Francisco e ganhou um prêmio Pulitzer.

tar? O que ele sabe sobre o Horror? Por que ele se importa, por que ele não consegue um trabalho e fica nele como um homem honesto? Por que ele não vai para Paris e fica por lá e rola na sarjeta? Posso até vê-lo fazendo uma absurda fortuna no mercado negro e sentando em Rumpelmeyers tirando seu monóculo. Recomende que ele faça uma peregrinação a Aix (Cézanne) ou Charleville.

Aprendo semana a semana, minha poesia ainda não é minha. Nova rima, novo eu eu eu em palavras. Não sou lá esse retórico lapidado.

Se quiser ver rodamoinho, venha pro Harlem.

Estarei fora neste fim de semana para curtir papai Louiay [Louis Ginsberg]. Venha a qualquer hora depois disso, na segunda à noite, digamos, ou qualquer outra noite depois dessa. Posso ser encontrado por telefone nos dias úteis pela manhã na Academia de Ciência Política[9]. Ligue para o número geral de Colúmbia e peça pela Academia, e pergunte por mim, a qualquer momento antes das 10h30 da manhã.

Estou pasmo com seu final. Poderia ser grandioso. Seria mais promissor se você não fodesse tudo com ameaçadoras atmosferas wolfianas.

"O que quer que você faça é ótimo."

Escrevi uma carta enorme para o Neal, tão grande que tive que enviar num envelope especial, e copiei tudo que eu havia escrito começando com "Dakar Doldrums."

Triste, ô.

Nota dos editores: *Durante o verão de 1948, enquanto vivia no apartamento de Russell Durgin no nº 321 leste da Rua 121 no East Harlem, Ginsberg teve uma série de visões e alucinações cósmicas. A primeira delas foi a voz de William Blake recitando poesia. A isto se seguiu um período de intensificação de consciência que durou, intermitentemente, algumas semanas. Estas visões tiveram profunda influência sobre Allen e viriam a ocupar seus pensamentos pela década seguinte. Na carta a seguir, Ginsberg escreve para Kerouac tentando expressar o que está se passando com ele espiritualmente.*

Allen Ginsberg [East Harlem, Nova York] para Jack Kerouac [n.d., Ozone Park, Nova York?]

verão de 1948

Caro Jack

Espero que você ainda se lembre da conversa que tivemos na semana passada na Rua 14. Um elemento entrou nela de algo que não havia sido deixado tão

---
9. Ginsberg estava trabalhando no jornal da Academia de Ciência Política.

claro em outras conversas – a saber, aquele X a que eu tenho (e você, e aliás todo mundo) retornado pelos últimos meses. É importante que entendamos bem (no mínimo é importante entender em termos intelectuais) a completa alteridade do outro mundo. Ele não penetra em nossas mentes conscientes – exceto talvez em momentos muito raros – mas creio que seja a única coisa de valor, a única posse, o único pensamento, a única labuta de valor ou verdade, e a isso tenho dedicado a mim mesmo ou, para tentar deixar essa conversa um pouco menos sobre o ego, a isso de alguma forma eu tenho me dedicado – da mesma forma que o herói de Kafka, que acorda pela manhã e descobre que algo misterioso encontrou forma substancial e o está seguindo ou perseguindo, sem dar descanso – uma luta de tempo, vida e morte. O irreal se tornou agora o mais real. É por isso que minha vida-pensamento consciente está tão longe da sua. O que você rejeitou com um dar de ombros como sendo loucura – o que você de relance viu como fantástico – o mais fantástico possível – a possibilidade é eu ver por diversos meses a única coisa, o inevitável – o uno. Não há evasão dele para mim – não posso esquecer o que vi, e o vi por mim mesmo por alguns momentos instáveis de maneira ainda mais clara do que imaginamos juntos na semana passada. Uma vez o vi claramente além da minha vida, vi que tinha que ir lá. Você pode se incomodar com meu uso repetitivo de palavras, tais como "literalmente", "de fato" ou "realmente" etc., mas por falta de vocabulário – e por falta de uma presença imediata daquilo sobre o que estou falando venho tentando me expressar sobre um milagre.

    Já tenho estado imerso nele por meses, tentando intelectualmente definir, descrever e mostrar a existência daquele algo mais que conhecemos – algo que podemos saber se formos capazes de lidar com a responsabilidade de destruir nossas vidas atuais, mas que por sua própria natureza está tão por baixo ou acima da existência como normalmente a conheço que não há como, exceto invocando (como em algumas conversas) a sensação vaga de algo onírico e branco, ardenesco e fantasmagórico ao nosso redor – e aquela sensação de conto de fadas é a mais próxima a que podemos chegar em nossas mentes conscientes. Uma vez que abandone essa tentativa, estarei mais próximo da realização última pela qual me esforço, pois isso é em vão e também uma defesa contra a sensação terrível do conhecimento. Se eu não tivesse fé nas rotinas mecânicas da psicanálise como uma forma de me fazer encarar a mim mesmo e a deus, não esperaria mais por uma visão aqui na cidade, mas teria desistido da vida aqui e partido – em uma verdadeira peregrinação, como os antigos – por toda a parte, me colocaria à mercê dos elementos e morreria desta vida de vaidade e medo, abandonaria tudo e vagaria, sem casa, até que o lugar onde eu estivesse se tornasse minha casa. Pode parecer anacrônico combinar tais ambições espirituais com uma psicanálise que muda tudo – na direção disso. Mas esta é minha própria vida e escolha, e não posso ter a pretensão de prescrever qualquer remédio além do sofrimento para os outros – sofrimento até a exaustão, e exaustão de sofrimento. Nada que sei importa. Você lembra a descrição de Spengler da ideia que o mágico faz de deus? – na p. 235[10] – "como corpo e alma ele pertence apenas a si próprio, mas algo mais, algo mais elevado e separado habita nele, fazendo dele com todos os seus lampejos e convicções só mais um membro de um consenso que, como a emanação de Deus, exclui o erro, mas exclui também toda possibilidade de autoafirmar o ego... a impossibilidade de um ego pensante, crente e sapiente... a ideia de vontades individuais é simplesmente sem sentido, pois 'vontade' e 'pensamento' no homem não são próprios, mas efeitos da deidade sobre ele". No final das contas tenho mais ego autoafirmativo do que qualquer um – um ego mais vicioso que o seu – um ego mais "babão"? E quem senão eu poderia perceber melhor a derradeira natureza de fantasia de meu ego? De todo ego, de toda mente individual, da personalidade? Com todo meu individualismo demoníaco, é você que defende o ego e se recusa a abandoná-lo na hora da última batalha com o coração interior. Mas esta é a batalha crucial – não há coração interior senão aquele uno com deus, que é da mesma substância que tudo mais; nenhum poder de introspecção e segredo tem qualquer sentido ou força, exceto como expressão do orgulho e do medo em uma única nação, um único espírito, uma única emoção – o uno impensável. Não é? Mas estou falando aqui do próprio apocalipse (não só do misticismo) e então não há sentido em me flagelar tanto. Dies Irae! Um dia quando entrar no outro mundo descobrirei que toda essa conversa foi uma tentativa de enganar os outros em relação à verdadeira natureza do apocalipse. Mas que haja terror em seu coração por esse dia também. Seremos todos julgados.

Talvez esteja em NY na quarta. Se for dou um pulo na Escola Nova. Enquanto isso, aqui está a chave do meu apartamento.

Seu semelhante,
Allen

Jack Kerouac [Ozone Park, Nova York] para Allen Ginsberg [n.d., Nova York, Nova York?]

9 de setembro de 1948

Amigo Allen:

Sim, quero te ver, mas por que você não vem na minha casa no Ozone na segunda – se não pela tarde, à noite ou na madrugada? Estou muito ocupado me esquivando do horror de cartas-formulário de rejeição dos editores e maquinando novas tentativas. Preciso revisar mais também. Barbara Hale achou que o romance era "ótimo, mas esquisito" – mas a Classe Falante que gerencia editoras está buscando uma coisa esperta, é claro. Estou indo para a Carolina do Norte em algumas

---

10. Uma referência a *O declínio do ocidente*, de Oswald Spengler.

semanas para cuidar do estacionamento do meu cunhado e cortejar uma enfermeira e descansar deste terrível mundo literário com o qual preciso fazer negócios. O que é isso sobre Claude de Maubri [Lucien Carr]?... é verdade? Recusei o trabalho na UP [United Press] porque estava abaixo da minha dignidade, com um romance como aquele escrito e rejeitado como um silencioso e sofredor Sam Johnson. Pfui! Assisti a O Idiota, gostei mais do Rogójin. Venha visitar! (*Lundi*)

J.

Nota dos editores: *Mais uma vez Ginsberg escreve para Kerouac sobre suas visões, desta vez negando que tenham acontecido. Jack escreveu na margem da carta "quando ele estava surtando", acertadamente. Ginsberg nunca esteve tão próximo da loucura como durante este período.*

Allen Ginsberg [n.d., East Harlem, Nova York?] para Jack Kerouac [n.d., Ozone Park, Nova York?]

c. final do verão de 1948

Caro Jack:

Estou louco, você se surpreende? Pimba! Acho que minha mente está se esfarelando, como biscoitos. Se tivesse escrito isso cinco minutos atrás estaria chorando, se tivesse escrito dez minutos antes diria para você me deixar em paz, se esperar um pouco mais não escrevo. Temo que eu não possa responder de forma sincera neste momento. Sua carta foi tão obviamente natural. Que devo dizer? Posso ver você lendo isso e me dizendo friamente para parar de posar, porque estou posando, posando como se estivesse posando do Subterrâneo. Mas tenho grande fé no médico supremo.

Aconteça o que acontecer, pensei que havia impressionado você a tal ponto com minha última visão que você não ousaria falar comigo de novo sem cair de joelhos. Bem, não penso mais assim, não porque sou mais sensível ou mais justo que você, mas porque descobri uma forma melhor de atormentar você, tendo em vista o quão aberto você é. A coisa toda da visão é só bobagem, uma grande fantasia. Não estou inventando isso agora, eu já sabia quando contei para você, embora só tenha percebido bem mais tarde. De fato não me importa. Se você pensa que isso foi minha maior virtude, uma visão, ah não, tenho coisas muito mais importantes no que pensar. Porém, só para aliviar você, a "Visão" tinha elementos da natureza nela, mas era só um disfarce para algo muito mais profundo e horrível. E também não era só sexo.

Se você quer conhecer minha verdadeira natureza, sou neste momento uma daquelas pessoas que sai por aí mostrando o pau para delinquentes juvenis.

Não posso realmente responder sua carta, embora eu queira fazer isso com um bom grau de desejo e percepção do nível em que você está e no qual eu estaria.

Você me trata como se eu fosse repreensível, o que de fato sou.

Que eu saia desse nhem-nhem-nhem. Venha me ver. Não. Eu vou ir vê-lo. Tenho algo a dizer a você.

Jack Kerouac [Ozone Park, Nova York] para Allen Ginsberg [Paterson, Nova Jersey]

noite de sábado, 18 de setembro de 48
Prateleira do Mago

Caro Allen:

Tenho tido uns pensamentos muito loucos desde que vi você... visões que me dizem que não há algo como "o mistério amargo da vida" (de Wolfe e outros), mas – nunca tão claramente – pude ver quão belo é o mistério. E que *é* um mistério, sabe. Nenhum de nós realmente entende o que está fazendo, seja intencional ou não, se consideramos assim ou assado – é algo mais que estamos fazendo, o tempo todo, e é muito belo. Mesmo os penetrantes Carrs não sabem sempre o que estão fazendo. Depois que você se foi aquele dia, recebi uma ligação de Tom Livornese[11] e fui até a casa dele. Bebemos e ficamos acordados a noite toda, e fomos a NY fazer um negócio que ele tinha. Esperei por ele no bar na Terceira Avenida, cheio de visões. Seu artigo sobre Cézanne rodopiou em minha cabeça, ou seja, a compreensão da visão. Vi – e especialmente já que Nova York estava reluzente feito um babador naquele dia por causa da baixa umidade – vi tudo em suas luzes e contornos verdadeiros. Mas não é nisso que quero chegar (no esteta espiritual). Não agora. Quando voltei – eram onze e meia da manhã – liguei para Lucien. Eu e Tom queríamos sair para beber, e eu sabia que esse era o dia de folga de Lou. Lucien nos disse para ir acordá-lo. Levamos discos de Tristano[12] conosco. Colocamos os discos para tocar, Lucien ficou na cama tentando acordar e depois de um tempo passou a ouvir atentamente o Tristano. E então acordou. Era uma ressaca forte. Fiquei me perguntando como deveria agir para impressionar Lucien. Mas repentinamente passei mal, com náusea por não comer e dormir, e fiquei só deitado no sofá, de olhos fechados. Lucien veio e bateu na minha perna e sorriu. Ele falou com Tom. Finalmente ele me deu leite e eu melhorei um pouco. "Tenho uma ótima ideia", disse ele, "vamos sentar na Washington Square". Aliás, ou óbvio, Barbara [Hale] não estava na cidade... Caminhamos pela Sexta Avenida naquela luz de Cézanne. Comentei isso com Lucien, e ele concordou. Fomos até um bar parisiense (o Rochambeau) e bebemos três pernods. O *barman* gelou

---

11. Tom Livornesse era um colega de Kerouac que conhecia Vicki Russell e Little Jack Melody. Era também pianista de jazz em meio expediente.

12. Lennie Tristano foi um pianista e compositor de jazz.

cuidadosamente os copos, limpou o gelo, colocou a dose de pernod, adicionou água e nos passou o drinque verde esfumaçado. Como a luz do dia, e a luz da inteligência de Lucien, o pernod nos trouxe outra luz. Isso nos confortou, os três, no fundo de nossos estômagos. Sentamos fulgurantes no bar e bebemos juntos devagar. E seguimos pelas belas ruas do dia. Fomos visitar uns amigos de St. Louis de Lucien e conversamos com eles bebendo um coquetelzinho. Eram socialites jovens extremamente condescendentes, mas depois Lucien se refestelou dizendo que a condescendência deles em nada se aproximava da de Tom Livornese, que é no fim das contas mais rico que eles. Então Tom satisfez Lucien eternamente ao ir numa certa casa noturna... Não tínhamos dinheiro, mas queríamos beber noite e dia... só de entrar na tal casa e disparar: "Conhece o nome Livornese?", eles disseram "claro" e sacaram um cheque de $20 para ele, ou seja, deram $20 para ele na confiança... Não sei por que exatamente, estava esperando fora do clube olhando com novos olhos as pessoas passarem. Lucien saiu apressado e me contou que as pessoas sempre tentam conseguir dinheiro na espertaza, algumas vezes com uma manobra ousada como a de Tom, mas nunca conseguem, e ele sim. Ficamos na esquina comendo cachorros-quentes e Lucien encantado me relata o que aconteceu. Ainda falando com Lucien, Tom se vira para mim e diz: "Depois me diz o que ele disse". Dá para sentir a sintonia? Então Tom nos deixa com $5 e sai para jantar com a namorada, dizendo que vai nos encontrar noutro bar. Lucien e eu bebemos e conversamos. Ele me falou sobre você e ele, exatamente como você havia me contado. Então lamentou que eu tivesse que ser um "escritor de má reputação", que não podia ingressar no sistema econômico como ele ingressara. Mas eu sabia que ele estava dizendo isso porque ele uma vez acreditou naquela arte de "comunicação artística disso e daquilo" sobre a qual eu e você costumávamos falar em Colúmbia, lembra? Digo, pela primeira vez sou capaz de ouvir o que os outros falam na perspectiva do outro mundo. Não sabemos o que estamos dizendo: parece que só Deus pode saber. Comunicamo-nos sem profundidade, sem as palavras que usamos. E é na mesma "má" escrita de sempre. E nos preocupamos o tempo todo sobre como nos sentimos uns com os outros, como se fôssemos Deus e soubéssemos que sempre devíamos amar uns aos outros sem desvios, só com variações de obstáculos complicados e inversões de intenção... bem, confusão entre outras coisas. Mas tem mais, tem mais... Lucien e eu saímos do bar porque queríamos ver a luz do dia antes que mergulhasse no Oeste. As ruas já estavam se avermelhando, e caminhamos até a Washington Square juntos. Caminhamos ali, entre as crianças, um com o outro. Vimos uma garotinha cair de patins e arranhar o joelho, e então se levantar e pisotear cheia de ressentimento e dor porque se machucara. Lucien disse: "É tão maravilhoso o jeito como as crianças expressam sua dor". Ele foi até ela e passou a mão em sua cabeça e disse que tudo ficaria bem. Ela fez bico e enrubesceu, se virando. Sua amiguinha riu... por algum motivo elas entenderam errado o que ele havia dito, e Lucien se virou e disse: "Eu não disse isso... disse que tudo ficaria bem". Mas houve mais pequenos desentendimentos, e Lucien voltou um pouco fracassado, envergonhado, mas feliz, e as crianças estavam contentes. Estas rápidas ofuscações de intenções com sentido real expandiram minha perspectiva sobre a natureza de nossos problemas de comunicação: é só uma espécie de medo de ser entendido ou mal entendido, com amor como energia básica – pois ser totalmente compreendido implica um certo vácuo. Perceba, Allen, que se o mundo todo fosse verde não haveria a cor verde. Da mesma forma, os homens não podem saber o que é estar *junto*s sem ao mesmo tempo saber o que é a separação. Se *todo* o mundo fosse amor, então como poderia existir o amor? É por isso que nos afastamos em momentos de grande felicidade e proximidade. Como poderíamos conhecer a felicidade e a proximidade sem seu contraste, como no caso das luzes? Na verdade da luz e da cor, está a mesma verdade, moral, psicológica e espiritual. Então, enquanto caminhávamos no parque, Lucien, correndo na beira de um espelho d'água, disse: "E sabe, Jack, fica cada vez mais alegre". Ele havia falado sobre seus dias em Elmira[13] e das esperanças que havia cultivado por lá. Passou pela minha cabeça, sabe, que Lucien foi um homem salvo porque numa ocasião perdera tudo – no mesmo sentido que Jesus nos aconselha a perder tudo para ganhar tudo. E Lucien não só havia se salvado, mas havia se ido – por causa daquela perda. É isso que o Bill quer também, é por isso que hoje é um arlequim. Eles atingiram o reino ao abandonar todos os seus pertences mundanos e orgulhos, num sentido mais profundo. "Fica cada vez mais alegre ..." – no sol rubro da Washington Square.

As pessoas fitavam Lucien porque, imagino, era muito bonito. Perguntei a ele o porquê de as pessoas sempre o fitarem. Ele disse: "Sempre fizeram isso". Não há como explicar – na verdade, as pessoas sempre fitam Lucien. Tive muitas revelações amorosas naquela ocasião: soube tudo a respeito dele naquele dia.

Caminhamos para outro bar na Bowery e ali ficamos, sem dinheiro. Mas, tentando imitar Tom, consegui outro drinque grátis para ele na conversa, e ele adorou. Conversamos mais, e ele me disse a diferença entre eu, de um lado, e ele e você de outro, que é o fato de eu sempre estar envolvido com os outros, preocupado com o que pensam de mim, enquanto você e ele, por outro lado, se envolvem de uma forma que nunca vou compreender. Ele disse que você e ele têm um ser que fica separado examinando, dizendo: "Será que sou *assim*?". "Pfui!" E eu, por outro lado, digo: "Sim, sou assim, mas o que os outros pensam disso?". Mas veja, foi um elogio, embora eu não queira nenhuma teoria a respeito, porque nos separa, como todas as teorias separam o mundo, que no fundo não

---

13. Lucien Carr passou dois anos na prisão de Elmira, no interior do estado de Nova York, depois de se declarar culpado por homicídio involuntário na morte de David Kammerer.

é tão diferente. Desde então também tenho dito "Pfui!". Então Lucien estava amorosamente errado.

Bem, enfim apanhamos o Tom novamente e nos reunimos em outro bar na Sexta Avenida. No caminho Lucien e eu apanhamos Jinny Baker.[14] Meu coração bateu forte ao vê-la de novo, mas imediatamente percebi que algo estava errado. Não conseguia entendê-la. Deliberadamente segui a ela e Lucien um passo atrás e, claro, ela ficava pedindo: "Caminhe comigo, me deixa triste você aí atrás". Mas, no momento em que caminhei ao seu lado, ela me olhou com desprezo, e num determinado ponto ela usou a palavra "histérico". Eu a peguei pela manga e disse: "Quem está histérico, hein? Quem está histérico!?". E ela derramou sobre mim um olhar de repulsa. Por que ela me odeia? Por que quando ela me viu pela primeira vez gostou de mim, por que fez com que eu me apaixonasse por ela e por que isso agora? Onde devo caminhar – atrás, na frente (na frente ela não quis também) ou ao lado, desdenhado? Enquanto isso Lucien ria dela e lhe dizia coisas muito sacanas. Fomos até o bar e esperamos por Tom. Então fomos até o apartamento na 12ª e de lá, incapaz de compreender Jinny, me preparei para rumar para casa, sabendo muito bem que Lucien não podia ser pego sozinho com Jinny na casa de Barbara, já que Barbara podia chegar a qualquer momento. Lucien disse: "Você sabe que não posso ficar aqui com ela". E eu disse: "Bem, então mande-a embora" em voz alta. Mas Lucien me fez ficar. Deliberadamente pedi dez centavos emprestados de Jinny para ir para casa, como sinal de minha insatisfação para com ela. Subitamente, enquanto Lucien a assustava apalpando-a de modo lascivo, "ela começou a gostar de mim de novo", e como um idiota acreditei de novo, e com ela dancei enquanto a devorava com os olhos. Tom riu dela quando chegou, e ele e Lucien saíram para beber e nos deixaram a sós para fazermos amor. Tom até mesmo colocou "E o vento levou" de Mel Torme no toca-discos. Mas quando saíram ela começou a me repelir de novo. Não consigo entender. Ela disse: "E por favor nunca mais me ligue". Mordi o dedo dela bem forte, e instantaneamente ela pareceu interessada. Veja, acho que ela quer ser maltratada, e quer maltratar os outros o tempo todo de forma que possam maltratá-la com lógica e convicção. Não quero me meter nesse tipo de inversão. Talvez eu entenda? "Certo, pode ir para casa. Dá para você caminhar para casa, não dá?" "Sim, claro", ela disse. E na esquina ela disse de novo: "E por favor nunca mais me ligue". Apertei sua mão e olhei para ela dizendo: "Não te entendo, e você não me quer". (Mas lá no apartamento o tempo todo Lucien sussurrara em meu ouvido que tudo que ela estava fazendo era para mim. Podia ser verdade? E agora na esquina? Será que Lucien estava me passando um trote?) Ela caminhou para casa,

---

14. Jinny Baker era uma namorada jovem de Kerouac que aparece como Jinny Jones em *On the Road*.

logicamente triste... talvez ela sempre queira estar logicamente triste, então foi para casa sozinha, de forma que ela possa ruminar na ansiedade e ganhar alguma satisfação ficando mais triste que suas irmãs e Victor Tejeira.[15] É algo assim, como disse no início, ninguém sabe o que está fazendo, mas há um quê divino por trás de tudo, mesmo em Jinny. E não consigo imaginar um jeito de dizer isso a ela *quando estou com ela*. É, a vida está bem ali, todinha, inteira. E é isso.

    Então, a sós, voltei ao bar, onde Lucien e Tom estavam se divertindo muito conversando. Você se surpreenderia em ver o quanto um gosta do outro. Quando cheguei Lucien estava perguntando a Tom por que é que toda vez que Tom diz algo, Lucien entende exatamente o que ele quer dizer. Ele disse que tinham a mesma mente com palavras diferentes. Tom ficou um pouco ressabiado com essa perfeição de entendimento, entende? Bebemos e bebemos, e num momento Lucien dizia algo a Tom sobre mim, que não ouvi, mas que foi lisonjeiro, isto é, bom. Não digo lisonjeiro o tempo todo, reconheço o quão pequeno é pensar assim, quer dizer, não *reconheço*, que diferença faz para você se eu *reconheço* ou não. Entende? O que importa é que existiu e eu meio que percebi do outro mundo. Voltamos para a 12ª e Barbara estava na cama, e me disse: "Que bela ideia essa de embebedar Lucien assim que viro as costas". Disse a ela, mais tarde, "Tá falando sério, Barbara?". Lucien terminou a noite dançando com uma frigideira, batendo suavemente em si próprio com ela, poing-poing, poing-poing, poing-poing, entristecido na aurora, enquanto eu assistia. Sabíamos, sabíamos. Não sabíamos?

    Jack

Allen Ginsberg [n.d., Nova York, Nova York?] para Jack Kerouac [n.d., Nova York, Nova York?]

depois de 19 de outubro de 1948

Quarta

Caro Jack:

    As cartas e a fala enquanto falamos são vagas, mas só porque somos vagos. Essa coisa do mistério amargo da vida não existe, mas você diz que há um mistério belo. É um mistério, e isso é tudo. "Nenhum de nós entende o que está fazendo", mas fazemos coisas belas mesmo assim. O algo mais que estamos fazendo é sempre reconhecido de um jeito ou de outro. Quero saber o que estou fazendo/quero reconhecer isto. Isto pode ser reconhecido. E é

---

15. Victor Tejeira é descrito como Victor Villanueva em *On the Road*.

isso que a psicanálise, a religião, a poesia, tudo isso, nos ensina, que pode ser reconhecido pela sua própria natureza, o pecado é não reconhecer. Cézanne é o começo do reconhecimento para mim, mas não é a coisa verdadeira, apenas um substituto no sentido intelectual. Todo o fascínio e a beleza das pessoas se encontrando e ecoando vem de nosso instinto inato que não chega à consciência, que estamos aqui, que algo específico está ali e que ao redor disso argumentamos nosso amor. É uma coisa aceitá-lo como tal e vagar por aí como numa terra de sonhos preso com a maravilha incompreensível do mistério da beleza. Mas se alguém nos oferece em troca um choque direto de comunicação – não misterioso, mas direto, algumas pessoas conseguem isso – seria assustador para mim e para você porque perturbaria o sonho todo da beleza ambiguamente pretendida. E se pedisse para você parar de brincar comigo, parar de agir como se eu não soubesse sobre o que você está falando? Você não diz o que quer dizer, particularmente em suas explicações sobre o que Lou quis dizer, se é que quis dizer alguma coisa, quando disse que lamentava por você não ser um escritor socialmente aceitável.

"Não sabemos o que estamos dizendo." "Parece que só deus pode saber." E se nós soubéssemos e só estivéssemos escondendo. É isso que estamos fazendo. O que você quis mesmo dizer quando me disse para parar de esquadrinhar sua alma? Estava apenas entendendo demais. Entendendo sensações e sentimentos de tagarelice idiota que você tinha e que não queria reveladas, muito menos ativadas. Tudo que você disse em sua carta é verdade, mas ainda assim parcial porque tenta enganar com um acordo de cavalheiros. Temo mais um acordo de cavalheiros do que um soco abaixo da cintura. Todos sabem sobre o acordo de cavalheiros de não dar a real, e essa dúvida lá no fundo da cabeça é a própria área do conhecimento. Qualquer tentativa de até mesmo concordar com a existência dessa dúvida e então agir como se não importasse quando na verdade esse é o ponto central não vai trazer felicidade nem arte. "Se fôssemos deus, sempre sentiríamos amor, só que com complicações." Sim, é assim, e já estamos nesse estado. O melhor a fazer é livrar-se de complicações desse tipo, não ignorá-las ou tentar explicá-las como parte de um negócio sem sentido que teria sido melhor deixar vago, ou você sabe o que aconteceria. "É só um tipo de medo de ser compreendido." Verdade, absolutamente. Com o amor sendo o exaustivo, básico e único sentido integral e absoluto que é compreendido. É por isso que busco tocar as pessoas fisicamente. Ajo no nível da forma, quem sabe? Sem conteúdo. Isso porque acredito na ação. Se você fosse compreendido, como você diz, completamente, então não haveria nenhum outro sentido para a compreensão, daí a necessidade do pecado. "Perceba, Allen, que se o mundo todo fosse verde não haveria a cor verde. Da mesma forma, os homens não podem saber o que é estar *junto*s sem ao mesmo tempo saber o que é a separação. Se *todo* o mundo fosse amor, então, como poderia existir o amor?" É essa a raiz de sua desonestidade e, em certo sentido, da minha. Você tenta mantê-la lá atrás. A questão é que todo pensamento é inexistência e irrealidade, a única realidade é o verde, o amor. Você não percebe que o ponto central da vida é não tomar consciência da crítica dos outros? Para que tudo seja verde? Tudo amor? O mundo seria então incompreensível? Isto é um erro. O mundo seria incompreensível para a faculdade racional que permanece tentando nos manter separados da vida no verde, que fragmenta e faz cada coisa parecer ambígua e misteriosa e multicolorida. O mundo e nós somos verdes. Somos inexistentes até tomar a decisão absoluta de fechar o círculo de pensamento individual completamente para começar a existir em deus com compreensão irrestrita e inconsciente do verde, do amor e de nada senão o amor, até que um carro, pessoas, trabalho, coisas sejam amor, movimento é amor, pensamento é amor, sexo é amor. Tudo é amor. É isso que quer dizer a frase "Deus é Amor". Existe uma só lei, e a maioria dos homens tenta viver como se sua lei fosse diferente, como se eles tivessem um entendimento próprio. Você não reconhece que sua personalidade única, e não apenas sua personalidade verdadeira, não é aquela que você cria para si mesmo e que os outros veem, sua rebelião autocontida, seu sistema mental egoísta, sua infantilidade. Sua personalidade não tem nada a ver com você, como você quer que ela seja em sua ilusão. É como você é, e você não admite ser como eu realmente o vejo. Seria um choque terrível para você reconhecer isto. É algo que você repetiu para mim numa certa ocasião. A descrença no fundo da cabeça, essa é a única coisa que as pessoas veem claramente umas nas outras, não suas razões para não acreditarem nela, que é a razão pela qual elas têm o acordo de cavalheiros para não se "desentenderem" umas com as outras. Que porra você se importa se você sabe ou não que está apaixonado na forma falsa em que você parece "conhecer" as coisas agora? Por que você teme se submeter à aniquilação desse conhecimento irreal, estúpido e sem sentido? Isso é o abismo. Tudo é verde, amor, sem os fantásticos equívocos lógicos que inventamos para não ter que encarar uns aos outros de frente. É essa a morte genuína a que Jesus aconselha, que cada homem comum encara e morre de diversas formas mas nunca tão completamente a ponto de permitir uma submissão completa. Eles passam pela fase de tal morte ser possível, de encará-la, de temê-la, de descartá-la, de significá-la como um complexo verbal sem sentido, de evitá-la, e são mudados e entrincheirados pela experiência. Você realmente acredita que Lucien morreu completamente, ou será que ele e Bill simplesmente se entrincheiraram de novo, permanecendo os mesmos? Ninguém que conhecemos está morto.

Será que estou? Cada vez que me vejo como sou, me encontro encarando um espelho cósmico em que me vejo com meus pensamentos partidos em nada, e meu inequívoco eu corporal ondula e gira numa idiotice símia babujante incompreensível, uma figura sórdida e assustadora. Nesse estágio eu seria um santo, ou um homem natural comum, mas minhas concepções mentais diferem tanto da realidade que acho que sou um monstro quando vejo o que poderia ser. Só encarei este espelho por alguns momentos, na verdade por alguns segundos instantâneos e assustadores, em talvez três momentos na minha vida. É esse o meu equilíbrio com L. [Lucien]. Tento, ou flerto, com essa imagem, também sexual, já que são a mesma, e porque confio e reconheço sua mente justa, e seu amor, tenho apenas a mim mesmo para culpar se perante ele não me torno um monstro. Então, em vez disso, eu digo a ele o que vejo no espelho, e ele acredita em mim, e ao mesmo tempo nós dois percebemos que estamos enganando um ao outro quando não nos tornamos o que realmente somos. Quando criança eu tinha medo da cena de transfiguração em *O médico e o monstro*. Isso porque me mostrava meu verdadeiro eu. Esse eu verdadeiro, a vida, é tão miraculoso e inacreditável que se parece com uma imagem de horror quando aceitamos que o horror que vemos não passava de um chilique, que aquele horror são as dores do parto, as dores do reconhecimento do autoengano, e que estamos amando (em verde). Blake e Emily Dickinson e muitos outros descreveram especificamente isto.

> "Para o caminho ocidental encontrar,
> Nos portões da ira devo passar
> Com ânimo vou-me embora:
> A doce manhã me conduz
> Com um gemido suave de luz
> Ao nascimento da aurora."

Este é o momento da morte. Este é o néctar do qual cada um de nós fala. É por isso que o triste Lucien acerta a si mesmo com uma frigideira na aurora: ele não realizou. Eu também ainda não. Sim, porque, caralho, estou louco. Tudo isso é balbuciar lunático. Sou e falo e leio e escrevo e o círculo do destino se fecha ao meu redor: morre, enlouquece, o que você agora acha que é louco é na verdade o amor e é são. Morre, fica "louco". Isto é esquizoide. Sou agora monomaníaco com relação a este momento de decisão.

Acho que o que digo é verdadeiro de um jeito ou de outro, embora você não entenda, acho, porque não me fiz claro. Talvez eu pudesse dizer tudo isso ao dizer, da sua carta, que compreendo o que você está dizendo, mais ou menos. Compreendo não porque sou tão esperto, mas porque você realmente compreendeu o que escreveu. Ouvi o que você estava dizendo. Não compreendi completamente porque você não foi claro o suficiente, porque você começava a entender, mas ainda não estava completo em você. Quando tudo se tornar mais completo, vou entender mais. Não diga que nunca se torna completo. O que estou dizendo é

basicamente que o mais importante, mesmo em você, é que tudo se complete. Tudo verde. Abandone tudo mais.
        Allen

Allen Ginsberg [Nova York, Nova York] para Jack Kerouac [n.d., Nova York, Nova York?]

c. dezembro de 1948

Caro Jack:
    Mudei-me para a Av. York 1401 – 3º andar, fundos, lado esquerdo. (Fica na 74 a leste da 1ª Av.) Minhas últimas semanas no Harlem foram muito ruins, mas também desafiadoras (tudo é ruim e desafiador neste momento). Huncke se mudou para cá, tagarelou irritantemente por uma semana e meia, comeu minha comida, exauriu-me até a última moeda e se foi embora com meus últimos ternos, uma jaqueta, as roupas de inverno de Russell [Durgin] (ternos, casacos etc.) e vinte ou trinta livros caros (centenas de dólares em livros) cheios de anotações teológicas. E, como você sabe, não tenho mais uma máquina de escrever. E, veja, terei que pagar a Russell todas as perdas. Huncke enviou uma carta a ele alguns dias mais tarde para avisá-lo de que estava ciente de seus pecados e que um dia (talvez ainda este mês) "vai tentar uma compensação assim que voltar a uma boa situação" – bem como o velho capitão aposentado de *O idiota*.
    De todo modo, fui recompensado por Deus porque um homem me deixou seu apartamento com água fria por $13 por mês e três peças mobiliadas com requinte (uma delas).
    Não se afaste porque você acha que não quero vê-lo. Não pense mal de mim.
    Eu e Lucien conversamos longamente outra noite. Expliquei a ele minha nova Fé (como você a chama), primeiro em termos de *Cézanne* (que ele comprou), mas enquanto me aprofundava cada vez mais e me aproximava do cerne ele seguia ouvindo atento. E me disse que pensa que estou louco. Meu pai acha que devo ir ver um psiquiatra. Você acha que estou ficando feio (será a mesma coisa?) (Bill entendeu tudo que eu disse, mas não passou pela experiência de estar comigo, e me desejou sorte.) Deixando Bill de lado, talvez – presumindo que estou louco (Ah!) deus, como devo ter sofrido para ficar louco. E todo o tempo eu estava pedindo para as pessoas para que me salvassem, mas ninguém estendeu a mão e segurou na minha. É como suicídio, só que estou vivo e olhando para esta morte em vida enquanto *vejo* as pessoas chorarem e se sentirem tristes. Ah, ninguém nem mesmo chora. É tudo um sonho.
    Com amor,
        Allen

Allen Ginsberg [Paterson, Nova Jersey] para Jack Kerouac [n.d., Nova York, Nova York?]

c. dezembro de 1948

Caro Jack:

Já entramos em contato um com o outro? Ouvi de W. [Walter] Adams por outra pessoa que você pediu meu endereço. Como já escrevi (recebeu a última carta?), é Av. York, 1401, terceiro andar, fundos.

Meu círculo ou ao menos mais um ciclo se completou. Voltei a morar em Paterson – por um tempo. Olho para isso como algo semieterno, ou seja, realmente marca o final de algum tipo de ciclo, de pelo menos cinco anos. O que completou isso (uma só coisa) foi que enfim fui para a cama com Lucien. Conto para você quando o vir. A terra não se moveu no seu túmulo, mas outra esfera se abriu. Sempre nos perguntamos sobre todos estes níveis, ciclo após ciclo. Você os vê como *vida*, e completos e belos em si mesmos. Acho que algumas vezes é suficiente, já que compreendo essa beleza, embora não com sua maturidade e humildade. Para mim, no entanto, há algo mais, um ciclo supremo do qual todas essas coisas fazem parte – uma visão única real (de fato) (literal) (prática) na qual todas as outras visões são sombras. As sombras ficam cada vez mais leves para mim, enquanto meu entendimento se aproxima do conhecimento final. Véus são removidos um após o outro – também por sua ação em removê-los. A minha consciência se interpõe entre a minha alma e o mundo e faz uma parte de mim irreal, e talvez isso seja a feiura de que você fala. Um dia terei destruído toda essa consciência, e serei eu mesmo. Acho também que estou mais eu ultimamente. Mas sempre vivi dizendo isso. Numa ocasião me convenci de que estava errado. Mas tenho estado certo – no que posso avaliar. Já conheço essa questão bem demais. Mas mesmo histórias como esta que estou contando não vou mais contar, até que você não tenha mais nada a objetar, e tudo a amar. Digo que minha consciência não vai ficar no caminho.

A faculdade, como sempre, me traz problemas. Rodei num curso de literatura Vitoriana [verão de 1948] porque fiz um trabalho sobre autores mortos baseado numa ideia viva de eternidade. O professor disse que era "generalização pretensiosa". Acho que era mesmo, mas o que é que se vai fazer a respeito?

E você? Não tenho conseguido falar com você esse tempo todo, reconheço. Queria já ter sua cortesia humilde. Você é um pote de ouro, e acho que não sabe disso. Lawrence[16] rejeitou seu romance por questões de segurança. Bem, não se desespere, estamos no caminho certo. É bem ruim que nossos problemas não

---

16. Naquele mesmo ano Seymour Lawrence, editor da revista literária de Harvard, a *Wake*, havia rejeitado "A morte de George Martin," uma seção de *Cidade pequena, cidade grande*.

sejam resolvidos com mais facilidade. Mas essa é uma velha reclamação estúpida. Na verdade, todas as reclamações são estúpidas. É como se para nos salvarmos tivéssemos que salvá-los também. É por isso que o gênio precisa sofrer – ele tem que suportar o fardo do mundo todo. Nossa felicidade e realidade dependem da felicidade e realidade dos outros. Você lembra o comentário de Rimbaud quando ele disse que um dia teria que largar Verlaine e ajudar outros? Alma amiga, essa proposição não é de bom tom. Meu humor está senil – isto porque minha espirituosidade está cansada e irrelevante, não porque seja vaga. Bem, como estava dizendo, talvez se tiver que ser rejeitado por eles você tenha que romper outra defesa, romper a falsidade de sua retórica. Alma amiga, esta proposição não é de bom tom. A alma precisa falar, você deve falar diretamente, não através de símbolos literários como "Ruminar ansioso". *Você precisa assumir toda a responsabilidade pelo romance que lhe escapa.* Toda, toda, sem supérfluos. Mas você sente a superfluidez tão completamente que a situação é triste. Acho que você está certo em adiar a decisão do próximo romance. Este está bom o suficiente. O único problema prático é com o mundo. Bem, é aqui que o problema começa para você, creio, o problema real, com sua arte. A única coisa a fazer é encarar de frente. O mundo vai forçar você, e isso é bom, a não ser que você se enfraqueça e se deixe tomar pela raiva e pela ilusão. Estou falando na verdade comigo mesmo, não com você. Estas são decisões minhas que estou discutindo e projetando em você. Não sei o quão verdadeiras elas são para você. Mas você certamente avançou além da minha compreensão quando tento compreender ou "ajudar" de um jeito sacerdotal etc. etc.

Quero ver você. Me sinto bem mais confortável com você agora do que em qualquer outro momento passado, sinto melhor você, na verdade com mais clareza, mais confiança, mais honestidade. Estarei em Paterson por várias semanas. Quando você vem?

Jack Kerouac [n.d., Carolina do Norte?] para Allen Ginsberg [Paterson, Nova Jersey]

c. 16 de dezembro de 1948

Allen:

Estou ciente de que Reginald Marsh, e sua mudança esperta de falhas tensas e naturalismo para a perspectiva divina do homem no mundo real de Deus, é ótimo. (FALADO COM UMA VOZ PROFUNDA.)

Sem berrar pelo telefone – você e Barbara [Hale] são frescos.

Você precisa ir à Galeria Rehn curtir "New Gardens".

Sabe o que penso? – As pessoas neste século estão procurando por pessoas com um olhar naturalista, e essa é a causa do problema. Acho as mulheres belas deusas e sempre quero ir para a cama com elas – Joan [Adams], Barbara, todas – e acho que os homens são Deuses belos, inclusive eu, e sempre quero passar o braço neles e caminhar por aí.

Na noite passada escrevi uma carta apocalíptica para [Allan] Temko e fiz uma cópia para mostrar para você e talvez para [John Clellon] Holmes. É cheia de previsões "assustadoras" e inescapáveis, escatologicamente besuntada com um olhar lascivo ocasional, parecido com "meu velho eu, meu velho eu espontâneo" e coisas assim. Todas as palavras verdadeiras são assim... "A Colina das Serpentes era assim denominada por uma real e serpentuosa razão." "Se esse for o caso, estou feliz por saber que as sombras viram ossos."

Disse a Temko: "Quando sairmos da estreita 'luz branca' de nossa racionalidade superficial – quando sairmos da sala – veremos que a mística não faz lodo".

Ainda assim, odeio você. Anos atrás você e Burrows [Burroughs] costumavam rir de mim porque eu via as pessoas como divindades, e até mesmo como um arrogante jogador de futebol americano, caminhava por aí como uma divindade, e Hal [Chase] também fazia isso, e ainda faz. Há muito já reconhecemos nossa carne felizes da vida, enquanto você e Bill costumavam sentar sob luzes brancas conversando e fitando um ao outro. Acho que você é cheio de frescura, Allen, e vou finalmente dizer a você. Você é como David Diamond[17] – confundiu sua garra com a mão de um homem divino; você confundiu o afeto. Estou cheio de você, quero que você mude: porque não morre, desiste, enlouquece, para variar?

Decidi que estou morto, desisti, enlouqueci. Assim falo com liberdade. Não ligo mais. Posso me casar em breve também – com Pauline, talvez. Vamos fugir juntos. Estou prestes a amar meu desajeitado eu de carne culpada – e dessa forma voltando à sanidade original dos dias com Hal. A razão pela qual sempre sonho torturar e assassinar Bill (como na noite passada) é porque ele me deixou sem jeito em nome de outra coisa. Porém, escrevi uma grande carta a Bill e a estou enviando a ele na hora do chá. Estou perdido. A única coisa a fazer é desistir – estou desistindo.

Estou pensando em pegar um trabalho como frentista, dando de ombros como sempre. Estou perdido. Se meu livro não vender, o que posso fazer? Enquanto escrevo isto estou prestes a cair da cadeira. Agora mesmo me desequilibrei. É demasiado perto da morte, a vida. Preciso aprender a aceitar a corda bamba.

Sabe o que o Hal faz? Como Julien Sorel,[18] no momento em que entra em um seminário, diz a si mesmo, "existem 383 seminaristas aqui, ou melhor dizendo, 383 i-ni-mi-gos..." O único seminarista que faz amizade com ele é, portanto, "dos 383 seminaristas o único e maior inimigo". Acho que Hal está cheio de frescura.

---

17. David Diamond foi um compositor nova-iorquino que apareceu como Sylverster Strauss em *Os subterrâneos*, de Kerouac.

18. Julien Sorel é o protagonista do romance de Stendhal *O vermelho e o negro*.

Estou cheio de frescura. Você não vê? Estamos TODOS cheios de frescura, e por isso mesmo podemos ser salvos.

Na foto na praia há um homem abraçando uma mulher de frente, nu, e isso é tudo que quero fazer – nada mais. Então, por favor, não me encha com sua verborragia. Escreva uma carta enorme cheia de verbos. Não acredito em nada que digo.

No entanto, acredito no amor. Amo Ray Smith. Também amo Pauline, minha mãe, Lucien (de certa forma), Bill e você (de certa forma), criancinhas, e finalmente amo tudo a respeito das criancinhas. Tchau-tchau. Chinesinho.

Há um tom falso nesta carta que esconde de você meu verdadeiro eu, que é simplesmente a criança louca que sou... e, aliás, me perdoe por dizer que você é cheio de frescura. Não sei o que dizer ou pensar, Allen, então começa... é isso, por que pensar? Por que dizer? Me deixe só ser. Você estava certo ao me enviar a foto. Que sejamos como deuses que não dizem muito, só como os dois homens parados olhando o oceano. Tem muita conversa nos dias de hoje, não é mesmo? Mesmo assim você e Neal me odeiam por não falar e pela questão da "dignidade" como você mencionou. Ah, muito bem, muito bem, muito bem bem bem, ah bem.

Não quero ter que dizer a você que acredito, porque você não acredita na crença, e nem eu, mas eu acredito... (realmente acredito).

Acredito em abrigo do frio, boa comida, e bebida, e muitas mulheres à volta, o jogo dos sexos, e muita conversa feliz e bobinha, e histórias, e livros e alegria dickensiana. Até mesmo acredito na sua existência. Acredito que logo vamos morrer, enlouquecer, desistir, cair. Acredito nas crianças e em tudo (vê quão falsa é essa frase?). Acredito que quando falo com você sinto que tenho que ser falso. Por isso a histeria no metrô. Costumava ser mais sincero com você quando costumava encará-lo e xingá-lo. Agora finjo ter as suas crenças e ser como você. Mas não sou.

Acredito que tenho que lembrá-lo constantemente de meu amor pelas mulheres e pelas crianças tão somente porque sinto (talvez equivocadamente) que você odeia as mulheres e as crianças. Acredito (talvez equivocadamente) que você é um veado cósmico que odeia qualquer coisa que não homens, e portanto odeia os homens mais que tudo, e odeia a mim mais que tudo (como odeia o Neal, como você deve odiar o Neal). Acredito em abrigo do frio. Tenho raivas também, e desligo o telefone na cara e continuarei a fazer isso. Barbara e eu somos leões, nos encontramos no local onde os leões bebem água e não percebemos os cervos, as girafas ([Alan] Harrington) ou as doninhas ([John Clellon] Holmes) ou os pandas (Marian [Holmes]) – ou os cardeais ([Alan] Wood-Thomas) ou os gatos. Blá-blá-blá. É tudo histeria e me pergunto por que tenho que ser histérico com você, quando eu costumava tratá-lo como um velho irmão. Percebe o quão desonesto eu sou? Vê como o mundo é bom-mau? Vê como devemos nos abrigar do frio-calor?

vê como precisamos nos abrigar?
vê como precisamos?
vê como?
você vê?
você?
eu?
quem?
quê?
Não tô entendendo...
Estou falando com você como falaria como qualquer um
Fora você, ninguém mais aguentaria essa merda
Obrigado

    Finalmente, quando formos todos honestos, vamos cortar nossas frases como fiz acima e assim acabar sem dizer nada. Com nossas novas vozes profundas diremos simplesmente "muuu". Ou "schmuu". Ou "biii" – ou "faaaa". E todos saberemos. E nossa crença terá se transformado em nós. Então todos vão caminhar pesarosos como deuses – como na foto, veja. Os dois deuses olhando o mar dirão: "Biii". O outro dirá: "Rooo". E o homem de frente para a mulher dirá: "Nosssss". E ela dirá: "Chaaaaa". E a comida será ainda mais deliciosa do que agora, e os orgasmos durarão mais, o calor será mais doce, as crianças não chorarão, os frutos nascerão mais rápido. Finalmente, fora dessa mente, o próprio Deus aparecerá e terá que admitir que fizemos bem direitinho.
    Novamente desculpas por tentar ser louco... Roooo... como você; sou seu amigo louco.
    Agora que mais ou menos deixei isso claro, e expressei meu apreço pela nossa vida nova e pela consideração que temos um pelo outro, me deixe entrar na próxima "grande" coisa: (perceba, usei "belo" e "grande" entre aspas agora para mostrar que tenho consciência da nossa hipocrisia pregressa) –
    É isso, "caro" Allen... (percebe? Mas você não tem mais que ver, temos olhos mortos agora, ficaremos em silêncio) –

Neal está vindo para Nova York.
Neal está vindo para Nova York.
Neal está vindo para Nova York para o réveillon.
Neal está vindo para Nova York para o réveillon.
Neal está vindo para Nova York para o réveillon num Hudson 1949.
etc.... num Hudson 1949.

    Tenho quase boas razões para quase talvez acreditar que é um carro roubado, mas não sei ao certo.

Os fatos: na última quarta-feira, 15 de dezembro, ele me ligou de San Fran e ouvi aquele empolgado sotaque da costa oeste pelo telefone. "Sim, sim, é o Neal, tá vendo... acabei ligando, viu? Tenho um Hudson 1949."

Etc.... E eu disse: "E o que você vai fazer?".

E ele diz: "É isso que eu ia dizer. Não precisa mais pegar carona para cá, saca, vou amaciar meu carro novo, dirigir até Nova York, dar uma testada nele, saca, e volto para Frisco assim que der, e daí vou até o Arizona trabalhar na rodovia. Tenho trabalho para nós. Tá me ouvindo, cara?".

"Tô ouvindo, tô ouvindo."

"Então. Al Hinkle está comigo aqui no telefone. Está vindo comigo, quer ir para Nova York. Vou precisar dele, saca, para me ajudar a levantar o carro caso fure um pneu ou se der alguma pane, sabe, um amigão e grande ajuda."

"Perfeito", disse eu.

"Lembra do Al?"

"O filho do policial? Claro."

"Quem? O que disse, Jack?"

"O filho do tira. O filho do oficial."

"Ah, sim, sim... entendo, entendo, – filho do policial. Sim. Esse é o Al, certo, você está absolutamente certo, aquele Al, o filho do policial de Denver, é esse o cara mesmo."

Confusão.

Então – "Preciso de dinheiro. Devo \$200, mas se puder contatar os caras, explicar a eles a situação, ou talvez dar \$10 ou algo assim, posso acalmá-los. E então preciso de dinheiro para a Carolyn se virar enquanto eu não estiver aqui, saca..."

"Posso te mandar dezoito pratas", disse eu.

"Oito?"

"Não, dezoito dólares."

"Certo, certo, muito bem." E assim por diante. "Posso usar essa grana para Carolyn, e para deter meus devedores... e o aluguel. Também tenho outra semana de trabalho na ferrovia, então vou conseguir. É perfeito, entende? A razão por que liguei é porque minha máquina de escrever quebrou e está sendo decifrada (sic! Estou só exagerando) – e não posso escrever cartas, então liguei."

De todo modo, foi bem louco. Então concordei com todos os novos planos, é claro. Estive escrevendo a ele pedindo que fosse até o mar, mas é melhor que a gente chegue a um acordo sobre isso, e pague mais também. \$350 por mês. E o Arizona, entende? Ele diz que trocou o Ford e todas as economias pelo Hudson 1949. Esse é o melhor carro no país, caso você não saiba. Falamos mais sobre ele do que sobre qualquer outra coisa.

Mas chegou o domingo, e estou em Nova York com meu amor, Pauline, e Neal me liga de novo e implora a minha mãe que me avise para não enviar dinheiro para ele em seu nome, mas no nome de outra pessoa que ele me enviaria por correio, e para outro endereço. Porém eu já havia mandado o dinheiro por correio aéreo registrado... mas só $10, não consegui alcançar o cálculo louco que fiz ao telefone. O relato de minha mãe incluía um comentário peculiar que me pareceu ter sido feito sem conexão, a saber: "Não tô lá". (?)

A não ser que ele estivesse falando do Alpine Terrace, 160, ou algo assim.[19]

Em segundo lugar, quando enviei os $10 para ele, pedi a ele que pegasse eu e a minha mãe na Carolina do Norte na ida para o leste, para que a gente pudesse usar o dinheiro economizado para nós mesmos e para retornar para Frisco e para o Arizona. Ele concordou com isso enquanto falava com minha mãe pelo telefone, embora também tenha mencionado ir para Chicago, que é, claro, bem longe da Carolina do Norte. Mas parece que ele vai... para ambos os lugares.

Não sei de nada. Se ele roubou o carro, ou o que está acontecendo com Carolyn ou com o aluguel ou com os devedores (credores?) e qual o problema com os policiais ou com aquele endereço falso que ele queria me enviar. Só sei que ele está muito entusiasmado com o carro, e que ele "Já pegou a estrada", é claro.

Então espero vê-lo na Carolina do Norte lá pelo dia 29 de dezembro, e voltaremos a Nova York para o réveillon, e claro que você desde já vai começar a organizar uma festa ENORME em seu apartamento na Av. York, convidando a todos... especialmente [Ed] Stringham e Holmes etc. Vamos fazer um rodízio de festas: na casa dos Holmes e depois na sua e do Ed e do Lucien e uma prorrogação no Harlem ou qualquer coisa, no nosso enorme carro. Convide um grupo seleto – Ed Stringham, os Holmes (vou levar Pauline), e claro Lou e Babala [Barbara Hale]; e Herb Benjamin para o chá e diversão. Tentarei descolar a Adele [Morales][20] para Neal.

Porém, se quiser, não faça nenhum arranjo, na medida em que *não é mais preciso* organizar as coisas; mudamos. Use seu bom juízo. Me encontre na noite de quarta-feira no Kazin's e conversaremos. Por outro lado não, me encontre no Tartak's às 4 na tarde de segunda (hoje, se a carta chegar segunda).

Se... ah, pouco importa. É só isso.

Jack

P.S. Você pode não acreditar nisso, mas enquanto escrevo uma criancinha está olhando por cima do meu ombro... uma criancinha bem pequena que está nos visitando com sua tia, e que está impressionada porque datilografo rápido deste jeito. Agora, o que ela está pensando, esse é o lance, entende?

---

19. No verão anterior, Carolyn Cassady, enquanto estava grávida, alugara uma casa em São Francisco no Alpine Terrace, 160.
20. Adele Morales foi namorada de Kerouac, e mais tarde casou-se com Norman Mailer.

Allen Ginsberg [Paterson, Nova Jersey] para Jack Kerouac [n.d., Nova York, Nova York?]

c. dezembro de 1948

Caro Segniour Kreruauch:

Quando você berra ao telefone, pouco a pouco começo a reconhecer sua voz. Não é você? Você nunca me ouviu berrar ao telefone. É por isso que sento aqui em Paterson e balanço para frente e para trás nos meus tornozelos me masturbando e chorando para deus.

> Porque choram anjos atemporais
> contra a eternidade a eles oferta?
> Suas marcadas faces caídas
> De pensamentos de certeza incerta
> O que já era certo, mil certezas validas.
>
> Acho que me contentaria em viver
> Mil anos inteiros, e conceder
> Mil pensamentos à melancolia;
> Vou vazar devagarinho até esvanecer
> Todos os pensamentos ao mais sagrado e de mais valia.
>
> Mil anos, ai! O que me é concedido
> Se eu quiser, até que eu seja absolvido;
> É um milagre crer.
> Entre mil qual não será esquecido?
> E por que todos os outros anjos a sofrer?

[...]

Anos atrás, quando você via as pessoas como divinas – se é que você as via assim mesmo –, eu não tinha nem ideia de que tal coisa fosse possível. Tenho só que acreditar em você e não ouse me mentir. Você e [Hal] Chase realmente tiveram *a* visão (não a minha), mas *a* visão? Caso sim "Curvo-me a meu coração magoado / Até que ele me perdoe." (W. B. Yeats). Diria em minha defesa que não confundo a garra com a mão divina. Você quer que eu mude; também quero mudar. É por isso que falo do portão da ira – minha própria vergonha vindoura.

Sinto vergonha por tudo aquilo de que você me acusa. Meu coração salta em alegria irada quando você diz que está cheio de mim – do meu ego. Queria que você estivesse mesmo cheio e não tivesse medo de demonstrar. Isso lhe dá completa liberdade daqui em diante.

Você não sabe por que eu queria que você me batesse no metrô? Ah, Jack... Vergonha!

Com Bill e seu esgar você precisa ser bondoso, porque ele ainda não está pronto... talvez eu também não esteja, e é por isso que você contradiz seu ódio. Odeio você pelas mesmas coisas que minha mente desconfiada imagina em você.

Não estou nem perto de enlouquecer. Cedo ou tarde devo enlouquecer; e naquele momento pode haver uma ruptura temporária entre nós. Pode entender que isso é recíproco?

Quando estávamos falando na frente de [John Clellon] Holmes, não pareceu a ele que éramos completos desconhecidos um do outro? Não soamos ingênuos? Fomos ingênuos mesmo? Sim e não.

Eu e Bill o deixamos sem jeito em nome de alguma outra coisa. Verdade. Mas também você não estaria assim se já não fosse um anjo caído. Blake nos acusa (e a mim particularmente) do "desejo de guiar os outros quando nós deveríamos ser guiados".

A corda bamba de que você fala é aquela em que vivo. Qualquer um pode me empurrar para qualquer resultado. Você e Bill me ajudam a me equilibrar, o Lucien vez que outra me dá um empurrão, e também o resto do mundo. Pessoas como Van Doren e Weitzner[21] e W. Shakespeare me dizem para reconhecer que estou mesmo numa corda bamba e passar de uma vez para o outro lado... ou algo assim. No entanto, eles não insistem em me empurrar. Só deixam muito claro para mim onde estou. O Chase também. Ele deve ser sábio.

"SE meu livro não vender, o que vou fazer" esse parágrafo sobre a corda bamba era verdadeiro... você estava vendo e falando a verdade. Mesmo se você vender seu livro, isso mudaria algo neste momento? O abismo é mais real do que a carne do presente ou os delírios do futuro. O que fazer?

"Para encontrar o caminho ocidental . . ." ou, com relação a isto, não tão claramente, por um poema: meu. Escrevi três poemas no fim de semana.

> Não se consegue distinguir o tempo que leva
> Viver em outra vida.
> Primeiro o pensamento, além da crença
> Entulha a mente; então o coração se parte;
> Tudo se despedaça até a alma.
> As vidas estão mudando, até mesmo o Tempo
> O Tempo não é nada, tudo é tudo.

Você consegue acreditar quando digo que meu coração se partiu? Meu próprio coração, centro da minha existência. (O que vem por aí é incerto.)

Não, não odeio Neal; talvez realmente o ame – basicamente somos todos

---

21. Richard Weitzner foi um amigo e colega em Colúmbia.

anjos. Prefiro ser odiado do que odiar. Tenho medo de odiar. Talvez minha vergonha exista exatamente porque o odeio – e a você – Chase – Carr etc.

Certa vez conversei com Joe May[22] sobre o Coração Partido. Ele me disse que eu era jovem demais – quando você tem 18-19 tudo que você quer é trepar. Então trepe. Você é livre. Pare de se preocupar.

Não pensei em enviar a foto como uma lição – embora eu quisesse que todos os sinais de deus fossem compartilhados por seu valor instrutivo. Não a enviei por desprezo.

Não odeio você. O amor tem muitas formas. Digo, também acredito em abrigo do frio, em ir ao dentista e não passar dor.

Acredite em mim, se você perder algo por minha causa você está cometendo um erro. Entendo como é difícil para você agir sinceramente comigo porque envolve muitas raivas conflitantes. Ao mesmo tempo talvez eu tenha me surpreendido mais do que você quando percebi (durante nossa conversa na casa de Barbara [Hale]) que você estava me imitando. Sempre pensei que era exatamente o oposto. Pensei que eu estava sendo "animado" como você. Então perceba que é uma comédia de erros como sempre. Perdoe o tom bobo do que escrevi acima, mas você precisa entender, e eu preciso entender, que estamos os dois sendo hipócritas. Por uma velha lei matemática que nos deixa iguais no fim das contas. Deveríamos nos acertar. Gostaria de resolver as coisas na base da violência? Seria uma boa ideia para as próximas semanas. Isto é algo que você (no Harlem) mencionou para mim, mas eu fugi; noutra ocasião fui eu que talvez abordei o assunto. Por que não separamos um tempo no nosso próximo encontro para sermos honestos, se possível, sem abrir mão do que um espera do outro. Costumava temer seu olhar de nojo. Ainda temo, mas naquele tempo era um medo do desconhecido, do inconcebível. Agora é concebível e bem-vindo. Por outro lado, não vou apanhar deitado. Posso gritar e berrar.

Sou mesmo um veado cósmico, é verdade; se apenas você soubesse a que existência isolada isso me exila em comparação à sua visão moderadamente saudável do universo!

Você não percebe que nós dois sofremos? Sim, claro que percebe. Esta é realmente a base da nossa "amizade". O conhecimento secreto de profundidades recíprocas – de ódio talvez, mas de sofrimento e solidão. Por isso nossa hipocrisia é tão doce. Foi disso que gostei no Neal. Ele viu de cara. E é por isso também que brechas no desconhecido são boas, são um bem.

Aconteça o que acontecer nós teremos nossos justos desertos, um do outro e do mundo. Nada pode se perder, nada pode ser salvo. Então não devemos, ou eu não devo, temer o desconhecido.

Que sejamos irmãos de agora em diante. Você é meu irmão mais velho. Sou seu irmão mais moço, recém-saído da faculdade.

---

22. Um amigo gay de Ginsberg.

O abismo: você se pergunta, e se o seu romance não der em nada?

Minha poesia tem em meu conhecimento mais certo e profundo dado em nada – já veio a dar em nada. Venho percebendo isso há meio ano. Não recorrer a ela em busca de consolo a não ser talvez pela mais vã e transitória segurança que desaparece em uma hora, e também já comecei a aceitar isso. Minha âncora, se é que já tive uma, já está em outra coisa. E está tudo bem.

"Os homens vêm e vão.
E todas as coisas permanecem em deus"

(W. B. Yeats. Canção de uma Puta)

"Não entendo"
"você me pergunta o que me faz suspirar, velho amigo
o que também me faz tremer?
Penso que tremo e suspiro
Até mesmo Cícero
E o Homero de muitas mentes eram
Loucos como a névoa e a neve."

Já leu a poesia de W. B. Yeats? Vou dar o livro a você de presente temporário no Natal. Já o estudei e ele conhece todos os problemas. Você pode gostar de ler. Diga não se o chateia. Ele tem uma voz como uma câmara de ecos.

E outros, outros estão ali. O Sr. Jethro Robinson, de quem você logo se lembrará como amigo de Lucien e R. Weitzner em Colorado Springs, está escrevendo um romance. Há pouco tempo ele publicou um panfleto pequeno, de impressão própria – sonetos e outros poemas – e ele mesmo os vende por um dólar cada. São tão sábios que me fazem tremer de inveja. Alguns deles são tão bons quanto Shakespeare – o segredo do mar aberto ele conhece. Encomendei um panfleto. Anexei a carta que enviei a ele. Veja o tom subjacente de ironia e desespero que o velho Allen mostra na versão II que enviei. Escrevi num papel, e passei a limpo para enviar a ele. Engraçado.

Meu próximo poema é chamado (curtinho)

Unidade Clássica.
E segue assim:

Veja os fantoches enredados
Entrando e saindo da luz imutável

Como se agissem além dos mundos
Ao palco retornam em medo, palpável.

Estes fantoches todos são o Senhor,
Seus ventres entrelaçados em seu bastão uno.
Da palavra bocas ensanguentadas em dor.
Cego de deus cada olho oportuno.

"Olhos mortos veem" ou "Visão Cega" é o que R. Weitzner aponta em certos poemas meus como frases verdadeiras. O resto, diz ele, não tem conteúdo. Ele disse isso depois que pedi a ele; não falou por iniciativa própria.

Se estou contemporizando depois da crise da sua carta é porque você não foi direto com ela.

Anúncio importante. Estou indo embora de Paterson para NY em 10 minutos. Acho que estou quase certo, segura aí! Estou animado. Tenho um trabalho! Hi, hi, hi!, na Associated Press como contínuo. Ó, Rockefeller Center! Ó, vida.

Fiquei realmente comovido com sua prescrição de trabalhar, escrever, viver. Quando chegar a NY vou viver.

Jack Kerouac [Ozone Park, Nova York] para Allen Ginsberg [Paterson, Nova Jersey]

c. dezembro de 1948

Domingo à tarde
Em casa

Caro Allen:

Embora tenha lido sua carta uma única vez, na noite passada ao chegar tarde da cidade, me lembro da sua sincera reação a meu ataque repetitivo e estou particularmente contente com ela. Porém, nada disso pode ser resolvido "na base da violência" – como seguido faço com Lou [Lucien] – porque não há sentimento violento, só uma comunicação rarefeita. Não é necessário que você me envie fotos pornô (o pau) porque não me "assustam", só assustam quem quer que leia minha correspondência – "a sociedade", acho, por quem aparentemente você tem respeito ("A A.P., veja você, fica no Rockefeller Center"). Estou feliz de ter ficado azedo com você e que você tenha me respondido de maneira tão "bruta". E agora estamos num bom espaço e podemos ficar aí, não sei. Agora vejo todas as suas teorias pelo que são, e também as minhas. O fato de que três anos de trabalho em *Cidade pequena, cidade grande* acabaram se revelando meras ilusões de um louco de atar não me incomoda mais, já tinha aferido as possibilidades com relação a isso. Como diz a Pauline, tenho "duas mãos", e portanto posso ganhar meu pão. O reconhecimento de que a arte está quebrada (em sua maior parte) só me ajuda a me tornar um fatualista. Começarei de novo com uma arte de Fatos, talvez ao estilo de Dreiser-Burroughs – "On the Road". Como você, consolido minhas frases e sigo. Em nossos leitos de morte só reconheceremos uma coisa como tão boa quanto a outra, de qualquer jeito; e como você mesmo diz: "nada pode se perder, nada pode ser salvo." Relaxe.

De qualquer jeito, metade da vida é morte. Este é o meu grande pensamento mais recente. Em termos psicoanalíticos, me fez perceber que associo a casa e a mãe e a fazenda e *Cidade pequena, cidade grande* etc. com um tipo de *imortalidade* infantil (o "gênio" etc., que será remido). E isso eu associo com o "mundo externo" (você e Neal e Bill e guerras e trabalho e caronas e policiais e prisões e tentar fazer as mulheres ganharem ou perderem sem remorso infantil e petulância). Associo este mundo externo com "metade-da-vida-é-morte". Só há uma corda bamba quando você deseja ser "imortal" (infantil). Depois disso, é terreno sólido, ainda perigoso, mas é só o solo perigoso da floresta que também tem tigres e leões e amantes. Ver todas as coisas como elas são é, claro, a verdade mais simples – você não pode me dizer que o tigre e o leão são cordeiros (nem eu me importaria se fossem). Eles só são cordeiros em Deus. Mas no mundo são carnívoros. E é por isso que você precisa "olhar além" para Deus para descobrir sua visão que transpassa pedras e rochas, porque você não pode fazer isso no mundo carnívoro que foi jogado sobre nós na Union Square. Agora gosto de você de novo, já que o vejo como você é – e em especial de forma mais "bela", porque você pensou que estava sendo "animado" comigo antes e, portanto, me é revelado (como sou ingênuo, admito) que estávamos tentando agradar um ao outro, eu com histeria, você com animação. A energia por trás disso, mesmo se iludida, fantasiada etc., é real. Porque estávamos tentando viver, cuja metade é morrer. Por favor, aliás, leia estas observações "no meu nível", e não no seu nível de Deus... só para a gente curtir por enquanto. Seu nível de Deus vai além, e eu o aceito, mas estas são explicações do mundo agora. Por fatualista também não quero dizer Naturalista... mas simplesmente a aceitação do fato de que vou morrer, e que metade da vida é morte, que não sou melhor do que ninguém (não tenho privilégios), de que tenho que ganhar meu pão de cada dia, de que tenho que limitar meu amor (no casamento), de que preciso conseguir me virar neste "esse mundo" bem como me virar depois no "outro mundo". De fato minha teoria toda agora é a de que não tenho teoria. Estou escrevendo um artigo para Slochower[23] sobre o "Mito", no qual digo àquele pedante que o Mito não é nada senão um conceito construído a partir de um particular que nunca se repete, ainda que seja triste estabelecer uma ligação com ele. Mas sigo meu caminho sem

---

23. Harry Slochower foi um professor no Brooklyn College e escreveu muitos livros, inclusive *No Voice is Wholly Lost*.

conceito, sem "previsão" (usando a palavra de Neal), mas só com um sentido de mim mesmo e de minha própria profundidade e sua própria profundidade e falta de profundidade... como Lucien no final das contas. E começo a ver que se torna "cada vez mais e mais alegre" de repetir.

A única mudança que quero com relação a você é vê-lo com seus olhos mortos (he-he!). Agora seremos tristes e perceptivos e ativos, como Lucien no fim das contas. Você precisa mudar também o jeito que você escreveu para Jethro [Robinson], o cara que antes era um idiota – virou uma velha criança quieta. (he-he!) Vamos lembrar de he-he! como nossa tentativa ignorante de agradar um ao outro, e é tão real como o pernóstico ato de Bill para com Phil White et al. Pela primeira vez em muito tempo sinto uma empolgação filosófica entre nós dois – porque chegamos à conclusão de que somos hipócritas e seguimos nesse conhecimento.

1949

Nota dos editores: *Depois dessa troca rápida de correspondência, Kerouac seguiu pelo país com Cassady até São Francisco, retornando logo depois para a casa da mãe em Ozone Park. Nesse meio-tempo, Ginsberg se meteu em outra situação terrível. Ele havia permitido que Herbert Huncke, Little Jack Melody e Vicky Russell guardassem mercadorias roubadas em seu apartamento. Depois de um acidente de automóvel, a polícia descobriu a propriedade roubada e todos, inclusive Ginsberg, foram presos. A carta abaixo foi escrita da prisão enquanto Allen aguardava a decisão de seu caso.*

Allen Ginsberg [Cidade de Long Island, Nova York] para Jack Kerouac [n.d., Nova York, Nova York?]

c. 23 de abril de 1949

1 Court Square
Cidade de Long Island
Nova York
Manhã de sábado

Caro Jack:
    Sinto muita ansiedade em relação ao meu diário e às correspondências que me foram levadas [pela polícia], mas de outro modo estou bem apesar [de] um acidente grave de automóvel e da incerteza de meu futuro imediato. Meu caso não está tão ruim. Ligue para Eugene[1] se quiser detalhes – no seu escritório (ele está no papel de advogado).
    Herbert [Huncke] está do outro lado da cela. Não posso vê-lo tão bem porque perdi meus óculos no acidente. Nas horas logo após o acidente estávamos muito confusos com o choque e o horror – horror de mim mesmo na maior parte, já que eu via os padrões de atividade com tanta clareza. Tudo que acontece como sugestão do que acontecerá (aos homens, digo). Continuo deixando que as coisas aconteçam comigo, quero que elas aconteçam.
    Diga a Denison e sua irmã [Burroughs e Joan] o que aconteceu. Eles (a polícia) também estão com as suas cartas. Espero que me devolvam – são cinco anos de correspondência literária que formam um tesouro incalculável para o futuro.
    Leia as primeiras páginas de "Rogue Male" (livro de 25 centavos) de Geoffrey Household. Sigo sempre lembrando disso, depois que saí do carro virado.
    Me sinto muito bem. Escrevi um poema:

    Algumas vezes deito minha ira
    Como a meu corpo deito

---
1. O irmão de Ginsberg, Eugene Brooks.

Entre a dor que respira
e em paz durmo no leito

Tudo que tentei gentilmente
Tudo que queria de belo
Desaparecido, morto na mente
Faria vivo um fantasma que eu velo

Fitar uma face espectral
E não saber o que era belo e se perdeu,
Sem lembrar a carne acidental
de fantasma para fantasma gentil apogeu.

                Allen

Nota dos editores: *Com ajuda da família e de um bom advogado, Ginsberg foi libertado. Concordou em fazer tratamento num hospital psiquiátrico em vez de permanecer na prisão. Enquanto tudo era arranjado, Allen ficou na casa de seu pai em Paterson.*

Allen Ginsberg [Paterson, Nova Jersey] para Jack Kerouac [n.d., Nova York, Nova York?]

c. início de maio de 1949

Quarta-feira de tarde.

Caro Jack:

    Estou de volta, como você bem coloca, ao seio de minha família. É bem silencioso aqui e consigo trabalhar se quiser. Enchi um caderno de 150 páginas nos últimos quatro dias com uma recriação detalhada dos eventos do mês passado. Fiz isso para o meu advogado, que quer me entender e descobrir por que me associei com essas pessoas e fiz as coisas que fiz. Ele me pediu para escrever um diário. Não me esmerei muito nele, mas enquanto escrevia (e antes de escrever) acho que comecei a entender claramente [Herbert] Huncke e seu relacionamento total com as pessoas; um entendimento que tenho buscado há muito tempo, e cuja falta me deixou sem poder para agir com ele de uma forma positiva. Eu (talvez nós) já o havia desumanizado. Ele escondia de nós seu eu mais próximo e mais evidente; o que ele precisa em primeiro lugar é de um parceiro, como todo mundo. O mesmo ocorre comigo, e com Neal também. Falei sobre isso com Vicki [Russell] e descobri que ela, também, nunca havia percebido o que Huncke queria secretamente de nós, ou o que queríamos dele. Acho que Bill conhece Huncke.

Meus problemas de família se tornaram mais complicados e estranhos desde que minha mãe deixou o hospital. Ela está neste momento morando com minha tia no Bronx. Vi-a na segunda-feira. Ela está um pouco avoada, mas natural, e minha tia não entende; mas ela é uma irmã, e irmãs têm outros entendimentos de irmã. Não sei o que ela fará, ou será feito a ela, em seguida. Eu e Gene não vamos morar com ela; tenho medo, e além disso os médicos (no hospital) me proibiram; então o problema não é meu. Mas Naomi terá que ser financiada por meu irmão e pelo meu pai e pela minha tia, e isso aumenta seus problemas financeiros. Tudo parece ter acontecido ao mesmo tempo.

Não sei o que está acontecendo em meu caso; está quase tudo fora do meu controle e nas mãos dos advogados. A minha família e os advogados estão indo na direção de ver as coisas como se eu estivesse em meio a más companhias, e isso vai me trazer todo tipo de problema social a longo prazo, na medida em que estou tendo que aceitar (com gratidão) a ajuda financeira e legal deles. Eles também queriam que eu traísse e entregasse todo mundo para me livrar. Já passou o ponto onde eu, como Huncke, posso tentar explicar minha posição com qualquer certeza da minha parte, ou garantia de compreensão, então estou numa posição desconfortável. Felizmente sei tão pouco que tenho pouco a delatar. Mas pressupõe-se que Vicki, Herbert e Jack [Little Jack Melody] tentarão arranjar a culpa entre eles de acordo com seus próprios entendimentos, e temo ser levado a dar alguma declaração que possa entrar em contradição com essas histórias. A situação é delicada. É claro que não vai parecer nada importante daqui a digamos um (ou dez) anos. Mas no momento estou cheio de orações, com as calças na mão. Odiaria tomar as rédeas e começar a tentar manobrar meu próprio advogado para conduzir o caso de acordo com meus próprios desejos; mas parece ser exatamente esta minha responsabilidade atual. De todo modo, ele acha que preciso me declarar culpado, ver as acusações retiradas, ser colocado nas mãos de um psiquiatra; ou receber uma sentença suspensa com um psiquiatra. Fui ver [Lionel] Trilling, que pensa que estou louco; e [Mark] Van Doren, que pensa que estou são mas não quer me entender até certo ponto (ele piscava o tempo todo enquanto falava com ele). Ele escreveu a Morris Ernst, um grande advogado criminalista. Mas é tarde demais para Ernst, pois minha família já fez os arranjos com os advogados. Também fui ver Meyer Schapiro[2] (Trilling arranjou o encontro). Ele me disse para ir, e sentou comigo falando sobre o Universo por duas horas e meia; também me contou sobre como acabou na cadeia na Europa por ser um vagabundo apátrida. Ele perguntou por você, se desculpou novamente por não ter sido capaz de matriculá-lo na disciplina. Meu problema, *vis a vis* o acima exposto com meu advogado, seria menos complicado não fossem as cartas

---

2. Meyer Schapiro foi um historiador da arte que lecionou na Universidade de Colúmbia e na New School.

de Bill, que tornam imperativo que eu me arranje em outros termos do que os mais claros e próximos e fáceis, de forma a tirá-los do caminho problemático antes que outro raio atinja Bill. É possível; mas tenho medo de assumir o risco. Não tenho ideia de quão profundo é o planejamento da Ira Divina e por quanto tempo continuará operando.

    Neste momento tenho pensado muito sobre o poema de Thomas Hardy "Uma Doença Desperdiçada" na pág. 139 de seus *Collected Poems*, se você tiver uma cópia à mão. Me pergunto o que Lucien pensa disso, ou se ele o toma (esse poema particular) a sério. O poema em si é bem claro – no que me diz respeito, especialmente a última estrofe. Ele está na página seguinte ao poema a que você me chamou atenção na casa de [Elbert] Lenrow, "The Darkling Thrush". Tenho também lido Shakespeare – *Macbeth*. A ironia das comunicações falhas e complacências esquecidas e negligenciadas retornando como fantasmas para efetuar vingança.

    Gostaria que você viesse a Paterson.

    Me escreva sobre Lucien. Ele contou as histórias para você? Já começou a escrevê-las? E também, por favor, escreva para Bill novamente, contando a ele, se você ainda não contou, a situação inteira. Diga para ele limpar bem qualquer evidência de crime na casa, qualquer que seja. Sou eu que estou dizendo. Ele não precisa de nada disso. Neal escreveu?

    Mustapha

Allen Ginsberg [n.d., Paterson, Nova Jersey?] para Jack Kerouac [Ozone Park, Nova York]

antes de 15 de maio de 1949

Um dia chuvoso de maio.
Caro Jack:
    Obrigado por escrever. Sua carta[3] me foi trazida por meu pai (que agora também abre minha correspondência) como uma alcíone para minhas tempestuosas águas.

    Estive em NY durante todo o fim de semana, e liguei para [John Clellon] Holmes para ter notícias de você. Quando você estiver na cidade, posso ser encontrado no fim da manhã ou no início da tarde, geralmente no meu advogado; no fim da tarde, talvez na casa da minha tia; à noite, na casa de Charles Peters. Eugene [Brooks] também deve saber por onde eu ando.

    Continuo sem notícias sobre o que acontecerá. Cada vez me sinto mais envolvido. Van Doren me deu um sermão bem direto me dizendo que as pessoas em Colúmbia estavam cansadas e cheias de minha culpa fingida e de meu "Satanismo", que eu supostamente disseminei. Estão chateados com toda minha "gosma". Bem, acho que ele está certo. Há sempre dois lados em cada questão [mas?] comecei a me sentir cada vez mais incerto quanto a mim mesmo. O que

---

3. Uma referência a uma carta perdida.

é uma boa sensação, creio, como sempre. Não interessa, tentarei explicar tudo isso quando vir você. De todo modo, minha bobice toda está voltando para me assombrar. As coisas se tornam mais reais.

Liguei para [Elbert] Lenrow e disse a ele que estava tudo OK para sexta-feira, então nos vemos às 4h na casa dele. Vai ser uma ocasião memorável.

Quando escrever, se por acaso tiver alguma notícia de alguém, use pseudônimos: Pomeroy [Cassady], Claude [Carr], Denison [Burroughs], Virginia [Vicki]. Junky [Huncke] chame de Clem (bom nome?). Se for para colocar esforço na correspondência, posso já desde agora preparar umas proteções.

Talvez eu devesse inventar um código secreto.
    Allen

Perguntei ao meu pai o que ele pensou da poesia que você enviou. Ele "não se interessou", já que as figuras eram "enevoadas". Tenho me perguntado o que você poderia fazer com a poesia. Não sei o suficiente sobre seus segredos reais ou critérios técnicos, então não posso dizer que vou dizer com "autoridade!" (ou seja, não tenho certeza se estou certo). Me parece que você tem uma intuição pura para as veias da confiança – o bíblico-profético ("Sou aquele que cuida do carneiro") e o profético – alegre ("Arranque minha Margarida, Deite minha Taça".) A *economia* da segunda sentença é o mais desejável. Como se sabe, você já estava bem equipado com símbolos significativos ou significantes, tomados da vida por todo lado – Yeats, num livro chamado [*King of*] *the Great Clock Tower* – 1935 diz, descrevendo como ele foi até Ezra Pound e outro místico chamado A.E. para receber conselhos literários: "Então levei minha estrofe para um amigo da mesma escola, e esse amigo seguiu falando assim. Peças como *Great Clock Tower* sempre parecem inacabadas mas isso não interessa. Comece as peças sem saber como terminá-las, *pelo bem das letras*. Certa vez escrevi uma peça e, depois de enchê-la de letras, abandonei a peça" etc. Esse é um jeito de conseguir a pureza e a inspiração e a linguagem numa base cheia de sentido. Você devia um dia escrever um livro que, como Rabelais e Quixote e Boccaccio, seja cheio de contos, poemas, enigmas, canções e frases secretas. O que eu mesmo quis fazer com doldrums é escrever tantos poemas que, embora por si só nenhum soe significativo, no momento em que o livro fosse lido toda a sua finalidade e a *realidade* da finalidade se tornariam evidentes. Nesse ponto, por exemplo, escrever sobre fantasmas, anjos, espectros etc.; o caminho já foi preparado para o uso destes símbolos pelo que já se passou – e vai ser modificado pelo que virá. Isto tudo é *a propos* do que você disse sobre o poema que li no seu caderno e que achei de uma poesia tão pura.

Os símbolos neste poema (e naqueles do caderno) parecem-me ser mais claros e ter mais referências ao real do que você mesmo admitiu (pelo menos com relação ao caderno). O que me parece estar emergindo em você são os primeiros balbucios do Cordeiro real, o que é uma coisa fantástica de se ver, e para alguns (inclusive você mesmo?) uma visão nebulosa. A não ser que eu esteja errado, você deve ver na poesia (ou verá na prosa) mais e mais significância real (digo, em tudo que você *já* escreveu e porque ainda pode escrever) (Tudo é *possível*, e de fato, provável, na medida do poder "profético", ou do que eu chamo de poder profético.) O que resta, quando o sentido dos poemas (afora o ser passional e freneticamente poético) chega claramente a você é organizá-los e dirigi-los conscientemente. O mesmo, ou uma elevação similar de estilo, digo, é possível com uma finalidade puramente pragmática, prática, desde que, é claro, esse nível mental seja atingido. Em outras palavras, o que você pode sentir como falso ("Escrevi alguma poesia realmente fantástica, se é que você pode dizer isso...") sobre a forma ou o conteúdo da poesia que você escreve é realmente falso, e esse elemento de falsidade precisa ser reconhecido, não necessariamente alterado na direção de um estilo mais malvado, mais limitado, ou por ambição e gosto, ou inclinação ou capricho; mas seguindo a inclinação de seu fim e enxergando a verdade última. De forma que você possa chamá-lo "poesia" – o que você está escrevendo parece ser, potencialmente, grande poesia. Você não está fazendo nada diferente (como bem sabe) do que qualquer poeta verdadeiro faz; apenas trabalhando com mais brilho e de uma forma mais profunda do que qualquer poeta de nossa geração que eu conheça. Você não precisa necessariamente investigar versificação (rima e tradição métrica). A sua poesia tem paradas abruptas e transições devido a sua natureza *improvisada*. Isso só pode ser solucionado pela realização de maturidade de propósito, não pela constrição artificial do ritmo. Já fiz isso e cometi um erro. Tenho que reaprender a falar *naturalmente* em verso; descobrir como dizer coisas grandiosas ou belas naturalmente. Você já faz isso.

Tenho improvisado, o que quero dizer, na verdade, é que quando você diz de si mesmo "Sou aquele que cuida do Carneiro", eu acredito. Meu pai não acredita, e talvez nem mesmo acredite no Carneiro, então pensa que é tudo um nevoeiro.

Voltei ao nosso poema:

Este selo a via da graça
Correu pela quebrada
Arranque minha Margarida,
Deite minha Taça,
A porta está escancarada.

E também:

O mímico encapuzado na noite, quem ele é?
De verdes cabelos e olhos mofados ao luar
Que avermelha na pálida luz da janela da fé
e assusta os velhos e faz crianças chorar?

Quem é aquele estranho na rua, envolto em miasmas
para as crianças nas sombras, fedendo como os mortos,
que dança solto, ainda que atado por pés fantasmas,
Atrás da criança que chora com membros tortos?

Quem é a sombra secreta, familiar e comum
Que pelas camas onde encolhido dorme então,
De olhos ainda abertos? Sem sinal algum.
O mundo deve acenar para o mundo em vão.

O que vai acima é uma primeira versão, um pouco difusa e sem imagens suficientemente concentradas. Tenho que pintar ela todinha de verde.
Bon ami,
    Allen

Nota dos editores: *Em 15 de maio de 1949, Kerouac chegou a Denver e montou uma casa para sua irmã e para sua mãe. Ele havia finalmente recebido o adiantamento por* Cidade pequena, cidade grande *e pressentia que o sucesso agora era só uma questão de tempo. Em junho, sua família e os móveis chegaram, mas o que acabou acontecendo é que tanto a família quanto os móveis precisaram retornar para a Costa Leste no início de julho.*

Jack Kerouac [Westwood, Colorado] para Allen Ginsberg [Paterson, Nova Jersey]

23 de maio de 1949

Av. Central Oeste, 6100
Westwood, Colo.

Caro Allen:

 Só uma notinha até minha máquina de escrever chegar. Estou morando sozinho nesta casa nova ao pé das colinas no oeste de Denver esperando por minha família... e por quaisquer sinais. Aluguei uma casa de $75 por mês por um ano. O Mestre Dançarino D.[4] negociou informações internas para mim. Aliás, ele é exatamente como nós. Disse que conhecia todos os pássaros que vale a pena conhecer em Denver – disse a ele que assim me evitava muito problema. Ele só sorriu. É um cara legal. Conheci outro pássaro de Denver – um grande gênio da ciência social.
 A minha casa é próxima das montanhas. Aqui é a ira das torrentes – o Ponto onde a chuva e os rios se decidem. Aqui, também, os suaves campos de alfafa nas

---

4. Mestre Dançarino foi um apelido que deram a Justin Brierly, uma referência à sua capacidade de manipular as pessoas.

tardes barulhentas. Sou Rubens e esta é a minha Holanda por baixo da escadaria da igreja. (Lembra do Rubens que mostrei a você?) Este lugar está cheio de Deus, e de borboletas amarelas.

Pomeroy [Neal Cassady] está em Frisco. Uma garota me disse (a irmã de Al H. [Hinkle]) que o deixou perto da Russian Hill umas duas semanas atrás. Isso quer dizer que Pomeroy está sem carro. A Russian Hill é um conjunto habitacional branco com telhados desalinhados.

O Mestre Dançarino disse que você era um grande poeta.

Pego carona até Denver e sento em mesas de sinuca do Larimer e vou assistir a filmes de 20 centavos para ver o mito do oeste cinzento. Mais do que tudo escrevo... e faço trilhas, "pulando sobre riachos".

Vou copiar todas as novidades quando tiver uma máquina de escrever. Tudo sobre o Rio Mississippi no Porto Allen velho Porto Allen – pois a chuva vive e os rios também choram, também choram – Porto Allen como Allen pobre Allen, ah eu.

A Ponte das Pontes sobre toda a água da vida. "É para onde escorre a chuva, e a chuva suavemente conecta-nos a todos, como juntos corremos como a chuva para o rio-tudo da comunhão ao mar."

"E o mar é o golfo da mortalidade nas eternidades azuis."

"E as estrelas brilham convidativas no Golfo do México à noite."

"Então do Caribe – (de Clem) – suave e tempestuoso vêm as marés, agitações, eletricidades, fúrias e iras do Deus chuvoso que concede vida – e da Divisória Continental vêm rodamoinhos de atmosfera e fogo das neves e ventos do arco-íris das águias e harpias parteiras aos gritos – Então os partos sobre as ondas – e uma pequena gota que caiu no Missouri e reúne-se à terra na Louisiana em lodo mortal; a mesma gotinha indestrutível – voa! Ressurgida nos Golfos da noite, e Voa! Voa! Voa de volta para os baixios de onde veio – e vive de novo! De novo! – vá se reunir com as rosas lodosas mais uma vez e desabrochar nas ondulações borbulhantes da margem, e dorme, dorme, dorme..."

(Em outras palavras, estou começando a descobrir *por que* a chuva dorme. Você me encorajou muito, portanto continuo nesse tipo de investigação a que antes não me permitia.)

Também –

Poema decidido em Ohio
É um montão de – Ohio
Nos montes de belhas das abelhas
Quando você está na alfafa
Num dia de amoras
Um monte de um monte de belha

É um montão de – Ohio
Na canção de ninarelha da alfafa
No monte de belha da canção de ninarelha
Das abelhas e da alfafa e da alfabelha.

Por favor me escreva. Tente meu novo endereço. Ano que vem vou comprar um sítio nas montanhas. Preocupe-se com a face verde, não com as leis. (Já passei um tempo num sanatório, cê sabe.)

J.

P.S.: Estou ansioso por saber como tudo vai terminar. Espero que você siga se correspondendo em quantidade comigo. Escreva o quanto antes e com frequência – vou fazer a mesma coisa por aqui.

Allen Ginsberg [Paterson, Nova Jersey] para Jack Kerouac [Denver, Colorado]

depois de 23 de maio de 1949

Av. Hamilton, 324
Paterson 1, N.J.

Caro Jean-Louis:

Para que lado fica Westwood? Lembro de pequenas colinas ao norte (?) levando às montanhas da Cidade Central; e de uma grande planície e desertos vermelhos ao sul na direção de Colo. Springs; mas a oeste? Quando é que a sua família vai? Depois de longas negociações, escrevi a seu cunhado [Paul Blake] para pegar a cama; ele conseguiu, com a ajuda de meu irmão. Não os vi se encontrarem, foi apenas por acaso que os dois se encontraram sob os céus de NY, mas se encontraram. Sempre pensei que o Mestre Dançarino fosse legal mas que fosse tão parecido comigo que me sentia uma reencarnação dele, depois de várias vidas e purificações. Estranho me sentir assim com relação a ele – ou todos reconhecem o Sr. Morte? E se sentem numa irmandade? Devo $10 para o Sr. Morte; diga a ele que sinto muito, mas não estou na posição costumeira em que posso pagar minhas dívidas; mas que vou pagá-las antes da cobrança final; e já que o conheço, diga a ele que sei disso, e que seus $10 vão voltar. (A não ser que tudo seja miraculosamente esquecido – mas não diga isso a ele.) Sim, lembro o banquete dançante dos broncos – foi tudo tão vivo e livre para você mesmo? Tudo Deus e borboletas? Invejo você. Estou ainda preso nas agitações cinzentas do eu e do pensamento e temo jamais superar essa etapa na vida e nunca ter a sensação da chuva escorrendo pelo rosto e nunca nadar no rio negro. Pomeroy [Neal Cassady]? Por que ele está sozinho?

Você próprio deve estar sozinho aí em Denver, morando numa casa grande. Falando de broncos, há uma cena em uma das lendas do Fausto em que o mestre sai do estúdio, tendo acabado de renunciar à alquimia e ao mundo metafísico, e cai numa celebração exatamente como aquela da foto. Não lembro o que mais ele diz ou faz, exceto que canta ou escreve um poema em louvor da dança e então volta à sua casa e invoca o diabo – que aparece. Assisti à palestra de Thomas Mann sobre "Goethe e a Democracia" – talvez a mesma palestra a que Pomeroy assistiu ano passado. Mann é ligado, energético e muito jovem; ele dispara pensamentos elétricos em todos, mas geralmente as pessoas não percebem e ele se cansa das pessoas; mas louva a "vida".

Não sei sobre o que é essa chuva e espero que você descubra por que ela dorme, mas, como disse, não tenho ideia do que ela seja. Ah, estou farto de pensar que incentivei você. É difícil para mim permanecer nisso. A retórica é boa, a música adorável, mas como Clem [Huncke] costumava dizer: "Merda, mais uma, já não aguento dançar". Você chegou a ouvir ele dizer isso? Ele vagava pela casa distraído e deixava cair um lenço, ou caía numa cadeira exausto dizendo isso. Ele é demasiado parecido com uma garotinha na escola de balé, todo apegado a sua mãe. Tenho sua obra reunida (cerca de 30 páginas) comigo.

As coisas mudaram por aqui, creio eu. Já estou cheio de ouvir todas essas pessoas ao meu redor julgando e julgando (me parece) sem nenhuma ideia do que estão dizendo. Mas agora estou muito confuso para revidar. De toda forma, acho que vou ser levado para o hospital, um hospício, em breve. Meu advogado me levou para ver um psiquiatra (altamente recomendado por Trilling e um cara legal), que sugeriu que de início estou "doente demais" para fazer qualquer coisa senão entrar para a pinel – mais doente do que eu ou qualquer outro (He--He!) poderiam saber, exceto ele. Suspirei aliviado; finalmente me manobrei à posição que sempre aspirei e que é a mais adequada e verdadeira para mim. Como você disse, você esteve num sanatório, mas preciso repetir o que já disse vez após vez, realmente acredito ou quero acreditar que estou louco, ou nunca poderei voltar à sanidade. Para colocar de um jeito mais simples: sim, eu levo a sério esse desenvolvimento e espero cooperar com as autoridades que querem me ajudar como dizem que querem. Infelizmente eu (como o malvado Burroughs que está amaldiçoado) não confio neles (você, Kerouac, é mais louco do que eu) mas *moi*, posso ser salvo porque algumas vezes surto histericamente e imploro seu perdão por ter uma vez duvidado deles. Infelizmente, eles também seguem se contradizendo – mas preciso esquecer isso e recolher o orgulho intelectual ou vaidade que me torna desumano e que me faz pensar que eu (como Denison [Burroughs]) sou mais esperto do que eles. De toda forma estou preso novamente, como você pode ver, nos meandros de minha própria mente; e desta vez espero que de vez. Claro que estou cheio de toda essa merda introspectiva que vem junto e cansado da inatividade e do autoflagelo da loucura, e cansado de lutar com as pessoas – advogados, pais, Clem [Huncke], faculdade etc. cansado de minha absorção contínua na introspecção enervante que já passou do ponto de estar sob controle e está numa terra selvagem e numa terra de maravilhas de horror e alegria na *ação* externa – a liberdade de ser mandado para uma clínica psicoanalítica (na Rua 168) como um paciente (e acho que é isso mesmo que vai acontecer) e tudo bem. Não quero acabar na decadência e na abstração gosmenta, prefiro ir para o oeste na direção do sol. Mas no momento não sei como e estou preso numa ratoeira. O tempo todo pensei que estava ficando mais lúcido e são e sábio e verdadeiro, mas a verdade é que Chase esteve sempre certo, e agora me sinto como se eu tivesse ficado tão preso em mim mesmo que já não tem graça nenhuma. Paro no meio das conversas, rindo solto – fito as pessoas com sobriedade perfeita e com remorso – e então caio na risada igual.

Liguei para Claude [Lucien Carr] uma vez, na noite de sexta em que você foi embora. Ele disse que ninguém o havia interrogado. Ele estava bem. Disse "Estou por dentro da sua situação, garoto; fica firme". Como achei isso estranhamente verdadeiro, toda essa seriedade.

Tinha, antes do hospício, planos de ir morar em Paterson de vez, como você sugeriu – e descobri que precisava fazer isso de toda forma. Mas não. Que irônico eu não retornar para casa no fim, mas ter outro destino em aberto (talvez bom?). Todas as minhas portas estão abertas, sinto isso cada vez mais. Deixo as pessoas tomarem grandes liberdades. Com que insanidade elas passam rápido por mim, indo e voltando nas lidas do mundo! Meu advogado me diz que sou louco, que até mesmo subjetivei minhas próprias *ideias* sexuais; e acredito nele. Ele fala e fala até que eu percebo que ele é tão inocente que não sabe que as mulheres também fazem boquete, e que isso acontece todo dia na América – falei a ele sobre o relatório Kinsey; ele diz que é só um exagero de minhas próprias ilusões. Ah, sim, meu exagero. Mas não! *Vou* acreditar em todos! Assim como o Van Doren me disse para escolher entre os criminosos (Huncke) e a sociedade (meu advogado). Pedi uma escolha intermediária, mas ele disse que essa era A Escolha. Que medo senti, e escolhi a Sociedade. Ele (Van Doren) me disse que eu havia exagerado e idealizado Clem até descaracterizar sua classe, já que ele era um reles marginal; e meu advogado o descreve como uma "bagunça imunda fedida – é só olhar para saber que não presta para nada". Mas também acredito nele. A questão, Jack, é que tenho sido forçado a acreditar em todos porque já não sei em que eu mesmo acredito, e agora estou tão confuso que sequer consigo escrever poesia. Mas *(Ah!) eles serão todos julgados*, graças a deus. Meu julgamento (pressinto) é agora, durante esta vida. Eles podem nunca ser julgados antes de morrer; mas vão queimar por cada palavra impensada, cada ferida [suja?], cada um dos males cometidos, cada insulto e indignidade perpetuados! Eles vão queimar! He! He! He! Já estou queimando, posso me dar ao luxo de rir. Tenho que rimar tudo isso.

(Ah! *Si je me venjece! Les damnes!*)
Me escreva sobre Denver e Pássaros.

A Reclamação do Esqueleto ao Tempo
1.
Tome meu amor, não é verdadeiro,
Então não tente nenhum corpo passageiro;
Tome minha Senhora, a suspirar
Por minha cama, onde eu deitar;
Tome-os, o esqueleto disse a nós,
   Mas deixe meus ossos sós.

2.
Tome minhas vestes, agora frias
E venda a um poeta sem economias;
Dê o pó que encobre esta verdade,
Se sua juventude vestir minha idade,
Tome-os, o esqueleto disse a nós,
   Mas deixe meus ossos sós.

3.
Tome os pensamentos que como o vento
Arrancaram meu corpo do seu intento;
Tome os fantasmas que vêm à noite
Para meu deleite roubarem no açoite;
Tome-os, o esqueleto disse a nós,
   Mas deixe meus ossos sós.

4.
Tome este espírito, não é meu.
Roubei de um lugar, talvez um museu.
Tome esta carne e com ela num ato
Passe adiante de rato em rato;
Tome-os, o esqueleto disse a nós,
   Mas deixe meus ossos sós.

5.
Tome esta voz, com remorso constante,
E aceite esse arrependimento abundante,
Me açoite mesmo que eu lamente e gema
Com a mais simples vara até o edema
Tome-os, o esqueleto disse a nós,
   Mas deixe meus ossos sós.

Esta é uma reclamação de louvor para todo o tempo destruidor. Não estou certo se os ossos representam o núcleo do eu, que é a última coisa a se abandonar; ou se estou dizendo a todos que se pode fazer o que se quiser, se pelo menos o osso-deus for preservado.

Tenho lido muito e também escrito como sempre, mas de forma intermitente. Vou escrever para você com mais coerência na próxima carta; a verdade é que eu queria fazer isso hoje, mas daí teria que *lidar* com todo aquele clima chuvoso na *sua* carta, então peguei um guarda-chuva e caminhei para fora na tempestade.

Estou começando a pensar, esteticamente, em termos das imagens dos sonhos (como a face verde) e a tecer (espero) estas imagens em poemas, em vez de usar abstrações e rimas espertinhas. Estou escrevendo uma balada sobre a canção infantil com que sonhei alguns meses atrás (lembra dela)?

> Conheci um rapaz nas ruas da cidade,
> Era um belo loiro de belos olhos azuis,
> Caminhando com seu traje de docilidade,
> E tão belo era meu disfarce, a ele fazia jus
> Não sairá de novo, o adorado
> E de chuva banhado, de chuva banhado.

É essencialmente uma *imagem*, um jovem branco-dourado caminhando na noite. De agora em diante vou parar de tentar reunir implicações metafísicas na imagem, como eu costumava fazer (como o sol por uma lente?) – pois forçar todos os níveis a se encontrarem no plano intelectual é impossível; mas é tão possível quanto tentar fazê-los funcionar por si só como imagens autonascidas. (Esse é o segredo do Dr. Sax?) Então tenho um *método*.

Eu gostaria de ir ver Haldon [Chase] mas tenho medo. Gostaria que ele etc... penso (ou pensava até o mês passado) bastante nele. Ah, bem, quem sabe um dia nos reuniremos de novo. Agora não tenho condições.

Na próxima vez que eu escrever mando fatos e sobriedade.

Você acha que estou certo ou errado. São ou louco?

Allen

Quero dizer, com relação ao que está acima, o que *você* pensa? Você sabe. Neste momento estou realmente perplexo devido a uma situação muito confusa. Algumas vezes me pergunto se realmente posso sair disso (para o sol no oeste) mesmo que eu queira, neste momento...

Jack Kerouac [Westwood, Colorado] para
Allen Ginsberg [Paterson, Nova Jersey]

10 de junho de 1949

Caro Gillette:

    Sua grande carta ocupou minha mente por um dia inteiro aqui onde uma vez foi meu eremitério. Em resposta à sua pergunta sobre o que penso de você, diria que você está sempre tentando justificar a loucura de sua mãe em contraposição a uma sanidade lógica e sóbria, mas odiosa. Isto não é prejudicial e é até mesmo leal. Não posso elaborar a respeito porque, afinal, o que sei eu? Só quero que você seja feliz e faça o seu melhor nesta direção. Como Bill diz, a raça humana vai se extinguir se não parar de fazer o que não quer fazer. Com relação a mim mesmo, acho que você é um jovem grande poeta e já um grande homem (mesmo que você esteja de saco cheio de minha essência dourada evasiva). (Para a qual há razões impurinhas, você sabe; e você sabe.)

    Não sou melhor do que você em relação a fazer o que quero. Agora tenho que trabalhar na construção civil e não posso ficar acordado a noite toda sonhando com as proclamações do Cordeiro. (Mas há algo mais neste negócio de Florestas de Ardênias em torno das pessoas, o dia todo, no trabalho.)

    Se você me perguntar, Clem [Herbert Huncke] na verdade dança quando diz "Mamãe, não consigo dançar."

    O Rubens de que falei não era o Braços Brancos Sobre a Dança Horizontal Vazia, mas aquele outro com aves sob os degraus da igreja e um grande campo holandês... mas o que isso importa agora? Não, a minha vida não é tampouco esta dança.

    Lendo o seu poema beato ontem (ou "Linhas Rabiscadas no Rockefeller Center" ["Versos: Escritos à Noite no Radio City"]), vi algo esquisito, em comparação com meus próprios versos. Por exemplo, comecemos com meu próprio poema recente, o "louco", e depois o seu.

> "O Deus com o Nariz Dourado, Ling,
> Semelhante a uma gaivota a voar pela escarpa,
> até que, ao bater forte as asas, sobre o Cordeiro
> tão Manso Pairava, um Risonho Ling.
>
> E os Chineses da Noite
> De Velhas e Verdes Prisões se Arrastaram,
> levando a Rosa que é mesmo Branca
> ao Cordeiro que é mesmo Ouro,
> e assim ofereceram a si mesmos,
> E o Cordeiro os recebeu, bem como Ling.

Então o Nariz Dourado o Risonho Ling desceu
e Procurou o Mistério –
vestido em Sudários rodopiantes verdejantes
que nem ele, nem os Chineses, poderiam segurar,
tão Verde, tão Estranho, tão Aquoso era
mas o Cordeiro a eles Desvelou o Mistério.

Disse o Cordeiro: "Neste Sudário a Face
é a Água. Não se preocupe com o Verde portanto,
nem com o Escuro, cujos Sinais Enganadores são
de Leite Dourado.
Belzebu é apenas o Cordeiro
E assim terminaram as Proclamações do Cordeiro."

Acho que seus versos evocam a você mesmo, e aos meus versos, e a mim mesmo... o que é adequado. "Nenhuma papoula é a rosa" tem um som esquisito lascivo; e não só isso, mas "lá no sótão com os morcegos" como também a linha sobre a papoula extrafina. Não que eu queira entrar nessa discussão... mas, poeticamente, a combinação de dica sensual, piscadela lasciva, cantiga suja vai bem com seu trabalho. Isto é comparável a Herrick:
"Uma onda vencedora, merecedora de nota, / na anágua tempestuosa comporta: Uma fita descuidada, em cujo laço / vejo um selvagem abraço"
Imagine a imagem de Herricks da anágua etc.
Mas chega disso. Moro a oeste de Denver, na estrada que leva à Cidade Central.
Quando posso, leio poesia francesa: De Malherbe e Racine, o Shakespeare francês. Mas tenho pouco tempo. Brierly me deu Capote para ler. Ele piscou para mim hoje durante um grande almoço numa escola, entre professores e líderes trabalhistas e empresários.
Enquanto corro miserável ao redor de Denver me pergunto o que Pomery [Neal Cassady] faria.
Escreverei uma carta mais longa para você da próxima vez. É sempre "da próxima vez" conosco ultimamente... por quê? Porque há muito a dizer.
A família está aqui, os móveis estão aqui, e também cachorros, gatos, cavalos, coelhos, vacas, galinhas e morcegos em abundância na região. Na noite passada vi morcegos batendo as asas acima do Domo Dourado no Capitólio do Estado. Se eu fosse um morcego iria lá e ficaria dourado. Lá em cima do domo com os morcegos dourados. Há tantas garotas lindas por aqui. Chega a doer. Uma garotinha se apaixonou por mim... que pena. Apaixonada por um homem mais velho, eu. Dei a ela discos e livros clássicos, e estou me tornando um Mestre Dançarino. Mestre Dançarino dá uma piscadinha.
Montei num rodeio, sem sela, hoje à tarde e quase caí.

Decidi um dia me tornar um Thoreau das Montanhas. Viver como Jesus e Thoreau, exceto no que diz respeito às mulheres. Como um Garoto da Natureza com sua Garota da Natureza. Comprarei um cavalo mestiço por $30 e uma velha sela na Larimer St., um saco de dormir na loja do exército, uma frigideira, uma caneca de latão, bacon, grãos de café, coalhada, fósforos etc.; e um rifle. E quero viver para sempre nas montanhas. Para Montana durante os verões e para o Texas-México durante os invernos. Vou beber meu café de uma velha caneca de latão enquanto a lua sobe alto no céu. Também me esqueci de mencionar minha harmônica cromática... Assim posso ter música. E sem nunca me barbear vagarei pelas montanhas inóspitas esperando o Dia do Juízo Final. Creio que haverá um Dia do Juízo Final, mas não para os homens... para a *sociedade*. A sociedade é um erro. Diga a Van Doren que não acredito nem um pouco nesta sociedade. É má. E vai cair. Os homens precisam fazer o que querem. As coisas saíram dos trilhos – começaram a sair dos trilhos quando os idiotas abandonaram os vagões cobertos em 1848 e começaram a corrida do ouro na Califórnia, deixando as famílias para trás. Claro que não havia ouro para todos, mesmo se fosse o caso de o ouro ter toda essa importância. Jesus estava certo; Burroughs estava certo. Por que Pomeroy não aceitou a ajuda do Mestre Dançarino e não foi para a escola? Vi as cerimônias de graduação na noite passada e os formandos de 18 anos usando falsas vozes graves falaram da luta pela liberdade. Vou para as montanhas, até o país das águas do arco-íris, e vou esperar o dia do juízo final.

O crime não é o que os homens querem tampouco. Muitas vezes pensei em roubar lojas, e no final não quis levar a cabo o plano. Não queria machucar ninguém.

Quero ser deixado em paz. Quero sentar na grama. Quero cavalgar. Quero comer uma mulher nua na grama na encosta da montanha. Quero pensar. Quero orar. Quero dormir. Quero olhar para as estrelas. Quero o que quero. Quero obter e preparar minha própria comida, com minhas próprias mãos, e viver assim. Quero me deixar levar por mim mesmo. Quero defumar carne de cervo e guardar na bolsa em minha sela e seguir até as encostas. Quero ler livros. Quero escrever livros. Vou escrever livros nas florestas. Thoreau estava certo; Jesus estava certo. Está tudo errado e eu o denuncio, e todo o resto pode ir para o inferno. Não acredito nesta sociedade; mas acredito no homem, como Mann. Então carregue você mesmo seus próprios ossos, é o que eu digo.

Nem mesmo acredito mais na educação... nem mesmo no ensino médio. "Cultura" (antropologicamente), em qualquer canto, é a bobagem que cerca o que os pobres têm que fazer para comer. A história é o povo fazendo o que seus líderes mandam; não fazendo o que seus profetas recomendam. A vida é o que nos dá desejos, mas não nos dá direitos para realizarmos esses desejos. Isso é bem malvado – mas você ainda assim pode fazer o que quer, e o que você quer é certo, quando você quer de forma honesta. O dinheiro nos odeia, como um servo, porque é falso. Henry Miller estava certo; Burroughs estava certo. Deixe-se levar a si mesmo, é o que digo.

Vai levar um tempão até eu lembrar que posso deixar-me levar por mim mesmo, como faziam nossos ancestrais. Veremos. É isso que penso.

Então deixe meus ossos em paz. Acho que é um poema maravilhoso. Me escreva outro. Me escreva essa grande e coerente carta. Tudo está muito bem.

Vá, vá; permita-se carregar os próprios ossos. Ossos-ossos. Leve os ossos até seu osso se ir etc.

Quelle sorciere va se dresser sur le couchant blanc?
Quelle bone va se boner sur le bone-bone blanc?

Vá, vá; vá levando seus próprios ossos.

Jack

Nota dos editores: *Ginsberg deve ter escrito a carta abaixo antes de receber a carta de Kerouac datada de 10 de junho.*

Allen Ginsberg [Paterson, Nova Jersey] para Jack Kerouac [Denver, Colorado]

13 de junho de 1949

13 de junho

Caro Jack:

Sem receber nenhuma carta, esqueci-me de você por duas semanas após escrever a última. Estou esperando o momento de ir para a clínica e, enquanto isso, tenho organizado meu livro, trabalhando do início da tarde até a madrugada, quando desligo a luz e deito na cama sonhando poemas. Noite passada sonhei mais estrofes do nosso poema –

Perguntei à senhora o que era uma rosa,
Ela me chutou para fora da cama,
Perguntei ao homem, assim segue a prosa,
Vai pro inferno, ele respondeu sem drama.
    Ninguém sabe,
    Ninguém sabe,
Pelo menos, ninguém disse.

Então mais puramente em nosso próprio esquema de imagem mental e métrica. (Leia rápido as primeiras linhas e sinta como soa)

Sou um pote e Deus um oleiro
E minha cabeça um pouco de argila
    Parte meu pão
    E passe manteiga
Que sorte minha ser um maluco.

Mas a melhor estrofe é quase tão boa quanto "Arranque minha Margarida, deite minha Taça". Segue assim:

No Oriente eles vivem em cabanas,
E adoram o canto onde preguiço.
  Interrompi meus pensamentos
  Por bananas,
E meus figos caem em pleno viço.

"Interrompi meus pensamentos por bananas" ainda vai fazer parte da fala coloquial no mundo. Outra contribuição para a pictografia da cidade – você já ouviu falar na Múmia do Beco? Revisei o poema "Quem é o estranho encapuzado na noite", e a segunda estrofe agora começa "Quem é o Errante, rindo na rua," "A múmia do Beco, fedendo a . . .?" Não dá para até vislumbrá-la saindo do esgoto, zonza de bêbada e gosmenta, lá no Paterson na Rua Larimer, no meio da noite morta? Ela deita ali entre todas as garrafas quebradas e jornais e caixas de papelão molhados pela chuva, na lata de lixo, envolta nas ataduras sujas que algum homem velho usou em suas pernas, cheia de Kleenex sujo e absorventes íntimos. Todos sabem o quão assustadores são os becos – o beco escuro, o corredor escuro – pense nos fantasmas da rua e nos duendes do bueiro, e nos fantasmas dos sótãos que precisam existir nas casbás. Já contei da face na tela da TV, o pobre fantasma que chama pelas crianças na sala: "Por favor, abram a janela para eu entrar"? Pensei nela uns seis meses atrás. Também revisei os Salmos que mostrei a você em sua casa, já estão quase na forma de um poema equilibrado, e revisei muitas outras estrofes soltas e poemas mais longos – todos os rouxinóis – e datilografei de novo e limpei tudo, de forma que em alguns dias pretendo ter um livro pronto. Deixei de fora muita coisa também, que estava sem uma forma definida ainda que fosse passional. Só poemas completos – mas mesmo assim há pontos fracos, longas tergiversações sobre a eternidade e a Luz e a Morte que não têm casa corpórea e que não têm forma verdadeira – mas deixarei alguns deles, espero que ninguém perceba que não são verdadeiros. Eles ficarão bonitinhos quando eu terminar, e então quero voltar a algo realmente novo – poemas mais reais sobre pessoas, com narrativas – e então o drama poético – uma tragédia de um Pomeroy [Cassady] luminoso e amaldiçoado – Clem [Herbert Huncke] na prisão. No hospital. Me arrependo de não ter me esforçado mais no passado para publicar o que escrevi, porque tenho um coração pequeno para enviar poemas individuais para revistas num ataque totalmente engajado; e sem publicações prévias em revistas é difícil conseguir publicar uma coletânea de poesias. Se não conseguir um editor, e ainda sentir que quero ser lido, vou imprimi-los como Jethro [Robinson] fez, ou seja, por mim mesmo – mas não tenho dinheiro no hospital. Bem, veremos. Talvez você me conceda a honra de escrever um prefácio, já que quando eu estiver pronto você já vai ser um autor famoso. Como comecei a dizer, terminei a parte mais difícil do trabalho nesta noite e estava relaxando, tentando ficar pacífico e sereno, liguei o rádio e peguei sua última carta. O longo parágrafo que termina com Desabrochar nas Ondulações Borbulhantes da Margem – fiquei mais surpreso e tocado do que da primeira vez que o li. Na primeira vez parecia menos uma chamada profunda às gotas de chuva, mas lendo hoje me senti como uma pequena gota indestrutível sendo motivada pelo mar a voar, voar! e voar de volta às Corredeiras. Paterson está mudando algumas coisas em mim. Tenho pensado mais sobre as Corredeiras das casas velhas em que vivi, minhas escolas, minha infância, meu pai. Também tomei certo interesse histórico pela cidade. É preciso localizar o mito da noite chuvosa por aqui, perto de Nova York, pois sabe que aqui tem uma colina da cobra com um castelo de verdade, um castelo, com vista para a cidade? E um rio no meio do vilarejo? O castelo foi construído pelo velho Sr. Lambert em 1890, por aí, e tem uma história bem semelhante à sua, mas agora pertence ao sistema de parques do condado e virou um enorme museu insano de objetos artísticos importados por Lambert (fantásticos Ticianos e visões de Rembrandt e senhoras de Reynolds, estatuetas italianas, Bacos medievais) misturados com centenas de itens de importância local relacionados com o Condado de Passaic – é uma casa de tesouros com uma grande história – (Paterson já estava colonizada antes da guerra revolucionária). Um poeta chamado William Carlos Williams, aliás, está usando estas coisas. Tem cachorros de bronze antigos que costumavam guardar uma oficina de sapateiros em 1840, mapas das grandes quedas selvagens de Passaic, saias de armação da década de 1870, postes de luz do século XVIII. O castelo é um local imenso cheio de torretas (metade dele foi destruído algumas décadas atrás) no sopé de uma montanha a cinco minutos da cidade e lá longe – no topo, longe do castelo, há uma torre de pedra enorme, como uma masmorra de Annabel Lee, que observa todo o vale até as luzes fracas de Nova York para além dos Palisades. É possível ver o castelo do centro da cidade – mas ninguém vai muito lá. E no andar de cima o zelador do museu mora com a esposa. E também o Sr. Hammond, e uma senhora bobinha que é a diretora da Escola 16 e a curadora do sistema de parques, que tem um escritório ali e é uma grande especialista em detalhes sobre o Condado de Passaic. (Conheço todas estas pessoas, aliás – e pode surpreendê-lo ver o quão conhecido meu pai é como o principal poeta de Paterson – e acabei conhecendo todos os prefeitos e jornalistas e professores do ensino fundamental e funcionários de bancos e rabinos após algum tempo. Um dia poderei andar livremente por aqui e dar um relato do crescimento da criança-demônio da Cidade das Sedas (é assim que Paterson é chamada – antes da grande depressão fazíamos produtos de seda).

Estou, como digo, ainda esperando para ir para NY [o hospital psiquiátrico], mas deve ser logo – semana passada houve uma movimentação. Não sei o que aconteceu com os outros acusados – estou protegido e isolado, e não preciso sair da proteção. Liguei para Claude [Lucien Carr] na semana passada – ele está bem, me congratulou pela eficiência e limpeza com que fiz meu caso chegar a um bom fim – uma surpresa, bastante agradável – que ele me congratulasse como se eu fosse a mente sensível por trás do que está acontecendo. Acho que ele está me congratulando (sem saber) por não me meter e aceitar o que quer que meu advogado faça por si só nas esferas judiciais mais elevadas da barganha legal. Foi uma boa sensação Claude me dizer que fiz bem numa situação mundana, então aceitei como elogio. Por outro lado, não descobri muito sobre o que se passa com ele. Ele escreveu um conto, e disse: "Jesus, a pessoa gasta mais tempo cheia de tiques, procurando por cigarros, do que realmente escrevendo. Ser um artista", disse ele, "é fácil se você só se importar com as suas coisas e lidar com elas." Estas não são as palavras dele, mas próximas – ele disse, ou quis dizer isso, e não seria mal ter isso bem como ele disse. Vou ligar para ele em breve. Ele disse que está saindo com uma garota, mas ela não é exatamente uma universitária, ou algo assim; não consegui fazer com que ele se explicasse pelo telefone.

Adieu. Escreva para Denison [Burroughs] – se necessário (tem o endereço dele?) mande aos cuidados de Kells,[5] em Pharr, no Texas. Quero saber o que se passa com ele. Mande notícias minhas para ele. Diga que as condições não são propícias para que eu lhe envie uma carta, mas que sempre penso nele. Diga a ele também que é possível que me mantenha calado por um bocado de tempo, até que eu saiba em que esfera estou vivendo. Descubra onde ele está. Faça isso, por favor, Jack.

Escreva para este endereço. Sua família já chegou? Todos já estão acomodados? Me parece que você, como veterano, poderia obter um empréstimo para uma moradia e pagar isto em vez de pagar $75 por mês de aluguel – mas você está num contrato, entendo.

Envio em anexo um ingresso para o museu[6]. Sabe que Lenrow é um ignu? Me deu o ingresso para que eu ficasse com ele, em vez de jogar fora; não só ele percebeu que no meu romantismo eu me fixaria num ingresso sem uso como um objeto de nostalgia – ele ofereceu-o com um comentário gentil sobre a possibilidade de eu realmente querer o tal ingresso.

Ah, ademais, a palavra Ignu está reservada para os Dennisons e Pomeroys do mundo.

Também aqui vai um artigo de revista sobre canção folk.

Oh, senhorzinho, os ossinhos, os ossinhos, os ossinhos sequinhos...

Allen Ginsberg [Paterson, Nova Jersey] para Jack Kerouac [Denver, Colorado]

15 de junho de 1949

Caro Jack:

Recebi sua carta hoje, então adiciono esta como um pós-escrito à minha carta de ontem, e [à outra] que você recebeu uma semana atrás. Boas notícias: o

---

5. Kells Elvins foi um dos mais antigos e próximos amigos de Burroughs.
6. Elbert Lenrow planejara levar Kerouac e Ginsberg ao Museu de Arte Moderna para assistir a uma projeção do filme de Carl Dreyer, *A Paixão de Joana d'Arc*, antes da prisão de Ginsberg.

endereço de Pomeroy [Cassady] em Frisco é Rua Russell, 29. Recebi uma carta da Goodyear pedindo informações sobre ele, então enviei um elogio ao seu vigor e imaginação, congratulei-os por sua associação com ele e assegurei-os de que ficariam satisfeitos. Isso me lembra da vez em que ele disse para a mulher de [Hal] Chase deixar um bilhete na caixa dela. Pobre Pomeroy, imagine ele dependendo de pobres refugiados como eu como sua referência sólida e estável. Ah, o que nós mestres dançarinos não temos que aturar! Bem, escreva você para ele; vou evitar escrever (como para Denison [Burroughs] e qualquer outro) por um tempo; talvez por apenas alguns meses. Mande minhas considerações, explique os eventos. Também meu advogado me diz que fui inocentado pelo júri; nenhuma acusação sobre mim, embora Melody, Vicki e Herb tenham sido indiciados. Não compareci à audiência, nem sabia dela até depois de acontecer; o bom advogado está me poupando de toda a peleja; toda a guerra se passa na estratosfera. Parece que um analista, Van Doren, o Sr. e a Sra. Trilling, e Dean Carman[7] tiveram que comparecer e dar testemunho, mas não sei nenhum detalhe. Ainda assim preciso dizer que foi muito bacana da parte deles. Fiquei muito preocupado mês passado; e eu tinha minhas razões, embora uma delas não fosse o trabalho dos outros que assumiram todo o fardo. Sinto-me muito grato. E não é para me sentir? Acho que é isso que Van Doren chama de sociedade, presumo; as pessoas se reunindo para ajudar os outros a evitar problemas (ou tragédia) até que tenham uma ideia daquilo em que estão se metendo. Você sabe, por falar nisso, que 22 anos atrás Van Doren escreveu um livrinho sobre Luz e E.A. Robinson: "Podemos imaginar o Sr. Robinson dizendo que não é bom saber muito de algum assunto; e portanto é necessário que as grandes pessoas errem – mesmo que isso represente a morte para elas. A tragédia é necessária". Ele acaba iniciando metade do livro assim. E vez que outra entram comentários do tipo "Batholow, em outras palavras, viu demais; estava cego por sua luz". E "falei mais de uma vez da imagem da luz como sendo a imagem na qual vemos a vida refletida. Os seis poemas dizem respeito a homens que viram a luz e que são tanto punidos quanto recompensados por isso". Acredito que Van Doren está falando sobre aquele milagre específico da visão que tentei sugerir e especificar ano passado; seus poemas são sobre isso; na conversa com ele parece também que é isso mesmo; mas já que 22 anos atrás ele foi além dessa luz e já viu seu relacionamento com o mundo do tempo ou "sanidade sóbria e odiosa"; vou mais além sem dizer que ele a tenha abandonado, ou essa visão a ele, mas apenas que ela assumiu um novo significado além de sua aparição ocasional como a existência real de algo transcendente; talvez ele tenha aprendido a ver a eternidade nas leis humanas, para resumir, e os desígnios de deus na sociedade organizada; talvez ele até hoje acredite em qualquer reclamação sem pensar, nem mesmo em um de nós de vontade fraca, contra aqueles que violam leis e afirme que esses violadores de leis são responsáveis por alguma afronta contra outros homens de que

---

7. Harry Carman era um diretor de departamento na Universidade de Colúmbia.

realmente estivessem cientes; e se eles (como eu) não estivessem cientes disso é tão provável que o pessoal lhes desse "um bom tapa na cara, para eles ouvirem o sino de ferro." A citação é de seu sermão privado para mim. Talvez ele veja a mim e aos hipsters como perturbações visíveis contra a sociedade enquanto creme e mel são despejados sem que sejam óbvios. Talvez ele ache que tudo é uma grande piada interna e que o problema comigo é que estou levando tudo (e a mim mesmo) muito a sério. De fato, são essas as suas opiniões. Porém ele tinha uma ideia exagerada do meu autocentramento baseado no que havia sido dito a ele por Hollander[8] e outros sobre eu me achar um Rimbaud. Ah, aqueles tolinhos. Sim, ele pensa que me levo a sério demais. Haveria algo mais odioso de se ouvir de um homem sábio? Jack, seu livro é muito inflado, você se leva muito a sério. E é verdade. Senhor, que tentações colocas no caminho. Livrai-me dos meus pensamentos e dos pensamentos dos outros também, acho que Van Doren pensa mais ou menos o mesmo que você, que é só uma questão para os lings risonhos, então qual é dessa investigação tão intensa sobre o mal?

Lembra a discussão sobre oração que tivemos? Tive esta semana outra trepidação às bordas de uma revelação, que veio com um peixe, meio carne, meio abstrato; não foi uma revelação então não era um peixe verdadeiro (aliás, não acredito que eu possa ter outros indicadores luminosos de mão beijada tão em breve). Antes orava pelo amor de Deus; e para que ele me fizesse sofrer; e para ser arrebatado (queria que ele arrancasse minha margarida). Diz aqui no meu (novo) caderno, em 14 de junho: "Não me diga, me ame, Senhor!" mas "Te amo, Senhor!" Só mais recentemente este aspecto do caminho se tornou mais claro para mim. Você me disse isto de uma forma ou outra em várias ocasiões; e Claude [Lucien Carr] me disse o mesmo. Eu estava errado.

Sobre sua poesia. Yeats avisa para estar atento ao Hodos Chameliontos. Sabe o que é isso? (Estive lendo sua autobiografia, que peguei emprestada de Lenrow). É um grande dragão, chinês, mas que é também um camaleão; num momento você tem uma imagem chinesa, no outro minuto você está se deparando com uma aranha maia; e antes de você se dar conta virou um porco-espinho norte--africano, e uma lagartixa indiana e um gato ocidental.

"Não se preocupe com o verde, / e o escuro, que são meras ilusões / do leite dourado. / Belzebu é só um cordeiro." Ou "Era uma casca de pombos."

Hodos Chameliontos é também preocupantemente mecânico e muito abstrato. Sabe que agora minha piscadela lasciva tornou-se tão repetitiva, velha e mecânica que sempre me vejo de calças na mão? Mas isto é porque não estou lidando com coisas reais; estou lidando com relações abstratas entre valores; na base de uma inspiração verdadeira; mas a inspiração se foi, e a lição permanece e se repete pela rotina de muitas mudanças de símbolo, mas não da fórmula geral. Mas

---

8. John Hollander foi colega de Ginsberg em Colúmbia e tornou-se um poeta e crítico literário conservador.

é assim que funciona minha mente, em sua ilusória Beulah. Beulaah. Beulaaah. É esse o problema, suspeito, no Mito da Noite Chuvosa, quando se está falando de símbolos: era isso também que estava errado com meus pássaros de Denver e meus pássaros e rouxinóis e auroras; fiquei tão preso numa série de palavras que acabei compondo odes abstratamente, uma após a outra, até que mesmo agora não as consigo diferenciar ou entender o que representam, e assim tive que, por exemplo, jogar fora toda a ode de aniversário a Willi Denison[9], enquanto fechava meu livro. É este o problema com a "Divisão onde as chuvas e os rios se decidem". Bem, você tem trabalhado um mito para o símbolo (a chuva com o Tempo, os eventos, as coisas; o rio e o mar e todas as gotas sagradas interligadas) (Ou não?) e todos são moeda corrente boa e estável com que se trabalhar; você terá problemas em amplificar e estender? Eliot reclama que Blake teria sido, ai ai, ai, um poeta de menor importância, e não um grande poeta, já que ele produziu uma série de símbolos próprios que ninguém entende. Mesmo eu não consigo ler todos os belíssimos livros proféticos porque estão cheios de Hodos. (Estou lendo um comentário sobre eles escrito por Mona Wilson) enquanto não só entendo mas de fato me ilumino com a sabedoria do curto "Ah, girassol". É por isso que você é tão sortudo e sábio de ser um romancista com um épico de histórias armazenadas em que trabalhar; e por isso você é tão inclinado (não é assim?) a deixar o Mito da Noite Chuvosa uma enorme fábula detalhada, e não (como eu tentava sugerir) uma alegoria com um pouco de simbolismo trabalhado. O Ling Risonho em si mesmo não é um aspecto do Hodos, por exemplo, por causa da adição à sua chinesidade, mas também lampeja um efeito sonoro batido que entrega tudo de mão beijada; é uma emoção verdadeira da realidade reconstruída. Assim os milhares de detalhes do Mito da Chuva se revelarão a si mesmos; e não através de um sistema artificial de pensamento. Ouço sua carta como dizendo que aquela cantiga suja em meu trabalho vem da sensação que tenho de que tudo que eu e as outras pessoas secretamente queremos é... também me ocorreu várias vezes que enquanto subo um arco-íris, quando chego do outro lado descubro não um pote de ouro, mas um penico, cheio. Mas não me desaponto, porque merda é ouro. O que mais o ouro poderia ser senão isso e a chuva? Ou a água? De forma que a chave tem sido lembrá-las (as pessoas) de que o estranho com o manto tem uma ereção; e que a chave para a vida eterna é pelo buraco da fechadura; então, por causa disso, dou essas grandes dicas sensuais; e não são piadas sujas, veja, mas invocações sérias e ocultas. E quando alguém as ler, e vir sob a superfície de meu poema como se sob a superfície de sua própria mente, uma vara dourada, um buraco final e um chuveiro prateado; espero um dia realizar algo que tenha comunhão sensual direta; e enquanto meu amor se torna cada vez mais puro e menos lascivo, quando olhar sob a superfície do que eu digo, eles estarão pron-

---

9. "Ode de Aniversário", escrita em honra do nascimento do filho de Bill Burroughs, foi mais tarde reintitulada "Ode Surrealista" e publicada no *The Book of Martyrdom and Artifice* (DaCapo, 2006), de Ginsberg.

tos a se deixarem fazer amor. E não só isso, eu vou ter essa longa conversa séria com eles, como se nós dois estivéssemos na mesma cabeça. Além disso, só estará por baixo da superfície para aqueles que estão eles mesmos abaixo da superfície; mas a pele verdadeira reconhecerá diretamente, porque é sobre isso que estarei falando o tempo todo, de cima a baixo. E estarei escrevendo sobre garotos e garotas se amando na terra dos sonhos, como Blake, sobre a juventude pálida e as virgens brancas que alçam de suas covas em aspirações por "aonde meus desejos de girassol me levarem", e "se seus pais chorarem / como dormirá Lyca?" e "a abstinência semeia areia por toda parte / os membros rosados e o cabelo em chamas". E se descobrir mais sobre a morte, como outros poetas descobriram, ou pelo menos dizem que descobriram, também vou ter um modo de comunicar isto. Infelizmente, meu transtorno atual é sexual e portanto tenho que recorrer a isso para encontrar a chave simbólica; mas com o tempo isso deve se evaporar numa honestidade mais saudável e menos frustrada. Também tenho aprendido com um conhecido nosso "na baixeza física, e no orgulho do coração / Uma mulher pode ser orgulhosa e rígida (por exemplo, o amor é físico) / Quando querendo amar, / Mas o amor ergueu sua mansão / No lugar do excremento". Este é o meu poema favorito, porque é tão literal, tem somente um sentido, e é isso que quer dizer Yeats. Não sou sujo só para ser bonitinho; é em parte isso (quando num poema digo chupa, e não suga a flor delicadíssima); mas também porque estou trazendo a atenção do poema e do leitor a um estado de fatos, que está oculto, seja da consciência ou da atenção mesma, se consciente. Sim, também vejo [Robert] Herrick em suas xícaras escrevendo letras doces sobre as anáguas de sua senhora. Lembra de caminhar pela rua, lendo a Bíblia, gritando de Jeremias, "A imundície está nas anáguas dela"?

Ah, sim, lembro-me bem da estrada que leva à Cidade Central e das pequenas colinas de lá. Esperava que você estivesse morando lá. Eu e Pommy [Neal Cassady] uma vez passeamos de carro por todas as estradas laterais colocando bombinhas debaixo das varandas das pessoas no meio da noite. Quando escrever, me diga como sua mãe está se sentindo em relação a Denver, e o que ela diz. Também me diga se está tendo dificuldades em escrever. Quer dizer, se está tendo problemas em receber minhas cartas. Se for o caso, precisamos fazer algo prático para dar um jeito nisso. Eu poderia escrever ao posto de correio, por exemplo.

Sim, porém, creio que Dennison também está certo.

Quando eu escrever da próxima vez – por falar nisso, vou tomar o cuidado de estar na casa dos loucos quando escrever da próxima vez, então não se preocupe – provavelmente já vou ter acabado um poema sobre os versos que escrevi um tempo atrás:

"Conheci um rapaz nas ruas da cidade,
Era um belo loiro de belos olhos azuis,
Caminhando com seu traje de docilidade,
E tão belo era meu disfarce, a ele fazia jus."

Tenho parte dele já escrito: vai dizer respeito a Pommy; estou escrevendo um poema profético para Pommy, embora ele não saiba. Acaba assim:

"Me vou, deixo estas linhas de herança
Que poucos vão ler ou entender;
E que perdida no tempo, uma criança
Segure minha mão, caso as vir.

E para a Pedra a conduzirei,
E pela cova seguiremos em ronda,
E que luz ou osso não tema, lhe direi,
E nem tampouco o negrume da Onda...

Seguida de muitas outras estrofes ainda não escritas descrevendo as mansões do Senhor. Talvez eu também coloque, por bem ou por mal, meu nome como anjo e que meus olhos são de fogo, e Quem Quer Que Me Siga Será Recompensado Por Mim.

Talvez eu a possa intitular "Deite minha taça", para ficar mais com cara de livro? Pense mais algumas coisas e me envie mais; melhor, escreveremos assim um poema a dois, e eu o publico em meu livro com seu nome, e você no seu livro com o meu nome, e ele e ela no Dele. Vamos chamá-lo O Melhor do Natural. A quem será dedicado? A Poe? A Walter Adams?[10] A Ignu VII do Egito? A Oscar Bop? Aos sobreviventes da Batalha das Termópilas? A Bobby Pimples? Ao Larry Histérico?

Por falar em epiléticos (e prometo que vai ser a última vez que menciono o nome de Pommy), você sabe que Fiódor era, como você diz, parecido com o Pommy? Li um livro escrito pela Sra. D. [Dostoiévski] descrevendo os dias em que ele jogava em Baden e como ela costumava chorar sozinha em casa, grávida, enquanto Fiódor perdia seu último rublo no jogo, ou até seu último copeque. Então finalmente chegava em casa e se jogava aos pés dela chorando, oferecendo-se para cometer suicídio para demonstrar seu amor por ela e a fazendo entregar o xale sobre seus ombros para que ele o pudesse penhorar e jogar um pouco mais. Pobre mulher, não sabia o que fazer, se orgulhava de ser compreensiva, e um dia se sentiu justificada quando ele chegou em casa com uma fortuna que havia ganho; celebraram, e no outro dia ele perdeu tudo de novo; e isso começa de novo, e acontece toda semana, por meses a fio, e por seis meses, com cenas histéricas, e o fazer de pazes, e tréguas noite sim noite não, como um quarto de hotel em Denver, até que enfim ele está tão acabado que não consegue continuar – não tem mais dinheiro algum, culpa a

---

10. Walter Adams foi um colega de Ginsberg, e o filho da poeta Kathrin Traverin Adams.

si mesmo, berra o fracasso em voz alta. Finalmente cai aos pés dela soluçando como uma criança machucada, desamparada e epilética. Ela o embrulha em seus casacos e o leva até a estação RR e se mandam para a Rússia. Que livro ótimo e louco, esse da Sra. D., provavelmente disponível na biblioteca em Denver. Anos mais tarde ele escreve a respeito (em algumas cartas), e o que ele diz sobre ela soa como um sábio e velho Pommy relembrando sua própria vida. Mas um Pommy velho e sábio, naturalmente ainda vigoroso, com muito mais discernimento, por causa dos anos. Se você tem curiosidade sobre o que Pommy pode realmente vir a pensar genuinamente (para si mesmo) dentro de alguns anos.

Veja só, sem planejar, acabei passando algumas horas escrevendo a você. Assim apresento isto a você como um presente, de graça. Sem expectativa de retorno.

Allen

Nota dos editores: *Depois de esperar por cerca de dois meses, Ginsberg finalmente foi admitido no Instituto Psiquiátrico de Nova York no Hospital Presbiteriano de Colúmbia, na Rua Oeste, nº 168, em Upper Manhattan.*

Allen Ginsberg [Nova York, Nova York] para Jack Kerouac [Denver, Colorado]

c. 29 de junho de 1949

Do Mago de Paterson
Para o Mago de Denver

Mon Cher Jean Louis:

Enfin J'ai arrivais au maison du Koko; ici les animaux sont tres interresant, il y est un homme in de vinget et n annees, une surrealiste qui me fait riri avec son inspire imagination fauve, et aussi son weltanschaunung est comme cela de M. Denison [Burroughs], *mais ce jeune homme ci (tres laid) est une jinf de Brom / et anssi une Hipster. Mais il est fou. Ech, ce francois ci m'enneri.*

A atmosfera é esquisita. Tenho uma ideia (imagino que eu vá descobrir em breve o quão exata) de que os pacientes aqui não têm muita ideia da natureza da loucura; para eles é caracterizada acima de tudo pela excentricidade e pelo absurdo. Eu esperava chegar a um julgamento de minha alma sob a luz límpida de olhos sãos. Amanhã, no entanto, vamos assistir a uma apresentação do Rumpelstiltskin.

Ecrivez moi, ecrivez moi, j'attend, faisey-vous l'effort de etre du moins au moins un pen balance et grave, pas trop fou (talvez melhore seu estilo literário?) *mais ecrivez avec une style libre* de qualquer jeito. A carta será lida antes de chegar a mim. Diga o que quiser, mas não me escreva tratados sugerindo que eu dinamite o local, por exemplo. Eles podem ficar chateados.

Amor,
        Allen

Envie notícias daqueles que valham a pena.
Certo. Recebi uma enorme carta insana de [John Clellon] Holmes me perguntando sobre minha alma. Respondi extensamente. Ele continuou a sustentar o interesse pessoal e insistiu em seu próprio interesse no Visionário em relação ao Poema Lírico e o processo de criação literária. Seria uma grande piada para mim se ele realmente estivesse interessado nos fatos. Ele está em Cape Cod. Não tenho notícias sobre Claude [Lucien Carr] nem mandei notícias a ele. Agora sou um poeta lúgubre. (A eternidade lúgubre) (Céus lúgubres) (Sorriso lúgubre) e vim a amar a palavra "lúgubre", que sugere exatamente a qualidade de alegria atemporal possível que sinto numa chave.

Jack Kerouac [Denver, Colorado] para Allen Ginsberg [Nova York, Nova York]

5 a 11 de julho de 1949

5 de julho de 1949
Av. Central Oeste, 6100
Denver 14, Colo.

Caro Allen:
Admiro você por entregar-se a uma verdadeira casa de insetos. Mostra seu interesse nas coisas e nas pessoas. Tenha cuidado enquanto convence os médicos de que é doido para não convencer a si próprio (veja só como o conheço...). Não é interessante que a carta de Holmes pedindo informações sobre sua alma chegasse a você aí dentro? Relaxe no sótão e assegure-se de respirar ar puro.
Em relação a este tipo de coisa, permita-me citar um artigo que li na noite passada na *Pharr Gazette*, de um certo M. Denison [Burroughs] (um editor local com temperamento tempestuoso): ele relata sobre outro fazendeiro na região chamado Gillette [Allen Ginsberg], que foi levado a um sanatório em Houston depois de ter matado a esposa: "Qual é a do Al Gillette de ficar falando sobre a Ira de Deus? Já despirocou? Temos a I. de D. aqui na forma dos agentes da Patrulha da Fronteira, que deportam os trabalhadores de nossos campos, e os Bureocratas do Departamento de Agricultura que nos dizem onde, quando e como plantar. Somente nós fazendeiros temos outros nomes para ela. E se um bando de bureocratas da obscenidade pensar que vamos ficar sentados e deixar a I. de D. tomar conta de tudo, eles vão descobrir que não somos Liberais". (!)

(Perceba a ortografia – bureocrata, uma espécie de ortografia sulista das plantações, uma ortografia de um aristocrata do Missouri.)

O editor prossegue (em Reclamações Imortais na FoRtuna [sic] do Tempo): – "Se o editor estivesse no lugar de Gillette ele diria 'Vá em frente e apresente as acusações, se tiver alguma'". (O editor considera Gillette inocente na causa, que se desenrolou em Clem, Texas.) "Sua posição atual é inaceitável. Imagine ser conduzido por um bando de velhinhas como Louis Gillette [Louis Ginsberg] e Mark V. Ling [Van Doren]. Além disso, não entendo por que V. Ling dá sua opinião sobre o assunto. Velha frutinha Liberal chorosa... todos os Liberais são fracos, e todos os fracos são vingativos, malvados e mesquinhos. Seu editor não vê ganho nessa situação de Houston. Um bando de freudianos do *New Deal*. Seu editor não os deixaria vir aqui se meter na plantação de milho, muito menos mexer com sua psique."

Depois de ler este editorial liguei para Denison, e entre outras coisas ele me disse: "Acabei de ler o último livro de Wilhelm Reich, *The Cancer Biopathy*. E digo a você, Jack, ele é o único homem na fila da análise que está *naquele raio*. Depois de ler o livro construí um acumulador de orgone e a geringonça funciona mesmo. O homem não é louco, é gênio pra c*". Ele adicionou, com relação ao editorial: "Os burocratas exageradamente remunerados são um câncer no corpo político deste país que já não pertence a seus cidadãos".

Por falar nisso, estou indo lá visitá-lo em agosto.

Coisas tristes aconteceram em Denver. Minha mãe se sentia solitária e abatida e voltou para Nova York ontem, para o mesmo emprego na fábrica de sapatos. Ela está *certa*, como sempre. Explico outra hora. Então estou voltando para Nova York e agora vou morar lá para sempre. Minha mãe é uma grande batalhadora – quer ganhar a própria vida.

E também eu e Edie [Parker Kerouac] estamos quase reatando, por correspondência. Agora que vendi meu livro ela está muito interessada em mim. Ela diz: "Quando você for um escritor de Hollywood e viver numa grande mansão, vou ter os primeiros direitos de parasitar sobre você". Vou tentar fazê-la voltar para a escola em Nova York neste outono (ela estuda floricultura). Sua mãe se casou com Berry, das Tintas Berry, e agora vivem numa mansão em Lake Shore, em Detroit; Edie tem um quarto na torre (!) E na primavera eu vou levá-la para Paris comigo e vou escrever *Doctor Sax*. Se eu tiver dinheiro suficiente nessa altura, com certeza vou financiar a viagem para você também. Visualizo uma temporada em Nova York e então uma Temporada Imensa em Paris em 1950 (incluindo Claude [Lucien Carr], e mesmo Vern [Neal Cassady] se estiver rico o bastante). Se eu ficar rico, seremos todos salvos pela superação da grandeza da noite, a vermelha noite vermelha.

Comecei a escrever "A rosa da noite chuvosa" esta semana, para me divertir enquanto trabalho em *On the Road* e para me preparar para "O Mito [*Doctor Sax*]". "A Rosa" é uma obra spenceriana de muitos cantos. Começa assim:

"Assim escorre a chuva
Como alaúdes derretidos, de ares condensados,
E harpas e cascatas de água
Semelhante a uma concertina
Aludindo aos arcanos da noite."

Como você vê, não está tão bom, mas vou consertar. Apenas coloquei o que apareceu na minha cabeça, só não de forma tão inconsequente. Assim, vou empilhar uma rosa enorme e ter algo para retirar, pétalas: –

"Pétalas desabrochando – *A me peloria!* –
A rosa da chuva cai aberta,
E ao escorrer ilumina o céu
Com barris do mais suave orvalho."
[...]

Porém, agora entendo poesia e estou apenas seguindo em frente. Minha prosa melhorou por causa destes estudos. Copiarei só uma sentença abaixo, depois você lê o resto:
"E cada uma das luzes exceto uma fraca luz de corredor se apagou, e os homens se envolveram em lençóis da noite de maio, preparando suas mentes para o sono." Esta é uma prisão. O herói, Red, está ouvindo... "à sua direita Eddy Parry parecia gemer, solitário, ao revirar seus próprios ossos no colchonete duro e quente; a não ser que gemesse para alguém na outra cela."
Isto demonstra a profunda gravidade e importância de nossas experimentações poéticas, pois elas atingem as atmosferas racionais da sentença da prosa, como a prosa de Melville, que se faz muito muito mais do que mera prosa.
Aqui novamente a influência das preocupações com a linguagem pura aparece e fortalece as exigências elevadas da frase de prosa razoável e cotidiana –
"E quando o silêncio aumentou, se tornou possível para Red, e para todos os outros que estavam despertos e acordados, ouvir o grande rugido oceânico das ruas de Nova York: a barulhenta noite de sábado se esticando numa onda que quebra e lava a vasta planície movimentada – com sua ilha-Cavaleiro, e bacias, e negras colmeias de apartamentos preenchendo os espaços até Rockaway, e ao pico de Yonkers, à Nova Jersey de xale azul e às distantes Jamaicas que titubeiam como velas de altar no horizonte encapuzado – a noite de sábado de dez milhões de almas secretas vivendo furiosamente para as quais Red, agora considerando isso tudo meio dormindo e meio indiferente, retornaria em breve, ele também em movimento secreto e furioso naquele antigo oceano de vida. E por que razão?

Por que ele não teria intenso interesse no dia comum? Na noite comum? Aqui? Em qualquer lugar?"

Mas mais tarde naquela mesma noite Red tem uma visão (detalhada e descrita de forma vertiginosa) e é Ressuscitado da Melancolia: –

Entre suas visões estão:

"Agora, sem nenhuma explicação, ele estava sentado no cinema olhando com avidez para a tela cinza muito grave e para o que ela estava mostrando; e olhando para as cortinas ao lado da tela, e mesmo para um velho homem corcunda com uma cartola e que olhava com escárnio do lado da escada. Ele então teve a visão de um tipo de barra de chocolate, uma imensa barra de chocolate com amendoins – um doce que ele sempre comia quando ia ao cinema na infância –, e começou a comê-la com calma, das pontas para dentro, amendoim por amendoim, todo encolhido ao redor da barra num abraço delicioso. Lá fora chovia, mas estava quente e escuro no cinema onde ele se escondia em júbilo com seus pés no assento da frente. Eram os Irmãos Marx lá na tela, com tudo enlouquecendo e quase explodindo, Harpo preso por uma corda na janela do sótão, Groucho deslizando na sala de mármore com um leão, algo caindo, uma mulher gritando no armário. E então era um filme do velho oeste, Buck Jones nas planícies áridas montando um cavalo branco entre nuvens de poeira – um mito cinza chuvoso na tela, o mito do oeste cinza, com os bandidos em coletes perseguindo o mocinho em cavalos comuns, e outro grupo ricocheteando pela velha e decrépita cidade. Um rosto toma a tela vagarosamente se voltando até o perfil, o rosto de um homem com cílios trêmulos. Quem é esse? Vern?"

Red tem todas essas visões, é a última noite dele na cadeia, e finalmente ele faz uma oração de joelhos. Então começa a peregrinação à carona com o benigno imbecil Smitty até a Califórnia, para ir cuidar de seu pai, que ele só encontra no inverno seguinte jogando nos saloons de Montana, depois de muitas aventuras poeirentas e caronas malucas pelo país com Vern, e muitas coisas inclusive minha própria versão do Anjo Negro e o Louco (lembra do Dostoiévski no Apollo?) (Isso em São Francisco.) Finalmente todos vão embora e deixam Red sozinho, e é aí que a história termina. Este sou eu. (Também há um Saxofonista Místico que pede carona por todo o país e que Red sempre acaba encontrando, uma figura muito interessante e peculiar, até botar medo em Red; ele chega a vê-lo no meio da noite caminhando na Mansão das Cobras, o Pântano de Nova Orleans, com seu Sax Tenor, e pisa fundo no acelerador.) Ele é como o estranho encapuzado. *On the Road* é o nome dessa obra; queria escrever sobre a geração louca e colocá--la no mapa, salientar sua importância e fazer tudo começar a mudar de novo, como sempre acontece a cada vinte anos. Quando morrer vou ser uma mortalha nadando na Parada do Rio, com braços branquelas e magros e Olhos de Lótus, e isso vai ser tudo, à noite.

Obrigado por me contar sobre o Hodos Chamelientos. Estou lendo Eliot

e Crane e Dickinson e Robinson e mesmo Keinvarvawc (um poeta celta) e A Rainha das Fadas. Mais a seguir. Vejo você em setembro.
    Velho amigo,
    Jack

    1. Brierly me convidou para uma grande festa para Lucius Beebe aqui. Ele afirma ser o "último dos Bourbons" e isto é uma grande farsa... ou seja, ele diz que o mundo só interessa a ele na medida em que oferece "as últimas coisas boas que restam". E também ele sempre fica acabado, e não feliz, quando bebe. Conheci Thomas Hornsby Ferril e toda a alta sociedade de Denver. Me comportei como um idiota. Gritei e contei piadas sujas e fiquei bêbado. Então voltei para meu casebre aqui nas colinas e descansei e refleti. Estou cercado dia e noite por hordas de crianças e cachorros que vêm até minha casa. Hoje tinha uma garota de treze anos, uma garota de seis anos, um garotinho de quatro, um bebê, um perdigueiro, um cão farejador, dois chihuahuas e um gato. A menina de treze escreveu uma história na minha máquina de escrever sobre um gigante no jardim e as criancinhas que temiam sair porque pensavam que a porta do jardim estava fechada, mas não estava, e a porta se abriu e elas saíram e o gigante chorou de felicidade. Isto prova que as crianças sabem mais do que os adultos. As crianças estão preocupadas com as mesmas coisas que Shakespeare conhecia... jardins e fadas e ilhas encantadas e gigantes e magos e tudo mais que poderia ser chamado de Celebração Metafórica na Fantasia Mística.
    Não é assim?
    Será que sou o gigante? – aquele no jardim? Claro que sou.
    Amo estas criancinhas e amo os campos de Rubens por aqui e sinto muito que o mundo inteiro não seja um pequeno jardim de forma que todos pudessem ficar juntos o tempo todo antes de morrerem e apodrecerem em suas covas. E amarei Edie novamente antes que ela se vá.
    Sabe o que eu penso da *mente*? – que ela é feita de vários mitos ordenados, cada um deles com uma direção própria e uma esperança (tola ou não); e que quando você analisa e disseca estes mitos ordenados (constelações associativas) você os despedaça para erigir no lugar O Mito Branco da Razão, que então arbitrariamente direciona e comanda você. Tudo o que tem acontecido é uma perda das riquezas. A mente pode se tornar mais coerente, mas o entrelaçamento orgânico das vinhas se foi. Assim como uma selva pode ser derrubada para a construção de uma fábrica de cimento. Todas as vinhas e as flores e caturritas e tigres são retirados, e o cimento é feito em poeiras barulhentas. Não vejo razão para louvar isto. É só outro erro tolo do homem. Daqui a séculos riremos disso e brincaremos.
    Os Pássaros de Denver? Conheço um rapaz aqui que acredita que todos deveriam ficar felizes em seus trabalhinhos, fazendo cimento etc., e ser muito

previsíveis de forma que os cientistas sociais possam manter seus próprios papéis em ordem. Me sinto como aquele camarada, o Denison. É tudo um grande erro, tudo é só carne, e a mente é a pétala da flor da carne. É do mesmo suco que a carne. Albert Schweitzer[11] fala hoje sobre isso no Festival Goethe de Aspen. Eu adoraria ouvir a palestra dele em francês amanhã.

Meu editor [Robert] Giroux está vindo na semana que vem e Brierly e eu vamos levá-lo para a ópera na Cidade Central. É muito possível que eu voe de volta com ele, assim talvez eu o encontre em breve, se eles deixarem. Gostaria que você colocasse seus ossos cansados em outros domínios menos inacessíveis... como o hotel Dixie ou algo assim, ou o Pokerino, ou o Hotel Mills, ou o Waldorf-Astoria. Que diversão se pode ter num Centro Médico? Hein? O que é que te leva aí?

(piscadela)

P.S. Hal [Chase] morreu.

Allen Ginsberg [Nova York, Nova York] para Jack Kerouac [Denver, Colorado]

13 a 14 de julho de 1949

13 de julho de 1949
Quarta-feira à noite

Caro Jack:

Comprenez, não entrei nessa verdadeira casa de insetos para ver como eram, como você dá a entender, as coisas e as pessoas. Escreva uma carta ao editor – diga a ele que *levo minha loucura a sério*. É assim que é. Com relação a vender a minha mente para o *New Deal*, isso não me interessa agora, o medo de fazer isso – tenho lutado e buscado punições de uma abstração (a sociedade) e tenho descoberto a punição em mim mesmo. (Que cansado estou da minha triste majestade). Os reacionários têm sido orgulhosos e arrogantes por demasiado tempo, talvez, mas isso é com eles. Talvez Hal [Chase] não esteja morto – ele me conhecia, e me fazia tremer. A santidade é amor e humildade, e há verdade e identidade – Um Grande Mito Branco – mais vasto que a selva do irreal. Serei um cordeiro para a "sociedade", nunca fui um chacal como Denison [Burroughs] ou um lince como Joan [Adams], embora eu tenha tentado ser como todos menos *moi*. Não?

Je Changerau. Não há intelectuais aqui no hospício. O resto das pessoas aqui tem mais visões num dia do que eu tenho num ano inteiro – assim diferenças

---
11. Albert Schweitzer foi um missionário, médico e teólogo que mais tarde ganhou o Prêmio Nobel da Paz.

imensas aparecem por todo lado. Você sabe o que é amnésia? Quando você não consegue falar um nome que está na ponta da sua língua, porque não lembra – um verso de poesia, ou uma pessoa etc. Mas e como é quando essa condição se estende por áreas maiores do que uma ocorrência única? E se você não conseguir pronunciar o que está além da sua mente – e se toda memória desaparecer? O mundo todo novo e você familiar, mas desconhecido, sem lembrar nem mesmo o nome? Há pessoas assim todo dia aqui – e falamos de visões – os outros estão perdidos. Pesadelos são ocorrências diárias.

Descobri que não tenho sentimentos, só pensamentos, pensamentos emprestados de alguém que admiro porque parece a mim que tem sentimentos. Estou cansado dos pensamentos contra o *New Deal*. Se o *New Deal* pode me ensinar a *sentir* amor por ele, eu vou amá-lo.

As palavras significam apenas o que elas dizem, o que afirmam na superfície; o infinito, o nada, são literalmente inexistentes. A única coisa real está na superfície.

Os burocratas estão certos – a prova é que passei minha vida lutando com eles. Por que eles não estariam certos, senão pelo fato de que pensamos que isso chatearia a ordem espiritual estabelecida? Muito bem, que perturbem nossa velha ordem. Uma revolução? Por que não? Você sabe o que significaria para o editor reacionário se ele descobrisse de repente que desperdiçou sua vida numa luta quixotesca contra uma realidade verdadeira representada pelos "burocratas". As pulgas da eternidade, os poços da realidade – "Que recompensa amarga para tantos é um túmulo trágico. A inocência assassina do mar." Ó, desolado Bill! Ele tem muito medo de que eu descubra que ele é louco, que sua análise de mim foi uma farsa trágica – não uma farsa absurda, mas realmente trágica mesmo – que ele me levou para o mau caminho. Muito bem – escreva uma carta para o editor declarando que um assinante relutante agora descobriu que ele, apesar das advertências dos pais, acabou no mau caminho – com as más companhias e os pervertidos. O herdeiro de uma nobre família. Coloque isso no seu cachimbo e fume, e faça disso o que você quiser, não sou Jesus Cristo. Sou Jerry Raunch.[12] *Mon pere avait raison. Ma mere elait fou.*

> Veja! O cisne dançando
> Onde os gansos brincaram.
>   Diga meu opa,
>   Bata meu osso
> Todos os meus ovos estão mexidos.

A realidade, como Claude De Maubri [Lucien Carr] bem sabe, é aquela comunidade familiar e social que nós, como loucos, paramos de sustentar. Édipo Rei – ele, só ele, causou toda a praga na peça.

E se amássemos tão intensamente como agora odiamos, sem as contradições do ódio – e amássemos as mesmas coisas que odiamos?

---

12. Jerry Raunch era um de seus amigos de Colúmbia.

E o que mais seria a resposta, exceto que *nós,* não eles, somos os loucos? Esta é uma política externa estranha e vasta aos relações públicas isolacionistas locais. Contemplo revoluções lógicas incríveis diferentes de todas as que ocorreram na década passada.

Que loucura sazonal e orgulho de espírito são estes que cultivamos senão um mero insulto premeditado aos outros? Uma defesa contra seu amor? Os ajudantes no hospício me adoram, querem me ajudar. Por que eu deveria ressenti-los e fazer piadas às custas deles? Rio sozinho. Carreguem meus ossos, carreguem meus ossos, não deixem meus ossos sós. Somos todos loucos mesmo. Você é louco também.

Em suma, me considero um homem doente. Denison [Burroughs] esteve num hospício uma vez mais mas, em vez de aprender algo, ele suspeitava que todos ali estavam tentando torturá-lo. Você também. Pense em Kafka. Este é o próprio Portão da Ira.

Você não me dá crédito por me deixar levar. Estou feliz também, aquele Wilhelm Reich está certo. Ele provavelmente está mais certo do que o resto das escolas analíticas. Também estou feliz porque você e eu vamos estar juntos em Nova York nos próximos anos. Poderia ter ido a Denver se você tivesse ficado por lá. Agora podemos ligar um para o outro de nossas coberturas para nossas casas no campo todas as noites em 1954.

Walter Adams voltou. Não o vi ainda, mas devo vê-lo neste sábado. Ele me escreveu três linhas e enviou para cá – dizendo que gostaria de me ver. Onde sua mãe vai morar?

E Edie [Parker Kerouac] também!

Para o Claude liguei na semana passada – uma ligação rápida. Tudo bem. Ele está saindo com alguém, mas não disse com quem pelo telefone. Não vamos nos encontrar até o outono.

Você realmente quer financiar uma viagem a Paris para este pobre espírito surrado? Aceitarei quando chegar a hora, se ainda for louco. Você já teve notícias do Pomeroy [Neal Cassady]?

(Ah! Como quero assustar Pommy um dia desses!) Penso o mesmo que você a respeito dos seus versos. Seis anjos aquáticos é o melhor, também harpas de água e cachoeiras (acho que tudo que é necessário é um *enredo* coerente que una tudo – de outro modo, Arodos) (Você tem esse?) (a água é o seu meio). Pacotes aguados, seis anjos aquáticos cantam entronados – você está dizendo que é tudo bobagem, todo o simbolismo. Desolado Alado mesma coisa.

A sua prosa tem muito mais *ecos desolados* do que antes, é tudo que você diz e é também: "A profunda gravidade de nossas investigações". Foi assim que senti a originalidade de Cézanne, e o seu romance, que me converteu, é fantástico como nossa frivolidade de antes muda alquimicamente. Todos os balões sobem. As sombras se tornam ossos.

Estaremos juntos em breve, não se preocupe. Irei pessoalmente apanhar Pommy e Denison... quando ficar são. Acredito no Grande Mito Branco, não acredito mais na selva, sério. Abaixo as constelações associativas! Fora! Quero ser dirigido e comandado por "Razões Arbitrárias". O que significa dizer que 1) Deus, a realidade não é arbitrária, mas necessária, porque é verdadeira e está em existência. A selva é um grande acampamento, uma grande farsa. Não existe, é só ilusão. O que existe é real, o que não existe não existe, não é nada. *De nihil de nihil.* O grande mito branco não é cimento ou poeira ruidosa, é em verdade amor disfarçado. Até agora sou o primeiro (exceto Claude e talvez Haldon [Chase]) a ver isso. 2) Para dizer a verdade sou uma pequena presa recém-devorada por um tigre e não acredito mais em selvas; e busco a sombra mais escondida.

Mas todos os nossos pensamentos (mesmo o pensamento de Denison, embora ele não saiba) se encontram no céu. Mas realmente não concordo mais com o editor.

Agora chega disso – vou te contar coisas sobre o hospício – fatos, anedotas, histórias, descrições. Tentei responder à única pergunta real da sua carta inteira, a última sentença – "Hein? O que é que te leva aí?" Algo que estou aprendendo – me tornando – algo que acredito ser verdadeiro, e que o tom da sua carta, aliás, gentilmente desdenha.

Quinta à tarde [14 de julho de 1949]
    Ignore tudo que eu disse exceto as entrelinhas dos exageros em relação ao que não consigo expressar com facilidade. Levo os hospícios a sério; parece que tenho ameaçado e piscado por anos com relação à mesma coisa. "O que eles começaram a fazer eles fizeram acontecer:

    Todas as coisas se sustentam como uma gota de orvalho
    Sob uma folha de grama"
    Em Gratidão aos Instrutores Desconhecidos – Yeats.

    Há um Bartleby pálido aqui, um menino judeu chamado Fromm (há muitos judeus loucos aqui) que fica sentado numa cadeira. Quando cheguei, sentei numa cadeira no corredor, esperando ser chamado para a rotina preliminar de ser apresentado à minha cama. Ele sentou do outro lado todo encolhido; ele percebe tudo mas não diz nada. Uma refugiada alemã grande e gorda que ajuda com a terapia ocupacional veio até ele e disse "Não quer fazer TO hoje? Todo mundo está lá agora. Você não vai querer ficar aí sentado sozinho, né?" Ele ergueu a cabeça pálida e fraca e olhou para ela com curiosidade, mas não disse nada. Ela perguntou a ele mais uma vez, de modo muito gentil, esperando que ele talvez se levantasse de repente e a seguisse, se arrependendo de seu isolamento. Ele olhou para ela por um longo tempo, apertou os lábios e vagarosamente sacudiu a cabeça. Nem mesmo disse "prefiro não fazer", só sacudiu a cabeça com um gesto meditativo, depois de um longo período em que ele parecia estar considerando seriamente a questão; mas sacudiu a cabeça de maneira racional: não. No mesmo instante presumi que poderia penetrar aquele refinamento misterioso e secreto – mas não – ele era uma pobre criança perdida da eternidade. Mas os médicos (o hospital inteiro cheio de experimentadores de inclinação social liberal) o têm tratado desde o início dos tempos tentando fazê-lo dizer "sim". Ele passou por tratamento de insulina e/ou terapia de eletrochoque, psicoterapia, narcossíntese, hipnoanálise, tudo exceto uma lobotomia, e ele ainda não diz "sim"! Ele raras vezes fala – só o ouvi levantar a voz uma vez, no bosque. Ouvi dizer que é uma grande decepção ouvi-lo, porque ele tem uma voz feia e anasalada e chorosa, e é por isso que não fala. Quando o ouvi, dois dias atrás, ele estava reclamando de alguma confusão burocrática. Parece que tinha começado a se barbear, terminou metade do rosto e foi chamado para o café da manhã. Ele voltou para descobrir que as lâminas estavam fechadas no armário. Ficou no corredor discutindo com a enfermeira. E ela dizia: "Sr. Fromm, o senhor precisa entender que há certas horas designadas para fazer a barba". E ele "mas – mas – mas, ainda tenho sabonete seco no meu rosto, ainda estou com apenas metade do rosto barbeado" etc. De vez em quando eles colocam na cabeça que precisam arrastá-lo à força para fazer a terapia ocupacional, ou ir até o terraço. Ele não diz coisa alguma, apenas resiste; eles precisam segurar seus braços atrás das costas, o que é doloroso, e levá-lo até o elevador. Mas ele fica perto da porta do elevador e pesarosamente dá umas batidinhas nela indicando que quer ir embora, voltar para a cadeira. Ele [nunca] causa nenhum outro problema.

Bem, na noite passada ouvi um grito histérico horrível e corri para investigar. Descobri Fromm fugindo do local. Ele olhou para mim (seus olhos, enquanto caminhava rápido, fitando o chão) com um sorriso meio envergonhado, meio satisfeito. Fiz força para não sorrir de volta, pois pensei que ele estava fugindo de alguma carnificina (os pacientes muitas vezes quebram suas camas, ou atacam os outros) e me recusei a reconhecer que estava com medo, então não sorri de volta, mas meio que sorri, porque os *cenários* aqui são incríveis. (O grito, aliás, era uma gargalhada.) O que aconteceu? Fromm estava sentado na mesma cadeira, caidão, silencioso – e outros dois pacientes (um deles vou descrever) estavam conversando um com o outro, talvez trocando piadas sarcásticas sobre o fato de estarem numa casa de insetos – quando repentinamente a face de Fromm se acende, ele se levanta e, sem dizer nada, começa a imitar todos no hospício, fazendo mímicas até mesmo de pacientes que haviam acabado de chegar, de médicos, de enfermeiras, de mim, das pessoas que estavam falando com ele, gestos selvagens e cheios de abandono que apanhavam e caricaturavam qualquer um. Eu queria mostrar a ele o que escrevi acima, mas não sei qual é o problema dele. Ele provavelmente me devolveria sem dizer ou indicar nada – (depois de ler com todo o cuidado).

(O problema de histórias assim é que elas são exageros idealistas. *O, Les maupions de l'eternite!* Mas é verdade, mesmo assim.)

Tem um rapaz aqui chamado Carl Solomon[13] que é o mais interessante de todos. Passei muitas horas conversando com ele. No primeiro dia (nas cadeiras) caí na tentação de lhe contar sobre minhas experiências místicas. É muito constrangedor fazer isso num hospício. Ele me aceitou como se eu fosse outro ignu maluco, e ao mesmo tempo dizendo com um tom conspiratório, "Ah, tá bom, mas você é novo por aqui". Ele também é responsável pela frase: "Não há intelectuais em hospícios". Ele é um veadão do Greenwich Village, mas veio do Brooklyn – um "chiquérrimo" (costumava ser, ele conta) que é o verdadeiro Levinsky – mas gordo e grande, e interessado em literatura surrealista. Ele cursou a CCNY e a NYU, mas nunca se graduou, conhecia todos os descolados do Village, e toda a turma de intelectuais trotskistas (os Meyer Schapiro de sua geração), e conhece uma vasta gama de estilos de vanguarda – ele também é bem ao estilo de Rimbaud, desde sua adolescência. Não é criativo, não escreve, e na verdade não sabe muito sobre literatura, exceto o que lê em revistas (ele tinha *Tyger's Eye*, *Partisan* e *Kenyon*) mas sobre elas ele sabe tudo. Entrou clandestino num navio e passou seis meses vagando por Paris – e finalmente, quando atingiu a maioridade, decidiu cometer suicídio (no seu aniversário de 21 anos) e resolveu vir para cá (entrar num hospício é a mesma coisa que suicídio, diz ele – humor de hospício) – se apresentou na porta de entrada exigindo uma lobotomia. Aparentemente logo que chegou ele era cheio de gestos loucos (com uma cópia de *Nightwood*[14], ameaçando sujar a parede com excrementos se não obtivesse um quarto só para si, de forma que pudesse terminar o livro em paz. Também ameaçava as enfermeiras: "Se eu ouvir alguém dizendo para mim 'Sr. Solomon, você está falando sem parar', eu viro a mesa de pingue-pongue", e isso aconteceu logo de cara. Aqui há uma oportunidade perfeita para o absurdo existencialista – agora ele está calmo – fala de um modo sinistro para mim sobre como os médicos o estão curando pela terapia de eletrochoque. "Eles me fazem dizer 'mamãe!'" Eu digo que quero que me façam dizer mamãe, e ele diz "claro (que queremos)". Veja que atmosfera esquisita e kafkiana existe aqui, porque os médicos estão no controle e têm os meios para forçar até o mais recalcitrante. Aqui os abismos são reais; as pessoas explodem diariamente e os médicos! Os médicos! Meu deus, os médicos! São terríveis, e digo mais, monstros de absoluta mediocridade. Horríveis! Eles têm a verdade! Eles estão certos! E são todos uns desajeitados formados em psicologia, magros, de lábios sem cor e de quatro olhos. Todos os liberais de anarruga, vestidos com os mesmos uniformes, sempre com um sorriso amarelo meio envergonhado e polido no rosto. "O quê? Sr. Solomon não comeu hoje? Mande-o de volta para o eletrochoque!" Todos os derrubados dos anos passa-

---

13. Esta é a primeira menção a Carl Solomon, a quem Ginsberg mais tarde dedicaria em *Uivo*.
14. *Nightwood*, de Djuna Barnes, foi publicado em 1936.

dos, os burgueses sem poesia nem sangue, os cientistas sociais e os que fazem experiências com ratos, os olhos azuis que foram ao baile de formatura, que debateram sobre socialismo – que foram ao oeste de ônibus até os campos de trigo para estudar psicologia social e medicina, os quadrados e simplórios, os judeus do Bronx. Eles todos se parecem, digo a você, não consigo dizer quem é quem, exceto por um ou outro anão do leste indiano que por acaso também é psiquiatra. O que ele está fazendo aqui psicologizando vaqueiros de farmácia surtados? São estes os homens que vão fuxicar na minha alma imortal! Céus! Onde está Denison? Onde está Pomeroy? Onde está Huncke? Por que eles não vêm me salvar? É exatamente como na Rússia! Os homens-máquina da NKUD estão me fazendo abdicar do meu cosmopolitanismo desarraigado.

Por falar nisso, por causa de Solomon estou lendo todas as revistinhas sobre os franceses do momento. Um deles se chama Jean Genet. Ele é talvez o maior de todos – maior do que Céline talvez, mas parecido. Enormes romances apocalípticos por um homossexual descolado que cresceu, como Pomeroy, na prisão – um artigo na *Partisan Review* de abril de 1949 fala sobre ele – um livro chamado *Miracle de la Rose,* uma enorme autobiografia, um longo poema em prosa sobre a vida na prisão! O herói é Hercamone, um assassino – "Cuja presença sombria na cela da morte irradia uma intensidade mística por toda a prisão e que é tomada como o padrão da Beleza e Realização e a quem o autor conecta o símbolo da rosa. (Só viveu da duração da sentença até a morte ...)" Falo a mesma língua utilizada pelos místicos de todas as religiões para falarem de seus deuses e de seus mistérios. Li um excerto de três páginas sobre os mistérios de roubar em lojas terminando com (se consigo lembrar): "e então é assim no julgamento do Deus do apocalipse que me chamará até os reinos do dólmen com minha própria voz amorosa, chorando, 'Jean, Hean'." (Reinos do dólmen é paráfrase minha).

Também um homem chamado Henri Michaux – poemas de prosa interessantes sobre o estranho *Aivinsikis* (buscadores de céu?) em *Kenyon* e *Hudson Reviews.*

E, acima de tudo, um louco que morreu por agora chamado Antonin Artaud – passou nove anos em Rodez, um hospício francês ("*M. Artaud ne mange pas au juurd'hue. Apportez lui au choc.*") Solomon estava vagando por Paris e ouviu intensos gritos bárbaros na rua. Aterrorizado, penetrado, totalmente petrificado, congelado – ele viu este louco dançando na rua repetindo frases do be-bop – com aquela voz – e o corpo rígido, como um raio "irradiando" energia – um louco que abriu todas as portas e saiu gritando por Paris. Ele escreveu um grande poema – um artigo sobre Van Gogh (traduzido em *A Tiger's Eye*) – dizendo as mesmas coisas sobre os Estados Unidos que eu disse sobre Cézanne. Solomon disse que foi o momento mais profundo que ele já vivenciou (até ele vir para cá onde os médicos têm insulina – e as "drogas tiram o barato").

Muitos dias atrás chegou um garoto de língua presa de vinte anos chamado Bloom (ele já tinha estado aqui há alguns anos) falando sobre "concentrações do tempo" e eternidade – e então escapuliu, se mandou com os enfermeiros atrás dele pela quadra toda e escapou para o metrô. Veja que não sou o único em minhas formulações. Acho que o Richard Weitzner poderia se dar bem aqui. Antes de eu vir para cá disse a ele: "Se sou louco, você é ainda mais louco – e eu sou louco". Ele olhou interessado para mim e só disse: "Sério?".

O que diz o velho J.B. [Justin Brierly], o Mestre Dançarino, sobre minha presença aqui? Ele já a previu? Ele me tomou pelo tipo são e burocrático (entre nós dois) quando estivemos em Denver. Sabe mais o quê? Ele não estava certo sobre você (você era um tipo da Boêmia, enquanto eu era um húngaro bem cuidado) mas pensou que você era OK já que Ed White o havia recomendado (é o que lembro da conversa).

Van Doren pediu para ver meu livro (depois de eu oferecer-me para mostrar para ele).

Não tenho conseguido escrever por aqui – não tenho caneta, ou lugar para escrever, ou calma suficiente. Escrevi um poema que termina assim:

Não me pergunte o que quero dizer
Tudo que digo é o que havia para ver
por mais que vergonha pareça,
qualquer um pode dizer de cabeça
    como quer que tenha ocorrido

E começa:

Aconteceu quando a chuva era cinza,
um dia melancólico, nebuloso, ranzinza.
Não lembro o que era precisamente
Mas parecia como vidro, transparente
    E, de toda forma, aconteceu.

Isto ilustra meu desejo de escrever um poema ou uma balada com uma história de vida real – mas acabei escrevendo um poema sobre um místico inominado "aquilo" – uma piada.

Estou começando a odiar minha mãe.

Adieu –

Quando você chegar em NY ligue para meu irmão [Eugene Brooks], e ele vai dizer como você pode chegar até mim. Posso sair nos fins de semana – no entanto, correr por aí livremente é desencorajado. Alguém precisa assinar um papel, tomar responsabilidade por mim e me entregar no final – um parente, ou algumas vezes um amigo. Quando você voltar, eu sairei por um fim de semana talvez – para Cape Cod – onde [John Clellon] Holmes, [Alan] Ansen, [Bill] Cannastra, [Ed] Stringham e muitos outros estarão. Só poderei ver você nos fins de semana por agora, mas se eu melhorar posso vir a ter mais privilégios.

Sonhei com Claude por duas noites seguidas depois que liguei para ele.
Mande-me notícias de Joan? Posso escrever uma carta para a *Pharr Gazette* [William Burroughs] daqui a uns meses.
Adieu ancien ami;
Allen

P.S. As cartas que chegam para mim *não* são censuradas. Erro meu.
Vou para um baile – com os pacientes de ambos os sexos – com músicos locais do 802 – no terraço – daqui a meia hora. Estou vestindo calças brancas, sapatos de Fitzgerald e uma camiseta amarela.
Tenho também pintado (como terapia ocupacional) uma série de *Revelações de Gólgota* – Cristo na cruz, grandes asas brancas flamejantes e uma grande rosa amarela do paraíso como halo, cercado pelos ladrões, um deles um idiota, e um com a cabeça da morte. (Sempre escrevo a você de instituições – Sheepshead, Paterson, Colúmbia etc.)

Jack Kerouac [Denver, Colorado] para Allen Ginsberg [Nova York, Nova York]

26 de julho de 1949

Julho de 49

Caro Allen:
Preciso ser breve. Este é todo papel que tenho numa casa vazia durante uma mudança – acho que sei o que você quer dizer. Puxa, se você pudesse ser como Yeats e ir direto ao ponto – e se eu também conseguisse fazer o mesmo. Sento aqui na mesa. Sua carta está ao meu lado.

"O que se propuseram a fazer
Eles conseguiram realizar:
Todas as coisas são como cartas
Seladas e endereçadas –
Para mim? Deus meu, para mim?
Eu me encolho, agora me encolho.
Todas as coisas são assim,
Elas chegam até mim no final.
Sentam ali esperando por mim.
Todas as coisas são como
A fatia de pão na prateleira,
Feitas para se irem, se libertarem,

Para mim, Feliz Pão da Casa.
Todas as coisas são como lápis
Na prateleira, e meu gato
Que senta vivaz, e a Tigela de Açúcar
Na mesa, e o fazer das gotas de chuva.
Todas as coisas foram feitas para
Serem o que se tornam quando em silêncio.
Sim, o editor não sabe,
Ou sabendo, não se importa,
É tudo feito e realizado,
E o silêncio é a sua viva oração do dia.
É desolador saber o que é o saber.
É não ver como ver é sabido, ←
Mas como olhos interiores e ossos que esperam.
Todas as coisas são mesmo feitas e estão se fazendo?
São vocês felizes vidas vivas? Ah, desolador! –
Ó desolado osso substancial todo feito de sombra." –

Isso significa que tudo que existe, existe de qualquer forma, por causa da realidade.

Claro que ainda não consegui me expressar como ele. Mas, caro Allen, ainda vou. Ah, *folder-blash*.

Agora ouça: – já disse tudo sobre você a Robert Giroux e ele claro se interessou. Este é o homem que foi visitar Ezra Pound no sanatório, com Robert Lowell. (E conto os detalhes disso.) Quando ele estava indo embora, Pound gritou da janela: "Onde é que você está indo? Você não foi diagnosticado?" e daquele momento em diante Lowell ficou louco. Giroux tem algum medo. Ele foi ver Thomas Merton no mosteiro. Ele conhece [T.S.] Eliot. É um grande intelectual católico ignu de NY – você verá. Envie para ele o corpo de sua obra para Harcourt Brace, na Madison, 383 – e diga a ele seu nome. Ele conhece você. Ele concordou de olhos mortos, veja. Mas lembre que ele é também um grande homem de negócios, como [Alan] Harrington[15] gostaria de ser – um acionista na companhia, editor-chefe e membro do Clube de Ópera (com os Rockefellers.) Seja esperto agora e não se cague nas calças. O mundo está só esperando que você apresente amor quieto e triste em vez de excrementos. Certo? Por amor quieto e triste acho que quero dizer algum tipo de meio-termo. Mas que seja *desolado*, entende? Durante o dia, seja desolado. Está tudo arranjado. Agora você pode ser publicado.

Suas histórias sobre o hospício são tão verdadeiras que me sinto como se estivesse de volta ao sanatório da marinha[16] – amedrontado e sempre examinan-

---

15. Alan Harrington era um amigo de Kerouac e de Holmes, que mais tarde escreveu *The Immortalist*.

16. Kerouac havia passado um tempo num hospital psiquiátrico da marinha em Bethesda durante a primavera de 1943.

do as cabeças dos outros. Costumava sentar com os piores, para aprender. Seja bondoso e permita-se reconhecer que eu buscava ver. Ah, pelo amor de deus, já sei tudo... você não sabe isso ainda? Todos nós sabemos. Nós até sabemos que estamos loucos. Todos nós estamos doentes de nossas tristes majestades. Não seja tão pedante. *Mush!*

Hal [Chase] morreu mesmo. Isso quer dizer que pelo telefone sua voz ansiava me ver, mas não mencionou que foi Ginger que disse para ele não me visitar em Denver. Sei disso por seu pai, que foi meu espião, inadvertidamente. E é Ginger quem talvez possa nos fazer dar de ombros para tudo. Ela se foi completamente.

Eu amo o Mestre Dançarino. Já disse a ele. Nunca soube que o Mestre Dançarino era tão maravilhoso. Ele levou eu e Giroux às montanhas a 140km/h para vermos a ópera. Ele estava acompanhado de uma mulher, uma velha Edie, a quem comi algumas horas atrás e que me deu algum dinheiro.

Vaguei por Denver na outra noite, de certa forma procurando por Pommy [Cassady]. Uma garota negra disse: "Oi Eddy". E eu sabia que eu era Eddy – e que estava chegando mais perto de Pommy. Foi uma noite mística na Denver Negro-Mexicana. Estava acontecendo um jogo de softbol. Pensei que era Pommy que estava arremessando a bola. Pensei que a qualquer momento LuAnne[17] viria por trás de mim pegar no meu pau. As estrelas, a noite, a cerca lilás, os carros, a rua, as varandas decrépitas. *Lá em Denver, lá em Denver, tudo que fiz foi morrer.*

Quantas vezes você já morreu?

Quando vi seu Denver Doldrums na minha mesa – Ah. Você sabe o que Giroux fez? Ele corrigiu a criança num canto escuro dizendo – "Te achei... *bu!*" para apenas: "Te achei..." Perguntei a ele se ele sabia o que tinha feito e ele só disse: "Claro". Ele gosta de mim, por falar nisso: somos amigos agora; gosto dele; vamos a shows e óperas juntos em NY. Um novo grande amigo na minha vida. Ele pegou carona comigo de forma a compreender *On the Road.* Ele é o editor de Eliot, lembre disso, e amigo de Van Doren. Conhece todo mundo – [Stephen] Spender e assim por diante, Jay Laughlin (New Directions) etc. Ele pegou carona comigo no meu estado mais selvagem.

Estou pegando carona para Detroit amanhã. Não envie mais cartas para o Centro Oeste, 6100. Vejo você em NY em duas semanas. Não sei nada sobre esses judeus malucos no seu sanatório. Talvez eu venha a conhecê-los. Me lembram Norman.[18] Fale com Walter Adams, que é desolado. [Allan] Temko me escreveu uma carta enorme de Praga. Vou receber um dinheiro no Natal – quero ir para uma escola na Itália com Edie, e encontrar Giroux em Roma na primavera e ir a Paris. Não ficarei rico até outubro de 1950. Então primeiro vou viver com pouco.

---

17. LuAnne Henderson foi a primeira mulher de Neal Cassady.

18. Norman Schnall era um amigo antigo de Ginsberg e Kerouac, e é mencionado no manuscrito original de *On the Road.*

Por favor, faça o que você diz – vá buscar Denison [Burroughs] e Pommy. Já escrevi duas vezes para Pommy e não recebi resposta. O que está acontecendo? Escreverei para Denison e vou pedir que se mude para NY. Por que estamos todos acampando na Califórnia, no Texas e no Colorado? Adoraria que Denison fosse para a Europa comigo. Também a sua fortuna de família seria bem útil por lá, onde se pode viver bem com $30 por mês. Pergunte a Adams se não é assim. Sabe o que mais? Edie escreveu para mim. – "Talvez eu e você sejamos apenas um sonho". E também: – "Acho que sempre seremos pássaros noturnos". E enfim – "Adoro beber café com as pessoas pela manhã". Ela agora soa como uma mulher direita e triste. Tenho saudades da buceta dela. De vez em quando me sinto como Pommy com relação a isto – cada vez mais. Quero que nos reunamos antes que seja tarde demais, antes que a Temporada morra por negligência (o que sempre ocorre uma hora). Por quê? Você se importa com minhas perguntas?

C'est tranquil sa – desculpe minha alma.
   Como sempre,
    Jack

Obrigado por sua enorme e fantástica carta – eu a li para Giroux também.

1950

Nota dos editores: *Kerouac foi embora de Denver. O plano original era parar em Detroit para ver sua ex-mulher, Edie, mas ele acabou indo para São Francisco, já que Neal Cassady havia prometido hospedagem grátis pelo tempo que quisesse. Este arranjo não durou muito, e em agosto Neal e Jack estariam em Nova York. Por todo o outono Ginsberg permaneceu no hospital psiquiátrico (embora recebesse correspondência na casa do pai em Paterson, para onde ia todos os fins de semana). Ele permanecia cheio de esperanças de que algo positivo surgisse de sua terapia, mas com o passar do tempo começou a pensar que os médicos não sabiam muito mais sobre doença mental do que ele próprio. O sonho de uma cura instantânea para seus problemas se desfez.*

Jack Kerouac [Nova York, Nova York] para Allen Ginsberg [Paterson, New Jersey]

13 de janeiro de 1950

Caro Allen:

Hoje enquanto caminhava na orla das ruas angelicais tive repentinamente a vontade de dizer a você o quão maravilhoso penso que você é. Por favor não deixe de gostar de mim. Qual é o mistério do mundo? Ninguém sabe que é um anjo. Os anjos de Deus estão me violentando e enganando. Vi uma puta e um velho numa bandeja, e deus meu – aqueles rostos! Me perguntei o que é que Deus anda aprontando. No metrô quase saltei para gritar, "Para que *isso*? O que está acontecendo? O que isso quer dizer?" Jesus, Allen, a vida não vale a vela que se acende para ela, isso sabemos, e quase *tudo* está errado, mas não há nada que possamos fazer a respeito, e viver é o paraíso.

Bem, aqui estamos no paraíso. É assim que é o paraíso. No metrô ainda, de repente estremeci, pois havia se aberto uma fresta, como se abrem frestas no chão quando há um terremoto, mas essa fresta se abriu no ar, e então vi os abismos. De repente eu não era mais um anjo, mas um demônio tremendo.

E acima de tudo eu queria contar a você que tenho uma grande consideração por sua alma, e valorizo sua existência, e anseio pelo seu reconhecimento do fundo do meu coração – em suma, que o admiro e o adoro e sempre o considerei um grande homem. Permita-me por um momento gabar-me de forma a colocar isso em perspectiva, já que não há valor algum em ser bem visto por um idiota, um esquisitão, um elefante ou uma gota de chocolate: meu editor inglês (eu ainda não o encontrei) enviou um postal a G. [Giroux] mostrando uma foto do antigo prédio de contabilidade da firma e disse, "Este local parece exatamente o mesmo de quando publicamos Goldsmith & Johnson. Por favor diga a Kerouac [que ele] está em boa companhia, e mais que isso, que a merece."

Eu, um garoto abatido de uma cidadezinha que cresceu em torno de um moinho, agora estou lado a lado com Goldsmith & Johnson. Não é historicamente esquisito? Ou simplesmente esquisito? Vamos prosseguir com o mistério do mundo.

Para dar um exemplo, por que escrevo a você este bilhete considerando que vamos nos encontrar pessoalmente amanhã à noite? – e também moro na mesma cidade que você. Porque quando escrevem todos são como Sebastian [Sampas][1], gaguejantes, trôpegos ao final, cada vez mais evanescentes com todos os arranhões, dizendo "Tchau gurizão, Jack... pega leve, por favor... tchauzinho... amigão... logo nos vemos, acho... tchau... te cuida... adeus... acho... tchau tchau... até logo... tchau, meu velho". A maioria das pessoas passam suas vidas dizendo isso para seus melhores amigos, e descendo as ruas, e se virando para dar um tchau uma última vez... Para onde foram?

Me deixe dizer o que o Arcanjo vai fazer. Numa grande festa do Walter Adams, ou numa festa de [Bill] Cannastra, o Arcanjo de repente vai aparecer num clarão de luz branca, entre verdadeiras cachoeiras de luz melíflua, e todos ficarão imóveis enquanto o Arcanjo, com sua voz, falar. Vamos ver, ouvir e estremecer. Por trás do arcanjo vamos ver que Einstein está totalmente errado quanto ao espaço finito... haverá espaço infindável, Vinhas Celestiais infinitas, e todo o lodaçal de sangue lá embaixo, e o alegre coro dos anjos misturando-se com os estremecimentos dos demônios. Veremos que tudo existe. Pela primeira vez poderemos reconhecer que tudo está vivo, como bebês tartarugas, e se *move* no meio da noite numa festa... e o arcanjo vai nos delatar. Então nuvens de querubins cairão, se misturarão com sátiros e sabe-se lá mais o que e esquisitões. Se não nos assombrássemos com o mistério do mundo, não conseguiríamos nada.

Jack

Allen Ginsberg [Paterson, Nova Jersey] para Jack Kerouac [n.d., Nova York, Nova York?]

Meia-noite em Paterson, 21 de janeiro de 1950

Caro Jack:

A carta do Arcanjo foi recebida por aqui, mas infelizmente meu pai a perdeu e não conseguimos encontrá-la. Ele não fez de propósito. Passamos um longo tempo tentando encontrá-la. Disse a ele que não se preocupasse.

Passei mal e vomitei na última vez que estivemos na casa de Neal[2], e quando me levantei pela manhã você pegou a cama para você. Eu estava zonzo e ainda

---
1. Sebastian Sampas foi um amigo de infância de Kerouac que morreu em combate durante a Segunda Guerra Mundial.
2. Neal Cassady estava naquela época com Diana Hansen. Os dois dividiam o tempo entre o apartamento dela em Nova York e o da mãe dela em Poughkeepsie. Casaram-se mais tarde naquele mesmo ano.

me sentindo mal e foi por isso que fiquei tão ansioso por voltar para a cama. Fiquei me sentindo mal de ter que incomodar você. Lembro que você acabou na cadeira, mas o que eu podia fazer? Espero que você não esteja bravo.

Fui a uma festa na noite passada – uma festa de dezesseis anos para minha irmã Sheila – e fui parte do cenário durante boa parte da noite, descontando alguns poucos momentos em que dancei com algumas adolescentes e o fim da noite, quando fiquei bêbado com meu meio-irmão (que achou que todo mundo na festa era "falso") e a quem contei histórias sobre curandeiros de Dakar e puteiros de Nova Orleans. Fiquei surpreso com os garotos presentes – a maioria deles muito bem-vestidos como jogadores de pôquer de fraternidades universitárias, todos cheios de experiência e uma sensualidade mais madura que a minha. Comecei a me sentir tão mal que quase fui embora, sem ver nenhuma razão para minha própria existência – como uma barata – até que Harold (meu meio-irmão) chegou mais tarde, franzindo a testa de raiva e olhando para o grupo de casais e os amaldiçoando a todos como um bando de desleixados fingidos. Ah, e eu! Comecei a timidamente perguntar a ele o que estava errado, se eram eles que não estavam indo para lugar algum ou se éramos eu e ele que não estávamos. Ele insistiu que eram eles e ficamos bêbados depois disso. Pouco depois ele começou a insultar todas as meninas que passavam pela cozinha, onde estávamos bebendo, chamando-as de putas e jogando água em seus vestidos (no decote). Tive a impressão de que as pessoas me notavam e me perguntavam quem era aquele idiota. Ó, Paterson, que crucificações não sofri pelo meu amor por ti? Espero algum dia me familiarizar com eles todos e ser aceito quando tiver a honra. A razão pela qual quero voltar para casa é para sofrer completamente o abismo entre eu mesmo e minha geração e minha casa e entender os anos que nos separaram e voltar a aprender a viver sem vergonha com meu povo. Até agora tenho sido Francis no sótão. Surpreendo-me em ver o quanto penso nele e em como ele é genuíno; mas sou Francis depois de sua própria morte ressuscitado com outra chance para ser humilhado e não rejeitar a humilhação. (O seu romance é um mundo que morreu, e os personagens ainda vivem caminhando pelo mesmo labirinto do outro lado da morte, que é a última página do livro.)

Quando dormi noite passada tive um sonho. Tinha acabado de sair da Rua Henry e estava procurando por Bill [Burroughs]. Não tínhamos marcado um encontro porque achamos que o mundo estava morto, e não sabíamos o que dizer um ao outro. Mas sabíamos que haveria um encontro em algum lugar em Nova York. Seria um encontro fortuito e curto: ele teria negócios a tratar e eu sairia para ver um filme, embora não tivéssemos visto um ao outro por muito tempo. Enquanto caminhava pela rua na direção da Oitava Avenida, olhei para o céu, e lá vi um halo boreal, como que vindo da lua. E me virei e olhei para o oeste, e vi um halo no céu do lado oposto da esfera. Cada um dos dois halos tinha uma fraca luz circular exatamente igual, lá longe nos céus, e ainda assim eram grandes o suficiente para cobrir uma boa parte do céu noturno, talvez equivalente a dez luas. Depois de ver os halos, desejei que Bill estivesse aqui e que os visse onde quer que estivesse. Não o encontrei na Avenida, nem consegui encontrar os bares entre as ruas 42 e 43, e então descobri que estava na Sétima Avenida, e não na Oitava, e tentei encontrá-lo, mas era tarde demais, ele tinha ido embora, e não esperara por mim.

Este sonho é como um que tive uma vez mas não lembro direito, em que eu estava perdido num sistema de metrô vasto e desconhecido, procurando por um quarto no Brooklyn.

Existe uma luta política em Paterson entre o Partido Republicano corrupto e poderoso, que perdeu as duas últimas eleições, e um jovem e poderoso Partido Democrata, que já se corrompeu após suas vitórias. Meu pai defende os Democratas com veemência. Tentei conseguir um trabalho no jornal *Morning Call*, dos Democratas, mas ele é pequeno demais e é dirigido por velhos, e não há vagas. Fui ver alguns amigos que trabalharam no *Evening News* (o jornal republicano) mas eles me incomodaram por horas com perguntas sobre lealdade às políticas do jornal e reprimendas sobre as palestras e opiniões públicas de meu pai. Acontece que o dono seria burro em fazer um favor para o filho de Louis Ginsberg, uma vez que Louis, por vários anos, fez repetidos ataques violentos e abertos contra o jornal e seus candidatos – embora ele seja amigo do editor. Me disseram que Paterson é gerida num orçamento limitado e como o meu pai tinha arriscado o pescoço sem nenhum motivo além das opiniões políticas sonhadoras e idealistas, e assim usado o bom nome dele para conseguir os votos dos judeus para o prefeito, sou considerado uma pessoa improvável e absurda para se oferecer um emprego (sem falar na minha má fama, que mesmo não tendo saído nos jornais durante a primavera chegou aos ouvidos dos editores etc.). Vou tentar agora o *Passaic Herald News* (a cinco quilômetros de distância). Esse é um jornal conservador que cresce rapidamente e que também é dono de um canal de TV. Estou começando a ver o quão estranha e verdadeiramente sórdida é a atmosfera entre aqueles que oficialmente dirigem a cidade. Mas talvez seja só por causa dessa movimentação por buscar um trabalho que envolve "respeitabilidade". A maioria das pessoas aqui que parecem ser sensíveis ou poderosas ou ricas parecem viver e pensar dominadas pelos menores medos (como vistos por alguém de fora) com relação à segurança social e posição nos negócios. A amizade é na verdade política. Eu não generalizaria tanto, mas estas são as impressões superficiais do fim de semana, tomadas sem nenhum confronto (nem mesmo em termos estéticos, ou seja, enquanto estava em ação nem pensei na mesquinharia que seria para o jornal recusar um trabalheco para um gênio frustrado) e a verdadeira degradação da personalidade, do amor e do trabalho, a crueldade toda do sistema – o sistema todo como uma máquina horrível para ser sentida e sofrida enquanto observamos as pessoas mentirem e enganarem umas às outras, abdicando a si mesmas e a mim de sua imaginação – me faz perguntar, se tudo for mesmo verdade, o que vai ser de mim por aqui. Talvez eu seja mesmo crucificado no final. Se o que estou começando a suspeitar for verdadeiro será exatamente como rolar um tronco. Se é verdade, Lucien não consegue ver, porque está no topo, não nas raízes. Todo mundo chega em casa cheio de angústia no coração e cheio de maquinações flagrantemente terroristas. Em algumas ilhas nos mares do sul eles têm rituais cruéis de puberdade, porque os velhos são malvados, e não porque querem machucar os jovens, mas porque querem ensinar uma lição a eles, em uma só explosão formal, sem nenhuma humilhação individual.

Estou começando a pensar de novo em como o mundo é mau. Pensei que ao aceitar o caos eu faria com que tudo se ajeitasse.

Tive um encontro com Varda (a garota de visual Assírio lá do Simpson) no fim de semana passado e ela me apresentou a melhor amiga e fez um jantar para nós na casa dela (da amiga, que me deu um quadro que ela mesma pintou). Acho que vou me encontrar apenas com ela por um tempo, dentre todo o rol de mulheres que conheço. Eu gostaria de encontrar uma garota muito doce e desiludida que me amasse. Mas acho que uma garota muito doce e desiludida é esperar demais.

Por que tudo é tão difícil?

As últimas linhas de *1984* de George Orwell são um exílio obstinado e voluntário com relação ao seio amoroso! "Mas estava tudo certo, tudo estava certo, a luta havia acabado. Ele havia conquistado a si mesmo. Ele amava o Grande Irmão."

Deixe um recado para [Carl] Solomon ou para alguém que esteja acessível dizendo onde você deve estar no fim de semana. Vou tentar aparecer.

Voltei a escrever para você a despeito da feiura destes últimos dias, arcanjo.

Amor,

Allen

Allen Ginsberg [Nova York, Nova York] para Jack Kerouac [Nova York, Nova York]

c. fevereiro de 1950

Noite de domingo

Caro Jack:

Fui para casa e, depois de resolver todas as questões práticas e deixar de lado algumas outras questões, sentei para ler o seu livro [*Cidade pequena, cidade grande*] do início ao fim neste sábado – das 10h até as 13h30 e das 15h até as 2 da manhã.

Começando pelo começo (ou começando pelo que é mais fácil), eu estava um pouco pessimista com relação ao efeito geral de Giroux. Porém o livro foi melhorado em alguns pontos importantes – dois deles em particular:

1. Em quase nenhum momento senti sua prosa como exagerada ou esforçada demais a ponto de perder a empatia.

2. Vi (e da outra vez não havia visto – talvez este seja apenas o efeito de reler) a estrutura mais claramente e tive uma surpresa contínua e agradável em relação

à inevitabilidade dos sucessivos estágios de desenvolvimento na história de cada um dos personagens, cada coisa a seu tempo. Sua inteligência goethiana (na sua maior parte goethiana) emerge e cria efeitos com uma facilidade e um virtuosismo que eu temia esperar e de qualquer jeito não tinha nem percebido direito que seria possível – você me surpreendeu o tempo inteiro e me levou junto com você.

Por outro lado (para falar negativamente por um instante) acho que é triste que tantos voos solitários e belos e algumas vezes necessários tenham sido eliminados. Com isso quero dizer:

1. A chuva dorme
2. Nova York e Dennison [Burroughs]
3. A Figura de Waldo
4. Os "Abutres dos Andes" na cabine da imprensa
5. A experiência de Francis Martin com as Três Bruxas no funeral.

Não consigo lembrar, é claro, o que foi retirado, e os números 1 e 4 são apenas pequenas mudanças na retórica (sentenças ou parágrafos) mas a eliminação de 5 é muito triste ao meu ver. Vou agora falar sobre ela. A cena de Nova York ficou sucinta ao extremo, mas falta foco para ela no momento imediato da crise trágica – você não vê a morte de Waldo, e isso faz com que parte do impacto seja perdida – parece menos importante do que penso que seja (a não ser que você queira eliminá-la completamente do enredo e torná-la uma cena incidental). Gostaria que o cego estremecido e Palmyra Towers ainda estivessem ali. Do jeito que está agora não se percebe como Kenny é interiormente conectado com Waldo (espiritualmente) como de fato é.

Também lembro a bela descrição panorâmica de um caminhão através do oeste, que procurei e não encontrei mais – Joe.

Como sempre disse (antes) sinto que você deu a Francis pouca nobreza em certos momentos. No começo e na maioria das cenas (em especial como a figura no alpendre às sombras) ele tem uma grande dignidade. Gostaria que ele (e talvez Wilfred Engles) fossem grandes homens nas festas, ou você realmente quer dar a entender que ele secou de vez? Mas a luz da compreensão brilhava com mais força no seu atraso para o funeral e nas ondulações das três moças. No fim ele fica um pouco inacabado quando chegamos ao final – considerando que ele é um dos personagens mais bonitos.

Mas concluindo minha palestra sobre o superficial – acho que Giroux definitivamente é OK, e sinto muito não ter confiado nele. Ademais, se você quer minha opinião (profética) – é um livro grande de verdade e merecedor de uma grande resposta, e estou bem certo de que vai causar uma grande agitação e ganhar resenhas melodiosas. Acho que vai ser influente por todos os motivos, e digo que vai ser mesmo influente. Além disso, se alguém for ofensivo de qualquer forma, ligue para mim que eu o desafio a um duelo – você não tem nenhum motivo para ser humilhado em nenhuma forma concebível, e seria uma teimosia grosseira desgostar do seu trabalho (e de você).

Agora vou responder melhor a sua carta, o que tenho evitado fazer. Anjo, você me surpreende. (Preciso dizer que não tenho consideração nem sou muito perceptivo.) Quando li seu livro pela primeira vez chorei porque sua percepção do mundo era tão bela – mas não só isso – realmente verdadeira até o núcleo, e cheia de conteúdo, real e com uma qualidade de gentileza, amabilidade, cuidado, desinteresse e experiência, e também a sabedoria da vida que pode ser vivida – coisas que me fazem chorar sempre que alguém as revela. Mas sempre retornava aos níveis cuidadosamente preguiçosos e subestimava você mesmo nos momentos em que mais o buscava – e encontrá-lo mais uma vez com tamanha expressão de doçura arranca lágrimas do meu rosto hebraico. Sou feito do mesmo material bondoso de que você é feito – conheço você e conheço de novo e você me conhece.

Talvez seja verdade que o conhecimento não ocorre no dia a dia, mas somente ao longo de muitas vidas ou eternidades da arte, porém mesmo assim estou grato pela sua perseverança, se é que a chamo assim, até que nossos olhos se encontrem mais uma vez em seu trabalho duro.

Conheço seu poder muito bem através de sua obra e me surpreende que esteja tão maduro "concluído" (a sua arte é conclusiva) – estou surpreso além da inveja (em certos momentos) até as lágrimas ou (admiração nem tanto) mas maravilha na revelação. Você me ensina novamente sobre o cordeiro. Eu gostaria apenas de saber como encontrar você à luz de nossa alma cotidiana atual e retribuir uma pequena parte da paz que se desnuda em mim quando leio você direto.

Sei que você é honesto, mas nunca percebi o quão sincero você é. Seu livro continua e termina com autoafirmações finais e sinceras (não revelações horríveis, e sim pacíficas) que exaurem as possibilidades – a coisa real, se posso usar algo de Huncke e desdobrar uma frase sentimentaloide.

Gostaria que pudéssemos mostrar nossos rostos verdadeiros com mais frequência. Não quero dizer mais nada porque você sabe como me sinto. Não quero ser retórico (embora pelas imagens eu possa invocar um Lampejo do Pastor). Odeio te enganar ao perder você de vista no êxtase abstrato de nosso funeral ou o que quer que resuma a vida. [Frase apagada pela água.] Da mesma forma odiaria perder a oportunidade de fazer um amorzinho.

Por meio de seu livro consegui ver Neal mais de perto hoje à noite, adotamos uma formalidade mais do que séria um com o outro, e então levei Varda até a casa de Diana para que ele a conhecesse.

Então tudo não está completo de fato?

Bem, Zagg[3], acho que vou fechar o bar agora, porque tenho que ir para cama.

Se for possível quero ver Schapiro em algum momento desta tarde de quinta. E então vou até a morada de Neal na mesma noite para mostrar a ele as pinturas. Entre em contato comigo esta semana para que eu possa ligar para você e contar o que foi feito a respeito de Meyer Schapiro (através de Holmes)? C. Solomon está partindo por uma semana.

---

3. Zagg foi um dos apelidos de infância de Kerouac.

Também espero ver Lenrow (para devolver um livro e talvez jantar) na sexta à noite, se você quiser vê-lo, ligue para ele.

Eu queria escrever prosa, e talvez faça isso em breve. Ainda tenho medo do trabalho, mas posso também escrever um poema mais longo do "Estranho encapuzado" com embalsamentos e êxtase da irrealidade e da corrupção, visões de Booder [Buda], ataduras fantasmagóricas, glórias enquadradas, rabos de porco, masmorras do cordeiro, coisas encarapinhadas e negras do mar, as luzes monstruosas do Saara e lágrimas do meu rosto hebraico e gases.

Ó, lágrimas do meu rosto hebraico.
Allen

P.S. Seu poema tornou-se compreensível agora.
Tenho ciúmes da irmandade de sangue com Neal.

Allen Ginsberg [Paterson, New Jersey] para Jack Kerouac [n.d., Nova York, Nova York?]

Paterson, 24 de fevereiro de 1949 [sic: 1950]

Mon Cher ami Jean:

Já que saí do hospital hoje e levei minhas posses diretamente para Paterson e não vamos nos ver essa semana, estou escrevendo.

Recebi uma carta de Giroux enviada em 17 de fevereiro, ele tentou vender meus poemas sem sucesso e disse que fez essa movimentação porque gostou deles. Ele não acha que o livro seja publicável do jeito que está, e além disso acha que meu jargão particular precisa primeiro de uma canalização para o público através de revistas; e sugere a prosa, que ele vai examinar, para me dar alguma fama em primeiro lugar. Uma carta de meia página, que termina com a apresentação do *Assyrian* de Saroyan[4], assinada "Bob". Fui até o escritório e peguei meu material, e também roubei uma cópia de *Cocktail Party* [de T.S. Eliot] (o mundo me deve pelo menos esses $3 em remédio para o coração). Ele também me sugeriu tentar a revista *Poetry* (agora editada por um tal Karl Schapiro). Me encontrei rapidamente com Van Doren e falei sobre os resultados, disse que tentaria a *Poetry* de novo (mais uma vez, já que eles tinham rejeitado poemas neste mesmo ano), e pedi a ele que falasse a meu respeito na *Partisan*. Parece que até agora não consegui entrar em nenhuma revista, o que não está certo. Ficarei surpreso se não conseguir publicar nada pelo menos até o ano que vem. Não sei se essa situação tem algo a ver com minha falta de vontade de trabalhar. Mas sem mais reclamações: não acho que publicar tenha a mesma glória que uma vez tinha, quando eu queria ser o suprassumo.

---

4. *The Assyrian and Other Stories*, de William Saroyan.

Estou em Paterson e até amanhã me mudo para casa. Tão logo eu me estabeleça e o clima fique um pouco mais quente, vou sair. Estarei em NY segunda, terça, quarta e quinta pela manhã pelos próximos meses para ver meu médico. Posso me encontrar com você lá pelas 13h30 na quinta-feira, em qualquer lugar. Envie um postal para o meu novo endereço na Rua 34 leste, 416, Paterson.

Um ponto sem volta foi atingido, e não vou mais ter casos homossexuais: minha vontade agora é livre o suficiente para que eu coloque isso em escrito como uma afirmação final.

Verne [Neal Cassady] parece um pouco patético e tonto de tempos em tempos quando vou visitá-lo na casa de Diana. Tive que voltar para casa uma noite nesta semana e ele se recusou a dizer tchau ou compreender que eu queria ir embora e seguia lendo passagens e páginas do Hindus-Céline[5] depois da minha hora de Cinderela; e então quando forcei a barra e o interrompi para me desculpar e dizer tchau ele me acusou (brincando) de perder tempo. (Por "tempo" ele quis dizer que eu já deveria ter saído em vez de explicar que eu sentia muito interrompê-lo.) Ah. Mas a forma monomaníaca, quase deliberada (de propósito) com que ele, sabendo que eu queria ir embora, continuava lendo para mim me irritou. Pura perversão. Ele estava tentando formular alguma comunhão amorosa além dessa imposição cheia de atrito: e esse é o problema. Ele não sabe o que está fazendo. Fiquei perturbado com aquela insistência: ele acha que deve agir assim porque construiu um muro de planos mentais. Você dificilmente vai conseguir uma palavra ou olhar nessa situação, do jeito que ele manobra o tempo para evitar que isso aconteça. Sei disso porque sei de sentir e ver, bem como pelo fato de que ele está aparentemente bem e não tão desafiador, e, em alguns dias melhores, ele é bem diferente. Mas existem tantos fardos invisíveis do passado na mente dele que raramente ele consegue escapar. Em espírito, Verne é muito jovem.

Não vou falar dos meus planos criativos (que estão começando a nascer de novo). Vou escrever poesia sem métrica por um tempo, acho. Aprendi o suficiente sobre a superfície. *Os Portões da Ira* é um bom nome para um conto? Ou é como Steinbeck?

Você tem me achado distante ou sentimentalmente frio ultimamente? Não estou, asseguro a você, Jean. Nem em relação a Verne, tampouco.

O mito americano de Wolfe e do poder e do *páthos* está mudando nesta década. O que está acontecendo, conforme reconheci esta semana ao ler o credo de Wolfe, é que estamos mais próximos de um limiar de transformação social inevitável que vai nos afetar em pensamento e sentido: por um lado, você consegue perceber o quão próximo o alinhamento do ocidente contra o oriente se tornou, especialmente desde a aprovação inglesa das eleições? Se conseguirmos levar isso adiante, seria diferente; mas sinto em meus ossos que não somos o poder espiritual do mundo, mas que a Rússia é mais forte, espiritualmente mais forte, e tem um

---

5. *The Crippled Giant: A Literary Relationship with Louis-Ferdinand Céline,* por Milton Hindus.

potencial mais avassalador, talvez até mesmo nos mitos, e acho que a América perdida de Wolfe pode ser reduzida ao estado patético do autoengano. Estamos acostumados a pensar em nós mesmos com ideias poderosas de vida e fortuna, mas pode ser que apenas estejamos cheios de orgulho patético e que a história vá passar por cima de nós (até mesmo de mim e de você) nos próximos cinquenta anos. Vamos nos tornar uma Espanha nova e maior, ou um Portugal. Entende? E não apenas o mito da revista *Life*, que é a consciência falsa normal da América – mas a América pioneira não vai ter a importância que uma vez teve. Você já viu as propagandas no metrô para *Texas, Queridinho*?[6] Parece uma sátira capitalista decadente na forma crua de uma revista de propaganda russa, satirizando os entusiasmos mecânicos da América chauvinista. Ninguém aqui (em Paterson) está ciente de que qualquer coisa possa acontecer – guerra, depressão – para sacudir os EUA de cima a baixo. Ninguém sabe de nada sério fora de si mesmo.

Estes são meus pensamentos aleatórios atuais. Não sei se eles valem alguma coisa. Podem até ser profecias em tempo real.

400.000 desempregados no seguro social de NY.

Minha mãe adotiva acha seu livro (lido pela metade) melhor que a maioria dos romances.

Ton ami.
Allen de Paterson

Allen Ginsberg [Paterson, Nova Jersey] para Jack Kerouac [n.d., Nova York, Nova York?]

c. março de 1950

Caro Jack:

Senti sua falta quinta passada. Como está Lowell? Bem, agora está tudo pronto para que você faça a sua estreia literária (digo, nas pequenas revistas) na *Neurotica*, no mesmo número em que eu vou estrear. Implorei de joelhos (quase isso: levou dias para que eu me recuperasse da fúria) para que Landesman[7] publicasse "Arranque minha Margarida". Ele finalmente concordou, mas tive que cortar o poema até a metade do tamanho de forma que pudesse ser incluído; ainda assim ficou bom. Fiz isso baseado no bom serviço que lhe prestei ao recomendar [Carl] Solomon a ele. Corri para lá e para cá e Carl conseguiu produzir um ótimo ensaio descolado sobre a insulina e a loucura, e o hospital e a sanidade.[8] Landesman e [John Clellon] Holmes leram e concordaram que era possivelmente o melhor artigo que já haviam

---

6. *Texas, Li'l Darling* é um musical de Johnny Mercer e Robert Emmett Dolan.

7. Jay Landesman, o editor de *Neurotica*, publicou o poema colaborativo escrito por ambos sob o nome de Ginsberg com o título "Song: Fie My Fum" na edição da primavera de 1950.

8. O artigo de Carl Solomon também foi publicado, sob o pseudônimo Carl Goy, na edição de *Neurotica* da primavera de 1950.

publicado. Também vai estar em nosso número. Por falar nisso, cuide para enviar a eles o seu trabalho, de forma que tudo não se torne anticlimático aos meus olhos. Fiquei tão contente com o sucesso de Carl (Landesman, o próprio rato universitário, acha que Carl é uma grande descoberta) que corri até Neal e o fiz começar um artigo sobre roubo de carros, esperando que algum pequeno ganho dele possa conceder a todos um pico no braço; e também pelo sentimento. Bem, ele ficou feliz como um garotinho (sua melhor natureza) com tanta responsabilidade. Faço questão de passar pela Rua 75[9] segunda bem cedo e pela manhã de quinta (8h30) por duas horas antes de ir ver meu médico do outro lado da cidade.

Também quinta passada almocei com o editor de poesia da *New Yorker* [Howard Moss]. Enviei a ele poemas que ele repassou para os chefes, mas que foram rejeitados em três ocasiões distintas. Ele vai dar uma olhada em meu livro e ver se tem algo que possa usar. É provável que consiga achar alguma coisa. Também me convidou para uma festa na casa dele na próxima quinta (esta quinta) às 23h: poetas jovens vão estar dando palestras numa série de poesia da YMHA, vai ser em honra deles. Ele também vai me apresentar para Dylan Thomas daqui a duas semanas. Acho que se ficar por perto e me encontrar com as pessoas posso conseguir publicar alguns poemas. Lucien vai aparecer na festa com Barbara [Hale]; venha você também, se puder.

Encontrei Lu [Lucien Carr] na noite passada. Concordamos que o seu livro [*Cidade pequena, cidade grande*] não tinha publicidade alguma, e que essa situação era grave. Sugiro que você fale com alguém na Harcourt, e, se isso falhar, ligue para Giroux explicando a situação e perguntando o que está acontecendo. Não parece natural haver tão pouca publicidade num momento tão crucial, e pode fazer uma grande diferença. *CP&CG* afundará na obscuridade caso eles não façam barulho. Pode parecer que somos velhas fofoqueiras, mas o meu primeiro prognóstico otimista, reforçado em minha mente pelas resenhas, está sendo rapidamente substituído pelos meus próprios medos com relação a algum esquecimento comercial imprevisto causado pela Harcourt. Faça alguma coisa. Baixe os botes salva-vidas. Ligue para Roma. Você tem o dever de proteger seus investimentos. Não hesite. O tempo é crucial. Estou falando sério. Por que essa empresa fedida não está colocando nada além de Merton no jornal de domingo? Isso pode arruinar tudo.

Você vai gostar de saber que Lucien (ele mesmo) disse que a resenha de L.M. Jones na revista tinha um bocado de bobagens literárias "óbvias". Não esqueça que Lucien é um realista. Escrevo isso porque eu mesmo fiquei pasmo, como acho que você também.

Não tenho opinião própria. Você tem?

Vejo você também como um largado, da mesma forma como vejo a mim mesmo como um desastre constrangedor (na festa de Paterson) e, até onde en-

---

9. O apartamento de Diana Hansen, onde Neal Cassady estava morando, ficava na Rua 75, em Manhattan.

tendo Claude [Lucien Carr], ele vê a si mesmo. O problema com Neal é que ele não admite para ele mesmo que é um largado. A largação é a verdade (não toda a verdade, mas um aspecto grande da verdade verdadeira) e é sobre essa humildade que somos verdadeiros com a vida. Como você falou de si mesmo na Danação de Pokipsie [Poughkeepsie], sozinho com 27 anos de idade, e barrigudo, é assim que o vejo. Você deveria olhar bem por aí se realmente se propõe a encontrar alguém que o ame pelo que você é, e não pelo seu cabelo dourado, e alguém que você respeite a sério na humildade familiar. Aos poucos descubro este como o único futuro. Olho para Carl, em minha imaginação, como um tipo de professor no que diz respeito a isso. Carl disse "O mundo é um local maravilhoso" ao telefone na manhã de hoje: ele me acordou para me ler um poema chamado "Obrigado, Senhor" e me citou uma frase de Melville, "Os vazios cheios de anseios se recolhem, pois terrível é a terra." "Terrível" aqui quer dizer fantástico; o anseio-do-vazio-que-se-foi teme a densidade familiar da vida.

Disse para Neal ir para o hospital.

Sinto a aproximação de uma febre primaveril permanente. A melhor febre primaveril é aquela que busca o amor e a ternura, e que não tem ideias ou febre ou nervos, e passa o ensolarado domingo caminhando no parque e reconhecendo o quão pacífica é a vida.

Estou feliz que Fitzgerald[10] goste de mim, em qualquer nível, e que me entenda como entende Levinsky. Vou escrever um bilhete para ele (de cinquenta páginas) no primeiro dia da primavera.

Carl disse que eu deveria deixar claras as regras para o Neal quando ele tentar me colocar numa dança louca. Ele disse: "Neal tem que descer. Neal tem que descer. Neal tem que descer."

Suas sugestões sobre meus escritos geralmente me deixam morto por horas. (bilhete de observação em massa) [...]

De agora em diante vamos aproveitar a vida. Sem sofrer mais, sem nos desgastarmos. Espero que esta carta o encontre de bom humor.

Do seu amiguinho,
Allen de Paterson

Nota dos editores: *A estada de Ginsberg no hospital psiquiátrico levou-o a acreditar que poderia curar a própria homossexualidade se assim quisesse. Por essa razão ele tentou achar as mulheres sexualmente atraentes e enfim perdeu a virgindade com uma mulher naquele verão em Provincetown, Massachusetts, conforme descreveu nesta carta para Kerouac, que estava visitando Burroughs no México.*

---

10. Jack Fitzgerald foi colega de Ginsberg em Colúmbia e um aficionado por jazz.

Allen Ginsberg [Paterson, Nova Jersey] para
Jack Kerouac [Cidade do México, México]

Noite de sábado, 8 de julho de 1950

Caríssimo Jack:

Se você está com tédio ou com doldrums, anime-se, EXISTE algo de novo sob o sol. Comecei a nova estação com as mulheres como tema. Amo Helen Parker, e ela me ama, na medida em que parcos esforços podem compreender os três dias passados com ela em Provincetown. Muitos de meus medos e imaginações e farrapos de crueldade caíram depois da primeira noite que passei com ela, quando entendemos que queríamos um ao outro e começamos um relacionamento, com todas as limitações de Eros e da memória e os quase impossíveis problemas de transporte.

Ela é fantástica, de todas as maneiras possíveis – enfim, uma bela e inteligente mulher que passou por tudo e carrega as cicatrizes de todos os tipos de conhecimentos e ainda assim luta com a serpente, conhecendo muito bem a solidão de ser abandonada com o fruto do conhecimento, a serpente e nada mais. Conversamos muito, e a divirto bastante com meus melhores maneirismos húngaros, e represento Levinsky no carrinho de brinquedo, ou o louco descolado com vibrações cósmicas, e então, ó, maravilha, sou eu mesmo e conversamos em um tom sério e intimista sem ironia sobre todos os tipos de assuntos, dos mais obscuros e metafísicos num grande espectro até o eu natural; e então transamos, e sou todo homem e cheio de amor, e então fumamos e falamos mais, e dormimos, e levantamos e comemos etc.

Nos primeiros dias depois que perdi meu cabaço – todo mundo se sente assim? vaguei por aí no estupor mais benigno e cortês, maravilhado com a perfeição da natureza; senti a leveza e o alívio do conhecimento de que todos os muros enlouquecedores do paraíso haviam ruído, e que meus antigos e dolorosos corredores haviam sido transpassados, e que toda a minha veadice era um acampamento, desnecessária, mórbida, desprovida de completude e de amor compartilhado como se fosse má como a impotência ou o celibato, o que de fato era, afinal de contas. E as fantasias que comecei a ter sobre todos os tipos de garotas, pela primeira vez com liberdade, e com o conhecimento de que são realizáveis.

Ah, Jack, sempre disse que um dia seria um grande amante. E sou, enfim sou. Minha dama é tão excelente, sem comparação. E como ela me resistiria? Sou velho, cheio de amor, e quando excitado sou um verdadeiro touro de ternura; não tenho orgulho no coração, e sei tudo sobre todos os mundos, sou poético, sou antipoético, sou um líder trabalhista, sou um louco, sou um homem, sou homem, tenho um pau. E não tenho ilusões, e como um virgem as tenho todas, sou sábio, sou simples. E ela, ela é uma grande mulher com um rosto bonito e um corpo perfeito e belo a quem todos na vizinhança chamam de puta. Ela é muito inteligente e nunca me faz estremecer. Ela não quer guerra, quer amor.

Ao que tudo indica, tenho precedentes muito respeitáveis – ela foi noiva de Dos Passos por um ano, ele a levou com os filhos para Cuba, onde ela almoçou com Hemingway. Ela conhece todos os tipos literários. Ela também foi noiva por um tempo e ajudou a parir *Mister Roberts* com Thomas Heggen; mais tarde ele se matou. (he-he!) Mas nenhum deles, diz ela, se compara a mim. É para isso que serve uma mulher, para fazer você se sentir bem, e vice-versa.

E então os filhos dela, o par de meninos ruivos foguinhos (de 5 e 10 anos) mais surpreendentes, angelicais e sábios que já vi. Precisam de um pai, que, pena (essa é a cruz dos problemas práticos), sei que não posso ser, por razões financeiras e outras razões infelizes, tais como não querer ficar preso nessa situação. Então falamos sobre isso também.

Estou em Paterson – ainda trabalho, então não posso vê-la seguido, por mais que me doa. Ela sugeriu que eu morasse com ela em Cape Cod, com ela trabalhando, eu ficando em casa cuidando das crianças e escrevendo, mas não consigo me ver nessa situação, já que ainda vou ao médico e quero estar numa posição em que eu tenha alguma estabilidade financeira (embora no momento esteja muito mal de dinheiro). E então ir para Key West no inverno, se eu quiser. Ui, tanta alegria!

Hal Chase com certeza escolheu para si uma garota doida e fria.

Diga a Joan [Burroughs] que minha linda donzela a princípio me lembrou dela, e que muito de seu estilo pessoal inato é semelhante. Você também precisa me repassar os comentários aborrecidos e céticos que Bill fizer.

Só queria que você estivesse aqui para conversarmos. Lucien é muito voltado para si mesmo – me deu umas batidinhas nas costas tirando um sarro, e continuou me pagando drinques às quatro da manhã, na noite em que voltei, enquanto fazia perguntas ora lascivas ora práticas e dizendo que não acreditava em nada do que eu estava falando.

Por deus, me viraram a canoa com uma pá!

Neal voltou duas semanas atrás, o carro dele estragou no Texas, então ele voltou de avião. Ele e Diana [Hansen] estão enfrentando problemas um com o outro, em parte devido a questões práticas – nesta altura ele já está meio ranzinza e malvado, e ela chora; ele também treme muito e está nervoso. Eu também estaria na mesma situação. Ele nunca deveria ter permitido que ela tivesse um bebê – eles estavam bem até que ela começou a tentar capturá-lo com autoridade e ritual, e o bebê foi ou se tornou uma espécie de armadilha, que ele deixou passar de forma um pouco ambígua; agora é um casamento, e eles estiveram em Newark outro dia (com [John Clellon] Holmes e [Alan] Harrington) para pegar um atestado. Agora ele está parado, perdeu o emprego, recebeu um chamado da ferrovia de São Francisco, e está voltando ao oeste daqui uns dias. Ele promete escrever, economizar uma grana, e voltar quando for demitido; mas ela, aquela bobinha, está começando a ver que está presa com o fruto de sua luxúria gananciosa por ele; e no fim das contas acredito que ela se fodeu, e ferrou a ele também, de alguma forma, ao perturbar o equilíbrio que tinham antes. Ela sabia onde estava se metendo, mas não era só amor levado a sério, era uma certa insistência melodramática engendrada pelos ciúmes e pela vaidade, que a fez presumir que havia sido bem-sucedida em "consertá-lo".

Nunca o vi tão detalhado e rico em suas descrições do México, dos cristais de quartzo, e do mambo naquela cidadezinha.

Helen, queria contar a você, conhece todo mundo – Cannastras, Landesmans, até mesmo os tipos descolados e trotskistas como aquela víbora barbada, Stanley Gould de San Remo. (Conhece?) Vi ele outro dia em Minetta [Tavern], e ele estava magro e encolhido pela heroína; é um descolado perdido, que não sabe o que está perdendo, cheio de desespero descolado e um orgulho terrível. Fiquei abalado – não o vi por seis meses, e depois o encontrei nos primeiros passos em direção ao inferno, se é que podemos chamar assim, já que ele está se degenerando em dissipação como um mero substituto para o cara inteligente e ativo que ele é, foi o que eu disse a ele, em tom de advertência, "Você precisa comer mais. Cuide da saúde, é a única coisa que você tem". E ele sorriu para mim, meio louco, e disse "Claro, cara, tem algo aí para mim?" no tom mais íntimo e víbora que já ouvi desde que Huncke se foi para virar um vaqueiro.

Como está seu romance? Vou dar minha cópia de *CP&CG* [*Cidade pequena, cidade grande*] para Helen ler. Sou pobre, não escrevo. Sigo temeroso pela permanência desse triste vazio de criação.

Recebi sua carta e a li como se fosse uma ópera sobre Que-porra-é-essa, a pior de todas. Me escreva, faça um plano para mim.

  Amor,
   Allen

Diga a Bill que ele descreveu meu medo de maneira bastante precisa e levou muito tempo até que eu o superasse; mas também era um medo de ter que apostar todas as fichas no número errado em termos sexuais e espirituais; tive medo quando descobri que as tinha colocado no lugar errado, embora a corrida não tivesse acabado ainda; e a minha aposta não tinha consequência para ninguém a não ser eu mesmo – que responsabilidade! Ainda assim!

1952

Nota dos editores: *No final de 1950, Jack Kerouac casara-se com Joan Haverty, a quem havia conhecido poucas semanas antes. Enquanto viveram juntos, Jack pôs num longo pergaminho uma versão do romance em que estava trabalhando havia vários anos, e que viria a se tornar* On the Road. *Quando Joan engravidou, o casal separou-se. Jan Kerouac nasceu em fevereiro de 1952. Durante este período, Ginsberg continuou morando em Paterson e fazendo bicos enquanto escrevia poesia. Ele e Jack passaram a se encontrar com mais frequência e deixaram de enviar tantas cartas. A correspondência foi retomada em 1952, no momento em que Kerouac visitava Neal Cassady em São Francisco e William Burroughs aguardava julgamento no México, após ter atirado por acidente em sua esposa, Joan, em um trágico incidente ocorrido em setembro do ano anterior.*

Allen Ginsberg [Paterson, Nova Jersey] para Jack Kerouac e Neal Cassady [São Francisco, Califórnia]

c. fevereiro de 1952

Caros Jack: e Neal:
    Estou tão cheio de delírios hoje! Sua carta chegou, e noite passada abri uma carta esquisita do Hotel Weston em Nova York, e eu não conseguia entender de quem era. Então lembrei que na outra semana eu escrevera uma louca carta mentirosa para W.C. Williams (mencionando você) e enviando uns poemas esquisitos para ele. E a carta dele (copio-a por inteiro em função da doçura) dizia:

"Caro Allen:
    Maravilhoso! Você realmente vai ser o *centro* do meu novo poema – o qual vou descrever a você: a continuação de *Paterson*. (Com muito orgulho levarei a você *Paterson IV*.)
    Nele utilizarei sua "Metafísica" como epígrafe do poema (da mesma forma que uns merdas usam uma citação de algum grego desesperado, em grego, para iniciarem poemas).
    Quantos poemas como estes você tem? Você *precisa* publicar um livro. Vou fazer o que eu puder para que você consiga. Não jogue nada fora. Eles já são um livro.
    Estou em NY durante as férias de inverno. Volto para casa no domingo. No próximo fim de semana vamos fazer alguma coisa. Entro em contato com seu pai.
    Todo seu,
    Devotadamente,
    Bill"

Abri a carta e disse alto "Deus!". Os poemas a que ele está se referindo (ele também se refere a um pedido antigo meu de levá-lo até a Paterson da Rua River como um adendo a seu poema, depois meu pai escreveu a ele convidando-o para vir aqui, e ele aceitou, e me enviou um bilhete dizendo que gostaria de ver a área da minha Rua Encapuzada) são um grupo de rascunhos curtos e bem ruins que retirei dos meus diários e arranjei como poemas, do tipo que eu conseguiria escrever uns dez por dia, tais como:

Metafísica
Este é o único
firmamento; e portanto
este é o mundo absoluto;
não há outro mundo.
Estou vivendo na Eternidade:
Os costumes deste mundo
são os costumes do Céu.

e

Longa Vida à Teia de Aranha
As palavras de sete anos desperdiçadas
esperando na teia de aranha,
    sete anos
de pensamentos ouvindo o hospedeiro,
    sete anos perdidos
de senciência nomeando as imagens,
estreitando o nome
até nada,
    sete anos
de medos numa teia de medidas ancestrais,
as palavras mortas
moscas, uma multidão
de fantasmas.
A aranha morta.

e [sete outros poemas...]

    Agora, vocês entendem, seus velhos ossudos, sim, vocês dois, o que tudo isso significa? Posso publicar um livro se quiser! New Directions (acho). Ahn? Vocês além disso percebem que podemos publicar *todos* os livros (só eu, você e Neal) (não conte a Lamantia,[1] ele é polido demais). E o que temos que fazer: tenho um novo método de Poesia. Tudo que precisam fazer é olhar os seus cadernos (foi de lá que

---
1. Philip Lamantia foi um dos poetas que fez declamações no famoso recital da Sexta Galeria em 1955.

tirei esses poemas) ou deitar num sofá, e pensar em qualquer coisa que venha em suas mentes, especialmente nas misérias, os sofrimentos, os pensamentos noturnos de quando não se consegue dormir uma hora antes de dormir – é só levantar e escrever. Então os arranjem em linhas de 2, 3 ou 4 palavras, não se preocupem com sentenças, em sessões de 2, 3 ou 4 linhas. Logo teremos uma enorme antologia de Diversões Americanas e Canções Mentais. O Museu Espiritual Americano. Uma deslumbrante galeria de Dispositivos Descolados Americanos, como:

> Hoje fiz 32.
> O quê! Já?
> O que rolou com minha esposa?
> A martei.
> O que rolou com minha planta?
> A furmei.
> O que rolou com as crianças?
> As cormi na janta
> semana passada.
> O que rolou com meu carro?
> Barti ele num poste telefônico.
> O que rolou com minha carreira?
> Se foi pelo ralo, se foi pelo ralo.

Ok, basta disso.

Não consigo entender sua carta! Quem a assinou? Quem me chamou de querido? Vocês não têm mais nomes?

Dinheiro para os selos, eu, o pobre, envio para vocês. O que aconteceu quando minha poesia foi recitada? Alguém chorou? Me mandem Peotl [peiote]. Digam a Lamantia que preciso de Peotl para meu mugido metafísico. Bom! Vocês escreveram para Bill [Burroughs]. Vou dar ao Ruivo outra grande distração. Ainda não vi John H [Clellon Holmes]. Mas ele vai aparecer.

NEGÓCIOS!!!!!

Sacaram? Carl [Solomon] enviou o contrato. Um contrato bem ruim (o quê? não é um milhão?) mas está tudo bem.[2] Termine logo seu livro, para que você não tenha que esperar até 1954 para descolar mais uma graninha. Gene [Eugene Brooks] enviou o contrato para você. Está vendo, garoto? Eles vão publicar Alan Ansen[3], mas não vão dar a ele nenhum adiantamento. Carl também pediu a um amigo meu formado em francês para traduzir o *Journal du Voleur* de Genet. Carl também está fazendo com que o livro de Bill [Burroughs] seja publicado em formato brochura

---

2. Solomon, trabalhando na Ace Books para seu tio, A. A. Wyn, fechou um contrato com Kerouac para *On the Road*, oferecendo mil dólares a ele em adiantamento, mas Kerouac nunca assinou.

3. Alan Ansen foi um amigo e poeta, e durante um período trabalhou como secretário de W. H. Auden.

na Wyn. Isto é bom, significa dinheiro, e a posteridade terá a última palavra, Como se fosse a New Directions. Mas eu me encarrego da New Directions.

Sim, Jack, *On the Road* vai ser o Principal Romance Americano. Vamos longe. A prosa da carta estava ótima. A Califórnia e Neal são ótimos para você. E aquela amante que encontraríamos para Neal para que ele seguisse escrevendo? Se eu fizesse uma visita ele escreveria? Não, acho que ele só ia me incomodar até não poder mais. Mas sério, estou me sentindo muito bem – há uma enorme nevasca vinda do leste na minha porta em Paterson.

E sim, adicione, mais e mais. Termine o romance de uma vez. Estaremos todos na crista da onda. Falando em piscadelas, acho que o seu romance é o primeiro romance moderno.

Ah, e Lucien, ele acabou de se casar, isso é tudo o que há de errado com ele além do fato de ser um melancólico congênito. De qualquer jeito, amo o Lucien.

O que podemos fazer de Hal [Chase]? Ninguém nem sabe onde ele mora? Como podemos entrar em contato com ele? Diga-me em detalhes – ou faça com que [Al] Hinkle me escreva em detalhes e assim por diante. Vou escrever uma enorme carta louca e enviar a ele; ele não vai saber o que pensar, e então talvez responda. Não está doente, está só se exibindo. A primeira coisa que o Bondoso Rei Mente precisa fazer é tingir o cabelo dourado de verde.

Sério, essa carta é boba.

Poemas bonitos sobre Melville e Whitman. Enviei a Van Doren as notas sobre Melville que nós dois datilografamos. Não falei com ele desde então.

Meu jovem amigo Gregory Corso[4] se foi para a costa oeste, não o vi antes de ir-se, mas você talvez o encontre. Dois anos atrás ele costumava assistir Dusty [Moreland] se despir pela janela de um quarto do outro lado da rua. Apresentei os dois. Ele estava apaixonado por ela. Ele também é um poeta. Mas Dusty, você não vai se casar comigo também? perguntei a ela. O que posso fazer para isso acontecer? Vou entregar o seu pedido a ela também. Talvez ela case com nós três. Imagine só que festa de casamento não seria.

Você precisa se encontrar com [William Carlos] Williams, ele gosta da gente, estou entregando a ele seus livros e mostrando a ele suas cartas. Ele é velho, e não é descolado como nós, mas é a própria inocência e se apresenta exatamente assim.

Sua abstração é superior. Exceto pelos tons pastéis. Aliás, instantes depois de olhar sabia que era seu. É como uma assinatura.

Tenho ido para cama com todas as garotas que vivem ao redor de Colúmbia, digo, que são de Barnard. Passei por uma grande transformação na direção da passividade. Não sei quando aconteceu, mas não faço mais amor, só deito e deixo me chuparem. (Apesar de que isso não vai funcionar com a Dusty – nunca mais vou transar com ela). Envie sua baleia de uma cadela e verei se consigo publicar, ou a envio para Carl e ele vai conferir em tudo quanto é canto, estou ficando metido demais para ainda fazer isso de graça (exceto para recalcitrantes completos como Neal, que não sabem o que estão perdendo por não peidar em público).

---

4. Gregory Corso se tornou um dos principais poetas da geração beat.

O único homem vivo que escreve como nós é Faulkner. *Soldier's Pay*, um livro de bolso que custa 25 centavos de dólar.

Não li sobre Moby Dick, envie recortes. Tenho enormes fotos amadoras do casamento de Lucien [em janeiro de 1952]. Não, vou embarcar em um navio da NMU [National Maritime Union] assim que me encontrar com Williams, como lavador de pratos num navio de passageiros, e depois de um mês vou ser oficial. Depois quero voltar e ser ANALISADO. Sim! Faça o Neal me escrever com um gravador, e depois você transcreve.

Oquéco Adler, 12?[5] Quem é Ed. Roberts?
    fui,
        Allen

Jack Kerouac [São Francisco, Califórnia] para Allen Ginsberg [n.d. Paterson, Nova Jersey?]

c. fevereiro de 1952

Caro Allen:

Williams está certo: o impulso original da mente está na "semente de prosa" ou primeira versão crua de um poema, a "ode formal" é um traje sem graça cobrindo o grandioso e excitante corpo nu da realidade etc. Acho estes seus poemas aqui ótimos mas (também) acho que seus poemas de pensão sobre baratas na porta e o envelhecer no chão são tão bons quanto mas principalmente isto é a – estou tentando falar rápido e a sério sobre seu trabalho... mas, sem pressa. A cabeça da morte Dusty é um poeminha ótimo: "O pôr do sol é melhor deste jeito, porque o aço é nu como pensamentos nus espontâneos mas minerados da escuridão da mente". De fato o "sangue" (lembra) que mais tarde você inseriu, provavelmente pela carnalidade, – não é algo que está "faltando" neste poema mas é a semente de outro poema sobre aços no pôr do sol. Acredito nisto e conheço minha mente no que diz respeito a isso. Lembra Van Doren falando sobre Shakespeare enforcado sobre o abismo, ou que ele era um balão flutuando sobre ele? Gosto de "finalidades imaginadas" na eternidade. (Diga, por que você não comentou sobre meu grande anjo de tinta com o poema?) Sua Metafísica é digna da citação de Williams e por Deus ele deve ser um grande homem não só por "fazer isso por você", mas por ser tão inteligente ao usar linhas puras como estas como o cabeçalho do próximo grande épico extenso *Paterson* sobre o fluir da velhice na direção da eternidade... Dostoiévski foi o mais selvagem escritor do mundo aos 57 anos de idade; nós somos delinquentes juvenis. A "Vida Longa à Teia de Aranha" é espontânea do modo que foi apresentada ou foi retrabalhada?

Escute, te amo, e você já sabia disso, não sabia? – ainda você – foda-se Lucien, ele é meu – ele não responde, ele me pisoteou mas não sei por que e especialmente

---
5. O Adler Place era um bar popular em North Beach, São Francisco.

os tempos com todos estes sadismos sem sentido. Mas por que digo isso? numa carta de menções críticas. "Negros escalando por aí" é um exemplo supremo de sua engraçada visão de mundo – e também procurando por aquela privada – como se você estivesse exclamando hm enquanto perpassava corredores de teia de aranha em calças compridas pretas, coçando o queixo, entre anéis de ferro, cobertos com o pó de grandes lágrimas na cortina preta de aluguel de algum céu além de tudo... inferno, negros escalando por aí é como um lugar onde aqueles garotos nadam lá nos velhos moinhos. É também como uma visão de um ano dos negros curtindo NY a partir de um ponto elevado no Harlem falando num parque. Diga, eu tenho uma linha que se foi – um poema também: mas esqueça. ("Paranoia com relação a um acidente de carros." (diga isso em voz alta). O Estremecer do Véu é a própria perfeição; me faz lembrar de um poema que escrevi, *Richmond Hill*:

> Um monte de folhas amareladas de novembro
> Numa de outra forma desnuda
> E humildemente castrada árvore
> Fazem um pequeno manso PLIC
> Ao roçar umas nas outras
> Se preparando para morrer –
> Quando vejo uma folha cair
> Sempre digo tchau.*

[cinco linhas riscadas aqui, ao lado delas escrito "fajuto"]

>   *
> ...A área respira e quer
> dizer algo
> inteligível a mim.

Não mostre esta anotação para Williams, ele vai saber que a escrevi apenas para que ele a visse. Os braços das árvores se curvando juntas quando o vento as empurra. É como Whitman pela surpresa e suspense e como os caules de flor cheios de orvalho e todos os seus milagres favoritos de poesia de Alice no País das Maravilhas. Veja, o único valor da sua mente é a espontaneidade, não há outro. Pensamento bem considerado é para generais existenciais que amam as batalhas e para elevados Spenglerianos tardios, todos bordados em esquadrões de burocracia e caras [?] e cornos mansos em coquetéis blá provincianos. Por favor atenção a minhas últimas linhas em *On the Road*, John tem – cada vez que eu o elogio por uma linha tenho que pensar em uma minha para obter em troca um elogio de você, mas seja como for, não saia por aí pensando que não sou o velho rapaz ainda com essas merdas jogadas na página, que primeiro o impôs um fardo e atirou *crinnicks* no seu cabelo, quando o – olha só isso: "...à noite ele começou a voltar, rumo ao Norte, saindo de Insurgentes pelo mesmo caminho pelo qual a gente tinha chegado, o Ferrocarril Mexicano assombrando as calotas esquerdas, no escuro, pelas planícies bíblicas sagradas que ao primeiro raiar das estrelas os homens sábios fizeram. Ao longe em meio aos cáctus orvalhados o coiote uivou a aveia com um longo sorriso canino, um saco robusto pendurado num prego, um ícone cintilou na árvore, as trepadeiras do arrependimento levadas na correnteza. Debruçado sobre o volante como um maníaco (isto é, Neal, dirigindo de volta para NY), sem camisa, sem chapéu, com a lua zombando por detrás do ombro, o ápice da noite retrocedendo em um manto ligeiro, ele desenrolou o palavreado ao arranhar a porta nos solavancos e [?] da noite. Será que ele viu alguma luz?" (capítulo final de *On the Road*, no qual apreciamos Neal (Crafeen) como um tradicional herói irlandês). Também, eu acrescento, comentando sobre as fotos onde aparece bonito, e como os filhos dele vão olhar para elas. Nossos, seus filhos vão olhar (para estas fotografias) e dizer "Meu pai era um jovem sarado nos anos 50, ele trotava na rua bonito como ninguém e mesmo considerando todos os problemas ele tem aquela força e determinação irlandesas – ah caixão comes velha força na ceia deles, e expeliu vermes?" (ou "passou vermes", como fica melhor?)* Como podem as crianças trágicas dizer o que os pais mataram, no que se deleitaram e o que se deleitou neles e os matou fazendo com que eclodissem como sementes vegetais num cofre... pobre esterco, o homem," Mas chega de citações, você não vai gostar delas nestas cartinhas mal-acabadas, é melhor que as veja numa grande página manuscrita. Se conseguir pergunte a Williams o que ele pensa dessa prosa.

    Por favor escreva seguido; junte-se aos OCM! [Sindicato dos Oficiais e Cozinheiros da Marinha] –
    Jack

    * cagar vermes?

    P.S. Ainda não escrevi para Bill [Burroughs] – não quero que a esposa de Kells [Elvins] saiba meu endereço.

Allen Ginsberg [Nova York, Nova York] para Neal Cassady e Jack Kerouac [n.d., São Francisco, Califórnia?]

Nova York
10 da noite, quinta-feira, 15 de fevereiro de 52

Caros Neal e Jack:
    Estou morando na mesma casa que vocês viram na Rua 15, Jack, mas agora no andar de cima, no sótão. Na noite passada fechei meus olhos para dormir (meio dormido) e pensando sobre o aniversário de Neal, o que me levou a pensar no meu próprio aniversário daqui a seis meses – vou fazer 26 anos, como Neal. Tem me ocorrido muitas vezes que os anos agora parecem mais curtos, que

passam mais rápido. Aos 26 temos quase 30 na verdade, e acordei com um grande baque de consciência no meu coração, meus olhos se abriram de repente e vi o tempo voando como um pássaro enorme. Estamos chegando na idade em que temos maior poder, no nosso ápice. Sinto-me mais velho e mais lúcido do que jamais me senti – apesar de ao mesmo tempo mais irrevogavelmente isolado no vasto sonho de mundo. Na verdade não vejo muito futuro, já que a essa altura eu já deveria estar mais *conectado* com as coisas externas, como $ e a sociedade. O que quer que eu tenha querido ser, ainda não sou. Não sou nenhuma das muitas coisas que quis ser – e talvez nunca seja. Cada vez eu abro mais os olhos.

Vou contar a você de Nova York. Claude [Lucien Carr] se casou numa festa enorme – mas chega de detalhes sociais. Agora ele e C. [Cessa] moram bem perto da loja de Jerry [Newman] – bebem e jogam coisas um no outro, como sempre, só um pouco diferente porque Claude agora pensa que precisa sempre fazer as pazes de alguma forma. Vejo-o todas as semanas. Ele diz "Por que o Jack foi embora antes do casamento sem nem dizer tchau". E eu digo "Ele achou que você o estava rejeitando". E ele diz "Bem, ele entendeu bem então". Mas me perguntou várias vezes por que você não estava lá, e o que você acha? Ele é o mesmo. Ele gosta do sogro, o velho Von Harz que um dia estava de pé atrás de seu balcão umas portas abaixo do velho apartamento de Dusty, num dia de neve, olhando a rua. Claude desceu a rua e jogou uma bola de neve nele, "bem na xoxota". O velho Van Harz disse "Você com certeza está bem animado, mas podia ter quebrado a janela". Claude então explica que o próprio Von Harz a quebrou uma semana antes, de raiva, puxando e empurrando impaciente porque estava emperrada.

Burroughs tem escrito. Ele está muito solitário – escreva para ele, aos cuidados de Kells, no Clube Turf, México DF. Seu garoto [Lewis] Marker o abandonou por um tempo para fazer uma visita à Flórida, e vai se juntar a ele no Equador uma semana dessas. Tenho ligado para Laughlin[6] mas ainda não consegui falar com ele. Ainda em relação (aparentemente séria) a Bill, ele diz: "Enquanto isso as coisas parecem meio mortas por aqui. Muitas outras pessoas de quem eu gosto partiram mais ou menos ao mesmo tempo. Quero resolver esse caso e me mandar". Os filhos ficaram aos cuidados dos respectivos avós. Ainda não tive notícias de Hal [Chase].

Vi [Bill] Garver[7] (já o viu desde então, Jack?) e ele disse que Phill White se matou nas Tumbas[8] porque estava envolvido em três ocorrências, e tentou escapar delatando um velho junkie que não vendia para prostitutas e garotos, mas só para criminosos respeitáveis. Por causa disso, conseguiu se safar de duas das ocorrências. A última delas (não ligada a narcóticos) ainda pesava sobre ele, e poderia levá-lo para a Ilha de Rikers. Então ele se enforcou nas Tumbas. Como num filme trágico. Garver disse "Nunca pensei que ele tinha tanto caráter. Mas o que mais ele poderia fazer? Ele não tinha mais chance como junkie em NY". E Burroughs disse (numa carta de 19 de janeiro) "Ele era muito puritano e irre-

---

6. James Laughlin era o proprietário e editor da New Directions Books.

7. Bill Garver era um ladrão de pouca monta e traficante amigo de Burroughs.

8. A Casa de Detenção no sul de Manhattan era conhecida como "As Tumbas".

dutível quanto a delatores. Ele costumava dizer 'não entendo como um delator consegue viver com o que fez.' E acho que Phil não conseguiu mesmo. Mas ainda assim não mudo minha opinião com relação a ele."

Dusty voltou e agora tem um apartamento ainda maior com mamãe envergonhada e assustada na Rua Barrow, 19 – no mesmo lugar onde Henri Cru[9] costumava morar, logo depois da esquina do Bar do Louis. Sonho em casar com ela, mas não tenho força ou dinheiro, não nos amamos. Agora somos grandes amigos cansados – falamos muito, dormimos de vez em quando, mas nunca transamos. Estou ficando cansado do sexo. O que me lembra de uma cantiga que eu sabia uma vez:

> Certa vez havia um homem do prado
> Que cortou o pau com um machado,
> E disse "e era isso, se acabou,
> Mas o cachorrinho é que vingou
> Pega, totó! Achado não é roubado!"

A melhor linha é a terceira. Lembra-me uma piada que uma vez contei a você. Carl S. [Solomon] e eu estávamos conversando com um Subterrâneo no seu velho apartamento na Rua 17. Ele era um jovem que zanzava pelo Village que eu tinha encontrado brevemente vários anos antes – alto, magro, ossudo, pálido e branquela, com (até onde consigo lembrar) cabelo preto. Tinha a reputação de ser um sujeito dos mais inteligentes, um apocalíptico e um poeta. Falou muito pouco, não era esquivo, só muito quieto e demasiado descolado para falar. Então Carl e eu embarcamos numa conspiração de conversação – contamos piadas bobas, recitamos cantigas, piadas sujas – como velhos vizinhos fazem, relaxados e tolos (inclusive cantamos a cantiga acima). De repente John Hoffman[10] (o subterrâneo, cujo nome e destino final você conhece) começou a contar uma piada, numa voz muito controlada e grave – ele tinha uma voz solene e lúgubre, muito profunda e vagarosa.

"Tinha este cara que matou sua mãe – para ganhar o seguro. Eles moravam numa velha casa em Frisco e ele não se dava bem com ela. Ele queria ganhar o seguro de vida dela para que não precisasse trabalhar por um tempo. Mas ele bateu na cabeça dela com um machado e repentinamente percebeu que se tentasse sacar o seguro dela, ia acabar com uma acusação de assassinato, isso sim. Então ele decidiu não se preocupar e acabou o trabalho cortando cuidadosamente toda a sua anatomia; e cada noite ele pegava uma perna, ou um ombro, colocava num saco de papel, e carregava até o lixão da cidade. Então ele se livrou dessa senhora pedaço por pedaço, até que na última noite ele voltou a respirar aliviado. Estava caminhando a rua na direção do lixão e tinha nesse saco de papelão o coração,

---

9. Henri Cru foi colega e amigo de Kerouac na Horace Mann e apareceu como Remi Boncoeur em *On the Road*.

10. John Hoffman foi um poeta que morreu no México em 1952, aos 24 anos de idade.

a última parte do cadáver da mulher. No momento em que cruzou a rua, ele escorregou no meio fio e caiu bem em cima do saco, esmagando-o. Ele quase perdeu a compostura, mas se levantou xingando, quando repentinamente ouviu uma triste voz assustada, 'Meu filho, machuquei você?'."

Lembro-me de como essa história me chocou, parecia vinda de um apresentador maníaco, mas foi contada naquela voz solene e desumana. Isso é a coisa mais profunda que me lembro de Hoffman.

Vejo que você está curtindo Lamantia, que é um sujeito muito interessante. Neal, eu recordo, o conheceu (e possivelmente H. [John Hoffman]) anos atrás na casa de Solomon. Passe a ele minhas considerações, estou contente por vocês terem se conhecido. É claro que ele é legal – mas eu já te contei como, no longo espaço de tempo morto quando Jack estava longe, e Claude estava lá em cima no rio, e eu não havia conhecido Neal ainda, eu costumava frequentar a biblioteca de arte em Colúmbia, num amor pós-Rimbaud, e lia revistas surrealistas. Bem, fiquei muito surpreso um dia, quando na *VVV*[11] (3 V's) um transplante nova-iorquino do estilo, uma revista como a *View*, me deparei com poemas de um Lamantia de treze anos de idade (1945-4) – e até mesmo me lembro de tê-lo invejado e admirado. Até mesmo lembro duas linhas de um poema sem sentido

no fundo do Lago
no fundo do Lago

uma espécie de refrão. Meio que segui sua carreira, e acabei o conhecendo em NY uns dois anos atrás com grande alegria por ver o círculo se ampliar. Agora você o tem por perto.

Me envie um pouco de peiote. Quem mais você conhece? Que tal curtir o Henry Miller?

Carl está sério sobre o manuscrito de Neal. Neal, mãos à obra, cordeirinho querido. Ele vai dar dinheiro a você e você é um grande homem.

Como sinto falta de vocês dois, e queria estar aí com vocês de forma que pudéssemos compartilhar nossos corações mais uma vez. Sei que sou uma pessoa difícil e orgulhosa. Já insultei Jack antes dele ir embora, e senti muitas dores de tristeza por isso, é isso que quis dizer no telegrama. Só espero que vocês dois não estejam rindo nem zombando de mim enquanto estou aqui longe do calor de vocês. Escrevam-me, penso em vocês o tempo todo e não tenho ninguém com quem falar, já que somente nós conseguimos falar.

Tenho lido um monte de coisas – Balzac (*Goriot* e *Um grande homem da província*), Herman Hesse, os grandes diários de Kafka, o *Réquiem* e *Paga de soldado* de Faulkner, *Quarto enorme* de cummings, a autobiografia de W. C. Williams, a poesia de R. Lowell, o *Werther* de Goethe, *A serpente emplumada*, *Judas, o Obscuro* de Hardy; os romances desconhecidos de Gogol; *A Cartuxa* de Stendhal, os ensaios de Ansen sobre Auden; o livro de Holmes, *O milagre da*

---

11. *VVV* era uma revista de escritos surrealistas, publicada de 1942 a 1944.

rosa de Genet etc. Genet é o mais belo de todos. É também um grande poeta, estou traduzindo um poema chamado "Le Condamne a Mort" ("O Condenado à Morte") – Maurice Pilorge, seu amante, dizem – um poema longo – 65 enormes Doldrums de Dakar – estrofes pornográficas de amor – grandes como o "Bateau Ivre." Aguardando na cela, ele diz –

1. "*Ne chante pas ce soir les 'Costeauds de La Lune'*"
(Não me cantes os "Capôs da Lua" esta noite.)
2. *Gamin d'or sois piutot princesse d'un tour*
(Garoto dourado, vá ser uma Princesa numa torre)
3. *Revant melancholique a notre pauvre amour*
(Com um sonho melancólico de nosso pobre amor)
4. *ou sois le mousse blonde qui veille a la grand' hune*
(ou seja o loiro garoto da cabina no alto do mastro)
(como o sonho de Melville)

A estrofe anterior diz

Dis moi quel malheur fou fait eclater ton oeil
D'un desespir si haut...

Me diga, que louca infelicidade fez seu olho brilhar com desespero tão intenso... etc.

Bem, aqui há muita poesia dourada-obscena – não tenho tempo de escrevê-la, mas é tipo

"*Enfant d'honneur si beau / corrone / de lilas!*"
[...]

O romance de John Holmes [*Go*] não é bom, acho eu. Fiquei chocado quando vi que ideia ele fazia de mim. Mas talvez eu esteja sendo muito parcial. John Hall Wheelock, o editor dele, diz que a concepção de Holmes é a de um poeta verdadeiro, e que os poemas (imitações dos meus) são profunda poesia mística. Puto! Puto! Puto! Como o velho Bull diria; ou que maravilha essa Roda do Mundo, como ela gira! Mas afirmo: Wheelock é um idiota, e Holmes porque ele fala bem e trata a si mesmo mal no livro, tão mal como trata eu ou você, não é tão idiota assim.

Mesmo assim, Marian e John [Holmes] se separaram mesmo. Ele vive em outro canto agora. Fui lá visitar, mas ele não estava, e não soube mais nada desde então. Aguardo os desenvolvimentos.

Tenho passado os finais de semana na casa de Alan Ansen (você e Neal passem lá e digam alô, belezura) – agora sou o agente dele. Ele também está escrevendo um romance literário estranho, mas muito triste, sobre um fantasma de uma festa no Cannastra. Talvez eu consiga os ensaios de Auden em livro por meio dele e o editor de Mardeau [Alene Lee] (Goreham Munson, um bobão dos velhos tempos provincianos). Ansen envia cumprimentos a Al Hinkle. Eu também: agradeça a eles pelo bonito cartão de Natal que me enviaram.

Adoro o grupo novo de Subterrâneos – mostrei um deles para Jack: Bill Keck, a conexão de peiote em NY. Veja com Lamantia se o conhece (e Anton [Rosenberg], Norrie, e Stanley Gould, é claro) e vou ver com Peter Van Meter, e talvez eu vá morar com ele enquanto espero por um navio.

Registrei-me no dia 7 de janeiro com a UMN [União Marítima Nacional], tenho um cartão de bordo como secretário, mas tenho ido até lá e nenhum trabalho de secretário tem aparecido. E era isso, fora a leitura, escrita e socialização que tenho feito. Vou até lá todos os dias das 10 da manhã até as 3 da tarde. Meu tempo de registro está acabando, e não sei *o que* farei, fora ficar por ali e uma hora embarcar num navio, como eu gostaria que ocorresse. Não sei o que você faria, Jack, caso viesse para a costa leste. Norfolk, talvez, mas quem sabe o que está acontecendo por lá? Há muito poucos secretários da marinha em NY, mas ainda assim não há trabalho.

Com relação a Wyn, Jack, a coisa toda será facilmente resolvida se você: 1. Escrever para A. A. Wyn (Jollson) um bilhete de dois parágrafos, dizendo que você está trabalhando no romance e que tem certeza de que uma primeira versão dela estará pronta em (____) você coloca a data, mas não uma data muito próxima, conceda a si mesmo pelo menos um ano para integrar suas anotações e ideias.

Diga a ele com o mínimo possível de palavras e da forma *menos* alarmante possível que você mudou seus planos ou seu método, enfoque, o que for, mas que gosta do que obteve como resultado.

E diga, é claro, que você sabe que ele terá a palavra final no que diz respeito à publicação, tenha isso em mente e se assegure de que você e ele estejam de acordo com relação ao manuscrito completo, e que você é claro está disposto a fazer revisões como ele sugerir, desde que compatíveis com suas próprias ideias de integridade da estrutura.

Com base nisso (sabendo que você pode precisar fazer algumas revisões reintegrativas, ou seja, ter que botar a mão na massa mais um pouquinho), diga a ele que o contrato como foi proposto pelo Carl está ok, e que o Carl sabe como você quer parcelar seu dinheiro. (Carl ainda não mostrou a ele a outra carta) – (e também Carl vai consultar Eugene [Brooks] sobre os detalhes legais – e era isso.) Vamos ver você se regozijar com a Bola de Deus. Envie a carta assim que possível, se você estiver de acordo, e assim você vai ter o contrato assinado e ok rapidinho e estará livre para fazer o que você quiser e terminar o livro.

Parece-me bom como está descrito na carta do Carl, dividido em seções daquele jeito – exatamente como o último livro de Faulkner. O que me passa pela cabeça é que você esteja tentando escapar (como eu sempre faço) do suor de integração e estruturação paciente com que você se escravizou no *Cidade pequena, cidade grande*. E, cá entre nós, é com isso que Carl está preocupado. Fora isso seu livro parece ok do jeito que está, se é do jeito que você o descreve.

Por favor, escreva também para Laughlin (New Directions) Sexta Av., 333, NY – um bilhetinho dizendo a ele o quanto você gosta do livro de Bill e o recomendando pela prosa e pelo grande valor de arquivo, e dizendo a ele que você está fora da cidade e que eu sou a conexão de Denison [Burroughs] aqui por agora. Escrevi a ele uma carta de seis páginas (para Laughlin) contando por que é um grande livro. Tenho uma versão revisada que Bill me enviou duas semanas atrás – agora mais suave, não tão esquisitamente reichiana. Grande livro. Se Laughlin não quiser, vamos barganhá-lo como uma brochura barata de 25 centavos dos livros Gold Medal ou Signet, exatamente como *Eu, mafioso*.

Quando e como vou poder ouvir seus discos? Aqui sentado minha alma sente falta de Neal e de você, Jack. Espero que meu navio passe em seu caminho por Frisco. Não quero ser jamais apagado da lembrança de vocês.

Amor,
Allen

Li isso de novo e me parece tão fraco e prático e detalhista que só vai entediar você, enquanto vejo suas nuvens vermelho-sangue da enchente a oeste e do Pacífico cavalgando por mim até aqui o Atlântico. Mande-me um sinal de fumaça da fábrica de nuvens.

Jack Kerouac [São Francisco, Califórnia] para Allen Ginsberg [Paterson, Nova Jersey]

25 de fevereiro de 1952

Caro Allen:

Seu último poema, sobre o pobre vaqueiro jovem no automóvel do Texas ["Um Gospel Louco"] é quase o melhor, talvez o melhor que você já escreveu e o próprio Neal achou isso hoje à noite então deixe-o como está, só troque "prótese" por "perna de pau", é mais ritmado e mais puro e original, e assim é um poema ótimo, um poema ótimo.

Acho que você deveria chamar sua coleção de poesias de *Don't Knowbody Laff Behind my America Hunchback* e use uma foto sua sentado naquele cano de esgoto do estranho encapuzado no Central Park Wilburg Pippin, lembra disso?

No mais, quando tiver um tempinho, diga a Carl [Solomon] que a foto para a capa de *On the Road* está com Pippin[12]. [...]

Vá até lá e tire sua própria foto de esgoto encapuzado. Eu quero minha foto de *On the Road* aquela com o cigarro; Sara Yokley[13] está com a única outra

---

12. Gene Pippin foi colega deles em Colúmbia.
13. Sara Yokley foi namorada de Kerouac.

cópia (e enquanto você estiver nessa empreitada, pegue também a foto de Neal na lareira com o dólar em cima do pau, lembra?)

Bill [Burroughs] acabou de escrever e está esperando por mim em Orizaba, 210 [Cidade do México]... o processo ainda está em andamento. Estou preparado para voar em breve. Depois que [Lewis] Marker se foi, ele voltou ao hábito "por saúde".

Aliás, NÃO diga a Bill que estou escrevendo um livro sobre ele porque ele pode ficar todo constrangido e desinteressante, e eu realmente quero fazer um croqui dele sem que ele saiba, saca?

Como chamarei este livro novo depois do *Road*?

Que tal *DOWN*?

Sim, seu último poema é supimpa extraordinário, nada de errado com o que quer que você tenha feito ultimamente, então escreva de novo para mim, gosto de ouvir sobre tudo etc.

Enviei um excerto de *Road* para Carl para assegurá-lo e propus uma edição mais curta de capa barata de *Road* (festa sexy) e também a publicação em capa barata do romance de Lucien (aquele que eu e Bill escrevemos em 1945 [*E os hipopótamos foram cozidos em seus tanques*]) mas você precisa se cuidar e não contar para Lucien, que vai ser contra e atirar todo o movimento literário no sanatório e bater a porta em nome da política da United Press e dos Estados Unidos das Amerca.

E que ninguém foda com a teia de aranha.

O que há de errado com a teia de aranha ["Vida Longa à Teia de Aranha"] é que você *não* passou sete anos se desgastando nela, você fez vários outros também, ha hi hi.

(Está tudo bem, não se preocupe.)

e sua visão do Harlem eu não entendo a diferença entre descrição abstrata e descrição mística de alguma coisa... se você acha que meu poema da árvore de Richmond Hill, como você diz, "dá o mesmo barato" então como você faz essa cena sobre uma visão quando, como demonstrado para mim por Richmond Hill, você pode ficar ligado e "místico" ou "abstrato" em qualquer lugar a qualquer hora; isso também serve para você, claro, você está tão ligado o tempo todo qual é a sua seu idiota você aí tropeçante mougavala, sua poesia atual é, para mim, melhor.

Allen Ginsberg [n.d., Nova York, Nova York?] para Jack Kerouac e Neal Cassady [São Francisco, Califórnia]

c. 8 de março de 1952

Mon Cher Jack, Mon Cher Neal:

As coisas estão indo muito bem. Desde a última vez que escrevi tenho trabalhado continuamente na máquina de escrever agrupando e montando poemas loucos – já tenho cerca de 100 deles, estou saltitante. Ouçam isto: estou reunindo fragmentos de "Estranho encapuzado", com um pequeno poema descritivo – estou ocupado demais com os fragmentos para chegar ao ÉPICO que farei a seguir. [o rascunho de "Fragmentos do Monumento" foi incluído aqui]

Agora o que quero saber de vocês: as minhas fantasias e frases se tornaram tão adoravelmente misturadas com as suas, Jack, que seria difícil dizer quem usou o que e de quem é: por exemplo, capô da chuva e da lua é meio seu. Estou incluindo cópias de poemas que parecem ter ramificado a partir de você, por exemplo, a retórica no final do "Poema Longo" – "muito elevada e pomba" é sua? Não estou discutindo, só quero saber se está tudo bem usar qualquer coisa que surgir.

Falei com [William Carlos] Williams ao telefone, vou até a Rua River amanhã. Ele disse que já (ele não viu todos os cem, mas apenas cerca de cinco poemas) falou com a Random House (pensei que iria ser a New Directions) e o livro pode estar lá. Não é louco isso? Tenho estado rindo de bobo cheio de trabalho. E por falar nisso, um dos poemas em anexo intitulado "Agora minha mente está límpida" soa como uma sinopse do Ling Risonho. Tudo bem com isso? Também em anexo, "Depois de Gogol". Você usou ou vai usar a ideia? Se eu a usar, vai dar problema para você? Foda-se, vamos usá-la os dois. [John] Hollander pensa que eu explodi como Rilke e chora toda vez que olha para mim, com surpresa. Mas digo a você, mesmo que eu fique deprimido e incompetente num hospício em três semanas, juro que finalmente me acertei com essa questão da métrica, e era isso que estava me prendendo – a métrica, sair dela, e falar como falamos, sobre a cidade dos loucos. Eu estava errado.

Ouça estes "poemas": (um livro que se existir vai ser chamado *Arranhões no livro-caixa*; e será dedicado a Jack Kerouac, Lucien Carr e Neal Cassady: "INCOMENSURÁVEIS GÊNIOS DA AMÉRICA QUE ME CONCEDERAM MÉTODO E FATO")

Jack Kerouac [São Francisco, Califórnia] para Allen Ginsberg [Paterson, Nova Jersey]

15 de março de 1952

Caro Allen:

Manda ver, garoto, manda ver!

Nunca imaginei que você iria se reconhecer um grande poeta sem minha ajuda (ao dizer isso a você, claro, não em "ajuda" de gênio) (é completamente seu). Elevada e pomba.

De fato sua carta foi lida pelo grande enorme Neal e, sem nem saber de sua existência, Carolyn a achou embaixo da lixeira onde as menininhas a tinham atirado; não fosse por isso eu nunca a teria visto. (Neal ama você – ele só trabalha dezesseis, vinte horas por dia, num trabalho duro ensandecido, sem motivo algum senão aliviar suas ansiedades sobre o mundo e também economizar para uma grande viagem à terra natal de Carolyn, em sua própria camioneta, todos os cinco – Jamie, Cathy, Jack Allen, Neal, Carolyn – e pode ser que eu vá com eles até Nogales pegar uma reserva de C. [maconha] para meu próximo esforço literário – mas tá tudo bem com o Neal, exceto pelo fato de que ele não escreve, ele não tem dedão.)[14]

A única frase que eu usei em *On the Road* foi "anjo estranho" – e desconsidere QUAISQUER preocupações sobre "plagiar um ao outro" – roubo de você o tempo todo, está tudo bem – qualquer coisa que surgir é a única verdade... estamos surgindo dentro do manto. De qualquer jeito, por favor aplique essas melhorias em seus poemas

1. acabaria como uma massa de imagens se movendo numa página...
(e NÃO "se movendo *na* página" – entende?)
se mover numa página é como "paranoia sobre um acidente de carro".
E a correção No.2 – também, –
Primo cubano se encontra com primo cubano
no lusco-fusco de castelodeproa.
e *não* "no lusco-fusco de um castelo d'proa" porque a ortografia fica muito elaborada, óbvia e burra, como todos sabemos... ao deliberadamente usar a ortografia errada *focasle* (ao invés de *forecastle*) você está usando a prerrogativa de um poeta que já foi marinheiro – sei tudo sobre a linguagem, sou como Ezra Pound num passado desses.

Preciso datilografar *On the Road* de uma vez, mas droga, Neal e a ferrovia continuam me atazanando com trabalho, e eu sigo perdendo o dinheiro ganho dolorosamente com acasos burros e conexões que não retornam com meus ganhos, eu devia é deitar no sótão com meus gemidos infindáveis, falido.

Com o que me
importaria se eu encarasse minhas responsabilidades
e não meus mistérios?

é, creio eu, a maior afirmação que você já fez. Eu não mostrei esse tipo de entusiasmo antes da Random House? Quando você "abrir sua boca para cantar", da forma que seja, você vai ser, no final... e no início, ...o maior poeta vivo na América, e creio, no mundo, "nenhuma imaginação jacíntica poderia expressar esse homem envolto em um manto."

Agora vamos ir a Paris e a Veneza juntos, daqui a um ano.

CARROUASSADY é o nome de 3 gênios incomensuráveis, mas não foda sua dedicatória com *esse* anagrama.

---

14. Cassady bateu na cabeça de LuAnne Henderson e machucou seu dedão. O dedo infeccionou, e uma parte precisou ser amputada.

Outra possível adicionalidade

faça "saltando com jazz *no* Pacífico" como você considerou... e talvez, só talvez ...MAIS TARDE, num sopão de mendigos lá na Rua 3.

Devo estar prestes a surtar, nunca estive tão exuberante e exaltado como estou – como você, transbordo palavras e mais palavras – elas vêm a mim silenciando um sonho louco, tenho tudo resolvido etc. – Bom ruim, e daí, tudo bem, Allen, Neal C. Vou até lá vê-lo em quinze minutos na sua garagem de recauchutagem de pneus, bebendo vinho do bolso enquanto ele trabalha, vamos falar de você, e depois vamos para casa jantar juntos, pegarmos umas latas depois na noitinha, somos inseparáveis, insaciáveis, insolúveis, vencidos. A "sopa de cebolas francesa" em seu casebre de mendigo tem o sabor do latão da especialidade de um estranho encapuzado. E eu adiciono um pouco de rabanete.

Acho que seria uma boa ideia para você usar todos estes comentários laterais que você faz em sua carta para mim – "penso nas humilhações desta semana" marcado como "frase de abertura" ao lado, você sabe do que estou falando... e "a vergonha de meu pobre irmão surrado" marcado "exemplo", e então "não vir com uma carga pesada" é "expansão de uma maldição", um método puro. Aliás, também não diga "de rabo entortado", mas diga só "rabo torto", deixe que se adverbeie por si mesmo.

Amor à venda, papai, amor à venda

Conte sobre [William Carlos] Williams na Rua River, se rolou algo.

Não escrevi para Bill [Burroughs] mas vou fazer isso hoje à noite porque acho que vou passar dois meses no México.

Quando você acha que devemos ir para Paris? Vou passar por NY antes do ano terminar, como marinheiro, de forma que a gente possa se planejar e escrever; um amigo negro vai comigo para lá, ou ele vai me encontrar lá ou vai comigo, a intenção dele é chupar bucetas de meninas brancas e a minha intenção é de chupá-las e comê-las... mas com você também aconteceriam ao mesmo tempo grandes explorações subterrâneas de Genet e o glamour de nossos dois livros prestes a sair e [Bob] Burford, [Allan] Temko, todos eles,[15] e vinho, todo o espectro. E me tornei completamente tarado e completamente hétero, a propósito, ou seja nenhum Ow viril sem um aMOw... Quando você percebe que a própria expressão "estranho encapuzado" era minha, e como você diz, "adoravelmente misturada com minhas frases" etc. não há nada que possamos fazer a respeito – acho que posso encontrar algo em minha prosa que use seus sentimentos, deixa eu ver, mas aliás, não se preocupe com isso porque estou transbordando e não preciso de nada nem me

---

15. Em 1949, Kerouac esperara se reunir a um grupo de amigos de Denver – Ed White, Bob Burford, Allan Temko e outros – que naquela altura moravam em Paris.

preocupar com nada, enquanto eu tiver meu vinho e merda e buceta, acho. Não como ninguém faz três meses fora – merda, fala com a Dusty. Mas não, por outro lado, porra, foda-se – Agora mesmo dois caras andando na rua com garrafas de vinho e um bebê agasalhado, parando um instantinho para tomar um gole, o bebê é jovem demais para entender – percebi que eles não entendem o quão completamente triste é a vida, ou o quão tristes eles mesmos são, ou como tudo é vazio, merda, estou chapado e fora de mim e louqueando – bêbado nesse momento, de vinho, escrevendo para você, me avisa, (O por Fhri cirhe eu) P

Por favor, diga a Carl Solomon para me enviar pelo correio, assim que puder, as primeiras 23 páginas de *On the Road* de forma que eu possa ver no que estou trabalhando, não tenho uma cópia dessa parte comigo. Tudo bem? Avise mesmo, é importante.

Eugene [Brooks] me enviou maravilhosos contratos eficientes que vão me salvar de tudo; gosto demais dele; ele não cobra nada; mas quando eu o vir, ou no futuro próximo, posso pagar a ele, se ele precisar, o que quer que seja, ou enfim, sabe, constrangedor; mas de toda forma ele é ótimo e agradeça a ele pessoalmente por mim com suas próprias palavras, uma vez que eu já o fiz há pouco tempo por carta.

Vou começar a datilografar meu romance esta semana.

Estou só divagando, não sei o que estou dizendo, tenho que sair para comprar pão e Neal não dá atenção a mais nada, nem ouve, está meio surdo mesmo, e não se importa –, e esta, finalmente, é a razão pela qual não posso estabelecer nenhum relacionamento formal permanente com ele... não me importo que ele *esteja* na dele, eu estou interessado e empolgado, e isso é tudo, e vou seguir até minhas fontes sem ele. Ele é o cara menos consolador no mundo. Por falar nisso, escreva um bilhete para Carolyn em seguida, ela é realmente uma garota legal e a provável sucessora de Joan (Dusty não, ela não é inteligente como C).

Bem, até mais, rapaz, tenho que ir – morderoga. Tchau Allen Montanha.

Mande meus cumprimentos a todos – diga oi para o Alan Ansen se você o vir e diga o quanto sinto ter faltado ao nosso compromisso no apartamento em Elmhurst, na época em que vim para cá.

"Ao longo daquele vilarejo pedregoso com suas fundações de cáctus estende-se a terra do jovem Jesus; eles estão trazendo os bodes para casa, o Pantrio de passos largos chega fumilgando ao longo das faixas de mescal, seu filho largou dele um mês atrás para caminhar descalço até a Cidade do México, com tambores de mambo feitos à mão, sua esposa colhe flores e linho para seus bordados e reinos os jovens carpinteiros curiosos do vilarejo engolem fundo o pulque de urnas nas bodices e shelli-meeli-mahim do crepúsculo e cair da noite sobre a Felaidade Mundial Maometana, Ali Babe seja abençoado." *Road*

Mas por favor, não use nenhuma de minhas novas palavras (tais como felaidade em larga escala, como eu estou fazendo, por exemplo) até mais tarde, embora eu curta "curioso" como uma palavra-você.

Jack

Allen Ginsberg [n.d., Nova York, Nova York?] para
Neal Cassady e Jack Kerouac [São Francisco, Califórnia]

20 de março de 1952

20 de março?

Caros amigos:
Bem, Neal, li seu romance e está indo muito bem. Até mesmo a sessão anal-retentiva sobre os pais agora está bem fácil de ler (na terceira ou quarta leitura. Li-a algumas vezes dois anos atrás) e ela melhora com cada leitura – todo o esforço desesperado como foi não foi em vão, mas devia ser deixado como é. Também fica melhor a cada releitura porque vejo cada vez mais humor nela – as sessões que você inventou são ótimas – uma vez fiquei chocado com a varanda caída e o velho Harper. Você parece ter razão em achar que está pegando ritmo e desenvoltura ao seguir pulando com explosões de detalhes proustianas. Como descrito em sua carta para Carl [Solomon] – se você tem ou não fé em si mesmo para seguir nessa direção – você está certo. Quanto mais frenético e pessoal você segue, melhor, fica a cada página mais bonito.

Pelo que entendo, Carl vai enviar cartas dizendo para você frequentar aulas de escrita (embora ele aceite e goste de seu romance – mais até do que talvez admita em público) mas acho que ele está – de fato sei que está – muito preso a suas próprias metafísicas editoriais – e é uma estrutura metafísica sem meios termos – de fato é uma ótima estrutura – proporções cujos labirintos ele está assombrando atualmente (ano passado) – então desconsidere – e digo isso, do meu ponto de vista mais privilegiado dos topos tesudos dos arranha-céus do leste – tudo o que ele diz e continue a seguir o seu coração e o de Jack. Carl se preocupa com a forma – e literalmente confundiu o que quer que seja essa "forma" com as mudanças temporárias, semanais até, das necessidades e opiniões de seu escritório editorial.

Vejam (vocês dois) ele agora tem em mãos um milhão de enfrentamentos e pepinos na editora Wyn. Ele é o único aqui com qualquer conhecimento e tudo que ele faz mais descolado é tão estragado e transformado em problemas pelo escritório que ele está quase tendo um surto. Essa semana, aliás, ele está de folga. Sozinho no norte de NY num acampamento de repouso para "homens de negócios física e mentalmente cansados". Alguns de seus problemas têm sido:

1. Preocupar-se com como sairá o romance de Jack – ficou assustado com a descrição de Jack.

2. O livro de De Angulo[16] que Wyn entregou postumamente para um editor

---

16. Jaime de Angulo foi um autor e especialista em antropologia e cultura dos nativos norte--americanos.

e cujas revisões precipitaram uma grande disputa literária entre a viúva de De Angulo e o escritório por um lado, e o próprio Ezra Pound do outro.

3. O fato de que Wyn investiu em tantos livros queridos como o de Jack e está com medo de dispor de ainda mais dinheiro para o romance de [Alan] Ansen (que é o grande Ansen) ainda que eles de fato queiram publicá-lo quando estiver pronto e Ansen não escreva mais a não ser que eles, como cavalheiros, lhe deem um adiantamento simbólico de 150 ou 250 dólares (e isso com Carl preso no meio).

4. Muitas ideias ótimas de Carl que cedo ou tarde vão ser aceitas, mas que devido a reorganizações no escritório ainda não foram vistas direito etc.

5. Minha própria poesia desvairada e o livro de Holmes que o escritório rejeitou, mas que fez sucesso em outros lugares.

6. Querer e ainda não ter sido capaz de conseguir o livro de Alan Harrington.

No final das contas, Carl – enquanto eu o empurro e pego no seu pé e tento influenciar o tempo todo para contrabalançar os efeitos maldosos do escritório (estávamos até mesmo planejando uma revitalização de Huncke) – estava mesmo começando a oficializar o novo movimento na literatura, que como você, Jack, disse anos atrás, é composto por apenas nós mesmos. Todas as coisas tendo sido consideradas, comecei a acreditar que entre nós três já temos o núcleo de uma criação americana totalmente nova e historicamente importante etc. etc. Ninguém sabe ainda como estamos maduros.

Portanto coloquei tudo de lado, inclusive a minha saída de navio, para datilografar meus poemas e importunar Carl. Ele também levou *Junk* de Bill de volta para eles e está tentando fazê-los ler, e eles ainda estão sonhadores demais para ver, mas creio que é só dar mais três semanas.

Então esta carta é para dizer a Neal que é importante para o futuro da América que ele trabalhe rápido – Denver está ansiosa por seus heróis, ela os espera com lágrimas nos sonhos como Billie Holiday e trabalhe como ele quiser, não como Carl diz que tem que ser – porque o que interessa no final é o que interessa a Neal, você, que é grande ou qualquer coisa.

É o "nós" que importa – (não tanto nossos egos juvenis mas) nossos corações nossos corações genuínos de nós mesmos – e este é o fim – seja lá como o vejamos. Tee hee.
    Amor
        Papa Ginsberg

Allen Ginsberg [Nova York, Nova York] para Jack Kerouac [São Francisco, Califórnia]

c. fim de março de 1952

Caro Jack:

Recebi suas cartas, recebi primeiro um bilhete de John. Você é o único que entende realmente a poesia – [William Carlos] Williams sabe muito mas não atingiu o ferro-velho nu inteiro ao luar de sua inteligência como você fez. Não acho – até este momento ele tem agido como W.C. Fields – um pouco médico do interior; fica falando sobre "invençaum" de fala pura e que sabe onde ela está – mas certas coisas de nossa geração e de nosso entendimento mútuo escapam a ele – mesmo assim ele tem sido perfeito até o momento, nada de puteadas, nada de egos, só uma fantástica colaboração – disse até que escreveria uma introdução, e disse que se eu quisesse podia deixar pensamentos inacabados – "como Cézanne deixava seus quadros inacabados" se ele não descobria o que fazer com um canto do quadro.

Ele foi até Paterson, mas ficou meio bêbado num restaurante caro no centro, falando sobre um amigo dele que conheci no México, sobre Genet (de quem ele gosta), sobre Pound e Moore – mostrei para ele os chifres dos veados empalhados e os avisos tolos no restaurante. Então fomos olhar um velho buraco de nadar no meio dos clubes, e zanzamos de carro pelas ruas, paramos e apanhamos uns lixos na beira de um rio e fizemos um poema ali mesmo sobre os conteúdos à luz de uma publicidade de margem de rio (uma peça de concreto velho, placa de latão, alfinete de um tecido, cocô de cachorro de 200 anos). Queria levá-lo aos bares mas ele estava velho e queria ir para casa, fomos até um e ficamos meio que curtindo as pessoas, e uma orquestra desfalcada com um acordeom, e então ele me levou para casa; sentamos no carro. Ele disse, "Por que isso tudo?". E eu disse "Por quê?" E ele disse, "Estou ficando velho – daqui a dois anos vou fazer setenta". E eu disse, "Você tem medo da morte?". Ele e eu olhamos para o asfalto da rua suburbana e ele disse "É, acho que é isso". Então falamos um tempo sobre o pavimento de asfalto (o que é que tem nele?) como se fossem as paredes do universo. Encontrei-o mais tarde em casa, ele foi para o andar de cima até o escritório, olhou um livro que deixei para ele, discutiu a disposição dos poemas e como vai ser difícil publicar. Leu para mim uma carta de Robert Lowell em Amsterdã ("é como uma cidade cinza do Meio-Oeste"). Lowell é chamado de Cal – abreviação de Calígula, por causa de uns apocalipses na velha escola anos atrás quando eles conversavam sobre Roma – e Lowell se inclinou sobre um parapeito de janela num hotel em Chicago uns anos atrás e gritou "Eu sou Jesus Cristo" na frente de Alan Tate, um crítico eminente que o puxou de volta pro quarto e chamou médicos. Exatamente como uma mistura de Cannastra e R. Gene Pippin. Mas em lugar algum, acho eu. Vou mostrar sua carta para Williams.

Mas o seu entendimento específico de certas coisas é minha salvação: Lucien, por exemplo, gostava dos poemas, mas disse que os melhores eram os "divertidos". Hollander lá em Colúmbia gostava deles, mas a disposição o preocupava, e ele queria dar títulos gregos para eles, para que se parecessem com poemas; Kingsland gostava dos bem pesquisados sobre Marlene Dietrich. Dusty gostava mais (ugh!) dos metafísicos. Mas os pensamentos "minerados sem planos da escuridão da mente" são o único nível verdadeiro. Agradeço os comentários específicos, eles se encaixaram completamente com minhas próprias ideias – embora todos vocês "falassem seriamente" sobre trabalho; de um jeito mais incisivo do que qualquer outra pessoa que eu tenha conhecido. Creio que este é o teste agora. Mas chega de generalizações.

"Vida longa à teia de aranha" é um poema experimental; umas sementes dele eram espontâneas, mas ele foi o único conscientemente trabalhado e retrabalhado em termos de meias rimas, ritmos, disposição das linhas na página e estrutura do imaginário (aranha, teia, moscas etc. etc.) Tentei escrever um poema que parecesse "moderno" como os da revista *Poetry*. Lucien e Dusty gostam dele, e Hollander também. Mas eu achei que era muito "artístico" e formal, algo assim, embora talvez (como Lu pensava, ele contém semente de terror). Você acha que vale a pena fazer esse tipo de coisa, ou que ele é tão bom e fresco quanto o resto? Percebi que você percebeu, e perguntei se ele é como os outros ou "retrabalhado") (que sensibilidade a sua!) – o que você acha – era pretensioso – pensei assim por um tempo, mas agora não estou certo. Gostaria de ouvir sua opinião – preciso apenas de meia frase ou de uma resposta de duas palavras com relação a isto – só porque não estou certo com relação ao que fazer – método – no futuro. Do poema da pensão das baratas o Williams gosta como parte de um todo, ele continua dentro.

Williams, aliás, disse que nunca tinha ido a Paterson, exceto quando jovem, quando costumava andar por todos os lados – o poema inteiro é só da imaginação dele – ele queria olhar para a Rua River para obter um epílogo sobre os fatos, depois que toda a brincadeira acabar (como um epílogo no inferno ou de fora do mundo).

Neal deve ter "Ode ao Pôr do Sol" (formal) por aí numa carta velha (se é que ele as guarda) dê uma olhada e compare os dois poemas. Creio que informal deve ser o melhor – mas no hospital trabalhei por seis meses linha por linha compondo uma ode formal – praticamente só escrevi esse poema durante toda a minha estada. Entenda que um deles é pensamento desnudo. Mas foi tanto trabalho mental, tempo, paciência e trabalho braçal gastos no outro. Gostaria de publicá-los lado a lado.

Você pode escrever para Bill [Burroughs] em Orizaba, 210 e adverti-lo a não deixar a esposa de Kell saber seu endereço. Ele ainda está em Orizaba, 210. Recebi a carta anexa de Laughlin rejeitando *Junk*. Ainda estou trabalhando na capa barata de Wyn, pode ser que role.

Sei que você me ama mas não vou viajar por aí e estou ainda amarrado pelos ideais dos médicos, e não me divertindo em Frisco com você e Neal, e não jogue isso contra mim. Me senti como um estranho quando primeiro escrevi para você (num papel amarelo pautado) e tentei reingressar no grupo. Que ninguém ria de mim ou me insulte por trás de minha corcunda americana. Grande foto a que você enviou, gostaria de estar nela. Mando em anexo uma foto da festa de casamento em que eu e o Lucien aparecemos, dobrada. Tenho uma versão ampliada dela, então posso estragar esta para enviar. Neal parece mais velho, judeu, muito sério e dotado de uma poderosa determinação de integridade. Tenho informações vindas de lá de cima de que ele passou intacto pelo inferno de ser um condenado e está agora ascendendo ao purgatório, e talvez esteja fora dele, e de que não há mais perigo algum para sua alma, de fato foi recentemente resolvido seriamente que o pior para ele terminou e que ele entrou em um novo universo. Acho que é por isso que tem estado tão quieto, introspectivo, a dizer pelas aparências, nesses últimos dois anos.

"O Tremer do Véu": escrito no diário dois anos depois do Harlem, ou um ano depois. Naquele momento eu estava conscientemente tentando reaver o olhar místico; é isso que era esse título. O véu não havia caído, só tremido. O aspecto da aparência das árvores no limiar de uma presença totalmente mística que transbordava a visão do universo durante as visões do Harlem. Tentei descrevê-las de maneira não abstrata, uma coisa específica, qual sua aparência enquanto coisa mística. Uma entrada no diário daquele dia (em Paterson) é substancialmente o mesmo que um poema; duas frases adiante surgem notações paralelas e explicações do método de visão em palavras sobre finalidades imaginadas na eternidade. São o mesmo poema, a mesma anotação no diário, e talvez possam ficar bem juntos. Era disso que eu estava falando o tempo todo sobre as visões. Exceto que o olhar era límpido e total por alguns momentos de tudo no universo ao mesmo tempo por alguns segundos – talvez sessenta segundos – numa livraria e na vista da janela de Durgin. Sigo dando essas explicações porque tento checar meu próprio pensamento e ver se alguém fez o mesmo (sem o chá) – esses poemas dizem a você o mesmo que já expliquei tantas vezes, você já os entendeu? Fiz muito auê sobre este ponto específico? Digo, algum desses poemas traz qualquer novidade no que diz respeito às minhas explicações? O seu próprio "Richmond Hill" me parece ser baseado exatamente no mesmo barato – e certamente devia ter mantido cinco linhas lá no meio sobre formigas em orquestras, nada diferente do resto, e deixa tudo mais claro, é muito claro. ("Havia um som (PKICK) perdido a não ser que houvesse silêncio no país etc.") Por que você diz "pff"? Pela mesma razão que eu não reconheci o valor de meus próprios pensamentos nus? É muito enganador – eu não os conheço quando estou me comunicando, e quando não – me dá uma boa sensação sobre a realidade de meus próprios pensamentos, que outros os entendam. Tamanha surpresa também – mas muito poucos a entendem. Aqueles que entendem, porém, entendem mesmo. A parte sobre a área respirar também é importante. Você pode me escrever um poema de prefácio (você e Neal juntos, ou um poema de cada um?) sobre um assunto semelhante – não sobre anjos e mantos tanto quanto sobre misteriosas comunicações verdadeiras de pensamentos muito estranhos e verdadeiros que temos em comum? Ou sobre o que quiserem, enfim.

De fato, não havia pensado até que você escreveu sobre a estranheza dos braços frasais de árvores. Pensei que as protuberâncias verdes cabeludas eram as mais necessitadas. É isto que me deixa confuso – nunca percebi – alguém percebeu – o que está acontecendo numa poesia.

Não havia percebido o quão seriamente você estava trabalhando em frases oníricas e frases compostas em fluxos. Fica muito bom. Comecei a ler o *Finnegans Wake* de Joyce, com a chave mestra. Joyce é difícil demais – muita enrolação com ideias verbais e abstrações históricas, então é difícil entender quando ele está se referindo a questões literárias esotéricas. Mas um modo joyceano americano (invenções bop em linhas, "sem camisa, sem chapéu, a lua escarnecida sobre seu ombro" é ótimo – acho que isso é ótimo para você – transmite bem toda a coisa do seu sentimento pessoal de enormidade de Neal-Bill-Huncke-eu-árvore) funcionaria e seria lido. Faulkner faz isso um pouco também, e é compreendido. (Acho que o melhor é menos mantos e muitas luas particulares.) Também o coiote com sorriso de cachorro, percebi, e de fato coisas naquele parágrafo que percebi foram: coiote, ícone na árvore que não gostava de vinhas de arrependimento por causa do título semelhante a algum romance de ensino médio (o meu Martha Gellhorn[17] galinha-de-todo-gólgota-Drapenport); gostei da frase dobrada sobre o volante, lua; gostei do arbusto rápido, mas me perguntei sobre o trecho do manto-ápice; gostei da velha oficina ford etc. etc. Preciso falar sobre isso.

Toda a frase sobre "meu pai desfilava" segue bem, até a lata de legumes.

Agora já é a segunda carta recebida no verso de formulários da previdência social. Neal está envolvido demais com problemas financeiros, que ruim que ele não consiga obter alguma paz de seu próprio trabalho. Ele não sabe que está esquecido e não precisa descontar isso ao se crucificar até a exaustão por questões práticas? Mais ainda? Vou ter que pensar em conseguir um subsídio para ele em um ano ou quando possível.

Seu filho da puta, eu nego veementemente que você tenha inventado a expressão Estranho Encapuzado, você vai ouvir poucas e boas do advogado Brooks amanhã. Natchuralmente plagiei você. Mas não inventamos isso juntos naquele dia na Av. York? Não saia por aí roubando minha glória. (Meu *glory hole.*)

John [Clellon Holmes] que chamar o livro dele de "GO." (e assim sugeriu seu editor Burroughs Mitchell. Sim? Que tal *GO, MAN*. Mas talvez vá. Melhor "GO!"

As duas melhorias que você sugeriu foram aceitas, especialmente o castelode-proa. Pena eu não conseguir ir ver você antes do livro sair, mas eu provavelmente vou. "O Blues da Rua River" é outro poema conscientemente trabalhado, que ainda não foi acabado – será um longo poema com canções de blues verdadeiras nele e detalhes sobre Paterson.

Mistérios – responsabilidades foi algo que pensei que você teria dito diretamente a mim muito tempo atrás.

A retórica da Canção e de nosso Hart Crane eu ainda não sei como ou onde usar de forma que digam alguma coisa.

Paris? Eu gostaria de ir, mas como vou saber quando? Williams disse que vai me dar uma bolsa de Artes e Ciências de $1.000 depois que o livro sair. Talvez com essa grana?

Que outros comentários eu tinha sobre o poema do rabo torto? Esqueci. Você menciona toda a expansão de uma maldição (exceto a primeira) coloque-as no papel e envie, eu faço acréscimos.

Se você vier a NY pode ficar no meu sótão – não estou aqui o tempo todo, e me custa só $4.50 por semana.

Não transo com ninguém há meses também. Dusty não está interessada, e não estive procurando. Cansado demais, demasiado malsucedido. Mas preciso

---

17. Martha Gellhorn foi uma romancista e correspondente de guerra, e foi casada com Ernest Hemingway.

voltar a pensar nisso, tenho perdido contato com o mundo sem isso. Mas não podemos estar em lugar algum enquanto ainda estamos tão presos nessa falta de sexo e sem relacionamento com mulher nenhuma. Peça conselhos a Caroline [Carolyn]. Estamos na verdade loucos, e isso não é piada, é por isso que não posso ir para a Europa e brincar de ser um personagem de Whitman em frente de admiradores bem intencionados que eu provavelmente vou tomar por idiotas na minha vaidade. Por que seguir para a Europa? Por mim? Talvez eu encontre o amor por lá, isso seria um bom motivo, mas todos têm casos vazios hemingwaianos na Europa, ou já tiveram. E eu não quero ir para Paris de forma que eu possa seguir escrevendo.

> Que esquisito estar em Paris.
> Sentado no alto da
> Torre Eiffel e olhando
> um anjo da igreja do
> sagrado coração querendo que
> estivesse vivo e me olhando nos olhos.
> Puxa, Paris é Paterson etc.

Sabe o que estou dizendo? É um egocentrismo sem fim ser um escritor solitário na Europa, e eu não quero ir para lá para esse tipo de coisa. De toda forma poderiam acontecer loucas aventuras. Kingsland conheceu Genet em Paris, aliás. Kingsland fez uma grande festa (eu não fui – mas ele achou que eu fui) na qual estavam Hohnsbean, Auden e seus garotos, [Chester] Kallman etc.; cravistas famosos e condes e patronos, e Marianne Moore etc. Que fantástico da parte dele. Ele está vivendo com uma bicha velha, um cara legal, na Rua 57, bem na esquina onde mora a Marian Holmes, que aliás está sempre bêbada, e John não mora mais lá (J. Holmes, isto é).

Não me escreva, não me envie trechos, vou ver as cópias de Carl, não perca tempo, mas escreva sempre cartas curtas, talvez com curtas notas sobre o que está acontecendo – não perca tempo. Eu tenho tempo para escrever, então eu sigo e seguirei escrevendo.

Mando em anexo um bilhete para Neal, li o trabalho dele e acredito nele tanto quanto acredito no meu próprio para mim e no seu próprio para você, e não acredito no *Junk* de Bill ou no *Go* de John. Ele [Neal] sempre me lembrou do triste Júlio César no vagão em Denver e ossos de ferro de pureza estão emergindo em seu *Primeiro terço*. O final deve ser a mais séria expressão de uma alma séria jamais vista, em especial hoje na América, se ele seguir tão natchuralmente como já tem sido. Ele pode se deixar relaxar e dar licença para se ir. A verdadeira essemência (seminial, essimentude) de Cassady jorrará nas páginas como o Niágara.

Amor,
Allen

Jack Kerouac [São Francisco, Califórnia] para Allen Ginsberg [Paterson, Nova Jersey]

fim de março de 1952

Caro Allen:
[...]
    Gostei do lance sobre você e Williams – cheguei a ver ele, uma noite clássica, ele com 60, é o que sobrou para ele... que bom que pelo menos tenha um médico, sinto vergonha o tempo todo por toda essa poesia, não sei como diabos consegui viver comigo mesmo sendo tão aberto e xoxotinha e tolo como *ROAD* vai ser e você com seu trágico "sanduíche de carne pura" me faz tremer e desejar que eu pudesse ajudar você no dia do Juízo Final... não perante Deus, mas perante você mesmo quando você reconhecer... aquela foto de você e Lucien, nela ele está dizendo que sua poesia é divertida... ele parece um esnobe bem-sucedido, e você parece um descolado de San Remo, mas te amo, não duvide isso de mim.
    Estou apenas sendo Lucien por um instante. Notícias do livro de Bill são fantásticas – eu *sabia*, quem mais escreve uma confissão completa, soque seu Meron fodido num chiqueiro, blá, Bill ainda é fantástico; escrevi DUAS semanas atrás e pedi a ele para que me levasse para o Equador com ele e [Lewis] Marker, e ainda estou esperando uma resposta: aqui um trecho da carta que ele me escreveu:
    "Caro Jack, não sei por quanto tempo vou ficar por aqui. Fui classificado como um 'estrangeiro problemático' e o departamento de imigração vai pedir minha saída assim que o caso for decidido..." (mais tarde) (fala sobre seu novo romance gay, estou sugerindo que o chame simplesmente de *Queer*, é uma sequência para *Junk*, e ele diz que é melhor, e acredito que seja...) "E me deixe dizer, meu jovem," (ele escreve) "que eu *não* 'abandonei minha sexualidade em algum lugar perdido na estrada do ópio,' esta frase ficou comigo por todos estes anos. Preciso pedir a você que, se eu aparecer no seu livro atual, que eu apareça adequadamente equipado." (e aí acrescenta, depois do ponto) "com capacidades masculinas. Meu Deus, cara, você sabe mesmo escolher suas mulheres. Não precisava ter me dito para não dar o seu endereço para a esposa de Kell, ela e eu nem nos dizemos oi, acho que ela não gosta de mim" (soa como o velho bill no Ruyon da 8ª Av., não é?) o P.S. é como segue: "Outra coisa, não estou totalmente feliz com aparecer sob a alcunha de Old Bull Balloon, não consigo deixar de pensar que o epíteto Bull faz uma referência pouco elogiosa, e não sou velho de forma alguma... você vai me equipar" (equipar de novo, duas vezes essa palavra) "com cabelos brancos no próximo livro". Não é interessante isso vindo de Bill?... no novo livro ele é Bill Hubbard, por falar nisso. Ele diz que Dennison foi descoberto por sua mãe em *Cidade pequena, cidade grande,* de forma que terá que usar Sebert Lee como nome em Junk, mas para se esconder de mamãe, mas... "Pensei em

Sebert Lee, mas Sebert é como Seward e Lee é o nome de minha mãe. Acho que ainda assim vai funcionar." (fim da carta). (louco?)

Se ele me chamar, meu terceiro romance vai estar a caminho imediatamente... vai ser sobre Bill descendo à América do Sul, ainda sem título, e tão vasto como *On the Road*, diga a Carl, e também diga a Carl que vou enviar o *Road* completo e datilografado direitinho com todas as considerações feitas e arrumadinho no máximo até abril. De forma que eu possa começar o romance número 3, quero seguir em frente, um desses anos vou conseguir produzir TRÊS obras-primas em um ano, como fez Shakespeare em seu ano Hamlet-Lear-Júlio César, – não convidei você para Paris porque preciso de você, estava só sendo legal com um amigo escritor e sendo tradicional, e também, vai se foder.

Ti-Jean

xxx

Ah, que sortudo você é de ter um endereço como esse da casa em Paterson do seu pai, mesmo que eu compreenda que você, por lá, é como um fantasma etc., se sinta como um estranho e louco mas pior do que isso que não é apreciado ou esquisito ou de marte, mas eu, eu tenho uma culpa terrível e nenhum lar e nunca me sentirei o mesmo de novo por causa daquela vadia cruel cruel [Joan Haverty] que na verdade acho me quer ver assassinado – mas tudo bem, mas eles não vão conseguir, sou rápido e forte demais, mas Allen, você tem muita sorte de ter seu pai ainda vivo, e seu irmão a seu lado, mesmo que sua pobre mãe esteja doente, você é um bom garoto sortudo, e eu gostaria de ter uma casa em Paterson, estou ficando muito cansado de vagar e agora (mas fica frio, não espalha pelo amor de Deus, minha mãe escreve que os policiais estão rondando a casa e os sacerdotes ligam para ela pedindo por meu endereço, diga a Eugene [Brooks] que é aquele Merda Daquele Bureau de Ajuda aos Dependentes e Abandonados do Brooklyn da Assistência Social de lá, os filhos da puta querem mudar o país para "encontre seu problema", são um milhão de homens aqui nesse país tentando nunca mais ver as xoxotas de suas esposas de novo e esses socialistas que-se-acham-bem-intencionados estão tentando "resolver" isso, você e sua burocracia, porra, não diga a ninguém mas preciso sair até mesmo de Frisco em breve merda cara eu queria ser inocente de novo) para o Equador,... o que significa equador, floresta, doença, Burroughs e seus martínis podres apodrecendo... bons o suficiente para canalhas como eu.

Bem, Allen, adieu

P.S. Diga a John Holmes que "Go, Go, Go" foi o título que dei a uma história que escrevi sobre eu e Neal numa casa de jazz, foi Giroux quem deu o título, ele me escreveu e me perguntou se era um dos meus títulos rejeitados, Jesus Cristo, o que esperam de mim, que eu seja Jesus Cristo? E, sim, o estranho encapuzado foi você que inventou falando comigo naquela manhã de primavera, Lucien me acordou e depois falou com Huncke por uma hora (e eu comecei falando de buscar uma figura no deserto e você o chamou de estranho encapuzado e pegou uma cadeira e tocou meus joelhos e disse "Bem, agora vamos falar sobre o e. e. [estranho encapuzado]."

Você vai mesmo ser publicado pela Random House?

Eu poderia acabar este papel. Gostaria que você estivesse aqui. Está tudo muito maravilhoso. Como está Harrington?

Você chegou a ver Jose Garcia Villa em algum lugar? Sabe quem é? Diga a Cessa von Hartz Carr para segurar essa cópia de *Cidade pequena, cidade grande* que eu vou buscá-la no outro século, se as coisas continuarem assim.

A foto da festa me fez querer estar de volta em Nova York, que é de onde eu vim.

Diga a Lucien que eu gostaria de ter estado lá para retribuir a ele pelo que ele fez na MINHA festa de casamento, estando lá, me emprestando dinheiro e me dando uma barbatana, e estando lá, nada mais; ele parece ótimo com aquele cravo, é um cara adorável, diga a ele que espero poder beber até cair com ele uma hora dessas, já me transformei e agora consigo beber mais do que ele até que minha barriga fique enorme.

Aqui em Frisco sou temporariamente um gambá.

John Holmes sempre chega tarde, ou seja, um intrometido-interno de nosso movimento literário genuíno, composto por eu mesmo, você, Neal, Bill, Hunkey (ainda impublicável) e talvez um dia Lucien... exatamente como em outros movimentos literários, e portanto ele está na verdade pegando uma carona em nosso vagão sem saber para onde vai (mas eu e você sabemos.) (É...)

Lembra Joe May rindo nas ruas das livrarias na 14ª? Hein?

Não entendo sua teia de aranha. Me consiga uma bolsa de Artes e Ciência, estou passando fome na natureza selvagem, não tenho nada senão minha bolsa de marinheiro sem um navio, não tenho nada, minha mãe fica com (quase) todo o dinheiro da Wyn.

Tenho trepado nesses últimos tempos, muito, não faz diferença alguma com relação à escrita, só faz seu pau voltar à vida.

Se eu poderia viver no seu sótão? A lei me apanharia, sou um criminoso, vou *hurle dans les rues de Paris* logo logo, ou um dia desses, atirar em alguém em Bruxelas, pegar elefantíase em Port Stettenham no meio da Malásia, – só quero ir para a Itália de forma que algumas loiras da Lombardia esfreguem a xota na minha cara. Saca? Olha só, no fim de junho um grande cara está indo na sua direção, Al Sublette do *Presidente Monroe*, cuide bem dele, vou te deixar a par em breve, um grande e simples herói negro, nada intelectual, amigo dos músicos de jazz em St. Louis, não consigo descrever o quão grandioso ele é – depois. Neal é grandioso, o livro dele é grandioso, estou decepcionado com a inteligência de Carl [Solomon] em mandá-lo estudar com Mickey Spillane – ele acha que nosso rapaz é um idiota? Eu escreveria um livro sobre um imbecil?

Allen Ginsberg [n.d., Nova York, Nova York?] para Jack Kerouac [n.d., São Francisco, Califórnia?]

fim de março – início de abril de 1952

Caro Jack:

Ainda não tive notícias sobre o destino do meu livro, depende de [William Carlos] Williams e da Random House, e também mandei outra cópia para a revista *Commentary* para ver se querem alguma coisa. Mostrei o livro a Van Doren, que gostou e me levou ao clube da faculdade duas vezes para almoçar na mesma semana; quase me fez sentir aceito de novo. Enquanto caminhávamos da segunda vez, me dirigi ao banheiro antes de sentarmos para almoçar, com uma cópia dos poemas debaixo do braço, e ele disse de supetão, "Deixe isso comigo. Você não vai querer mijar neles." Isso do nada. Não consigo entender esse cara. E também (depois de todos estes anos, finalmente) disse que achava mesmo que eu tivera uma "revelação" em algum momento, para falar dessa forma tão direta agora. Disse tchau, e não sei quando vou vê-lo de novo, estando assim solto pelo mundo como estou.

O que eu vou perceber no dia do Julgamento Final, falando sério, sobre o seu comentário de sanduíches de carne pura? (Aliás, tive que editar aquele poema, antigamente ele tinha estas linhas:

Comi um sanduíche de carne pura, um
Enorme sanduíche de carne humana;
Enquanto mastigava ele
Percebi que ali também tinha um cu sujo

Não lembro se incluí isso na versão que enviei a você. Lucien tremeu e disse que era nojento, e eu então o mudei, e também para o editor, e é por isso que agora diz "no céu".)

O livro de Bill está passando pela merda usual dos editores com a qual eu também estou lidando; eles querem mudar coisas etc. etc.; é curto demais do jeito que está, eles querem *Queer* (um título em que eu e Carl também pensamos, ao mesmo tempo que você; que mistura adorável de pensamentos) na primeira pessoa (Bill está escrevendo na 3ª) e para encher mais o livro querem mais detalhes externos do mito e da vida de Bill. Mediações difíceis, e posso entender por que Carl está ficando louco com isso; é difícil demais ser prático e empático ao mesmo tempo. E essas pessoas, para completar, ainda por cima são burras, o que torna as coisas ainda mais difíceis – é mais difícil lidar com elas.

Li o último capítulo que você enviou a Carl e gostei dele; sinto falta das linhas que você enviou na carta de John Holmes, que eram belas e que eu achei que encerrariam o livro. Não? Carl está chateado, não entende as referências que são feitas, achou que eram associações livres surrealistas. Não tenho o capítulo aqui comigo, senão poderia dizer mais algumas coisas. Estou interessado em saber como o livro está agora organizado: quantas seções e de que tipo e em que ordem? Espero não ter problemas na Wyn, mas isso é possível. Fiz Carl prometer que me deixaria vê-lo e explicar suas virtudes para ele antes de levá-lo ao escritório, uma vez que ele é facilmente subjugado por profecias violentas de catástrofe total ao menor sinal de dificuldade; e isso se deve a ele estar na posição nevrálgica de centro de todas as questões práticas. Gostei de toda a prosa que você me enviou até agora. Enviei sua carta para Williams. Espero que ele se torne seu aliado. Possivelmente vamos precisar de um. Queria ter mais experiência e autoconfiança no que diz respeito a lidar com o livro de Bill.

Desculpe-me por ser tão estúpido com relação a Paris, eu estava falando diretamente e via a possibilidade de Paris sem poesia como uma possibilidade real e ela estava pesando nos meus pensamentos. Estou enviando um conto que acabei de escrever para a competição do *New Story* (endereço: Competição do Jovem Escritor New Story, Boulevard Poissoniers, 6, Paris 9, França). O primeiro prêmio é uma viagem de ida e volta a Paris mais um mês vivendo às custas da *New Story*. Minha história se chama "O Monstro de Dakar", sobre uma viagem marítima, uma busca fútil por caronas e garotos em Dakar, terminando com um encontro secreto à luz da rua arranjado por um gigolô para mim com um idiota mongoloide, o único que transaria comigo. O máximo são sete mil palavras e Saroyan é um dos juízes. Sugiro que você também participe se conseguir lembrar ou inventar uma história desse tamanho. Precisa ser feito e postado até 1º de maio. O segundo lugar é um prêmio em dinheiro. Um de nós pode vir a ganhar algo. Talvez até mesmo acabemos em Paris.

Sou sortudo por ser bem cuidado, mas é só temporário, a não ser que eu queira me tornar o idiota do vilarejo de Paterson, parasitando minha família e comendo o pão da casa e tendo que obedecer meu pai e viver sob os ditames dos outros. Preciso sair disso e me tornar independente, como você também precisa; só não sei como, mas preciso, e para mim é ainda mais importante do que escrever, embora escrever possa ser a minha forma de obter independência.

Carl está chateado que você esteja passando fome e que sua mãe fique com seu dinheiro. Por que não o usa você mesmo? Você está num buraco maior do que o da sua mãe. Falei para Gene [Brooks] sobre a esposa e ele disse que você deve ou mudar de endereço para se manter seguro ou enviar dinheiro a Joan [Haverty] (de outra cidade postal) conforme o acordo. Se quiser ficar no país, seguro e sem ansiedade, este é o único jeito. É melhor você aplicar o dinheiro da Wyn nisso. Tudo bem visitar Bill, mas não faz diferença, você está num buraco que faz com que você precise buscar segurança. Você está se deixando emaranhar demasiado num destino triste. Precisa trabalhar numa saída mais livre e feliz. Relate-me detalhadamente sua situação financeira e a de sua mãe, e também com respeito a Joan. Vamos achar um jeito de limpar as coisas antes que tudo se adiante, e a escrita se torne paranoica, e a vida uma droga. No fim das contas é apenas uma questão de dinheiro suficiente para viver e pagar a pensão. Não caia em depressão por nada. Fiquei chateado com a tristeza das suas últimas cartas. Isso é apenas uma situação externa, não é absoluta e não é um destino fixo para você a não ser que você deixe que se torne um estado fixo. Não estou sendo moral-analítico. Nenhum de nós é rápido e forte o suficiente para lutar com a sociedade para sempre, na verdade, é triste e cinza demais. Achei que ultimamente você estava se sentindo muito louco, e estou estendendo uma mão amiga. Relate a situação real como você a vê, e talvez possamos descobrir uma saída; conseguir mais umas pratas da Wyn, talvez. Nunca mais vamos conseguir talvez ser inocentes; temos que talvez fazer nosso próprio lar. (Esta última frase um abstrato lírico.) Mas não podemos deixar a situação à deriva até que se torne insustentável. Temos muito o que fazer além de sofrer.

Por falar nisso, se você conseguir uma cópia da *American Mercury* de abril de 1952, tem uma historieta arrogante sobre mim nela, escrita por Herb Gold (intitulada "Defeito que se amplia", como o giroscópio que se abre) que é ainda mais desagradável do que o livro de Holmes. Que fama. É mesmo sobre mim. Eu não resenhei o livro desse desgraçado para a *Commentary* seis meses atrás porque não gostei do livro e não quis me incomodar dizendo algo pouco simpático ou negativo, por princípio. Mostra a diferença de nossas educações. Ele me escreveu um pedido de desculpas (enviei um postal dizendo que a história era muito ruim e que ele estava fincando agulhas no meu boneco de cera) dizendo que ele a escreveu por dinheiro e que na verdade não era sobre mim, mentiroso burro. Isso me colocou numa posição dostoievskiana danada. Se eu escrever para ele de novo, vou ter que provar que a história cheia de insultos era mesmo sobre mim.

A esposa de [Alan] Harrington (conhece ela?) está com tuberculose e foi para um hospital, mas eu não o vi ainda. Nunca vejo Jose. Lucien me pediu para dizer a você que ele sentia muito também você não ter estado aqui, e que ele bebe até cair com você quando você quiser, mesmo que seu estômago esteja tão grande que "encha você todo por dentro". Ele foi ao circo num encontro de casais comigo e a antiga colega de quarto de Cessa, e quando alguém foi chamado pelo sistema de som ele disse "meu Deus, mamãe aprontou de novo, lá foi ela pelada para a Grand Concourse de novo."

[...]

Concordo com o que você disse sobre Holmes. Porém, ele mantém muito segredo. Está morando sozinho agora, supostamente tem uma namorada, mas nunca diz nada, ninguém sabe o que ele está fazendo. O mais misterioso de todos. Mas um escritor ruim.

[...]

Carl é um amigo, mas está trabalhando para uma editora; ele mesmo está bem, mas tem deveres que podem temporariamente estar contra nossos interesses; por exemplo mudanças no livro de Bill, necessárias, acham eles, talvez corretamente, devido às questões econômicas de publicação. Portanto tenho lidado com ele como alguém com quem você precisa lidar, embora ele seja um amigo. Ele não é você, você não é ele. É assim que precisa ser. Só entre amantes podemos nos considerar uns como sendo os outros. Editores não são amantes. Eles não poderiam permanecer no negócio se fossem. Porém, não são infalíveis em seus negócios. A questão é que tudo precisa ser pacientemente trabalhado. E, é triste e verdadeiro, você sabe que frequentemente seus interesses de negócios na verdade não são compatíveis com o que é artisticamente e honestamente verdadeiro ou belo a longo prazo. Não é sempre incompatível, só às vezes: por exemplo, eles não poderiam ter publicado Genet sem modificações, ou acabariam na cadeia. Ou, nesse momento, nem poderiam publicar meu livro, já que não daria lucro. Eu entendo isso como ok. Eles não podem. Como você não pode parar de trabalhar ou perder o trabalho. Eles não querem perder negócios, e eu não quero que percam; só quando não gosto deles mesmo. Isto é algo conservador que Alan Ansen me ensinou. Alan é reacionário como Lucien, ou seja, realista.

Jean Genet está na cadeia na França neste momento, numa acusação de assassinato, Carl descobriu por seus editores aqui. Existencialistas católicos (François Mauriac) querem cortar sua cabeça. É uma grande batalha literária. Sartre está tentando salvá-lo. Dias de morte muito selvagens para ele. Acho que ele quer morrer como Cannastra. Não sei nada além disso. Escreva para [Bob] Burford? Soube de Seymour [Wyse]? Eu sim, ele está bem, e disse que escreveu para você. Vi Ed White. Não tenho muito a dizer. Vamos nos encontrar de novo para uma conversa de bêbados.

  Com amor,
  Allen

Vou apanhar o manuscrito com a sua mãe em breve. Preciso contar a Lucien, trazê-lo para o nosso lado. Juro que ele é do tipo que processaria de qualquer forma. Vou olhar o livro e avaliar a situação antes de deixá-lo a par.

Ok, Corcunda, perguntarei a Williams. Parece-me louco, louco demais, mas quem sabe?

Richmond Hill: não consigo mais, só em momentos de extremo ócio. Talvez seja o segredo de eu estar pirado. Momentos antes disso, passou por mim, me derrubou, abriu meus olhos. Agora eu olho para alguma coisa, é só uma árvore morta, ou a ideia de uma árvore morta, mas não uma presença viva, a não ser que eu faça brincadeiras com minha mente; e as brincadeiras da mente nunca são tão visionárias como aquelas que varrem os incautos e autênticos.

NÃO RESPONDA MINHAS CARTAS só dê uma ligada, respondendo perguntas específicas. Quando você se vai pro México?

Jack Kerouac [Cidade do México, México] para Allen Ginsberg [Paterson, Nova Jersey]

10 de maio de 1952

10 de maio
a/c Williams (Burroughs)
Orizaba, 210, apto. 5
Cidade do México, México

Caro Allen,

Levou dez dias para eu e Bill encontrarmos essa maravilhosa máquina de escrever e uma fita, e só recentemente continuamos a trabalhar em nossos respectivos livros.

Não tenho ideia de como seria possível que Hilda, a amiga sereia de Joan [Haverty] de Albany (você lembra, a morena) escrevesse, um mês atrás, uma carta para a esposa de Kells dizendo a ela que eu estava vindo para o México a não ser que alguém em Nova York que conhece meus movimentos esteja informando ela e talvez Joan, não que isso importe, mas por quê? Tente descobrir esse vazamento para mim, não está certo.[18]

Neal me abandonou em Sonora, Arizona, na fronteira do México. Ele tirou todos os assentos do carro (uma caminhonete fechada) e tinha travesseiros e bebês e Carolyn toda cigana e feliz na parte de trás. Abandonei o feliz casal doméstico e comecei minha nova aventura na aurora. Cruzei a cerca de arame até Sonora (era em Nogales, Arizona, me corrijo, era para Nogales Sonora que fui). Para economizar dinheiro comprei passagens de ônibus baratas para o sul... e acabou sendo uma Odisseia de sacolejar por estradas sujas através de selvas e correndo atrás de ônibus para cruzar rios em jangadas improvisadas com algumas vezes o próprio ônibus cruzando a parte rasa do rio até cobrir as rodas, fantástico. Eu logo fiquei ligadão, lá pelas Guyamas, com um mexicano esperto chamado Enrique, ao perguntar a ele na frente de um cáctus nepal se ele já tinha experimentado o peiote; e ele tinha; e ele me mostrou que também era possível comer o fruto do nepal pelo gosto; mescal é o cactos peotl. Ele começou a me ensinar espanhol. Tinha um dispositivo de reparo de rádios de ohms e amperes para manter as aparências, e era também uma de suas profissões (ele tem 25) mas no fim acabamos utilizando-o para, *pour cacher la merde*, se é que me entende, que ele descolou num vilarejo oriental ou cidadezinha chamada Culiacan, o centro de ópio do Novo Mundo... eu comi tortilhas com carne em cabanas de pau africanas no meio da selva com porcos roçando as minhas pernas; bebi mais pulque de um balde, fresco direto da colheita, da planta, sem estar fermentado, o leite puro do pulque te deixa risonho, é a melhor bebida no mundo. Comi frutas novas esquisitas, erenos, mangas, de todos os tipos. Na parte de trás do ônibus, bebendo mescal, cantei o bop para os cantores mexicanos que estavam curiosos com relação ao que seria; cantei "Scrapple from the Apple" e "Israel" de Miles Davis (desculpe-me, foi escrito por Johnny Carisi, que conheci uma ocasião em Remo) (vestindo um casaco quadriculado com um colarinho de pele). Eles me cantaram todas as canções, fizeram aquela risada chorada mexicana "Ah a ya ya yay yoy yoy"; em Culiacan saímos do ônibus, eu, Enrique e seu amigo de 17 anos e dois metros de altura, o índio Girardo, como um safári e começamos pelas ruas de adobe da meia-noite direto para as cercanias quentes e indígenas da cidade; próximo do mar, no trópico de câncer, noite quente mas agradável, nada de Friscos, nada de neblina. Chegamos a um espaço gigantesco entre a cidade de barro e umas cabanas e cruzamos na luz do luar, uma luzinha fraca lá longe, numa cabana de pau; E. bateu; a porta foi aberta por um índio vestido de branco com um enorme sombrero mas com rosto carrancudo e olhos de escárnio. Alguma conversa e entramos. Na cama estava sentada uma gordinha, a esposa do índio; e então seu camarada, um índio de cavanhaque (não por estilo, mas porque não se barbeava) junky-descolado, de fato um comedor de ópio, de pés descalços e esfarrapado e sonhando na beira da cama, e parecido com Hunkey, e no chão um soldado bêbado

---

18. Kerouac estava tentando evitar Joan Haverty, sua segunda esposa, durante este período.

cheirador que havia acabado de comer um pouco de O [ópio] depois de um porre. Sentei na cama, Enrique agachou-se no chão, o grande Girardo ficou num canto como uma estátua; o anfitrião, escarnecido, fez vários comentários irritados; traduzi um desses comentários, "esse americano está me seguindo desde a América?". Ele uma vez tinha estado na América, em L.A., por talvez doze horas, e alguém apressado... bem, ele o herói dos heróis da tribo que já se foi das Tardes Mexicanas dos Felás e do México (vi a Estrela do Senhor de um ônibus) me mostrou um medalhão que tinha sido arrancado do pescoço dele ou de outro arrancado, veja, mas acho que foi arrancado dele, mas ele o recuperou e me gesticulou mostrando como esse americano (talvez um policial) o arrancou de seu pescoço em L.A., foi isso que ele fez, foi crucificado em Los Angeles e retornou para suas Cabanas da Noite. Assim essa raiva... compreenda, Allen, que tudo seguia num dialeto índio do espanhol, e eu consigo entender tudinho, quase perfeitamente, com minha mente franco-canadense no meio do vilarejo de Dakar.

Pensei que estava além das correntes de Darwin,
Um Jesus Cristo fluorescente no espaço, não um campeão da noite dos Felás
Com minha mente franco-canadense

E então o Escarnecido, que era muito fortão e bonitão, me deu uma pelota e instruiu meu garoto Enrique (que estava agachado no chão pedindo pela amizade e esfriando os ânimos mas que teve que passar por certos testes, exatamente como quando duas tribos se encontram) e então eu olhei para a bolinha e disse ópio, e o Escarnecido riu e ficou feliz; sacou a erva, enrolou vários baseados, colocou algum O neles, e os passou por todos. Fiquei chapado no segundo pega; eu estava sentado bem ao lado do Santo Índio do Ópio, que, quando conseguia interromper a conversa, fazia comentários vazios ou talvez místicos que eles sendo práticos evitavam – todos, inclusive o jovem Girardo, loucões. Fiquei chapado e comecei a entender tudo que diziam, e disse isso a eles, e conversei com eles em espanhol, Escarnecido trouxe uma estátua que ele tinha feito em gesso... você a girava e ela virava um pau enorme; todos eles colocaram em frente às braguilhas para me mostrar, sérios, rindo só um pouco, e do outro lado havia, acho, uma mulher ou uma figura humana de algum tipo. Eles me disseram (levou só meia hora, enquanto eu escrevia no meu caderno) que em espanhol a outra palavra para gesso era yis, ou Gis. Mostrei a eles coisas como Zotzilaha, o Deus Morcego, Yohualticitl, Senhora das Luzes, Lanahuatl, Senhor dos Leprosos, Citalpol, a Grande Estrela; e eles assentiram (mostrei dos meus cadernos). Eles então aparentemente falaram sobre política, e num momento, à luz de velas, o anfitrião disse "a terra era nossa", *"La terra esta la notre"* ou sei lá... ouvi claro como um sino e olhei para ele e nos entendemos (com relação aos índios, digo) (e no final das contas minha tataravó em Gaspe, 1700, veja bem, era índia, e casou com meu ancestral barão francês) (mas isso é o que dizem na minha família) – e então já era hora de dormir, os três viajantes foram para a cabana de Hunkey onde me deram uma escolha de cama ou chão, e a cama era uma paleta de palha sobre varetas cruzadas com um pedaço de papelão para isolar sobe o qual o São Junky mantinha os aparelhos e pertences. Ele estava oferecendo essa cama para nós três, era pequena demais, então nos esticamos no chão usando a minha bolsa como travesseiro comum, eu disputei com Girardo pela posição de fora, me deitei, e Hunkey saiu para pegar alguma coisa, e apagamos a vela. Mas antes disso Enrique prometeu me contar todos os mistérios daquela noite pela manhã, mas depois ele esqueceu. Eu queria saber se havia uma alguma organização subterrânea secreta de índios descolados e pensadores revolucionários (todos eles tirando sarro de americanos descolados como John Hoffman e Lamantia, que não vieram até eles por baratos ou para descolar, mas com grandes pretensões de erudição e superioridade, e foi isso que o Escarnecido indicou) e não com amizade pura ao estilo Allen Ginsberg na esquina da Times Square, que é o que estes índios é claro querem, veja, nada de bobagens, eles precisam de Hunkies) (em Frisco, na última semana em que visitei Lamantia com Neal, ele estava vivendo no antigo castelo de pedras de Hymie Bongoola (você conhece o nome [Jaime de Angulo]) que tem uma vista para Berkeley. Ele estava lendo *O livro dos mortos*, reclinado num suntuoso sofá com o livro e o gato angorá canceroso de quatorze anos de idade de Hymie, e uma lareira e móveis finos e nos chapou, três amigos da Universidade da Califórnia apareceram, um cursando psicologia que é, parece, o seu próprio Burroughs, um alto e bonito dono da casa (que é uma espécie de Jack K.) (deitado no chão e talvez também dormindo, mas quem sabe amante dele) e um jovem e animado garoto inteligente que era como você; era este o círculo dele, e é claro ele estava sendo Lucien, eles falaram sobre psicologia em termos de "de novo vi aquele fundo preto no rosa peotl de ontem," "Ah, tudo bem (Burroughs) não vai te incomodar por um tempo" (ambos rindo) e então: "Experimentem essa nova droga, pode matar, mas é o maior barato de todos, cara" (risada, se virando, ele é muito odioso e serpentino, Lamantia, muito inamistoso, muito veado, encostei de leve na mão dele enquanto passava o baseado e ela era fria e reptiliana). Ele me mostrou poemas sobre as tribos indígenas da planície de San Luis Potosi, esqueci o nome da tribo, eles tratam das visões de Peotl que ele teve, e eles, os versos são,

    dispostos
        assim
            só que mais complicados, para dar um efeito.

Mas eu fiquei desapontado com Neal naquela noite por não curtir [?] e só ficar no chão a noite toda falando sobre [?] merda, "Chug chug, aí está o engenheiro, fácil como você [?] e disse isso para ele mais tarde, nós parecíamos dois camponeses italianos a quem havia sido permitido pelos nobres locais do castelo conversar com eles por uma noite e que haviam fracassado em função de Guidro só falar da charrete e do cavalo o tempo todo. Isso deixou Neal louco e na noite seguinte, pela primeira vez em nossas vidas, brigamos – ele se recusou a me levar até Lamantia. Ele compensou no outro dia (a pedido de Carolyn, porque ela ama a nós dois) ao nos pagar um jantar chinês, o meu favorito. Mas quando deixei Neal em Nogales senti uma corrente subterrânea de hostilidade triste e também que ele havia me largado ali rápido demais, em vez do piquenique que tínhamos planejado ao lado da estrada no Arizona ou até mesmo no Vale Imperial. Então é isso, não sei. Mas Neal estava muito bem e estava generoso e bondoso e minha única reclamação é barata, ou seja, ele nunca mais falou comigo, só "sim, sim", quase rasteiro, mas ele estava ocupado, mas ele está morto, mas ele é nosso irmão, então tudo bem, esqueça. Ele precisa de outra explosão, posso dizer isso a você; agora ele está todo neurótico totalmente voltado para as questões práticas materialistas de dinheiro e ansiedades de roubar mercadorias na vendinha e nada mais do que isso. Carolyn precisa ficar em casa por meses inteiros enquanto ele trabalha o dia inteiro, sete dias por semana na ferrovia e em outros trabalhos, para pagar por coisas que eles nunca usam, como carros e nada para beber dentro de casa, nada de licorzinho, nada e Neal nunca está. Isto foi o que observei; Carolyn é uma grande mulher. Acho que vai funcionar quando eles se mudarem para San Jose, no campo, e quando C. puder ao menos cuidar de um jardim e se refestelar um pouco no sol, já que não tem sol onde eles moram, não tem nada, embora eu nunca tenha estado tão feliz em minha vida como naquele sótão esplêndido com a 11ª edição da *Enciclopédia Britânica*... mas minhas reclamações são o de menos, e gostaria de dizer a você pessoalmente mais tarde, e você vai entender, não quero parecer um cunhado ingrato falando mal pelas costas deles, e eu não sou, eu estava feliz e seguro pela primeira vez em anos e a primeira coisa que Neal disse foi "Faça o que cê quiser, cara". Mas de volta a Culiacan: a vela apagada, e eu ainda acordado por mais uma hora ouvindo os sons da noite no vilarejo africano; passos apertados próximos de nossa porta, nós três atentos; e então seguiram; e sons, ritmos, feras, insetos. Hunkey voltou e dormiu, ou sonhou. E na manhã todos pulamos da cama ao mesmo tempo e esfregamos os olhos. Dei uma cagada numa latrina indígena de pedra de 1000 anos de idade. Enrique saiu e me conseguiu umas 50 gramas de bagulho pelo equivalente a uns três dólares, que é bem caro para os parâmetros de lá, mas eu tinha grana e eles sabiam. Então fiquei chapado de novo e sentei ouvindo, agachado, aos sons da tarde no vilarejo, que é um som suave, arrulhado, africano, dos Felá, de mulheres, de crianças, de homens (no pátio estava o Escarnecido com uma lança quebrando gravetos no chão com grandes golpes de mira perfeita, rindo e conversando com outro cara segurando uma lança, louco); Hunkey só sentado na cama com os olhos abertos, imóvel, um Francis místico louco, te digo. Enrique fechava enormes baseados indígenas, e ria dos meus fininhos americanos. De fato eles os fecham exatamente do tamanho de Lucky Strikes, redondos e firmes, para que possam fumar despercebidos na rua. Então tive uns tremores (de não comer e de balançar por dias a fio) e eles ficaram me olhando; eu suei. O Escarnecido saiu e comprou comida quente para mim; comi feliz; eles me deram pimentas fortes para ressuscitar meu sistema; tomei um refrigerante com a refeição; eles seguiram correndo atrás de sopa etc. Eu os ouvi chapados de erva discutindo sobre quem tinha cozinhado... "Maria"... e eles fofocaram sobre ela; vi complexidades enormes de fofocas indígenas sobre casos de amor etc. A esposa de Hunkey veio para dar uma olhadinha risonha em mim; me curvei. Então fui cercado por policiais e soldados. E, adivinhe: tudo que eles queriam (embora meu coração tenha parado) era um pouco de erva; dei um bocado para eles. "Finalmente vou ser preso no México" foi o que pensei, mas não aconteceu nada, e fomos embora, fizemos safari, dissemos tchau e corta; no calor do dia Enrique nos fez parar numa igreja velha por um minuto para descansar e rezar; então seguimos, deixamos Girardo em Culiacan com erva e vinte pesos, ele pegou um ônibus para Mazatlan, fomos entretidos por um jovem intelectual empregado da empresa de ônibus (dois missões laranja) (na calçada um café louco) disse que tinha lido Flammarian... disse a ele que lia existencialistas, ele assentiu e sorriu. Em rota para Mazatlan Enrique conheceu uma mulher que nos ofereceu casa e comida por dez pesos em Mazatlan por uma noite, Enrique aceitou, porque ele queria dormir com ela, mas não me senti bem sendo um voyeur de amantes hispânicos, mas concordei; em Mazatlan levamos nossas tralhas para a casa da tia dele nas favelas de Dakar (você sabe, Mazatlan é exatamente como uma cidade africana, quente e nivelada, sem quaisquer turistas, o melhor ponto no México, mas ninguém sabe disso, uma poeirenta e louca cidade selvagem à beira de Acapulco) e então Enrique e eu fomos nadar, queimamos umas bombas na areia, nos viramos e [?]

"Veja as muchachas no centro do mundo" – três pequenas garotas bíblicas em roupões e (não sei por que estou escrevendo isso, tenho que datilografar meu texto) Me deixe terminar, em vez de passar a noite com a garota insisti que fôssemos direto para Guadalajara, já ansioso, quanto mais próximo chegávamos, para ver o Campeão Bill. Então ele deu um beijinho de tchau para ela e ela ficou furiosa e gritou comigo, mas fomos, e na manhã Guadalajara, onde vagamos no mercadão comendo frutas. A praia em Mazatlan, de quando olhamos as garotas oito quilômetros para trás, e os cavalos vermelhos, marrons e pretos à distância, e os touros e as vacas, as verduras enormes, as planícies, o grande sol se pondo no Pacífico atrás das Três Ilhas, e foi um dos grandes momentos místicos ondulantes da minha vida – eu vi naquele momento que Enrique era fantástico e que os índios, os mexicanos eram fantásticos, diretos, simples e perfeitos. Mais para o fim da tarde, no ônibus de Guadalajara (por falar nisso passamos pelo Ajijic, um pequeno vilarejo de pedra de Helen, mas correndo) eu dormi; não há nenhuma província ou terra mais linda do que Jalisco, Sinaloa é também adorável. Chegamos à Cidade do México perto da aurora. Para não acordar Bill, fomos caminhar pelas favelas e dormimos numa espelunca de criminosos por cinco pesos, era toda feita de pedra e mijo, e fodida, e dormimos num quarto horrível... ele pediu para que nos cuidássemos com o atirador. Por razões óbvias, evitei que ele soubesse o endereço de Bill, e disse a ele que o encontraria mais tarde naquela noite, em frente ao correio, e fui até Bill com minha mochila, com o pó do México nos meus sapatos. Era sábado na Cidade do México, e as mulheres estavam fazendo tortilhas, o rádio estava tocando Perez Prado, comi um doce em pó de cinco centavos que já tinha experimentado dois anos atrás com o pequeno Willy do Bill; cheiro de tortilha quente, as vozes de crianças, os indiozinhos assistindo as crianças bem-vestidas das escolas espanholas, grandes nuvens do platô sobre finas árvores matinais e o futuro.

Bill estava como um gênio louco num quarto sujo e bagunçado quando cheguei. Estava escrevendo. Parecia doido, mas tinha os olhos inocentes e azuis e belos. No final das contas somos melhores amigos. No início me senti um tolo abatido trazido até um fracasso distante numa terra de centopeias, vermes e ratos, loucos com Burroughs no quarto, mas não era isso. Ele me convenceu a ficar com ele em vez de sair com Enrique, e de algum jeito fez com que eu não encontrasse o rapaz naquela noite, e não vi Santo Enrique mais desde então. É isso, um cara que poderia me ensinar onde, o que comprar, onde morar, por nada por mês; mas em vez disso foquei minha mente de novo no grande St. Louis da aristocracia americana e tenho ficado aí desde então. Não foi a decisão correta? O garoto, digo, me sinto mal por ter furado com o rapaz – mas Bill não pode ter nenhum contato além de Dave[19], já que sua posição é delicada. *Queer* é melhor do que *Junk* – e acho que foi uma boa ideia juntar as duas coisas, já que com *Queer* podemos esperar que os grandes Wescotts, Girouxs e Vidals o leiam avidamente, e não só sujeitos interessados em junkies, né? O título? "Junk ou Queer" algo assim... hei? JUNK OU QUEER OU JUNK, OU QUEER JUNK E QUEER e de qualquer jeito o título deve indicar ambos. Bill está ótimo. Melhor do que jamais esteve. Sente muita falta de Joan. Joan o fez ficar tão bem, vive nele demais, vibrante. Fomos juntos ao Balé Mexicano, Bill dançou para pegar um ônibus e fomos num fim de semana para Tenecingo nas montanhas, demos uns tiros (foi um acidente, sabe, não há dúvida a respeito disso em lugar algum)... No cânion da montanha havia um abismo. Bill estava bem alto nas escarpas, caminhando com passos trágicos; separamo-nos no rio – pegue sempre a rua à direita, disse Bill na noite anterior sobre a estrada de terra e a estrada normal de asfalto até Tenencingo – mas agora ele pegou a estrada à esquerda, indo pela margem do rio até a boca da queda, e de volta, até a estrada, evitando o rio – eu queria, na suavidade inexpressível do dia bíblico e tarde de Felás lavar meus pés num lugar onde as donzelas tiravam a roupa e sentavam numa pedra (limpei as aranhas dela primeiro, mas eram apenas as pequenas aranhas que cuidam do rio das doçuras, riacho de Deus, Deus e mel, no fluxo do ouro, a pedras eram suaves, a grama chegava até os lábios, lavei meus pobres pés, caminhei ao longo de minha Genesee e me encaminhei para a estrada (meus sapatos têm buracos agora, e cheguei aos meus últimos dez dólares nessa terra estrangeira) e fui apenas uma

---

19. Dave Tercerero era amigo de Burroughs e traficante na Cidade do México.

vez interrompido pelo cânion, onde as profundezas e a tragédia me fizeram dar umas voltas, encontrei Bill numa sorveteria em Tenencingo, esperando por mim. Voltamos naquela noite mesmo, depois de banhos turcos etc. O Marker de Bill [Lewis Marker] o abandonou; até agora estive com duas mulheres, uma americana de peitos enormes e uma puta mexicana maravilhosa numa casa. Encontrei vários americanos fantásticos... mas foram todos presos ontem por causa da erva, mais tarde digo os nomes deles a você (Kells [Elvins] estava entre eles, como se Kells fosse um maconheiro) (ou traficante) Bill e eu estamos limpos, na boa; temos Dave [Tercerero]. Eu e Bill queremos uma carta enorme de você sobre a situação com a Wyn, para nós dois (logo, logo sai meu manuscrito, 550 páginas); mais notícias sobre o crime doloso de [Jean] Genet? Notícias sobre tudo, e mais uma vez quero saber onde estão as primeiras 23 páginas de On the Road, merda! (Você põe para mim no manuscrito?)
    Escreva
J.

Allen Ginsberg [Paterson, Nova Jersey] para Jack Kerouac [n.d. Cidade do México, México?]

416 Leste da Rua 34
15 de maio de 1952
meio-dia
Paterson, N.J.

Queridíssimo Jack:
    Acabei de receber sua carta, que respondo imediatamente. Adivinhei que você estaria no México; esta viagem foi monumental, segui no mapa. Eu e Lucien fomos para Mazatlan no verão passado também, via Ajijic e Guadalajara (Ajijic, você sabe, ponto de encontro dos subterrâneos). Mas ninguém mais vai para Culican por Sonora, ninguém mais, é tudo desconhecido.
    Devo ter sido eu quem vazou a informação de alguma forma. A não ser que se torne impossível devido à presença da esposa de Kells, vou despistar seu paradeiro perante todos, anunciando para o mundo (Seymour [Wyse] em Londres, [Bob] Burford em Paris, e todos em NY) que você se mandou.
    Sua visão do México é a melhor que já li.
    "Pensei que estava além das correntes de Darwin" é também uma expressão marcante, tem mais versos assim?
    Conheço aquela pedra no Neal, e é ele mesmo em seu destino que torna o amor impossível após certo ponto; mas tudo bem porque é onde outro Neal desconhecido começa (e escreve), e quem sabe o que aquele capuz esconde daquela identidade, que nojo do mundo, ou que brilho pétreo.
    Não posso ir ao México porque tenho muito medo de sair na noite de

novo, medo da morte talvez, ou do esquecimento além da pálida doçura da vida cotidiana em Nova York. Não quero me sentir sozinho no escuro à mercê de você e de Bill – pois eu não tenho meu próprio dinheiro – viajando cada vez mais fundo e mais distante do mundo que conheço e amo um pouco. Sua carta foi monumental e assustadora para mim, queria imediatamente descer para aí, bem como você disse, feliz e alegre, mas em vez de uns baratos na boa teria medo dos chutes que a polícia dá nos vagabundos, dos dias sem dinheiro algum e esfarrapado. Não tenho escrito muito, só umas poucas horas por dia – depressão, abatimento, o desconhecido; também não quis ligar para meus familiares para pedir ajuda, mas acho que terei que ligar, tudo isso, infantil e timidamente pálido. Lembro-me da viagem com Lucien como grandes baratos e tormentos contínuos de ameaça de morte. Não seria capaz de aguentar o meu desespero se eu pensasse não numa estrada aberta mas sim no mergulho fundo na noite. Vou aí assim que eu tiver dinheiro suficiente para conseguir relaxar. Ainda estou traumatizado e impotente com os apocalipses da Av. York, e as prisões e advogados, [Bill] Cannastra, Joan [Burroughs]. Não sei o que penso, mas suas cartas me deixam com muito medo, por você, embora eu entenda a grandiosidade do cenário todo, e eu saiba dentro de mim mesmo que se eu adentrasse essa casa seria o maior encontro que jamais tivemos. Ah, me deixe hesitar enquanto meu destino está cada vez mais fixo antes que eu vá para o outro lado.

> Meu coração afundou batendo
> e mel encheu meus membros
> quando deitamos juntos
> entre os braços meus e teus;
>
> tanta alegria
> atada em nosso abraço
> pesou nas coxas nuas
> como na nudez da alma.
>
> Ah, Davalos[20], tua aparência!
> tua visão, é tarde demais;
> O peso se foi,
> Se foi para a noite.

A antepenúltima linha não está boa, e não consigo pensar em outra nesse momento. Encontrei-me com Dick Davalos em Remo outra noite, e nos encaramos e trocamos cumprimentos em voz baixa, e nos encontramos numa noite chuvosa dois dias mais tarde na Av. Lexington e fomos para casa e ficamos juntos

---

20. Dick Davalos foi um amigo e ator com quem Ginsberg teve um breve envolvimento.

de novo. Quase apaixonados novamente, mas a doçura espontânea de nosso primeiro encontro não durou, as nuvens apareceram, e não consigo deleite quando a satisfação se apresenta aos meus olhos, como se o acidente, e depois a imaginação, fossem mais aptos para o sentimento do que para o encontro marcado mais tarde. Vou encontrá-lo amanhã à noite e ler sua carta para ele. Ele pergunta por você, continuou indo ao Bar Lex para nos encontrar por meses depois daquela vez, e nunca recebeu um convite para a festa de Ação de Graças. Explique tudo para o Bill.

[...]

Quando nos encontrarmos vou contar sobre nossa Mazatlan, sim lembra das Três Ilhas, a maior visão da terra que eu já tive (exceto traseiros do Harlem) foi a grande ondulante planície de Espanha entre Tepic e Guadalajara, uns poucos quilômetros nas redondezas de Tepic – seguimos pela encosta no pôr do sol, a maior planície gramada que eu já vi, vinda das montanhas, enormes massas de nuvens no meio, entre a terra e o céu, e você podia ver atrás das nuvens que estávamos no topo, e víamos pouco a cidade perdida de Tepic escondida pela distância. E você lembra, naquela área, uma estrada subindo uma miniatura de montanhas, e um reino inteiro de cabanas ao longo da colina de mata densa?

Você está tão só na sua lavagem de pés no riacho perto de Tenincingo numa tarde eterna, deve ter chegado ao estado maduro da solidão do universo nesse momento.

Saber da prisão de Kells [Elvins] foi horrível, me escreva o que aconteceu com ele, o que ele disse. Mande meus cumprimentos.

Nada ainda sobre Genet, mas estão planejando publicá-lo em livros de bolso disponíveis em todas as farmácias nos Estados Unidos, ideia de Carl.

Agora, como escrevi para Frisco duas ou três semanas atrás (acho que depois de você já ter se ido), encontrei as primeiras 23 páginas de *On the Road*, Carl as enviou para Frisco, indo contra meu conselho, mas está em boas mãos e eu vou escrever e fazer com que sejam devolvidas para cá. Se você as quiser, me avise que eu as envio para você aí.

Tudo com a Wyn está na dependência do manuscrito ser recebido. Envie livros assim que puder. Nada de novo aqui desde que escrevi para Bill da última vez. Mas peço que envie o livro diretamente para mim de forma que eu possa lê-lo antes de Carl e preparar a situação em caso de problemas. Eu sei o quanto o livro é bom e quero que ele esteja pronto o mais breve possível, já que Carl pode vir com problemas, já que como já disse ele está preso nos emaranhados comerciais (você não tem ideia do quão emaranhado é esse negócio), então se você não tiver nenhum problema com isso, envie para mim em Paterson que eu passo para Carl. Não cobro nada para agenciar etc. só quero fazer com que tudo dê certo com o editor. Carl já se preocupa e fala de revisões, com uma taxa contratual de 100 por mês.

Mais nada acontece por aqui, só tensão no ar. Meu livro não foi aceito. Vi Louis Simpson, ele queria o seu livro, o mesmo na verdade ocorreu com Scribner, então não se preocupe, mas eu gostaria de ter visto o contrato.

Estou em contato com Burford, escrevi para ele, pedindo para editar um número da *New Story*: e assim vou publicar Carl, eu mesmo, você, Bill, e Huncke (e talvez Harrington e Holmes e Ansen) todos juntos numa edição de fazer fila no quarteirão.

Estou cada vez mais interessado e preso à sua ideia de croquis. Por favor, me relate os conteúdos e por onde andam seus trabalhos. Meus próprios poemas são, em teoria, na maior parte como seus croquis em segmentos.

Anexo uma cópia da foto que você me enviou, tenho ótimas e belas cópias extras, algumas ampliadas, além do negativo, assim nunca se perderão. Uma ampliação, de figuras monumentais, está na minha mesa em Paterson exatamente nesse momento.

Seus planos me parecem ótimos; prometo me juntar a você talvez daqui a um ano quando amadurecer o momento. Sinto estar perdendo muito. Mas como eu poderia ir até aí ficar com vocês sem dinheiro algum, só com os magros cheques do seguro-desemprego e nenhuma perspectiva senão depois de publicar meu livro? Você e Bill vão me sustentar? Preciso verificar como estão as suas próprias finanças.

Diga a Bill que você não deve se picar, de forma alguma, Jack, Ti-Jean, não se pique por aí.

Sim, eu não tolero mudanças no livro além do esclarecimento de algumas frases ou referências: por exemplo, tenho alguma dificuldade em compreender suas cartas (principalmente por causa dessa linguagem de Esopo, falando de C. [maconha] e O. [ópio])

Recebeu minha última carta? A que enviei para Frisco? Neal vai enviar para você?

Tudo bem, vou mostrar sua carta a Carl e vou relatar os desdobramentos na medida em que ocorrerem. Diga a Bill que não há nada de novo, só esperando por *Queer*. Também enviei seu conto para a *American Mercury*, e se ele não for aprovado vou usá-lo na *New Story* ou na *Hudson* ou em algo assim.

Se segurem aí, pessoal, e pelo amor de deus não se metam em enrascadas, isso acabaria comigo.

Amor,

Allen

Veja o quanto estou neurótico com esse comércio da edição: se eu não topar, sei que nada vai acontecer. Tão logo eu estabeleça a posição e a reputação de todos, vou estar numa posição melhor. Mas tudo morreria em NY se eu não estivesse por aqui para cuidar dessas bagunças. Estão todos em outros mundos.

P.S. Davalos é um lance secreto aqui em NY. Não o mencione nas respostas por carta, a não ser em código – talvez dargelos. (La Coq du Classe). Quero ir até o Amazonas, (e ainda vou fazer isso um dia). Vi Ed White, recebi uma carta de Seymour – que nunca diz nada exceto "Como você está, meu velho?". Ele está indo para Paris para se encontrar com Burford e Jerry Newman, que se mandou para Paris no mês passado.

Jack Kerouac [Cidade do México, México] para Allen Ginsberg [Paterson, Nova Jersey]

18 de maio de 1952

Caro Allen,

Bill diz que vai escrever para você uma carta contestando suas razões "medo do escuro" para não vir até aqui – mas por outro lado ele também não quer que você venha até que *Junk ou Queer* esteja resolvido, seu bundão. Queremos que você se torne nosso representante em Nova York, e mais tarde nosso editor, e se o dinheiro aparecer abrimos um escritório para você olhar os manuscritos de todo mundo... Holmes, Harrington, Ansen, Neal, os seus próprios, Carl, Hunk. Aliás, *onde* está Hunckey?

Eu mesmo estou meio cabreiro de voltar às selvas escuras com Bill... ele me assusta com histórias de cobras... "eles têm uma jiboia por lá que fica na árvore até tal e tal idade e então passa a viver na água" (numa voz entediada bocejante). E o mosquito da malária faz um mergulho com o rabo quando está mordendo você, é diferente dos normais; e o perigo de dormir no chão é que certos tipos de víbora têm tanto veneno que não há antídoto, você simplesmente morre. E os Auca, uma tribo que mata as pessoas; e as províncias e cidades sem lei como Manta, no litoral; e a comida do dia a dia na floresta é carne de macaco etc. Mas eu iria se tivesse grana, claro. Em algum momento, e não espalha, talvez em rota do Equador para Paris, vou passar em Nova York para uma semana de reuniões e baratos, quem sabe um mês, que tal?

Sei que você vai adorar *On the Road*[21] – por favor leia tudo, ninguém leu inteiro ainda... Neal não tem tempo, nem Bill. *On the Road* é completamente inspirado... posso ver agora quando olho para o transbordar da linguagem. É como *Ulisses* e deveria ser tratado com a mesma seriedade. Se Wyn ou Carl insistirem em cortá-lo para fazer a "história" ficar mais inteligível, me recuso e ofereço a eles outro livro que vou começar a escrever nesse exato instante, porque agora sei para onde estou indo. Tenho *Doctor Sax* pronto para sair agora... ou *A sombra de Doctor Sax*, vou simplesmente improvisar sobre a visão da Sombra nos meus 13, 14 anos, na Av. Sarah em Lowell, culminando no mito de mim mesmo como o sonhei no outono de 1948... ângulos da minha meninice rodando argolas como vistos por debaixo do manto. E também, é claro, agora que *On the Road* está terminado, vou começar meus novos croquis aqui no México... pela base geral de meu livro de fronteira Felá sobre índios, problemas Felá, e Bill, o último dos gigantes americanos entre eles... na verdade um livro sobre Bill. São duas coisas. E qualquer momento de lazer próximo a

---

21. Nessa época Kerouac chamava este manuscrito de *On the Road*, porém mais tarde foi publicado como parte de *Visões de Cody*.

bibliotecas (digamos que eu vivesse no campus da Colúmbia, ou em Paterson, ou num quarto barato perto da 42ª Av. ou da 5ª Av.) vou colocar no papel meu romance da Guerra Civil, com o qual quero fazer um paralelo com as neuroses do 1812 de Tolstói em 1850, em outras palavras, um romance histórico, um enorme e pessoal e o vento levou sobre heróis de cavalaria parecidos com Lucien e Bartlebies parecidos com Melville de revoltas de alistamento e enfermeiros semelhantes a Whitman e especialmente soldados burros das colinas de barro encarando o nevoeiro cinza e vazio da Chickamauga na aurora. E sempre aprendendo novos fatos sobre a Guerra Civil enquanto sigo. Mas não estou certo de quais das (duas primeiras) ideias vão estar completas primeiro... deveria ser *Doctor Sax*.

Vou explicar o que é o croqui. Em primeiro lugar, lembra setembro passado quando Carl encomendou e queria o livro de Neal... o croqui veio até mim com força total no dia 25 de outubro, no dia da noite em que Dusty [Moreland] e eu fomos até Poughkeepsie com [Jack] Fitzgerald – com tanta força que nem me importei com a oferta de Carl e comecei a fazer um croqui de tudo o que tinha visto, de forma que *On the Road* deu uma guinada de narrativa convencional de estrada etc. para uma invocação multidimensional consciente e inconsciente do personagem de Neal em seus rodamoinhos. O croqui (Ed White o mencionou no restaurante chinês da Rua 124 próximo da Colúmbia, "Por que você não faz croquis nas ruas como um pintor, mas com palavras?") o que eu fiz... tudo se ativa na sua frente numa profusão multifacetada, e você só tem que purificar sua mente e deixar as palavras surgirem (que anjos de visão sem esforço fazem voar quando você permanece em frente da realidade) e escrever com 100% de honestidade pessoal sobre o psicológico e o social etc. e socar tudo abaixo sem vergonha, de qualquer jeito e depressa até que algumas vezes fiquei inspirado a ponto de perder a consciência de estar escrevendo. Fonte tradicional: o transe da escrita de Yeats, claro. É *o único jeito de escrever*. Não tenho feito croqui faz muito tempo, e tenho que recomeçar, porque você fica melhor ao praticar. Às vezes é constrangedor escrever na rua ou em qualquer lugar, mas é certo... nunca falha, é a coisa ela mesma.

Você entendeu o croqui? – é o mesmo com a poesia que você escreve – mas também não faça demais, você se caga todo depois de quinze minutos de escrever dessa forma direta – quando termino um capítulo, me sinto um pouco louco de ter escrito aquilo tudo... leio e me parecem as confissões de um louco... e no outro dia parece ótima prosa, enfim. E da mesma forma, é como você diz, as melhores coisas que escrevemos são sempre as mais suspeitas... e acho que a melhor linha em *On the Road* (mas acho que você não vai concordar) é (fora é claro as descrições do rio Mississippi "Lester é igual ao rio, o rio começa perto de Butte, Montana nas calotas gélidas de neve (Three Forks) e se alastra estado afora e por áreas territoriais pardacentas e desoladas com pilriteiros estralejantes na chuva com neve, passa pelos rios em Bismarck, Omaha e St. Louis logo ao Norte, mais um em Kay-ro, outro em Arkansas, Tennessee, chega como um dilúvio em Nova Orleans com notícias lamacentas de todo o país e um bramido de agitação subterrânea que é como a vibração de toda a América tendo as entranhas sugadas numa meia-noite louca, febril, quente, o monumental luticovâneo fétido garroso velho sápico e celanímico Mississippi titânico do Norte, cheio de fios, madeira fria e chifre.")

Como você pensa que cheguei a essas últimas quatro ou cinco palavras senão em transe?

Expliquei esse método todinho ao Neal.

Mas aqui está a (melhor) frase "a estrada impiedosa incansável muda se lamentando num ataque de lona..." É algo que eu *precisava* dizer mesmo que não quisesse... lona, não se assuste, é claramente a chave... cara, isso é uma estrada. Vai levar cinquenta anos para as pessoas verem que isso é uma estrada. E lembro claramente de sobrevoar sobre a expressão "lona impermeável" (mesmo pensei em escrever canvas à prova d'água ou algo assim) mas algo me disse que era essa a expressão que eu queria, "lona"... Você entende Blake? Dickinson? E Shakespeare quando ele quer expressar o som geral da danação, "empinado, como Sonho de João"... simplesmente faz o que ouve... "oleosa Joan atrapalhada ao pote; (e pássaros sentados resignados na neve...")". Por outro lado já cansei de improvisar toda essa poesia e agora estou descansando e me chapando e indo ver filmes etc. e tentando ler [O] *Julgamento de Paris* de Gore Vidal, que é muito feio na transparência do método, o herói protagonista não é nem um pouco veado mas totalmente *camp* (com sua merda de tatuagem na perna) e tem uma fala afetada, a única coisa boa, como diz Bill, são as cenas satíricas homossexuais, especialmente Lord Ayers, não lembro bem o nome... e eles esperam que sejamos como Vidal, por deus.) (Voltando a imitações escolares de Henry James.) Se Carl publicar Genet em farmácias por toda a América, ele terá feito um grande serviço a este século.

Saca só, dezembro passado, por impulso enviei a Eric Protter um conto sobre J. [Jean] – seu título era "O que os jovens franceses deveriam estar escrevendo" e era aquele sonho de Neal (lembra o diálogo em que ele diz "não entendo aquele seu canal espectral, o Brooklyn me assusta, os velhos são loucos demais, aquelas batatas, aquelas orgias selvagens com marinheiros e os burgueses correndo pelas pontes em chamas com cachorros debaixo dos braços, me ajude" e tudo aquilo) e enviei para a *New Story*, mudando todos os nomes para nomes franceses (Neal virou Jean) e as cidades para cidades francesas (Nova Orleans – Bordeaux) mas o merdinha me devolveu dizendo que queriam algo mais convencional. Você sabe o tipinho. Então cuidado.

Você quer que eu envie a você (meu agente querido que você é agora) alguns croquis etc., bem está tudo em *Road*... cuide para extrair o que você gosta para publicações individuais, eu me sinto bem com a coisa toda, é tudo bom, tudo publicável... (exceto casos óbvios em que não é assim). Você pode cortar onde quiser... envie as partes de jazz para a *Metronome*, para Ulanov[22], aquele canalha vaidoso, ele pensa que o sol nasce e se põe de acordo com o dicionário dele.

Com relação ao peotl – está de olhos arregalados no deserto para comer nossos corações vivos.

Faça o que fizer, se Lucien vier ao Mex de novo neste verão com Cessa, venha com ele, ainda vamos estar aqui.

Bom para o dargolos [Davalos]... ele com certeza superou a velha Dusty naquela noite. O que Ed White disse? Onde está Holmes? O clamor por Pedras e pela Ascensão está em algum lugar do *Road*... lá pela página 490. Não vou comentar sua maravilhosa carta... comecemos as negociações; escreva seguido (se você tiver tempo): eu e Bill estamos nos sentindo sozinhos. Meu contrato é 10% para os primeiros 10.000, e depois mais 15%... podemos mostrar *Road* para Scribner e Simpson e Farrar Straus (Stanley Young) se necessário, mude o título para *Visões de Neal* ou algo assim, e eu escrevo um novo *Road* para a Wyn.

Mas acho que nada disso será necessário. *Queer* não é ótimo?
Jack

Allen Ginsberg [Nova York, Nova York] para Jack Kerouac [Cidade do México, México]

12 de junho de 1952

Caro Jack:

Tudo certo, o manuscrito chegou alguns dias atrás, *On the Road*. Carl leu, eu li uma vez, e [John Clellon] Holmes está com ele.

Não vejo como poderá ser publicado, é pessoal demais, cheio demais de linguagem sexual, e demasiado cheio de nossas referências mitológicas, não sei se faria sentido algum para qualquer editor – e por fazer sentido quero dizer entender o que aconteceu onde com os personagens.

A linguagem é ótima, o improviso é fantástico, as invenções têm um estilo de êxtase completamente expresso. E também o tom da fala é em certos pontos mais próximo de uma fala de coração não completamente inocente ("por que escrevi isto?" e "sou um criminoso"). Os pontos em que você escreve com continuidade e bem, os croquis, a exposição, são o que há de melhor já escrito na América, acredito mesmo nisso. Mas não vou parar agora para escrever uma carta em louvor a você, embora talvez eu devesse etc. etc. mas me preocupa o livro como um todo. É louco (e não só louco inspirado) mas louco desconjuntado.

Bem, você conhece seu livro. A Wyn não vai publicá-lo agora, estou certo, e não sei quem publicaria. Acho que poderia ser publicado pelo pessoal da *New Story* na Europa, mas você vai revisar ele? O que você está armando, cara? Você sabe o que fez.

---

22. Barry Ulanov foi um crítico de jazz e um dos primeiros apoiadores do bebop.

Esta não é uma carta longa, não tenho acesso à carta de Bill para contemporizar. Vou eu mesmo ler o livro uma segunda vez e escrever a você uma carta de vinte páginas examinando o livro sessão por sessão, dando conta de minhas reações.

Mas com relação a coisas que me ocorrem agora:

1. Você ainda não entrou na história de Neal.
2. Você encobriu suas próprias reações.
3. Você as misturou cronologicamente, de forma que é difícil entender o que aconteceu e quando.
4. As sessões totalmente surrealistas (só com sons e se recusando a fazer sentido) (na sessão que segue os gravadores) são travadas, travadas.
5. Os gravadores são em parte travados também, e devem ser resumidos e postos no devido lugar depois da viagem final até Frisco.
6. Parece que você estava só improvisando e colando coisas, sem pessoalmente conectá-las, por pura loucura, ou desespero.

Acho o livro ótimo, mas louco de um jeito ruim, e *precisa*, de um ponto de vista estético e no sentido de publicação, ser reestruturado, reconstruído. Eles não vão, não vão.

HODOS CHAMELIONTOS em Yeats é uma série de imagens não relacionadas, camaleão da imaginação enrolando no vazio da neurose, sem nenhum sentido relacionando umas com as outras.

Deveria manter *Sax* enquadrado num mito, um ENQUADRAMENTO, e não violar esse enquadramento ao interromper *Sax* para falar sobre o antigo cabelo dourado de Lucien ou o pau grande de Neal ou minha mente malvada, ou seu osso perdido. O próprio livro é seu osso perdido, ele mesmo.

On the Road cruza a linha de chegada se arrastando para qualquer um (e para mim mesmo, que conheço a história); mas dá para salvar. Digo, precisa ser salvo. Você está se prendendo a todo o maldito ferro-velho incluindo o Eu agh up erp esc baglooie você não leu o que estou diszchendo to tentrando pensa tenta eu minamãe tudobem mas você precisa fazer sentido você percisa fazer sentido, jub, jack, mehda, qualquer um pode borpear, seu bolherudo, Zag, Nealg, Loog, Boolb, Joon, Gavião, Nella Grebsnig. E se você naum quer fazer sentido, merda, então ponha o nonsense numa única página, resumido a um único colapso nervoso da inteligibilidade (como [William Carlos] Williams fez numa sessão de *Paterson*, ao trocar as letras da máquina e fazê-la vir acompanhada de uma lista muito legal de formações geológicas dos sedimentos etc., sob as merdas das quedas, e então disse ao final "isto é um poema, um POEMA") e então segue falando como se nada tivesse acontecido, porque nada aconteceu. Nada, Jesus, *interrompeu* nada. Mas nada segue irrompendo por todo lado, e você fica falando no meio, e dizendo "ele saiu do quarto como um criminoso – e então você adiciona – como um encapuzado (alguém já ouviu isso?) e então você adiciona – como um Rubens de asas negras – e então você fica poético e diz – como um Stoobens de asas rosas, as brincadeiras tolas da escola, amarelinha, o nome de Arcanjos, é o céu, são as nuvens, e enquanto isso o tempo todo ele está saindo daquele quarto, mas você não nos dá só as nuvens internas, via Steubenville e tirta srangue, mas também por eu JK me interrompendo a mim mesmo.

Bem, talvez seja mais tridimensional e correto em termos estéticos e humanos, então vou re re re reler seu lirvo todo, vômito anall, (e, jezuis, Joyce conseguiu, mas você está só cagando por todo lado sem consideração alguma com esse golpinho *demais*, e não está tão bom quanto) rereler seu livro inteiro eu irei, e vou dar a você um relato golpe a golpe de *como fica*.

E, aliás, não se impressione muito com tudo o que escrevi porque eu Allen Ginsberg, o inenarrável, acabei de cortar meu livro de 89 poemas para meros 42 perfeitos, só para tirar toda comédia e merda e masturbações pessoais, por concisão, por humanidade, e é UMA AÇÃO NECESSÁRIA NESTE MOMENTO. É isso que ele diz, embora só deus saiba que tipo de decisão é essa.

Nota dos editores: *Kerouac estava com William Burroughs no México quando recebeu a carta de Ginsberg. Ele estava trabalhando no manuscrito de* Doctor Sax *e, como de costume, não tinha dinheiro algum. Depois de pedir um dinheiro emprestado a Burroughs, retornou para a casa da irmã na Carolina do Norte para uma visita curta, e então seguiu para San Jose para morar com Neal Cassady, que se ofereceu para ajudá-lo a arranjar um trabalho na ferrovia.*

Jack Kerouac [San Jose, Califórnia] para Allen Ginsberg [Paterson, Nova Jersey]

8 de outubro de 1952

Allen Ginsberg

Venho por meio desta dizer a você e a todos os seus comparsas o que penso de vocês. Vocês podem me dizer, por exemplo... com tudo isso sendo dito sobre estilos de livros de bolso e novas tendências sobre escrever sobre drogas e sexo por que meu *On the Road* escrito em 1951 nunca foi publicado? – por que eles publicam o livro de Holmes [*Go*] que é uma droga e não publicam o meu porque não é tão bom quanto outras coisas que eu mesmo já escrevi? Será o destino de um idiota que não consegue se manter nos negócios ou [é] o cheiro de peido geral de Nova York em geral... E você que eu pensei que era meu amigo – você senta aí e olha para mim nos olhos e me diz que *On the Road* que eu escrevi na casa de Neal é "imperfeito" como se o que você ou qualquer outra pessoa já fizeram tenha sido perfeito?... e não venha com o dedo em riste nem diga nada em relação a isto... Você pensa que eu não vejo o quão invejoso você é e o quanto você e Holmes e Solomon cortariam um braço para ser capazes de escrever como o que está escrito em *On the Road*. Não me resta alternativa nenhuma senão escrever cartas estúpidas como esta quando se você ao menos fosse um homem eu poderia ficar satisfeito de bater com um cinto no seu rabo – mas muitos óculos para tirar. Porque seus merdinhas malditos miseráveis são todos iguais e sempre foram e porque eu algum dia ouvi e elogiei e peidei com você – quinze anos da minha vida desperdiçados entre os asquerosos de Nova York, os judeus milionários de Horace Mann, que me puxaram o saco por causa do futebol e agora hesitariam em apresentar as esposas para mim, até aqueles como você... reais poetas... variedades distantes e pequenas da mesma... página barroca bem-embalada e aceitável (com letras miúdas no meio de uma página bonita de um livro de poesia)... não só você me assola agora com essa alegação de que não há nada em *On the Road* que você não conhecesse (o que é uma mentira porque só de relance já posso perceber que você nunca sacou nem mesmo o mais pequeno detalhe inicial de algo tão simples como a vida de trabalhador do Neal e o que ele faz) – e [Carl] Solomon fingindo ser um santo interessante, diz que não entende os contratos, e em dez anos vou ter sorte se tiver o direito de olhar pela janela dele numa véspera de Natal... ele vai ser tão rico e gordo e tão cheio dos horrores magros de outros homens em uma mamadeira enorme e cheia para mamar... Todos vocês são parasitas exatamente como disse Edie. E agora até mesmo John Holmes, que todos sabiam vivia em total ilusão sobre tudo, escreve sobre coisas que desconhece, e com hostilidade, (e sai das pernas fininhas e cabeludas de Stofsky e do "esquisito" Pasternak, o filhodaputa ciumento de sua própria esposa rabichenta, eu não pedi pelas atenções de Marian... esquisito mesmo, imagino que qualquer um que caminhe com pernas normais pareceria esquisito perto de quadris dançantes e efeminados como os dele) – E o trabalho dele cheira a morte... Todos sabem que ele não tem talento... então que direito tem ele, que não sabe nada, de tecer julgamentos sobre meu livro – Ele nem mesmo tem o direito de remoer em silêncio a respeito – E o livro dele é um lixo, e seu livro é só mediano, e vocês todos sabem disso, e meu livro é extraordinário e nunca será publicado. Cuidado se me encontrar numa rua em Nova York. Cuidado também se der pistas aos outros sobre onde estou. Vou até Nova York e te acho. Vocês são um bando de egos literários insignificantes... não conseguem nem mesmo sair de Nova York de tão arrogantes que são... até mesmo [Gregory] Corso com as carruagens do Tannhauser correndo atrás de todos já começou a passar vocês... Diga a ele para se mandar... diga a ele para cavar a própria cova... Meu coração sangra toda vez que olho para *On the Road*... Vejo agora, por que o livro é grandioso e por que você o odeia e o que é o mundo... especificamente, vejo o que você é... e o que você, Allen Ginsberg, é... é um descrente, alguém que odeia, seus risinhos não me enganam, vejo o escárnio por trás deles... Siga em frente e faça o que você quiser, quero ficar em paz comigo mesmo... Nunca vou encontrar paz até que eu limpe as mãos completamente de toda a sujeira e de todas as manchas de Nova York e de tudo que você e essa cidade representam... E todos sabem muito bem disso... E Chase já sabia muito

tempo atrás... isso porque ele era um velho desde o início... E agora eu sou um velho também... Agora vejo que não sou mais atraente para vocês bichas... Vão chupar seus Corsos... E espero que ele enfie uma faca em vocês... Vão adiante e odeiem um ao outro e ironizem e tenham inveja e... Meu relato inteiro sobre NY é de uma crônica quase humorística de um lil abner burro sendo devorado por porcos... percebo agora como é engraçado... e rio tanto quanto você... Mas de agora em diante não rio mais... Tendo ou não tendo paranoia... Porque pessoas como você e Giroux... mesmo com G. você me fodeu, impedindo que eu fizesse dinheiro porque ele odiava você... e veio com Neal naquela noite e Neal de cara já queria roubar um livro do escritório, certo, o que você diria se eu fosse até o seu CENPO [Centro Nacional de Pesquisa de Opinião] e roubasse coisas e tirasse sarro das coisas... e Lucien com seu ego merdinha tentando me fazer chorar por causa da Sarah e então me dizendo durante a pior época da minha vida que eu seria muito fácil de esquecer... Ele deve saber disso agora a não ser que esteja tão embotado e cheio de bebida que seja assim com todo mundo... que fácil é desaparecer... e ser totalmente esquecido... e fazer uma mancha de corrupção no chão... muito bem. E todos vocês, mesmo Sarah que eu nem quis conhecer ou quem quer que leia essa carta insana... vocês todos me foderam... com a exceção de Tony Monacchio e uns outros anjos... e então digo a vocês, nunca mais falem comigo ou tentem me escrever ou ter qualquer relação comigo... além disso vocês nunca mais vão me ver de novo... e isso é bom... chegou a hora de vocês todos, idiotas frívolos, reconhecerem que o assunto da poesia é... morte... então morram... e morram como homens... e se calem... e mais que tudo... me deixem em paz... e nunca mais me obscureçam.
        Jack Kerouac

De Allen Ginsberg [Nova York, Nova York]
Jack Kerouac [São Francisco, Califórnia]

    c. 1º a 7 de novembro de 1952, mas antes de 8 de novembro de 1952

    Caro Jack:
    Acabei de terminar *Doctor Sax*, e é difícil de escrever para você por causa de toda aquela merda com *On the Road* e com a sua carta – difícil de aceitar ou negar a existência da carta – mas deixa assim.
    Acho que *Doctor Sax* é melhor do que *On the Road* (estou aqui falando meramente em termos de harmonia e aparência – *On the Road* tem um ótimo método original, é claro) e também acho que pode ser publicado – ao contrário do que pensei sobre *On the Road*. *Sax* é um grande sucesso na minha visão, e um projeto completo.
    Mesmo assim eu acho que você poderia fazer mais com ele e ele deve ser reescrito: ainda está lodoso e dá uns estalos em certos pontos. Mas no final das

contas a construção está de forma geral perfeita – particularmente a revelação final das últimas páginas, e a sanidade geral do enfoque todo torna possível apreciar os deleites da criação verbal momento a momento.

Acredito que com *On the Road* e *Sax*, que torna essa tendência clara como cristal, você realmente atingiu uma enorme originalidade no método de escrever prosa – método aliás que embora como o de Joyce é originado em você no estilo e na execução, e a semelhança é meramente superficial os seus neologismos não são precisões nebulosas da filosofia, mas invenções aurais (escutáveis) que fazem sentido.

A cadência auditiva de sua prosa que também é a especialidade de Joyce – é feita sem tanto prejuízo às sequências naturais da construção de frases. Ele tinha que derreter e foder as sentenças, e foder as palavras e torná-las nebulosas para fazê-las se unirem em séries melodiosas. Percebo que as suas melodias são frequentemente uma mistura da frase irlandesa-joyceana, mas numa cadência natural de fala, meio como a de Neal.

Suas imagens – que são simples como as de Lucien, são também poesia nova-velha humilde (exemplo adiante)

A linha filosófica é satisfatória, e tem momentos sublimes. Por satisfatória quero dizer harmoniosa e simétrica. Não é só um enigma chinês.

A estrutura da realidade e do mito – indo e voltando, é um golpe de gênio: colocar o mito dentro do enquadramento da fantasia infantil, e assim dando realidade [?] em termos de seu próprio enquadramento.

O problema com o lado "realidade" do seu livro, acho que não é tão interessante o tempo todo, fiquei meio entediado, porque ele em parte é uma série de incidentes sem relação uns com os outros, exceto pelo processo de associação geral – isto é, não tem uma estrutura interna interessante o suficiente para fazer com que você queira ler e descobrir o que está acontecendo ou o que está ocorrendo na vida real de [?] que está sendo simbolicamente representado por essa vasta vida de fantasia. O interesse também se dilui nas lembranças da vida real por não haver uma conexão entre elas e algo pessoalmente central – exceto por uma indicação da descoberta do sexo. A enchente também ajuda a manter o interesse enquanto vai se desenvolvendo na vida real. Talvez se você estivesse disposto a melhorar este livro você devesse colocar o que realmente estava se passando ali – alguma grande crise de realidade como a que você teve nos últimos anos, ou alguma crise real mais antiga, como o sexo, não sei, o que quer que seja em termos de um mito imaginário que possa corresponder a um desenvolvimento numa vida humana de provações da adolescência e traumas. Não estou sendo clínico, mas não estou escrevendo poesia, são apenas observações. O lado de vida real dos livros se mantinha coeso para mim graças ao interesse intrínseco das experiências descritas, pelos relatos, pelos incidentes etc. e em segundo lugar meu interesse era mantido pelo brilho contínuo da linguagem – de forma que em alguns momentos até senti como se nada estivesse acontecendo, apenas no nível verbal, mas era suficiente – embora em partes de *On the Road* haja demasiado bop sem sentido para manter a atenção presa, mesmo quando você se esforça.

Descrevi a falha em que pensei pelo lado naturalista; isto quer dizer que respeito a estrutura total do livro, mas desejo avaliá-lo com mais clareza para você como o vejo, nos detalhes também, mesmo que cometa alguns horrores de crítica.

Eu teria que ler o livro de novo para descobrir o que imagino estar errado com a estrutura mitológica da forma como ela é tecida. Neste momento me parece quase certa. A princípio a senti meio rascunhada, mas depois cheguei nas longas explicações sobre políticas pombichistas, Blook etc. na página 191 – explicações tão impressionantes e aparecendo exatamente num momento em que estava ficando irritado com a confusão (estava amaldiçoando você – aquele Kerouac burro nem se preocupou em colocar um enredo em toda essa fofoca sobrenatural – só deixou uma massa mal digerida de imagens e referências e rumores) mas aí você veio com toda a explicação – que nesse momento eu não achava possível acontecer, mas de uma hora para outra ficou tão claro que parecia quase um milagre (como o final de uma história de detetive com pistas). Graças a deus.

Blook não é tão interessante como poderia ser – como ele era em nossas conversas, não é uma criação importante, você desapontou o velho Blook – a cena em que ele conhece a criança enquanto enterra uma cebola não está lá – e foge correndo amedrontado, você poderia ter dito "aí caminha o Ti Jean bem naquele momento atrás do arbusto onde o desolado Blook estava de pé, timidamente falando consigo mesmo sobre o túmulo da cebola" ou algum nonsense desse tipo usando a frase Blook desolado. Talvez com Sax em viagem ao castelo.

Os conceitos são todos muito originais e deve ter sido difícil colocar no papel, mesmo que deva ter sido um grande deleite criar tudo aquilo, como foi ler. Grande ideia a viagem ao castelo, grande momento observando a cidade com Sax e o garoto, grande controvérsia de Pombichas e Malvalistas – de fato creio que mais atenção e tempo aos detalhes do mito seria ótimo – é o verdadeiro caviar do livro – é muito inteligente, muito pertinente como comentário metafísico *e social*, muito descolado e ainda assim muito público em termos de suas referências. Não vejo por que não ampliar isso e tornar o livro maior ainda.

Adoraria conversar com você – sobre o enredo.

[...]

A parte da realidade sobre os poemas é confusa. Onde estão todos os poemas velhos que você tinha no apartamento de Diana, anos atrás? Acho que tenho alguns deles. Não gosto muito dos poemas, ou do jeito largado e nebuloso com o qual você os colocou no texto. Me parece uma intrusão feita pelo Jerry. Deveriam ser poemas (mais significativos, em contexto específico de significado pombichista ou malvalista, ou de significado final de pássaro gigante, ou significado de preparação de Sax. Mas em uma primeira leitura seus poemas me pareceram estar apenas fodendo mais e mais e eu disse "que merda" quando os vi, pensei que fossem ser realmente engraçados, mas era só um bando de linhas interessantes (hodos chameliontos – imaginário de camaleão) com alguns mais iluminados aqui e ali – os poemas não faziam parte da conspiração toda, me pareceram só enfiados ali pelo seu entusiasmo.

Quando você era criança você alguma vez visitou alguém mais velho (como um velho negro ou um professor) e sentou-se diariamente na presença dessa pessoa entre brocados, ouvindo as transações diárias, e ganhou biscoitos assistindo o mundo dela passar sem entender o significado daquilo com seus olhos inocentes?

Então talvez devesse haver algum encontro anterior e conhecimento com Sax, com um enredo mais detalhado da preparação mostrado ao leitor, mais ação e familiaridade com a Duquesa, com Blook, com Sax. O mago (todas estas criações maravilhosas, você deve ver, não tem sequer uma página ou duas cada uma delas – e são as maiores figuras do livro – devotado a seus personagens e vidas cotidianas e ações humorosas e fofocas etc., e relatos – de forma que não sei quase nada sobre Condu e o Mago – eles parecem praticamente a mesma persona, e não identidades diferentes – e Adolphus Ghoulens (ele quer parecer o autor do documento?) (só pela piada com o nome?) e Amadeus Baroque – todas estas figuras boas para uma ótima comédia mozartiana (como a carreira maravilhosa de Boaz Jr. Até que fica confuso demais com imaginário infantil congelado – um pouco fora de anacronismo com foco na realidade) são negligenciados e não ganham uma vida completa – você os trata como se estivessem por lá só para serem mencionados e abandonados como parte de uma piada mais geral, mas eles precisam de mais desenvolvimento – de outra forma seu significado inteiro (que você deve apenas saber em sua própria cabeça) vai estar perdido para o leitor médio, e isso também me inclui.

A aparição deveria ser mais detalhada – não complicada – o enredo está complexo o suficiente, apenas simplificado e solidamente orientado. Palavras funcionam, e não sei exatamente o que quero dizer com isso. Mas como, a Duquesa você vê três vezes, mas não sabe exatamente que tipo de relacionamento todos os malvalistas têm uns com os outros– você nem mesmo vê um pombichista de verdade, só ouve rumores (talvez isso esteja ok). Os gnomos e todos os maquinários mais complicados são meio ficção científica exagerada. Se quiser envio uma descrição detalhada do quanto dos detalhes do mito funciona e quanto parece ser anacronismo – é uma questão muito importante. O mito inteiro funciona, isso é importante, mas é construído como um banheiro externo de alvenaria como um símbolo grandioso, alguns dos detalhes (as velhas conversas dos traficantes sobre B entre o homem-morcego e a condessa) são brilhantes, e no geral têm polimento, sofisticação e suavidade intelectual – tudo com o que você fracassou (intencionalmente) em *Cidade pequena, cidade grande* nas sessões decadentes e intelectuais de Francis – mas nesse ponto surge aquele atrapalhamento de que tudo nunca é uma grande comédia como você gostaria.

Nesse momento, para recapitular a carta, cobri o que pensei que estava errado (e ok) com as duas asas de seu livro morcego, a narrativa da realidade e a narrativa do mito e sua estrutura.

[...]

Em *On the Road* você fracassou principalmente em produzir aquela visão humana sobrenatural de Neal.

Este livro é uma visão *verdadeira*, a primeira na literatura americana desde sabe-se quando.

Falando em termos práticos – que os malvalistas se vão com o navio, são destruídos com a cobra, é um grande trocadilho puro de coincidência – simplesmente ocorre, como Joan A. [Adams].

Por falar nisso, na sua grande carta você me toma por um malvalista só porque não sou mais um professor pombichista. Sou como Ti Jean, um garoto prático que em alguns momentos pensa que Dr. Sax é louco e que teria sido melhor fugir. Também é uma atitude fieldsiana.

Tenho esperado notícias de você. Meu pai disse que tem uma carta para mim em Paterson, de Cassady, talvez uma resposta a meu postal, mas ele a enviou para mim e eu não a recebi, espero que não seja uma coisa malvada, espero que seja um pimentarão ou pelo menos um iaquesmundo nivelado.

Não escrevi o Estranho Encapuzado. Seu livro me coloca um grande desafio. Veremos o que acontecerá com minha mediocridade quando eu terminar ele. Até lá eu só posso admitir que já que gênio é 9/10 perspiração etc. sou pior do que medíocre, sou um fracasso completo. E ontem recebi uma carta de Carl, me aconselhando a queimar o *Espelho Vazio* já que não era divertido, só um "sofrimento desse tipo de autocomiseração não vale nada".

Estou trabalhando no mesmo lugar em que estava da última vez que o vi. Vi Herb [Huncke] por cinco minutos muitos dias depois. Não quero vê-lo de novo por enquanto. Tenho um ótimo pequeno apartamento no Lower East Side com aquecimento e água quente, muito arrumadinho e limpo, a sua própria mãe não se envergonharia de morar lá se é que me entende. Três quartos pequenos, banheiro, cozinha, sala, tudo por $33.80 por mês, e é até mobiliado. Quem quiser vir visitar e ficar um tempo está convidado, bastante privacidade.

Meu endereço é Rua 7 Leste, 206, apto 16, NYC (entre Avenidas B&C). As roupas de Dusty [Moreland] estão aqui, mas ela não está, a essa altura já estamos separados e não sei onde ela dorme. Estou sendo econômico com os detalhes porque quero terminar essa carta com informações relevantes.

Passe-me uma descrição se quiser do que você quer fazer financeiramente. Acho que sei como *Sax* poderia ser publicado, com ou sem revisões (embora, Jack, eu ainda frise que você deve me ouvir quando digo o que penso sobre a escrita). Vou consultar Carl e Holmes (que ainda não sei como vão ser em termos de agenciamento efetivo).

Sugiro que você obtenha MCA para lidar com isso caso o aceitem – duvido que aceitem.

Acho que [Bob] Burford publicaria do jeito que está. A [New] Directions poderia publicar revisado. Também Bobbs-Merrill Louis Simpson se revisado, talvez do jeito que está.

Por falar nisso, nada no livro me parece ofensivo sexual ou verbalmente, poderia ser deixado como está.

Atenção sobre o progresso na venda de *Cidade pequena, cidade grande* em

papel jornal. Talvez peçam MCA também. Posso oferecer detalhes práticos sobre todas as questões acima se você me pedir. Você realmente cagou em mim da última vez que tentei ajudar –
    Como sempre, amor para
        Allen

No fim das contas, o livro é um grande triunfo para você, um triunfo beethoveniano-mellvilliano, exatamente como você o imagina (ou não).
    Você quer que eu mostre para Van Doren? Ele ficaria encantado.
    Estive explorando o Lower East Side pela primeira vez, realmente explorando em profundidade e vastidão, como nunca antes – algumas ruas são como um Mercado de Ladrões Mexicanos.

Jack Kerouac [São Francisco, Califórnia] para Allen Ginsberg [Paterson, Nova Jersey]

8 de novembro de 1952

Caro Allen,
    Li sua carta muitas vezes. É muito boa, você é muito bom para entender o que escrevo. Me senti honrado. *Doctor Sax* é um mistério. Vou deixá-lo do jeito que está, não pelas mesmas razões de *On the Road* (furioso etc.) mas porque realmente gosto dele do jeito que é. Algumas poucas coisas que você sugere eu mudarei, como desolado Blook e a criança. *Doctor Sax* é apenas o início sobre Lowell... a verdade enterrada insana em mim, em minha cabeça que se torna tão inflamada por vezes. Estou tentando falar para você de irmão para irmão, como se fôssemos irmãos franco-canadenses. A literatura como você a vê, usando palavras tais como "verbal" e "imagens" etc., e coisas como, bem toda a "parafernália" da crítica etc. não é mais uma preocupação minha, porque a coisa que me faz dizer "prainha de merda nas relvas" é pré-literária, aconteceu comigo de pensar dessa forma antes de aprender as palavras que os literatos usam para descrever o que estão fazendo. Nesse momento estou escrevendo diretamente em francês na minha cabeça, *Doctor Sax* foi escrito chapado de maconha sem pausa para pensar, e algumas vezes Bill [Burroughs] entrava no quarto e era aí que o capítulo acabava, uma vez ele gritou por mim com o rosto cinza e alongado porque conseguia sentir o cheiro da fumaça do pátio. Você sabe, eu estava furioso com você, mas sabe que não leva muito tempo para eu parar, e muitas vezes eu queria escrever para você e dizer "Bem, compreenda, algumas vezes eu fico bravo" etc. Sempre pensei em você como meu irmãozinho, meu pequeno petushka, mesmo que você seja judeu, porque você é como um irmãozinho russo. Lucien sempre disse para eu não ficar bravo com você – se era para eu ficar bravo, que fosse com quem estava tentando me prejudicar, como ele mesmo. Neal ficou

bravo comigo, ele não estava falando com ninguém, ele desligou o telefone na minha cara, e eu consegui um ótimo quartinho no gueto por $4 por semana e eu estava me dando tão bem (e escrevendo um grande romance novo ao estilo de *Cidade pequena, cidade grande*) que estava feliz pela primeira vez em anos, e estava dizendo para mim mesmo, "Bem, Neal sempre foi louco, desde o dia em que a cabeça dele entrou pela minha porta no Ozone Park e ele tentou me fazer acreditar que queria aprender a escrever", que merda é essa? Mas eu estava dormindo uma noite na ferrovia, num sofá cheio de ratos, dormindo mesmo depois de três dias de trabalho sem sono, e Neal se inclinou por cima de mim, caiu por cima de mim, rindo, "*Aí* você está, meu amigo! Venha, venha comigo, sem palavras, agora", então eu, eu estou aqui tentando ser legal, vou com ele, me mudo para a casa dele, e então CAROLYN fica furiosa comigo etc. Gente difícil, odeio as pessoas, não consigo mais aguentar as pessoas. O telefone tocou agora mesmo me chamando para trabalhar de novo, estou cheio e cansado de tudo – e foi por isso que levou tanto tempo para que eu respondesse a você, a ferrovia.

Vamos deixar John Holmes cuidar de *Doctor Sax*, e outra coisa sobre sua carta, e sobre você, sempre com medo de não estar "certo" etc., como Arthur Schlesinger Jr. e Adlai Stevenson e a Escola de Direito de Harvard e as Nações Unidas e Dean Acheson pronto para sair falando a qualquer momento com uma avaliação detalhada de alguma coisa... para quê? para quê? para quê? para quê?

Entende?

GO está legal quando você o olha entre capas de livros, é sincero, cada página dele... Truman Capote, Jean Stafford estão cheios de bobagens em todas as páginas... então Holmes é melhor do que eles, eu diria.

Ah, adoraria ver você, talvez eu vá nesse Natal de acordo com meus planos de viagem. Bom dia para toda a turma.

    Seu amigo

      Jack

P.S. Quando você disse para si mesmo "aquele Kerouac burro nem se preocupou em colocar um enredo – só deixou uma massa mal digerida de imagens e referências e rumores etc." você não estava lembrando que uma vez era AMOR que animava nossas poesias, e não técnicas ansiosas. Sim, você curtir a lapidação balzaquiana (e ah, eu não poderia) significa que você REALMENTE entendeu o livro como eu pensei que ninguém poderia, nossa clarividência anda junta – meu bom rapaz.

1953

Nota dos editores: *Kerouac passou boa parte do inverno trabalhando na ferrovia na Califórnia, enquanto Ginsberg trabalhava em Nova York tentando encontrar editoras para os livros de seus amigos. De forma a divulgar o primeiro livro de Burroughs,* Junkie, *que Carl Solomon estava ajudando a publicar pela empresa do tio, a Ace Books, Allen pediu para Jack que permitisse o uso de seu nome na publicidade. Na parte de cima desta carta a seguir, Kerouac mais tarde escreveu "Por causa da briguinha."*

Allen Ginsberg [Nova York, Nova York] para Jack Kerouac [São Francisco, Califórnia]

19 de fevereiro de 1953

Noite de quinta-feira, 22:30

"JOHN KEROUAC E Clellon Holmes, ambos especialistas na geração beat, Holmes por sua recente polêmica em seção da *Times Magazine*, dizem que 'curtem' o pseudônimo William Lee como uma das figuras-chave da geração beat.

"Lee apareceu pela primeira vez em meio às sombras dos livros dos dois, respectivamente *Cidade pequena, cidade grande* e *Go*, retratado como um personagem *underground*. A estreia de Lee como autor é anunciada pela Ace Double Books com a publicação de *Junkey: As confissões de um viciado irremediável*, que emerge dos subterrâneos no dia 15 de abril.

"O autor-junkie Lee não se manteve por perto a fim de arrebatar quaisquer elogios devidos, e a última coisa que se sabe dele é que saiu em expedição pelo estuário amazônico em busca de um narcótico raro."

Caro Jack:
No verso está um esboço [texto entre aspas acima] de uma fofoca de jornal para o *Times* que Carl [Solomon] e eu e a publicidade da Wyn esboçamos. Li para Holmes, e por ele está bom. Vai ser entregue para o fofoqueiro de literatura do *Times*, David Dempsey.

Por favor, nos dê sua permissão para usar seu nome, e também me envie, para agora ou para uso futuro, um elogio de duas frases para Bill [Burroughs] tão intenso e de alta classe quanto você puder escrever. De mais ou menos 25 palavras. Holmes também vai contribuir – enfatizando o valor literário, qualquer que ele seja, pessoalmente, ou talvez a tolice exagerada de todo o projeto de JUNK.

Espero sair da cidade neste fim de semana e visitar Paterson no sábado, mas talvez eu esteja por aqui na sexta de noite.

John não conseguiu chegar para o Birdland na semana passada, ele veio do Queens ou de outro lugar, meia hora atrasado, embora talvez seja mesmo culpa dele.

Vou ligar para Lu [Lucien Carr] hoje e me mudar para o apartamento dele dentro de alguns dias, talvez na segunda ou terça. Ele vai sair por um mês, então talvez eu e você o vejamos mais uma vez antes disso.

Adios. Escreva o que pedi e me envie essa semana. Para o bem do querido Will [Burroughs].

Do seu

Allen

Nota dos editores: Kerouac respondeu imediatamente usando o endereço da mãe na cidade de Nova York, sua residência "oficial", já que via isso como uma questão importante de negócios.

Jack Kerouac [Richmond Hill, Nova York] para Allen Ginsberg [Nova York, Nova York]

21 de fevereiro de 1953

Caros Allen e Senhores:

Não dou permissão para que meu nome seja usado nas notas preparadas por vocês e A. A. Wyn e Carl Solomon para a coluna literária de David Dempsey no *New York Times*. Não quero meu nome verdadeiro utilizado em conjunção com drogas que causam dependência enquanto um pseudônimo esconde o nome verdadeiro do autor, protegendo-o assim de processos, mas não a mim, muito menos por uma obra que está sendo sensacionalizada às custas do meu nome por motivos de negócios de livraria.

Neste "esboço de publicidade" não quero *Cidade pequena, cidade grande* mencionado junto com *Go*, o que indica por associação alguma semelhança artística e profissional, e nego permissão para a colocação do meu nome ao lado do de Clellon Holmes como coespecialista na *Geração Beat*.

Em particular não quero ser citado como tendo dito que "curto o pseudônimo William Lee como uma das figuras-chave da geração beat." Meus comentários sobre o assunto, seja em relação ao autor pseudônimo William Lee ou à geração, estão à sua disposição nos canais adequados, saídos da minha pena e por meio do meu agente.

Do seu respeitosamente e estritamente homem de negócios,

John Kerouac

Nota dos editores: Ginsberg respondeu com uma boa dose de sarcasmo.

Allen Ginsberg [Nova York, Nova York] para Jack Kerouac [São Francisco, Califórnia]

24 de fevereiro de 1953

Sr. Jack Kerouac
Rua 134, 94-21
Richmond Hill, Nova York

Caro senhor,

Obrigado pelas suas duas respostas imediatas no dia 21 relativas à minha carta do dia 20[1]. Estou sinceramente incomodado ao perceber que meu pedido original contraria seus parâmetros de decência, conforme o senhor explicou em suas cartas, e me disponho a reparar quaisquer faltas o mais breve possível.

Antes de começar, permita-me elogiar o caráter elegante e incisivo da citação que o senhor autoriza; citação essa que eu naturalmente levarei ao seu agente para que ele (ou ela) aprove anteriormente ao uso pretendido.

Há duas questões delicadas que gostaria de mencionar: enquanto aprovo seu desejo de dissociar sua posição literária daquela adotada pelo autor de *Go* (que aliás deu sua permissão geral etc. sem consultar o MCA) e enquanto faço tudo em meu poder para ajudá-lo a evitar essa associação, especialmente neste caso em particular, cumpre-me lembrá-lo como amigo de que, ao adotar sua sugestão de avisos separados, não farei nenhuma menção de que esta decisão foi tomada a seu pedido. Em outras palavras, deixe-nos fazer isso da forma mais silenciosa possível a fim de não ofender o Sr. Holmes. Se o senhor desejar tornar público este assunto, isto é evidentemente uma prerrogativa sua, e nada poderei fazer para impedi-lo.

Em segundo lugar, o senhor sabe é claro que um grande segredo é desejável *vis-à-vis* seu novo relacionamento com o MCA, em especial porque ainda é necessário lidar com a situação delicada de A. A. Wyn. Solomon desconhece nossas atividades recentes. Conforme suas instruções expressas, não disse a ele nada de valia ou qualquer coisa remotamente relevante sobre sua posição atual no que diz respeito a publicações. Então, caso o senhor o encontre e fale com ele a respeito desse assunto, ou de qualquer outro, imploro que, para o seu próprio bem, o senhor não diga nada a respeito do MCA. E certamente, se quiser vê-lo, evite o MCA como intermediário, até que assim o instruam.

Aplaudo sua discriminação na escolha do elogio que o senhor aceitou dispensar aos escritos do Sr. Lee. Estou certo de que ele ficaria, tal como eu mesmo me sinto na condição de agente, deveras grato por essa instância de sua estima se tomasse ciência dos fatos. Ele está, como o senhor bem sabe, viajando pela América do Sul agora e não pode ser consultado sobre assuntos de publicidade.

---

1. Só uma das cartas foi incluída neste volume: a carta datada de 19 de fevereiro de 1953, na página 189.

Tenho zelado da melhor forma possível pelos interesses dele, muito embora outros erros ainda possam ser cometidos e corrigidos, tenho certeza.

Outro questionamento, talvez a ser decidido pelo seu agente: o senhor realmente sente a possibilidade de uma ameaça de investigação por questões de drogas como resultado de sua contribuição a esse anúncio? O pseudônimo esconde o autor porque ele confessa, como você sabe, alguns crimes. Isso não envolve nenhuma ameaça, senão talvez aquela da desaprovação social, para alguém que decida elogiar os escritos do autor.

Uma palavra adicional quanto à minha própria posição: embora seu nome esteja sendo gritado pelas ruas por razões de negócios livrescos, eu não teria sonhado lhe fazer essa requisição em particular se não fosse por razões da maior seriedade literária. Tenho fé na qualidade do livro com que estou lidando. Eu tampouco faria qualquer outro uso de seu nome para outros fins de publicidade. Os motivos do editor, A. A. Wyn, estão, no que me diz respeito, além de qualquer interesse de minha parte; e não acho necessário para minhas finalidades me preocupar com suas motivações, exceto em alguns momentos por razões táticas. Como evidência disso, cito o meu parágrafo que lhe pede que fique em silêncio com relação a seus arranjos com MCA até que MCA os torne públicos.

Não posso terminar esta carta sem agradecer novamente por seu parágrafo que parece combinar todos os elementos adequados e realmente captar o espírito de admiração que, segundo espero, um dia será universalmente dispensado ao trabalho com que estamos lidando.

Com saudações cordiais no espírito do mais puro comércio,
Allen Ginsberg

P.S. Permita mais uma vez pedir desculpas por incomodá-lo no tocante a essa questão. Claro que seguirei sua sugestão e verificarei com MCA primeiro, nessa situação e em quaisquer outras que advenham.

Nota dos editores: *Como sempre, os desacordos não duraram muito, e logo Kerouac estava novamente pedindo a Ginsberg que o representasse junto aos editores na cidade de Nova York.*

Jack Kerouac [San Luis Obispo, Califórnia] para Allen Ginsberg [Nova York, Nova York]

7 de maio de 1953

Caro Allen:

Você estaria disposto a tentar algo com *Sax* e *Maggie Cassidy*, mas principalmente *Sax*? Eles estão na gaveta de cima à direita de minha mesa na Rua 134, 94-21 – se você concordar em agenciar *Doctor Sax* (discordamos com relação a

ROAD, e não a *SAX*, não é?), vou escrever e avisar minha mãe para entregá-los a você quando você ligar. Além disso, se Phyllis Jackson entregar *Cidade pequena, cidade grande*, ele vai acabar com você também. Mas não vejo por que deixar *Doctor Sax* apodrecer na minha mesa. Envie para qualquer lugar – mas não deixe qualquer fulano ou sicrano ler (o *Sax*) – logo logo aquele estilo começaria a aparecer na *New Writing* e por todo lado – foda-se o filho de Martha Foley[2] e suas merdas de excertos – dê um jeito de conseguir que *SAX* seja publicado de maneira nobre como a criação arquitetural e a sinfonia que ele é, por favor – se não quiser cuidar de *Sax* (ou *Maggie*) me avise depressa – ainda estou muito mal – na verdade pior – minha mente começou a se estreitar no giro, como o ponto na garganta de um redemoinho – sigo levando, levando – mas também estou pacífico o suficiente para trabalhar e dormir. E você?

Nota

Neal [Cassady] se machucou feio por aqui – caiu quando um carrinho de carga bateu nele, caiu em cima de um toco de ferro, abriu uma cicatriz no peito, quebrou o pé até ele virar totalmente na direção da panturrilha – agora está de muletas – escreva para ele – eu o visitei no hospital – ainda não vi Carolyn, mas pode ser que eu vá para lá morar com eles – estou nas montanhas agora – freando – neste verão espero ir para o campo e aprender a sobreviver pescando e fazendo mingau de canjica e caçando, em preparação para quando eu não conseguir mais viver em meio à civilização e à cultura.

O que está rolando com A. A. Wyn e *Maggie Cassidy*?

Bem – espero que você esteja bem –, por favor me passe o endereço atual do Bill e peça a ele para – bem eu vou pedir para ele o endereço de Kells Elvins, ele está em Frisco em algum lugar, praticando iatismo –

Estou tão entediado, você não?

Jack

Allen Ginsberg [Nova York, Nova York] para Jack Kerouac [n.d., San Luis Obispo, Califórnia?]

13 de maio de 1953

Caro Jack:

Recebi sua carta ontem. Vou escrever imediatamente para Neal. Escrevi para Bill hoje dando a ele seu endereço. Ele está agora em: W.S. Burroughs a/c Consulado dos EUA, Lima, Peru. Ele vai ficar por lá pelas próximas duas semanas, talvez. Ele está escrevendo o livro YAGE.

Tenho muito a te contar – consegui um trabalho em uma agência literária, fui demitido e estou desempregado (embora tenha dinheiro do trabalho que fiz para meu irmão) e estou cheio de ideias e escrevendo. Na próxima carta vou explicar tudo. Vou escrever durante todo o verão, tenho um livro para montar (outro) e uma grande e nova obra baseada na imaginação e na nova filosofia.

---

2. Martha Foley era a editora da revista *Story*.

Dr. Sax e *Maggie* são publicáveis, vou imediatamente tomar as providências para que sejam publicados.

Você precisa deixar tudo por minha conta, ou confiar em mim, ou algo assim. Faça o seguinte. Informe sua mãe de que vou lá visitar ela (e não vou levar o monstro) e apanhar os livros. Me envie uma carta com uma nota em anexo para Phyllis Jackson na MCA dizendo:

"Por favor tome quaisquer medidas necessárias para publicar *Doctor Sax* e *Maggie Primavera (Maggie Cassidy,* o que for) à sua discrição o mais rápido possível. Allen Ginsberg pode falar em meu nome e lidar com meus negócios em relação a estes dois livros enquanto eu estiver ausente de NY."

E é só isso que deve constar nessa notinha. Estou ao telefone tentando arranjar tudo, Wyn rejeitou *Maggie Cassidy*.

Quaisquer comunicações futuras devem ser feitas por mim, Jack, por favor. Estou certo de que sei como lidar bem com essa situação.

Vou optar pelos escritórios da MCA, que estão dispostos a cooperar do jeito que combinei com eles. Se não conseguirem a publicação – mesmo que tentem e estejam interessados nisso – vou barganhar por mim mesmo mais um pouco, com o aval deles e sua boa vontade.

Envie-me a notinha acima para que eu repasse a eles, e não entre em contato com ninguém até que eu diga para você fazer isso (ninguém no negócio das editoras).

(Cowley[3] não sabe, por falar nisso, que você tem outras ideias sobre *On the Road*, tais como as que você me falou em NY. Ele ainda está com uma disposição amigável no campo profissional.)

Amanhã escrevo mais. Responda com a nota acima em anexo.
  Com muito amor,
   Allen

Allen Ginsberg [Nova York, Nova York] para Jack Kerouac [n.d., Nova York, Nova York?]

2 de julho de 1953

Quinta à tarde

Caro Jack:

"Só" uma nota sobre meus planos gerais:

1. Você podia levar outras cópias – cópias-carbono – de *Sax* e *Maggie*. Desta forma acho que está bem, também vamos publicar partes na *New Writing* e em

---
3. Malcolm Cowley foi um escritor, editor e crítico americano. Como consultor editorial da Viking Press, deu a *On the Road* um apoio essencial para a publicação do livro.

outras antologias grandes que tenho em mente (*Perspectives*). Circulamos essas cópias simultaneamente e assim poupamos tempo.

    2. Você tem alguma composição menor por aí de qualquer tipo que você gostaria de ver publicada (em algum dos lugares acima)? Traga-as também.

    3. Você faria (você mesmo) uma lista de seleções de trechos publicáveis de *Maggie* e *Sax* para as finalidades acima? (Como fez M. Lowry)

    4. Tem alguma parte de *On the Road*, seja da versão I ou II, que você acha que ficaria na versão final ou que você gostaria de ver impressa? Traga também.

    5. Você me daria cópias de *On the Road* I e II para eu mesmo estudar (para minha própria poesia) e para um ensaio que planejo:

INTRODUÇÃO À PROSA DE JACK KEROUAC

no qual tenho pensado há seis meses e que estou pronto para começar?

    Estou de folga todo o fim de semana da sexta-feira às 4h da tarde até segunda de manhã por causa do feriado. Walter Adams deve vir cedo na noite de sexta-feira; e Alan Ansen meio que me convidou para ir a Woodmere na noite de sexta. Eu realmente gostaria de sair para o litoral ou para as montanhas nesses dias (via de regra nunca tiro dois dias de folga – este feriado é o 4 de julho) mas não sei para onde ir. Se eu conseguisse pensar em algo, cancelaria todo o resto e me mandaria.

    Como sempre, como diz o Bill,
    Allen

De fato posso cancelar todos os outros planos sem nenhum outro motivo, só por uma questão de princípios.

Allen Ginsberg [Nova York, Nova York] para Jack Kerouac [n.d. Nova York, Nova York?]

13 de julho de 1953

Caro Jack:
    Negócios:
    Finalmente peguei *Maggie* de Wyn, com uma carta de rejeição, e entreguei para a MCA. Foi difícil como arrancar um dente, eles seguiam desmarcando e sendo evasivos, só Deus sabe por quê.

    Preciso ter os seguintes documentos seus:

    1. Uma cópia de seu contrato com a Wyn. Você ainda tem uma cópia ou entendi certo e você mandou de volta para eles? Se você tem, preciso dela. Senão, pego uma cópia com eles.

    2. Todas as correspondências com a Wyn que tenham a ver com negócios.

Especialmente cartas (se houver alguma) rejeitando *On the Road* (na versão *Visões de Neal*) e *Dr. Sax*. Eles chegaram a enviar a você estas cartas, ou foi tudo feito no boca a boca? Se você não as tem, preciso consegui-las junto à Wyn. Também cartas pedindo revisões etc.

Com isso são três documentos específicos de que preciso, mais todos que possam suplementar estes e que você tenha por aí. Isto é muito importante. Envie-os para mim ou traga eles esta semana. Se você não tiver nenhum dos três, me avise.

Carl [Solomon] não deve ficar mais inteirado (do que já está) sobre os seus planos atuais de publicação. Se você o vir ou qualquer outra pessoa que pudesse conversar com ele sobre você, não diga nada. Tudo que eu mesmo disse até agora foi que estávamos tentando posicionar *Maggie* e *Sax*, e não falamos sobre nada mais. Ele sabe sobre [Malcolm] Cowley etc. da temporada passada, mas não deve ficar por dentro de nem mais um pio, e conversas adicionais sobre isso devem permanecer envoltas em confusão e obscuridade. A não ser que você tenha outros planos – nesse caso me informe. Isto também é muito importante. Delicado. Sutil.

A MCA pensa que o trecho em posse de Cowley é publicável *aqui* (ou no exterior), e vai descobrir o que aconteceu com ele. Cowley está fora há três semanas, mas volta em sete dias.

Tenho uma nota da caixa postal dizendo que tem três cartas registradas lá (de Burroughs) para eu pegar amanhã. As continuações de *Yage*.

Estou de folga quarta (Lucien também vai estar, aquele rato), então estou livre na terça de noite e na quarta.

Terminei *O vigarista*. É sobre o vazio entre amigos, as quebras em continuidade da fé inocente entre os homens. Uma exploração daquela "realidade" crânio que suicidou *Pierre*.

Comecei seu ensaio.

Amor,

Allen

Jack Kerouac [Richmond Hill, Nova York] para Allen Ginsberg e William S. Burroughs [Nova York, Nova York]

21 de novembro de 1953

Caros Allen e Bill:

Sinto a necessidade de escrever uma carta para vocês dois, sentado na frente de minha máquina de escrever com o rebite dentro e um copo de vinho fora – acabei de escrever para [Malcolm] Cowley em relação a negócios sobre a *New World Writing* mas tasquei ali o seguinte: "Vejo na *New World Writing* que Libra ou Gore Vidal está tentando derrubar você para elevar-se à posição de novo decano crítico, o que é um absurdo, já que ele é só um veadinho pretensioso. Eles me disseram em 1950 que os homossexuais eram muito poderosos na literatura americana mas desde então o que me perturbou não foi isso, mas certos indivíduos sem graça que por acaso são homossexuais e que estão nas luzes da ribalta e portanto influenciam repetidores de fofoca de segunda classe como Bowles, e mulheres tolas pretensiosas com apreço por títulos tais como Carson McCullers, dramaturgos inteligentes, sérios reveladores de coisas pessoais ingênuos demais para ver o ridículo da própria posição, como Vidal, é demais – acho que uma hora dessas vou sair e dar uma preleção – cada um dos gênios musicais na América, por exemplo, "já esteve na cadeia; e asseguro a vocês que o mesmo é válido no que tange à literatura" – Como é? E a próxima frase na carta segue: "Esta é a hora" – (os gênios musicais como Bud Powell, Bird, Bill Holiday, Lester Young, Jerry Mulligan, Thelonious Monk) – então é para entregar eles! Hein? Eu vou dar um jeito nesse Vidal; vou librar ele; vou ad astra aquele filho da puta a?

A finalidade desta carta não é seguir essa xingação, mas uma necessidade séria de dizer que tive as Visões Golfinhas agora e depois de 48 horas de chapação de sintético americano estou agora de ressaca acho e barbiturando de doidão – mas no meio dessa sensação tanta doçura e amor por vocês dois camaradas, juntos e cada um de vocês, eu queria que houvesse alguma conquista celestial que eu pudesse conceder a vocês, ou algo a que eu desse valor – e logo estamos indo para nossas três direções – uma hora dessas porém, talvez daqui a um ano provavelmente nós provavelmente vamos estar sei lá como na Cidade do México – mas agora quero dar essa aula, dar essa palestra de fim de jantar, uma fala de final de jantar de filé então um charuto grosso, não sei bem o que dizer, não sou George Jessel, sei que entendem etc. e só escrever e enviar essa carta e os rebites me pegaram de jeito agora, vocês guris estão bem, vocês rapazes precisam ir para o céu, vocês meninos, uma dupla de caras legais, o que é isso, isso o quê, cês vão se dar bem, certo, no cão céu, amo vocês.

      Como sempre
      Jack

1954

Nota dos editores: *No final de 1953, Ginsberg tinha juntado dinheiro suficiente para fazer uma viagem e visitar Neal Cassady em San Jose. Ele decidiu prolongar essa visita de lazer e permanecer por um período maior de tempo, e talvez conseguir um trabalho em São Francisco e alugar um apartamento. Ele saiu de Nova York em dezembro e viajou passando por Flórida, Cuba e México, escrevendo longas cartas descritivas no caminho. Por estar em viagem numa parte remota do México, Kerouac não tinha como escrever para ele, e por esse motivo a correspondência do período é unilateral.*

Allen Ginsberg [Merida, México] para Jack Kerouac, Neal Cassady e Carolyn Cassady [San Jose, Califórnia]

antes de 12 de janeiro de 1954

Caros Jack, Neal e Carolyn:

Estou aqui sentado na sacada de minha "Casa de Huespedes" em Merida, vendo o quarteirão de cima até a praça no crepúsculo – por esta noite estou num grande quarto de $5 pesos, e cheguei agorinha de oito dias na ilha. Vim de avião da horrível Havana e da ainda mais horrível Miami. Todas estas estrelas tropicais – acabei de encher minha barriga de refeições enormes e codeinetas e estou aqui sentado para aproveitar a noite – primeiro descanso que tenho em muito tempo.

Vi o Marker [Lewis Marker] de Bill [Burroughs] em Jacksonville – um cara legal que doou $12 do bolso dele para minha viagem, muito simpático – mas, preciso dizer, o gosto de Bill para garotos é macabro – (para dizer o mínimo etc.) ele parece tão faminto e decrépito e com a boca torta e "laid" – francês para feio e tem uma marca de nascença nojenta sob sua orelha esquerda – e com a pele da textura de um hemofílico mal barbeado. Minha primeira impressão dele foi o choque – pobre pobre Bill! Estar apaixonado por esse terrivelmente míope espantalho batata-na-boca! Tive uma longa conversa sobre o místico prejudicado pela personalidade e bebemos rum e ficamos num enorme apartamento mofado na casa de favela dele.

Em Palm Beach liguei para a família Burroughs e eles me receberam muito bem – jantar de Natal e me colocaram num ótimo hotel e me levaram a passear de carro pelos locais turísticos da cidade e perguntaram-me sobre Bill, sobre quem eu disse para eles "é um escritor ótimo que talvez se torne fantástico", o que acho que eles gostaram de ouvir, e eu fiquei feliz de dizer da maneira mais conservadora ao estilo de Bob Merims[1]. O velho Burroughs é muito legal, possui algo da sabedoria inata de Bill. Em Miami Beach eu encontrei um quarto por $1.50 a noite e vi todos os hotéis loucos – quilômetros deles – até perder de vista, o espetáculo mais suntuoso e irreal que já presenciei. Também me encontrei por acaso com Alan Eager[2] num Birdland que eles têm por lá. Key West é uma

---
1. Bob Merims era um engenheiro e amigo de Lucien Carr.
2. Alan Eager era um músico de jazz a quem Ginsberg e Kerouac conheciam de Nova York.

espécie de Provincetown, nada aconteceu por lá, andei por Keys de caminhonete na noite. De Havana não vou nem falar – meio lúgubre com aquela antiguidade apodrecida, pedras apodrecidas, *um peso* por tudo e não gosto muito de cubanos nem mesmo em Cuba. Perdi-me sem dinheiro algum a uns 30 km do centro num pequeno vilarejo e tive que ser enviado para casa de trem por um homem que me pagou umas bebidas. Tão triste, tão hospitaleiro, mas eu queria me mandar de lá, não curtia o destino dele. Maravilhosas as primeiras vistas aéreas do avião, as ilhas do Caribe, a grande e verde costa de Yucatan como um mapa abaixo com buracos escavados na terra com crostas de calcário, estradas estreitas e trilhos como caminhos de formiga lá embaixo e pequenas cidades como cogumelos nos bolsos e grutas nas colinas da tarde, e moinhos.

  Fiquei em Merida por três dias neste lugar, me deparei com dois índios Quintana Roo e andei de charrete pela cidade, conheci o irmão do prefeito e então fui convidado para as cerimônias do réveillon – cerveja e sanduíches grátis com uma vista da praça central na sacada da prefeitura; naquela noite, no Ano-Novo, vestido formalmente – tipos da sociedade Nova York-Paris-Londres "Country Cloob" (Club) champanhe grátis e empresários falando francês e inglês e alemão e jovens garotas da Yucatan espanhola recém-chegadas da escola em Nova Orleans – todos vestidos com ternos e vestidos de noite, nas mesas sob as estrelas – nada aconteceu, eu só zanzei por lá e falei com as pessoas, e depois fui para o centro e ouvi mambo dos pobres em bailões e bebi um pouco, indo dormir às cinco da manhã. No outro dia fui para Chichen Itza onde descolei uma casa grátis perto da pirâmide e fiquei o tempo todo comendo numa tenda nativa por 7 pesos por dia, vagando pelas fantásticas ruínas – na noite peguei uma rede elevei até o topo da pirâmide-templo (a cidade morta inteira para mim) e olhei para as estrelas e o vazio e cabeças mortas entalhadas em pilares de pedra e escrevi e dormi levado pela codeineta. Tinha o guia grátis do lugar onde eu estava comendo, e bebia toda noite antes do jantar no Hotel Mayaland de Richman, conversando com americanos ricos, e conheci Ginger B. toda ligada nas canções e costumes de Yucatan, burra, chata, a vaca não parava de falar. Estrelas sobre as pirâmides – noite tropical, uma floresta de insetos, pássaros e talvez corujas fazendo barulhinhos – uma vez ouvi o som de uma – fantásticos portais de pedra, baixo-relevo de percepções desconhecidas, de 500 anos de idade – e mais cedo naquele dia vi dois caralhos de pedra de mil anos de idade cobertos de musgo e guano presos nas paredes de pedra de uma sala gotejante. Um ar solene e silencioso na noite na floresta – mas uma batida de palmas causa fantásticos ecos dos vários pilares e arenas. Então me fui para Valladolid – o dinheiro já acabando – no Yucatan central e na noite com um amigo falando inglês que me mostrou a torre e comi na sua casa de família classe média onde sua esposa se curvou respeitosamente e um filme sobre fantasmas – e no outro dia terríveis e miseráveis dez horas de trem até uma cidade chamada Tizinia [*sic.* Tizimin] para a mais velha fiesta do México; índios mui veneráveis de Campeche e Tabasco de trem com grandes sacos cheios de comida e bebês e redes; entrei no trem às quatro da manhã e ele seguiu direto pela manhã e pela tarde totalmente cheio sem lugar para ficar, o trem descarrilhou, houve atrasos, e a chegada numa cidadezinha realmente apinhada no meio do nada – com tolas touradas e uma catedral de 400 anos, repleta de índios velhos, velas, três reis de madeira velhos como o que eles foram ver (os três reis magos) – o ar da catedral tão esfumaçado e tão cheio de velas que a cera no chão tinha vários centímetros de altura e era escorregadia – pensei que era o único americano na cidade mas mais tarde descobri um oftalmologista de Buffalo no trem de volta, que disse que o famoso diretor de documentários Rotha[3] estava por lá com câmeras de filmagem – (vi um filme de Rotha no Museu de Arte Moderna uma vez)– a viagem de volta foi horrível – os carros com bancos nos lados e no meio, madeira, feitos no México e grosseiros, 110 pessoas em cada carro, as pessoas se segurando nas plataformas e até mesmo nos *degraus* por horas – e eu também – tão desconfortável sentar que era absolutamente louco, por 10 horas – e havia esquecido a minha codeína! (*Não* sou viciado, por falar nisso, só usei duas vezes) as velhas e os bebês caindo no sono em meu ombro e colo, todo mundo sofrendo em longas paradas de uma hora para mudar de trilhos ou de locomotiva.

 Conheci um sacerdote na Catedral de Tizimin que me levou até os fundos e fumou e xingou o rito pagão nativo do banquete, e então fui com ele para seu vilarejo "Colônia Yucatan" uma cidade de madeireiras *a la* Levittown ou o condomínio popular de Vet – e no outro dia ele me levou de jipe para as florestas de Quintana Roo e de volta – então de volta ao trem e ao horror. E outro dia na fantástica e silenciosa Chichen Itza – lembrando-me de um sonho que tive uma vez sobre um mundo futuro de vastos platôs cobertos de grama e níveis e planícies levando a um horizonte com tetos cobertos de grama em muitos níveis de câmaras de pedras gotejantes e ornamentos selvagens esculpidos por todos os lados – me levantei e olhei por cima da selva que se espalha até o horizonte, era o próprio sonho. E quem apareceu, senão o próprio oftalmologista, com sua boa câmera?

 Volto para Merida hoje. Conheci um bando de pintores da Cidade do México em passeio para estudar províncias e falei francês e iremos a um enorme *gran baille* (baile) hoje à noite (noite de sábado) – e amanhã vou procurar pelo Professor Stromswich para lhe pedir informações sobre ruínas Mayapas – e também preciso ir lá buscar a carta de Bill vinda de Roma no consulado e um telegrama talvez com dinheiro de casa – tenho só $25, o suficiente para chegar à Cidade do México, mas não mais, e eu gostaria de conhecer melhor o sul do México, então pedi mais $ para Gene [Eugene Brooks]. Meu espanhol chegou ao ponto em que posso conseguir o que quero facilmente, mas sigo fazendo erros que me custam dinheiro, de tempos em tempos – ou seja, o suficiente para eu ainda querer saber mais – como quando comprei o tipo errado de rede e dessa forma perdi nove pesos outro dia.

 Também em Merida um "farmacêutico homeopático" ou seja, não sei,

---

3. Paul Rotha era um diretor de documentários e critico britânico.

diferente de um farmacêutico de drogas – chamado George Ubo, e que já esteve por todo lado nos EUA e no Yucatan me disse como chegar a qualquer lugar no mapa enorme de dois metros dele. Até agora por todo lado encontro um ou outro que me mostra a cidade em inglês ou francês ou numa mistura de espanhol e inglês, mas ainda não encontrei ninguém fantástico – exceto uma noite no hotel dos ricos em Merida, na semana passada, quando entrei por acaso no bar para uma tequila de homem rico de um peso e me deparei com um espanhol idoso e bêbado que conversou comigo em francês num monólogo cansado do mundo cheio de imundícies e Paris e NY e Cidade do México e que foi mais tarde levado pelo guarda-costas para vomitar no mictório – mais tarde descobri que era o mais rico homem na área da península do Yucatan – um personagem famoso que se casou com uma prostituta vinte anos atrás e é dono de tudo por todos os lados, e bebe até ficar bêbado todas as noites no hotel com latinos internacionais de barba branca venerável como a de Jaime de Angulo hospedados ali – e que estavam lá naquela noite, piscando e tentando acalmá-lo – ele era meio como um velho e malvado Claude [Lucien Carr], cheio de sofrimento e de dinheiro e de desconsideração bêbada com a vida.

Os mosquitos aqui são terríveis – todas as camas têm mosquiteiros e comprei um para minha rede.

Jack, por falar nisso – eles não deixam você passar pela alfândega em Merida sem um cartão de saúde, e todos os indígenas têm cicatrizes de vacinas que mostram cheios de "orgulho" – é realmente obrigatório. Tivemos disenteria e tomamos uns remédios e passou, então não houve sofrimento. Não existe algo como um homem natural livre de remédios por aqui – não é para turistas, embora seja rotina para turistas – é para todos.

Se eu tivesse mais dinheiro, eu descobriria um jeito de ir até Quintana Roo de ônibus e mulas e faria uma caminhada na tarde de uns treze quilômetros no caminho pedregoso das mulas pela selva – ou quem sabe num barco de quarenta pesos ao redor da península – mas não vai dar porque não cabe no meu bolso. Seria uma boa viagem para alguém fazer um dia. Muitas pessoas por todo lado prontas para ajudar o viajante – é como uma fronteira – com engenheiros construindo uma estrada que nunca fica pronta.

Recebi uma carta de [Bill] Garver dizendo que ainda está em DF [Cidade do México] e que vai me encontrar por lá.

O homem aqui, o chefe da arqueologia, que me foi indicado pelo Museu de História Natural em NY – acabou sendo de muito valor – me deu um passe para ficar em campos de arqueólogos, grátis, onde quer que haja ruínas. Grande forma de viajar e ver ruínas. Escreva-me um bilhetinho para a embaixada na Cidade do México.

    Amor,
        Allen

P.S. Tive um sonho fantástico – preciso ir para a Europa e fazer um filme sobre Bill pegando trens na Itália.

Allen Ginsberg [Palenque, México] para Neal Cassady, Jack Kerouac e Carolyn Cassady [San Jose, Califórnia]

18 a 25 de janeiro de 1954

Palenque, Chiapas, México
18 de janeiro de 54

Caros Neal e Jack e Caroline [Carolyn]:

Desde a última vez que escrevi fui de Merida para Uxmal para Campeche (um porto no meio do caminho na península) para Palenque, onde agora estou.

Estou começando a realmente odiar o México e quase já queria ter ido embora, uma vez que viajar com tão pouco dinheiro me deixa o tempo inteiro obcecado com economizar, e assim cometo erros em gastos que tenho e desenvolvo imensas reservas de raiva com qualquer um que apareça na minha frente – em geral um mexicano – quando gasto. A situação atual é que tenho cerca de 34 pratas para chegar até DF, onde (acho) vou ter mais esperando por mim por telegrama, e espero que esteja lá – embora creia que com o velho Bill Garver por perto eu não me torne uma questão pública. Porém não vou conseguir ver tantas cidades no caminho, como queria fazer – em parte porque não tenho dinheiro (San Cristobaldo Las Casas até Chiapas no sul) ou tempo e $ para descobrir como chegar lá – viajo aqui principalmente pela ferrovia, mas tenho certeza de que há estradas. Por ferrovia levaria dias até San Cristobal de onde estou, já que fica a uns 150km de distância daqui, em voo reto de pássaro.

Uxmal onde estive na semana passada é a segunda ruína mais importante de Yucatan mas é a melhor para se morar, acho – mais glória embora menos grandiosidade do que em Chichen Itza. Tenho muito a dizer sobre ruínas, mas estou mais preocupado com um incidente típico de paranoico que ocorreu a uns 15km de Merida, no dia anterior à minha saída de lá – sem ter nada para fazer, entrei num ônibus local para uma cidadezinha a 30km de distância onde haveria uma pequena festa que vi anunciada (uma quermesse, eles a chamaram – soa francês). A caminho de lá dois caras começaram a falar comigo – num momento em que eu não queria mais falar essa língua podre – é exaustivo demais ter que trabalhar tanto pelas necessidades básicas como comida e bebida ou transporte e continuar querendo que me entendam – (estou de mau humor hoje, tendo caminhado pela lama por horas numa verdadeira selva, preso demais em descobrir meu caminho pelo musgo e árvores espinhosas e sem ver qualquer selva, mas sei que ela estava lá – e com sede, pouca água por lá – e com um pouco de disenteria, e com um resfriado ruim que me pegou uns dez dias atrás) de forma que eu não queria mais falar nada de espanhol naquele dia, só andar de ônibus e ver coisas e comer tortilhas, fiquei de cara.

As luzes se foram (hoje é 25 de janeiro) e não tive a chance de continuar a carta até agora (uma semana mais tarde) e não estou mais em Palenque, e a história já foi meio esquecida – seja como for eu estava no ônibus e me envolvi em conversas chatas com os dois jovens, e saí do ônibus no meio do caminho para beber com eles e fomos então para a feira e retornamos no escuro e me entreguei naquela cidadezinha a quem a intuição e tudo me diziam ser o veado local, que havia começado a cantar canções do Coração nesta estrada de noite, e eu não curti a situação porque ele era um criançao efeminado, esse mexicano de 35 anos, um arquétipo de algum tipo – estou certo de já tê-lo visto em algum lugar – e subi no ônibus e voltei para casa. A questão é que sem entender o espanhol eu não consegui entender nada da paranoia bêbada – exatamente como o México de Jack.

Bem, vamos cortar essa história incompreensível de vagabundo.

Eu estava caminhando por Palenque e me deparei com uma mulher que cresceu por aqui – o limiar da área de selva mais inacessível do sul do México – e que tinha voltado seis anos atrás depois de várias carreiras nos Estados Unidos, uma arqueóloga profissional cuja família tinha sido proprietária do sítio de Palenque de forma que ela o conhecia como a palma da mão. Como resultado estou passando a semana na sua finca (plantação) de cacau – já estou aqui há sete dias – e ainda não sei quando vou embora – localizada no meio da selva a um dia a cavalo de Palenque. Na semana passada nós saímos marchando, pegamos um jipe no caminho, e então ela, eu e outra garota (que fora a pé pela floresta até Palenque desde a cidade no Pacífico, uma estudante, feia), um velho capataz índio e um garoto sendo levados para morar na finca da Senora – quatro cavalos e uma mula partiram em uma viagem de sete horas através de uma bela selva escura – formigas-soldado, formigueiros, trepadeiras, orquídeas, vastas árvores cobertas com cáctus e ervas parasitas, bananeiras de folhas enormes, papagaios gritando, e o rugido profundo dos macacos nas árvores, parecia uma selva de Tarzan. Foi a primeira vez que andei a cavalo – num caminho escorregadio, cheio de altos e baixos e correntes de ar, árvores caídas no caminho cheias de líquen, e pequenos córregos – e sempre a cada poucos quilômetros uma colina pequena coberta de pedras que era uma parte da Cidade de Palenque (oitenta quilômetros quadrados) – a mulher conhecia tudo por todo lado da infância, e mais do que isso, sendo uma espécie de mística e com uma personalidade meio mediúnica, bem como erudita sobre o assunto – talvez a pessoa no mundo todo mais emocionalmente e intelectualmente ligada a essas ruínas e a essa área – de forma que depois de alguns dias conversando com ela descobri que já havia estado a pé e de avião por todas as florestas até a Guatemala, e em cidades perdidas por todos os cantos, algumas que ela até descobriu ela mesma, havia escrito livros (seu editor é Giroux) e artigos acadêmicos e trabalhado para o governo mexicano na reconstrução de Palenque e de outras cidades, era dona de algumas poucas cidades nos fantásticos tratados de terra que eles têm por aqui (centenas de quilômetros quadrados) *e*, o mais importante de tudo, era a única pessoa no mundo que sabia de uma tribo perdida de Maias vivendo na Guatemala em um rio que talvez ainda conseguisse interpretar os códices e estava numa missão especial de manter acesa a chama Maia – e ela me contou todos os tipos de segredos, começando com um resumo da metafísica Maia e das lendas místicas e história e simbolismo, que deixariam Bill encantado, já que ele não sabe – que tudo ainda sobrevive. Esta tribo perdida aparentemente a criara como uma filha, estando na área onde seu pai tinha um rancho de três milhões de dólares por aqui, e tendo sido selecionada por sua confiabilidade. Bem, tudo isso é meio exagerado e divertido, mas a coisa estranha é que boa parte é verdade, e nos seus aspectos mais exagerados, o que é pior. É muito bom ter acesso a sua hospitalidade na selva – ela ávida por conversas de ignu embora ela mesma não seja um ignu – e sair todos os dias com um machado e um rifle por trilhas na selva, em caminhadas de 7-8 km, caçando, nadando em grandes piscinas límpidas nas pedras cercadas por vinhas enormes e retornando à noite para a escuridão quando a selva começa a se agitar, falando de metafísica maia. Estamos hospedados num quarto aberto por um lado com fogo contínuo para o café e para a comida, tudo cuidado por uma índia, as redes estendidas pelo quarto, uma montanha enorme e inexplorada bem na frente, parecendo muito próxima – umas dezenas de metros adiante pelos arbustos por trás da casa, seis cabanas nativas com famílias – que trabalham na plantação, uma espécie de sistema feudal no qual ela é a rainha e nós somos os convidados reais. A turma inclui um jovem mexicano aprendiz de 4 pontos que está supervisionando a plantação do cacau (que é chocolate). Cedo ou tarde me vou daqui a cavalo, vou levar duas horas e então de Kayuko (uma árvore oca cavada para fazer um caiaque) pelo rio até uma cidade que tenha linha ferroviária. E então pego o avião por 80 pesos para San Cristobal, para onde já decidi, no fim das contas, ir de toda forma. O avião é o mais barato – não havendo jeito de cruzar o istmo senão por trem ao longo de cinco ou seis dias ou por cinco dias a cavalo, e assim é mais caro ou pelo menos o mesmo preço, não tenho dinheiro – se bem que cavalos são apenas 6 pesos por dia aqui. Em San Cristobal me encontrarei com Franz Blum, que é um arqueólogo famoso – um Hal Chase malvisto pelas universidades nos EUA, um velho bem apessoado que agora é tropical, e que segundo todos dizem é o homem mais brilhante vivendo no México e que conviveu com Sherwood Anderson e Faulkner em Nova Orleans anos atrás, antes de vir para cá e descobrir Palenque etc. – ele é atualmente a maior autoridade em índios e maias e um amigo de minha anfitriã etc.

Estou enviando esta carta por Kayuko, ainda à minha frente, vou levar uns dias para chegar lá. Se vocês receberem esta carta, me enviem resposta aos cuidados da embaixada dos EUA em México DF.

Allen

Não tenho onde escrever e não consigo escrever confortavelmente, então me desculpem essa carta meio mal redigida – não consigo me concentrar e escrever direito.

Qual é a situação em Frisco – estou me demorando por aqui e vou me demorar no México enquanto durar meu dinheiro – daqui a duas ou três semanas quem sabe? Então vou para seu alegre lar – tenho muitas fotografias comigo e vou revelá-las em Frisco – cerca de 200 fotos, talvez umas 25 interessantes.

Tive um sonho: todos que eu conhecia eram mortos (a faca) numa assustadora série de assassinatos, como num filme – Gene, Jack, Bill. A polícia ligou para me chamar para um interrogatório.

Allen Ginsberg [Tacalapan, México] para Neal Cassady, Carolyn Cassady e Jack Kerouac [San Jose, Califórnia]

18 a 19 de fevereiro de 1954

Tacalapan, Palenque
Chiapas, México
18 de fevereiro de 1954

Caros Neal, Caroline [Carolyn], Jack:
    Bem, ainda estou vivo aqui no estado de Chiapas e não sei bem ao certo quando vou embora, talvez na próxima semana, talvez no outro mês. Não depende de nada em particular, quando eu chegar a uma espécie de limbo ou começar a ansiar pelas luzes brilhantes do álcool e das alegrias do sexo. Aqui estou num campo de arbustos cercado por grandes árvores na floresta, olhando por cima de uma máquina de escrever através de uma palma fina e curva para um enorme monte verdejante, um Greylock tropical no qual ninguém jamais esteve, supostamente maia, e encantado com ouro e um velho guardião e ruínas próximas a uma escarpa, em formato triangular, que pode ser vista em alguns dias; e o contorno do monte muda todos os dias, às vezes pode ser visto muito longe, às vezes parece próximo e detalhado, especialmente numa luz espectral de um crepúsculo cheio de nuvens; às vezes visto como uma série de anéis com enormes vales desconhecidos entre eles, e na verdade é isso mesmo, embora pareça durante o dia mais como um monte sólido único e verde, chamado Don Juan.
    Em caminhadas diárias (ou noturnas) pela selva vi uma flor enorme e vermelha, cheia de pintinhas que quando cheirada choca a mente com um fedor de carniça terrível, fede como carne fabricada por uma flor cega numa trepadeira para pegar moscas.

19 de fevereiro de 54
    Agora tenho uma barba, um cavanhaque preto e um bigode, cabelo comprido, sapatos pesados, ando a cavalo, pesco à noite em riachos com os nativos rindo com focos (lanternas) e varas longas com anzóis para pegar enormes caranguejos do tamanho de lagostas. Ou saio caminhando pelado ao meio-dia por uns dois quilômetros de riacho pedregoso de águas límpidas, com o céu azul, com vinhas e árvores de orelha de elefante e árvores de cabelo de anjo e folhas de bananeira e enormes árvores saibol (mogno) cheias de macacos, com bancos ou ilhas pequenas no meio do córrego, caminhando com água até os tornozelos, ou até a cintura ou o pescoço. E alguns mosquitos.
    E a cada hora mais ou menos levanto da rede e sento e brinco com meus tambores, especialmente no raiar da aurora, e durante as horas negras ao fogo antes do mosquiteiro se abrir sobre a rede. Tambores: o menor tem um metro, e o maior tem cinco metros e fica preso num cipó e uma forquilha que o suporta para as vibrações soarem livres. Um dia extraí borracha de umas árvores em

bolas negras e duras para fazer a cabeça dos bastões para um bong adequado. Toco várias horas por dia, quase sempre de maneira suave, e quando uma fila de índios chega das trilhas da Agua Azul, uma cidade parecida com o Éden nas colinas a uma hora daqui, eu requebro reverberações africanas que podem ser ouvidas por quilômetros. Sou conhecido como Senor Jalisco.

Li *Cloud of Unknowing*, um manual de abstrações anônimo do século XIV, e aqui neste limbo novamente desenvolvi um sentimento novo para as possibilidades de sentar e com ausência total conceber uma sensação peculiar que nunca me vem inteira, talvez por ser muito divina. O tempo passado aqui tem sido ocupado basicamente na contemplação dessa ideia fixa, e tive um dia de agitação excitada pensando que deveria me tornar um monge, mas não há necessidade de fazer isto, podemos nos desenvolver em qualquer lugar e essas agitações são temporárias. O que me prendeu em *Cloud* foi a ideia adorável e obviamente verdadeira de que um contemplador não precisa fazer nada a não ser o que realmente gosta, sentar e pensar ou caminhar e pensar, não se preocupar com trabalho, com a vida, com dinheiro, sem neuroses, o seu trabalho é não ter um trabalho, mas apenas a abstração desconhecida e suas sensações, e seu amor por ela. Recebi uma meia oferta de ficar por aqui até agosto, sozinho, quando o proprietário do rancho vai ganhar dinheiro nos EUA e o gerencia de forma passiva, sem deveres, é só ficar aqui e cuidar para que ninguém ponha fogo na casa ou roube cacau. E talvez até um pagamento bem pequeno, tipo 100 pesos por mês, mas um refúgio perfeito para aprender muito. Porém quero voltar para os EUA e estou me sentindo só, sinto falta de alguém com quem eu possa compartilhar meus prazeres, queria que alguém estivesse aqui para entender a beleza dos tambores, eles são tão enormes que fariam Newman[4], por exemplo, gozar se não estivesse além do estado do gozo naquela sua velhice de careca bronzeada.

Planos: Todas as noites em sequência tive um sonho melancólico em que eu embarcava rumo aos parapeitos ancestrais da Europa: passagens, capitães, partidos políticos, quartos com olhos, camas improvisadas, enormes conveses cheios de pessoas vestindo peles *a la* anos 20 ou cadeiras de convés, almoços à noite, castelos de proa, arranjos com a família, apartamentos novos, apitos de neblina no porto de NY próximo às docas, Rua Front ou Rua Telegram; e uma noite como resumo tinha uma foto de NY em cores, numa moldura oval, incluindo Hohnsbean, Kingsland, Dusty, Keck, Anton [Rosenberg], D. Gaynor e outros, Durgin, Merims, seria Cannastra?, um momento proustiano resumido em uma moldura oval de todos os personagens em atividade numa sessão espírita em tecnicolor, toda NY numa foto como você, Jack (você está aí), deve ter tido muitas vezes de estrada em estrada.

Então, depois de acordar de quatro destes sonhos em duas semanas, percebi (especialmente depois do sonho de Burroughs no trem italiano de segunda classe indo para a Espanha) que preciso ir morar um tempo na Europa o mais rápido possível – penso nas fachadas maravilhosas e nos palácios da fria e úmida Veneza,

---

4. Jerry Newman era dono da Esoteric Records e gravou Kerouac lendo seu trabalho. Ele apareceu como Danny Richman em *Visões de Cody*.

por exemplo, que seria adorada no crepúsculo espaçoso da Praça de São Marcos por todos nós entre os pombos da Europa e mendigos italianos como em alguma lenta e silenciosa apresentação de palco de um viajante byroniano envolto em melancolia e passando como em um balé triste. Isso sem falar da velha e oca Roma Católica. Praga! O próprio nome conjura uma miragem de séculos, o Golem, os guetos, os reis de pedra e as fontes de leões negros e querubins acinzentados, estudantes bebendo cerveja e duelando pela noite. E talvez a doce Moscou. E então Paris. Paris! Cidade Luz! *ici mouru* Racine! Foi aqui que Proust bebericou seu delicado chá, aqui Jean Gabin vislumbrou os telhados com sua amante chorando na cama, ah, que tristeza. Memórias, valsas antigas, *tristesse de la lune*, toda a doçura e antiguidade da gentileza angelical da civilização, com a torre Eiffel e estranhos místicos da cidade *a la* Cocteau e Rimbaud, e principalmente a realidade cheia de lágrimas dos lugares do velho mundo. Até mesmo desejo ver Londres, a Londres dos sinos e das instituições financeiras velhas como o tempo, onde ainda vive em silêncio Seymour [Wyse] esperando por uma piscadela nossa sem dúvida.

Enquanto fico aqui sentado sob a montanha ao meio-dia, com o sol branco naquela palmeira elevada e verde, borboletas nas brumas, contemplando uma viagem para o velho mundo, tendo visto as ruínas do novo, com a cabeça cheia de abstrações e memórias, logo ali mais adiante estão quatro donzelas de Gauguin conversando em espanhol (entendo pela metade e posso acompanhar) de pés descalços em roupas brilhantes compradas em lojas, com enormes alfinetes de segurança prendendo os decotes, reclamando sobre suas dores para a Senora que tem os remédios: codeína, barbitúricos, elixir de W. C. Fields para os cansados e preocupados, vitaminas que poderiam mistificar e deleitar Burroughs. E na semana passada um assassinato, tendo vingado a morte de seu pai (irmã de uma dessas garotas), um jovem rapaz com buracos de bala na mão e no braço, veio durante a aurora buscando refúgio da lei e ajuda, e nós o operamos, abrindo seu antebraço para tirar a bala (quase desmaiei vendo ela cortar com uma lâmina de dois lados da Gillette) e o escondemos por dois dias até que os rumores de uma busca (exatamente como na fronteira) nos alcançassem uma noite e o mandássemos ir pela floresta para se esconder. Duas semanas atrás tivemos um meteoro enorme, grande como a estrela de Belém, iluminando de azul e vermelho metade do horizonte. No mesmo dia o meu primeiro tremor; terremoto que aliás havia destruído metade da cidade de Yajalon (Yah-ha-lon), a igreja em ruínas, a lava subindo, um vulcão novo como Paracutin – embora isso tudo seja rumor, outro homem passando por aqui disse que a montanha desceu, e o que estava embaixo subiu – isso é um deslizamento? *Quien sabe*? Mas preciso acrescentar que o padre que devia ter morrido gritando na catedral de quatrocentos anos em pedaços estava vivo, ainda que muito ferido, já que havia sido atingido por um único tijolo que havia se soltado. E também foi um eclipse lunar perfeito o que vi na noite em que fui embora de Palenque.

Estou vivendo entre cabanas de teto de palha, como tortilhas e frijoles em todas as refeições e com mucho prazer, me surpreendo como um gosto por eles pode realmente ser cultivado, como por batatas com ovos, carne, vegetais etc.

Passo por plantações de bananeira e trabalho nelas por uma hora por semana, cortando, ajeitando, colhendo os cachos, e as como fritas e cruas, também diariamente. E trabalho por algumas horas por dia nas plantações de cacau, cortando, lavando, fermentando e bebendo o cacau (faz chocolate) – o lavar do cacau em particular é muito agradável, com um grupo de índios de pés descalços, cada um com uma cesta trançada jogando para cima as nozes gosmentas para tirar a gosma delas, e se agachando ao sol sobre a grama junto ao córrego pedregoso. Nem sempre é um grupo de índios, mas seguidamente é. E à noite sento em cabanas ao lado do fogo, ouvindo o violino e algumas vezes tocando tambor.

La Senora, caso eu tenha esquecido de dizer da última vez, é uma autora de Giroux-Harcourt, e certa vez escreveu um best-seller sobre a selva (*Three in the Jungle*). Ugh. Escreveu outro sobre maias místicos, fatos interessantes para Bill, mas ela é um caso estranho, por um lado legal, por outro maluca, e algumas vezes chata; sua melhor característica além de real (embora talvez indefinida neurose mística) é ser uma pioneira na coisa de operação solitária de plantação onde cresceu entre os índios e carrega um machado, real profissional de arqueologia.

Ontem ri sozinho pensando maravilhado em finalmente ir embora daqui e chegar de verdade em Frisco; e embora eu vá, e ir para Frisco certamente já esteja causando mudanças imprevistas na atmosfera da alma por aqui ou aí, ou nos fenômenos sísmicos indesejados ou nos estados civis e guerras que aqui são desconhecidos (não vi nenhum jornal em dois meses) (eu), não sei quando vou. É como o sonho da Europa. Pedi que minha correspondência seja enviada para cá do DF e de outros lugares, portanto se vocês me escreveram, vou receber semana que vem. Vou estar no seguinte endereço: HOTEL ARTURO HUY, a/c Karena Shields, Allen Ginsberg, Salto de Agua, Chiapas, México. Quando eu me for, se houver alguma correspondência ela vai ser reenviada para mim, até porque vou seguir escrevendo para o pessoal daqui.

Fechando a loja – homem mordido por uma cobra no vilarejo próximo, preciso encontrar cavalos depressa e lâminas e antídoto e ir. Mas primeiro vou comer, enviamos o remédio em seguida. Esses índios corruptos que não sabem tocar tambor e nem sabem o suficiente para cortar uma mordida de cobra e fazê--la sangrar... antigamente os índios verdadeiros eram bem mais sábios.

Bruag
Gemido

Jack Kerouac [San Jose, Califórnia] para Allen Ginsberg [n.d., Cidade do México, México?]

c. março de 1954

Caro Allen:

Esta enorme carta em anexo de Burroughs em Tânger indica que ele precisa de "um enfoque totalmente novo" e mostra como todos nós mudamos repentinamente e muito nos últimos quatro ou cinco meses, assumimos novas posições sobre o que gostamos de achar que é o sol, ou a lua, ou tudo mais sob o zênite. Neal, por exemplo, de repente se tornou religioso e está pregando a reencarnação e o carma.[5] Carolyn está firme nas questões de Karen Horney (*Our Inner Conflicts* ou esse mais recente)[6]... dizendo que é a mesma coisa, com um enfoque diferente. Há de fato um bahaísmo generalizado e mesmo no rádio você ouve um pregador falar que é o "falso individualismo" que faz um homem se afastar do "trabalho" – então está todo mundo ficando esperto com relação aos termos "falso" e "verdadeiro", "essência" e "forma" etc. Eu, quando recebi sua carta de Chiapas, estava chapado com Al Sublette e Neal, ouvindo Gerry Mulligan e Chet Baker, e li sobre seus tambores de bong adequado e como os índios vêm em fila e você salta e enlouquece nos tambores para impressioná-los e eles o chamam de Jalisco e que você está numas de medicina. Você não encontrou o erotismo secreto que o levou até aí? Vale a pena visitar?

Devo ir para aí e sentar, ou devo ir para Nova York, ou devo viver sob uma árvore ao lado da ferrovia na Califórnia, ou devo me mudar para uma cabana de adobe abandonada no Vale do México e ver [Bill] Garver todas as tardes de sábado? Sozinho ou com Al Sublette? Ou ir até Chiapas com ou sem Al Sublette? Al diz que quer sentar e deixar tudo como está mas admite sua fraqueza com as drogas, a beleza, as bucetas e todas as incontáveis intoxicações angustiadas da era do jazz e da máquina. Ele não é um intelectual. Prefiro ir sozinho por causa de tudo, mas não consigo me desatar dos grilhões e algemas da amizade amiga e desde muito tenho percebido que não apenas sou o messias enganado mas você também, e Neal também, e Bill, e Zilen, e Zunkey, e Mush, e Crush. Diz-se que eles vêm das dez direções do universo e postam as mãos radiantes numa roda em sua testa. Isto é em aparência, como as traças na luz, e aquela máquina de radar de Atlântida que vimos no céu sobre a Nova Escola quando você disse que estava ali desde o início da eternidade de qualquer jeito, e agora Neal diz que eles tinham energia atômica em Atlântida e Gurdjieff e Ouspensky e Bill Keck e todos os detalhes sociais terríveis chegaram em uma avalanche para repetir o que sabemos já aconteceu e vai acontecer de novo. Uma garota vai aparecer para mim de novo; e novamente vou ser cúmplice de um crime; e novamente vou ter que descansar e dormir o sono profundo dentro da luz dourada no útero da minha mente, de novo. Mas tudo isso precisa acontecer, precisamos ter uma conferência, ou nada, o ocidente se encontra com o oriente ou nada; é por isso, quero arranjar um encontro entre nós ou mais nada, dando lugar, hora, e dispondo direitinho os planos de como ganhar a vida, ideias; tenho ensinamento para passar para você. O ensinamento, o Dharma, não atrai Neal. Ele já, e como eu disse, ao mesmo tempo, tomou para si o ensinamento (de Edgar Cayce, um

---

5. Os Cassady haviam descoberto os ensinamentos do místico americano Edgar Cayce.
6. Karen Horney foi psicóloga e autora de *Our Inner Conflicts*.

sobrenaturalista que morreu recentemente e curava as pessoas com diagnóstico por hipnose) e age como um Billy Graham de terno, fala depressa explicando que aqui enfim está a "prova científica" da verdade da reencarnação e o interesse de Neal no assunto é curiosamente melvilleano, "o mundo seria inundado pelo mal se não houvesse o bem interior" e uma roda da justiça nos transformando todos em assassinos de cães de mal a pior até que a gente se arrependa e se torne um bando de cachorros, ou até que a gente seja morto por assassinos de cachorros e renasça de maneira contemplativa e perfeita até o fim. Mas que ele conte essas coisas para você ele mesmo. Isso é o principal, e ele vai contar para você, então você julga por si mesmo (a natureza dele e o que chega ao nível de heresia materialista aqui). Mas a diferença no fim é apenas de contatos celestiais, conexões diferentes, suponho que o traficante é o mesmo. Neal começa dizendo que não há início nem fim no mundo, a substância essencial cármica do akasha etérico vibrando continuamente em todos os bilhões de universos e nossas entidades-atman andando por aí... e eu creio que haja esse vazio e silêncio, e que depois dessas confusões acabarem, por nossa própria vontade, desfeita fio a fio até nossos egos e entidades desaparecerem, mas hoje tomamos benadril, então depois vou escrever uma carta enorme e esvaziar meus cadernos em você de forma que você possa julgar por si mesmo, e Neal vai ditar a dele mais tarde.

Allen Ginsberg [Yajalon, México] para Neal Cassady, Carolyn Cassady e Jack Kerouac [San Jose, Califórnia]

Yaljalon
4 de março [*sic:* abril] de 1954

Neal:

Carolyn:

Jack:
    Me desculpem por não ter respondido a carta sobre espiritualidade mais cedo. Eu a recebi em um kayuko no Rio Michol, viajando na direção de Salto de Agua quando encontramos um mensageiro com correspondência de mais de um mês, então, sob as árvores, recostado na minha mochila enquanto os índios andavam na água verde de crocodilos, li sua carta e outra frívola de Claude [Lucien Carr] e as mensagens de Burroughs. Que Neal agora seja religioso é uma grande notícia: sempre me perguntei o que se passaria se houvesse nele um pensamento que o tomasse com força, curvando humildemente sua alma até a santidade. Mas esperem! Fiz coisas incríveis na semana passada, e agora estou no meio da confusão, tudo deu errado, mas começo pelo que fiz.
    Fui até Salto para enviar a carta para vocês duas semanas atrás. Resumindo, peguei uma carona de avião até mais fundo no Chiapas, Yajalon, onde todos os

terremotos ocorreram. Ouvi sobre o Monte Acavalna – Tzeltal para Casa Noturna? O que significa isso – Refúgio da Escuridão, ou Lugar para Sofrer a Escuridão – casa obscura. Um mistério. Acavalna (enrole o nome blakeano na ponta dos lábios) – nas montanhas que estão além de Yajalon – não tive tempo de falar sobre a serra maia e os detalhes das ruínas misteriosas da floresta, nem o sentido dos nomes – Tumbala, Bachahon, Lancandon etc. Mas Acavalna é naquela direção. De acordo com geólogos, é a fonte dos terremotos – que ainda ocorrem todos os dias mesmo após dois meses.

Assim em Yajalon, com 100 pesos no bolso, e sem escova de dentes, com minha mochila cheia de roupas sujas e uma caneta tinteiro e mais nada, desci do avião de mãos abanando – uma cidadezinha no sul do México com uma igreja de 400 anos no fim de uma rua de dez quadras, com mais duas ruazinhas laterais, cercada de montanhas altas por todos os lados, um cenário fantástico – dá para chegar aqui de avião, que tem um acidente a cada 10 dias, ou de mula pela cidade de Salto, que tem uma parada da ferrovia.

Fui até o Presidente e disse que era um periodista de férias e queria visitar Acavalna – nenhum jornalista jamais esteve por aqui, só um geólogo que o escalou uns dez dias atrás e não relatou nada senão uma fenda na face em direção à cidade, e disse que talvez não fosse um vulcão. Dois dias mais tarde, no entanto, o Instituto Geologica, o seu escritório, afirmou, em artigos, que talvez houvesse um vulcão. Muita confusão, Yajalon em pânico. O Presidente prometeu guias e mulas grátis. No outro dia, sem mula, só com um guia, comecei a subir La Ventana – a montanha que se interpõe entre Yajalon e Acavalna – até que lá pela metade um mexicano bondoso viu minha barba e numa passagem cedeu sua mula (e ele continuaria a pé – uma cortesia verdadeira). Cheguei à tarde numa finca ou plantação chamada Hunacmec – e fui tratado como um convidado honorável e importante – enviamos as mulas e o guia de volta. Hunacmec fica aos pés do Acavalna. Naquela tarde, numa rede emprestada com um cobertor emprestado por causa do ar frio das montanhas, me deram um guia e um cavalo para passar a noite em Zapata – um vilarejo indígena do lado do Acavalna onde homens vestem branco e as mulheres vestem preto e os porcos comem a sua merda perto do rio, empurrando você para o lado para pegar o que querem antes de você terminar. Então se juntaram a mim dois Yajalontecanos tipo Gordo e Magro que se apressaram pelas montanhas para me encontrar no caminho. Na noite – tambores, uma igreja primitiva, cachimbo de bambu, (os melhores tambores ocos primitivos que já vi, aliás, eles fazem tambores ótimos por aqui) violões, homens em toras de cedro perto dos muros, mulheres na piscina negra no centro em frente a um altar acendendo longas velas pagãs e sinistras na frente de um altar de vidro coberto de tecido barato e pinturas religiosas alemãs de 1890, contendo bonecas de Jesu Christi e santos negros barbados indígenas, outro tambor dependurado no teto – diversão para mim – e de repente bum, um rugido subterrâneo fantástico como o do metrô no End [West End Bar] sob anos de pavimento concretado, e a montanha inteira começa a sacudir, o teto de palha estalando, pedaços de adobe do tamanho de tortillas caindo nos meus ombros, mulheres gritando e correndo pela porta na negra noite que treme, e eu tremendo por meu orgulho idiota de vir até o pavoroso Acavalna. O horror do poder terrível sob a montanha, que fez tanto barulho e que tremeu tanto e aumentou até o ruidoso sacudir final – e então parou, tudo em silêncio exceto pelos cachorros latindo e os galos cantando e as mulheres gritando. Foi o pior tremor que tiveram desde 5 de fevereiro, o primeiro, e eu bem aqui no topo da montanha. Mas ninguém morreu nem nada de ruim aconteceu.

Bem, para resumir de novo, na madrugada do outro dia juntamos uma expedição de 54 homens, índios todos belos, e mais incontáveis garotos e cachorros, até Zapata, de Tzahala, na estrada suja para o sul, e Chiviltic, até a outra montanha – todos assustados, e começamos uma escalada terrível nas pedras meio soltas pelas milpas, até a floresta desconhecida no topo da montanha, para ver se havia uma fissura vulcânica, ou ruínas, como foi dito, ou um lago secreto, como também corria o boato. Florestas de cedros enormes, pegamos um macaco – eles comem macacos. Não consigo expressar o quanto gostei de tudo isso – minha psicologia é esquisita, mas era um arranjo perfeito – eu era o líder, organizei e forneci o poder central e a inteligência – e eles me tratavam com respeito, os meninos carregavam minha bolsa e minha comida, e café e ovos indígenas especiais para mim – o resto deles bebia milho ralado como almoço, e me faziam perguntas, dezenas de índios dispostos a correr pelas montanhas para me conseguir cavalos ou carregar mensagens ou realizar qualquer desejo do misterioso homem branco barbudo. Ao mesmo tempo eu era fraco em montar, ou no conhecimento das montanhas ou da localidade, e as minhas fraquezas eram respeitadas com grande amor e espírito cavalheiresco. Era essa a sensação que eu tinha, pelo menos. Bem, de todo modo chegamos até o topo, dois ou três tremores barulhentos no caminho (havia uns vinte por dia) – o topo não era exatamente um lugar inexplorado, devo dizer que o geólogo tinha ido até lá com alguns índios da última vez. Eles tinham medo de ir quando ele estava por lá, mas agora todos os homens sadios dos três vilarejos que não estavam ocupados vieram comigo – a finalidade era acalmar os índios de toda a área, que pensam que um vulcão está em erupção lá no topo. Então chegamos lá e vimos as montanhas ao redor e não descobrimos nada, e fizemos uma enorme fogueira com uma árvore enorme para assustar Chiapas, descemos e sentei no meio do círculo e peguei os nomes de todos e fiz uma declaração para enviar aos índios nas cidades vizinhas dizendo exatamente o que está acontecendo na montanha – pois há muitos boatos de todos os tipos circulando por aqui – e o carimbei com o selo oficial dos três vilarejos.

Voltei para Hunacmec pensando que tinha feito uma grande viagem em partes raramente vistas e as mais obscuras que já havia visitado, embora eu saiba muito bem que há partes ainda mais obscuras na direção do Usumacintly – e que precisamos um dia pegar umas mulas e visitar essas regiões. Agora já sei um pouco de espanhol e até um pouco de maia, pocitito, e amo os índios e me dou muito bem com eles, sério, acho que poderia ir a praticamente qualquer lugar – mas de todo modo, na manhã seguinte quando acordei encontrei quarenta índios me esperando na casa telhada da finca aos pés do Acavalna. Eles vieram de La Ventana, lá do outro lado, e tinham acordado na madrugada e caminhado 10km para falar comigo, queriam saber o que tínhamos visto na montanha – e queriam que fosse com eles até o outro lado. Havia uma caverna lendária, eles dizem que não a conhecem, mas que dois homens do vilarejo tinham estado lá três anos atrás, e que os geólogos não acreditavam neles, e que queriam ver se os terremotos tinham fechado a entrada da caverna. Disseram que eu deveria ir e passar a noite no vilarejo para que me dessem cavalos e guias para voltar a Yajalon no outro dia. Então fui a pé, e paramos em outro vilarejo no caminho, e me colocaram num cavalo em meio a eles – uma linha comprida de quarenta índios vestidos de branco preenchendo as colinas – até que chegamos ao fim da trilha das mulas – e saí do cavalo e vinte homens foram à frente limpar um caminho, então escalamos pelo lado leste da montanha pelo meio da mata, até que chegamos a pedras enormes de cinza vulcânica, como a grande planície desolada em Paracutin – escalamos as pedras – e as montanhas prestes a sacudir ou explodir ou deus sabe o que mais: e então gritando à frente eles a encontraram. Chegando perto do descampado, um buraco na face da montanha grande como a catedral de St. Patrick, a entrada para a grande e lendária caverna – fui o primeiro não nativo a vê-la – resolvendo o enigma do nome da montanha – a casa da noite – uma caverna escura. Os índios têm muita imaginação poética para nomes – uma montanha denominada casa da noite séculos atrás e uma hora todos esquecem por quê, exceto um ou dois, em quem ninguém acredita mais. Bem, essa caverna estava lá, e eu subi pela mata e entrei primeiro – tinha que fazer algo corajoso para justificar a honra – e começamos todos a explorar a entrada – e de repente outro ribombar nas montanhas, sentei encolhido e esperei, mas nada aconteceu, e houve outro tremor inocente uns quinze minutos depois quando estávamos todos lá bem mais no fundo, e pude ouvir estalactites caindo no interior – a boca da caverna havia sido escavada e ampliada por terremotos anteriores, então era muito assustador. Formações belíssimas de estalactites, como uma catedral – uma caverna enorme, talvez uma das maiores do mundo. Nunca visitei cavernas antes, mas esta é maior, tenho certeza. É estupenda, e agora pensando nela, é quase como uma visão terrível num sonho, grande assim, sabe – e cheia de formações e arcos e naves, como um desenho de Piranesi sabe, pilastras e arcos e enormes figurações religiosas escuras.

Bem, mais tarde escrevemos uma declaração de La Ventana, e retornamos para Yajalon. Li minhas declarações para o prefeito. Tornei-me um herói local – a caverna era lendária, fui o primeiro a vê-la em primeira mão, fui o primeiro a verificá-la oficialmente, e tive todas as quarenta testemunhas de La Ventana e o selo etc. Eles me pediram para ficar e escrever uma história para o jornal e informar o Instituto Geológico do México e fazê-los vir até aqui e ver se os tremores têm algo a ver com a caverna (não sei) – e me deram um quarto na casa do presidente e disseram para o restaurante local enviar a conta para a prefeitura e todos na cidade querem falar comigo e me convidam para tomar café e os comerciantes me vendem cigarros mais barato e não me cobram nada por abacaxis e outras coisas assim.

Capítulo 2: Traição em Nova York

Enquanto isso a primeira coisa que fiz foi gastar trinta pesos ligando para Claude [Lucien Carr] passando um furo para seu representante mexicano – já que os jornais mexicanos estão cheios de Acavalna mas nenhum repórter mexicano, como já disse, foi até o lugar, só boatos mexicanos comuns por meio do geólogo sobre lagos secretos que não existem (a caverna tem um rio) – e enviei a ele um documento para garantir e escrevi umas 3.000 palavras descrevendo a viagem, os índios, a noite de terremotos na montanha e a descoberta da caverna. Pedi a ele que o representante mexicano informasse os geólogos etc. de forma que ele possa receber a história em primeira mão e eu talvez um dinheirinho, tipo uns 50 dólares, para os gastos.

No telegrama disse que fui até o topo não vulcânico e que no outro dia descobri a caverna lendária que dava nome à montanha.

No meio dessa frase minha máquina de escrever começou a tremer – e o quarto está tremendo para frente e para trás, e as paredes soltam pó. Estou na casa do presidente em Yajalon, e acontece outro terremoto, com um som meio intermitente, diferente do metrô que ouvi na montanha. Sem danos, embora digam que caiu uma casa no fim da rua, perto da pista de aterrissagem, vou até lá ver quando terminar de escrever.

E disse para Claude nesse telegrama que os geólogos não sabem etc. e descrevi a caverna. Esperei três dias e recebi: CONDICOES NAO VULCANICAS CONHECIDAS O ESTADO APLAUDE AS MAGNIFICAS DESCOBERTAS FUI BRASIL ESCREVA.

O que significa que o filho da puta burro e irônico, não entendeu meu telegrama e imaginou que eu pensava estar dizendo a ele algo novo sobre o topo do vulcão (e eu já tinha dado meu itinerário em primeira mão) e que a caverna não dizia nada a ele – e que ele iria para o Brasil (suas férias começam em 2 de abril mais ou menos, e ele vai visitar De Onis) e não receberia minha explicação sobre a caverna, nem a interessante descrição detalhada sobre como é uma primitiva igreja indígena no meio da noite quando um terremoto chacoalha a montanha. Em resumo fiquei preso em Yajalon sem dinheiro para mandar telegrafar para ninguém a respeito de nada, e todo o meu suor de escrever por três dias sem papel carbono e sem mãos para receber os escritos em NY, e toda a minha aventura escorregando pelas minhas mãos até essa anonimidade tão merecida. Portanto estou indo embora dessa espelunca, tenho 10 pesos e logo minhas boas-vindas aqui já vão ter se desgastado. Escrevi para Von Harz para que ele leia a correspondência de Claude vinda de mim e que use o que conseguir – mas já vai ter passado uma semana antes que qualquer um em NY tenha ideia do que está se passando e enquanto isso não consigo enviar nada para o Instituto Mexicano, o que colocaria a história na imprensa mexicana, e assim talvez colocar meu nome nos jornais por aqui, mas não haveria nem chance de descolar sequer um pouco de $$$ de um jornal, se é que existe algum – na verdade faz meses que não vejo um jornal sequer e não tenho nem ideia de como isso soaria absurdo a ouvidos americanos, a não ser que a pessoa tenha imaginação suficiente para ver a importância e o valor, ainda que pequenos, da caverna. Bem, tenho algum dinheiro – 20 dólares em Salto, e quero voltar para a finca para descansar e para acalmar meus nervos irritados e explorar a lendária montanha Don Juan e esperar por mais 20 pratas em cheques que a estúpida embaixada em DF retornou ao destinatário com o resto da minha correspondência. Eram pagamentos do *World Telegram*. Se eu conseguir acesso a esse dinheiro, vai ser suficiente para ir embora direto para Frisco. Enquanto isso, se vocês receberem um telegrama repentino de mim pedindo 25 dólares, por favor me enviem nem que vocês precisem empenhar as joias da família, porque isso significa que estou falido e desesperado. Por falar nisso, de qualquer lugar que eu esteja, Salto ou qualquer outro, posso receber dinheiro pelo telegrama. Faço esse adendo melancólico porque da última vez que minha família tentou enviar dinheiro a burocracia americana tentou dizer que essas cidades não existiam no mapa da comunicação sem fios. Escreva-me se você ainda não escreveu.

    Amor,
        Allen

    E se aquela maldita caverna ainda não tiver sido noticiada quando você receber esta carta, faça alguma coisa – escreva para Giroux ou para minha mãe no Estado dos Peregrinos.
    P.S. Jack: com relação a um encontro – não vou permanecer no México por muito mais tempo – não tenho planos ainda, aguardo o dinheiro para ir – escrevo e aguardo.

Jack Kerouac [Nova York, Nova York] para Allen Ginsberg [n.d., San Jose, Califórnia?]

fim de maio de 1954

Maio

Caro Allen,
    Saiba, anjo, que penso bem de você sempre que lembro, o que acontece com frequência, e estou certo de que você pensa em mim com frequência e com amor, naturalmente, e não estou tentando ser misterioso, ou silencioso, mas apenas atingi o centro da essência das coisas onde o nada reside sem fazer absolutamente nada, e essa é minha posição chinesa.
    Não vou citar do Tao para você, ou fazer exigências ou imposições, ou entrar em detalhes sobre o que tenho feito, exceto no que tange mencionar, como você vai ouvir de Edgar Cayce Cassady e Carolyn, minha descoberta e minha aceitação do doce Buda, que foi acho num sentido mundano mesmo talvez no seu sentido meu desfazer, porque embora eu tenha sempre suspeitado que a vida fosse um

sonho, agora recebi a confirmação do mais brilhante homem que já viveu, e de fato é assim, e consequentemente não quero ter mais nada, nem escrever, nem o sexo, abandonei, ou seja, pretendo abandonar, todos os fluxos malévolos da "vida" em prol de todos os não fluxos do reconhecimento da essência da mente... chega de ser incomodado por Subterrâneos, ou Alenes para receber chutes na bunda e nada mais a não ser um tipo de realização do nada de 1948 e da atitude "quem se importa" das bebedeiras de Lucien... embora vez que outra eu saia, porque as pessoas ligam e escrevem, e beba e foda um pouco, sempre volto para meu quarto, para nada fazer e ter o privilégio de nada fazer e dizer que é isso mesmo, e então, se minha mãe quiser que eu vá embora, eu me vou para El Paso no Texas em primeiro lugar, lavar pratos e viver do outro lado do rio por $4 por mês num casebre de adobe com minhas bíblias de Buda e cozidos de feijão, e assim viveria minha vida como um pensador mendigo nesse sonho terráqueo humilde.

Com relação às suas últimas descobertas maias e poemas, quero ouvir tudo que você tiver a dizer sobre isso, se você quiser me transmitir, ou me contar quando nos encontrarmos, mas não espere que eu fique entusiasmado com mais nada.

Amo você, você é um grande homem, um grande garotão na minha mente, cheio de merda mas inocente de por que você está cheio de merda, como um herói de Lucien Carr, para dar algo para o Satanás Lucien com que ele possa gritar e bradar a respeito creio na madrugada em frente a seus berços e esposas desqualificadas, Allen, garoto, certo, faça ser maia, maya, maya, que em sânscrito significa onírico, a terra, tudo que vive no universo deve ser considerado maya, o reflexo da lua num lago, peça a Carolyn para ler a enorme carta de 20 de maio que enviei a ela para ter um resumo do meu pensamento filosófico; e divirta-se com o maravilhoso Neal, que certamente vai levar você em passeios como nunca ninguém levou, com a inevitável e louca América californiana e seus tipos etc., e estou farto de todas essas discriminações que vêm e vão como umas vidas pouco radiantes uma após a outra; se possível nos encontramos de novo um dia e conto a você sobre os capuzes ciganos, que sacam as bolas de cristal do sentido, e mostro a você os segredos dos santos mágicos e das radiantes mãos perfumadas dos Tatágatas que um dia podem assentar sobre uma roda brilhante acima de sua testa iluminada, se eu tiver algo a fazer antes de me perder no reconhecimento de que não tenho um eu ou uma identidade, e que portanto não posso mais agir como "eu" e por causa disso não encontro você ou vejo você; até o momento em que espero ver você, ajudar você, meu anjo, e na descoberta radiante final e celestial que, acredite, você mesmo, seu rapaz triste e sublime, já por acidente, e apenas por acidente encontrou de maneira completa nos últimos tempos – então depois das enormes Califórnias e varais e ferrovias e discursos e vá até lá curtir meu jardim de cáctus no pátio, e Jamie e Cathy e Johnny [os filhos de Neal e Carolyn], e as Pizzas de Mãe Cassady, e o vinho da venda do outro lado da rua, e os tênis xadrez e os baratos de Neal, escreva, se quiser, para receber uma explicação completa do Abençoado, e eu vou enviá-la, como já disse, se estiver ainda vivo, e ainda reconhecer você como Allen Ginsberg, velho amigo de Jack Kerouac, o que acho que mesmo depois da eternidade não esquecerei, mas

não esqueça nossos gigantes líquidos olhando por trás dos prédios, e do radar da eternidade no céu, e dos olhos mortos, veja, porque, garoto, agora descobri que era tudo instinto puro e verdadeiro, e preciso dizer, não éramos tão burros, como vou provar, conforme disse, se um dia eu vir você de novo, o que, afinal, pode não acontecer, pois estou cansado do mundo e desejo mesmo descansar desse globo e ir para outras bolhas onde a ausência de bolhas seja mais e mais aparente com cada kalpa que passa – ah, sim, beba um pouco de vinho, e curta o líquido triste incompreensível, falho-azedo sofrimento de mar de lamentações de samsara para mim, ó Santo Allen, *Arhat*, tchau... te vejo nos Mundos do Tatágata outra hora.
Jean

Allen Ginsberg [San Jose, Califórnia] para Jack Kerouac [n.d., Nova York, Nova York?]

18 de junho de 1954

Caro Jack:

Estou em San Jose, tenho suas cartas, ouvi falar do Cayce de Neal, nada aconteceu conosco por aqui ainda. Enviei um postal do norte do México; respondi a Burroughs etc. tudo isso está resolvido, mas também para dizer que não estava sendo misterioso no México. Segui escrevendo cartas para todo mundo toda semana mais ou menos, mas algumas nunca chegaram, e também eu estava numa localidade isolada onde o correio era complicado; não criei mistério de propósito, mas me diverti depois com a agitação. Em *Cidade pequena, cidade grande* você menciona a capacidade de Stofsky de desaparecer como uma de suas virtudes (desaparecer numa viagem e de repente reaparecer) e foi nisso que eu pensei quando fiquei sabendo que achavam que eu estava perdido.

Bem, vamos seguir com essa carta.

Se você saiu daqui no fim de março, não viu nenhuma das cartas que escrevi para você e Neal; não sei se você viu Lucien, que também recebeu um relato do que aconteceu. Mas vou contar a história supondo que você não foi informado. [Ginsberg então conta de novo a história de sua visita mexicana cheia de terremotos, como já descrito na sua carta de 4 de abril.]

[...]

Acabei passando minha última noite no México olhando para a pobre casbá do bairro da janela do meu quarto num penhasco de lixo Mexicali, galpões de latão lá embaixo do penhasco, tetos brancos e jardinzinhos sujos com autoestradas e outros penhascos levando até as ruas descoladas da fronteira do centro, enfim eu olhei de cima num penhasco de lixo na escuridão para ver o final da minha viagem no México.

Na primeira noite aqui (depois de passar uma semana com parentes nos arredores de L.A.) Neal me deixou chapado e não parou de falar construindo a estrutura fragmentada de Cayce como um sonho inacabado. O melhor, apesar de todos os absurdos óbvios, foi que ele concebeu a possibilidade de uma ideia final, entendeu a religião, pelas Vozes das Pedras ou balões de Buda ou transmigrações de Cayce, um novo nível de concepções se abriu para ele como possibilidades verdadeiras e necessárias. Estas são as estradas para o céu, eu não me esqueço dos gigantes líquidos olhando, as florestas do Arden absoluto na 8ª Av., as sensações do sublime que vivenciamos, os grandes passos e pistas da escadaria;

Em meio à codeína no ônibus que levava até Veracruz: uma imagem, como se numa pintura de Giotto, semelhante a um arquivo celestial de santas ascendendo uma escadaria dourada estrelada que leva até o céu, pisando com elegância e cuidado nos minúsculos degraus de ouro, os milhares de pequenas santinhas em capuzes azuis com rostos redondos sorridentes me encarando, assistindo a tudo, com as mãos de palmas para fora em glória enquanto subiam. Salvação! É verdade, simples como nessa imagem.

O que está acima é apenas uma concepção aleatória.

E agora vamos ver esse conflito de teologias, estabeleci meu credo:

CREDO

1. O peso do mundo é o amor;
2. A mente "imagetiza" todas as visões.
3. O homem é tão divino como a própria imaginação.
4. Nós seguimos criando um mundo de amor divino na medida em que podemos imaginar. (Ou seja, precisamos seguir interpretando recriando o mundo que nos é dado em branco (falta de imaginação é morte física por fome) de acordo com o mais extremo absoluto do amor divino, a divindade que podemos conceber.)

Não disse muito sobre Neal, mas vou fazer isso na próxima carta, quando quer que eu escreva outra vez. No momento meu maior prazer tem sido olhar para ele como se num grande sonho, com toda a irrealidade dele, já que estamos no mesmo recinto do espaço-tempo outra vez. Como que ressuscitados de um passado morto, frescos e cheios de vida, embora com o peso do velho conhecimento, mas ainda nem começamos a falar. Não sei o que quero dizer a ele. E nem ele a mim.

O mesmo com você, Kerouac, está claro que seu dever celestial, seu balão de Buda, é escrever, e que sua infelicidade é imerecida de um jeito que somente a aceitação pode deixar claro.

O que quero dizer é que aí está a imaculada estrutura de suas obras e de sua sublime construção na minha imaginação. Minhas folhas de chá ainda leem $$$ e FAMA para você, seja nos próximos dez anos ou ainda nesta vida.

[...]

O seu isolamento, como o meu, é triste e assustador, principalmente os becos cegos do dinheiro e do amor, mas a vida não acabou, e há muito a ser escrito e muito a ser respeitado em todos nós e não apenas por sermos humanidade, mas por termos tentado e realmente alcançado algo, a saber, a literatura e também possivelmente, nessa altura, um certo olhar espiritual. E Neal, que tem dinheiro e amor, está desesperado nos porões do paraíso pois está infeliz com sua existência. Deus sabe que fome subjazia à, estava por trás da, ausência, agora que ele está em busca de sua alma. Com relação a Bill, ele acha que ele está perdido. Lucien sabe o que faz, mas deve ter que passar por um período de expandir seus horizontes espirituais de forma a acomodar a profundidade e a vastidão das possibilidades, e isso pode ser precedido pela aparição de uma prisão em sua alma, e não em sua existência.

 Amor,
  Allen

 P.S.: Não terminei meu poema e por isso vou enviar esta carta do jeito que está e logo mando um bom poema.
 Neal vai ler *Visões de Neal* se você enviar registrado e segurado para cá. Conversamos sobre ele não ter lido estas coisas.
 Como está sua escrita agora, desde a última vez que o vi?
 Viu Lucien?
 Por acaso viu Holmes, Kingsland, Solomon e os outros, Alene [Lee] e Dusty [Moreland]? Por favor, me passe notícia deles.
 Escreva-me quando e se quiser, e não se preocupe.
 Como sempre
  Allen

 Por favor, me devolva as páginas sobre Acavalna. Não tenho outra cópia.
 Em breve vou ler o *Bagavad Gita* e algum budismo, se você tiver algumas dicas ou conselhos.

Jack Kerouac [Nova York, Nova York] para Allen Ginsberg [n.d. San Jose, Califórnia?]

depois de 18 de junho de 1954

Caro Allen,
 Começando na última sexta à tarde, bêbado de vinho, e terminando sóbrio hoje de manhã, com um morcegão entre as datas vendo Kingsland, Ansen, Holmes, Cru e Helen Parker na cidade, aqui vai uma carta meio boba; a razão pela qual não quero jogar as partes bobas fora é porque elas podem diverti-lo, e você deveria mesmo se divertir e não o contrário. Estas primeiras quatro páginas foram escritas enquanto bêbado, e são fofoqueiras, mas talvez engraçadas...
 Estou anexando uma carta de Bill em Argel, contendo material que acho que você ainda não viu, e quero me assegurar de que você o devolva da mesma forma como agora devolvo seu artigo sobre Acavalna. Não esqueça de devolver!

Sua carta foi recebida com grande felicidade, já que eu tinha pensado que algo de ruim tinha acontecido com você, já que você não escrevia mais cartas enormes. Senti um calorzinho de orgulho e felicidade ao lê-la, porque você a tinha escrito para mim.

E eu queria contar a você muitas coisas gentis e de irmão para irmão. [...]

Recentemente tive um caso com uma garota viciada chamada Mary Ackerman, talvez você conheça, amiga de Iris Brody, viu a mim e Kells [Elvins] num jipe amarelo em Cuernevacas em 1952; conhece todo mundo, mas é tão gostosa e tão Camille [Carolyn Cassady], tipo suicida e louca, que não consigo acompanhar; ela [Mary] acabou de parar no hospital por causa de uma overdose, por exemplo. E, de todo modo, já é tarde demais para eu amar, amar o amor, ou seja, ou amar as mulheres, digo, digo sexo e intimidade ao estilo de um casamento no civil, ou estou falando pelos borbotões... Vi sua carta enorme para Kingsland.

Vejo Chester Kallman[7] o tempo todo, ele e seu Pete [Butorac]. Tenho ficado bobo de bêbado em Remo ultimamente de novo, e apodrecendo ao estilo dos Subterrâneos. Quero viver uma vida quieta, mas sou fraco demais por bir... birita. Estou muito infeliz e tenho pesadelos; quando bebo depois de uma semana de abstinência fico feliz como nunca fui na minha vida, mas pouco a pouco começo a ficar entediado e me perguntando o que fazer; estou escrevendo dois grandes livros simplesmente porque não tenho nada para fazer e seria uma vergonha desperdiçar toda aquela experiência em "talento" – como Carolyn diz – e falando de forma geral, cruzei o oceano do sofrimento e finalmente encontrei o caminho. Estou bem surpreso de que você, inocente, noviço, tenha adentrado a primeira câmara interna do templo do Buda em um sonho; você vai ser salvo – há regozijos e hosanas no paraíso se qualquer coisa no céu FOSSE uma coisa, ou pudesse regozijar-se, onde o regozijo é um nada – o paraíso é um nada – [...]

WALTER ADAMS eu não vi.

DIANA HANSEN CASSADY eu vi, na rua, ela me mostrou fotos de Curt [o filho de Diana e Neal] e disse que recebeu cartas enormes sobre Edgar Cayce, isso entrega alguma coisa? Mas ela não consegue encontrar os livros a que ele faz referência e de qualquer jeito ela não se interessa e ficou na calçada falando bobagens, mas enfim eu estava atrasado, e ela também.

JOSE GARCIA VILLA estava na calçada do vilarejo e como Lucien e eu estávamos caminhando ele veio até nós, triste, filipino, e conversamos e ele disse, "Como você está, Lucien?" E ele nos deu o endereço de sua nova revista... mas eu não enviei nenhum poema para ele.

Raivinha de Japão
Anda com bombas nas mãos

---
7. Chester Kallman foi um companheiro de W. H. Auden.

Para explodir o Ocidente
Até o topo encoberto da montanha
de Fuyukama
Assim a bolha de lótus
No Templo de Olho do Dharma
do Buda, desabrocha
Pode estender do
    Centro do Pacífico
De dentro para Fora e por Cima
O Mundo da Essência Central

    Este está em meu novo livro de poemas *Blues de São Francisco*, que escrevi quando saí da casa de Neal em março e fui morar no Hotel Cameo na 3ª Rua do gueto de Frisco – escrevi numa cadeira de balanço à janela, olhando para bêbados e bêbados do bebop e putas e carros policiais – e o copio aqui para chamar sua atenção ao fato, com frequência temos sido clarividentes com relação à mente um do outro há anos, este poema tem "bolha" nele, que foi o que você usou com Buda em sua carta (embora você depois o tenha trocado por "balões") – e faz referência ao templo, à câmara interna, da muralha mongol, com a qual, por falar nisso, também sonhei, no *Livro dos sonhos* (que agora estou terminando de datilografar) – [...]
    Mil outros exemplos de nossa unidade clarividente mais tarde.
    LUCIEN eu vi, como estou dizendo, fui para a casa dele numa tarde de sábado, levando uma garrafa de uísque porque lhe devia três pratas de outra noite, e embora Cessa tenha ficado desagradada, insisti para que misturássemos a garrafa toda com gelo para levar para o parque conosco, onde ela queria tomar sol, então no parque Lou e eu estamos bebericando desse coquetel enorme e aí aparecem HELEN PARKER e BRUCE e TOMMY [os dois meninos de Parker] e sentam conosco, e daí vou dar uma mijada no banheiro do Washington Park, e levo Tommy comigo, e passamos por STANLEY GOULD que diz "quem é esse? É o Tommy Parker?", e então chega GREGORY CORSO com um bronzeado de pele negra de navios escandinavos e de cabelo cortado como o da tripulação, e parece um fantástico poeta praiano, e aí pega meu livro de Buda e lê uma frase friamente, mas então diz, "Sei que é ótimo, você não me emprestaria ele, emprestaria?" – "Não, tenho que estar com ele o tempo todo comigo." – "Sei", diz ele, e fala sobre você, e então diz, "Quando Allen voltar não vou dar nenhuma atenção a ele, ele que se foda" – e eu digo "Por que você fala assim do Allen, o que há entre você e ele?" – "Que ele se foda" diz ele, como se estivesse agonizando em relação a alguma coisa... Advirto Mary Ackerman para não odiar Gregory, que é o que ela quer, e digo a ela, "Ele não é diferente de você, temos todos a mesma essência" e aí o hipster vem falar conosco.
    Eu estava na casa de HELEN PARKER e me diverti muito e então ALAN

ANSEN apareceu com WILLIAM GADDIS e não gostei de Gaddis porque me pareceu que ele estava deixando Ansen infeliz... Pus a mão na cabeça de A e a esfreguei e ele se foi com Gaddis e depois voltou para mim e Helen e ficamos bêbados na noite e dançamos mambo... a doce Helen colocou pela manhã seu chapéu pascoal e foi trabalhar lá nas ruas do Village – que garota corajosa – Finalmente se livrou de JACK ELIOT o caubói cantor que aparentemente estava lhe custando uma grana, mas o pobre Jack, ele não pode trabalhar, ele é como um melro, ele canta...

    Então caminhei pelas ruas do Village com JACK ELIOT e há pouco tempo a gente tinha comido duas irmãs de cor a noite toda, e ele estava cantando *Memphis Special* e outras canções e nos encontramos com BILLY FAIR, um grande gênio do banjo de cinco cordas de N'Awrleens, e pá ? BILL FOX passa por nós de carro e o paro com um grito, ele sai e eu digo "Bill, conceda uma audição para estes caras na Esoteric" e então tivemos um festival da canção e cento e duas criancinhas se reuniram para ouvir e lá vem um velho bêbado de Frisco com sua garrafa e nariz quebrado e pulposo e ele gosta tanto do canto de Jack Eliot que diz, procurando dentro da camisa, "por deus, rapaz, vou te darr meu último sandjuich." – "Eu também sou de Oklahoma" – e o sol se põe – e tenho uma espinha no nariz.

    ALENE LEE me ligou, parece que ela é agora uma garçonete trabalhadora no restaurante Rikers no campus de Colúmbia na 115 com a Broadway, então fui até a casa dela com o manuscrito de *Os subterrâneos*, conforme o prometido, e disse a ela que ainda a amava e caminhamos de mãos dadas pela rua, porque você sabe, rapaz, amo todas as mulheres... mas em vez de ser um grande cisne fico bêbado com JORGE D AVILA, amigo de Ed White, e seu grande camarada de Porto Rico HERNANDO, que é a primeira pessoa neste mundo que conheço que entendeu de forma completa e instantânea as palavras do Buda... um grande cara, mais tarde você conhece, arquiteto, até agora... Veja, Allen, tudo que há no Buda é isto – A vida é um sonho – mas mais tarde, explico mais tarde... não é COMO SE fosse um sonho, É um sonho... entende? Então fiquei bêbado com os garotos no [Bar] West End e JOHNNY O GARÇON ainda está pedindo um exemplar de *Cidade pequena, cidade grande*, e à meia-noite dou uma olhadela em Rikers, e lá está Alene correndo por todo lado com aquelas perninhas finas e com os braços costurando em torno do quadril, realmente focada em ser "sã" e mais louca do que nunca, se você quiser saber... toda essa desonra e infâmia que essas psicólogas lésbicas jogam em cima dessas pobres e inocentes negras de vanguarda, sério meu caro, as coisas que eu poderia dizer para aquela vaca e não direi.

    JOHN HOLMES, fui até a casa dele na Lexington 123 e toquei a campainha, e ele está trabalhando no andar de cima com um monte de gin, e lá vamos nós, Shirley [Holmes] está por lá, ficamos bêbados, saio apressado e busco a Mary, ela se assusta, voltamos, tocamos velhas Billies, velhos Lesters, e assim vai, caímos de bêbados, no outro dia Shirley vai trabalhar e eu e Mary e John vamos para um bar na 3ª Avenida e bebemos e conversamos o dia todo, e eu digo para John irmãos para sempre, e estou sendo sincero. – Shirley aparece à noite, encontra três belos vagabundos bêbados na sala, suspira, se inclina contra a porta exatamente como Marian [Holmes], e é tudo de novo igual como era com Marian, e John "escreve" durante o dia, não publicaram *Go* em livro de bolso por algum motivo, e ele está "falido" – diz ele, "em 1952 eu tinha muito dinheiro" "mas agora"... e ele está triste, e com relação ao dinheiro, acho, mas conversamos e deixamos tudo certo de novo, e claro que ele perguntou por você com cuidado e inteligência. Mas ele suspeita dos meus motivos para visitá-lo – então vou deixá-lo em paz.

JETHRO ROBINSON ainda não vi.

HENRY CRU está de volta, tem um apartamento na Rua 13 oeste, e Mary ficou lá por um tempo e nas tardes de sábado ele sempre sai em busca de móveis largados na rua, e deixa notas de $50 com apostadores profissionais na frente do Remo (e sempre perde na correlação estatística) e nas noites de sábado compra barris de cerveja e Mucho Coukamongas, Kerouac, não OUSE trazer homens para minha festa, você sabe que não sou frutinha, e quero que traga todas as couchkamongos que conseguir para minha festa de cerveja mas Deus o ajude se como da última vez você trouxer esses frutinhas (tinha levado Pete Butorac e Chester Kallman, às quatro) – Kerouac, vou ter que ADMOESTAR você, me ouça, vou ter que" etc. e Mary tomando banhos pelada na frente dele, e ele a imita, e segue bebendo cerveja em copos enormes de 25cm de altura e tem engradados de cerveja por todo lado e come constantemente e está gordo e quando obtém suas abençoadas couckamongos à noite nunca as toca e quando tem oportunidade, como quando Mary e eu arranjamos duas irmãs mexicanas de dezesseis anos no quarto escuro, ele enrubesce e faz piadas, pobre velho e perdido Henri.

SEYMOUR [Wyse], eu cansei de ter notícias dele através de SAM KAINER, fui até a casa de Mark Van Doren pegar *Doctor Sax* onde o deixei, com seu filho CHARLES, Mark não estava lá e já tinha me escrito um bilhete dizendo que *Sax* era "monótono e enfim provavelmente sem sentido algum", dizendo, no início, "ótimo trabalho, mas não sei exatamente o que fazer com ele", notei que ele não está em lugar algum, aceite, mas Charles foi amigável, vai publicar um romance por Giroux em breve (meu querido) e ele tinha essa queridinha com ele VARDA KARNEY que ficou toda fascinada e entusiasmada com meu papo sobre Buda e quer saber como praticar *dhyana* e *samadhi* e *samapatti* e então entra uma trupe de crianças e Sam Kainer, e eu digo "Sam Kainer, onde foi que ouvi seu nome?" e claro!! Ele é o cara que morava no apartamento de Seymour em St. John's Wood esse tempo todo, se divertindo horrores com ele, conduzindo uma sessão de bop, e usa um cavanhaque e é muito *cool* e que Philip Lamantia aprecia e sempre menciona – e me contou que Seymour havia, por um tempo, sido o agente da banda de Ted Heath, a grande banda de Ted Heath como Woody Herman na Inglaterra.

JERRY NEWMAN, fui para Sayville com ele e cultivamos a última colheita de couckamonga verde e milho, e fui com ele para lojas antigas onde ele conseguiu uma iluminação para o novo estúdio ao estilo CBS "pago por seu pai" que é muito bonito, uma coisa enorme que você nunca viu com paredes à prova de som então podíamos gritar em orgias agônicas ali e ninguém jamais saberia (bem na esquina da casa de Holmes) e lá ele está gravando grandes álbuns e fazendo muito dinheiro – e ele diz que vai fazer sessões enormes com Brue Moore e Alan Eager e Al Haig.

BRUE MOORE eu finalmente encontrei com Gould, meu camarada, e Brue diz que ele é de Indianola, Mississippi, que não é longe de Greenville, no River, e disse "vamos nós dois beber vinho, você pensa que eu bebo uísque, precisa me ver bebendo vinho, vamo até a Bowery fazer uma fogueira no beco e beber vinho, e eu vou tocar meu trompete" – com Gould, vamos fazer isto em outubro. Faça todo o possível para estar conosco, Melville. Amo você como sempre.

AGORA PRESTE ATENÇÃO, ALLEN, NÃO PERCA a oportunidade de ir ver, se possível, Al Sublette no Hotel Bell, na Rua Columbus, 39 em Frisco, com ou sem Neal, de forma que Al possa mostrar a grande Frisco para você, lembre-se e não perca a oportunidade... ele é um grande rapaz, e faça propaganda minha para ele, por favor, ele está bravo comigo – enorme furioso bom e talvez o primeiro escritor negro por dentro em toda a América, se ele quiser – não que ele seja de vanguarda, ele é, entenda, um simples cara direto com uma CAPACIDADE IMENSA COM AS PALAVRAS, um idiota que dispara palavras, e não sabe disso, um POETA verdadeiro no sentido em que se fazia poesia na era elisabetana, e, o que não chega a surpreender, um gambá, e ainda por cima com tiques. Poderia escrever épicos sobre sua visão da América, das Américas, melhor, Al.

PHILIP LAMANTIA, Ed Roberts, Leonard Hall, Chris McClaine, Rexroth,[8] procure por eles enquanto você estiver em Frisco. É a sua grande chance de ver o eixo de Berkeley, – o Santo está aí? ... na casa de Jaimie d'Angulo ... grandes heróis do peotl como Wig Walters descolam as paradas por lá; procure Wig se conseguir, ele é o "Cash" do romance *Junkie* de Bill.

[...]

Jack

P.S. o *On the Road* de Sal Paradise, a que dei o título novo de *Geração Beat* para conseguir vendê-lo, acabou de ser recusado por Seymour Lawrence da *Atlantic Monthly* – Little Brown com a mesma conversa de "artesanato" que ele largou em 1948 sobre "A Morte de George Martin" que eu havia enviado para a *Wake* – lembra disso? O livro está agora com E. P. Dutton – A *New World Writing* de Arabelle está sentada de quatro em cima das minhas composições – Todas as outras estão nas gavetas do meu agente, não lidas e pegando pó – de que adianta tudo isso?

---

8. Kenneth Rexroth era um poeta e escritor influente que vivia em São Francisco.

Allen Ginsberg [San Jose, Califórnia] para
Jack Kerouac [n.d., Nova York, Nova York?]

c. 10 de julho de 1954

Caro Jack:

Obrigado por sua carta. Sempre fico muito contente quando entramos nesse barato de cartas imensas.

Agora estou tentando dar acabamento e concluir os poemas do tipo que mencionei para você, do tipo que incluí um fragmento na carta para Kingsland que você viu. Então não quero tirar um dia inteiro para escrever para você agora, exceto para fazer fofocas gerais, nas quais vou me deter um bocado.

Vou estudar o budismo com você. Não consigo as merdas dos livros por aqui. Não consegui ir até a Biblioteca central de San Jose ainda, mas logo vou lá achar alguma coisa. Provavelmente o Warren[9] está lá. Eliot o menciona em seus comentários ao *Wasteland*. Me envie o seu documento, deixe-me começar por ele.

"Permita-se nada imaginar, e eu lhe darei o céu". Compreendo perfeitamente. Não estou brincando, mas os princípios fixos de destruir minhas imaginações de paraísos e deus e os sistemas têm sido o único obstáculo desde minhas visões de 1949, o que quer que elas fossem – talvez o seu *samadhi*? – me impediram de entrar em qualquer desconhecido mais profundo. Espero que você não se ofenda por eu retornar a meus lampejos de 1949 [*sic*: 1948]. Foram as experiências mais fortes que já ocorreram comigo. Eu apreciaria quaisquer comentários ou reflexões que você possa expressar sobre elas. Nunca as compreendi. Se você acha que elas estão na frente da sua lousa ou de sua consciência atual, eu as coloco de lado. (No entanto elas foram a consumação das sensações da Floresta de Arden e dos monstros dos outdoors.) Eu deliberadamente as coloco de lado para sempre.

Neal não compreende o não saber, ele pensa simplisticamente que é um enfoque negativo da vida, que é claro até poderia ser para uma mente equivocada. Digo um blá-blá negativo, só palavras.

A sua visão de duas páginas. Este discernimento dela é novo? Você tem sombras disto no fim de *Sax* (caminhando de trás para frente) mas seria correto que esta sensação tenha chegado a uma cristalização ainda mais poderosa do que antes?

Van Doren está errado. O que mais ele disse? Vou escrever para ele mais cedo ou mais tarde e tentar explicar a ele que seu juízo está equivocado.

Em anexo uma carta de Bill. O novo enfoque me parece ter pegado ele em meio a todos estes credos na primeira página sobre as forças destrutivas da morte, escrevi para ele convidando-o para vir até aqui se quiser, uma carta gentil, embora eu realmente trema diante dos problemas, mas disse que ficaria contente de vê-lo, o que é verdade, embora eu esteja exausto e ele talvez esteja exaustivo.

---

9. *Buddhism in Translations*, de Henry Clarke Warren.

Ele parece melhor. Escreveu ontem e disse que estava doente, algum problema nos ossos, talvez artrite.

Envio os detalhes em breve, peço que você me desculpe, preciso preparar meus poemas para você.

Passei três dias e duas noites incapacitado no Hotel Bell com Al Sublette, que me recebeu com grande delicadeza de sentimentos, e bebemos dois galões de vinho húngaro e conversamos, dormimos, e caminhamos até a Coit Tower. Ele perguntou com carinho a respeito de você, não parece ter nenhuma má vontade, nenhuma propaganda foi necessária. Sim, gostei muito dele, e agora esse círculo está completo. Depois escrevo mais.

Carolyn e eu nos entendemos e gostamos muito um do outro. Eu sou o irmão russo mais novo de Neal o máximo possível, embora algumas vezes a dor de perder o amor e as luxúrias de corpo nu me deixem louco, mas independente disso estou tentando dar minha alma, coração, sem pedir nada em troca, um problema universal. Esta fórmula Carolyn está aprendendo e parece que Neal responde e se abre um pouco.

Me candidatei a uma vaga como guarda-freios e não tem nenhuma vaga aberta no momento, mas vou esperar algumas semanas e tentar de novo. Acho que posso fazer um bom trabalho. Alguém que entrou na caverna da noite teria medo de uma máquina? Me envie mais fofocas de Nova York. Amor para Lucien.

Allen

P.S.: Mande meus cumprimentos para Holmes, Ansen e Helen [Parker] e para todo mundo. Mostre as minhas cartas para Holmes e Ansen se eles estiverem interessados. Diga a Alan em especial, por favor, que gostaria que ele me contasse o que viu de Bill na Europa. Ele acrescentou uma nota muito engraçada numa das primeiras cartas. Isso se ele tiver tempo para escrever. Tenho pilhas de correspondências do México sobrando e quero parar com tudo isso, a não ser é claro por Bill e por você.

Não mostre para ninguém as coisas neuróticas sobre sexo.

O que Lucien disse?

Quando eu tiver completado o cultivo de meu livro, então vou pensar sobre editores outra vez. Enquanto isso, sugiro que você continue incansavelmente tentando negociar seus trabalhos por todos os canais regulares e irregulares à medida que surgirem. Você nunca sabe o que pode acontecer por acaso. Talvez algo em torno da lei das médias ocorra. Quando este método estiver completamente exaurido, inventamos o nosso. Mas talvez você tenha alguma sorte. Você já tentou... talvez seja uma boa ideia: quem em NY com qualquer poder poderia gostar de seus trabalhos? Quem, quem? Não Hershey. Faulkner está muito muito longe. Tente conseguir falar com Faulkner, talvez. Os realmente grandes vão gostar. Vamos parar de lidar com os intermediários como Cowley. Vamos direto aos grandões. Consegue pensar em alguém? Assim de cabeça, não sei de ninguém. Aliás, já paramos de tentar a New Directions? Ah, sei, você está cheio disso, mas por ora vamos tentar algo.

Eu não conseguiria escrever um *Visões de Bill*, não tenho sua imaginação e seu coração para os detalhes, você é, no fim das contas, o melhor motorista. Tudo que eu posso fazer é sentar e rabiscar uns fragmentos de pensamentos como poemas. Quando escrevo prosa trabalho de maneira tão deliberada que o resultado fica estéril e perdido, não vai a lugar algum, como o artigo do Acavalna. Escrevi como fatos para Lucien. Bill e Ansen me dizem para eu tentar a prosa, mas não sei do que eles estão falando, é impossível, eu me mataria ao tentar sentar numa mesa saindo por tangentes abstratas de escrever e escrever e escrever. Sou muito fraco do coração para uma empreitada desse tipo. Faço o que posso sem me atormentar. Pode não parecer tortura para você escrever prosa, mas realmente acaba com os meus nervos. A prosa que já escrevi é uma merda. Não estou sendo humilde como Neal, que é capaz. Admiro sua prosa mas não me sinto capaz de jamais chegar a todo nível de detalhe e liberdade e vastidão.

    Amor, neném.
    Allen

Jack Kerouac [Nova York, Nova York] para Allen Ginsberg [n.d., San Jose, Califórnia?]

30 de julho de 1954

30 de julho,
Caro Allen,

    Tenho estado muito deprimido o dia todo e agora estou bebendo um mui merecido rum com Coca-Cola; me pergunto se você também estaria deprimido hoje o dia todo, uma sexta-feira 30 de julho, a julgar por nossas telepatias passadas... tenho passado meio mal a semana toda e ainda nem enviei o [*Some of the*] *Dharma* para você, o que pretendo fazer na segunda-feira, quando comprar um envelope grande... espero que goste dele; espero que o instrua... Eu mesmo, tendo na verdade só atingido o nadir da compreensão – nirvana, estou provavelmente deprimido como resultado... Vou te contar: tive uma visão da vacuidade que coloca um fim a todas as visões... mais sobre isso adiante.

    Lucien veio até minha casa uma noite dessas, se esgueirando em silêncio pela porta como os amigos do meu velho pai costumavam fazer, rangidos seguidos por Jim Hudson e Jim Crayon e doses de uísque irlandês. Bebemos em meu pequeno quarto e Lucien apanhou sua grande carta, sua segunda carta menorzinha e todas as fotos que encontrou e enfiou no bolso... [Aqui quatro linhas da carta estão completamente riscadas, com uma anotação na margem "ele leu a carta de Neal e não gostou."] Vi Lucien novamente vários dias mais tarde, depois, naquela primeira noite, dirigimos ensandecidos por Long Island procurando por jornaleiros, rodas gritando, Lou fazendo loucos cavalinhos de pau bem nas divisórias gramadas das superautoestradas, depressa, voando por cima dos canteiros e por pouco não batendo em bancos de praça, me lembrando de suas aventuras no México, não fiquei assustado... dias mais tarde Kells Elvins ligou para Lou me procurando, e nos encontramos todos na casa de Sellman, e então Lucien gentilmente se ofereceu para dirigir Kells até a casa de uma garota em Nova Jersey, embora ele devesse estar em casa com Cessa às 10... e às 10 estávamos nos esgueirando e sussurrando pela rua onde ele mora no Village e entrando em seu carro, Kells, ele, eu, três garotas, e Hudson – fomos até Nova Jersey e nos divertimos muito. No geral Lucien parece bem e o mesmo de sempre, o que quer dizer que ele é Lucien e incansavelmente masculino.

Passei pelo bar Swiss Oaks e olhei para dentro e Dusty [Moreland] me viu e veio a meu encontro e queria que eu levasse suas fotos e contasse o que você andava fazendo e mostrasse suas cartas. Confesso que não fiz isso. Por favor, escreva para ela, ela está ansiosa por saber algo. Ela me pareceu muito bem.

Alene [Lee] acabou sendo uma verdadeira trouxa, ela pediu que eu lhe emprestasse *Os subterrâneos* para depois supostamente conversar sobre ele, quando bati na porta Sherman Hikox estava com ela na cama, e o ouvi fazendo troça, dizendo coisas como "Ela vai publicar *Os subterrâneos*", então comecei a derrubar a porta e peguei meus *Subterrâneos* de volta. No entanto, todos os fulaninhos o leram enquanto ela estava com ele, incluindo Gregory [Corso], que o despreza, e Gould[10], que agora é muito legal comigo e que a essa altura acho que é um santo Cannastra completo. Recomendo Gould para você quando voltar para NY. Mas Gregory é legal também, ele esbarrou em mim e em Kells no Village e tinha um "romance" com ele, curto, escrito ao estilo de Saroyan, e foi muito humilde e até perguntou por você.

Kells é um cara maravilhoso, me deixou absolutamente furioso quando me disse que precisava consultar um psiquiatra... e o psiquiatra disse a ele "Você precisa de terapia urgente" e então naturalmente Kells sai por aí pedindo vastas somas emprestadas, com um talento ao estilo burroughsiano, e aqui estou eu gritando com ele para que vá até a biblioteca pegar um livro do Buda pelo amor de deus. Que tolice. "De uma vez" é fato, esses trapaceiros... como Bill diria, que impertinência.

A seu pedido, ponderei e lembrei de suas visões de 1948 no Harlem, e elas foram a mãe de todas as outras... e além de tudo precisas... visões proféticas de um Buda. Eu diria que você é um sábio, um elefante entre os reis, um verdadeiro Ananda entre os homens, você tem naturalmente em você mais do que o velho Old Bull Balloon... Estranho dizer, porém, que agora vejo você mais como um sábio ao estilo chinês, um taoista, um Chuangtse, do que como um budista... estou agora lendo o Tao de novo com todo o cuidado; Chuangtse em especial, que é absolutamente brilhante; acho o budismo indiano quase impossível de praticar; o Tao é mais elástico, uma filosofia mais humana, enquanto o budismo é uma forma de vida ascética ligada a uma filosofia... o ascetismo e o ioguismo são difíceis para um cara ossudo como eu, um amante sensual dos vinhos, um

---

10. Stanley Gould trabalhava para A. A. Wyn e foi o modelo para "Portrait of a Hipster", de Anatole Broyard.

amante das mulheres como eu... um vagabundo como eu... acho que estou me tornando um vagabundo taoista andarilho... quer vir comigo?

Allen, suas visões do Harlem, seu Leviatã, sua realidade se abrindo a si mesma num momento para revelar a si mesma, seu reconhecimento repentino da angústia ancestral e da afetação nos rostos dos transeuntes, sua descoberta misteriosa da Ideia por trás dos objetos em vez dos próprios objetos, tudo soa a clarividência.

P.S. Não esqueça de curtir o jazz negro de Frisco com Neal no Nash – alto!!

Allen Ginsberg [San Jose, Califórnia] para Jack Kerouac [n.d. Nova York, Nova York?]

c. início de agosto de 1954

Caro Jack:

Sigo pensando em escrever para você desde que enviei a última carta. Você não a recebeu? Enviei para Richmond [Hill]. O duque não responde. Ah, sim, eu pretendia acrescentar uma notinha quando ele respondesse. O problema principal é que eu quero enviar um monte de poesia para um destino certo, mas ainda não está tudo pronto. As coisas estão caminhando devagar. Deixei os poemas longos de lado para o futuro. Leio em prosódia básica em busca do riacho amarelo (da morte chinesa) e concebo imagens blasfemas e sensuais "ocultas na pele" e os hinos mais abstratos e aéreos ao amor azul, ou ao amor verde, o que for, apanhando gaviões e abutres desencaminhados das prisões do céu nesta casa de madeira onde moro na prisão de minha vida como também você uma vez morou, ou talvez duas vezes, ou três?

Há muitos poemas para acabar e nenhum deles ainda pronto, tenho todos esses pequenos e grandes fragmentos. E a possibilidade de que agora depois da Indochina e da admissão de Ike a política de contenção norte-americana fosse substituída por uma política mais fraca e limitada de guerra fria – estaremos perdendo? A Queda da América já está sobre nós? A Grande Queda que um dia profetizamos. Escrevi para meu irmão "e vai ser horrível de ver, as máquinas quebradas e o pavimento esburacado, é disso que estou falando". Meu deus e a merda vai para o ventilador quando a Ásia começar a foder conosco, então a possibilidade de um poema profético, utilizando ideias de política e guerra e pedindo amor e a realidade da salvação etc. Imagine colocar umas ideias Cayceanas, mas não – complicado demais. Por falar nisso, o que você pensa do renascimento? Também é uma ideia do amigo Buda Bhud Bu Om sh-bam? Já ouviu "Life Could Be Dreamy" daquele grupo de criolos malemolentes (e de seus imitadores), esqueci o nome. Eles têm uma sonoridade ding ding a ling de harmonia de vagão-refeitório de trem. E também uma canzón: "There's a riot going on (in Cell No. 9) / The scarface jones / come up and said / it's too late now / cause the fuse is lit / There's a riot going on (refrão)".

Ainda não estou trabalhando, esperando o resultado com a ferrovia. Não fui bem no exame físico com aquele velho e misterioso (antissemita?) Dr. STRANGE da SP [Southern Pacific]; e rapidamente apelei para o Dr. Washburne, chefe do Hospital de Medicina da SP, e ele me ouviu e me aceitou. Agora estou esperando na segunda semana pela verificação de minha vitória ou vitimização burocrática. Tentei o cargo de guarda-freios, mas não tem nenhuma vaga aberta, então fui aceito para o cargo de supervisor de trilhos. Esperando. Mesmo se eu conseguir, pode demorar até eu começar. Mesmo assim, tentando entrar.

[...]

Em Frisco passei muito tempo com Sublette e o amigo Vic, descrevo-o outra hora, grandão ex-soldado ator marinheiro e com o coração no lugar, bebemos vinho dias a fio num quarto. E caminhamos um pouco ao lado do prédio da piscina. Com Ed Roberts também, duas vezes, e outro Gene não identificado, solomônico, e uma vez com Neal, e outros homens negros. Também visitei Kenneth Rexroth, um poeta que havia lido e gostado de *Junkie* por si só, e que conversou comigo até as 11h e me levou até o centro para pegar o trem, e é leitor da New Directions – precisamos falar com ele sobre seu trabalho. A Directions rejeitou você? O que aconteceu com isso no final, hein? Talvez a gente consiga fazer alguma coisa, talvez não. De qualquer jeito, ele vai ler o que quer que dermos a ele e é um velho amigo e trabalha para [James] Laughlin. Também é um cara muito fácil, já meio passado aos quarenta e cinco anos de idade, fala grego, latim, china, japa etc. e é um anarquista e mártir idealista da arte que diz que gosta muito de Kenneth Patchen e escreve poemas para todos os poetas grandes e pequenos que conhece e que morreram jovens demais ou viveram miseráveis. Mas é muito bom, ele gosta de nos fazer acreditar que é durão e não está nem aí e se engaja numa revolução contra a sociedade e isso amplifica sua pouca literatura com um toque especial. Digo, ele não é Pound, mas um de seus discípulos mais antigos, embora seja independente etc. etc., essa merda toda. Grande biblioteca, casado com filhos, leva uma vida simples como homem de letras, conhece todos os jovens e velhos subterrâneos, ou está interessado em conhecer. Gosta de [Bill] Keck, digo, respeita sua dignidade. Contei para ele algumas coisas sobre você e Bill [Burroughs].

Então por enquanto não vou enviar poemas. Talvez eu espere até você chegar aqui ou até estarem prontos. Tudo que posso enviar a você é pequeno e no meu estilo antigo: os maiores e mais históricos não estão prontos.

Bill ainda escreve, está vindo para cá a meu convite etc. Em setembro ou depois. A data ainda não foi definida, ele vai primeiro visitar a família. Quais são os seus planos? Espero realmente estar trabalhando a essa altura, e se eu estiver espero ter algum tipo de vida agradável, e não apenas uma cidade velha e louca de empregados fedidos. Quero aproveitar os museus e os filmes e as quedas d'água, estudar, escrever, conversar. E amar? Bem, isso vem do céu, acho, ou de lugar nenhum.

Amor do paraíso,
Allen

[...]

Eu também não disse nada sobre a casa aqui, lá vai, Neal está jogando xadrez. Eu chego de 16.000 km e ele senta e joga xadrez com o vizinho, enquanto eu brinco e faço as vezes de babá, hoje a Carolyn saiu, por exemplo. Neal agora está de volta do vizinho onde Dick Wood serve de babá para a esposa dele, e antes disso ele enfiou o nariz num livro de xadrez e não abriria a boca sequer para uma palavra gentil. Uns dias, às vezes uma semana inteira, ele desperta para reuniões surpresa – raramente com muito páthos ou sentimento – com outros corpos, mas o céu se recusa a cair e então começa o desentendimento de sempre entre ele e Carolyn, o comportamento dele é amargo pelo sofrimento de longa data, ou abusivo, ou raivoso – mas nunca abertamente magoado. Ela está magoada. Mas ela também pode ser pequena. Ela o ama de verdade? Penso que sim. Por um tempo estávamos próximos, e agora existe uma certa frieza, embora nos demos bem e sejamos polidos e algumas vezes tenhamos conversas interessantes. Algumas vezes minha mente voa. Muitas vezes não consigo passar uma ideia, uma ideia nova, objetiva, poética. Política, religiosa, quase chegamos às vias de fato discutindo o que nada significa nada significa. Mas Neal está perdido! Que caráter contraditório. Que embaralhar compulsivo de cartas, cartas de sexo. E o lenço. Contos de Watsonville, SF, pronunciados com certa culpa com um olho no segredo da mulher. O louco xadrez. Não fala comigo. Se esconde no xadrez, aperfeiçoa seu jogo. Ainda agora estava estudando, e meio WC Fields exclama "Diga a Jack... diga a Jack que o atiro de bunda na lama num jogo de xadrez!". E no silêncio da casa eu leio e escrevo. Pego um poema e o mostro à força para ele ou ela. Ele se expressa nos termos mais gerais, não fala mais de arte ou do que seja... exceto Cayce, que o deixa de bom humor... um brilho no olho... expressar uma dúvida é tomado por heresia, ele fica bravo "comigo! O pobre idiota (louco) Ele não é um homem!" (Rimbaud) Mas mesmo sendo irremediável, ele não se suaviza. Suas preocupações são, se é que ele tem alguma, ocultas, exceto por relances em que você não pode confiar, são muito repentinos e desajeitados, coisas realmente pessoais. É frio e amargo quando conseguimos tratar de algum assunto. Bem... em breve espero ter um trabalho. Depois daqui pode ser que eu pegue um apartamento numa localização próxima. Tenho o que fazer para me manter ocupado. Mas é uma vergonha. Me sinto um estranho. Hoje estou resfriado, peguei dos filhos de Hinkle.

"... Num silêncio de fatos morrer?" Ah, Jack, ele está perdendo tempo, doce tempo terrestre. O que ele está esperando? Ele está esperando – digo por qualquer coisa ou pela vida que foi prometida? Ele não escreve porque quer escrever sexo e isso é um pecado para Cayce. Ela concorda. Mas ele não escreve nada mais agora. Ela diz que ele já parou com isso. Ele parou. O que? Por quê?! Que futuro?? O que ele vai fazer, o que ele pode fazer? Preso na ferrovia etc. E na verdade ele também não quer ir embora daqui. Isso é o melhor que ele pode conseguir. Por que estou aqui? Mal posso dizer.

Mas você também vem. Bem, faremos alguma coisa. Bill vai estar bem e escreva. Eu também vou fazer isso.

> A graça básica de Neal está coroada
> e incorruptível mas pergunte-se

que vida e desperdício
de doçura.
                    Amor
                              Allen

Temo ter dito coisas demais aqui – isto é só para você e não para o público, se houver um.

Jack Kerouac [Richmond Hill, Nova York] para Allen Ginsberg [San Jose, Califórnia]

23 de agosto de 54

Caro Allen,

Estou dedicando esse baseado para você enquanto escrevo. Tenho uma lista de anotações que fiz ao ler sua carta e vou segui-las da maneira como as escrevi. "Life Could Be a Dream", sim eu adoro essa música e os cantores dela e foi um anjinho da África que me mostrou, Bob Young seu nome, ele (não) tem um cabelo raspado e uma face negra e língua presa e queria que eu fosse para seu apartamento etc. mas só me trouxe drinques na Taverna da Bleecker e disse coisas realmente estranhas e místicas sobre essa música também, como você... eu disse a ele que a vida É um sonho, e ele disse não, só se você morasse comigo... se você quiser pode conhecer ele um dia.

Com relação ao antissemitismo na SP, sim, os caras de Oklahoma naquela ferrovia são antissemitas, o que quer que isso queira dizer na Califórnia.

Al Hink [Hinkle] você não devia encorajar naquele barato realmente simplista, comunista e ignorante, você não deveria ser um liberal tolo burroughsiano dizendo que ele representa o bom e velho ativismo americano – "ativismo americano tradicional" foi o que você disse, não chamamos de toryismo do século XVIII, ficar do lado do inimigo militar nacional, um "ativismo saudável", é na verdade traição contra o governo e o exército, o que mais? Que o Al vá para a Rússia se conseguir chegar lá. Thomas Paine não era um Tory. [...]

Consegui que Cowley me represente – Arabelle Porter da *New World Writing* acabou de comprar Jazz Excerpts (eu e Neal curtindo o Little Harlem da Rua Folsom, no Jackson's Nook e a casa noturna de Anita O'Days na Rua North Clark em Chi) (com coisas de *Visões de Neal* misturadas, como "Lester é igual ao rio, o rio começa perto de Butte, Montana nas calotas gélidas de neve (Three Forks) etc. etc.") (você sabe, uma das principais passagens de *Visões de Neal*, que enfim verá a luz do papel na *New World* ano que vem) – foi Cowley quem me ajudou, então escrevi e agradeci a Cowley, e ele me escreveu de volta e disse "Talvez agora um editor aceite *On the Road*" e ele disse "Agora mostre a Arabelle Porter o capítulo sobre a garota no vale de San Joaquin na tenda de algodão" –

Então talvez você não precise me apresentar para Rexroth, mas não quero ficar enredado em correspondência, será que é porque sou preguiçoso? Ou ardiloso?) (e porque eu deveria ser ardiloso, não sou um homem de negócios) – mudei o título de *On the Road* para *Geração Beat*, na esperança de vendê-lo, e também vejo agora "beatitude" em "beat", o que não via antes, o que pode tornar a palavra compreensível em francês, espanhol e na maior parte das línguas latinas, olha só "be-at" – "be-at-itude" – e "beat" pertence a mim, até onde posso entender – (para uso como título de livro) – o Merdinha Littlebrown Seymour Lawrence passou mais da metade de 1954 dizendo a meu agente que parecia muito bom e no final o rejeitou, disseram que por causa de um editor da LB, embora tenha sido aceito por doze outras pessoas (da equipe do *Atlantic Monthy*, devido a alguma fusão deles ou algo assim) e a gota d'água foi o merdinha do Seymour me escrever ainda outra nota séria sobre o "ofício" (a primeira delas tendo vindo com a rejeição de *Death of the Father George Martin*, que todos sabem é uma obra-prima e um capítulo clássico) – a ousadia daquela bichinha. E digo a você que fico furiooooooso! Serei bom o suficiente para a boa e velha alma de Malcolm Cowley me defender? – Ah, sim ps.s.s. ganhei $120 pela história, imagine só. É meu primeiro pagamento desde 1950. Não, desde 1953. Bem, a Viking poderia aceitá-lo se quiser e fazer os $250 deles sem problema, e o mesmo com Wyn.

[...]

Talvez não devêssemos mais escrever cartas mas apenas ter confiança absoluta um no outro até que nos encontremos. Aquele que conhece não fala.

Por falar nisso, perdi meu apetite por birita, e quase não bebo mais. Você vai ver. É apenas uma questão de meu *gosto* mudando outra vez. Como ficar sem fumar. Fui forçado a isso... estou velho demais, tenho 33 anos, para ficar a noite toda bebendo...

Amor para você aí no Pacífico? Encontre uma boa garota na Marina em Russian Hill, se enturme com o pessoal do iatismo, do iatismo, meu garoto Buda... se conseguir, é o melhor para você... posso vê-lo com óculos de armação de chifre, bermudas e câmera no ombro nas quedas d'água. As bichas do [bar] Remo como você sabe estão no Black Cat por aí, na Columbus com Montgomery.

[...]

Espero ver você de novo porque não estou indo para a Califórnia tão em breve, na verdade, não vou a lugar nenhum... Tenho uns planinhos, mas meus planinhos são sempre muito fracos... talvez eu tente, conto tudo para você outra hora... Ainda assim, espero ver Bill, ele com certeza vai passar por Nova York. Talvez você e Bill devessem comprar uma casa na Cidade do México, só custa uns $200 ou $300 mortos e vocês teriam seis ou sete peças e grandes ideias para as quais Paul Bowles não será convidado, e podem começar uma editora no andar de cima. Ambos trabalham e economizam para isso, na Califórnia Bill poderia trabalhar numa fábrica de enlatados, talvez, hor hor hor.

Que carta magnífica acabei de receber dele, uma frase diz "Ele (Paul Bowles

Hobbes) convida as mais terríveis bichas de Tânger para tomar chá, mas nunca me convidou, o que, levando-se em conta o tamanho minúsculo dessa cidade, implica numa afronta direta" –

e

"Não consigo não sentir que você esteja indo longe demais com sua castidade absoluta. Além disso, mast'ção [masturbação] não é castidade, é só um jeito de evitar o assunto sem sequer chegar perto de uma solução. Lembre, Jack, eu estudei e pratiquei o budismo, do meu jeito largado, está certo. A conclusão a que cheguei, e não guardo nenhuma pretensão de estar falando a partir de um estado de iluminação, mas de meramente ter tentado a jornada, como sempre, com equipamento e conhecimento inadequados, – como uma de minhas expedições pela América do Sul, caindo sempre em todo tipo de acidente e erro, perdendo o equipamento pelo caminho, tremendo de frio nos ventos cósmicos de uma montanha descampada sobre a linha da vida, congelado até a medula em solidão e desespero derradeiros: O que estou fazendo aqui, eu, um excêntrico falido? Um Evangelista da Bowery, lendo livros de teosofia na biblioteca pública (uma mochila velha cheia de notas no meu apartamento de água fria no East Side), imaginando a mim mesmo como Controlador do Mundo Secreto em Contato Telepático com Adeptos Tibetanos? – Será que ele conseguiria *ver* os fatos implacáveis, frios, de uma noite de inverno sentado no brilho branco de sala de operações de uma cafeteria – POR FAVOR, NÃO FUME" – (Não se pode dizer nada senão lixo, um blues de crioulo nova-iorquino) – (eu) – Bill: – "POR FAVOR, NÃO FUME – *Veja os fatos e a si mesmo*, um velho com anos desperdiçados, e o que está à frente após ver Os Fatos? Uma mala cheia de anotações para largar num lixão na Rua Henry?... então minha conclusão foi a de que o budismo é apenas para o Ocidente *estudar* como *história*, e é um assunto para *compreensão*, e a ioga pode ser praticada com bons resultados para esse fim. Mas não é, para o Ocidente, uma resposta, não é uma solução. NÓS precisamos aprender com nossas ações, vivenciando e vivendo o que é, acima de tudo por Amor e por Sofrimento. Um homem que usa o budismo ou qualquer outro instrumento para remover o amor de seu ser de forma a evitar o sofrimento cometeu, para mim, um sacrilégio comparável à castração." (não dá para castrar os Tatágatas) (castrar os incastráveis? O amor invisível?) (visível o suficiente quando você abre seus olhos e vê) (é isso?) (tenho minhas próprias dúvidas, entenda, e faço essas piadas) "A você foi dado o poder de amar, para que você o use, não interessa que tipo de dor cause a você." (uau) "O budismo, muitas vezes, não passa de uma forma de lixo psíquico... posso dizer ainda que não vejo nada além de um monte de esterco nestes Vedantistas da Califórnia, e os denuncio sem objeções como um bando de charlatões." "Eles estão convictos de sua própria linhagem, é certo, e assim acrescentam o autoengano aos outros defeitos. Em resumo, um triste bando de retirantes psíquicos da dúbia jornada humana. Porque se há uma coisa de que estou certo é essa: a vida humana tem *direção*."

Mas eu, caro Allen, não vejo direção no vazio.

E Bill também segue, veja a escolha das palavras: "KiKi está vagarosamente me desnudando. Ele gosta tanto e eu me importo tão pouco." E falar de DeCharlus![11]
Bem, Allen, tchau.

Jean-Louis

P.S. extra, Cowley disse que me menciona duas vezes no último capítulo de seu novo livro, que sai em outubro.
E por falar nisso, p.s. mudei meu nome de pena para Jean-Louis.
JAZZ EXCERPTS por JEAN-LOUIS Lembra do Incogniteau?

Allen Ginsberg [São Francisco, Califórnia] para Jack Kerouac [n.d., Nova York, Nova York?]

5 de setembro de 1954

5 de setembro – domingo, 22:30
Broadway, 554, quarto 3
Hotel Marconi, S.F. Califórnia

Cher Jean-Louis Le Brie:

Obrigado por suas cartas, todas tão gentis, todas tão doces de ler, uma maravilha, embora seja uma perda de tempo etc. Divirto-me mais lendo elas do que quase qualquer outra coisa, – mas não escreva se não estiver tudo arranjado, bundão. Difícil de escrever com uma bolha inflamada no dedão (da caneta) e sem máquina de escrever. Bem: o que aconteceu por aqui ... [...] Carolyn me pegou com Neal – gritou, – acho que ela é um necrotério – berrou, – e inverteu sua hipocrisia original – foi isso? – eu não poderia julgar – mas não foi engraçado, a intensidade dos insultos e o horror e acho que até desprezo, indignação etc. (Ela adentrou meu quarto às quatro da manhã) (mas veja você eu não estava escondendo nada – na verdade eu disse a ela – estava tudo bem – mas os detalhes não cabem aqui não consigo escrever rápido o suficiente) mas uma cena horrível sem dúvida – me mandou embora – Neal ficou catatônico e foi trabalhar – eu fiquei e a encarei. Ela falava e eu pensava que seu rosto brilhava verde de maldade. "Você sempre esteve no meu caminho, desde Denver – suas cartas sempre foram um insulto – você está tentando se meter entre nós" e mais, terrível – com força, ao estilo de Celina, então gelei de horror – me senti *mergulhado* na maldade. Eles odeiam um ao outro, são necrotérios um para o outro, ela e Neal. Mas não consigo passar a ideia direito para você como a vejo, não há um sacerdotalismo levinskiano nisso. Fiquei feliz de ir embora. Então peguei vinte dólares e fui para Frisco, no endereço acima – (não havia dito nada a ela – só fiquei parado com um sentimento desesperado e uma sensação de que ela estava louca – embora tenha tentado manter uma aparência de tristeza interior com relação a tudo – não vim para cá para sacanear ela) e aqui me mudei para o hotel de [Al] Sublette (ele se mudou

---

11. O patrono de Marcel Proust foi o Barão de Charlus.

para o Marconi, umas quadras acima na Broadway, dá para ver o Vesuvius da janela dele) e pisoteei loucamente o chão. Consegui um trabalho em pesquisa de mercado, $55 por semana, das 9 às 5, no mês que vem – na rua financeira de Montgomery – encontrei uma garota na primeira noite – uma *ótima* nova garota que gosta de mim, e eu gosto dela – vinte e dois aninhos, jovem, por dentro (ex-cantora e grande amiga de [Dave] Brubeck, conhece todos os negrões, uma garota ex-descolada) *bonita* de um jeito realmente classudo, *direita* – trabalha num empório de porcelana escrevendo os anúncios – gosta de mim – tem uma mente selvagem, melhor do que a de *qualquer* garota que eu tenha encontrado – realmente – um verdadeiro tesouro – e um rostinho adorável – traços bonitos e *requintados* – jovem e com vida – e realmente esperta em considerações de agente como Lucien – embora mais como Hardy. Então tenho me encontrado com ela há uma semana e conversamos e beijamos e vou me comprometer – *mas* ela tem um filho (casada aos dezoito, filho com quatro anos) e costumava cantar nas pousadas de San Jose e conhece a Sra. Verde [maconha] etc. Que boneca. E ela não é instável, graças a deus. Não é uma quadrada burra de jeito algum, mas *não* é instável. Sheila Williams. Ela tentou me conseguir um trabalho doido na loja na noite em que a conheci – nos conectamos imediatamente – que selvagem e fantástico. Ah, ótimo, vamos ver como isso vai adiante – nada muito ruim pode ocorrer graças a deus, ela é legal demais – ela gosta de Sublette etc. Mas caminhamos por aí só nós dois e sentamos e bebemos café no apartamento dela e conversamos – ela gosta das linhas *realmente boas* da minha poesia, mas não só um gostar geral, ela gosta das coisas *específicas* – muito bem.

    Então para continuar com outro assunto: moro no hotel Marconi – que é dirigido por sapatas – na primeira noite elas me disseram – "aqui sua chave. Se quiser levar alguém pro quarto, não dá nada, fique à vontade, nós mesmas bebemos a noite toda" – e elas bebem. Quarto médio de $6 com carpete suave e privacidade, Sublette no andar de cima e – que horror! Na última sexta Sheila me leva a uma grande festa de engenheiros na Telegraph Hill. Chego em casa às 4:30 da manhã e encontro Sublette, e Cosmo (um pequeno poeta esperto e esquisitamente egoísta) indo pegar um café, os policiais olham para nós, nos revistam e encontram um pó branco em Cosmo. Direto para a cadeia, na minha primeira semana aqui, como um vagabundo (embora eu tenha $18 e um trabalho em que começo segunda-feira, e um quarto, e ainda estou vestido de terno da festa), eu e Sublette aterrorizados (eu tinha um cachimbo no meu quarto, mas eles não olharam) mas foi bem divertido na verdade – nos soltaram no dia seguinte, Cosmo ficou por mais quatro dias – o pó era desodorante para os pés, não era droga! – ele seguia dizendo isso, mas não acreditavam nele, e enfim analisaram o bagulho e o deixaram ir. Então Bill precisa tomar cuidado.

[...]

    Enfim anexo *Siesta In Xbalba*. Não vou acabar isso tão cedo (não consigo parar de acrescentar detalhes) mas é o melhor que consigo fazer com ele após quatro meses – cinco meses. A parte escrita à mão não dá uma visão da Europa como eu gostaria, mas apenas a menciona e assinala. Mostre para Lucien, quem sabe, e Cowley, quem sabe? Se gostar – talvez esteja revisado demais e formal demais agora.

Sim, Rexroth foi só uma ideia caso nada mais esteja acontecendo. Cowley é muito melhor. Aliás, o poeta tipo Ansen daqui, chamado Robert Duncan, amigo de Pound, dirige um fraco ainda que sincero círculo de poesia ao estilo de Pound aqui, parte da Universidade de S.F., veio me visitar e viu uma cópia datilografada dos seus "Essenciais" para a Prosa (lembra, você escreveu na Rua 7 East) e realmente *curtiu* (estranhamente em particular a parte de não fazer revisões e o conceito geral de espontaneidade) e pediu para pegar emprestado para fazer uma cópia, queria também seu endereço, saber quem você era etc. Bem, é um cara esquisito, veado, sua poesia é toda louca e surrealista e ele é um amigo de Lamantia e sua poesia também não é boa porque é demasiado presa esteticamente nessa sensibilidade em contraponto com o tom preciso de seu xixi – a luz etc.– esse é o assunto – mas tudo bem, é um cara legal e peculiar, fala demais na frente de seus alunos Corsos.

Neal – estava jogando xadrez com Dick Woods e estava cego etc. exceto que, de certa forma, estava bem legal comigo, mas ele é *louco* – a questão é, Jack, que ele realmente está sofrendo algum início de insanidade – o necrotério de Carolyn, a sexualidade frenética – e agora está terrível patético louco correndo por aí e nem consegue *gozar* – foi pego se masturbando pelo condutor do trem – fodendo uma mulher espiritualista de setenta anos em S.J. [San Jose] – o charlatão do Cayce a que ele se segura como uma doutrina de hospício – uma obsessão meio séria – vejo ele dirigindo frenético com os ódios vazios dos outros motoristas na Baía – ele odeia Carolyn, acho eu – mas não tem nenhum outro lugar para ir – não tem como escapar das três crianças e da ferrovia. Depois que saí de lá os dois fizeram o (ah, o horror da comédia) teste de manchas de tinta de Rorschach (que até é mais ou menos preciso em determinar o grau de insanidade clínica se você acredita nessa expressão, e que para mim e você não se aplica, mas que meio que se aplica a Neal neste momento) e ele me disse, fora de ordem, as quatro conclusões: 1). sexualmente sádico 2). pré-psicótico 3). "sistema de pensamentos delirante" 4). suscetível a intensa ansiedade. Bem, o número 3 significa, se é que significa alguma coisa, que ele tem algum tipo de sistema louco "*Cayce*–sexo–dirigir–T" – um sistema que está operando de maneira meio independente e convulsiva compulsiva enredando-o numa espécie de labirinto de ratos. Ele não escreve mais "eu escrevia sobre sexo e você sabe que é pecado etc." diz ele. E Carolyn concorda "Que há de bom nesse tipo de coisa, você chama isso de arte? É só sujeira." E digo a você o que é um lar – e tanto ouro no lixo, o *xadrez*, maníaco. Ele não fala comigo, a não ser de um jeito meio dissociado. Vem até meu quarto em Frisco vai para cama e se masturba. Você sabe bem como gosto de sexo de qualquer forma mas tem algo de errado na sensação total de intensidade masturbatória e no aspecto frenético da coisa. Ele diz que de forma geral "não tem sentimentos – nunca tive". Bom, ainda transamos como sempre, mas siga lendo. O estômago não anda bem – náusea durante as refeições, talvez úlceras. Seu sofrimento é – bem não é sofrimento, sua *dor* ou dissociação do contato ou bons baratos suaves são cada vez mais autônomos, cada vez mais carregados, pesados. Ele vê tudo isso, mas vez que outra ele diz que não há saída, e dirige mais rápido. Faço tudo que posso para ajudar – como amigo, digo – eu não me importo com o pau – parece deslocado para isso. (Digo, esse juízo não vem exatamente de uma luxúria mórbida que se tornou azeda.) Eu seria capaz de fazer juras de não vê-lo mais etc. se ele simplesmente fosse doce e cuidadoso de novo e aberto a baratos gentis e imagens e poesia e gostar de várias coisas de diversos tipos – e não tem tempo para curtir um jazz também – está ocupado demais – jesus. Ou se fôssemos seria uma fúria de dirigir rápido demais chapado demais, tudo queimando e horrível. Bem, eu e ele nos amamos, disso *não há* dúvida, mas tudo parece *impossível* em termos de qualquer contato real e apreciação natural. Ele realmente não se diverte comigo como Allen ou Levinsky ou o poeta ou o velho amigo da memória. Digo, ele até se diverte e eu também, mas é rápido demais e irreal e a maior parte do tempo é tudo empurrado para a base da realidade terrível de um nada que acontece. Com relação a Carolyn, sei ou imagino que ela tenha sofrido como uma esposa, talvez ao ponto de justificar como ela está agora, mas tenho uma forte impressão de que ela está meio morta – ela não gosta de nada novo (estátuas ou pinturas quando alguém as aponta) – digo, ela não tem curiosidade ativa ou estética ou baratos, ou interesses e vive com essa ideia única ruinosa de cuidar da família estritamente de acordo com suas ideias, ideias que são cópias loucas de *House Beautiful* e que não vão a lugar algum além de serem irreais perante o horror da casa e a necessidade de alguma força real de compaixão ou discernimento ou amor ou Tao, o que for. Talvez seja impossível. Ela é do tipo histérico – ou seja, embaralhando papéis de desonestidade, o que no início eu não percebi, mas agora percebo. Ou você aceita ou vai embora, essa é minha reação ao cenário geral. Senti-me bem de sair da pobreza – preocupações de trabalho livres da louca ansiedade de tarefas loucas da casa, e sozinho em Frisco. E se eu me senti aliviado de sair de uma situação com Neal tem que haver algo errado. Sei que o que eu estava fazendo lá com Neal parece, à primeira vista, algo monstruoso, como Carolyn expressou com certa razão de maneira explosiva, mas não é essa a causa de suas dores, ela aliás me proibiu de vê-lo outra vez. Tenho horror desse tipo de insensibilidade com relação a uma situação *insistida* como sendo a *certa*, um moralismo *final*, eterno etc. Ah, mas deixa estar, chega disso, é feio demais e não consigo passar corretamente o que percebi. Mas digo que senti o mal ao meu redor – a veemência dela e o sentimento de horror que eu tinha me lembraram de momentos no hospital em NJ quando minha mãe foi tomada por um ataque de acusações frenéticas e insistentes e gritou comigo que eu era um espião. Se você lembra a história que contei para você sobre o sentido de terminalidade e de absoluto desespero e cansaço e da futilidade desesperada que senti quando tinha catorze anos e levei minha mãe numa horrível viagem louca até Lakewood, onde a abandonei em pleno medo paranoico, com o sapato na mão, cercada por policiais numa farmácia. Tive a mesma sensação de inevitabilidade cansada e da impossibilidade dos fatos e do horror da loucura ouvindo Carolyn, e depois disso – cansado até a exaustão, quis ir para algum outro lugar, longe do *final* possível de uma comunicação e simplesmente dormir. Para mim isso desapareceu desde que tenho estado zanzando por aí, mas não desapareceu para Neal em San Jose, que ainda vive no inferno, e para ela, que também vive no inferno, e creio que também não desapareceu para as crianças.

[...]

Bem, Bill me escreveu que em 7 de setembro começa a viagem de volta via Gibraltar e que vai chegar aqui cedo ou tarde. Sabe deus o que vai acontecer. Jack, meu rapaz, agora vamos falar da festa. Vou tentar fazer acontecer, talvez junto com Sheila, pelo menos estou tentando. Vou fazer tudo que eu posso por Bill, o que ele quiser, mas as impossibilidades de suas exigências são no fundo inescapáveis, a não ser que eu o deixe me levar para sempre para a Ásia ou algo assim para satisfazer a concepção que ele mesmo tem de seu desespero e necessidade. Você precisa agora começar a endireitá-lo, sabe. Não sou tão sacana e não é que não esteja querendo fazer nada para ajudar. Gosto dele e adoraria compartilhar um lugar com ele aqui, se for possível, o que acho que vai ser, mas ele vai ser frenético e possessivo, e você sabe. Ele estava (contra a própria vontade) tendo chiliques de ciúmes em NY, e até com relação à Dusty [Moreland] ele estava perturbado. A situação com Sheila vai ser uma insanidade. Não sei como gerenciar isso. Bill vai forçar suas ideias com tanta força que vai me *obrigar* a rejeitá-las e vai achar que é tudo um horror sem saída. Ele, é claro, já se acalmou muito desde o verão, mas ainda coloca toda a sua vida em minhas mãos. Mesmo *eu* nunca fui tão longe. Então você precisa fazê-lo entender que ele precisa pegar leve. Não é uma crise terminal de comunicação etc. O que quer que seja – é o que quer que ele veja como evidente, exceto em relação à nossa conexão básica que é tão final e permanente que agora parece irreal para ele, a não ser que tenha todos os meus próprios pensamentos como os seus – é um saco, cara. Então você *precisa* tentar dar a ele algum tipo de força ou Tao e descolamento, ok, na situação de maneira que ele não a transforme num horror. Não posso ser o seu único contato para sempre, apenas posso ser o seu melhor e mais próximo. Bem, você sabe, tudo bem desde que todo mundo fique feliz com os recursos que estão disponíveis. Cristo, que situação. Cercado por santos loucos todos se arranhando uns aos outros e eu sou o mais esquisito? E diga a Lucien para que fale com Bill. Ele certamente conhece a simbiose e deve ser capaz de passar uma mensagem construtiva. Com relação a mim, estou decidido a ser paciente e o mais não "do mal" possível.

Sem tempo para descrever – cansado demais – North Beach – personagens – um louco Peter du Peru (que tem os gestos e o mesmo tom de voz de Peter Van Meter, e os *dois* são de Chicago). Mas Du Peru (que nome Subterrâneo mais doido!) é também como [Carl] Solomon, um ex-paciente de terapia de choque Zen que não usa meias e está sempre beat e *sensível* e curioso e interessado e tem a melhor mente mística que já encontrei aqui. Também gosta de mim. Conversamos – caminhamos juntos com ele me contando sobre as várias esquisitices da arquitetura Barroca, e da Regência e da Prefeitura por toda SF.

E nosso amigo Bob Young, ah, meu caro, eu *acho* que é o mesmo anjinho preto que eu *já tracei* e por falar nisso na Rua 7 Leste, talvez um ano atrás – pergunte a ele. Boas roupas? Muito triste e doce, sim, deve ser ele, mesmo o nome *parece* que consigo lembrar. Conhecemos-nos bêbados no White Horse. Foi na verdade uma ocasião triste, tremo só de pensar.

Com relação à Revolução Americana, *foi* uma revolução, não foi? Os "ativistas tradicionais "– bem, os Tories não estavam indo contra, foram os nossos antepassados, os Paines. Mas Hinkle (ou eu) não é a favor de uma revolução ou conquista dos EUA pelos vermelhos. Talvez Hinkle até seja, pensando bem. Mas tudo que estou dizendo é que os EUA estão nas mãos de pessoas como os editores que você odeia e que estão nos fodendo nas outras maquinações spenglerianas do mundo. Poderíamos estar alimentando a Ásia, e não lutando com ela, a essa altura. E se realmente fôssemos lutar com eles (por alguma razão louca), seria *o fim*. Os vermelhos são o que Burroughs pensa que eles são – do mal – provavelmente – mas chega dessa bobagem. Sim, Al [Hinkle] é bondoso, e também Helen [Hinkle] nesse momento de crise no lar dos Cassady – eles me colocaram face a face com o horror. Pensei que estava ficando louco. Eles sabiam.

Não vou escrever mais cartas longas, mas algumas notas curtas às vezes quando tiver notícias. Mantenha-me informado sobre as boas notícias da publicação. Sem espaço para falar sobre Shakespeare. Gosto do seu Tao, é mais humano. Também li alguma montanha das nuvens chinesa – como foi dito no *Green Auto* "como os mágicos chineses, confundir os imortais com nossa intelectualidade escondida na neblina". E meu poema também está no caminho de Sakyamuni (que levou o budismo para a China) vindo das montanhas. Descolei a maior parte dos livros a respeito do assunto de olhar as *imagens* das montanhas em meio a nuvens e dos sábios que os *arhats*[12] haviam pintado – *vá olhar* na Biblioteca Pública de NY, no setor de belas artes, as grandes coleções de pinturas chinesas – visões do Tao físico, se é que é possível alguém obter um insight espiritual da visão material das montanhas que se vão em vastas infinidades de sonho de montanhas separadas por infinidades de orvalho. As pinturas dos mundos infinitos de montanhas foram as minhas favoritas, e a seguir os grandes esfregadores de barrigas ou beats ou tremendamente feios *arhats* de W. C. Fields vestidos em trapos com orelhas longas e rindo juntos acima de manuscritos de poemas sobre nuvens.

Também tem um livro lá, *The White Pony*, editado por Robert Payne, que é uma tradução de todos os tipos de poesia chinesa taoista-budista de milhares de anos – fácil de ler, muito prazeroso, são tantos – e Bill Keck tem a minha cópia marcada deste livro, a não ser que ele a tenha dado a alguém. Diga a ele "que eu pedi em nome do Balloon que ele o devolva e entregue a você se não for muito trabalho" – se você o encontrar.

Quando você vai me enviar o ensaio sobre Buda? Vou ler com muito prazer.

[...]

Repasse a Gregory meus cumprimentos. Diga que eu disse "A medição precisa da linha de um verso livre é, neste momento, impossível (de forma a

---

12. Um arhat é um monge budista que atingiu o nirvana.

transformar versos livres em estrofes e linhas base *variarem* a sonoridade livre, como uma variação musical), mas acho que é um problema bonito de tentar resolver. Estou interessado em ouvir quaisquer resultados a esse respeito." Passe a ele minhas palavras de afeto – dê-lhe uma batidinha na cabeça, um soquinho de mentira. Talvez ele seja legal.

Lembranças a Kells. Sou um vagabundo taoista andarilho – como este poema mexicano indica – ou gostaria de ser *se* eu conseguisse escapar a essa fixação eterna na metafísica de ser "um" – embora eu saiba que para ser um você só tem que esquecer disso e abandonar a coisa e a não coisa, seja o que for. Estou preso no paradoxo e não consigo tirar isso da minha cabeça. É um *bloqueio de neurose*, minha ruína. Hospício.

Onde, onde – está Carl Solomon?

Allen Ginsberg [São Francisco, Califórnia] para Jack Kerouac [n.d. Nova York, Nova York?]

antes de 26 de outubro de 1954

Caro Jack:

Reina a confusão! Depois de uma troca de cartas eletrizante, Bill [Burroughs] parece ter saído da distração-intensidade. Ele está agora na Flórida. Minha carta para ele foi talvez forte demais, mas a correspondência subsequente nem endireitando alguns dos sentimentos ruins e deixando a situação toda muito mais leve. Se estiver interessado, espero que ele venha para cá, sempre quis que ele viesse, mas não com o tipo de fixação em que ele estava. Eu devia saber. De toda forma, ele está na Flórida. E agora? Sua herança está se dilapidando – já chegou a meros $100 por mês, ou menos, ele escreveu. Talvez não consiga voltar para Tânger. Não está certo do que fazer. Não quer vir até a Califórnia, diz ele, mas também diz que poderia vir, com certas reservas etc. Escrevi pedindo a ele que viesse, ofereci uma passagem de volta à fronteira do México se ele quisesse ir embora. E pagaria o aluguel de um pequeno apartamento ou quarto para ele aqui.

[...]

Estou morando num gigantesco apartamento em Nob Hill com Sheila [Williams] que – diga a Jerry Newman – conhece ele através de um ex-engenheiro de gravação amigo de Brubeck que ela conhece. Al Sublette vem o tempo todo e bebe e come e fala e Sheila e eu e ele nos curtimos. Ela é uma espécie de Dusty [Moreland] chique de loja de departamento, só que mais jovem e com um filho e mais presa a semidramas psicológicos de garotinha (e eu estou velho e cansado do fluxo de ilusões do amor) – e indubitavelmente as sementes da dissolução deste caso já foram plantadas, agora que estamos morando juntos. Gostaria que fosse só uma vida simples e doméstica, de forma que eu pudesse escrever. Mas tem essa questão do Burroughs do meu lado, e as questões de ex-amantes e amigos de coquetel de loja de departamentos e uma infantilidade incerta da parte dela. Deus sabe o que vai acontecer.

[...]

Por causa de Sheila e das mudanças e das transas e das noites cheias de North Beach e dos tipos de lojas de departamento (que são um saco) não escrevi nada desde que saí de San Jose. As coisas finalmente se resolveram e voltei a trabalhar num livro esta semana, e agora já está na metade. Daqui a um mês talvez eu envie a você uma cópia talvez chamada *The Green Automobile*. Enviei sua carta para Neal pedindo a ele que lesse o que você escreveu para ele e ainda não recebi resposta – não o vejo desde que a coisa se complicou e se descomplicou de novo, e agora está tudo bem.

[...]

Vou escrever sobre seus poemas de SF. Eles estão mais perto do centro da poesia do que se pode encontrar em qualquer outro lugar, mas já que meu esforço nos últimos dois anos foi encontrar uma aparência formal (como Cézanne disse, ele queria pintar quadros que parecessem clássicos no museu, e foi isso que ele fez) seus poemas são satisfatórios em momentos especiais neles (Ted o FBI, por exemplo; partes de Neal no Tribunal, outros croquis da janela). Mas eu não vou dizer mais nada até chegar em casa. (É tarde de sexta-feira no escritório da Rua Montgomery em que estou escrevendo) e dar uma olhada de novo – eles parecem formais também, ainda que nus.

Sheila me odeia porque eu sou um velho abstracionista cínico chato e não um amante de Dostoiévski. Eu transei pela primeira vez regularmente por esses dias, aliás, que alívio voltar para casa para fazer isso. Eu escuto Burford (e Baldwin?) menosprezando Bill e eu. O que há de errado? Eu não vejo por que Burford deva agir assim, a não ser, como Ed White disse no apartamento do Dusty, que ele seja somente um especialista continental em enganação.

[...]

Em seguida escrevo,
Allen

Bill disse que você estava bravo comigo por causa da minha carta a ele. Você não deveria ficar bravo – estou fazendo tudo que posso por ele. Se eu não tivesse escrito ele talvez continuasse num estado de absorção em autopiedade trágica. No fundo até Bill sabe disso.

Nota dos editores: *Ginsberg estava com medo de que, se Burroughs o visitasse em São Francisco, Burroughs pudesse dominar sua vida. Allen o amava como um amigo, mas não queria que ele fosse seu amante, então ficou bravo quando Kerouac escreveu para Burroughs e disse a ele que Ginsberg queria que ele fosse visitá-lo.*

Jack Kerouac [Richmond Hill, Nova York] para
Allen Ginsberg [São Francisco, Califórnia]

26 de outubro de 1954

Caro Allen:
   Obrigado por escrever e dar a entender que você perdoa e já superou a raiva por uma pequena e bondosa mentira inofensiva que contei a Bill – para fazê-lo se sentir bem, quase como uma velha vovozinha, eu só disse "na verdade ele quer secretamente ficar com você como antes, caso contrário, Bill, ele não escreveria para você e discutiria e ficaria tão cheio de dedos" – Meu verdadeiro sentimento, no entanto, era de que você não queria mais o Bill porque ele ficou estranho e assustador demais, e demasiado cheio de *segredos*.
   1. Ele não deu a mínima bola para nada que eu disse, em particular sobre budismo – como Lucien, ele "pouco se importa".
   2. Você nunca deveria ter me envolvido nesses juízos que se referem às avarezas e concupiscências dos homossexuais, das quais eu nada sei.
   3. Burroughs não respeita minha inteligência, mas na verdade o que ele não respeita é meu *poder de ludibriar*.
   4. Eu não vou enganar ou esconder nada de ninguém e agora faço um chamado para que retornemos às confissões de 1947 da geração beat e honestidades ao estilo de auroras bêbadas de verdade com Lucien.
   A "mentira inofensiva" foi para Bill e *por* Bill – eu sabia muito bem que você queria heterossexualidade com a garota e foi o que disse a Bill. Não sei o que ele escreveu a você (sobre minhas opiniões). "Santinho do pau oco canadense" prescrevendo conexões para você e não para mim, como é isso, quem são as bichas aqui, sério – como eu poderia fazer sexo com Bill e o que há de tão não vamos encontrar com um velho amante reamando ele? Afinal, por que você ficou tão furioso? Será que não é Neal mas *você* que está louco? Acho que você estava distraído e sua severa carta formal de rejeição a Bill eu sei que foi escrita num momento de distração. Não quero ser grosso e não quero brigar e não quero ser mal-entendido como "malvado" – Mas eu acho que vamos precisar de uma confissão séria e mútua e admitir a nova bagagem de ódios secretos que temos uns pelos outros, porque se não forem arrancados eles vão crescer, [...]
   [Bob] Burford *não* desprezou você, pelo contrário, ele é muito respeitoso e quer saber de você o mais rápido possível – aos cuidados do Consulado Americano ou Burford, a/c L'Eau Vive, Soissy Sur Seine, França – ele ficou abismado com *Visões de Neal*, a parte de A.A. Wyn, e queria levar *Geração Beat Road* para Knopf, mas meu agente está com ciúmes da interferência e espero que eu não tenha feito a besteira de aceitar a opinião do agente – Deus ele é, ele é lento – aquele artigo do Cowley já devia ter saído, você não acha? O livro está na casa de E. P. Dutton – [James] Baldwin criticou Bill, e não você, viu o manuscrito de Bill em algum lugar. – Diga a Al Sublette que descobri um fantástico pianista

novo chamado Cecil Taylor, que toca como um [Oscar] Peterson clássico, com corridas rápidas nas teclas mas acordes de Brubeck-Stravinsky-Prokofieff, um músico erudito formado em Juilliard – Ele, como Baldwin, negro, e acho que gay, – Baldwin é gay. Não curto muito essa gayzice toda. Burford criticou Bill, disse "Se acredito no mal, ele é do mal". Burford comenta que a única outra pessoa do mal que ele conhece é Temko (!) (?) – Eu critiquei [Eric] Protter, ele estava lá e bêbado. – Bill está com seus poemas – acho que eles estão ótimos, o que você queria que Whitman pensasse de Melville. –

[...] Acho que Cowley devia ver *Naked Lunch*. Vou mostrar *Sax* para [Alfred] Kazin, ele esteve recentemente na TV, falando sobre Melville, gaguejando sem fôlego e fantástico. Meus poemas de *San Fran Blues*, você sabia que foram escritos todos espontaneamente e rápido? Esse é o ponto. Não tão bons, na verdade não vão a lugar nenhum, exceto talvez algumas imagens... imagens magras. Quem se importa? Minha poesia está nas linhas da prosa.

Acabei de ir visitar Lowell, todos os trinta e cinco volumes da lenda dos Duluoz flamejaram em meu cérebro – será que eu devia me ocupar de tantos detalhes repetitivos? Um castelo assombrado acima da casa onde nasci que eu não visitava desde os três anos de idade... então é daí que vem o Sax. De fato a viagem toda a Lowell foi tão vasta que nem consigo recuperar o fôlego para começar a contar... mais tarde. Tô cansado. Contente por você ter escrito e não estar louco, e que eu não esteja louco e agora o resto é só entendimento. [...] Por falar nisso, se você tiver algumas dúvidas ou questões sobre a Verdade Luminosa, me pergunte. Estou agora mais seguro do que nunca. Com relação ao Tao, é só o estilo externo, por exemplo, no México eu seria o vagabundo taoísta dos feijões e dos jeans, mas etc. em outras palavras, atingi uma certeza gnóstica e apocalíptica além de todas as dúvidas e minha mente está direcionada para se concentrar de agora até o fim.

Jack

IMPORTANTE: (escrito depois de doze horas de sono) eu tinha $30 na minha mesa para uma jaqueta de couro para o inverno e Bill pegou um táxi para Richmond e parecia louco e queria dinheiro (para Ritchie) e levou tudo – em vez de me pagar, ele foi para a Flórida – e nem me escreve agora – eu não tenho o endereço dele – o inverno está chegando e não há casaquinho para o velho Poe – me manda o maldito endereço dele – não sou eu que tenho rendas por aqui. Na verdade, aquele dinheiro é da minha mãe. – Quero aquele dinheiro *de volta*.

Por falar nisso, que fim levaram aquelas suas procurações? Meu agente Sterling Lord planeja me publicar na França em francês e vai cuidar de tudo. A não ser que ele seja um agente secreto de Giroux, que o recomendou.

E o que mais? – Parece que Neal finalmente se afogou nos planos de fazer carma, puxa – não vou mais vê-lo, acho. (então tudo está fodido e perdido).

J.

Allen Ginsberg [São Francisco, Califórnia] para Jack Kerouac [n.d., Nova York, Nova York?]

9 de novembro de 54

Caro Jack:

 Minha raiva era pela incomodação, mas entendi de forma geral e levei como sendo pouca coisa. Certamente não o suficiente para me fazer pensar em não escrever. Sim, Bill ficou esquisito demais para que eu consiga morar muito próximo a ele – não totalmente assustador, mas sei que no fim tudo acabaria em um tipo de tristeza idiota absoluta, particularmente comigo fora o tempo todo com Sheila [Williams]. Mas mesmo sem uma garota seria demais. Mesmo assim, no fim convidei-o para vir para cá, não queria excluí-lo até a alma. Estamos nos correspondendo de novo. Ele está um pouco mais distante. Assim é mais fácil ler as cartas dele. Como tudo é difícil – tenho que confessar que, no que me diz respeito, gosto de Bill como sempre e não tenho objeção a nada e me sinto como um bobo ególatra ao longo de todo o acontecimento, mas o que eu podia ou devia fazer? Enfim. Não me importo com heterossexualidade com a garota e nada desse tipo – a princípio pensei que ele viria para cá e eu o conectaria com todo mundo e vice-versa e haveria uma batida policial e eu chegaria atrasado no trabalho e teria que sentar e ouvir a ele e suas rotinas implacavelmente e sem parar e assim por diante. Não estava interessado nesse ponto, um dia eu poderia quando eu quisesse retornar à santa solidão e à irmandade com Bill. Sinto solidão aqui, e Bill é poderoso na solidão – é preciso dar a ele *toda* a atenção, e eu teria minhas atenções voltadas a outras coisas (menores).

       [...]

 Certo que estou louco. Começo amanhã na clínica analítica – $1 por hora. Não espalha.

 Não sou um diabo e nem você é, pare de dizer coisas assim. Eu só pensei que você estava assim meio que numa vibração angelical, contente de poder amparar Bill – mas ele já estava tão perdido que você pode até mesmo tê-lo divertido. No final das contas a mesma coisa que o fez contar mentiras inofensivas a ele – a mesma loucura – me fez gritar com ele. Fiz tudo que me segurei para não fazer por seis meses.

       [...]

 Por estar vivendo em meio ao esplendor com uma garota não leio nem escrevo. Provavelmente isto já está acabando, me mudo daqui a um mês mais ou menos e descolo um bom apartamento secreto na descida de Nob Hill, já decidi, sob um grande porão de concreto no próximo quarteirão no alto do morro por $35 por mês e economizo dinheiro e leio e escrevo e rezo por solidão [...]

 [Kenneth] Rexroth está lendo o livro de Bill. Ele aconselha a New Directions. Me convidou para ler poesia numa série de recitais que ele coordena ligada a uma universidade aqui. [W. H.] Auden, [William Carlos] Williams e poetas locais, inclusive eu. Em algum momento do mês que vem.

O maldito [Jordan] Belson leu Yage e criticou Bill, se recusou a ler *Queer* [...]. Que loucura inspira esses semi-ignus? Ele me deu um pouco de peiote, e eu me chapei com [Al] Sublette e Sheila e curtimos os bondes do centro de SF fazendo barulho no horizonte – olhei para os prédios pela vasta janela de minha sala – especialmente o hotel Sir Francis Drake – que tem um robô--gólgota – eterno – uma máquina de fumaça coroando a vista feita de dois enormes olhos de tijolos de vidro em cada lado (os banheiros masculinos e femininos do Salão Starlight) – começando do chão pavimentado e enevoado – escrevi a respeito.[13]

[...]

Bill está em Sanford, 202, Palm Beach. Ele escreve "Senhor, eu devo $30 para Jack e não tenho como pagar. Ele vai me assediar com cobranças amigáveis. Sinto-me tão culpado que nem consigo escrever para ele." Quem sabe você escreve *para ele* uma carta de cobrança amigável? Ele, como você sabe (por causa de mudanças na fundação) não recebe mais $200 por mês – agora só $100. Como ele vai conseguir? Devo $60 para ele, que vou pagar mês que vem.

[...]

O que seu já foi publicado ou aceito?

Com relação a Neal: desde que me arranjei por aqui ele vem todas as semanas para pegar a Dona Verde emprestada ou para trazer Dona Verde [maconha]. Numa das últimas vezes ele veio correndo, entrou e saiu com Lucien, e um alto e grotesco negro da Rua Howard, o gigolô da Dona Verde, desembrulhou-a no chão, dichavou e começou a fumar no meio da tarde, enquanto eu descia ligando e desligando luzes e carregando o lixo escada abaixo, e apanhando brinquedos do chão. Uma coisa preciso dizer, posso ver que difícil tem sido para ele manter um lar de família e ao mesmo tempo um apartamento de loucos. Sheila gosta dele, claro, mas ele está sendo muito bonzinho e não dá em cima dela. [...]

Bem, Neal diz que eu devia escrever a você por ele. Ele está sempre correndo. Ele segue me dizendo – "Você sabe o que dizer a ele, somos amigões etc." Ele vai tirar férias da ferrovia em algum momento no início de janeiro. Ele quer ir para a Cidade do México para se divertir por uma semana ou pelo menos uns dias, e então ir festear na Flórida, e então correr para NY por um ou dois dias, e retornar a Frisco para trabalhar. Carolyn ameaça terminar com ele se for festear, quer que ele pegue um trabalho temporário num posto de gasolina em Los Gatos. Ele ainda parece indeciso se vai conseguir ou não, mas está falando nisso desde que cheguei. Ele quer que você saiba desse plano geral dele. Não acho que eu iria para DF – tenho medo dele na direção, e ainda estarei trabalhando,

---

[13]. Esta visão de peiote foi a inspiração original para o poema *Uivo*, de Ginsberg.

acho. Economizando $ para Europa ou Ásia. De qualquer forma ele queria que eu escrevesse a você por ele. Tenha-o em boa consideração. Ele está sob três investigações na ferrovia, e todos falam mal dele pelas costas, "Todo mundo sabe que sou um cachorrão fodido", Carolyn não dorme com ele há três meses. Vou dizer a ele que escrevi. Ele parece mais calmo ultimamente do que na época do Hotel Marconi, uns meses atrás. Já até joguei xadrez com ele. Ele ensinou xadrez para Sublette e para metade de North Beach. Sublette ganhou dele. Ele ainda está na do Cayce, sempre aparece do nada em todas as visitas. Se eu digo algo diferente de Cayce, ele me diz com um sorriso tolerante, "Ah, isso é porque você não entende bem o Cayce."

 O que está acontecendo com sua arte? Me envie o livro do Buda para ler.
[...]
 Amor,
  Allen

Allen Ginsberg [São Francisco, Califórnia] para Jack Kerouac [n.d., Nova York, Nova York?]

26 de novembro de 1954

Sexta
26 de novembro

Caro Jack:
 Noite passada caminhei bêbado com [Al] Sublette de Chinatown até o Hotel Marconi, às 3h da manhã, e o empacotei para a despedida da sua ótima janela com vista para a esquina da Broadway com Columbus e o céu todo lá em cima. Táxi para o Pier 37 e ele embarcou no seu Santa Lucia para a América do Sul, para Acapulco e para o Chile. Ele cambaleou com as bolachas [discos] e o toca-discos e eu com duas valises e então entramos no navio. Acho que minha próxima aventura também vai ser de novo num navio. Talvez em algum momento da primavera e também como secretário ou talvez eu consiga ser um oficial de bordo e assim ganhe algum dinheiro. Certamente até a Europa em um ou dois anos. Pobre Bill se perdeu no mar, imagino, ele chegaria no dia 20 e não tenho notícias desde o dia 17. Que triste. Incrível pensar que (estou certo disso) nosso relacionamento vai ter mudado de repente e agora vai surgir uma distância de Bill distante em Bill – e quem sabe nem o Bill ansioso de antes (digo de um ou dois anos atrás) com marcas e estrelas ignu mútuas. Ele pressente que talvez eu seja paranoico como [Hal] Chase, cortando-o de repente, imperdoável, ele não vai mais ser capaz de se dirigir a mim sem desconforto. Mas imagino que se nos encontrássemos de novo em algum canto escuro de uma casbá ficaríamos bem

e nos entenderíamos de novo sem sequer um pensamento com relação a essa situação. E que diferente eu me sentiria com ele tendo "por assim dizer" piu-piu encontrado um limite com relação ao que eu faria por ele e por implicação por você ou Lucien ou Neal, e por implicação, vice-versa. Quase uma desilusão ao estilo de F. Scott Fitzgerald. E o que eu faria com uma alma de peregrino se eu não encontrasse uma verdadeira aqui em SF? Disse a Sheila ontem à noite, no meio de toda uma discussão sobre por que eu não a amo de verdade, pensei que talvez porque amava os homens demais, mas será que ainda é o caso como costumava ser?

Neal apareceu na outra noite e me deixou chapado e eu o alimentei, Sheila dormiu, conversamos e saímos para caminhar em North Beach. Não há muito trabalho na ferrovia, está de folga por longos períodos de tempo. Mas cada vez que você conversa com ele na hora que começa a ficar interessante ele liga uma chave na sua cabeça e a Locomotiva CAYCE Jones obscurece o horizonte – ele começa a repetir as mesmas ideias, mais simplificadas e desconexas (espiralando com fragmentos de percepções antigas e pensamentos loucos) em resposta a qualquer coisa que ele ache que ele pense por mais de 37 segundos. É tudo canalizado. Exceto o xadrez, como ele reclama, buceta e xadrez e Cayce, além disso ele é vazio, não ouve um parágrafo de material escrito até o final, nem lê, quase nem percebeu as pinturas chinesas que eu arranjei na mesa para ele ver, e diz "ahã". Então olha para cima e diz "Não consigo mais me concentrar – a não ser no xadrez." Não consegue se concentrar o suficiente para escrever uma carta para você, ele se desculpa, ele não conseguiria escrever para mim, para ninguém, exceto uma linha por ano, "E como está o velho garoto?" Ele disse que a situação com Carolyn [Cassady] piorou, agora nem ficam no mesmo quarto, ele dorme no sofá. Pode ser que ocorra uma separação. Ela também tem suspeitas sobre mim. Disse que "tinha cometido o erro de mostrar para ela a Dona Verde" e ela ficou raivosa acusando "Ginsberg de ter fornecido". Os Hinkles estiveram lá e disseram que ela estava em guerra contínua contra mim na minha ausência, digo ausência real da cena mesmo considerando Frisco, vejo ele muito raramente, é triste. Não sei se ela está bem, Jack, talvez ela vá até o fim só o incomodando, mas existe uma maldade real vindo dela. Helen Hinkle, sua velha confidente de braços armados contra ele – ele vai à casa dela e joga xadrez com Al o tempo todo, e isso incomoda Helen embora eu não saiba por quê, só pode ser ciúmes, então ela ameaçou dizer tudo que ele confiou a ela para Carolyn a não ser que ele pare de vir e só jogar xadrez sem parar. Ele só é bem-vindo se não trouxer o tabuleiro. Ainda assim percebo que quando ele está na minha casa ele parece controlado e muito caloroso, ainda que um pouco preocupado, mas muito gentil e amigável – só o que ocorre às vezes em termos de atividade frenética é quando ele sai sem nem dizer nada ou pergunta se tem gente quadrada na casa com o grande negro ligado a Lucien e começa a enrolar enormes montanhas de Dona Verde agachado ao lado da mesa de centro verde no tapete branco na minha fantástica sala de estar. Mas depois disso acabar (ele xinga muito, pede papel, não de mau humor mas incomodado com o seu verde, às vezes de pavio muito curto e raivoso) senta para tomar café como um velho tio, embora não fale muito.

Bem, de todo modo, Jack, vou estar saindo daqui terça à noite, 14 de dezembro, e vou chegar a NY na quarta ao meio-dia. Vou ter que ficar um tempo com minha família, já que foi meu irmão [Eugene Brooks] quem pagou a passagem para que eu fosse ao casamento dele. Mas não vou ficar tanto tempo assim, uma visita rápida a Paterson talvez na tarde de quinta-feira, e uma visita ao meu irmão na quarta à tarde. Onde você vai estar na quarta à noite? Eu gostaria que você me recebesse no aeroporto, mas é um voo sem um agendamento fixo, e não sei exatamente quando ele chega onde. Vou descobrir e aviso você. De todo modo vou estar por aí até domingo à noite e depois pego o avião de volta. O casamento é na catedral Riverside?? em NY sábado à noite. Então estarei disponível terça à noite, talvez quarta à noite, quinta, sexta, sábado e domingo. Por favor, separe um tempo para me encontrar, podemos ir a todas as cenas possíveis, a Montmarte e ao Village, Lucien, Kingsland, Dusty, ah amor. Como eu gostaria de comer a Dusty de novo. Não sei onde vou ficar, talvez na casa de Dusty ou Lucien ou na casa de meus irmãos ou Kingsland ou no hotel Greenwich. Estou certo de que vai ser uma triste festa de quatro dias. *Escreva-me antes de eu ir de forma que eu saiba que você está na cidade e não tenha que me preocupar sobre como me encontrar com você.* Vou levar muitos poemas, um bilhetinho para você de Sublette, um bilhete de Neal, o endereço da amiga de Sheila para darmos uma olhada etc. Vi os capítulos de Cowley. Muito objetivos e provisórios, "este e aquele se encaixam neste e naquele plano geral das coisas", que horror.

Amor,

Allen

Minha aparência mudou um pouco – tenho um bom terno de *tweed* e uma barba bem aparada e um rosto magro, talvez pétreo. É fantástico como fico mais bonito à medida que envelheço, graças à deus. É um P.S. esquisito mas tenho estado pirado com esse milagre temporário – Sheila acha que sou belo – já estou nisso há duas semanas. As opiniões dela não interessam muito, me sinto assim de qualquer modo.

Nota dos editores: *Ginsberg voou para Nova York para o casamento de seu irmão no dia 18 de dezembro e conseguiu encontrar muitos de seus amigos, inclusive Kerouac. No espaço de uma semana ele já estava de volta a São Francisco, e havia se apaixonado loucamente por Peter Orlovsky, um belo modelo para o pintor Robert LaVigne. Orlovsky tinha sido recentemente dispensado do Exército por problemas mentais. De uma hora para outra mudou tudo na vida de Ginsberg, ele se mudou do apartamento de Sheila Williams para o apartamento e estúdio de Orlovsky e LaVigne, que ficava na Rua Gough.*

Jack Kerouac [Richmond Hill, Nova York] para Allen Ginsberg [São Francisco, Califórnia]

22/12/54

Caro camaradinha,

Não estou bravo. Você não precisava ter se exibido para os boêmios barbados descolados na plateia. Acabei de ver um filme de Alistair Sim, *Um conto de Natal* – você já viu esse filme de Alistair Sim? Você sabia da apreciação de Seymour [Wyse] pelo filme de Alistair Sim? Ele é ótimo, como um grande poeta inglês que se tornou um ator. Maior do que Dylan Thomas, como uma verdadeira grandeza de Herbert-Vaughan-Herrick-Wyatt, ao atuar, na expressão facial, na interpretação. Estou tão sentimental quanto nosso caro rabino.

A noite está fria. Gelada. Neve. Gelo. Minhas pernas estão frias. Nesta tarde eu fiz uma meditação longa e tentei permanecer na Essência da Mente. Você não consegue parar nela, pode só ter um vislumbre ou até a encarar, e pensar sobre ela, mas estando preso às três gunas de sattva, rajas e a outra [tamas] (inteligência da luz, inércia do corpo escuro e energia que se move) não dá para ficar o tempo todo sentado etc. Mas a grandeza de Dickens é como a coisa em [John Clellon] Holmes que o faz grandioso... uma vasta Ah O Que É Isso Experiencidade... como Holmes em velhas festas levantando um copo de cerveja... com Lyndons e Durgins e tudo mais... como Cannastra. Talvez um dia eu possa ser como Scrooge, um teimoso budista reformado que fica louco e sai dançando pela rua? Não interessa, é tudo o mesmo. Nossos Balzacs e Dickens e Sagrados Dostoiévskis sabiam disso.

 Tchau,
 Jack

P.S. Cuide de cuidar de cuidar de cuidar.

Mas na verdade Scrooge estava em primeiro lugar apegado a seu egoísmo miserável; então ele se libertou disso e ficou apegado às pessoas.

Com relação a se deter na Essência da Mente, é como Edie [Parker] que costumava dizer que tinha vontade de entrar no meu cu e se aconchegar lá dentro. Eu não posso penetrar e me enrolar na essência da mente porque nela não há Corpo, não há Útero. Mas eu posso me deter *com* ela. O segredo do budismo é a prática de Dhyana pela manhã, Dhyana à tarde, Dhyana à noite, todos os dias. Não há outro jeito. Finalmente, quando você estiver na intuição por um longo tempo ele se abre e abre-se para o vazio ilimitado e a vastidão etc. Isto é bem claro. Não mostre minhas coisas para [Robert] Duncan, o Holmes. Vou falar com meu agente em breve sobre *Sax*. *BEAT* foi agora recomendado pelo editor chefe [Joe] Fox... os outros estão lendo. Feliz ano novo.

 Jean

Allen Ginsberg [São Francisco, Califórnia] para Jack Kerouac [n.d., Nova York, Nova York?]

29 de dezembro de 1954

Caro Bondoso Rei da Mente:

> Estou doente, querido Kerouac, seu venerável Allen
> Estou doente na eternidade! trabalhando sozinho
> e cada vez pior e pior a cada dia e a cada hora...
> mas preciso de um pouco de conversa doce
> triste como as lágrimas daquele príncipe Sebastião.
> (para Catulo)

Temia que você estivesse bravo por eu ser tão grosso, o artigo, não foi bondoso. Não vi ainda Alistair Sim, estou doente, em casa por um dia, gripe forte, penicilina, estou quase surdo, e também doente de amor de novo, me mudei para a Rua Gough num apartamento de artistas boêmios, Sheila [Williams] chega de surpresa e bem-vestida durante o intervalo de almoço e me encontra de robe suando aos borbotões numa plataforma no chão, Neal está rindo e brincando com uma ruiva [Natalie Jackson] no outro quarto depois do corredor, estou apaixonado por um menino santo de 22 anos de idade que me ama, e mora aqui também, mas que cena terrível aqui. Me encontrei com o pintor Robert LaVigne, profundo-ignu cheio de alma caminhando na Sutter vindo da cafeteria Polk-Sutter Fosters, no mês passado, fomos ver as pinturas dele e curtir a cena subterrânea e procurar por Peter Carl – Sol DuPeru (que encontrei na primeira noite aqui em SF, no quarto de [Al] Sublette), então fui sozinho até o barbudo para perguntar por DuPeru, que ele não conhecia, e conversamos, e ele me convidou para ver as pinturas, e fui para a casa na Rua Gough. Entrei na sala – isso foi no mês passado – e vi enormes e modernas pinturas verdadeiras da juventude desnuda, e outras ao mesmo estilo, com e sem roupas. Então entrou esse rapaz, o modelo dos quadros, com que o pintor havia pintado, um russo de alma gentil que leu Kafka, respeitoso, quieto, e eu voltei na casa durante aquela semana, a convite, e começou a temporada – casa fantástica, disse a você, trouxe Neal para curtir a ruiva, e ele deu uns beijos nela semana passada e daí em diante – corredor comprido, quartos enormes e bagunçados, chá na cozinha, exatamente como na juventude, nos reunimos, conversamos, Neal sai às 9 da manhã a la W.C. Fields – é o Oliver Hardy tirando ou colocando as calças, se dando bem com a garota, rindo, coloca as roupas dela, ela as dele, e se divertem, – e ele e eu concordamos com a nostalgia da porta da frente, ambos já tivemos tantos baratos carinhosos da juventude nas duas últimas semanas ao entrar no apartamento, o primeiro andar de uma enorme casa de madeira vitoriana, cheiro das pinturas e do estúdio de LaVigne na frente, Peter Orlovsky estuda num quarto no meio (é ele o rapaz) e Natalie a ex-namorada de Stanley Gould está aqui por quatro meses nos fundos – tão doces e promissoras alegrias gentis da Rua 115 ao entrar novamente na casa, para mim, e Neal sente o mesmo como já disse. Então uma noite antes de eu ir para NY – LaVigne me conta que ele está indo embora, misterioso, saindo da cidade para pintar (depois da exposição atual, nus coloridos selvagens e fotos de Fosters) próximo a San Diego, fim de sua temporada com Peter, como talvez a minha tenha terminado quando saí de Houston para os Doldrums de Dakar, e então ele diz que está indo embora, e que eu por favor visite Peter bastante enquanto ele estiver fora, porque ele precisa de um amigo, precisa de doce companhia, e eu estremeço, eu vejo o amor, estou perdido, meu coração novamente derrete – como odeio as mulheres, não consigo não amar, não consigo não derreter com carinho verdadeiro, doçura de necessidade infantil, é isto que está errado comigo e com Sheila, eu não a amo como um amor triste precisaria ser, meu coração ainda está gelado por ela. Então eu digo a LaVigne, AH, não de novo não, o que você está me pedindo? Não posso me ajoelhar e chupar pica para sempre como antigamente – mas ele diz que Peter sabe e gosta de mim, perceba, cara, estou mudado na Califórnia, como um sonho – ele espera por mim. Então fui a NY com isso em mente, exceto que também passei uma noite lá e falei com Peter que me diz que sonhou que havia caminhado até mim, colocado os braços na minha cintura, e eu me surpreendia no sonho. Então no corredor e na vida, abraçados, a doçura real em meu peito, demais, quase chorei, mas é uma vida humana tão pobre e efêmera, o que vou fazer? O natural, rapaz – ser amado. Então veio uma noite de abraços, e não de sexo. E então NY, e voltei, saí da casa de Sheila para lá – e enquanto isso, na mesma hora, ela passa a curtir Al Hinkle na minha ausência (de fato ela já havia noutra ocasião, quando eu passei uma noite fora de casa, Al apareceu para visitar, pegou um vinho, e conversaram no chão) – então na minha ausência ela tinha estado com Hinkle, ótimo, estou feliz – e ela espera por ele uma noite quando estou em NY, então ela sai, ele aparece, não sabe onde ela está, nem sabe que estou em NY, ele vai até Polk e Sutter Fosters procurando por mim ou por ela, e ela acabou de sair, e ele segue para a casa da Rua Gough, procurando por Ginsberg, a ruiva diz que não estou, ele pede para ficar por umas horas, dorme, acorda, vai dar uma mijada, vira o corredor e aí esbarra em Neal, pelado (e ele nem sabia que Neal estava por lá – tudo na minha ausência) eles riem, os círculos de Dostoiévski nesta casa. Volto, todos estão uns com os outros enlouquecidos, Peter se chapou pela primeira vez com Neal e a ruiva Natalie e então SACOU instantaneamente, de uma forma estranha de Peter Lorre babão – ele também é um irmãozinho russo – MAS ai ai, agora o horror triste começa, LaVigne também está a fim de mim, e eu vou para cama com ele, mas não é o que eu queria, e então quando eu me mudo para cá arrumamos a cama, nós três arrumando a mesma cama, mas eu só gosto de Peter na verdade, Peter começa a se sentir culpado por só gostar de mim, embora todos amem Robert LaVigne pelo seu triste gênio ignu e pela barba dele – e outra coisa, não consigo entender por que ele se afastou, esse gênio do triste conhecimento da perda pelo qual ele passava (como eu passei com Neal no Texas) – enquanto isso Peter e eu conversávamos loucos sobre o Pensamento, li *Visões de Neal* em voz alta para Natalie e todos os outros, Neal é esperado de hora em hora de novo, noite de cama selvagem com Peter, e com Bob presente – e então Bob (LaVigne) fica louco, vê que está perdendo, que Peter está mudando, eu pareço pretensioso e bestial, ele está com raiva, não fala, se prende num quarto com Peter para implorar, ameaçar? Não ouvi nada, tentamos conversar, Bob e eu sendo mais ou menos almas iguais, frutinhas, não posso dizer, amamos e odiamos um ao outro, Peter está assustado e se sente culpado e é fiel a Robert, e agora sofro, raiva por toda casa, todos emaranhados por dias, quem vai matar quem? Mas não quero enganar ou ofender Robert então levo minha paleta para meu quarto solitário, a tensão aumenta, Bob sente como se eu o tivesse traído, e eu cada vez mais apaixonado, e ele cada vez mais desesperado – amando embora ele esteja indo embora numa semana em breve, ainda assim não consigo abandonar a esperança do garoto dourado do amor, ele pensa que sou um gozador malévolo (o pensamento de Hal Chase) pegando o garoto para uma diversão rápida, Peter enquanto isso me promete amor, a promessa é esquecida, e finalmente nos encontramos os três na cozinha e cenas feias de ódio, Peter ama os dois, fidelidades antigas, novos baratos sensuais e mentais, Bob e eu curtindo um ao outro e mais do que tudo, pelas nuvens do medo, a neblina maia, ironia entre nós, ele acusando, eu não consigo aguentar já que ele pensa que estou sendo sujo com relação a Peter, mas eu amo, e enquanto isso Peter cada vez mais ofendido pela cena que não conseguimos parar porque está nas cartas – e Robert dizendo "vocês dois estão esperando que eu expulse vocês para que fiquem juntos." E eu dizendo "não podemos fazer uma rosa sem a sua bênção = a rosa precisa da perfeição que você trouxe e agora não pode retirar." Robert irônico, "de novo não", Peter dizendo finalmente ah comédias, "vocês dois são um pé no saco" – só Burroughs ia gostar. Mas finalmente estávamos todos derretendo de tristeza, eu não consigo esconder que quero, Robert não conseguia esconder que ele também queria, Peter que não precisava – a inocência dele vai ver nós velhos patéticos ficarmos tristes, e ele também quer garotas, enfim, bem como se o professor bondoso rei da mente mas doce príncipe nos amasse também, e eu depois desses anos desesperados todos – ou seja, isto sendo um tipo de autoengano mas também uma promessa à natureza de Peter, mais harmoniosa pelo bem da camaradagem doce do que qualquer outra que eu já tenha conhecido, e eu que já havia abandonado a esperança há tanto tempo, agora mal começava a sondar a profundidade da tristeza do amor recém--começado hoje na minha cama de doente. Bem, fizemos as pazes de certa forma, Peter ficaria só, Bob ficaria só, eu ficaria só, Sheila apareceria na hora do almoço para curtir meu pau triste, ela me ama, eu gosto dela mas não dá, com a conversa final nenhum de nós realmente querendo trair Robert entre si mesmo e Peter, que esperaríamos e veríamos – mas já estou no triste velho coração de amor que sei nunca veio dessa forma, tão fácil, a não ser que isso seja o prelúdio tormentoso antes de algum êxtase, que nunca vai se manifestar outra vez com tanta inocência, estou triste, deitado na cama suando frio, velho demais para lembrar as autopiedades dos dezoito-vinte anos, mas infeliz até que começo a pensar na improvável doçura acidental da vida, talvez seja isso que todas elas são, transitórias. E no diário dele (que eu espiei, embora ele me matasse se soubesse) Robert escreveu linhas de sofrimento sobre deus modelando-o com tormento para a esterilidade da verdadeira beleza, ele realmente entende, mas não vai dar para conversar.

Então a situação agora está na espera, Natalie está me fazendo um chá, e enquanto isso devo aluguel, casa nova para arrumar, tenho que encontrar um novo apartamento ou hotel – vou me mudar para cá ou para uma área próxima a Peter e Polk Gulch em algum hotel por duas semanas até receber o pagamento e poder alugar um apartamento pequeno, e enquanto isso lendo *Visões de Neal* e *San Francisco Blues*.

Sim, eu sei, talvez você esteja agitando os braços perante a confusão da vida e aceite isso do jeito de Dickens mas eu ainda digo, Jack, que embora eu não tenha atingido a santidade porque eu estava muito preso ao egoísmo sobre a ideia da pura visão contínua de forma a ser um santo, e não tenha tido nenhum guru rigoroso que SOUBESSE, só Van Dorens que me fizeram duvidar – há uma finalidade na Ausência de Nome que é o que há de mais valor em nós se tivermos a fé ou o discernimento de persistir. Espero por uma vida como essa para me derrubar até não haver apegos porque talvez nenhum seja tão sublime como eu possa imaginar emocionalmente que exista

> nem mesmo a imaginação
> humana satisfaz
> o infindável vazio
> da alma

(Isto é tolo e simplório depois de todas as nossas conversas e da sua última carta, talvez a um ponto onde como antes eu decida me sentar em silêncio cozinhando legumes de novo como fiz no Harlem em 49 desesperançado até que minha porta se abrisse em silêncio e deixasse entrar a luz dos céus) para persistir na busca do que quer que seja oferecido, quanto mais direto melhor. Mas que aposta louca. Vou tentar vivenciá-la primeiro, então morrer de novo, e quando estiver certo de que não há nada sobrando na vida para eu curtir da beleza, e isso é quase infindável, pelo menos a tristeza é, recorrente. Então praticai vossa Dhyana e trazei-me notícias sagradas.

Não vou mostrar sua prosa para Duncan, vou mostrar para Rexroth. Envie *Sax*. Agora, com relação a *SF Blues*, que livro excelente: eu o reli (tendo lido pela primeira vez sobre o Kansas no avião de volta) devagar até a metade, tomando notas sobre o que gostei. Diria que há grandes poemas originais ali, até agora posso nomear os que acho que são os absolutamente mais clássicos dentre eles

> * in the reel of wake up
> middle of night
> flophouse nightmares
> * Then I'll go lay my crown

* There was a sound of slapping
* Rhetorical third street
* Swing yr umbrella
* Betwixt hill and house
* Heart and heaven
Your corners open out
* I also have loud poems.

mas é óbvio que muitos além destes são poesia grandiosa e original também. Aliás, as colchas plásticas e muitos outros são muito parecidos com os poemas imagísticos e W. C. Williams. No entanto não terminei de reler o livro todo. Onde está o Julgamento de Neal?

Tinha uma cópia de Joan Rawshanks datilografada no caso de eu precisar, então se precisar tem mais essa. Vou publicar a carta de Neal para Joan Anderson.[14] Escrevi para Bill, o viciado, e foi também uma carta grande, e ele me escreveu de volta. "Droga, não tem ninguém com quem conversar aqui," ou "Queria ter alguém com quem conversar", disse ele.

Neal está indo para NY direto no dia 8 ou no dia 16 de janeiro, é o que ele diz agora. Pode levar a ruiva, ou Sheila, ou qualquer um. Se ele for. E se ele for vou escrever para você dizendo quando ele vai e para onde.

Allen

(também recebi um cartão de Natal de Lizzie Lehrman da África do Sul via Paterson. Ela está casada.)
Carl Solomon ainda não chegou, você pode investigar?

---

14. O épico de Cassady, "Carta para Joan Anderson", de 13.000 palavras, foi escrito em dezembro de 1950. Nele Neal descrevia um caso efêmero num estilo narrativo que alterou profundamente os métodos de escrita tanto de Kerouac quanto de Ginsberg. A carta foi mais tarde perdida, mas partes dela foram usadas como base para *O primeiro terço*, a autobiografia de Neal e seu único livro.

1955

Allen Ginsberg [São Francisco, Califórnia] para Jack Kerouac [n.d., Nova York, Nova York?]

12 de janeiro de 1955

Caro Jack:

    Recebi sua última carta – não vou poder responder, muito pensamento, hoje à noite, preciso esperar até pela manhã ou até sexta à noite (hoje é quarta) mas escrevi uma carta enorme para você, e não enviei, ainda ia escrever mais um pouco nela, ainda não escrevi, então envio, é tudo sobre lings de guerra mundial, perdoe-me por responder à carta sagrada com tagarelice inflamatória. Leia a outra carta antes.

    Desde então (a escrevi logo que cheguei) me mudei para um quarto em frente à esquina da Polk com a Sutter com dezesseis janelas do prédio de esquina com vista para a cafeteria Polk Sutter Fosters onde tudo acontece no palco de neon vermelho da rua, eu olho aqui de cima, vejo as janelas de todos, grandes enredos secretos, ainda estou apaixonado, o garoto me ama e não dormimos, só conversamos, ainda nada de carne (só algumas vezes) apenas conversamos, um grande amante para mim, jovem, gosta de meu coração de curiosidade, gosto de seus santos, ele também tem visões, árvores se curvando a ele no parque em manhãs assustadas a caminho da escola – mas Robert LaVigne me odeia e agora também ao rapaz, e moramos todos perto uns dos outros, e mantenho um diário hora a hora da situação, já são cinquenta páginas desde o dia primeiro, registradas por mim, algo extraordinário acontece comigo em Frisco depois da garota agora pela primeira vez na vida garoto – serei ao menos capaz de saber o que é que estou perdendo na vida perdida quando for sagrado – se é que vou ser –

    Vou escrever a você sobre isso, mas também não escrevi mais desde que fiquei de cama na véspera de ano novo, de folga do trabalho por quatro dias também, e toda noite febril escrevendo no diário, me purgando pelo calor de toda a autopiedade, um novo tipo de amor por garotos, e fazendo com que não seja um insucesso, e também poemas.

> Estou feliz, Kerouac, o venerável Allen
> finalmente conseguiu. Encontrei um pauzudo para mim
> e minha imaginação de um rapaz eterno
> caminha pelas ruas de São Francisco
> belo, e me encontra em cantinas,
> e me ama. E não pense que estou adoecendo.
> É difícil comer merda sem ter visões,
> e quando elas são reais, o mundo é como o céu.

    Li cuidadosamente sua última carta. Um dia vou escrever uma doutrina. Vou enviar certos pensamentos para sua consideração, relacionados à maquinaria emperrada da mente. Quero ser sério. Vou ler. Mais um dia.

Cartas de Bill em Tânger. Anexo alguns de seus escritos. Devolva-os a mim assim que puder. Por favor. Queria que você visse. Um conto sobre seu dedo, e um capítulo, CAPÍTULO I de seu novo livro agora formulado que Bill começou em Tânger. Envie-me de volta. Lendo *Visões de Neal*. Aquele Duncan escreveu o poema dele anos atrás, são ideias dele, não são bem como as suas. Eu plagio você, ele não. Bill mencionou que você mencionou.[1] Outra revista ligada com uma ótima estação de rádio patrocinada pela Fundação Ford, chamada de *Folio* aqui perto em Berkeley. Gerd Stern é um gerente de publicidade para a estação KPFA e me chamou e pediu por algo seu, posso passar a ele alguns croquis ou uma parte de *Visões*? Diga que sim, prometo tomar cuidado.

Vou usar uma parte de *Visões de Neal* para sondar a Crazy Lights, como se fosse sugestão sua, a não ser que eu mude de ideia, aviso você. Também envio em anexo as procurações, eu as encontrei, viu só: sou honesto, pegue de volta, mas não as destrua, nunca se sabe, se você se for para o deserto e eu ficar, me mande de volta, se você morrer, algo assim, deixe isso registrado no testamento, eu vou cuidar dos seus restos mortais. Vou escrever. Obrigado por pedir que eu escreva, eu sempre quis que me pedisse, nada me deixa mais emocionado, como se Neal pedisse (implorasse) a você para escrever e lhe respondesse com cartas enormes.

Amor
    Allen

Carl Solomon ainda está em liberdade? Não por aqui, não chegou.

Não ache que eu não percebo o quão fantástico *Visões de Neal* é, croqui por croqui. É tarde demais para eu dizer isso mas posso ver o quanto você é melhor do que eu. Eminência solitária. Bem, talvez um dia eu crie – mas que sofrimento – só penso em mim mesmo.

Agora Neal não está indo para NY, mas para o México, bem rápido e volta logo. Ele ainda está trabalhando na SP.

Allen Ginsberg [São Francisco, Califórnia] para Jack Kerouac [n.d., Nova York, Nova York?]

Sexta-feira, 14 de janeiro de 1955

Caro Jack:

Acabo de voltar da biblioteca trazendo o livro de Goddard (Golden Path), 1954 e *Textos Budistas*, um livro grosso com seleções variadas, e 2 volumes (II e III) dos *Dialogues of Buddha* de Rhys David. Por enquanto vou ler estes, para começar.

---

1. Na carta de 5 de setembro de 1954, Ginsberg disse a Kerouac que havia mostrado a Robert Duncan uma cópia de *Essentials of Spontaneous Prose*. Kerouac temia que Duncan pudesse roubar suas ideias.

Reli sua carta: continue escrevendo. Já que não estou familiarizado com o vocabulário me parece difícil seguir os pensamentos, mas aos poucos vou me familiarizar com os títulos e estados, e isso pode fazer a comunicação ficar mais fácil para você e para mim.

Não tenho dúvidas, ou tenho apenas umas poucas, de que você tenha concebido e tocado (por meio de sensações físicas e mentais) a verdade básica e única. Este toque eu distingo de uma ideia geral ou mesmo muito afiada, um símbolo na mente, ou uma visão literária (uma vivência poética e passional do mundo) na medida em que este toque é um toque noutra esfera totalmente desconhecida de digamos sensação "desumana", que de agora em diante eu vou chamar (o desconhecido ou incognoscível, fora da concepção da poesia ou da imaginação e também fora da possibilidade de representação pelas ideias). Então começo com um X básico que é "indizível", "incognoscível" e "impensável". Acredito que esse X possa, no entanto, ser vivenciado. Imagino que ele também possa ser comunicado, ou que seja possível dar indicações dele, que ele possa ser apontado (com um dedo, uma imagem, X, um poema, uma palavra etc.) (uma carta também). As comunicações sobre o assunto são limitadas.

Um problema que sempre encontrei é que aqueles que a mim parecem ter tido essa experiência de "romper a própria natureza", ou um irromper da eternidade dentro do tempo, têm formas diferentes de descrevê-la – eu achei que eles teriam vivenciado o mesmo X – mas quando se vai comparar os símbolos e as circunstâncias nas quais X foi vivenciado, embora os sinais todos apontem para uma experiência fora dos limites da compreensão (compreensão, imaginação, e mesmo da memória) (memória da experiência, como em Dante, "isso me falta"), como digo, embora todos os sinais apontem para algum tipo de rompimento da própria natureza, o irromper de um X, as poucas descrições do X que temos ainda assim variam, de maneira confusa, e as circunstâncias sob as quais X se manifestou a si mesmo ou foi vivenciado também parecem variar. Peter Orlovsky (que na verdade me parece ter entendido algo mesmo) diz que vem até ele após um período de dificuldade. Comigo só ocorre quando estou totalmente vazio. Com outros ocorre sem razão nenhuma etc. Com você, através da preparação. Agora você deve pensar em comparar nossos Xs. Mas estou presumindo que sua experiência de Buda e a minha experiência de Blake estão no mesmo nível. E eu não tenho como saber.

Meus minutos após Blake foram de um tipo que satisfaz a descrição feita acima dos indizíveis etc. e ela é tal que naquele momento e até hoje mantenho a jura de acreditar naquele Uno do qual agora lembro apenas o absoluto absoluto absoluto absoluto absoluto da absolutez, absolutidade infinita, digo, sem possibilidade (sem que eu pudesse conceber) de haver qualquer outro Uno. Mas porque sou incapaz de conceber não significa que eu tenha visto o X final – talvez ainda haja outros desdobramentos de X, só imagináveis após maiores experiências, que você está me oferecendo, com os métodos e doutrinas budistas. Por causa disso mantenho minha mente aberta e também pela razão de que embora naquele tempo eu pensasse em, esperasse por, tivesse que, pela própria natureza de perfeição, continuar na experiência e aprendendo como fazer isso, de forma a permanecer numa sala brilhante o tempo todo, temporalmente, isso não estava sob meu controle – controle esse talvez presente como um sinal quando eu não estava ciente, mas não mais do que isso.

Já que essa natureza deveria permanecer incognoscível para mim, a mente de Allen, e cognoscível apenas por não mim, mas aquilo que eu era enquanto vivenciava. Vi, depois de um ano com todo tipo de terceiros pensamentos, aquele pensamento no sujeito (eu havia mesmo reduzido minha mente à absorção completa, relativamente completa, talvez não absolutamente completa, não, não era absoluta, ainda estava na Av. York etc.) – eu vi, ou pensei, que ter o pensamento de todas as coisas reduzido a um único pensamento, cedo ou tarde esse pensamento, ainda humano, corporificaria a si mesmo em experiência desumana – o pensamento (uma imagem da coisa, uma sombra do X) terminaria se tornando repentinamente o X, e o pensamento desapareceria (o barco para cruzar para a outra margem, a imagem em que se concentrar e então descartar) e eu seria deixado no estado X puro e livre de pensamentos.

Os pensamentos, os pensamentos com relação a X, logo descobri (1950-51), eram a própria parede, a própria fechadura, e não a chave da porta. Eu havia substituído a experiência de X com pensamentos de X. Assim tive que começar a conscientemente eliminar o pensamento de X de minha mente, pensando, de maneira paradoxal, que ao sacrificar minhas preocupações contínuas com a finalidade eu a atingiria.

Eu também, talvez equivocadamente (através de leituras do Taoismo e de Confúcio e de Yeats e Blake) me orientei de acordo com a seguinte linha: já que todas as coisas são uma só, a absorção na ideia do Uno é uma absorção na única coisa que o Uno não é, por assim dizer. Então de forma a entrar no Uno eu teria que penetrar em sua manifestação, o mundo, escolhendo detalhes concretos (e foi aí também que comecei a escrever em verso livre) – e fiquei tão ocupado com o mundo que perdi todo pensamento com relação ao Uno, e me tornei assim parte do mundo, e, portanto, Uno com o Uno – cante como o Pássaro do Tao canta. Também influenciado pelo poema #1 em Lao-Tsé (não tenho aqui, mas ele diz, já que o mistério interior, X, e a superfície do universo são o Uno – os homens dão nomes diferentes que confundem metafisicamente a questão –, quem nomeia ou toca a superfície toca o mistério interior.) Agora, essa linha de sacrificar a ideia do uno (e a aspiração do ego com relação à santidade e iluminação, ela em si mesma é um processo de deixar o eu como Cristo descendo do paraíso nirvana de forma a ser crucificado pelo mundo – vivendo nele, sendo mortal). Concebo isto como o mais sublime paradoxo, em si mesmo provavelmente o caminho na direção da santidade. Distorções e reviravoltas do pensamento. Então veja, de uma forma tenho estado – especialmente neste último caso de luxúria – o tempo inteiro no caminho, embora isso ocorra apenas para descobrir que é o caminho equivocado, apesar de minha "fé" da forma que concebi como sendo a indicada – através das advertências do meio-sábio Van Doren, a quem eu tomei por um anjo conselheiro quando disse para eu esquecer toda essa metafísica e ler um livro sobre sociologia chinesa moderna. Van Doren é famoso por trabalhar compor paradoxos metafísicos e tomo isso como um trocadinho sério, um conselho *arhat* na direção da austeridade – nenhuma autoindulgência do ego na direção de uma santidade para glorificar Allen. Pensei que estava sendo punido por dizer (várias vezes) "quero ser um santo". Sério. Estava preparado para não ser, para vir a ser.

Mesmo assim, por várias experiências – tentando viver num mundo terraplanado de trabalho, peculiaridades, amor vazio etc., ou melhor dizendo, amor infeliz – comecei em 53 a ver (em "Green Auto" – e aliás minha poesia como já disse registra todos os estágios, todos os elementos principais neste ciclo, o espelho vazio sendo a fase de tentar não olhar para a eternidade) ou pensar que afinal de contas a imaginação pintava imagens do mundo como coração (e eu não tinha direito a um coração) e eu o queria, então comecei a desenvolver minha imaginação de novo, de forma a aproveitar a vida, fui para o México e depois morar com Neal.

Mas agora nem mesmo a "imaginação humana satisfeita pela infindável vacuidade da alma", como diz o poema do avião. Estou absorvido no mundo. O mundo é real, como nunca mais havia sido desde as primeiras visões de X.

E agora talvez seja hora de treinar a ilusão absoluta da realidade absoluta, ou seja, tempo de outro enfoque para o inimaginável, só que dessa vez, ao não pensar em X, mas por esvaziar a mente de todos os pensamentos. Antes eu não tinha método algum, embora eu soubesse desde cedo que esse era o caminho.

Por essa razão, a razão dada acima, hoje hesito em falar realmente a sério sobre as Visões do Harlem e as trato com extremo cuidado, como com Lucien, e também hesito em envolver minha mente em doutrinas de qualquer tipo. Agora você me vem com doutrina e método, e embasado por todos os sinais de método bem-sucedido e doutrina correta – ou seja, suas descrições, quase inequívocas (tenho ainda uma ponta de dúvida) de sua experiência de X ou de seus equivalentes (neste ponto além das minhas concepções de todo modo).

Por essa razão, tenha cuidado comigo, com a prosa, nas cartas futuras. Entende por quê? Se você brincar comigo você vai confundir as coisas na minha cabeça. Se você utilizar mal os títulos dos estados de iluminação, ou rotular uma experiência com uma descrição ou nome que não a represente de verdade de maneira pura e precisa (palavra chinesa para homem da verdade aí do lado dessas palavras), você vai estar me prejudicando, e também dificultando o meu entendimento. No entusiasmo de sua prosa, ou em sua facilidade de imaginar eternamente, detecto você dando a mesma importância a diversos níveis de experiência, usando demais os títulos das experiências inferiores de forma que eu não seria capaz de diferenciar a mais profunda da menos profunda, e a mais profunda da definitivamente profunda.

Não estou duvidando de você, o mais profundo transparece nas cartas, não há erro acho eu.

É só que estou tentando distinguir precisamente o que você está dizendo, e a profundidade do significado dos diferentes momentos e a expressão e as descrições das cartas. Uma vez você me acusou de confundir visões literárias com visões reais.

Seguindo em frente: certo, preciso começar os exercícios espirituais budistas. Se você tiver claridade – dos estágios e métodos claramente observados, uma sequência de exercícios, especialmente do barato do fenômeno dos olhos, ouvidos, barriga etc., especificamente sinalizações internas do corpo e da mente, inteire-me disso tudo.

Não estou exausto do amor humano – do seu, por exemplo – e, portanto, ainda não vou abandoná-lo. Isso pode causar confusão. Mas significa me portar com menos ego, menos autopiedade etc., e enquanto isso praticando algum tipo de estudo e austeridade mental e emocional.

Na verdade ainda não discuti o conteúdo de suas cartas. Queria dar primeiro uma imagem mais clara do meu caminho passado, à luz da possível seriedade que você possa interpretar nele agora que sua própria seriedade começou a ficar séria. Queria que você soubesse pelo que passei. Esta carta resume claramente mais ou menos o que tentei passar em várias ocasiões e talvez já tenha repetido muito em cartas ou em pessoa.

O tom dessa carta é o de um tipo de *arhat*, me parece, um *arhat* seco, o quê? A não ser que eu não consiga detectar meu ego nunca, a não ser nesse trecho.

Estou mantendo um diário mundano mais detalhado agora como mencionei ontem e vou enviá-lo a você.

Perdoe-me por não discutir questões de tecnologia budista ainda, mas não sei o suficiente. Odiaria só mandar fofocas sobre coisas literárias interessantes que vejo no material, então talvez eu ainda não seja capaz de discutir o Dharma com você por um tempo em termos de Dharma até que eu tenha alguma experiência com ele em termos de minhas próprias sensações. Por favor, continue escrevendo. Vou responder o mais depressa possível e pensar em você se eu demorar.

Goddard é famoso, vou descobrir se ele está vivo.

Gosto dos livros de Suzuki.

Veja que estou interrompendo estudos literários (Catulo, latim, métrica) para começar esse projeto.

Allen

Jack Kerouac [Richmond Hill, Nova York] para Allen Ginsberg [São Francisco, Califórnia]

18 a 20 de janeiro de 1955

Caro Allen,

Esta carta é dividida em três partes, a primeira de júbilo, a segunda de arrependimento e a terceira de seriedade e filosofia.

PRIMEIRA PARTE DE JÚBILO. Não quero contaminar você com pensamentos que estejam ligados à existência do meu eu, do seu eu, de quaisquer eus, de muitos eus divididos em muitos seres vivos, ou de muitos seres unidos em um único eu Universal; nem com ideias de ou sobre fenômenos, o que pretendo demonstrar com a ajuda dos Budas e de seus Sutras, como sendo apenas figurativos e meramente de-se-falar. Mas depois. Em outras palavras, primeiro as notícias humanas sobre "eu" e "isso". Não, eu não vendi meus livros. De fato Knopf devolveu *G. Beat* depois de todo aquele trabalho para datilografar que me fez dormir tarde dezembro inteiro ralando e as opiniões do editor chefe Joe Fox são bem pejorativas, dizendo que não é nem mesmo um "bom romance", o que não é verdade. (Mas Seymour Lawrence leu *Os subterrâneos* e escreveu uma bela e triste rejeição sobre quão belo é meu trabalho e "por que K. não abandona esses temas da G. Beat." etc.)

De qualquer jeito, diz respeito a Eugene [Brooks] e a mim. Fomos até o tribunal juntos na manhã de hoje e estávamos sentados na parte de trás, ansiosamente procurando na valise dele por um atestado da minha doença[2] que o Doutor Perrone (seu Perrone) havia nos dado noite passada, dizendo "Ordeno que esse homem fique na cama até que sua condição aguda melhore". Mas não fiquei bravo com Gene e ele disse para eu não me preocupar. É suficiente que ele seja bondoso o bastante para acordar de manhã cedinho para ajudar esse cara perdido que logo retornaria para a vacuidade de onde veio. Mas Joan Haverty estava lá, e não havia sido notificada de meu pedido por um teste de paternidade, e não havia trazido a filha. Mas logo disseram a ela o que seria necessário, e que eu estava muito doente (pelos registros). E ela veio cheia de doçura e pediu para sentar comigo. Claro. E adivinha se ela não se converteu ao catolicismo e não começou a falar com tristeza sobre a Virgem Maria e Jesus etc.? E agora ela encontrou paz. A aparência dela não mudou, só está um pouco mais magra. Mostrou-me fotos da filha que acho se parece comigo, especialmente numa foto em que está de testa franzida, então pode mesmo ser minha. Mas a ama tanto que nem quer que eu a veja ou mesmo envolver minha mãe mandando presentes etc. Disse "Desculpe, não sabia que você estava tão doente." O advogado deve ter dado um relato da polícia sobre minha condição pior do que até eu mesmo imaginava. Mas a alegria preenche meu ser quando penso que vou morrer em breve, ou jovem, é muita emancipação, uma doçura universal enorme. Joan foi tão doce, prestou atenção em mim, riu um pouco do meu Buda (eu tinha comigo um grande envelope de papel pardo para o caso de ser preso nas catacumbas, incluindo um *Buddhist Bible* do Goddard, e meu próprio PRAJNA de sessões escolhidas datilografadas por mim de fontes da Biblioteca Pública, e meu novo romance a longa noite da vida e cadernos com inscrições chinesas que mostrei a ela mas às quais ela não deu atenção). Ela me disse que não queria dinheiro de mim se eu não tivesse; tinha se reformado (a pobre mulher) e decidido pegar o touro pelos chifres e se mudar para NY com a filha e trabalhar e eventualmente gerenciar uma creche etc. Ama crianças. O nome da menina é Janet Michele Kerouac, nascida em fevereiro de 1952. Olhos azuis. Disse que meu budismo era meu "brinquedinho" e que se encaixava com a minha personalidade. "Você brinca com seu brinquedinho que eu brinco com o meu" – bem por dentro. Olhares doces. De fato Eugene disse que ela foi tão boa para mim que parecia gostar de mim. Gene ficou interessado. Gene foi direto falar com o advogado, resolveu meu caso, ligou para meu médico etc. e em certo momento me levantei e olhei

---

2. Kerouac sofria de uma forma debilitante de flebite.

para todo o salão de pais-problema negros beat e esposas e crianças com enormes copos curtindo a vida. E então ao meio-dia fomos todos para o gabinete do juiz e o juiz estava muito desgastado com a questão anterior, que levou muito tempo, e ele só diz "Se esse homem está incapacitado, então vamos deixar a questão de lado". E então nada vai acontecer a não ser que Joan fique brava ou eu fique rico e famoso etc. e eu vou suavizar tudo dizendo a ela que por mim mesmo eu não teria exigido o teste dela mas teria dado o dinheiro (para o teste). Então o caso está suspenso (Gene disse que por um ano, acho) e Joan e minha oficial de condicional (uma mulher) como duas amigas apertando as mãos e dizendo "Eu disse, é melhor fazer as coisas você mesmo" e grandes filosofias de mulher e Gene se curvando ao ouvir e curtindo as mulheres. Então em vez de ir para a prisão vim para casa, memorizei o coração do Grande Dharani do Samadhi da Coroa do Senhor Buda e o recitei de joelhos, bebi vinho e tomei um benzo e li sua carta e enrolei as pernas. Então agora vejo Gene sexta-feira por umas cenas de filmes que fizemos e talvez para levar um dinheirinho que minha mãe diz que ele merece. Minha mãe não está em casa ainda para saber das ótimas notícias. E Joan me disse para escrever, e eu vou fazer isso. Agora estou com tudo pronto para o deserto, e logo vou para o sul limpar o campo do terreno que meus pais compraram para fazer uma casa, cortar árvores e queimar uns tocos de árvore e cortar a grama e quando puder fazer um jardim. Estou viciado em nicotina, droga, preciso parar de novo.

    SEGUNDA PARTE DE ARREPENDIMENTO. Sua longa carta sobre amor triste. Se como eu você renunciasse ao amor e ao mundo, você sofreria as dores da renúncia, que, entenda, vêm na forma de um tédio "O que fazer, o que sonhar?". Mas se você se apegar ao tristeamor, conclusão, você vai sofrer pelo tristeamor. Adorei a carta toda e amei o Dostoiévski e Neal pelado esbarrando em Hinkle no corredor (como na vez em que nós três nos esbarramos em Watsonville e depois aquele grande jogo de pôquer com o pessoal da ferrovia) – Peter O. soa muito fantástico e sei que o que quer que aconteça você vai saber consolar o coração triste aí dentro. Não deixe de fazer isso, antes que seja demais, antes que desapareça. Console o pintor canadense também. Corte fora. Ou se não cortar, fora, ou como poderia eu saber mais do que com o lance do Burroughs... pelo menos nunca se recrimine, nunca entristeça os outros, sempre seja bondoso e perdoe o sofredor. Eu sofro de solidão, longas tardes depois da Dhyana, ou na verdade antes, o que há para fazer? A carta muito bela, eu a li linha por linha de manhã, saboreando cada pedaço dela, como amo as suas cartas meu querido Allen. E nunca mais se preocupe com eu ficar bravo com você – juro que não vou mais fazer isso, cada vez que eu fico bravo com você mais tarde acabam sendo nada mais do que razões imaginárias de pó. Pfui. Nunca mais você vai levar um sermão ou escutar uma palavra maldosa de mim, vejo você como já sendo um santo e um verdadeiro santo. Compreendo suas preocupações tomando a forma de enormes discussões sobre "X" como sendo apenas devidas a uma longa criação numa base racional filosófica escolástica de poeta *hipster*. Você precisa de fé. O que quero dizer por fé? Suponhamos que Buda diga que quando você se envolver no mais elevado *samadhi* todos os incontáveis bodisattvas invisíveis vão surgir de todos os cantos do universo e colocar sua mão em uma roda radiante na sua fronte? – e minha resposta em fé é POR QUE NÃO? (já que são invisíveis, inescrutáveis, inconcebíveis). Com relação ao tristeamor, tristeamor é igual a tristeamor e com relação à superfície Tao da realidade, vejo muitos erros em suas colocações que dizem respeito à "realidade"... suas palavras "ILUSÃO ABSOLUTA DE REALIDADE ABSOLUTA" e este é o cerne de seu equívoco devido a uma falta do aprendizado que agora você começa a ter. (Por falar nisso, ao abandonar Catulo e a métrica pelo estudo da *base* da poesia você com certeza não evita os pré-requisitos escolásticos e de autoconhecimento, qualquer poesia com uma base que não seja a budista vai ter furos. Uma hora dessas faço uma crítica a Dylan Thomas para você com base nisso, mostro a você a inocência infantil do pensamento dele.) Os fenômenos são a ilusão, a realidade é a realidade. Os fenômenos são a sua superfície chinesa, que você também menciona, dizendo "quando as visões são reais, é como o céu" – em outras palavras, digamos, o corpo – o corpo não é real, a visão é – *então a visão do vazio é pelo menos tão real como a visão do corpo* – mas a visão da vacuidade é, estou certo?, a visão de uma visão, a essência da mente. Agora me permita contar o seguinte: no metrô ontem, enquanto eu lia o Sutra do Diamante, não, o Surangama Sutra, percebi que todos no metrô e todos os seus pensamentos e interesses e o próprio metrô e seus pobres sapatos e luvas etc., e o papel celofane no chão e o pobre pó nos cantos era todo de talidade e essência. E pensei, "a essência da mente é como uma criancinha, não faz nenhuma discriminação." E pensei, "a essência da mente ama tudo, porque sabe porque tudo é como é". E vi todas essas pessoas, e a mim mesmo até certo ponto, estavam todas enterradas no apego ao eu que considerávamos como tão real... mas a única realidade é o Uno, a Essência Una de que tudo é feito, e assim pegamos nossas mentes limitadas e perturbadas e contaminadas (correndo pelos compromissos, preocupações, dores, amores) como sendo nossa própria Mente Verdadeira, mas eu vi a própria Mente Verdadeira, Universal e Una, e ela não mantém ideias arbitrárias sobre essas aparentemente diferentes autodivisões e a talidade é ilimitada, imperturbada, incontaminada, pelas sofridas fixações à forma, a mente é ELA própria, a PRÓPRIA... O celofane, quando olhei para ele, era como meu irmãozinho, e eu realmente o amei... e então vi que se eu sentasse com a Mente Verdadeira e esquecesse de mim mesmo e da mente limitada e imaginasse e montasse sofrimentos (que como você sabe somem na hora da morte) (como as considerações de Melville pelas ruas 100 anos atrás na América da escuridão com gelo e neve na calçada de que se ele não tivesse um corpo ele teria caído pelo espaço infindável) (sem nem mesmo calçada) (tudo vazio, alucinação de formas) se eu sentar com a Mente Verdadeira e como os chineses sentam com o Tao e não com o eu mas por submissão ao não eu com os braços caídos para deixar o carma fluir por si próprio eu atingiria a iluminação vendo o mundo como um pobre sonho.

Isso não é brincadeira, eu realmente acredito nisso e não só isso, acredito que posso provar isso para você uma hora ou outra. Com relação a você ir para o deserto, não é necessário (escorpiões no bolso), é necessário para mim, se realmente for uma forma de realmente "ficar nisso o tempo todo" de Samboghakaya, então eu chamo você e vai ser a hora de dizer que você deveria fazer o mesmo. Mas eu não posso fazer nada para mudar sua visão de amor triste que é no final a de Sebastian [Sampas] e na outra noite percebi que quando Sebastian morreu em Anzio ele provavelmente morreu por correr em meio às balas para ajudar um camarada ferido (ele era médico) e morreu um Tatágata no seu triste hospital de Charles Boyer em Alger. Quem sabe? Ainda assim não há outro caminho senão sentar. O truque é Dhyana, duas vezes por dia. É esse o truque. Vou te informar, já que você me pede, das "sinalizações internas específicas do corpo e da mente"

TERCEIRA PARTE SÉRIA E FILOSÓFICA – Um prelúdio: mostrei sua carta do "X" para Eugene porque ele queria ver suas cartas e não mostrei a carta do Peter O. para ele, então compensei mostrando aquela com o "X" e esse foi o comentário dele: "Não mostre isso para meu pai." Xi. As falas sobre "romper" etc., acho eu.

Neste exato momento, por causa de uma preguiça boba, vinho e o benzo, não consigo sentar para praticar a verdadeira Dhyana. Mas aí vai o truque:

Beba uma xícara pequena de chá, antes feche a porta, e então coloque um travesseiro na cama, o travesseiro contra a parede, dobre os pés, se incline um pouco, postura ereta, expire completamente o ar dos pulmões e em seguida encha os pulmões o máximo que puder, feche os olhos devagar e comece não a respirar suavemente como uma criancinha, mas a ouvir o som intrínseco do silêncio que como você sabe é o som de uma concha shh sobre os ruídos que são acidentais. (É o som do imaginário da cena – o som da mente, das coisas da mente por toda parte). Estes são os Tatágatas cantando para mim. Para você também. Este é o único ensinamento. Bebês o ouvem. Nunca começou, nunca vai terminar. Tatágata significa "aquele que assim veio e que assim se foi". É isso, a essência do Estado Búdico. A primeira sinalização é que depois de cinco ou dez minutos você sente um êxtase repentino com a exalação suave e seus músculos já relaxaram há muito e seu estômago parou e a respiração é lenta, este êxtase de expirar significa que você está entrando em samadhi. Mas não se apegue a ele. O êxtase é físico e mental. Agora você não está mais interessado em sons, visões, olhos fechados, ouvidos receptivos mas não discriminatórios. Coceiras podem surgir para você coçar; não as coce; são imaginárias, como o mundo; elas são "a obra de Mara, o tentador" (em você mesmo) tentando enganar você e fazer você romper seu samadhi. Enquanto a respiração é êxtase, agora ouça o som adamantino da "eternidade" e olhe para a Via Láctea nas suas pálpebras (que não é nem brilhante nem escura, que não tem nenhuma concepção arbitrária de visão). O corpo esquecido, descansado, pacífico. Mencionei o chá, foi inventado pelos budistas em 300 a.C. para esta finalidade, dhyana. Enquanto o êxtase vem perceba com a INTUIÇÃO (é aqui que largamos o X) as várias compreensões que você tem sobre as atividades do dia e da longa noite da vida em geral, sua irrealidade, seu aspecto fora do ordinário, onírico, como na Visão do Harlem. Então, se você quiser, use um pouco de tantrismo para deter o pensamento; para deter o pensamento você pode dizer "Este Pensamento Parou" a cada expiração ou "É tudo Imaginação" ou "A Essência da Mente ama a Tudo" ou "É só um Sonho" ou "(Adoração ao) Tatágata de Não Contato" (ou seja, não contato com os pensamentos.) Mas ao cortar o contato com os pensamentos, cessam as fixações deles; eles vão e vêm, indubitavelmente, como sonhos no sono, mas você não honra suas formas, porque você está honrando a Essência. Depois de uma meia hora disso, um outro êxtase começa. Mas aí também começam as dores na perna. Tente várias vezes aguentar a dor nas pernas o máximo possível para ver que quando ela parece insuportável, naquele instante, você pode aguentar mais um minuto, e repentinamente, durante alguns segundos daquele minuto, você esquece a dor, provando que ela é imaginação da Mente! Mas se estiver muito preso no corpo, precisa sair. Tente continuar com as pernas esticadas, ou melhor ainda, descanse, esfregue-as e comece de novo... Pratique UM *dhyana* longo por dia, porque leva uns vinte minutos para aquietar o motor mecânico da mente. E apenas através da *dhyana* você pode chegar ao que você busca porque ela é em si mesma, como na minha visão do metrô, permanecer "em unidade livre de ego com a talidade que é o estado do Tatágata." (vacuidade, descanso, paz eterna)

Agora com relação à palavra. O que você precisa imediatamente é do SUTRA DO DIAMANTE. Se você não o tem na sua Coleção (que eu gostaria de ver) então me diga o mais rápido possível que datilografo para você e envio pelo correio. É o primeiro ensinamento e o mais elevado e final. Acho que você está pronto para o Sutra do Diamante. Todos os seus "Xs" estão ou são respondidos ali. O "X" é simplesmente a essência que subjaz a todas as formas... como essência, é a quintessência da vacuidade... é o Nirvana, a Sabedoria Mais Elevada e Perfeita. A realidade de cristal. Forma é um sonho, essência é realidade. Criação é ilusão com uma origem real.

(Dois dias mais tarde) Sei que essas cartas têm o som de bobagem por causa do mesmo nível de entusiasmo o tempo todo por pensamentos que algumas vezes estão poderosamente explodindo e algumas vezes estão fracamente implodindo, mas isto é como *respirar* e o entusiasmo é como a vida que a respiração torna possível.

Estive pensando o dia todo, não há por que eu tentar ensinar você através de cartas. Tenho que fazer isso pessoalmente; a conduta meio que supera as palestras de meus cadernos de *Some of the Dharma*, porque escrever (sobre) isto não tem fim e não tem início de trabalho e de monotonia. Não faço pouco caso de seu X ou de sua Visão do Harlem; é só que você não a descreveu de forma direta o suficiente para torná-la diferente das 1000 sensações de samadhi que já tive. Estou enviando para você, por falar nisso, de forma que você possa lembrar e julgar.

Não há nada "inumano" a respeito do budismo, é simplesmente uma religião para seres "sencientes", querendo dizer com isso todos os seres que possuem sentidos e portanto sujeitos a punição do sofrimento e morte. Ah, estou cheio de falar, falar.

Penso que a melhor coisa a fazer em seguida é enviar a você minhas notas pessoais de dharma sem comentários porque estas cartas estão demais. Um milhão de coisas em minhas notas, por que reescrever tudo para você?

Sim, publique a Joan Anderson de Neal, é uma obra-prima e foi a base da minha ideia sobre prosa, embora o próprio Neal não se importe com isso nem entenda; mas aquela página densa onde ele desenhou sem fôlego um diagrama da janela do banheiro é a prosa mais selvagem que já vi e eu gosto mais dela do que de Joyce ou Proust ou Melville ou Wolfe ou qualquer um.

    A Interzone de Tânger de Bill é fantástica, assombrosa, parece como se ele entrasse em centenas de tangentes imprevisíveis e sendo realmente um grande escritor em especial porque está rindo de si mesmo sem compromisso. Sua história do dedo é precisa demais, a prosa é. Uma preocupação assombrosa com a concisão. Eu deveria ter escrito meus pensamentos enquanto lia suas histórias na semana passada. Hoje estou muito cansado mentalmente; por dois dias estive lutando como um matemático com o problema de como os Sete Grandes lamentos são levados à ação... um problema resolvido no Surangama, mas por causa da tradução ruim ou do pensamento incompleto em Sânscrito, não foi capaz de se manifestar claramente; mas isso me cansou então apresso esta carta incompleta para você, pedindo tempo para me recuperar. Na próxima carta vou simplesmente conversar um pouco e então datilografar notas do dharma. Nelas todos os problemas do carma, das concepções arbitrárias etc. Pfui pfui palavras palavras. Não pense por um instante sequer que perdi minha fé, não, estou cansado das palavras e escrevendo cartas como esta; meu progresso é lento mas certo. Carl Solomon deve estar em Denver, vendo Rudolf Halley. Como posso conferir? Ele já deve ter se mudado daquele lugar na Madison a essa altura.

    Bev Burford está indo para Frisco em março. Uma das melhores partes em *Visões de Neal* é aquela parte sobre os Neons Vermelhos de Sábado à Noite Me Fazendo Pensar em Caixas de Bombons de Chocolate nas drugstores, lembra? – é bom para a Crazy Lights – me desculpe por essa carta cansada. Estou muito feliz de não ter que ir para a cadeia. Agora vou para Frisco nesta primavera ou verão e vou comer um monte de chowmein frito na frigideira e beber vinho com Al – e também vou viver em Chittenden Riverbottom e escrever mais poemas sob o efeito da maconha – ir para o deserto de vagão de carga direto da 3ª com a Townsend até o Deserto de Yuma – Aqui estou gritando sobre o Dharma e acabo não escrevendo nada sobre ele. Paciência. Espere até minha próxima carta. Enquanto isso, aceite o que está aqui, e mando em anexo as histórias escritas por você e Bill, e escreva alguém se tiver mais alguma coisa. Quais são seus sentimentos virgens em relação aos seus primeiros estudos budistas?

    Jack

Jack Kerouac [Richmond Hill, Nova York] para Allen Ginsberg [São Francisco, Califórnia]

10 de fevereiro de 1955
Allen,
    Estava preguiçosamente relendo sua última carta esta tarde, com um copo de vinho de ressaca (depois de um grande fim de semana na casa de Tom Livornese com Ed e Maria, bebidas e canções ao piano) e vi a carta triste sobre o "X" – suas

preocupações e metafísicas e dúvidas – compreendo a seriedade de seu caminho passado e o aplaudo e não há diferença entre seu caminho passado e o caminho budista que você adentra... Como tenho escrito no meu caderno, *A vida de um homem iluminado é como um sonho autoiluminante em que o sonhador sabe que está sonhando antes de acordar.*

E a razão pela qual há um Caminho Óctuplo (de Pureza) e por que a luxúria não é recomendada é porque um homem que se deixa levar pela pica não terá uma mente livre para perceber que o sonho da vida é só uma concepção arbitrária (uma concepção arbitrada pelo falso julgamento terrestre) (e um juiz arbitrando uma disputa no tribunal entre "dois") e assim vai continuar perpetuando motivos para o renascimento e buscar renascimento ele mesmo e assim o Oceano de Sofrimento prossegue e continua Kalpa após Kalpa sem interrupção, como o tráfego numa grande autoestrada e todo mundo dirigindo para outro nascimento e mais covas e berços e todos de cara triste e solene em cemitérios que eles mesmos produziram, como açougueiros em aventais ensanguentados chorando o céu azul com uma enorme ignorância que acredita em si mesma... então.

Vi Lucien. Ele disse que na verdade era um ex-Buda agora devotado à completa apreciação e investigação e curtição da vida, e do sofrimento também, mas entendo que ele é apenas um sonhador absorto em seu sonho, como meus heróis em *Cidade pequena, cidade grande,* Joe e Charley Martin *absortos* consertando motores e então o místico Peter não consegue entender sobre o que é essa absorção e nem a própria absorção tola de Francis, ele está num estado de negação. Não há como um Buda, um Desperto, reaparecer como um Lucien. Mas Lucien está começando a saber o que estou dizendo, a sua história é "não poderia estar menos interessado", o que eu vejo nos seus olhos; aliás, já descobrimos que o meu pequeno sobrinho lá no sul, Lil Paul [Blake], é na verdade Lucien, e vai crescer e ficar igual. Que estranho que eu tenha que andar agora com outro Lucien de sete anos de idade e ser tio dele e estar com a responsabilidade de cuidar dele e de o levar [em] passeios e lhe dar instrução espiritual... um Lucien loirinho de olhos verdes desesperado e torturado de introspecção com uma vida infeliz.

De qualquer forma, para colher a realização que você está sonhando, e que nada necessariamente existe no fim de tudo se você não perceber, viva de uma forma despreocupada como uma criança na floresta da solidão. Ou na cidade da solidão, como Seymour [Wyse] na janela, ou um Poeta Blues de São Francisco sentado em uma cadeira de balanço num gueto. Mas a solidão da floresta, sobre a qual eu ainda não sei nada, é tradicionalmente entregue aos Budas e *Buddies* de antigamente e aos *arhats* e *cats* e eu vou experimentá-la.

Primeiro vou para o Sul, tentar ajudar a construir a nova casa da família, grandes trincheiras e carregar compensados e serrar tábuas. Então, em julho, dirijo para NY com a nova carteira de motorista, numa velha caminhonete do meu irmão, e apanho minha mãe e a deixo lá, com todas as nossas coisas. E então em agosto vou para Nova Orleans de ônibus e de NO para Del Rio no Texas em trens da Southern Pacific e de Del Rio para Villa Acuna cruzando o rio e de lá para o sul e os platôs e o doce Actopan e de ali em diante até a Costa Oeste via Mazatlan buscando as melhores temporadas e áreas para a vida de bhikku do futuro. E se você estiver em Frisco lá por outubro, passo por aí, caso contrário, não tem por quê. Vou de vagão de carga de primeira classe de Yuma em diante, rápido e de graça.

    Renascimento. Talvez você esteja se perguntando. Retornar ao sonho no renascimento é como eu mesmo quando estive no Village e Stanley Gould me xingou por algum comentário idiota que eu fiz, quero voltar e refazer e evitar o comentário, existe um resíduo chamado "causa de arrependimento" – ou seja, agora o sonhador fantasma busca o renascimento por causa de carma desnudo, imaturidade e falta de desenvolvimento do sonho de uma vida anterior. Embora seja difícil para mim ver que não há Stanley Gould, nenhum xingamento, nenhum comentário idiota, nenhum retorno, e nenhuma volta, e nenhuma ida, e nenhum "eu" na questão toda, nenhum indivíduo na questão, nada senão borbulhas completamente imaginárias que não têm mais força do que as imagens perdidas em sonhos esquecidos em séculos esquecidos, ainda assim, Vai! Svaha! Seja Salvo! Pegai vosso Bastão! Esta é a Vida Sagrada! – ainda assim é a verdade, não há Stanley Gould, não há xingamento, o comentário idiota foi um gesto em um sonho, não posso voltar e corrigir da mesma forma que não posso corrigir nada no espaço cinza e na chuva aberta, não há Jack Kerouac na questão, não existo senão como uma concepção arbitrária afirmada por alguns tolos.

    Domingo tive o Dhyana do Entendimento Total – Uma felicidade em mim além da felicidade da mortalidade, e não era uma felicidade nem uma não felicidade; e me foi revelada e desnudada, não como totalmente resultado de minhas ações e esforços para realizar a verdade, mas porque já estava ali, sem início, sem fim – era o êxtase de saber que nossas vidas são apenas sonhos e concepções arbitrárias, das quais o grande sonhador acorda – o que poderia ser mais parecido com um sonho, o nascimento como adormecer, e a morte como despertar do sono? – um sonho, com início e fim e enredo – um sonho, com aquilo que não é sonho, atando-o pelos dois lados – um sonho acontecendo no sono escuro da noite universal – tive uma clara percepção *física* de que é apenas um sonho –

    Praticar meditação e reconhecer que a existência é um sonho é uma percepção *atlética*, física – agora sei por que fui um atleta, para aprender o relaxamento físico, para suavizar a força dos músculos fortes na direção do Nirvana, o grande poder que vem da testa até os penhascos dos ombros até os braços e até as delicadas mãos reunidas em Dhyana – o poder oculto da respiração suave no silêncio – é *atlético* – de alguma forma percebi por que Bill e Lucien gostaram de mim – e o grande sonhador acorda do "sonho depois do sonho" e quer se manter retornando ao renascimento em um novo corpo-vida para redesenvolver suas más ações (a causa do arrependimento) suas boas ações não deixam carma, não há motivo para se redesenvolver, nada para pagar – porém as más ações, as mentiras, as luxúrias, as crueldades e os roubos o assombram e ele tem que voltar e trabalhar melhor, fazer o Bem – mas se ele se ilumina no meio do sonho ele vê todas as coisas como apenas concepções arbitrárias (forma que é vacuidade, vacuidade que é forma), ele vê que ele mesmo, a personalidade-ego assumida no sonho é inexistente, ele vê que todas as coisas, se você não as percebe, não existem de fato (a sabedoria do Tatágata, O Que Chegou na Talidade, o Não Nascido)... *que são ilusões que não têm conexão com a realidade...* um reconhecimento incondicional do vazio que ocorre para o grande sonhador e ele acorda do sonho – mesmo antes da morte – e então não haverá mais renascimento para o sonhador fantasma – mas enquanto o grande sonhador não conseguir ver que mesmo carma, renascimento e morte, sonho e não sonho e o dharma inteiro dos Budas e Tatágatas, todas as coisas condicionadas e conceituais, incluindo a si mesmo, existem somente como concepções arbitrárias e não de verdade, então o grande sonhador continua a sonhar, talvez no paraíso, onde ele não estará livre de dor. Forma é Pó e Dor.

Quando um sonhador se ilumina dentro do sonho, isso significa que seu carma foi assim destinado a terminar enquanto a iluminação se revela – então quando ele sai de seu corpo e dos Cinco Skandhas e dos "perniciosos corolários do egoísmo" de Suzuki não há necessidade alguma de agarrá-los de volta e voltar a sonhar de novo, porque percebe-se que "voltar" é só um sonho, apenas uma concepção arbitrária, e *não há* retorno e nunca houve – este é apenas um resumo grosseiro de uma compreensão efetiva da verdade – sentei por falar nisso para pegar umas sinalizações para você, com os pés confortavelmente cruzados sob minhas pernas, e com o dedão do meu pé direito aninhado entre a panturrilha e a tíbia da perna esquerda – expirando completamente e vagarosamente para relaxar o diafragma perigosamente tenso – faça isso – entrei nos Aposentos do Nirvana e compreendi – as hostes de Budas estavam lá, e os bodisattvas tocaram minha testa, senti um distinto toque na testa (imaginário) – ouvi distintamente uma sentença cantada em chinês – percebi que os Sábios e Santos são homens reais com descobertas incríveis sobre a mente, sentados simplesmente em assembleias esperando o jantar, mas com um sorriso – como Charley Parker posso ver um Santo chinês com o rosto do Bird, a virilidade quieta do Bird e sua liderança e seu sorriso sutil entre os caras legais e os *arhats* – Todos estão felizes enquanto reconhecem que o Nirvana é a felicidade que nunca acaba! E que já está aqui!

   Escreva em breve,
    Jean-Louis

O "comentário idiota" a que me referi ocorreu quando Stanley me mostrou um desenho de Pound por [Sheri] Martinelli e eu disse "não sei nada sobre Arte" e Gould disse "Ah, não me venha com isso". Por falar nisso, foi naquela tarde que passei com Stanley e Dave Burnett no apartamento de uma garota (Marylou Little) no Village me divertindo um bocado e quando eu disse a David que Chris McLaine disse que era o melhor poeta de Frisco e ouvi D. dizer "Ele é um doido varrido" – dizendo "varrido" com uma inconcebivelmente elegante languidez de L.A.... saca só... mas eu acho que em geral os subterrâneos são só amiguinhos e sinto que acham que devem honrar o niilismo inerente nas amizadezinhas e que é sua substância... o niilismo de Bill e Allen e Lucien e Neal era maior mas não mais esperto (e Joan [Burroughs] e Hunkey). Anton [Rosenberg] é seu melhor amiguinho porque ele consegue inventar uns gritinhos como Breboac Karrak Kerouac (do *Finnegans Wake*) mas no fundo acho David o mais interessante e bondoso e o mais humano.

Tenho traduzido umas obras raras escritas em francês e traduzidas do tibetano, o Mahayana Samgraha de Asanga, um grande erudito santo do primeiro século, e tenho uma vida inteira de tradução à minha frente, de obras pelos Grandiosos Franceses Rimbarvianos nas abadias do Tibete, aqui está um exemplo que acabei de terminar. "Os seres sencientes se perguntam: 'Como o inexistente poderia ser percebido?' Para livrá-los dessa hesitação, o sutra compara a natureza dependente com magia (Maya) (magie) –" e etc., muito fácil e uma grande carreira para mim se eu não tiver nada para fazer. O Asanga foi traduzido por Abbe Etienne Lamotte. E também estive olhando as fontes secundárias budistas, tais como as de Burma etc. (Ledi Sayadaw) e o *Livro tibetano dos mortos* etc., todos sobre alucinações, fantasias etc. e acho de forma geral que os eruditos são meramente secundários aos grandes gênios emocionais dos escritos do sutra. Por exemplo, acho que o maior escritor na história do mundo foi o escritor do Surangama Sutra, sem dúvida, mas nem sabemos mais o nome dele. Mas as erudições das fontes secundárias, como esta que eu traduzi "Se o objeto fosse mesmo um objeto, o conhecimento isento do conceito não haveria nascido; sem esse conhecimento o estado do Buda não poderia ser atingido." (Mahayanasamgraha) é todo preso às palavras etc.

[...]

Allen Ginsberg [São Francisco, Califórnia] para Jack Kerouac [n.d., Nova York, Nova York?]

14 de fevereiro de 1955

Caro Jack:

Acabei de receber sua segunda carta. Por falar nisso, escrevi para Bill e enviei $20 e vou continuar enviando um pouco de $$ de vez em quando enquanto eu puder. Igual devo cerca de 60 para ele. Ele me enviou uma história, que vou repassar para você agora, sobre um homem falando pelo cu. Também algumas anotações sobre relatos que ele ouviu de um inglês cometendo o mesmo erro de Guilherme Tell que ele cometeu.

Gostaria que você escrevesse algum encorajamento para ele com relação ao método que ele está utilizando em sua prosa, o que ele me envia é interessante como diários de Kafka e fragmentos, ele está aparentemente preocupado e deprimido com a fragmentação e a "desorganização" do material. Escrevi dizendo para ele deixar o material vir da forma que vier. Você poderia também aconselhá-lo da mesma forma a partir do seu próprio conhecimento de que seu estilo *Naked Lunch* do Tânger é o procedimento correto. Rexroth não gosta do trabalho de Bill, Belson também não e nem Gerd Stein. Vai ser difícil promovê-lo para outros e negociar alguma coisa.

Talvez um toque de aceitação vindo de algum lugar pudesse beneficiá-lo. Se você puder dê um jeito de promover qualquer coisa pela *New World Writing*, veja se consegue. Acho que as cartas da América do Sul são o conjunto de escrita dele mais apresentável. Ele não reuniu um conjunto completo de escritos desde então, isso vai levar um tempo. E ele também diz que tem uma carta ao estilo *New Yorker* vindo de Tânger. Essa carta seria legal para a *New World*, já que será cheia de cenas decadentes e explícitas. Se você achar possível fazer com que [Arabelle] Porter realmente dê atenção a esse material eu posso enviar o manuscrito a você, ou talvez diretamente a ela. Não consegui nada para ele por aqui ainda, exceto talvez um bilhete curtinho numa revista pequena.

Toque é gíria daqui, tipo-toque ("tipo-toque de podre de bêbado", diz Sublette, recém-chegado do mar, superando Lucien na lucienidade.)

Porre de toque.

Rexroth acha que seu trabalho é o que é, apesar da incapacidade dele em apreciar Burroughs, e apesar de Rexroth ser meio sacana, ele é ok. E ele realmente admira muito Kerouac, quem ou o que quer que ele seja agora, ele reconhece que você é a nova onda e vai fazer todo o possível para promover a publicação. Ele aconselha Laughlin. Ele mostrou *Visões de Neal* para Laughlin e fofocou sobre todos nós para ele, e para Auden e escreve para Cowley discutindo você etc. e diz aliás que você já é lendário sem nem mesmo ter publicado. Ele aconselhou três coisas. 1) Provavelmente vai haver mais ação depois que sair a *New World Writing*. Espere até lá e veja que manuscritos vão ser mostrados naquela semana. 2) Dê um jeito de entrar em contato com Edmund Wilson. Ele é (de acordo com Rexroth) o único que realmente tem poder para conseguir que um livro seja publicado. Van D. [Doren], Cowley e Trilling etc. não têm nenhum poder prático nesse sentido. Wilson é o poder por trás do trono do mundo literário. Ele escreveu a Cowley sugerindo que Cowley levasse um manuscrito para Wilson. Você poderia pedir isso a Cowley, ou poderia apenas sugerir ou promover a ideia, ou se você estiver indo embora daí me peça que eu mesmo faço, ou peça a seu agente, se ele for capaz e entender a questão. Rexroth sugeriu essa estratégia diversas vezes e acha que Wilson entenderia o que precisa ser feito. 3) Com relação à New Directions, é uma possibilidade. Quando eu receber *Sax* vou entregá-lo para Rexroth e dar um jeito de convencê-lo a promover o livro com Laughlin. Ele já aconselhou Laughlin a publicar você, e acho que precisa de apenas um livro normal e completo e publicável para fechar o negócio. Isso seria possível com *Sax, Maggie, On the Road*, e talvez *Os subterrâneos* e o material mais recente. Os três primeiros me parecem mais prováveis com essa finalidade. Fico feliz de você me dizer que enviou *Sax*. Prefiro começar com este, pelo meu gosto pessoal. Não esqueça de realmente enviar uma cópia para cá. Talvez funcione.

Vou enviar as *Visões* de volta para você assim que o ler novamente, e os poemas. Sem pressa, né?

[Gerd] Stern ficou abismado com a [carta] de Neal para Joan Anderson.

Crazy Lights está, como você profetizou, natimorta, o editor está indo embora da cidade, não tem dinheiro para realizar o projeto. Sei que meus projetos raramente se materializam, mas a vida é assim, eu continuo tentando. Um dia um projeto vai se materializar. Pelo menos *Junk* deu certo.

Bem, chega disso tudo.

Neal ficou com sua última carta enorme, então não vou responder a partir dela. Tentei ler o *Golden Path* do Goddard e descobri que é difuso demais. Devolvi os outros livros e vasculhei a biblioteca até que descobri uma edição revisada (1952) da *Bíblia* do Goddard, a mesma que você tem, que levei para casa sem marcar com a bibliotecária – não percebi isso até já estar no meio da rua. Bem, creio que agora é minha por algum tempo.

Li por cima o Sutra do Diamante, que para mim é uma declaração perfeita. Marquei passagens e quero anotá-las em breve e enviar para que você faça comentários. O que mais me embasbacou foi o uso da palavra "arbitrário". Todas as concepções são arbitrárias já que não são a talidade, elas são concepções.

Para promover a talidade eu planejo dominar o livro de Goddard e praticar a meditação física.

Peter O. [Orlovsky] aliás pegou suas cartas e o livro de Goddard e o está lendo até o final com seriedade grandiosamente simples. Acho que ele já tem em si alguns dos estágios iniciais (compaixão) mas não está familiarizado o suficiente com as categorias para apontá-las ainda no que diz respeito a isso. Além de eu mesmo, ele é o único com quem estou em contato e que está, conscientemente, por aqui. Ele também senta e medita e obtém suas esquisitices disso, parece estar no caminho certo.

Estou prestes a exaurir minhas concepções até da piroca. Tenho a impressão de que essa não poderá ser renunciada, somente usada até o fim até que se torne irreal. Mesmo o meu próprio pau etc. cada ano fica mais irreal para mim. Quanto mais satisfeito ele fica, mais próximo do desapego. É por isso que continuo usando.

As suas cartas são muito úteis, ajudam muito, não pense que são esforço em vão, já que eu realmente presto atenção aos detalhes e a quaisquer sinalizações que sejam legíveis, procuro por elas. Quanto mais você escreve sobre Dhyana, meditação física, pernas cruzadas etc. mais útil considero para mim – é isso que preciso, de instruções para desenvolver a talidade, esse é o método que preciso. E as imagens de romancista do nada são bem úteis também.

Em seguida vou ler o Lankavatara, e depois o Surangama, e então começar o livro pelo início.

Burnett é mesmo uma doçura, Anton [Rosenberg] é o amiguinho silencioso mais bonitinho. Não conheço Sherry bem o suficiente para usar o endereço mas obrigado, talvez um dia. Me passe o endereço de Chase, talvez eu e Neal escrevamos uma carta para ele.

Há alguns documentos Chan em francês. Você pode conseguir informações sobre esse tipo de erudição de Alan Watts do Asia Institute em SF. Tem um templo Zen em NY. Olhe a lista telefônica. Fui lá. Suzuki pode estar ensinando em Colúmbia AGORA MESMO. Ele é muito bom. Seus livros são as únicas coleções de documentos e de comentários inteligentes e verdadeiramente impressionantes sobre eles que conheço, fora o Goddard.

Você por acaso lembra de um poema meu parecido com o de E. Harlem: "Muitos buscam e nunca veem, qualquer um pode dizer por quê. Ó eles choram e ó eles desabam em lágrimas e nunca conseguem a não ser que tentem em seu sono e alguns nunca conseguem e morrem. Eu pergunto a muitos, eles me perguntam. Este é o grande mistério."

Escrevo para você de novo em breve. Pela carta me passou uma ideia de que você estava indo embora de NY, poderia me enviar seu endereço novo se estiver indo agora?

Floresta Perfeita para a solidão do Bhikku é próxima de Palenque, vastas áreas de mata guatemalteca inexplorada. Foi onde fiquei na finca dos Shields, você pode se fixar perto da água da montanha e solidão e rede e cabana de palha por nada, talvez até ganhe comida de graça. Quando a hora chegar me avise, eu posso escrever para a Signora, talvez provavelmente na verdade com certeza ela vai conseguir para você uma cabana de palha no meio da mata não tão longe de um vilarejo. Chiapas é o melhor lugar no México para uma vida de Bhikku, a não ser que você queira ser um Bhikku do deserto. Talvez também haja florestas na área da costa, relativamente inexploradas e sem estrada entre o Lago Chapala ao sul do caminho para Acapulco. Dizem que é uma área selvagem, isolada, não desértica.

Amor,
Allen

Jack Kerouac [Rocky Mount, Carolina do Norte] para
Allen Ginsberg [São Francisco, Califórnia]

4 de março de 1955

Caro Allen:
Em anexo vai uma carta para Bill que quero que você envie porque na verdade não tenho dinheiro para selos internacionais e mesmo assim escrevi para ele. Aqui está meu itinerário.
1. No momento estou no Sul, servindo de babá e lavando louças para a família, escrevendo o meu novo livro agora já quase pela metade, sobre Buda. *DESPERTAR*
2. Em maio vou a NY pegar uns 50kg de manuscritos e a minha mãe e trazê-los para cá com o caminhão (do meu irmão)
3. Em julho de carona em carros e trens até o Texas com mochila e saco de dormir e sutras, para samadhis ininterruptos –
4. Dois meses no deserto
5. De vagão de carga da SP para Frisco em setembro – mas pelamordedeus não saia daí antes de eu chegar.
6. Em novembro de volta ao sul nos vagões.
7. Trabalho de Natal por $ para Paris e Tângers (para irmão adotivo) (para barco e pão árabe)
8. Europa em 56 (África... Índia de ônibus...)
Escrevi para Cowley. Se tudo que você disse sobre Rexroth é verdade etc., por favor escreva uma carta para Sterling Lord (meu agente) e diga para ele atacar, vou informá-lo a respeito de você. Ele já enviou *Sax* para você? Eu disse para ele mandar. (Toda essa conversa de Cowley e nunca surge a grana.)
Depois desse manual de budismo, vou escrever um enorme *Visões de Bill* em seguida, como *Visões de Neal* (não diga a ele, por favor, lembre de não dizer a ele, vai estragar fantásticos estudos espontâneos que ainda posso fazer)
Não tenho máquina de escrever, e por isso aqui acabam minhas cartas do dharma por um tempo. *Some of the Dharma* já está com mais de 200 páginas e tomando forma como um grande e valioso livro por si mesmo. E nem comecei a escrever. *Visões de Bill* será selvagem e maior do que *Tristram Shandy*. Quero ser o maior escritor do mundo e então em nome do Buda vou converter milhares, talvez milhões de pessoas: "Vocês vão ser Budas, rejubilem-se!".
Já percebi algo profundamente estranho, ainda que ordinário, acho que vivenciei a grande reviravolta profunda. No momento estou completamente feliz e me sinto completamente livre, amo a todos e quero seguir amando, sei que sou uma flor imaginária e também minha vida literária é assim, bem como minhas realizações literárias: são muitas flores imaginárias inúteis. A realidade não é feita de imagens. Mas eu sigo fazendo as coisas da mesma forma porque estou livre do eu, livre da ilusão, livre da raiva, amo a todos igualmente, como

igualmente vazios e igualmente Budas a caminho. Tenho tido samadhis longos e selvagens nas florestas de tinta preta da meia-noite com um pouquinho de erva. Não há necessidade de seguir num estado de preocupação ignorante e de ganância pelas curtições mundanas,
    Mais tarde
      Jack

Te vejo em set.!

Allen Ginsberg [São Francisco, Califórnia] para Jack Kerouac [n.d., Nova York, Nova York?]

13 de março de 1955

Caro Jack:
 Em anexo vai uma cópia da carta que enviei para [Sterling] Lord. Neal está aqui na Rua Montgomery, 1010 com Natalie [Jackson] pelo fim de semana. Ele está de barba, uma barba de umas duas semanas, parecida com a de um mendigo, rosto triste, de férias. Então foram para L.A. passar uma noite, e voltaram com quatro multas por excesso de velocidade (e ele já tinha perdido a carteira) e a Carolyn o tendo advertido que se ele fosse não era para voltar mais, e então eles estão acampando na minha cama, Peter [Orlovsky] lamentando-se sozinho no seu quarto, depressivo como um melancólico russo, e eu tentando fazer o trabalho preguiçoso do fim de semana, lendo, acabei de terminar o novo livro de traduções de Pound "A antologia (de poemas chineses) clássica definida por Confúcio" (editado).
 Ainda estou no Surangama Sutra, é muito difícil de ler, não o entendo embora saiba para onde está indo, para lá, e funciona bem mas ainda não consigo me concentrar nos princípios. Vou continuar prestando atenção até que consiga. Difícil de seguir e entender. Estrutura vasta, estrutura grandiosa e aterrorizante de sinalizações. A mais penetrante que já vi.
 Vou me juntar a você na Europa no início de 56. Já havia pensado nesse ano como um bom ano para ir para lá. Tenho algumas dívidas aqui e preciso trabalhar por mais tempo para conseguir dinheiro para a viagem. Mas eu devo estar mais ou menos pronto lá por fevereiro ou janeiro do ano que vem.
 Meu apartamento é ótimo, lareira, quarto grande e escuro de boêmia, tapetes turcos por todo lado, sofá confortável para ler, Webcor Victrola de três velocidades que acabei de comprar numa loja de penhor, camas, mesa e livros, Neal e Hinkle a tarde toda jogando xadrez ao lado da ensolarada janela que dá para a rua.
 Suas ambições são justificadas.
 Tenho apenas uns momentos de liberdade caminhando até Monkey Hill [Montgomery Hill] olhando Telegraph Hill e o prédio do banco como não sendo nem um conceito nem um não conceito. O Sutra do Diamante me ajudou muito a limpar a mente por alguns minutos no mês passado. Não pratico Dyhana.

Mande-me uma Palavra, quando der.
A mensagem de Neal? "Cuidado com os tomates maduros de pedra que podem aparecer." ???
Amor,
Allen

Com certeza vou estar aqui em setembro, sem dúvida.

Jack Kerouac [Rocky Mount, Carolina do Norte] para Allen Ginsberg [São Francisco, Califórnia]

20 de abril de 1955

20 de abril

Caro Allen,
Como vai a questão dos manuscritos?
Este é o meu novo endereço permanente. Você já viu a *New World Writing*? O que você acha dela? Ainda assim *GeraçãoB* acabou de novamente ser recusado, desta vez por Dutton.
Quais são as notícias de Frisco? Como vai a ferrovia? Como vai Al Sublette, como vão os embarques?
Agora estou datilografando um completamente novo e completo *Buddha Tells Us*, que é materialmente (e principalmente) um tipo de transcrição americana. Explicação americana em palavras simples e claras sobre o grandioso e misterioso Surangama Sutra. Fui ver Suzuki na Biblioteca Pública de NY e garanto a você que posso fazer tudo que ele faz e melhor no ensinamento do Dharma intrínseco pelas palavras. Nada aconteceu em NY, estive por lá três semanas atrás.
Escrevi poemas novos, Bowery Blues, *a la* SF Blues mas não tão elevados (não são bons).
Jack

P.S. Não recebo resposta de Tânger há meses.

Allen Ginsberg [São Francisco, Califórnia] para Jack Kerouac [Rocky Mount, Carolina do Norte]

22 de abril de 1955

Caro Jack:
Rexroth leu *Sax* e disse que "ele não o compraria" – "ele vai deixar algum editor burguês lançar isso – agora se eu tivesse 90.000 dólares para gastar eu publicaria

algo como *Visões de Neal*, que ninguém iria tocar mesmo. Gostei mais deste, é original etc. mas se você quiser que eu use minha posição para colocar pressão sobre Laughlin tem que ser para algo que ninguém mais iria publicar, e alguém cedo ou tarde vai publicar este (*Sax*). Parece que foi escrito sob efeito da Maconha – como aquelas teias de aranha tortas da benzedrina – as sentenças são sempre difusas, como se estivessem divagando e nem sempre adiantando o assunto do livro. Não, eu sei que é grande escrita, só tenho a sensação de que ele se desviou de algum jeito, descarrilhou. Agora, pegue o Burroughs, ele nunca vai ser ninguém, como Kerouac, mas ele sabe escrever – embora ele também não saiba escrever – mas ele conta as coisas diretamente e você lê apressado e segue na direção que propôs, conta o que aconteceu, prende a atenção e apanha você na velocidade."

Não é uma reprodução palavra por palavra, mas foi essa a resposta dele. Ele obviamente gosta do livro e leu até o fim tudo que passei para ele (ele até pediu para ver o material de Bill em Tânger) mas não consigo nenhum compromisso dele. Ele continua sugerindo Edmund Wilson e Grove. Enviarei os manuscritos de volta – para onde? *Visões* para você e *Sax* para [Sterling] Lord? Reli os dois, são fantásticos, peço desculpas por Rexroth ser tão evasivo, ele é um pobre poeta com um enorme ego, mas ele gostou dos livros mesmo assim. Mostrei os livros para todas as pessoas de quem gosto, Peter, Sheila etc. e as reações foram muito fortes. "Joan Rawshanks" é aliás um mito local aqui por N. Beach agora. Rexroth sem saber havia lido em voz alta longas partes de *Visões* para várias pessoas, inclusive Duncan (que agora está em Majorca) e segue citando a reação de Duncan – "Como Katherine Mansfield disse quando leu *Ulisses*, esta é obviamente a onda do futuro, estou feliz por estar morrendo de tuberculose."

Não estou certo de que Rexroth esteja completamente exaurido enquanto possibilidade. Se você tiver uma cópia extra de *On the Road* ou *Os subterrâneos*, envie para mim, vou tentar com estes. Pode ser esforço em vão, mas talvez não. Enquanto isso vou devolver o *Visões* e o *Sax* tão logo eu saiba de você para onde você quer que eu os envie. Tenho muitos selos por aqui, e vou enviá-los com seguro etc.

Edmund Wilson ainda é uma boa ideia.

[...]

Se você tiver a segunda versão ou a antiga de *On the Road* que não esteja circulando, envie para cá? Talvez fosse bom usar todas as cópias possíveis ao mesmo tempo para sondar todas as possibilidades.

Também retornarei o *SF Blues* do Buda que tem estado a meu lado por um bom tempo. Datilografei algumas partes dele e enviei para uma revista chamada *Voices* que me pediu por poesia (costumava ser editada por [Louis] Simpson) e eles as devolveram junto com minha poesia. Bem, pfuu. Envio em anexo aqui as poucas seções que datilografei, escolhi-as de maneira aleatória. Só para mostrar a você que as datilografei. Eles na verdade aceitaram um pequeno poema meu, uma imitação das falas de minha irmã quando ela sai em encontros.

Herman Hesse tem um romance chamado *Sidarta* sobre um discípulo do Buda, li na noite passada, não é nada especial. Ainda lutando com o Surangama. Não consegui acabá-lo e acabo deixando-o de lado para ler coisas como o livro de ensaios recém-publicado de [William Carlos] Williams, as odes de Pound em *Translations from Chinese*, os poemas de [D. H.] Lawrence, o livro de [Aldous] Huxley sobre peiote (que tem só uma única coisa interessante – a descrição de um Cézanne que ele viu quando chapado) – (de memória) – "esquisita cara de camponês monstrinho rindo sarcástico da parede da página, olhando para fora, um autorretrato."

Comprei um fantástico *piccolo* usado de três velocidades pelo qual paguei $40, e um disco da *Missa em si menor* de Bach, que ouço toda noite antes de dormir. Não estou escrevendo quase nada, mas até que curiosamente acabo escrevendo,

> "não há ninguém
>   com quem falar aqui."
> Casa de São Francisco
>   12 de abril de 1955
> Batida na porta do carro de Neal
>   pela persiana
> no crepúsculo. Fantástica
>   arte aprendida
> em desolação.
>   Um cinzeiro vazio.
> Pense outra linha
> ....

Bem, é só uma cantiga idiota. Terminei de pagar minhas dívidas por aqui e agora justo quando eu estava começando a economizar para ir à Europa etc. fui despedido. Lá por 1º de maio vou ser substituído por um cérebro mecânico da IBM, o escritório inteiro vai fechar. Posso ser convidado a ficar por mais um mês ou dois ou ser convidado para ir para Nova York com o mesmo salário, $350 por mês, mas talvez não. Então tenho meio ano de $30 por mês de seguro-desemprego. Não sei o que fazer. Não há ninguém aqui que eu goste, só Peter e Neal, SF está vazia e estou pronto para ir embora e coletar meus $30 por mês em L.A. talvez e curtir L.A. Mas tenho que trabalhar para o dinheiro para a Europa, ou quem sabe ir para a escola? School? (*Shool* é synagoga) – Bem, me envie alguns conselhos sobre o que fazer. Até o dia 1º de maio não vou saber direito o que vai acontecer com o trabalho aqui. Presumindo que eu tirasse quatro ou cinco meses eu tentaria terminar minha coleção de poemas o que eu ainda não fiz e não vou fazer se não tiver mais um período de ócio de amor, ou algo assim, a tempo – digo, tenho que realmente montar tudo em um formato quando eu estiver livre – neste momento estou confuso com o que fazer. Não consegui me decidir ainda.

Bill escreveu, ele pediu seu endereço, não teve resposta de você. Eu havia dito para ele continuar escrevendo para o endereço de NY, mas ele vai agora enviar para Raleigh, 1131.

Meu irmão escreveu dizendo que recebeu a *New Writing* – que eu ainda não consegui encontrar em SF – e que esteve em Rocky Mount na Páscoa e tinha escrito para você perguntando se você queria, ou se sua mãe queria, carona até lá, mas disse que não recebeu nenhuma resposta, só que você tinha enviado a *New Writing* para ele. Agradeço por você ser querido com ele. Ele parece aceitar bem, no estilo Gene dele.

Ele também contou que Carl Solomon está no prédio 22, ala 3, do Hospital Pilgrim State, LI, Nova York, o mesmo de minha mãe. A mãe de Carl ligou para Gene e disse que Carl pediu que eu escrevesse para ele, o que fiz ontem. O que vai acontecer com Carl no futuro?

De qualquer maneira, me envie o seu *Bowery Blues*.

Sublette está trabalhando como garçom do Mew no Fisherman's Wharf – o restaurante de Sabellas, está se picando de vez em quando, bebendo muito. Vejo ele, ele vem aqui quase diariamente, e agora, fora Neal que sempre é bem-vindo e Peter, não consigo conversar com mais ninguém e quero ficar sozinho para ler e escrever. Neal ainda está com sua garota Natalie, ele tem minha chave e traz a ruiva aqui para foder, ela fica exausta e fica por aqui para conversar comigo e não aguento (embora ela seja uma ruiva por dentro dos dias perdidos e frenéticos), mas estou fraco demais para ouvir conversa perdida, cansaado cansaado demais.

A prosa de Williams em *Collected Essays* é bem como a sua. Quando e se eu terminar o que estou fazendo e ele ainda estiver vivo, ele vai se surpreender. Não tenho falado com ele desde NY.

Escreva-me dizendo o que vai fazer, talvez possamos fazer algo juntos.

O novo endereço, troque pelo do escritório, Rua Montgomery, 1010, SF.

Jack Kerouac [Rocky Mount, Carolina do Norte] para Allen Ginsberg [São Francisco, Califórnia]

3 de maio de 1955

Caro Allen:

Por favor, envie todos os manuscritos aos meus cuidados nesse endereço o mais depressa possível.

Diga a Neal que entendo e que está tudo bem.

Por que Bill não respondeu minha carta escrita à mão enviada por você em fevereiro? – pode verificar isso de novo?

Giroux me pediu para ver minhas obras-B, e por isso quero todos os meus manuscritos agora.

    Sinceramente,
     Jean

A sentença selvagem clássica na *New World* não vem de *On Road*, mas de *Visões de N.*

Allen Ginsberg [São Francisco, Califórnia] para
Jack Kerouac [n.d., Rocky Mount, Carolina do Norte?]

c. 10 de maio de 1955

Caro Jack,
    Vou enviar dois pacotes de manuscritos em correio de primeira classe registrado e segurado para Raleigh Road, estão embrulhados, vou despachá-los amanhã. Desculpe não ter conseguido nada. Rexroth fez uma resenha da *New Writing* na estação de FM em que ele tem um programa de literatura aos sábados e passou a maior parte do tempo falando em você como um dos maiores escritores da atualidade etc. Não ouvi o programa, mas ouvi falarem dele, e ele disse que você escrevia como Céline e Genet. De qualquer maneira, ele resenhou o número todo e debulhou um jazz de elogios a maior parte do tempo. Dei a cópia que você me passou para Sublette, não está aqui. Neal tem a sua própria cópia, já toda gasta e esporrada, fui até o andar de cima onde ele estava com Natalie e ele estava nu e enlouquecido no chão, ao lado do cinzeiro, a cópia estava toda torta e melecada, ele tem lido em voz alta.
    Ele chegou aqui na outra manhã na caminhonete de Nash com sua máquina de escrever e suas roupas – ele e Carolyn se separaram, e agora ele tem um quarto em North Beach, com telefone para as chamadas da ferrovia, e está morando ali com Natalie (a ruiva que mencionei naquela carta de Polk Gulch). Ele saiu faz uns dias, disse que não vai fazer nada além de foder e jogar xadrez, deixou a máquina de escrever com Peter, para ele datilografar, disse para ligar para você agora que nós dois estamos na cidade, e saiu logo em seguida. Mas este ainda não é o ano da Grande Festa, embora Neal esteja muito expansivo, ainda cheio de energia. Boto minhas partitas de Bach e ele enrola baseado, ao mesmo tempo imitando vaidosamente um violinista desacompanhado. Mal consegue tirar o verde do tubo quando o violino fica muito agudo, e ele mexe os braços selvagemente arranhando o arco na corda, tenta lamber o papel, o violino começa a chacona que o deixa caído no chão (como Bill) raspando o arco com movimentos cada vez mais amplos, mais amplos enquanto as notas saem mais longas e longas, ainda equilibrando o baseado em cima da cabeça, e acaba com os pés para terminar de fechar o lance, mas não consegue, Heifitz chega a um clímax, ele deixa a M cair (mas pega com a outra mão) levantando exausto do chão para pegar as últimas notas agudas esfregando a parede. Hoje ele veio me dizer seu endereço às 8 da manhã, enquanto eu estava indo pela primeira vez registrar meu seguro desemprego (e sentei no parque mijado adjacente com cachorros e velhinhas e senhores apressados balançando os braços correndo pela grama para pegar os ônibus para o centro, manhã amarela que vi em Twin Peaks, agora estou no ócio, caminho sozinho por aí de manhã cedinho em SF, esperando) e Neal levantou o queixo e colocou minhas mãos nele, esfregando – "Estou cheio de feridas aí no meu pescoço?" Mas não, só está vermelho de fazer a barba, e por que ele perguntou? Só isso, intimidades inexplicáveis.

Ele foi ver Hugh Lynn (filho de) Cayce numa conferência aqui, e falou com ele por horas. Chegou dizendo que tudo estava bem, muito bem, e que tudo havia sido resolvido bem como eu havia dito aquele cara Cayce, você tem que trabalhar nisso, seu carma, agora Cayce está trabalhando o seu carma também, como nós todos – ele é na dele, acho que ele também é veado, é seu carma, ficamos falando por quatro horas, e eu contei a ele sobre M e masturbação e Carolyn e você (eu) *et* você precisa ver ele eu (e eu fui mesmo, outra noite, mas tarde demais). Carolyn também foi, mas não foi entrevistada por Cayce, mas por uma das mulheres, trabalhadoras, e lhe deram dez minutos e pediram "Por favor, sim, é isso, não diga nada, digo, só – cale-se – fique – quieta, aguente seu carma, digo só NÃO DIGA NADA", como o homem que se casou com uma esposa muda.

A entrevista de Cayce parece ter servido de base para a separação, que aconteceu uma semana depois, de comum acordo, uma tentativa, diz Neal.

Quais são os seus planos? Tenho agora uma mesa enorme, estou lendo Corbiere e Buda e Pound, vagarosamente reabilitando meu coração para escrever. [William Carlos] Williams virá para cá na próxima semana. Corbiere aliás é um bretão lucienesco que escreve sobre a costa da Bretanha.

[...]

Agora tenho um furgão pequeno e posso dormir (apertado) na parte de trás, e ir para os picos da Califórnia e para as florestas. Kingsland (John) está voando para cá para uma semana de visita – chega depois de amanhã – vou deixá-lo no quarto de cima – e ele escreveu e pediu – e vou levá-lo em passeios. Nos últimos tempos tenho gostado de olhar para o mar, para a natureza – fora isso não tenho com quem conversar.

Amor,
Allen

Jack Kerouac [Rocky Mount, Carolina do Norte] para Allen Ginsberg [São Francisco, Califórnia]

11 de maio de 1955

Caro Allen:

Só uma carta adicional para ir com o álbum em anexo, e para informar você o que eu estava pensando agora no pátio. Não acho que você deveria se sentir desencorajado pela negligência que você está recebendo dos editores e poetas e públicos e compatriotas judeus. Isso é clássico. Os judeus finalmente dominaram a América, como uma planta bem madura, e o século XX na América é uma coisa enorme em sua história geral; eles têm grande importância nacional e estatura internacional através de sua Americana, sua Amurica. Nada mais adequado então do que haver entre eles um grande Bardo Judeu oculto, desconhecido, negligenciado, obscuro, pobre, triste, e classicamente judeu

(Ginsberg), classicamente erudito, bondoso, culto e classicamente puro escritor de poemas. É muito importante que você perceba que isso é inerente, os judeus são naturalmente dados a ignorar seu próprio grandioso Ginsberg Jesus; o profeta não tem honra; é classicamente uma coisa judia, pelo fato de que o judaísmo é um ismo de cidade grande materialista, uma mente determinada de nervos de aço e o elevado poeta culto é como sua prata mais fina, sob os guardanapos sob tudo mais oculto dentro da cômoda de mogno, para não ser usado, temperado, misturado. É também um clássico, e além de tudo o seu nome, que você seja o Espião Rosenberg de face de mártir, seu colarinho branco, seu visual limpinho de classe média, seus óculos, humildade *shool*, quando você tinha um bigode preto você parecia com o triste e cultuado Chaplin... (com também a aura de mistério do romântico Fredric March no *Trade Winds* de Joseph Conrad). Eu bem vejo, o Herói Nacional dos Judeus vai ser você, daqui a cem anos ou antes, como Einstein é para a ciência, os judeus vão levantar seu nome quando quiserem se orgulhar de sua poesia. Eles não vão dizer Shapiro ou Schwartz, esses absurdos mijões das palavras. Tudo que você fez, como você disse, nos seus últimos escritos, para mim, tem valor. Porque é original. Seus trabalhos mais antigos eram imitações da tradição e tinham pouco valor. Sei disso porque fui olhar as minhas coisas e encontrei suas cartas e poemas de 1943, 1944 etc. embora alguns deles sejam belos e devam ser preservados. Mas tudo que veio depois, começando eu diria com o Croqui, ou, cidade selvagem, a Visão do Harlem, não consigo me lembrar onde, quando começou, os poemas que você começou a escrever creio lá por 1949, ou foi 1951 ou 52, quando você começou a usar a primeira palavra que vinha à sua mente e algumas vezes palavras como "Amurica" (Isso é de Williams?) – digo, lembro Lamantia comentando sobre um comentário não muito poético... a nova poesia que você escreve, livre, que agora se tornou um estilo clássico nos belos Poemas do Avião de dezembro passado. Quando um verdadeiro escritor se torna original, ele nunca mais erra. Como Bill. Também a coisa clássica a seu respeito é sua vasta erudição, inteligência agudíssima, verdadeira ignuidade, ariya, eleito, seu inequívoco olho de descobrir não só de Burroughs e de mim, mas de Neal e dos grandes, os Joanses, Hunkeys, Corsos, rejeitando os Simpsonses, Hoffmanses, Holmeses, Harringtons, Temkos, que não vão ser nada comparados até mesmo aos mais baixos xingamentos de Neal, ou meus... Eu sei e percebo que há outros escritores neste país que se acham grandes e do que trocam cartas como estas prevendo sua grande fama futura – mas não estou assobiando em nenhum escuro, não vi nada ainda, não esqueci do que Giroux disse de mim em 1950 e do que Auden disse de Bill, nem sou enganado pelo grande silêncio que sempre ocorre quando seu nome é mencionado entre poetas e escritores. Além disso, por que nós deveríamos nos importar, se estamos assobiando no escuro e não somos "grandes" escritores, então isso só pode significar que gostos e padrões vão mudar no Apocalipse que é nossa mensagem afinal de contas. Bill com seu humor malicioso, você com sua voz de pedra sinistra, Neal com a história

balbuciante da pedra – Seu conhecimento clássico, sua tremenda experiência em descobrir os ignus, sua gama onisciente, sua enorme fama, sua posição inferior (como a dos rios e vales), com um pai que provavelmente pensa que você não consegue escrever poesia – Cole isso em seu chapéu, Ginsberg é o maior poeta dos judeus do século XX na América e sua posição entre os americanos é semelhante à extensão da sua importância para os próprios judeus, é claro. Quando ouvi sua triste e idealista voz numa velha gravação na casa de Holmes ano passado, chorei ao perceber isso, mas ainda não tinha me dado conta de tudo. Pensei que você estivesse morto e que nós havíamos perdido nosso precioso e elevado diadema, que nós tomávamos por um cocô enquanto estava entre nós, o que é a situação clássica. Como Lucien dizendo, "Não consigo pensar em ninguém com pior reputação do que Kerouac". Somos mendigos. – Não pense que vou até a Califórnia, não tenho dinheiro, não tenho motivo, mas escreva mesmo assim e vamos desistir de nossos planos etc. Davalos em Hollywood talvez seja bom para você. Ginsberg em Hollywood.
    Escreva – Envie meus manuscritos.[3]
    Jack

Jack Kerouac [Rocky Mount, Carolina do Norte] para Allen Ginsberg [São Francisco, Califórnia]

20 de maio de 1955

Caro Allen:
    Bem, hoje terminei um conto de 10.000 palavras chamado "cityCityCITY" e o enviei para Cowley pedindo a ele que pensasse em algum lugar para eu enviá-lo e que o recomendasse também se ele quiser e de repente, num P.S., admiti que fui um tolo no início de 1953 quando me recusei a publicar *On the Road* com ele... Allen, você vê que se eu tivesse publicado na época estaria cheio de dinheiro até agora, teria viajado para a Europa, para Tânger e talvez até para a Índia ou mesmo para a China e o Japão, e teria também provavelmente já publicado *Sax* e também escrito ótimos novos livros das experiências que obteria nas viagens? Agora imagino que Cowley vá rir da minha cara... Acho que ele vai descobrir que sou um grande mártir e herói underground, pronto para passar a vida sem nunca publicar, como Grieg e Tashcaikowksy, chorando no escuro... Repentinamente nos dois últimos dias tenho observado formigas no jardim, suas vilas secas, suas viagens secas familiares na pedra, e me pareceu que eu tinha atingido o ponto além da iluminação agora, e poderia abandonar o budismo porque o budismo é uma concepção arbitrária. Digo, na verdade não há diferença alguma entre Igno-

---

3. Em 3 de maio, Kerouac havia enviado um cartão postal dizendo "Por favor envie todos os manuscritos aos cuidados desse endereço logo que puder... Giroux pediu para ver minhas obras-B então preciso de todos os meus manuscritos agora."

rância e Iluminação, são ambas diferentes formas da mesma coisa que é aquela brilhante talidade incognoscível imprevisível, como digo eu... a bunda de uma garota é o mesmo que nada, vida é o mesmo que morte, praticar disciplina é o mesmo que pirar, qual a finalidade de torturar sua forma? O sistema da mente *não pode* parar, o próprio Lankavatara admite, o hábito, a energia-semente da mente não pode terminar, portanto não há como parar o sistema da mente enquanto você "vive" e portanto não há como se livrar, ou obliterar, o mundo "externo" e portanto não há motivo para concepções da iluminação e caminhos e Tatágatas ou concepções de qualquer tipo. Sua essência X é como é, o Tatágata é "Aquele que atinge X" mas é uma realização mental e ainda assim o Tatágata morre de disenteria cagando merda imaginária... merda mental é tudo o que há de merda mental... sei que fazer e não fazer são a mesma coisa, sei que posso ficar nesta plantação de algodão e não fazer nada pelo resto da minha vida, ou correr por todo lado e fazer um milhão de coisas, vai ser sempre a mesma coisa... A meu ver agora a verdade não vale merda alguma. Então acho que vou fazer, vou tomar o conselho de Krishna... agora que sei a verdade e que ela não vale nada qual é a diferença entre fazer ou não fazer? certo.

Claro que eu gostaria de ir até a Costa, agora mesmo, comer chow mein, beber vinho, me divertir com Neal etc. mas não tenho o dinheiro. Acho que vou até lá conseguir um trabalho de datilografia em Frisco ou talvez no embarque de bagagens na ferrovia (tudo menos frear os trens, que eu odeio porque não sei como fazer direito).

Se fizer isso, posso ficar no seu sofá até eu receber meu primeiro pagamento e começar a procurar meu próprio quarto?

Tive também a ideia de que seria bom mostrar *Os subterrâneos* para Rexroth. É o primeiro dos romances "transados" e ele pode gostar, ou talvez só debochar do livro como Alene [Lee] e Anton [Rosenberg].

Aquele Sterling Lord que se diz meu agente nem me escreveu, já faz três semanas ou mais, enviei incontáveis pedidos chiliquentos por uma notícia, começou quando eu disse que Giroux queria ver a mim e a meu manuscrito de Buda, então escrevi uma carta enorme a Giroux e aparentemente ambos estão preocupados com algo que coloquei na carta. Dei um limite de trinta dias para a leitura do manuscrito, mas isso parece algo com que se incomodar? O que está acontecendo quando um agente não responde, como se estivesse morto? Você conseguiria adivinhar? Ele não estava muito contente com você e *Sax* mas qual é o problema agora? Então escrevi a ele e disse que se ele não estivesse interessado em meus livros esquecesse tudo e mandasse-os de volta E MESMO ASSIM NENHUMA RESPOSTA. Como diz Bill, uma afronta deliberada. Estou fritando como Bill, como Carl, preciso ir para NY na semana que vem e ver qual é o problema. Por favor por favor por favor, na outra noite sonhei que de repente eu tinha uma convulsão em frente a dois homens na "biblioteca da sinagoga" e comecei a gritar e surtar como um maníaco epilético e eles não se surpreenderam nem se assustaram, mas apenas demonstraram surpresa interessada e tranquilidade ao ver um maníaco verdadeiro e ainda assim, enquanto eu gritava dentro de mim havia aquela calma compassiva essencial para com eles, e lembro, eu estava gritando e por fim meu rosto se paralisou numa posição contorcida, e ainda assim lembro de meus calmos olhos tristes por eles e seus medos... o que significa esse sonho? Significa que sou um maníaco? Se eu não for publicado em breve acho que vou ter um troço desses e acabar lunático – é assim que mi sintu decepçonado como uma veia, me sinto muito mal, estes caras em NY estão realmente me matando... por favor faça alguma coisa... reze por mim ou algo assim... quero me matar... a minha família nem quer que eu beba mais... sou realmente um papel amassado parpel paoeori como eu disse. Vou escrever para Carl. Por favor me diga de uma vez por todas se você passou a minha carta para Bill, fevereiro passado. Enviei a ele "cityCityCITY", e nenhuma resposta.

Recebi o pacote de manuscritos no correio.

Jack Kerouac [Rocky Mount, Carolina do Norte] para Allen Ginsberg [São Francisco, Califórnia]

27 de maio de 1955

Caro Allen:
Aqui estão as amostras de prosa que você me pediu para mostrar a William Carlos Williams. Vou ficar bobo de tão orgulhoso se ele gostar.

Escuta, eu escrevi um manual completo de budismo chamado *Buddha Tells Us* e aqui esses ratos em Nova York me vêm com, Lord disse, "E é bom?" quando gastei meus últimos dois dólares em uma ligação interurbana para ele, e então Giroux, que antes tinha pedido para ver minhas obras budistas (E NÃO as outras, ele foi cuidadoso para enfatizar isso a Lord) agora me diz através de Lord que mudou de ideia. Enquanto isso o manuscrito ficou lá todo datilografadinho e bonitinho e parado por um mês inteiro. Minha irmã que está começando a cuidar de meus negócios ou do negócio de gerenciar meus escritos está enojada e diz que tínhamos que tirar todos os manuscritos de Lord, que ainda não fez nada e que teve a ousadia de me dizer que superestimamos Cowley apesar de só o Cowley ter feito algo até agora. Ouça Allen, se você tem alguma ideia, me avise e eu falo para minha irmã – me diga o que você acha de Lord – e se realmente deveríamos mostrar *Os subterrâneos* para Rexroth – de fato, eu gostaria de mostrar *Subs* para você, datilografado, arrumado, e também para Williams.

Meu livro de Buda é um Lago de Luz, é realmente maravilhoso, e adivinha o que é? – um resumo embelezado do Surangama Sutra, exatamente o que o médico receitou para você, hein? Uma explicação muito simples garantindo explicar o segredo interno da vacuidade, como é que pode etc. Claro como o dia, olhei para o chão esta manhã e as formigas nele e as plantas surgindo como fantasias e pensei "reduzam a nada, destruam, exterminem..."

Escreva assim que puder. Amor para John. Estou sentido falta dos velhos tempos, não estou? Bem, estou falido e doente (flebite) – se você quiser juntar um fundo Jack-Califórnia eu vou de carona – gostaria de visitar o mosteiro em Santa Barbara – ** Não deixe de curtir o mosteiro em Santa Barbara por mim em seu caminho para L.A., ou na volta – Não deixe de responder sobre Bill, onde ele está? O que ele está fazendo com o conto que enviei a ele ao custo de sessenta e seis centavos de selos? Neal e Carolyn e Cayce estão todos loucos. Não acho que muita inteligência seja necessária para ver por quê – carma é como tudo mais, é só um sonho, parece estar acontecendo, não está realmente lá... são todas emanações fantásticas do Útero do Tatágata o que quer que isso queira dizer e agora meu objeto de pensamento – digo, o átomo é feito de prótons e nêutrons nucleares com elétrons ao redor, e eles são todos vazios, vazios, o carma Cayce é ego-eu-tolo.

J

Não deixe de dizer a W.C.W. que também fui ver Horace Mann.

Allen Ginsberg [São Francisco, Califórnia] para Jack Kerouac [n.d., Rocky Mount, Carolina do Norte?]

27 de maio de 1955

Caro Jack:

[...]

Envie *Os subterrâneos* para cá e eu repasso a Rexroth imediatamente, sim, é uma boa ideia, e de qualquer forma nenhum mal pode advir disso e pode trazer alguns resultados. Faria isso por você, sem dúvida. Com certeza.

Com relação a Lord, seu agente, acho que a melhor coisa agora é deixar os manuscritos com ele, para ele trabalhar com eles, e deixe que ele tome seu próprio tempo, uma coisa que vejo, com essas pessoas, é que comportamento errático, ou comportamento que parece errático para eles, os incomoda demais – Cowley (sei por Rexroth) se incomodou pelo lance do pseudônimo na *New Writing*. Mas acho, sério, que quanto menos conversa sobre o assunto, melhor a situação com eles, apenas deixe-os sozinhos cuidando do destino. Quem se importa? Escreva todas as cartas enormes que quiser para Giroux, ele não as entende, talvez outra pessoa as entenda em 12 anos e três meses. Deixe seus manuscritos com Lord, eu diria, por agora, e trabalhe em outros canais se puder, como por exemplo com Rexroth, quando as oportunidades surgirem. Envie-me *Os subterrâneos*. Ou para Rexroth, se quiser, o endereço é 8ª Av., 187, SF. Mas é melhor enviá-los para mim, por minhas razões de vaidade, acho.

Acho melhor deixar os manuscritos com Lord e esquecer dele até que ele escreva, mas para onde quer que você vá, não esqueça de deixar o seu novo endereço com ele.

O que é cityCityCITY?

Vi Williams aqui, ele está velho e doente, me perguntou onde eu havia estado esse tempo todo, me disse para enviar a ele novos manuscritos, e falei sobre você e Cowley (que é amigo dele) e do parecer de Rexroth, e ele disse que gostaria de ver alguma prosa, ele está realmente interessado nela por seu ângulo, creio, veja por exemplo as "Notes on the Short Story" e excertos de seus diários reunidos em *Selected Essays* no ano passado, dá uma olhada neles, ele não tem o seu poder mas ele tem o espírito verdadeiro da originalidade e o compreende. Então selecione algumas páginas (duas ou três ou cinco) de qualquer prosa pura e envie a mim, eu as envio junto com meus próprios manuscritos, ou para ele diretamente na Ridge Road, 9, Rutherford, NJ, mas aqui não por razões de vaidade, eu sugeriria que é melhor enviar a mim porque a esposa dele intercepta toda correspondência estranha, já que seus olhos estão ruins e ela tem que ler para ele, acho eu. Se ele gostar da prosa ele possivelmente vai pôr você em contato com o editor dele na Random House, chamado McDonald ou algo assim. Em todo caso eu gostaria de fazer com que ele curtisse o seu trabalho antes de morrer, de forma que ele entenda como foi histórica aquela minha carta em *Paterson* mencionando você e Melville, ele pensou que fosse só uma menção subterrânea louca.

Procure por Kingsland em NY para ter notícias minhas – você disse que ia para lá?

Acho que você está ficando louco de certa forma, já que o fim do processo de consciência da visão ou do X ou do que for deixaria você derrotado perante o mundo absoluto mundo não mundo como quando o Sakyamuni desce da montanha cheio de sofrimento, sem ter feito nada, mas com tudo finalmente compreendido. Por isso quero dizer que a ausência de esforço interno, agora, e o que fazer entre um milhão de coisas lá fora, mas como Carl [Solomon] disse "Tudo que vai acontecer já aconteceu." Então NÃO SURTE, não machuque seu corpo, agora cuide bem de si mesmo, descanse da fadiga e descubra o que fazer a seguir. Esse é meu pobre conselho. Há amor demais. Já que o sistema da mente não pode parar, e já que o corpo e a consciência permanecem, estamos limitados ao fato absoluto de que há um mundo plano ao nosso redor, e ao fato de que nosso coração (humano) ama e imagina, e que não pode ser depois destruído, pois anseia demais. Você poderia vir até aqui me ver? Rezo para que sim. Tenho com certeza um sofá extra por aqui, tenho um quarto enorme, comida barata de cozinha logo ali depois do corredor, e tenho completa liberdade e uma renda de $30 por semana pelos próximos seis meses, que só começaram hoje, com meu primeiro cheque. Não tenho dinheiro nenhum exceto esses cheques, mas é o suficiente para pagar aluguel e comida para nós dois, no ócio. De quanto você precisa para chegar aqui? Escreva depressa, vou me encontrar com Neal e pego um dinheiro com ele para sua visita, ele vai ajudar, possivelmente feliz, ele largou a esposa e agora está na cidade e está livre como nunca o vi. Sim, com certeza venha para cá. Com relação a mim, anseio muito vê-lo e esta cidade é vazia sem você. Ainda assim, podemos viver quietos, eu termino meu livro, e então podemos talvez decolar e de supetão (ainda sonho fazer isso) descer e conquistar Hollywood. Sim, isso é um projeto, e acredito que possa ser feito. Davalos vai estar de volta em um mês se você não o encontrar em NY. Bebendo vodca tínhamos um filme todo pronto para ser feito, ele tinha diretor, mas ele talvez possa nos pôr em contato. Venha, sonho fantástico. Há tanto dinheiro por aqui e ninguém com nenhuma beleza por perto em que gastar como nós gastaríamos. Em todo caso compartilhar a pobreza ingrata com você por mais uma temporada será um prazer. Ahá!, para Lucien, se o vir, Kingsland diz que vai ser papai de novo em breve. Ou venha para cá e fique no meu sofá extra até você ter seu próprio apartamento. De qualquer modo o que eu tenho aqui é seu. Venha também para me ensinar doutrinas e poesias de Buda. Infeliz que a autoestima esteja tão surrada pela negligência exterior, mas já que essa é a condição do ofício, precisamos sobreviver – e o pobre Bill na Áff-rica sem nem mesmo nossas ilusões literárias para sustentá-lo. Ele não respondeu ainda?

Escreva-me imediatamente dizendo de quanto $$ precisa para financiar o ônibus ou qualquer forma de viagem que você prefira até aqui e vamos ver com o Neal.

Podemos fazer programas de rádio juntos por aqui – Gerd Stern tem insistido para que eu faça um, e eu ainda não fiz.

    Amor,
        Allen

Sou na verdade tão desesperado como você mas espero viver mais uns cinquenta anos, se não para sempre.

Jack Kerouac [Rocky Mount, Carolina do Norte] para Allen Ginsberg [São Francisco, Califórnia]

1º de junho de 1955
(bebendo choquetéis lunares)

Caro Allen:

Ok, sua carta me convenceu de que eu devo ir, foi a melhor carta que já recebi de alguém, suas explicações sobre o mundo plano nivelado que temos que encarar em vez de tentar penetrar o X místico são bem boas, mas tenho outra perspectiva para explicar para você, em pessoa será melhor, em todo caso por agora me deixe dizer que "esse mundo" é "X" – já é um sonho terminado há muito tempo (como diz Carl) – e a salvação como tudo mais que podemos pensar é só uma ideia arbitrária. Sendo você mesmo uma transformação de Tatágata, você se entrega para todos os seres pelo bem de sua emancipação futura – estes seres e os milhões de coisas não são nada mais do que manifestações, meras formas mentais, que irradiam do Útero do Tatágata (os Cristãos diriam da Misericórdia de Deus) de forma que sua Compaixão (do Mestre de Talidade do Mel Sagrado) possa ser compreendida como raios vistos a trabalhar aqui e onde... me faltam um pouco as palavras... você não tem mais desejos interiores, embora externamente você deseje desejar, sem paixões, embora você possa pegar ou largar, você não faz mais discriminações (na realidade dentro da mente você não liga se é de um jeito ou de outro, como Cinza Vulcânica das Trincheiras de Nova York), e você pacientemente aceita que você não tem mais ego (é claro). "A vida que você vive desse ponto em diante é a vida Universalizada do Tatágata como manifesta em suas transformações".

[...]

Na solidão do amor-vida da realidade – na verdade você não tem nada a fazer além de descansar e ser bondoso e telepatizar a Compaixão Incessante de Samantabhadra. A Compaixão Incessante de Samantabhadra é o som transcendental do silêncio, sshhhhhhh. A mesma compaixão é realizável na visão transcendental, os raios celestiais da mariposa já mencionados aqui. O pensamento transcendental é o Samadhi do pensamento elevado, as transformações do Samapatti em raios irradiando... os outros três sentidos transcendentais, cheirar, gustar, sentir, são de um nível mais bestial e em seu nível eu não sei ainda como a Compaixão Incessante se manifesta.

Então pelo amor de deus me mande $25 e eu vou de carona até Salt Lake City e de lá pego um vagão da Southern Pacific até o deserto em Oakland... com algumas refeições grátis em Denver – a caminho – e teremos mesmo uma festa – vinho, mulheres e música – vou levar minha lanterna da ferrovia caso eles precisem de trabalho – e então daí eu depois vou para o México – minha maior esperança é que embarquemos juntos para Tânger e vejamos o Burroughs de Proporções Junoescas e talvez consigamos isso mesmo – minha mãe sonhou noite passada que eu vendia *Geração Beat* para Hollywood por 100.000 dólares.

Eu vou, tenho que ir para NY para ver Lord, Cowley e outros, e assim posso ir ver [Dick] Davalos e dizer "Olha só, rapaz, eu queria mostrar a minha *Geração Beat* para Perlberg e Seaton e dizer a eles que vamos fazer um fantástico roteiro para levar o livro à tela com Dick Davalos como Dean Moriarty (como Neal) e Montgomery Clift como Sal Paradise (Jack) e Marlon Brando como LuAnne e Allen Ginsberg como Carlo Marx e nossa segunda produção será *Burroughs On Earth*."

Por falar nisso, tenho uma ideia concreta para Hollywood, diz respeito a uma forma completamente nova de escrever que combina romance com filme, o FILME ROMANCE, vou explicar – acho que é a resposta para você (e eu) em termos financeiros e num sentido de arte shakespeariano – se alguém quiser produzir – espere até que eu resuma para você o caminho – e, enquanto isso, mande aqueles $25 e mais se puder, se eu tivesse o valor para o ônibus eu sairia daqui agora mesmo. Com relação a minha viagem para Nova York, isso vai ser com os $10 da minha pobre mãe, e vou ter que ir de carona em ambas as direções e dormir no chão de Stanley Gould. Por favor me responda imediatamente enviando para mim o telefone de John

K [Kingsland] e o endereço, liguei para Kingsland da última vez e o telefone tinha mudado. Vou ver Kingsland, Davalos, todo mundo. Se você acha que a amostra de prosa que enviei para Williams não é boa o suficiente, me diga e eu envio alguma coisa ainda melhor. Eu escreveria para você uma carta melhor hoje, mas meus olhos estão doendo e escrevo para você uma enorme e extraordinária da próxima vez antes de começar a arrumar as malas na direção do seu sofá. Garoto, mal posso esperar pelos baratos e pela boa e velha camaradagem entre eu você e Neal.

    Tenho flebite... mas acho que vai ter sarado pela época que eu for de carona para Denver... lá vou ficar no porão do Bev [Burford], chapado... vejo [Justin] Brierly... e então é só no dedão até Salt Lake, próximo a minha cidade natal... Diga a Neal que qualquer coisa que ele queira que eu faça em Denver, como ir ver o pai dele, mandar mensagem, eu posso fazer, ou qualquer outra coisa... Você realmente pode me descolar essa grana? Significa que posso sair e estar na Costa Oeste com você e podemos comer chow mein juntos que é um velho sonho meu e quero tanto curtir a São Francisco dos Subterrâneos descolados junto com você, Neal e eu sempre tiramos sarro daquele fim de Frisco com os gogogos selvagens da Rua Folsom... e realmente acredito agora que este mundo é apenas um sonho mental irradiado do Útero Melífluo do Céu, e até mesmo as feias lagostas sabem... digo isso porque decidi seguir com o vinho e a erva mas não com o rebite, com uma decisão consciente de lembrar de centrar a compaixão contei para você do Sagrado Nirvana do Mel e não saia por aí admoestando todo mundo (você, seu impenetrável bundão) porque sob efeito da erva eu sempre senti vergonha da bondade natural de minha personalidade sem maconha... natural, "forçado", mas oficial, religioso, de bondade gay, como com Jamie e Cathy [os filhos de Carolyn e Neal Cassady], meus copos de vinho e fitas e você não sabe que Deus é um Urso Pooh? Ou que a Montanha é um Pipi?

    Jack

Allen Ginsberg [São Francisco, Califórnia] para Jack Kerouac [n.d., Nova York, Nova York?]

5 a 6 de junho de 1955

5 de junho de 1955

Caro Jack:

    Meu aniversário de 29 anos foi no dia 2 de junho, acordei à noite depois de beber um bocado de vinho, às 2 da manhã, no silêncio do vazio, noite de aniversário, com "enchi de dores o vento que passa", a linha de conclusão do misterioso Crystal Cabinet de Blake: um poema que eu nunca havia entendido até esse momento, como significando que ele tinha habitado a cristaleira de sua mente por anos, mas embora "outra Londres lá eu vi" – mal posso completar uma linha de raciocínio – quando

> "com ardor feroz e mãos em chama
> lutei para apanhar a Forma mais íntima
> Mas a cristaleira quebrou
> e acabou como um Bebê que Chora –
> Um bebê que chora na natureza
> . . . .
> E no ar externo de novo
> Enchi de dores o vento que passa."

Esta é outra carta, sinto que é a mais importante delas já que estou à beira do desespero completo, e se pudesse expressar... ou melhor ainda precisamente descrever o estado mental em que estou, acompanhado como está por um sentido do vazio, já tenho dores de cabeça flutuando pelo meu cérebro como um pensamento por mais de duas semanas, pelo menos desde que voltei de Hollywood, e um despertar diário no monstruoso pesadelo de minha vida, lembrando continuamente pelos meus próprios sonhos recorrentes inevitáveis que – mas como posso expressar a desolação do estado, que mal posso definir, as repetições de pensamentos sem sentido, o sentido de viver num sonho, que precisa agora acabar ou ser rompido por alguma realização terrível e dura de um grande erro da consciência com que tenho divagado por décadas, agora estou deixando, como todos os outros, a juventude, e entrando no mundo onde todos são iguais, me deparando com problemas financeiros que precisam ser resolvidos ou vão continuar a me perturbar pelo resto do tempo determinado em 60 ou 70 anos, onde existe Arte, o pouco que posso captar dela pois estou bloqueado e cheio dessa vacuidade e assim no momento não posso encontrar outro assunto, e esse é um assunto mortal, ninguém está interessado nele e eu não tenho nada a dizer que não seja reclamar, incomodar os céus surdos com meus choros de improdutividade, embora eu tivesse uma vasta fantasia de escrever um Crystal Cabinet moderno, em verso moderno, com uma grande estrutura de sonho da qual eu acordo para expressar no final a repentina consciência

> Tive um anjo como amigo
> e a noite exauriu a nós dois
> e o amor teve seu fim comigo
> despertando na manhã depois
> duro e desolado ele era inimigo.
> mas
> isso é óbvio, bobinho.

6 de junho de 1955

Isso vem principalmente de minhas questões com Peter, as dores usuais da falta de amor, ele não dorme comigo, e finalmente na noite passada transei com a garota do andar de baixo que me ama, sinto-me melhor hoje porque consegui me engendrar no buraco com Peter – você precisa ter ele em mente quando chegar aqui.

E também finalmente chegou uma carta de Bill hoje, espero que seja verdade: "Acabo de voltar de uma cura de quatorze dias numa clínica – perdi quinze quilos – comum, mais uma forte vivência de horrores. Ainda estou doente e sensível a ponto de alucinar. Tudo é muito nítido e diferente, como se tivesse sido lavado há pouco tempo. As sensações me atingem como balas. Sinto uma grande intensidade crescendo e ao mesmo tempo uma fraqueza como se somente eu pudesse me manter *aqui*, de volta agora numa carne substanciosa e morta de que estive separado desde que o vício começou. Sinto como se eu tivesse voltado anos até um campo de concentração. Nada de sexo. Nenhuma fome. Só não estou vivo ainda, mas me sinto como nunca antes me senti. Pico é morte e não quero nunca mais ver ou tocar ou comercializar outra vez. Do jeito que me sinto agora eu preferia vender bilhetes de loteria do que tocar no Negócio."

Ele também menciona, "recebi uma carta longa de Jack", e a essa altura, sem dúvida, escreveu para você. Me parece óbvio a partir do que foi relatado acima que faz mesmo diferença o que fazemos, que Bill tem estado num buraco como todos nós estivemos, e que ele, pelo menos por agora, parece inspirado pela aparente, óbvia, necessidade de fazer o que for para sair dele. Deus sabe o que é óbvio para mim ou para você, mas cessar a morte do pico parece ser a coisa certa para ele, só espero que dure.

Enviei seus sonhos para [William Carlos] Williams e também enviei com aquele manuscrito uma cópia de vinte páginas de *Visões de Neal*, "Joan Rawshanks na Neblina", que eu datilografei um tempo atrás. Isso deve cobrir um bocado, se ele apenas pudesse ler com paciência, pode ser que a mulher dele tenha que ler para ele, e ela pode não ser tão receptiva, e pode não funcionar, por acidente. Espero que ele goste, não sei o que ele pode fazer nesta condição fraca mesmo se gostar, ele não me ajudou antes. Mas seria legal receber alguma apreciação pelo que já foi deitado no papel.

Neal não me parece disposto com o dinheiro, nem com nada – ele está bem, mas não está reagindo, a mim, a você, enfim, não está reagindo externamente, embora me assegure que ele está lá e está consciente de mim etc. mas, por exemplo, sento a seu lado a noite toda no The Place, um bar, e ele joga xadrez, não parece haver nada mais que o interesse, e não sei o que fazer para inventar algo que possamos fazer juntos.

Acho que ajudaria muito se você viesse, como eu ainda não sei, mas gostaria que viesse. Estou muito desorganizado. Estou escrevendo para meu irmão pedindo a ele que envie algum dinheiro a você, e não sei se ele vai fazer isso ou não, mas não tenho medo nem vergonha de pedir. Vamos ver o que acontece. Odeio soar tão esfarrapado, de mal com a vida, mas tenho estado com os olhos opacos já por uma semana, preocupado com o que parece ser uma rua sem saída (de amor e de escrever, e de viver) (parece mais do que a sensação normal da vida que todos têm, como sendo uma rua sem saída para a morte) e não sei o que fazer, só me arrasto.

Uma notinha sobre o passado: croqui:

"De volta ao pátio da ferrovia, S. Jose em um panorama difuso das colinas brancas ao redor, no fundo de uma fábrica com tetos próximos em V – uma flor no feno no asfalto – as temidas flores do feno talvez, um caule brilhante embora negro como um cipó, um halo de espinhos marrons como a coroa de Jesus, muitas dezenas, dois centímetros de comprimento cada um deles, uma corola de espinhos de um amarelo sujo e manchada e seca no centro dos tufos similares ao algodão que saem para fora como uma velha escova de barbear que ficou na garagem esquecida por um ano – amarelo, flor amarela, flor da indústria, flor durona e feia de espinhos – mas tem a forma de uma grande rosa amarela no cérebro, é uma flor ainda assim – tão quebradiça no banco que o vento não para de levá-la para longe de mim onde estou sentado próximo do galpão ao sol escrevendo – tenho que levantar e apanhá-la de novo. É a flor do mundo, feia, gasta, quebradiça, seca – amarela – milagre da vida na pedra em botão. – Cardos."

Há também a possibilidade de que Neal consiga um passe da ferrovia para você sair daí, vou ver isso com ele.

Talvez também fosse bom ir ver Meyer Schapiro?

Talvez visitar Carl no Pilgrim State. Talvez meu irmão aceite ir dirigindo para visitar Naomi. Mas para que todas estas visitas lacerantes?

Não consigo ter com a Dona Verde seguido, estou deprimido e ansioso demais. Cada vez que eu uso vem um novo e mais profundo entendimento horrível da minha vida. Cada coisa parece real demais, como deve ser com Bill *sem pico.*

Juro, não há baratos verdadeiros aqui, estão todos disponíveis, mas não aguento a repetitividade da cena a não ser que você consiga me encher de entusiasmo, já que Neal ainda está tão na dele.

Gostei de "o santo chora".

O problema é que os problemas de dinheiro da realidade não são fantasmagóricos, são sólidos como pedra, continuo batendo cabeça neles. Como é que vamos conseguir $$ para ir para a Europa, e quando esse $$ acabar o que vamos fazer? Como vamos viver sem construir nenhum futuro? Isso é que está me incomodando. Especialmente porque nenhuma poesia que eu pudesse escrever me daria $$ suficiente para sequer começar a pensar em resolver quaisquer problemas. A prosa pode ser um pouco diferente, a sua situação parece mais remediável a longo prazo.

Bem, nesse tom horrível encerro essa carta. Reli suas descrições do Tatágata na última carta, mas em seguida olho pela janela à luz do sol e percebo que vou ter que ser ambicioso e vigoroso e cheio de planos para me sustentar daqui cinco meses. Estou desconcertado. Não é piada.

Sinceramente,

Allen, O Esquisitão.

Jack Kerouac [Rocky Mount, Carolina do Norte] para
Allen Ginsberg [São Francisco, Califórnia]

c. 10 de junho de 1955

Caro Allen:

Só um postal, a carta vai daqui a uns dias. Sim, a melhor ideia parece ser conseguir um passe com Neal, diga para ele se inteirar da questão e esclarecer bem e repetir as instruções, uma vez que sei o jargão da ferrovia posso sem dúvida passar pelo Cassady dos freios. (Ele sabe que sim). Diga a ele que o velho Sal Paradise quer aparecer para revisitar as cenas de jazz de Dean. Com relação à sua triste carta, sim, não há esperança, não há dinheiro, alimentar a si próprio é uma coisa com que a essência da "realidade" não precisa se preocupar e, já que no Ocidente esmolar é ilegal, a concentração verdadeiramente distraída sobre a Essência só é possível no hospício, já que mesmo num eremitério como o que vou ter no México vou ter que sair a cada seis meses para problemas de turista e para o trabalho, mesmo que seja para ganhar $8 por mês. Mas não se desespere. Você e eu e Bill estamos no mesmo buraco e podemos nos ajudar um ao outro. Agora estou indo para NY ver Cowley com meu "Road" de Ray Smith, um novo – e Giroux com o livro do Buda etc.
Sinceramente,
Jack

Jack Kerouac [Nova York, Nova York] para
Allen Ginsberg [São Francisco, Califórnia]

27 a 28 de junho de 1955

27 de junho de 55 – apartamento de Jim Hudson

Caro Allen,

Estou sozinho neste charmoso apartamento acima da Washington Square, à janela escrevi ontem um longo poema "MacDougal Blues in Three Cantos". – Muitas coisas acontecendo, mas na verdade nada. – Primeiro saí e perdi a página três da sua carta que Lucien havia mencionado $25 e passagens de trem, então na resposta repita a informação supracitada pois estarei em Rocky Mount depois de amanhã pronto para começar a pensar em seguir para o oeste.

Minhas notícias são velhas, acho eu – Davalos está em Provincetown. – um editor gay elegante quase aceitou *Geração Beat* mas agora Cowley o quer de volta – meu nome de escritor voltou a ser Jack Kerouac, ofereci duas novas histórias para a *New World* ("Joan Rawshank" e o último capítulo de *Os subterrâneos*) – Vendi "CityCity" para a *New American Reader* de David Burnett por $50, a serem pagos amanhã. – Grandes bebedeiras com Gregory [Corso] e todo mundo – sexo por todo lado mas declinei de forma geral e por princípio *au naturel*. – Mesmo assim entendo que Samsara é o mesmo que Nirvana, e Nirvana o mesmo que Samsara, mas vim até aqui e queria meu dinheiro merecido [?] para os pãezinhos mexicanos ... embora eu também esteja atento para o fato de que tenho que esperar e me segurar como qualquer outro bobão – Vou adorar ver você em Frisco, estou chegando em breve, espere por mim.

Não vou ver Peter [Orlovsky] por uma semana de diferença – sem dinheiro para ficar por aqui – vou transmitir a mensagem para Dusty [Moreland] hoje – Giroux disse que *Doctor Sax* é *magnífico*, na frente de Corso, mas a empresa não vai poder aceitar – *Buddha* está sendo enviado para a Harvard U. Press – *Os subterrâneos* para uma pequena editora chamada Criterion – *Sax* está agora com a Noonday Press, do editor Arthur Cohen, se funcionar vai ser uma boa possibilidade para todos nós. – Fique com a poesia e as lágrimas e não se importe em tentar impressionar Lucien com teorias – Lucien ama você, não fique bravo com o querido Lucien, é só que, naturalmente, ele acredita que Paul Bowles é um escritor melhor do que nós. – (Franziu a testa ao ler a primeira página de *Sax*.) – Gregory também vai mostrar seu romance para Cowley. – Cowley se embebedou comigo no Village, disse que vai tentar me conseguir dinheiro de primeira classe, achou o excerto de romance que mostrei para ele com a ideia dos $25 por mês para completá-la simplesmente muito *wolfeana* – e também Norman Mailer é *wolfeano* – (Cowley é velho e algumas vezes insensível com a dor de jovens poetas beat) – (ele dorme com as cartas) – mas gosta de mim – e eu disse para ele que você é fantástico. ENTÃO, aqui estou, ainda falido, filando um jantar do elegante Allen Klots de Dodd Mead, um esperto heroizinho de Hohnstein. Preciso ver Kingsland, estou saindo – vou me encontrar com Stanley Gould e me chapar. – A cena musical no Village é frenética. – fui condutor de uma sessão de improviso nas docas em pleno dia, conte a Neal, nosso tenor tinha a *mesma alma* de Neal (não tão bonito) mas *era Neal* – (George Jones). Henry Cru está aqui, é segurança em nosso bar – o bar de nosso grande encontro (um novo) Riviera – (como segurança no Remo). – Vi Alene [Lee], ela marcou um encontro comigo e não apareceu, me perguntei se ela pensa que está me magoando com esse ato – (espero que sim) – (pelo bem dela). – Eu nunca teria falado com ela mas Anton [Rosenberg] disse que eu devia. – Gregory está com uma bonequinha de dezoito anos e muitos amigos de Harvard e está na malandragem. Por favor diga a Neal para avisar Carolyn que vou estar aí neste verão, não tenho tempo de escrever, estou saindo para beber nas ruas do Village segunda à tarde. – Acabei de descobrir os *Cantos* de Pound, até agora não havia ainda percebido que a poesia é livre.

[...]

Amor para Neal, Peter, Sheila, Rexroth, Mew, Sublette

Jack Kerouac [Nova York, Nova York] para Allen Ginsberg [São Francisco, Califórnia]

29 de junho de 1955

Junho Cunho

Caro Allen Old Bean:

[...] Recebi seu sonho sobre Joan,[4] e Lucien e eu o discutimos e acabamos falando sobre sua viagem ao México. Lou ainda diz que quer morar lá. Bem, veja só, vim para Nova York com, para fazer um negócio com essa merda de máquina de escrever, que máquina ruim, não consigo fazer nada, vim para Nova York para fazer negócios com Cowley e disse, "Aqui estão vinte e sete páginas de um romance em progresso (o enorme épico Ray Smith *Road*) convença a Viking a me pagar $25 por mês e eu vou para o México viver numa cabana e terminar o romance." Cowley riu e Jennison[5] estava com ele e eles disseram, "Sem dúvida você não está dificultando muito, né, rapaz?" Então talvez funcione. Ah, e falei sobre você por um longo tempo e disse a Cowley que ele precisa ler *Naked Lunch* logo e ele concordou e disse que lembrava de Burroughs por descrições dele em *Geração Beat*. Então ele disse, "Você conhece um poeta chamado Gregory Corso?" E parece que Gregory conseguiu publicar um livro de poemas e que está fazendo um grande sucesso, *A senhora da rua da gasolina* ou algo assim [*Gasolina e Lady Vestal*]. Lucien disse que Gregory era fácil de ler mas que você era um poeta maior. Mas Lucien também disse que eu e você estamos inflados e não conseguimos escrever e vivemos numa ilusão literária como idiotas e disse que Paul Bowles era um grande escritor, e eu disse pelo amor de deus, me mostre o *Visões de Neal* de Bowles e o *Doctor Sax* de Bowles e o seu *Some of the Dharma*, seu etc. etc. etc. e então nós julgamos. Daí fiquei bem literário e tipo literário invejoso e conversamos a noite toda, queria que você não tivesse perdido nenhum momento. Além disso tenho "citycitycity" pronto para as revistas de ficção científica com a bênção de Malcolm. E hoje vou ligar para Giroux sobre o *Buddha*. E *Geração Beat* está com Dodd Mead ou algo assim. Estou aqui para tentar conseguir alguns dólares e fazer as coisas andarem. Um dia vou ser capaz de ajudar você. Você se dá conta de que foi você que conseguiu publicar *Cidade pequena, cidade grande*, foi você que o passou a Stringham, e Stringham que passou a Diamond etc. e então Kazin. Pelo amor de Deus, Neal já mandou vai mandar os passes da ferrovia?
[...]
Escreva para mim. Temos que conseguir me fazer chegar aí.
Jack

---

4. "Registro de Sonhos: 8 de junho, 1955."

5. Keith Jennison foi um editor na Viking Press que, com a ajuda de Malcolm Cowley, convenceu a editora a comprar *On the Road*.

P.S. Escrevi um bilhetinho para Carlos Williams, pedindo que me recomendasse para a Random House.

Allen Ginsberg [São Francisco, Califórnia] para Jack Kerouac [n.d., Nova York, Nova York?]

5 de julho de 1955

Caro Jack:

Sua carta de 27-29 de junho foi recebida. Acabei de retornar de uma série de viagens às quedas d'água, a Reno, à Virginia de Lucus Beebe, ao Lago Tahoe, pedindo carona e acompanhando Peter na primeira parte da viagem para NY.[6]

Neal diz que não vai conseguir o passe da ferrovia. Ele não se esforçou muito para consegui-lo, mas talvez não seja mesmo possível. Ele já havia conseguido um para sua garota Natalie [Jackson] que ela não chegou a usar e expirou, e então tão cedo não pode pegar outro. E Hinkle pegou um para Sheila [Williams] que ela não usou e que também já expirou. Hinkle mudou-se de volta para SF, por falar nisso, com a família, e Neal ainda mantém o apartamento do amor com a ruiva Natalie. Ele está sabendo da sua carta e da sua mensagem para Carolyn, ele lê todas suas cartas.

O que Cowley quer com *GerBeat*? Tentar de novo publicar? Envie instruções sobre o que de Burroughs eu devia enviar – todos os três livros? Não recebo notícias de Bill há várias semanas e isso me preocupa.

Usar seu nome Kerouac é o melhor mesmo.

O que é "City City city"? Você nunca explicou.

A senora do México está aqui e vai estar de novo por aqui a partir do dia primeiro do mês que vem e por várias semanas, é possível que ela esteja aqui enquanto você estiver por aqui, e se isso pode fazer com que ela convide você para pãezinhos na selva de Chiapas, esta possibilidade é real, embora possa custar umas poucas pratas para comida, já que ela é pobre. Mas ela tem casa de graça e a mais barata comida no México. Mais cavalos etc., serventes.

Vou me encontrar com Mark Schorer[7] para ver se posso conseguir um trabalho de professor assistente em Berkeley nesse outono quando acabarem os cheques do seguro-desemprego, e também uma vaga para estudar grego ou prosódia. Se isso não funcionar, posso me juntar a você no México.

Não entendo a celebridade de Corso. Vi um poema dele sobre [Charlie] Parker, belo pássaro negro no trompete de longo nariz pelicano, na *Cambridge Review*. Mas ainda não entendo como ou o que ele está fazendo para que Cowley o conheça.

---

6. Peter Orlovsky foi de carona a Nova York para apanhar seu irmão adolescente Lafcadio. Sua mãe estava prestes a internar o menino, deficiente mental, num hospital psiquiátrico.

7. Mark Schorer foi um professor na Universidade da Califórnia em Berkeley que mais tarde testemunharia a favor da City Lights no processo movido contra *Uivo*.

O que Lucien disse sobre meu sonho-poema de Joan [Burroughs]? Eu não estava bravo com ele, estava falando do bigode do seu sogro por aquele parágrafo que fiz esperando que ele ficasse impressionado com a teoria. Ele tem tanto medo da ciência que sigo usando a palavra vez após vez, como Merims. Pule essa última frase. De qualquer jeito não tenho medo da cara feia dele, pelo menos não daqui de longe.

Eu devia mandar os poemas a Cowley e vou fazer isso cedo ou tarde quando a sua estada aqui tiver acabado. Não recebi nada de [William Carlos] Williams. E você?

Meu irmão não me escreveu avisando se lhe enviou ou não os tostões. Escrevi a ele perguntando mais uma vez. Se você recebeu, me avise.

Neal me entregou estes recibos da Irmandade dos Ferroviários que envio em anexo para que eu os enviasse a você. Ele disse para você ir de carona até Nova Orleans, de onde saem diariamente dois trens para L.A., trens da SP, e estes recibos mais um pouco de conversa devem ser suficientes. Ele diz que você sabe o que fazer. Comece pedindo ao chefe da cabine e ele vai avisar para os outros condutores quando eles fizerem as trocas nas sessões ou linhas, ou o que for, não entendo. Se você precisar de mais explicações, escreva que eu arranco dele os detalhes. Tentei uma vez e a frase acima foi o máximo que consegui. Serve para alguma coisa? Ele diz que sim.

Qual é o endereço de Alene [Lee]? Queria dar o contato dela para Peter.

Sou pobre mas meu aluguel está pago e tem muita comida barata por aqui, bifes etc. Então 30 por semana é suficiente.

Sim, e Gregory está na malandragem? Em quem ele está aplicando golpes, e pelo quê? O que ele diz de [John] Hollander em Harvard? Meus terríveis comentários – me pergunto se eles ajudaram ou prejudicaram o desenvolvimento de Gregory.

Li seu xadrez para o Neal, que só riu.

Desculpe-me pela carta de hoje, caro esqueleto.

Vou escrever de novo. Esta aqui é só para mandar esses bilhetes.

AG

Jack Kerouac [Rocky Mount, Carolina do Norte] para Allen Ginsberg [São Francisco, Califórnia]

14 de julho de 1955

Caro Allen,

Acabei de receber um cheque de $25 de Eugene [Brooks]. Um bilhete diz: "Allen entrou em contato comigo várias vezes. Ele disse que você esteve em Nova York recentemente. Ele também me pediu para enviar o cheque em anexo. Me procure quando estiver na cidade. Sinceramente" – Ele está chateado porque não o procurei em NY? Bem, vou escrever para ele hoje e explicar que em minha recente viagem a NY fiquei por lá hospedado de favor, e que foi por isso também que não entrei em contato com ele. Vou escrever de forma que soe bem, quero dizer, não se preocupe.

Ele é um grande irmão dostoievskiano.

Então agora tenho dinheiro para ir até Nova Orleans, onde vou pegar os vagões de carga abertos munido de um saco de dormir e fazer 800km por noite, a não ser que em alguns casos (na chuva) talvez eu possa descolar um vagão fechado com os papéis de irmandade de Neal. Diga a Neal que eu não vou conseguir uma carona em cabines de passageiros na base da lábia já que, como ele bem sabe, eu nunca freei trens de passageiro, e por isso não conheço o jargão nem as rotinas específicas; quando disser isso ele vai explodir, mas nós não sabemos tudo o que ele sabe. Mas seja como for eu dou um jeito de chegar aí.

Vou daqui a uma semana, já que tenho que ajudar o negócio do meu cunhado carregando aparelhos de TV enquanto o ajudante dele está doente, ganho 75 centavos a hora e assim ganho mais tutu para cair na estrada. Então eu devo DEFINITIVAMENTE E SEM DÚVIDA estar em Frisco (para facilitar o AGENDAMENTO coloquei tudo em maiúsculas importantes) no máximo até 10 de agosto, no extremo, e mais provavelmente entre o dia 1º e o dia 10. Essa é a boa estação (1º de agosto) na Califórnia. Vamos curtir Frisco juntos por alguns meses e então sugiro que a gente faça uma viagem para o sul juntos, até a fronteira da Califórnia com o México, onde podemos alugar uma casa de adobe e assim você economiza $20 por semana de seu seguro-desemprego da Califórnia para uma viagem de volta a NY ou até mesmo, se fizermos isso mais cedo, para ter dinheiro para ir a Tânger. Na verdade, em uma cabana de adobe, digamos em Mexicali ou Gadsden ou Tijuana ou qualquer cidade da fronteira Califórnia-México, poderíamos viver com $5 por semana (do lado mexicano) e você poderia economizar 25 do seu seguro desemprego – são 100 por mês. Acho que essa é uma ideia prática já que em Frisco você está só jogando tudo pelo ralo do aluguel de cidade grande. Então, quando você estiver pronto para seguir de novo para o leste, eu vou para a Cidade do México pela costa leste de novo (Mazatlan etc.) para alugar uma cabana para mim. Tenho uns poucos cheques de viagem para esta finalidade depois que nos separarmos, e um dinheiro contadinho para ir ao seu encontro agora – e então vou pegar $25 do banco de sangue como sempre, para vinho e uns baratos de chow mein – e também posso fazer uns trabalhos de meio expediente em Frisco, adoraria carregar bagagens na ferrovia de novo (por $15 por noite). –

Enquanto isso, respondo aqui suas últimas questões.

1. Cowley quer *Geração Beat*, diz ele, ele e Keith Jennison, "para dar mais uma olhada" – disse a ele que me desculpava por ter brincado a respeito em 53 e Keith me deu um tapinha nas costas – Sterling Lord acha que eles talvez possam publicá-lo desta vez – mas me sinto como sempre melancólico – especialmente porque vim para NY com aquele pedido específico de $25 por mês para a cabana do romance novo no México, mas Cowley só tirou sarro, sem dar importância alguma para minha verdadeira necessidade e má sorte etc., ele vagamente disse que conseguiria um prêmio de $250 para mim da Academia Americana de Artes e Letras uma hora dessas, e enviou algumas de minhas histórias para a *Paris Review*.

2. "cityCityCITY" é meu grande vislumbre do futuro de ficção científica e fantasia, enviei uma cópia para Bill, muito selvagem, conto mais a você quando o vir,

muito descolado, muita escrita de "cabeça de erva", sinistra etc., por outro lado, nem um pouco burroughsiana – o tipo da coisa que eu faria ad infinitum sob influência da erva – escrevi durante os interrogatórios de McCarthy no Exército, então tem um sabor político selvagemente descolado. Dave Burnett levou e gostou e fez só umas mudanças gramaticais, mas ainda não me pagou os $50 por ela. Horror kafkiano etc.

3. Vi Dusty, disse a ela que Peter estava vindo, também contei para Gregory que o "novo anjo do Allen" estava vindo etc. Devo um dólar para Dusty – vou mandar segunda pelo correio – aliás ela agora mora na Rua Morton, 38. Não era lá que morava Kammerer?

4. Envie TODO *Naked Lunch* para Cowley, intitulado *NAKED LUNCH*, contei a ele como chegamos ao título – envie como UM ÚNICO ROMANCE, pare de ficar brincando com essa ideia de três partes, é UM ROMANCE, uma única enorme visão... a parte *Junkie* leva o leitor para os trabalhos mais complexos de *Queer* e *Yage* em seguida.

5. A celebridade de Corso foi obtida pelo livro de POEMAS em anexo, envio a você, mas é emprestado. Dedicatória bacana. Ele também escreveu uma peça que queria chamar de *Geração Beat*, e mudou para *This Hungup Age* quando viu o meu material na *New World* – uma peça de um só ato, foi produzida em Harvard, grande sucesso, conseguiu bons comentários de lugares como *World Telegram*, uma enorme resenha por um dos colunistas residentes com uma enorme manchete dizendo "Gregory enviou poemas que não entendemos" etc. tudo sobre como o colunista encontrou Gregory escrevendo no porão subterrâneo sob a caverna do Village ou algo assim. Gregory fez grande sucesso com as socialites de Boston. e os garotos de Harvard. e as garotas. E agora nos reunimos e eu enviei os poemas dele para Burnett, um deles intitulado para Jack K., eu não te contei?

6. Não estude grego e prosódia em Berkeley, saia desse barato de Pound, Pound é um Poeta Ignorante – Quantas vezes eu tenho que te dizer que o futuro é um futuro Budista, um Futuro Oriental, que está à nossa frente? – Gregos e estilos poéticos são brincadeira de criança, até Neal (que não tem educação universitária) sabe disso. Estude sânscrito em Berkeley e comece a traduzir grandes sutras nunca antes traduzidos e escreva poesia com uma base budista. Os gregos são um bando de chupadores de pica ignorantes como qualquer idiota pode ver, – mais do que isso, ainda maior e mais profunda do que o budismo é a África Primitiva, onde os velhos, quando é hora de morrer, sentam e pensam até a morte, Pari Nirvana, e eles chamam isso de ENCARAR A PAREDE –

"Se você precisa de um sinal,
vou estar à espera na parede final".

Saia dessa de Pound... gostei dele e ele é deliberadamente grego e chique com sua espressionide Umdesses Gregos... saco. Ele e Hopkins ambos são degradados por tentar mostrar o quão chiques eles são, e Yeats também... Dickinson e Blake são Poetas de que gosto... Mas mesmo estes são ignorantes porque simplesmente não sabem que tudo é vazio dentro e fora em dez mil infinitas direções da luz imperturbada. Por favor, Allen, acorde... se por um momento você duvida do budismo porque você está apegado não sei como dizer, eu só não entendo, eu realmente pensei que você e Bill fossem inteligentes – Neal está muito mais perto agora com seu Cayce, que no fim das contas está próximo, Cayce acredita no Purusha, mas fora isso é quase um puro budismo. Vou explicar Cayce para você. Não é que eu seja esperto é só que a luz me foi confiada quando parei de pensar. Confesso que tenho um bocado de impaciência vendo as pessoas recebendo os ensinamentos e não os absorvendo... energia de hábito da ignorância tem raízes que ficam cada vez mais fundas com a idade, como uma árvore.

6. Nenhuma palavra ainda de [William Carlos] Williams – pelo menos escreva para ele e pergunte se ele leu alguma coisa porque se sua esposa leu em voz alta sobre as garrafas de mijo não funcionou (velhotas), o que elas estão fazendo casadas com gênios da prosa e da poesia eu nunca vou saber.

7. O endereço de Alene [Lee] é onde era antes, Paradise, acho que é 501 E. 11.

8. Sobre o sonho-poema de Joan [Burroughs], Lucien não o viu, esqueci aqui, e então mais tarde vi na sua carta, mas daí você já o havia subintitulado "bêbado e dourado" em vez de só dourado e de qualquer modo não estava lá quando ele leu, então sem comentários dele – de uma forma geral eu diria que Lucien o ama e considera você um santo caridoso... não fique tão preso ao que ele pensa, o Velho Padre Monachio conhece ele melhor do que você e o veredito dele é: "Você não entende que Lucien é um cara relativamente simples tentando aproveitar a vida – muito mais simples do que você e Ginsberg, por exemplo". Tão verdadeiro. Então olhei para Lucien e vi que Tony simplesmesmente estava certo. Digo, Lucien passou uma noite toda me descrevendo como surrou um cara numa luta, mesmo depois de eu dizer a ele que não estava interessado em saber – ele é só um cara normal... Só, diz Tony, um garoto comum.

9. Espero conhecer a Senora, gostaria de tentar Chiapas no inverno, no verão eu não aguentaria.

Parece que todos os meus escritores favoritos definitivos (Dickinson, Blake, Thoreau) acabaram suas vidas em pequenos eremitérios... Emily em um casebre, Blake em outro, com a esposa; e Thoreau na cabana. Acho que esse vai ser mesmo meu movimento final... ainda que eu não saiba onde. Depende de quanto dinheiro eu conseguir. Se eu tivesse todo o dinheiro no mundo, eu preferiria uma cabana simples. Acho que no México. Al Sublette uma vez me disse que o que ele queria era uma cabana de palha em Lowell, uma coisa bem louca de se dizer. De toda forma, eu estava indo direto para a Cidade do México, mas agora que Gene me enviou os 25 posso ficar um tempo em Frisco. Estou ansioso para conversarmos. Também chow mein e vinho. E caminhadas. Neal. Talvez a Dona Verdinha [maconha]. Eu também queria passar uma semana na foz do rio perto da passagem de Chittenden. E uma semana no canal costeiro de Santa Barbara. E gostaria de visitar o Mosteiro Budista em Santa Barbara, na Via Las Encinas, 60. Também poderia tentar bhikkunizar no começo de Salinas na foz do rio perto de Wunpost, natureza muito selvagem. Só queria encontrar um lugar onde, se eu sentisse vontade de entrar num transe o dia todo, e não quisesse me mover por nada, ninguém me parasse, não houvesse ninguém para me parar. *Sei* que o segredo reside nos velhos segredos de Ioga da Índia, e ainda mais na Dhyana, e que qualquer homem que não pratique a Dhyana, como você, está simplesmente vagando na escuridão. A mente tem sua própria luminosidade intrínseca, mas ela só se revela quando você para de pensar e deixa o corpo se derreter. Quanto mais você puder manter essa posição de cessação em meio à luz, maior tudo (que é Nada) fica, o som de diamante do rico shh fica mais alto, quase assustador – a sensação transcendental de ver o mundo como vidro, mais claro; etc. Todos os seus sentidos se purificam e a sua mente retorna ao estado original de perfeição, primordial, não nascido. Você não lembra de antes de nascer?

Leia, como estou lendo agora, o Sutra do Diamante todos os dias; domingo leia o capítulo Dana, Caridade; segunda, Sila, Bondade; terça, Kshanti, paciência; quarta, Virya, zelo; quinta, Dhyana, tranquilidade; sexta, Prajna, sabedoria; sábado, a conclusão.

Ao viver sob este que é o maior dos sutras você estará imerso na Verdade que é a Pureza Una Indiferenciada, criação e fenômeno, e se torna livre de conceitos tais como seu eu, outros eus, muitos eus, Um Eu, que são absurdas, "a identidade só é considerada uma posse pessoal pelos seres terrestres" – não há diferença alguma entre aquela estrela e essa pedra.

Buddha Tells Us foi recebido com frieza por Cowley, Giroux, Sterling L. [Lord] – um grande livro. Vai converter muitas pessoas quando for publicado e lido. Resta apenas conseguir passá-lo pelos trocadores de dinheiro, as pessoas que o lerem sinceramente vão gostar. Digo, já reli umas três vezes e ele definitivamente tem poderes mágicos de iluminação, é verdadeiramente um Lago de Luz. Gostaria de ter uma cópia extra para você. Está agora (supostamente) na Biblioteca Filosófica em NY, o pessoal que publica o Suzuki. Estou realmente curioso para saber que destino esse vai ter. Estou realmente interessado agora, finalmente, mas ignorância infantil dos tais Cowleys, Girouxes, pessoas por todo lado, mas não guardo nenhuma noção duradoura de que seja nada mais do que um sonho do qual eles vão acordar um pouco mais tarde do que eu e talvez nem seja tão pior assim para o livro, digo, ser deixado de lado um tempo. A minha irmã ficou brava comigo e disse que eu pensava que era Deus, e eu disse "Você está com inveja?" – ah que lar mais horroroso este aqui, estou... indo embora de novo... e todo mundo ressente minhas sentadas legais em Sihibhuto pelas manhãs, transes legais, eles se esforçam para me mostrar o quanto estão ocupados, eles zanzam por nada, inquietos, orgulhosos, indignados, me chamam disso ou daquilo, ah, se eu não estivesse ungido pela sabedoria do Indes (que é francês para Nada) eu estaria ainda mais bravo com todos do que até mesmo você... mas vejo que é um sonho, um sonho desagradável.

Com relação às mulheres, que tipo de homem vende sua alma por uma racha? Uma verdadeira RACHA fodida – uma grande fenda entre as pernas que se parece mais com assassinato do que com qualquer outra coisa.

Realmente, meu caro, cada vez que olho para uma mulher agora quase fico doente pensando nisso. Com relação às braguilhas, eles podem enterrá-las nos campos de algodão e deixá-las fazer brotar luas, não estou nem aí. Ainda assim, uma gota de vinho e fico doidinho por qualquer coisa. Mas estou realmente ficando cansado do Mundo Ocidental e me pergunto o que acontecerá comigo no Ceilão ou em Burma ou no Japão (sim, Tóquio, é esse o lugar). Você já viu o *Compassionate Buddha*, um livro de bolso? Escrito por E. A. Burtt, há um grande sutra ali escrito por um chinês poderoso chamado Hsi Yun, na página 194. "Pelo entendimento das pessoas do mundo estar velado pela sua própria visão, audição, sensação e conhecimento, eles não percebem o brilho espiritual da substância original." Presumo que você saiba o que isso significa, não sabe?

Significa que existe uma Essência Una, por exemplo, cada gota de chuva contém infinitos universos de existência a essência dos quais é luz imperturbada. A essência da madeira é a mesma que a essência do ar. Um átomo de hidrogênio é arranjado de um jeito, outro átomo, de outro jeito... mas ambos são vazios de essência

> Dentro e fora nas 10.000 direções a matéria é efêmera
>
> Dentro e fora nas 10.000 direções o espaço é efêmero
>
> E o pensamento é efêmero...
>
> As formigas não nos percebem, as não formigas-formigas não percebem as formigas, formigas-formigas-formigas não percebem formigas-formigas
>
> Você é "velho" ou "culto" demais para se concentrar nisso?
>
> Não lembra mais das preocupações de bebê?
>
> O quê, algum Tarado Vienense lhe disse algo sobre "maturidade"?
>
> Fale sobre esse Tarado Vienense, não há uma direção infinita de universos infinitos para dentro até os incontáveis átomos deste corpo?
>
> Não há uma direção infinita de infinitos universos para fora nos incontáveis átomos de espaço dos universos, dos 3.000 Chillocosmos?
>
> Este Vienense Maduro é culto demais para pensar sobre essas coisas? Não tem tempo para a realidade? A realidade é feita de imagens? Aparências? Epifanias? Brotos? Emanações Fantásticas? Luvazio Loucoblake?
>
> Realidade é Personalidade?
>
> Realidade são Esqueletos?
>
> Na essência não há nada
>
> além da essência –
>
> E a essência não é perturbada.

A barriga do bode explode
Com a dor da
Porrada do dia.

P S P S: Também quero ver a igreja budista logo ao sul de Sun Hung Heung na Rua Washington. Eu ajudei a construí-la um dia bêbado de vinho com Al Sublette. Nós entramos, sentamos e rezamos. Sei uma oração inteira para recitar e cantar na igreja.

Encontrei-me com Jose Garcia Villa na rua, ele estava com um grande amante seu, converti ambos, acho, no bar White Horse, digo, ambos entenderam e se entristeceram. Jose disse que gostava mais de Hopkins. Ele não gosta de Gregory. Mas ninguém gosta, como Helen Parker, que se desfez do livro de G e disse, "Bem, aqui não há nada com que se preocupar".

Estive com Helen por alguns dias. No apartamento etc. Ela está bem.

Então me encontrei com o velho Wasp Bingle Frankel. E ele disse que [Alan] Ansen está preocupando a todos, desapareceu no norte da África, ou na Itália, ou em algum lugar, não tem notícias dele desde o Natal e Frankel acha que ele está morto. Ele também disse que VOCÊ morreria jovem também. Estava deprimido e sentou no bar de cabeça baixa. No fim ele nem via mais que eu estava ali.

Gritei para ele a noite toda coisas que eu gostaria de ter gravado, explicando os Elevados Mistérios Poéticos do budismo para ele, o que ele gostou gritando Bravos no bar, mas no próximo dia nem me viu. O (bar) Riviera é uma cena, vou te dizer. Estou realmente ansioso para ir a Frisco, Allen, não fique bravo, mas toda noite, quase toda noite, quero deitar com Pat Henry em meu ouvido, e espero erva, e vinho, e ouvir as músicas novas, afinal sou o novo crítico de jazz especialista da América, não sou? – Também anseio pelas barbadas usuais de Frisco, como ver Leonard Hall o budista, e Chris MacClaine e os loucos poetas tortos e Ed Roberts e Charles Mew e todos os baratos e eu e Al cantando jazz pelas ruas... e sim, adoraria foder Sheila [Williams] e todas as outras, por que não? Tudo de que preciso é uma bebida... Bebo eternamente. Beba sempre e nunca morrerá. Continue correndo atrás do cachorro, e ele nunca vai mordê-lo; beba sempre antes da sede, e ela nunca aparecerá. Argus tinha mil olhos para ver, um garçom deveria ter (como Briareus) cem mãos para manter nossos copos cheios de vinho. Venha, meu queridão, me dê mais um pouco, e coroe o vinho, reze, como um cardeal. Você diria que uma mosca poderia beber nesse copo? A pedra chamada asbesto não é mais insaciável do que a sede de minha paternidade. Longos agrupamentos de bebedeira devem ser evitados sem portas.

Ao rio não vai chegar nada, eu absorvo tudo.

Jacky Boy (escreva)

Allen Ginsberg [n.d., São Francisco, Califórnia?] para
Jack Kerouac [n.d., Rocky Mount, Carolina do Norte?]

depois de 14 de julho de 1955

Zoom de julho, 55

Jackaiato:

Vou estudar quaqué línguash que eu quissher, seja grego ou grogue e até posso considerar o sânscrito se souber como pronunciá-lo, já que estou atrás é do SOM, sânscrito sendo a língua certa por qualquer outra razão exceto quem sabe se ainda é falado? Acho que sim, mas há tempo para o grego, chinês, para a gelatina indiana e para o africâner páli, dez anos cada, ainda tenho cinquenta pela frente e posso estudar sânscrito na eternidade bem como de fato vou, de fato estava mesmo indo estudar sânscrito (passou pela minha cabeça) não decidi qual ainda, só queria outra sonoridade não latina bopando em meu cérebro: além disso, agora que posso andar a cavalo e de mula e dirigir automóveis verdes (já tenho 200km e cinco horas no meu *buggy* preto a meu favor), se pudesse utilizaria minha mente enferrujada e estudaria a própria música, entenderia as harmonias e hemidemissemicolcheias e comporia minhas próprias óperas e em particular missas zoroastristas – particularmente aqui o estudo do som físico do tempo – talvez como entendido por certas estruturas de Bach – você devia ouvir, vai ouvir, os meus fantásticos discos de Bach, nada além dos mais puros e mais elevados momentos de fato irracionais, até pensei em estudar números, matemática, mas é tolo ver a estrutura consciente que ele tinha, como a latrina de tijolos que consigo entender – tudo isso porque em poemas mais recentes estou me deparando com ritmos que ouvi mas que não sei realmente diferenciar e talvez gostando mais deles ainda do que os baratos que tinha com pesquisa de mercado, também é possível que eu consiga a papelada de professor, e assim vou resenhar em detalhes toda a história fodida do desenvolvimento da prosódia inglesa de Chaucer a Kerouac. Seja como for, começo este programa juntamente com cinquenta novas páginas completas, atualmente sendo trabalhadas no meu novo livro de poemas 1952-1955, já está quase pronto agora, outras cinquenta páginas para terminar – pelo menos dez horas de mesa por dia – e eu ainda estarei trabalhando nelas quando você chegar, e então você pode me admoestar com um lápis vermelho – pois ao ler o livro original e bom de Corso agora vejo que ele tem uma boa imaginação verbal, e quão bonita ela pode ser, e como havia negligenciado o que eu percebi (um pensamento de dois dias atrás, que na tentativa de capturar a profética pedra da voz da pedra eu apedrejei meus poemas de volta ao início mais literal possível com o *Empty Mirror* de Williams, de forma que uma voz literal pudesse ser ouvida dizendo algo literal, real no mundo, o que seja: esta árvore na minha frente é sólida e os passarinhos bebês gritam ao mesmo tempo, e não dizendo os passarin [passarinhos] estão assustados na árvore, então eu (eu mesmo) não teria nada a acrescentar, eu só queria começar sendo um olho, em som, e mais tarde o olho vai falar) – de qualquer forma reduzindo a poesia a um monólogo sem imagens ou música (título de um longo poema de três anos atrás) e então quando até os ossos do fato literal, adicionar música, que é no que estou trabalhando agora (ou disposto a fazer estudando sons estrangeiros e então música e prosódia) e mais tarde acrescentar mais alucinações encantadas de pneus de borracha como Denver, Dakar e os Doldrums Sagrados. Corso porém não só tem um gênio inato para moldar as palavras, uma delicadeza maravilhosa, e também uma emoção mística não cristalizada, ah se ele não fosse um tamanho ególatra na poesia. Ainda assim é melhor do que a que Hollander, que agora é professor em Harvard pelo que vejo, escreve. A falha de Hollander (uso essa palavra como Faulkner a diz em [A] *Fable*, no sentido geológico) não é que ele esteja em Harvard mas que para início de conversa ele não é santo o suficiente – o que me lembra de uma frase burroughsiana que me apareceu num sonho, "oferecemos nossos bens para o mercado e eles não são aceitos por aquela equipe cínica de frutinhas certificados". Seja como for eu FUI a Berkeley e vi o professor aluno de Blake em Berkeley, o Trilling de Berkeley, Mark Schorer e rapidamente larguei meus manuscritos na mesa dele e disse que queria estudar prosódia para um mestrado e talvez alguma música e algum grego de acompanhamento – e ele disse que ninguém havia feito algo assim por ali, não sei ao certo, na verdade não, não vai ser possível fazer isto via o departamento de língua inglesa, só é possível estudar inglês no departamento de língua inglesa, não mais do que três créditos por semestre de outro campo não relacionado (música, grego, Buda) – tente talvez o departamento de literatura comparada. Mas provavelmente eles não vão aceitar também. Bem, pode ser que ele mude de ideia depois de ler minha metade de livro, mas duvido muito, então vou fazer o que eu quiser e cursar o que eu quiser fora do contexto de um mestrado, embora eu quisesse o título para uma fonte distinta de bufunfa como professor no futuro, se necessário, seja em Winesburg ou em Cambridge, é um campo profissional melhor do que pesquisa de mercado. Tenho outra perspectiva: se eu for para uma universidade e ficar por lá por uns cinco meses ou um ano inteiro eu provavelmente vou receber uma bolsa, ou um trabalho fácil de tutoria, o que permitiria viver com $1500 por ano por vários anos, e talvez até me leve à Europa num intercâmbio, ou ao oriente para o sânscrito, o que for, posso também estudar chinês, porém tudo isso é fantasia temporária já que meu pobre seguro-desemprego expira em outubro ou novembro e logo mais já vou precisar de grana. A única coisa que não quero fazer mais é trabalhar num escritório como fiz este ano. É uma completa perda de tempo, só que se eu não tivesse feito isso – é certo que nunca trabalhei num escritório antes – eu teria que estar numa das próximas vidas de Neal ou Lucien. Como você vem para cá, não vou mandar nenhuma amostra de poesia, exceto esse exemplo de ritmo:

>Cabeças folhosas em longas estacas
>balançam para cima e para baixo
>na perigosa brisa amarela

e melros recém-nascidos choram no ninho
no topo da árvore espiralante.
[...]

Além disso, AGORA não estou tendo visões. Espero por sua chegada e não resistirei.

Vi Philip Lamantia, passei seis horas, a noite toda, na cantina falando com ele na esquina da Kearney com a Market depois de uma festa na casa de Rexroth e ele me disse como tinha sido a experiência com os índios religiosos no México, como havia encontrado sacerdotes e tido visões, iluminações e que agora havia se convertido ao catolicismo, criticou o peiote, a baura, o tesão e "estou guardando minha semente" embora casado com uma Gogo (nome dela) e esteja empurrando bíblias de porta em porta para "os leigos". Acho que agora foi de novo aceito no seio de Cristo e Maria num nível mais baixo e humilde, e até foi salvo da loucura e do pecado, e espera ter feito um contato mais direto com a fonte. Cristo "acidentou-se" contra o tempo. Ele falou (sério como James Mason, com dedos nervosos tremendo, a voz calma, com o sorriso charmoso de Huncke quando sorria) durante toda a noite e me deixou incomodado com o que aconteceu com MINHAS visões? De qualquer jeito ele se vendeu, está lendo os patriarcas da igreja, todo erudito, manjando os baratos teológicos agora como Pippin e Durgin costumavam fazer, embora ele (Lamantia) tenha tido visões (reais, de monstros, com e sem peiote, desde que ele tinha quatorze) e agora esta visão final que obliterou todas as anteriores, enquanto lendo Maomé ele flutuou acima do próprio corpo, em êxtase, e um anjo apareceu e disse que ele tinha que voltar, ele chorou e disse não, o êxtase aqui era demais, o anjo mandou ele voltar e disse que a ele tinha se revelado a luz verdadeira, de uma vez por todas, e ele acordou chorando e "correu para a rua para olhar para os céus e viu a terra também banhada em luz" de X, durou uns quinze minutos, mais ou menos. Ele é a única mente realmente selvagem por aqui, também o achei meio louco, guardando a semente e falando de teologia da Virgem Maria, intelectualizando suas visões. Sabe um pouco de booda [Buda]. Você também devia falar com ele, ainda que ele seja um católico com uma visão estreita das coisas, mas você sendo um velho católico pode se interessar em ver o mais interessante místico católico que conheci pessoalmente, ele torna o catolicismo interessante como o peiote, digo, é um católico descolado, falando de como os "discípulos todos surtaram ao ver Cristo ressuscitado", e não só num nível de conversa descolada de casa noturna.

Peter [Orlovsky] está agora vagando por NY e a dizer pela última carta não tem ninguém em casa. Ele vai estar aqui no fim de agosto ou início de setembro.
[...]

    Amoramoramor
        Cachorro do amor
            Allen

Jack Kerouac [Cidade do México, México] para Allen Ginsberg [São Francisco, Califórnia]

Domingo, 7 de agosto de 1955
    Orizaba St, 212
    DF do México, México

Caro Allen:
    Estou agora aqui com Bill Garver – me desviei de minha rota para o Oeste pegando carona pelo terrível Texas e acabei vindo até aqui para dar uma curtida – mas ainda estou rumo a Frisco, vou estar aí em setembro – em primeiro lugar eu quero um tratamento completo de penicilina para minha perna aqui, menos as contas de médico americano – quanto mais fico velho, mais a dor na perna persiste – Bill Garver e eu encontramos velhos amigos de Bill B e Bill G é hétero – nada me apetece além de beber, passei mal no primeiro dia dos remédios. Sinto-me sem rumo, efêmero, inconcebivelmente triste, não sei para onde vou, nem por quê. Queria estar em Frisco agora mas é uma viagem longa demais. Vou chegar a Nogales via uma ferrovia SP do México por $10 – e Bill vai me acompanhar até Culiacan – olha só – em um mês, mais ou menos. Até agora tenho dormido no chão da casa de Bill. Amanhã vou ter um telhado de adobe. Tudo que quero no que diz respeito a planos de vida daqui em diante é a solidão compassiva e cheia de contentamento – é tão difícil ser um bhikku aqui no Ocidente – vai ter que ser um estilo americano de bhikku, porque até agora tudo que fiz foi chamar atenção. Talvez possamos ir a NY juntos no Natal – minha mãe vai estar lá outra vez – estou com disenteria, me escreva uma carta. Bill manda calorosos cumprimentos.
    Jack (Beat)

    Mensagem de Bill [Burroughs]: "Escrevi uma carta para você mês passado e pensei que você responderia." P.S. "Pelo amor de deus não brinque com O ou H na Califórnia, é o pior estado da União." "Envie a ele meus cumprimentos". –

    Ele está na cama lendo a Time –
    Velho Dave morreu ano passado – o
    Velho Ike do livro de Bill. – Sua esposa
    É a mais bela – uau –
    Que índia e que
    Alta sacerdotisa Billy Holiday –
    Seu nome na rua: Saragossa –
    Como o nome do Herói de Genet –
    Me apaixonei por ela
    Por uma tarde –

Conheci a Dona Verde
Graças a ela e concordo com
você, ela é um saco.–

Não fique bravo comigo,
Vou estar aí em um mês –
Me escreva com planos –
E mande um alô para o Velho e Contínuo Neal –

A compaixão contínua e consciente e o contentamento ordinário por qualquer jeito de obtê-la – digo, baratos simples – quietos – o que mais vamos precisar? Eu medito, descanso minha barriga, rezo, como, durmo, me masturbo e caminho, até que meu tempo de agora se acabe.
J.

Allen Ginsberg [São Francisco, Califórnia] para Jack Kerouac [Cidade do México, México]

antes de 15 de agosto de 1955

Caro Jack:
Recebi sua carta vários dias atrás, então Peter Orlovsky chegou a SF com o irmãozinho, ele tem quinze anos e problemas de rituais de banheiro, então estive acomodando todo mundo durante esse tempo.

Robert LaVigne o pintor está aí em algum lugar perto de Mazatlan, se conseguir o endereço dele envio a você, no seu caminho de volta você pode dormir no chão da casa dele e comer por lá.

Se você ainda tem disenteria, você sabe a cura do comprimido marrom Enteroviaforma, se persistir, acredito que uma injeção de um antibiótico forte pode fazer bem – Terramicina, acho.

Envio em anexo um primeiro croqui de notas para um poema que estava escrevendo, mais próximo ao seu estilo do que qualquer outro. Meu livro tem cinquenta páginas prontas e mais cinquenta para completar, acho. Não vai estar pronto antes do fim do verão. A não ser que você consiga me convencer, estou indo para Berkeley, encontrei uma casa barata ($35 por mês) de um quarto, uma cabana shakesperiana de Arden com telhas marrons e flores por todos os lados, um grande e belo jardim, privado, um damasqueiro, silêncio, uma cozinha e um banheiro, janelas com sol, próximo da Av. Shattuck (fácil para o sistema de bondes), a seis quadras da universidade, um local perfeito para se retirar e ficar quieto, que é o que desejo já que estou mais envolvido com a escrita do que nunca. Vou ter que trabalhar no hospital de caridade para me sustentar e começar trabalhos para o mestrado, curso sobre anglo-saxão que é obrigatório e sabe-se lá mais o quê, e então vou ficar sozinho por lá e você é bem-vindo para ficar lá por um, dois anos, ou um mês, o que você quiser, vai ter todo tipo de comida por lá, eu como bem, pouco dinheiro, mas suficiente para ir até SF, vai dar tudo certo. Vou estar aqui na Rua Montgomery, 1010 por mais três semanas, talvez mais, e me mudar para o outro lado da baía lá por 5 de setembro. Neal tem um apartamento na cidade para você ficar se quiser passar uns dias na cidade a qualquer momento. Meu convite original para vir para cá etc. é ainda o mesmo exceto que agora a cabana com jardim o torna mais um Bhikku shakespeariano aposentado, melhor.

Uma galeria de arte aqui me pediu para organizar um programa de recitais de poesias neste outono [este viria a ser o famoso recital da Sexta Galeria], talvez eu, você e Neal pudéssemos fazer um dia do programa; também podemos gravar e colocar no ar qualquer coisa que quisermos pela estação de rádio KPFA de Berkeley.

Tenho ido ver grandes professores de Berkeley, mas sou um ninguém anônimo e não impressiono ninguém com nada, então vou ter que trabalhar por um ano, depois posso ter dinheiro das escolas e conseguir uma bolsa para as Harvards da Ásia, espero. Acho que tenho que trilhar esse caminho por enquanto, a alternativa é só trabalhar em qualquer coisa quando o dinheiro terminar e não me preparar para nada em relação ao futuro financeiro. O que você acha?

Carta de Bill, ele quer que eu vá para as tribos bissexuais da América do Sul, mas como eu poderia? Não tenho ouro.

Venha para cá e me faça companhia, não há ninguém com quem falar. Estou continuando o Surangama Sutra. Também estou lendo poesia surrealista e Lorca, traduzindo Catulo do latim.

Quero ver [Karena] Shields, a mulher mexicana, e dizer a ela que você vai deixar seu endereço na embaixada americana, ela provavelmente vai passar pela Cidade do México em uma ou duas semanas.

Estive pensando, você não conseguiria encomendar sulfato de mescalina da Delta Drug Co. numa farmácia mexicana e trazer para cá? Mando um cheque, pesquisa para mim? Delta Chemical Works, Rua 60 W, 23, NY 23, NY, custa $7 um vidrinho pequeno.

Escrevo em breve. Escreva e não deixe de aparecer.
    Amor
        Allen

PS: em relação à mensagem de Bill Garver??? Não recebi carta nenhuma dele nos últimos dois meses. Troco correspondência regularmente com Burroughs. Tentei um pouco de "agá"[8] por aqui, mas era cara demais, uma porcaria. Traga codeinetas com você, uns tubinhos, ok? Cumprimentos para Garver.

Ed Woods, testemunha da morte de Joan [Burroughs], está na cidade cuidando

---

8. "Agá", significando a letra H, é gíria para heroína.

de um bar no The Place, o principal bar em North Beach, e Sandy Jakobson, amigo de Kells [Elvins], também está na cidade na supracitada estação de rádio, KPFA. [Chris] MacClaine é garçon-cozinheiro no The Place, também supracitado.

Quero também arranjar um piano e estudar um pouco de música básica, escrever uns poemas blues.

Desde que Peter saiu tenho escrito muito, no fim das contas a solidão este ano foi boa para mim, embora eu tenha ficado triste louco depressivo em meio a ela também. Não aguento a vida.

Não fique bravo comigo, venha quando quiser, não venha só por causa dos $25 de Eugene, mas venha mesmo, e venha logo, chegue para o leite pacífico na casa shakespeariana.

Estou tentando pastorear o [Lafcadio] Orlovsky de quinze anos pela vida agora, é como estar casado e ter uma criança-problema crescida, uma doideira, páthos da vida real. Eles vão arranjar um apartamento na cidade por aqui, vou me mudar para Berkeley e ficar longe de tudo.

Guy Wernham o tradutor de Lautréamont está num quarto mobiliado no outro lado da rua, ele vem me visitar e me traduz Genet, poesia de Genet, bebe chá e tremelica digno e perdido como Bill, parece uma espécie de Bill sem o charme genial de Bill.

Estou bem, na verdade até estou meio feliz.

Também vamos ter um carro para os nossos passeios.

Amor
Ginsberg

Jack Kerouac [Cidade do México, México] para Allen Ginsberg [São Francisco, Califórnia]

19 de agosto
(não abril)
1955
a/c WM Garver
Rua Orizaba, 212
México DF

Caro Allen:
Você viu a resenha de Alan Harrington na revista *Time* de 22 de agosto? Knopf conseguiu publicar sua saga, lembra-se dela? Ele parece tê-la comprometido ao alterar o título de *An American Comedy*, para *Revelations of Dr. Modesto...* Fazem troça dela, *Time* e *Newsweek*, como fazem de toda literatura atual, como se o mero fato da literatura ser atual a tornasse inócua.

Enquanto isso os gênios da United Press continuam a purificá-la. Lucien escreveu: "Eu ia vender seus papéis (de marinheiro, que eu deixei na casa dele) para um gaiato africano mas ele disse que não valiam mais" e Hudson escreveu: "Você está passando por toda essa terra ancestral silenciosa, o México?"

Eu mesmo acabo de produzir 150 puta obras-primas poéticas em *Mexico City Blues*, cada uma delas de escrita e tamanho uniformes. É um mundo fácil, no qual é difícil morrer –

Garver manda um abraço.

Não quero ver a Senora – não vou me mudar do apartamento de Bill. Estou fixado e muito chapado de mexicana. Robert LaVigne conhece a Dona Verde e todas as outras damas de honra? (Não deixe de me dizer).

Vou chegar em Frisco 15 de setembro ou 15 de outubro – se estiver em Berkeley, eu o encontro. Peter soa semelhante à ideia que tive para Peter Martin na sequência de *Cidade pequena, cidade grande*, com todos os irmãos enlouquecendo. Tenho certeza de que ele é um santo e nunca faria graça – dele ou de seu irmão de quinze anos.

Seu *Uivo para Carl Solomon* é muito poderoso, mas não quero que ele seja arbitrariamente negado por emendas secundárias feitas com o tempo através de reconsiderações. Quero sua espontaneidade linguística ou nada, isso serve para você e para Gregory Corso, não vou ler manuscritos de poesia aleijados por tantas alterações.

Envie o endereço de Robert LaVigne (quero nadar por uns dias em Mazatlan) e alguma poesia espontânea e pura, o manuscrito original do *Uivo*, estarei a caminho em algum momento entre 1º e 15 de setembro.

Foda-se Carl Solomon. Ele é o voyeur no hospício. Ele está bem. Mande meu amor para Al Sublette e Neal. Diga a Neal que ainda o amo muito e sempre vou amá-lo, ele é meu irmão, sem dúvida.

Garver é um grande cara malcompreendido por Burroughs, que não o ouvia por causa das preocupações vienenses. Garver conheceu um promotor judeu que conseguiu enganar o analista e tirar dele $25.000 depois de pagar a primeira consulta. Não me venha com essa merda toda de Innisfree.

Vou ler seu poema de novo, – faço uma sugestão, o primeiro rebento é o único rebento, o resto é a torneira cansada do tempo – etc.

Amo você também
Jack

P.S. [...] E – eu gosto, em *Uivo*, de "com uma visão da buceta final" – e – "sacudindo genitais e manuscritos" (que é como sua prosa sobre Peter pegando carona no Texas com *Illuminations* sob o braço) – e especialmente gostei de "morreu em Denver de novo" (abandone meus Denvers Agonizantes) e "a lobotomia final da verdade autoaplicada".

Sim, eu concordo com você que ir para a Universidade da Califórnia para um mestrado ou para qualquer coisa é uma boa ideia, é uma atmosfera adequada para você, não tenha medo de se tornar um grande professor sábio no que diz respeito à literatura e ao budismo e à arte oriental, um poeta e um crítico, como

Cowley, *Allen Ginsberg*. Cowley e eu caminhando no Village em junho e Meyer Schapiro passa por nós, não me reconhece, ou nem lembra de mim, mas diz "Malcolm Cowley" e eu digo "Meyer Schapiro", na rua, – cena esquisita.
[...]

Allen Ginsberg [São Francisco, Califórnia] para Jack Kerouac [Cidade do México, México]

Montgomery, 1010
25 de agosto de 1955

Caro Jack:
[...]
As páginas de *Uivo*[9] (título correto) que enviei a você são as páginas como escrevi primeiro, como estão. Apenas recopiei e enviei a você a versão 100% original. Não há versão pré-existente, datilografei enquanto ia, e é por isso que está tão bagunçado. O que tenho aqui são todas cópias limpas e ampliadas. O que você tem é o que você quer.

Percebo como você está certo, foi a primeira vez que sentei para improvisar, e saiu no seu método, soou como você, quase imitação. Você está muito avançado nisso. Eu não sei o que estou fazendo com a poesia. Preciso de anos de isolamento e escrita constante para atingir o seu volume e liberdade e conhecimento da forma.
[...]
Caminhamos sob efeito do peiote por todo o centro. P & eu [Peter e eu] encontramos Betty Keck e vimos o prédio Moloch Molochesfumaçante no brilho vermelho no centro, o hotel da St. Francis, com olhos de robô nos andares de cima e cara de crânio, esfumaçante, de novo. E eu vi em mim e nele um vazio sob o conhecido, um do outro.

E então, o [Meyer] Schapiro reconheceu você?

Peça a Garver se possível para encomendar a mescalina, deixe com ele o endereço da Delta Co. e dê notícias para que eu possa encomendar. Esta semana aconteceu a primeira prisão na Califórnia por posse de peiote. Um cara em San Mateo. Descolado anônimo, quarto mobiliado.

Lembro o ônibus barato com os imigrantes ilegais cruzando o deserto da costa oeste na autoestrada Pan-Am (veja os preços de Guaymas, Culiacan e Hermosillo) ao próprio Mexicali, assim cortando toda a viagem dentro dos EUA. Também bela viagem de ônibus ao longo da Sierra Madres de Durango até Mazatlan, cerca de dezesseis horas cada viagem. O ônibus Mexicali faz a conexão com a autoestrada principal em Santa Ana, acho.

---

9. Foi Kerouac quem sugeriu que *Uivo* seria um bom título para o poema de Ginsberg. Allen antes o havia chamado *Strophes*.

Não tenho dinheiro, mas se você estiver com problemas de $$ me escreva imediatamente e peço para Neal ou para alguém, e mande instruções quanto ao local de envio.

Bern Porter ou a livraria City Lights aqui vão publicar um livro de poemas para mim, possivelmente também para você, a ver. Coloquei um poeminha numa revistinha no sul da Califórnia e meu pai me enviou uma cópia dele republicado pelo *Herald Tribune*, eles fazem isso todos os domingos. Estranho. A nota incompreensível sobre "O estranho encapuzado", justo sobre esse!

Cento e cinquenta poemas?! Eu trabalhei o mês todo para juntar vinte cocozinhos! Até agora cinquenta páginas, mais *Uivo*.

Neal saiu da hora extra e está com horários regulares, então podemos marcar datas e noitadas.

Como disse, você está com o manuscrito original de *Uivo*.

Lindas as amostras de blues. Escrevi a Bill. Não está morto. Você sabe (rindo) cortei verdades etc. lobotomia na nova versão. Depois conversamos.
 Amor
  Allen

Allen Ginsberg [São Francisco, Califórnia] para Jack Kerouac [Cidade do México, México]

30 de agosto de 1955

Montgomery, 1010
30 de agosto

Caro bolacha de amêndoajack:
[...]

A livraria City Lights está publicando panfletos – cinquenta páginas curtas – de poetas locais e uma reimpressão de W. C. Williams e outra de Cummings e vai publicar *Uivo* (sob esse título) no ano que vem, um livreto só com esse poema, nada mais – vai encher um livreto.

Em dois dias me mudo para a cabana de Berkeley, cheia de flores e silenciosa. Mande mais Blues da Cidade do México se ficar mais tempo por aí. Cumprimentos para Garver. O calor de setembro em SF está azedando o leite.

"Que esfinge de cimento e alumínio arrombou seus crânios e devorou seus cérebros e imaginação?

Moloch Moloch Solidão Fealdade! Latas de lixo e dólares inatingíveis! Crianças berrando sob as escadarias! Velhos chorando nos parques!

Moloch! Moloch! Tesourarias de esqueleto! Bancos fantasmagóricos! Capitólios sem olhos! Apartamentos robô! Falos de granito e bombas monstruosas!

Visões! Presságios! Alucinações! Descendo pela correnteza do rio americano! Sonhos! Milagres! Êxtases! O carregamento todo de bosta sensível!"
Etc.
    Amor,
        Allen

Jack Kerouac [Cidade do México, México] para Allen Ginsberg [São Francisco, Califórnia]

1º a 6 de setembro de 1955

Caro Allen:

(Muito obrigado pelo dinheiro louco – agora enlouqueço)

Você é possuidor do mais sensível coração e da mais elevada sabedoria. Se eu algum dia puder rastejar para sua cabana de Horror Blakeano em Berkeley (yak!) e mastigar as migalhas de seus ossos, Wak! Lak! O rapaz lak! Smak! Trak! Shak! Yok! Pock – smock – vou ter muito a datilografar.

[...]

Tenho boas notícias. O sr. Cowley me conseguiu a bufunfa da Academia de Artes e Letras, para afinar de dois dós, que recebo em cheques mensais de 50 pratas, convertidos em cheques de viagem. Também vendi "Mexican Girl" para a *Paris Review* por $50. Recebi uma grande carta calorosa de Malcolm [Cowley] – e agora ele vai escrever o prefácio de *Geração Beat* para a Viking. Estou enlouquecendo com a Dona Verdinha. Não sei o que está acontecendo ou onde estou.

Preciso de uma máquina de escrever, preciso de sua amizade.

[...]

Sexta, 2 de setembro. Joguei a verde pela privada, me aprontando para ir visitar você. Nada de mescalina, um homem foi preso na fronteira com mescalina na semana passada. – Quero chegar aí.

Minhas pernas estão bem ruins de novo, a penicilina não funcionou com a Dona Verde.

Holmes me escreveu. – E também os editores de Suzuki em N.Y. (Biblioteca de Filosofia) queriam garantir 600 cópias antes de publicar meu "muito bem escrito" livro de Buda. Eu não conheço 600 pessoas com $3.50. Vou mudar o título para *Despertar*.

Sábado. Dona verde de novo, moça difícil. Vou sair daqui uma semana, pegar o trem para Santa Ana, o ônibus para Mexicali, mendigar até L.A., vagão de carga até Frisco. Volto no inverno para a cabana de palha do distrito de Acapulco, quando terminarmos nossas conversas em Berkeley e eu tiver trabalhado um pouco e vagado um pouco por Frisco. Sem máquina de escrever, sem imaginação, me desculpo pela minha pobre carne trêmula.

Tarde – Estou agora bebendo uísque como Lucien e surtando. Estou *entediado*. Garver fala, mas não comigo. Queria que Bill B. estivesse aqui para baratos dos velhos tempos pelo México. Ele não respondeu minha carta de 30 de agosto, escrita com Garver. Se ele foi destrinchado pelos berberes em Ouedzen eu diria que merece tudo por bisbilhotar e que dure a Eternidade pela mutilação furtiva de gatos.[10] Posso vê-lo agora sendo apanhado por nômades desinteressados e fatiado sem hesitação enquanto a tarde continua a passar... Bill está dizendo "O quê? Espere? Onde?" e de repente está cara a cara com seu romance, um machado árabe.

Se for assim, isso significa que vou estar cara a cara com o *meu* romance, ovelhas no céu.

Vejo você entre 16 e 23 de setembro, embora a essa altura você nem acredite mais em mim.

        Jockolio

Partindo sexta – mal posso esperar para ver você.

        [...]

---

10. Por algum tempo Burroughs sentia prazer ao torturar gatos, mas nos últimos anos de vida tornou-se um devoto adorador deles.

1956

Nota dos editores: Em setembro de 1955, Kerouac chegou à porta da cabana de Ginsberg em Berkeley. No exato momento em que esperava por Allen, este encontrava Gary Snyder pela primeira vez e fazia arranjos para o recital de poesia na Sexta Galeria. Jack foi ao recital, em 7 de outubro, mas estava tímido demais para ler. Allen, Gary Snyder, Philip Lamantia, Philip Whalen e Michael McClure leram e Kenneth Rexroth foi o mestre de cerimônias naquela noite. Em outubro, Gary e Jack saíram para acampar num fim de semana que serviu como base para Os vagabundos iluminados. Então, em novembro, Natalie Jackson cometeu suicídio quando se esperava que Jack estivesse tomando conta dela, a pedido de Neal. Os dois ficaram chocados com a morte dela, e Neal voltou a viver com Carolyn em Los Gatos. Depois de uma breve visita aos Cassady no fim de novembro, Kerouac voltou ansiosamente para sua mãe, que estava morando em Rocky Mount com a irmã e o cunhado de Jack. Nos meses seguintes, Jack permaneceu na Carolina do Norte trabalhando em vários livros, inclusive Visões de Gerard.

Allen Ginsberg [Berkeley, Califórnia] para Jack Kerouac [Rocky Mount, Carolina do Norte]

Rua Milvia, 1624
Berkeley, Califórnia
10 de março de 1955 [*sic*: 1956]

Caro Jack:
   Mando em anexo uma carta de John Holmes. Vou escrever para ele também. Mando também uma carta de Jonathan Williams[1], que mencionei antes. Tenho algumas anotações que mostrei a você uma vez e que escrevi em NY que pretendo enviar para ele. Pensei também em resumir o *Naked Lunch* de Bill e enviar uma amostra dos procedimentos de Bill. A carta de Jonathan Williams é o que é. A *Black Mountain Review* é dirigida por Charles Olson (poeta cujo poema sobre a mesa cabeluda eu mostrei a você numa livraria em Berkeley). Robert Duncan está agora na C.N. também, lecionando na [Universidade de] Black Mountain, que parece ter mesmo uma galera louca e transada. Escrevi para Williams dizendo a ele que você também estava na C.N., sugerindo a Duncan procurar você, já que ele leu *Visões de Neal*.
   W.C. Williams aparentemente nunca recebeu ou nunca leu sua prosa que enviei nem a carta seguinte, que continha *Uivo* para que ele lesse. Ele escreveu para a City Lights dizendo que gostaria de fazer uma introdução se eu enviasse a ele o manuscrito, mas não ouvi isso dele diretamente. Enviei outra cópia de *Uivo* para ele, e depois pergunto o que aconteceu com a sua prosa.
   Cowley esteve na cidade, falei com ele brevemente, ele não lembrava de mim,

---
1. Jonathan Williams era dono da Jargon Press.

então acabei discutindo com ele sobre Burroughs – "Fica longe", disse ele, "pelo que sei ele matou a esposa". Ele mencionou *On the Road*, dizendo que levaria tempo e que estava preso na questão da calúnia. Aparentemente eles estão todos seriamente atados nessa questão. Não gostei de Cowley dessa vez.

Lucien escreveu: "Jack ficou aqui uns dias. Pareceu bem contente. Também achei os lances sobre o irmão Gerard muito bons. Feliz em ver vocês dois num barato menos obscurantista, ofuscador. Também gostei da história dele na *Paris Review*"..."Fui recentemente promovido a Gerente do Bureau Noturno o que acho quer dizer que sou branco, ainda que pobre."

Orlovsky se mudou para um grande, feliz e moderno condomínio popular, deu peiote a Lafcadio e conseguiu que ele transasse com alguém. LaVigne está fazendo grandes shows de desenhos espontâneos no The Place e na livraria City Lights. Tive um grande sonho noite passada em que Neal se mudava para minha velha vizinhança em Paterson. Estou trabalhando carregando bagagens na Estação Greyhound em SF, $13 por dia, e me inscrevi na marinha mercante para pegar um navio, torço para embarcar em no máximo dois meses.

Snyder está morando com [Locke] McCorkle em Mill Valley, [Philip] Whalen aparece para jantar algumas vezes por semana, na cidade fico na casa de Peter por algumas noites quando estou trabalhando. Revisei Moloch, que agora tem três páginas – "Moloch cujo seio é um dínamo canibal" etc.

Vejo você uma hora dessas,
  Amor
   Allen

Nota dos editores: *Em abril, Kerouac retornou para a área da Baía de São Francisco e foi morar com Gary Snyder, que estava vivendo numa cabana em Mill Valley enquanto se preparava para ir para um mosteiro budista no Japão. Com a ajuda de Snyder e Whalen, Jack se inscreveu para trabalhar como vigia florestal num remoto pico de montanha no Estado de Washington durante aquele verão, enquanto Allen encontrou trabalho na marinha mercante num navio que levava mantimentos para bases de radar no Círculo Ártico.*

Allen Ginsberg [USNS *Joseph F. Merrell*, São Francisco, Califórnia] para Jack Kerouac [Mill Valley, Califórnia]

c. fim de maio de 1956

Allen Ginsberg, Secretário do Navio
USNS Joseph F. Merrell
TAKV-4
a/c caixa postal Esquadra SF, Califórnia

Jack:

Aí vão $20.00, dez que devo a você e dez porque sou rico. Se você precisar mais para a viagem ao norte, me avisa.

Recebi as provas do meu livro [*Uivo e outros poemas*] e Ferlinghetti pediu mais poemas para incluir no livro, então enviei a ele Sagrado! etc. e um novo poema de Greyhound de quatro páginas que você ainda não viu. Saio do cais da Rua 16 e 3ª no píer 64, triplo A, no dia 4 de junho para ir para a Base de Suprimentos do Exército em Oakland, e partimos no dia 8 para o Havaí, e depois até Seattle, acho eu, e finalmente para o Ártico. Talvez eu esteja em Seattle até o fim de junho com um fim de semana livre, então eu alugo um helicóptero para visitar o Desolation Peak.

Muitas cartas de Bill [Burroughs] em Berkeley que ainda não vi. Eugene, meu irmão, é pai de um menino chamado Alan Eugene Brooks. Não sabia que ele me amava tanto.

Acho que vou ver você antes de zarpar, na verdade posso ir até Mill Valley neste fim de semana. Entreguei Yage City, de Burroughs, para [Robert] Creeley.

O homem da *Needle* não vai publicar "Railroad Earth" – os jovens anarquistas vestidos de ternos italianos que o sustentam pensam que não é anarquismo político, e eles o pagam para publicar esse tipo de coisa. Ele diz que sente muito. Vi ele no recital de Creeley.

Enviei exemplares de *Uivo* para T.S. Eliot, [Ezra] Pound, [William] Faulkner, [Mark] Van Doren, Meyer Schapiro, [Richard] Eberhart, [Lionel] Trilling, até que acabaram as cópias. Imagino o que T.S. Eliot vai fazer. Também escrevi para todos eles sobre você. Cartas engraçadas para cada um deles. Imagine a do T.S. Eliot.

Tenho uma dor de cabeça e estou caminhando por SF na tarde de sexta com dinheiro e mala e poemas e casaco de couro e camisa cáqui e calças e cabelo cortadinho sem nada para fazer. Parei aqui no Posto de Correio chinês ao lado do parque de Chinatown.

O que aconteceu com Neal – você passou dois-três dias com ele?

Amor,
Allen

Allen Ginsberg [USNS *Sgt. Jack J. Pendleton*, Point Barrow, Alasca] para Jack Kerouac [n.d., Desolation Peak, Washington?]

12 a 18 de agosto de 1956

12 de agosto de 1956

Caro Jack:

[...]

Estou para cima e para baixo na costa do Alasca já há um mês, agora no ponto mais ao norte, o Point Barrow. O sol está no céu a noite toda, ou estava, no solstício de verão semana passada, uma palidez horrível e fantasmagórica no céu a noite toda pelas nuvens, e essa semana fantástica de sol de ferro queimando até a linha do horizonte todas as noites por algumas horas, com o tempo muito limpo. A água sempre se movendo, nuvens sempre se movendo, pássaros como as nuvens e eu também como uma mutável névoa transparente por todo lado mudando. Passo muito tempo no convés à noite, muitas vezes de joelhos, orando, mas não sei para quem ou como. Pensei em você e quis escrever mas não sabia o que dizer que você acharia aceitável, e ainda me sinto meio inquieto. Pensei em escrever a você uma enorme confissão de inveja-preocupação-amor mas o sol está no meu olho e por que incomodá-lo. E Gregory Corso está em SF ouvi de Whalen e então recebi uma carta louca dele – tão afiada –.

"...o grito da América foi constrangedor... mas Novalis e Wackenroder também foram. E Kleist fez a amazona comer sua amante crua bem no palco, os poetas alemães são o fim. Li *Uivo* e pensei por que uivar, já que Rimbaud nos derrotou a todos ao se 19izar. Você está velho. Eu estou velho. Nossos gritos soam mais como ruídos roucos do que GRRRRRRRRRRRRRRRRRRRRRS. E o amor. Você está velho demais para dizer o que é o amor. Facilmente podíamos chamá-lo de Boicote Polêmico Zen. Se você não escrever e viver um grande poema antes dos seus trinta anos de idade, desista. Disse isso para [Archibald] MacLeish e ele me expulsou de Cambridge. Tchau, Gregory Corso."

E ele incluiu uma peça louca, arte de primeira, chamada "Way Out" que é toda escrita no estilo de seu poema sobre Bird, em fala descolada poética, e também é muito bonita.

[...]

Carta também de Burroughs e Ansen em Veneza, onde estão todos se divertindo muito no "paraíso maometano com meninos" e Auden está se juntando a eles talvez no outono. Bill saiu de Londres xingando Londres e também Seymour Wyse, que segundo as reclamações dele sempre marcava e não aparecia.

Finalmente chegamos a um mar cheio de icebergs de gelo e navegamos nele por uns dois dias, batemos contra um deles e rachamos o hélice e inundamos um dos compartimentos, está tudo consertado, assisti os mergulhadores o dia todo outro dia nadando em trajes marcianos sob a água, e peguei uma carona pelas águas de Barrow sob os vastos cascos dos navios num pequeno bote, entregando papéis. O trabalho é fácil, muito tempo de folga. Não me masturbei desde Seattle e finalmente na semana passada um enxame de divagações sexuais e sonhos vieram como um tufão e comecei a escrever um longo poema sobre eles, e finalmente tudo parou e me deixou mais ou menos pacífico e desafogado. Está tudo na mente. Tudo passou.

O trabalho aqui acabou (agora é 18 de agosto) e provavelmente vou partir daqui rumo a SF hoje ou amanhã. Tenho o fim de semana livre para terminar a Bíblia, se puder.

Consegui uma cópia de *Uivo* da City Lights, parece meio desleixado e com alguns erros tipográficos e eles deixaram de fora o Sonho de Joan que eu pedi para colocarem, e colocaram alguns de que eu não gosto tanto. Da próxima vez vou dar mais tempo e não ser tão ansioso para terminar um livro.

Escrevi a Gregory pedindo que ficasse em SF, talvez a City Lights faça um livro para ele.

Tenho $850 no banco em NY da viagem de navio mais o dinheiro de minha mãe[2] (no fim deste mês, agosto). Vou estar em SF, espero ter notícias suas – quando você volta? – logo, se possível – e faça planos para voltar logo de saco de dormir pelo Grande Cânion no Novo México e de carona em Chicago, vou comprar um saco de dormir, talvez parar no México? De qualquer jeito devo estar em SF em duas semanas se o navio não mudar de planos. O serviço do correio é irregular e não sei se essa carta chega antes de eu sair daqui ou se vai ficar presa no navio até SF.

Você deve se sentir solitário ou estranho com todo esse isolamento na montanha se não receber correspondência.

Escrevi diários e anotações e alguns salmos e o longo poema sexual, até agora sobre Haldon [Chase] e Neal.

Escrevi também a Hal e enviei a ele os recortes e o seu apoio. Uma nota curta, disse que talvez eu passasse por Denver e que procuraria por ele se ele estivesse por lá.

Vi [Bob] Merims por meia hora antes de sair de SF, ele está indo para o Japão, dei a ele o endereço de Gary [Snyder]. Soube de Whalen, Marthe Rexroth voltou para SF. Whalen *é* um pilar de força, como você disse.

Foto de Walt Whitman – acabei de terminar no mês passado e também uma enorme biografia dele. Já percebeu aquele olhar resguardado dele? Nada como a poesia. Finalmente entendi quando parei de me masturbar na viagem – ele está escondendo sua veadice e doçura, medo e vergonha. Daí esse olhar resguardado meio cerrado, ele se fechava. Sua anotação no diário, pobre Whitman: "suas emoções são completas nele mesmo (indiferentes) não interessa se seu amor, amizade etc. são retribuídos ou não." É por isso que Whitman nunca fez grandes e adoráveis fotos de si mesmo se entregando ao mundo dos garotos. A coisa surpreendente é a total abertura na escrita.

[...]

Mas depois de ler a Bíblia e pensar estou mais confuso do que nunca sobre a vida sagrada que me espera. Cedo ou tarde creio que vou ter que começar totalmente pobre e abandonar tudo. Acho que quando terminar de cuidar do Bill, se isso acontecer, e voltar da Europa, vai ser difícil viver e arranjar um emprego e eu vou estar velho demais para foder com garotos então vou me jogar no mundo e seguir sem amigos e não vou saber o que fazer mais. Vejamos. Me diga onde você está e onde vai estar em setembro.

Amor como sempre.
Allen.

Nota dos editores: *Depois de retornar do trabalho como vigia de incêndios, Kerouac ficou apenas alguns dias em São Francisco antes de seguir para o México. Mais tarde naquele mesmo ano, Ginsberg, Corso e os dois irmãos Orlovsky foram a seu encontro.*

---

2. A mãe de Ginsberg, Naomi, havia inesperadamente deixado $1.000 para ele em testamento.

Jack Kerouac [Cidade do México, México] para Allen Ginsberg [São Francisco, Califórnia]

26 de setembro de 1956
(Amor para Peter)

Caro Allen:

Bem, aqui estou eu – Só (na minha cela no sótão) escrevi (à luz de velas) o primeiro e triste capítulo de "The Angels in the World" que é sobre nossa mais recente temporada em São Francisco e o qual vou guardar por três, quatro anos enquanto publico outras coisas, pois vai ser uma obra intensamente selvagem e pessoal – tudo sobre você, eu, Peter, Gregory, Lafcadio, Neal etc., anjos etc. com asas invisíveis que não ajudam – (e minha visão das cruzes prateadas).

Neal se despediu de mim com aquele haxixe lodoso dele e quase me matou de susto com suas ansiedades de ferroviário ("Saia de vista!" ele sussurra do vagão de passageiros enquanto a locomotiva vira uma curva e coloca uma luzona na minha cara) – de outra forma eu teria ido clandestino no vagão de carga com uma canção. Da maneira como foi, você está vendo, eu consegui, mas que diferença faz?

Allen, quero que você saiba que sinto muito por não ter confiado em você uma época, agora confio e amo você completamente, eu até *gosto* de você, então não se preocupe – você é um tipo martirizado de pura bondade vestindo a máscara do mal, por razões de mártir. Saia por aí e diga a esses vagabundos que você tem um bom coração – sei que você está olhando lascivo, mas nós todos estamos – (essas são as segundas intenções maléficas dos buscadores de sexo, mas eu faço o mesmo com as garotas) – acabei de comer uma linda menina de quinze anos por 48 centavos, conte a Peter – seu nome é Rosa, vou levar o Peter direto até ela – se vocês vierem. Vocês estão vindo? Qual é exatamente o plano de nossa ida para a Europa?

Acho que vou porque não gosto mais do México, eu deveria ter ficado em Frisco para a revista *Life*[3], estes índios de Mu não estão com boas vibrações – Esperanza surtou no rebite e tentou surrar a mim e ao Bill – Bill também viajou e mijou na minha cama, pobre cachorro (fiquei furioso) – Foram primeiros dias bem ruins.

O que deveríamos fazer? Estou perdido na noite do mundo. Eu gostaria de ir para a Europa, sim, mas sejamos cuidadosos com Tânger, os árabes vão querer matar os brancos logo, logo. Eu talvez não vá com você para aquele buraco de ratos. Gostaria de comer pão e queijo nos sótãos em Paris, visitar museus e catedrais, beber em cafés de calçada.

Não tenho notícia alguma de minha mãe e estou preocupado. É como nascer num novo mundo odioso hoje, hoje à noite, essa semana. Não entendo mais nada. Disse a Neal para amar Gregory, mas ele não ama. Escrevi para Creeley e me desculpei por dizer a Duncan para enfiar a rosa no cu.

---

3. A revista *Life* havia planejado um artigo sobre o Renascimento de São Francisco.

Conte-me seus planos finais. Neal quer trazer você dirigindo, essa seria a melhor forma e Neal precisa de férias, acho (da Oral Roberts). Vou conferir o custo das passagens de barco para a França partindo de Vera Cruz. Desculpe-me por não ser Deus – eu gostaria de ser Deus. Eu faria as asas de todos aparecerem e traria o céu – esperar para quê? Que merda é essa?
  Seu irmão,
  Jack

Allen Ginsberg [São Francisco, Califórnia] para Jack Kerouac [Cidade do México, México]

1º de outubro de 1956

Turner Terrace, 5
SF Califórnia

Caro Jack:
  Envie poemas ou prosa para Gregory para *I.E.* [*The Cambridge Review*]: – vão publicar Whalen, Snyder, eu, você etc.
  O trabalho acaba no 1º de novembro, vou ficar por aqui (acho que não vou partir de navio outra vez) até o dia 23 por aí para recitais com Gregory. Então vou para o México. Isso se não acontecer de eu ser chamado e dinamitado para o navio.
  Começando a receber longas cartas de olhos estrelados de Parkinson[4] e tipos de NY sobre *Uivo*. Você viu o artigo de 2 de setembro no *New York Times*? Eu não lembro? Sim, você deve ter visto. Você se foi há duas semanas. Droga! Estou cheio da coisa toda, só penso sobre isso, em ser um autor famoso, como um sonho vazio feliz. W. C. Williams escreveu que gostou dele e o leu para "jovens artistas" em NY e eles ficaram entusiasmados e "animados" e encomendaram cinco cópias extras para passar aos jovens. Que bonito, ainda assim. Acho que me sinto muito bem com isso. Está assumindo as proporções de um "é isso aí" na minha vida. Ficaria feliz em reatar um contato orgânico com Burroughs.
  Mando em anexo uma carta do Doce Príncipe Creeley. Ele me escreve, enviando incompreensíveis poemas curtos – não os entendo, aliás, via de regra.
  Talvez eu dirija até aí com Gui de Angulo[5], Gregory e Peter – eles também vêm – e Lamantia? Cumprimentos para Garver. Diga que vou mandar um livro para ele, autografado.
  Peter e eu não conseguimos entrar de penetras no *The Lark* (Joana D'Arc) com Julie Harris, deixamos um bilhete louco sobre não conseguirmos passar pelos anjos

---

4. Thomas Parkinson foi professor na Universidade da Califórnia em Berkeley e editor de *A Casebook on the Beat*, uma das primeiras antologias *beat*.
5. Gui era filha de Jaime de Angulo.

na porta e perguntando se ela conseguiria um passe para mim e para Peter. Então ela enviou uma carta pelo gerente, nos dando entradas grátis, e um programa de $1.00 e um convite para encontrá-la depois – e fomos – Peter vai contar para você.

Com Gui (ela é sensível porque tem uma bizarra área vermelha encolhida para dentro e esquisita nos seios caídos – horrível – e por isso é tão digna e reservada, sofredora, isolada) vamos dirigir até Big Sur neste fim de semana para ficar talvez na casa de sua família e visitar Henry Miller no balneário na manhã de domingo e curtir a eternidade na paisagem.

Vejo você em mais ou menos um mês. Gregory está escrevendo um uivo longo e louco da prisão.

Allen

Allen Ginsberg [Berkeley, Califórnia] para Jack Kerouac [n.d., Cidade do México, México?]

Milvia, 1624
10 de outubro de 1956

Caro Jackie:

Desculpe não ter respondido antes – muita correria, zanzando por SF o tempo todo, esperando por Neal se decidir, o que e quando. Só voltei para Berkeley para parar um pouco antes de seguir para o México.

Eu, Peter, Gregory e possivelmente o barbudo Hubert [Hube the Cube], talvez Gui de Angulo, vamos todos para a Cidade do México no dia 1º de novembro. Peter e eu queremos levar Gregory. Estou comprando os discos dele (para meu irmão) por 100 dólares, então ele vai ter dinheiro para ir de qualquer forma.

Tanta coisa aconteceu – primeiro Neal – ele foi fazer o exame do olho, é daltônico, e rodou, Dr. Strange o rejeitou – o mesmo Dr. Strange que implicou comigo. Ele ainda está trabalhando, mas pode ser demitido dos freios na SP a qualquer momento. Ainda indeterminado, ele vai ter que fazer outro teste no hospital da SP – eles não conseguem acreditar. Ele não sabe o que vai acontecer. Vou escrever mais sobre isso até o fim da semana. É o fim de uma era, Neal está provavelmente acabado na SP a não ser que consiga um trabalho carregando bagagens ou algo assim. Ele também diz que quer escrever de novo, talvez sobre suas ideias pós-Cayce. Ele tem uma nova garota que o ama, uma Bette de Chicago "Garota No. 1" nas trambicagens, apostadores profissionais, gângsteres, Rua Mission, olhos redondos, maquiagem, calças justas, corpinho bonitinho, tranquilo como um grilo, junkie, cabeça, se diverte com crioulas, toca Cowboy (trompete) nos becos, casada três vezes, vinte e oito anos, carros e bebês e o marido em Chicago, adora o corpo dele, não quer que ele a faça se arranjar para conseguir o dinheirinho da corrida de cavalos. "Baby, não gosto dos cavalos, mas se você gosta, então eu tenho que gostar". Gui deu a ela um par de brincos. Peter, Greg e eu estamos ainda mais amigos de Gui, então passamos dias e noites no apartamento dela, Gregory passa o tempo todo dando trela. Ela está no hospital para uma operação, retirou os interiores femininos, não pode ter bebês – nem tem seios, Gregory viu outro dia por acidente. Garota estranha. Pensa sobre morte e extinção, sai do hospital, não consegue ficar em casa quando não tem ninguém por lá, seguimos correndo até North Beach onde ela está caminhando enfraquecida e torta perto de um poste de luz, exausta, nós a levamos para casa. Ela tem que nos levar a todos de carro até a Cidade do México – mas está mal demais da operação para fazer uma viagem tão cansativa, e aliás talvez o carro dela nem aguente, então ela vai nos seguir, se puder, por trem, ou só nos ver no Natal.

Neal diz que não vai, por causa de trabalho e promessas feitas a Carolyn. Mas ainda há esperança. Escreva para ele convidando de novo. Ele tem que se ajeitar no trabalho novo – nada aconteceu ainda, talvez nada aconteça – esperando uma providência da SP, talvez eles nem tomem providência nenhuma.

Gregory escreveu seu grande poema, um fantástico poema final chamado "Power". É extremamente engraçado – e tudo significa algo, já está com oito páginas, e ainda está sendo escrito – leu em voz alta (com gravação) pela primeira vez duas noites atrás na casa de Gui, Hubert, eu, Pete, Lamantia, Gui presentes, todos impressionados – ótimo poema grandioso, como *Uivo*. E na cidade nessa semana, Randall Jarrell, poeta e residente na Biblioteca do Congresso, então encontrei Jarrell e o xinguei na casa de Witt-Diamant[6], em particular xinguei sua esposa, discutindo bêbado e tolo, então numa festa muitas noites depois na casa de Parkinson em Berkeley para Jarrell, em que Whalen, Gregory, Hubert, Peter e eu entramos de penetras, Temko também presente, levamos Jarrell para um canto, fizemos com que se sentasse no chão conosco no meio do grupo de professores em silêncio, e Gregory começa a bradar, "você é mesmo um fascista como Rexroth me disse??"... Shelley... pequeno Gregory... Jarrell levanta todo grilado conosco, a festa meio esquecida – depois de um tempo ele se levanta para dizer tchau para os professores e Gregory senta no sofá com a esposa de Jarrell, segurando a mão dela, adorável, eu recito um poema de Gregory para ela enquanto ela vai ao banheiro no andar de cima... boa noite... e então Witt--Diamant chama por Gregory dois dias depois, os Jarrells querem vê-lo, levá-lo para jantar... ele vai, com "Power" debaixo do braço e se declara um vegetariano, de forma que ele tem que comer ovos e alface enquanto eles estão se enchendo de vinho e siri e lagosta e logo está de mãos dadas com eles e andando pela rua na saída do Fisherman's Wharf... querem adotá-lo... Jarrell havia lido seu livro na casa de Diamants e o achou fantástico... se ele precisar de dinheiro é só escrever para eles... Jarrell vai resenhar o livro, melhor, escrever uma introdução para o próximo... ele precisa visitá-los e ficar com eles em Washington... ele é um grande poeta... se quiser ir para a Europa, Jarrell vai ajudá-lo a conseguir uma bolsa com o Guggenheim... venha para Washington e faça uma gravação para a Biblioteca do Congresso. Todas as obras. Insano. Então agora Gregory terminou seu fantástico poema "Power", tem Ferlinghetti como editor, ajuda de Jarrell,

---

6. Ruth Witt-Diamant foi uma patrona das artes e fundadora do Centro de Poesia de São Francisco.

promessas de dinheiro, fama etc. Imagine só, assim, do nada, em questão de dias. Ele também deixou Jarrell por dentro de nosso trabalho, que ele vai olhar. Ele não gosta muito de *Uivo*, ai ai, acho que o incomodou, mas tudo bem, tenho W. C. W. [William Carlos Williams] e quero voltar a ser anônimo de qualquer modo. Mas só pense em tudo isso para o pequeno Gregory, que cascata de amor e boa fortuna. Demais. Até [Michael] McClure me puxou para um lado durante a declamação de Duncan (místico literário, não consegui entender) e perguntou como podia entrar em contato com Gregory. Ah, ouro, querido, não perdi meu toque.

Bem, estou aqui com Whalen pelo restante do mês, sem trabalho. Vou para SF no 21 de outubro para fazer um recital com Gregory no mesmo palco, juntos, o recital final em SF, Gregory com o fantástico "Power" para desvelar naquela noite, o público vai enlouquecer. Vou ler um grande poema gay, acho. Então vou embora talvez no dia 23 para L.A. para ver meus parentes. Talvez com Gregory. Peter vai trabalhar até o dia 1º de novembro e depois se juntar a nós lá. E aí vamos para você em DF. Esse é o plano até agora. Então você pode nos esperar com certeza até 7 de outubro – na Orizaba, 212. Veja aí por perto um lugar onde possamos ficar por algumas semanas – Iupi, juntos no México enfim! O que você descobriu sobre o preço das passagens de barco em Vera Cruz? Espere, aí vai meu plano para depois do México – igual tenho que voltar para a costa leste por um mês para ver meus pais, meu irmão, ver Lucien, Village etc. Quero e preciso. Então vou pegar um navio de NY, já que sei que consigo uma passagem por 160 ou menos saindo de lá. Mas também existe a forte possibilidade de esquemas legais, em navios estrangeiros, o que pode nos fazer economizar a passagem para mim e para Peter, talvez para você também se quiser, embora economizar a passagem não seja tão importante assim, só um detalhe. Se você não quiser vir e preferir ir direto do México, então pesquise Vera Cruz e outros lugares e eu lhe consigo $$ e você vai primeiro e visita Bill, ou leva ele a Paris, veja o que você quer. Podemos resolver isso quando chegarmos aí em DF.

A *Ark* saiu, provavelmente vão enviar dez cópias para você, a impressionante parada obscura e etc.... É Shakespeare, como você diz.

Já teve notícias de sua mãe?

Sim, seremos cuidadosos quanto a Tânger. Bill me disse, ele ainda está livre do pico, ainda esperando, nos espera no máximo até janeiro, e diz que pode esperar, nos aguarda e parece contente porque vamos.

Não esperemos mais, vamos todos para o paraíso de barco neste Natal ou antes disso.

Então... contente, feliz, você vai para a Europa... e também vou separar o dinheiro desde já, para que não haja dependências e problemas, todo mundo livre para se divertir como quiser, sem estarmos atados, só nos divertindo... se eu der de conta-gotas, vamos ficar infelizes enchendo o saco uns dos outros, eu me conheço. Então não se preocupe com nada com relação à Europa. E também Gregory vai conseguir todas essas bolsas e auxílios e prêmios.

Peter quer comer sua Rosa. Também comemos Ruth Weiss juntos, finalmente, eu fodia ela de quatro enquanto ela chupava o Peter, e depois trocamos. No início ela estava tímida, mas depois de um tempo começamos a brincar felizes com nossos caralhos e bucetas e todo mundo acordou satisfeito.

Então você tem aí meus planos detalhados... responda rápido, você está aí, digo, ainda está aí? Desculpe não ter escrito antes mas eu comecei a sair por SF sem um plano e horário marcado, esperando retornar à cabana para escrever, e só agora fiz isso.

[...]

Amor
Allen

Jack Kerouac [Cidade do México, México] para Allen Ginsberg [São Francisco, Califórnia]

10 de outubro de 1956

Caro Allen:

As últimas notícias literárias são que a Grove vai querer *Os subterrâneos* para a primeira edição da *Evergreen Review* (trimestral) neste inverno, a um centavo por palavra, e são cerca de 50.000 palavras, então $500 – dinheiro para Paris – mas Sterling Lord está decepcionado porque Don Allen não vai fazer a edição em capa dura antes – estou decepcionado porque Don Allen quer mesclar *Doc Sax* e *Gerard* "para fazer um livro bom", como se *Sax* sozinho não fosse uma *chef d'ouevres*. Além disso estou completando a segunda e última parte de *Tristessa*, vai ser, junto com o toque meio leve do ano passado, agora, um romance grandioso e triste. Não queimo mais para escrever, bolinha é melhor. Minha prosa agora está muito entrecortada e concisa e engraçada, vai direto ao ponto, e dolorosa também – sem floreios – então a primeira parte floreada de *Tristessa* pode ficar com as flores.

Perdi um livro inteiro de poemas bonitos para ladrões felás, e eles também eram melhores do que *Mexico City Blues*. Quem sabe se você e Peter e Gregory e Creeley não podem me ajudar a pegá-lo de volta? Podemos levar bastões de beisebol e canivetes e pedras em nossos bolsos. É muito decepcionante, não tenho mais vontade de escrever poesias – Agh.

Como saíram as fotos da *Mademoiselle*?[7]

Pegue uma foto minha com Walter Lehrman ou alguém e mostre para o fotógrafo da *Life*, aí eu também entro na edição.

Eu devia ter ficado na casa de Peter em vez de vir para cá, Garver está terrível e me sinto muito mal aqui. A única coisa boa é que comecei a pintar – uso

---

7. A *Mademoiselle* mostrou a geração beat num artigo ilustrado e Kerouac posou para a foto com um crucifixo no pescoço, o que causou uma certa controvérsia.

tinta de parede misturada com cola, uso tanto pincel quanto a ponta do dedo, em alguns anos se eu quiser vou ser um pintor de primeira classe – talvez eu até possa vender pinturas e comprar um piano e também compor música – já que a vida é um saco.

    Jack

Nota dos editores: *Conforme o planejado, o grupo se reuniu na Cidade do México após o recital de Corso e Ginsberg em Los Angeles. Depois de uma breve estada na cidade, Allen, Jack, Peter e Lafcadio voltaram de carro para os EUA, enquanto Corso aguardava uma passagem de avião para Washington, D.C., onde ele pretendia morar com Randall Jarrell por um tempo.*

Jack Kerouac [Orlando, Flórida] para Allen Ginsberg [Nova York, Nova York]

26 de dezembro de 1956

26 de dezembro
Av. Yates, 1219
Orlando, Flórida

Caro Al:

    Vai levar um tempo até eu enviar os $6 que devo a você, já pedi a [Sterling] Lord para me enviar $40 emprestados para a viagem de volta com o manuscrito por causa do feliz Natal que passei por aqui comprando perus e uísque para todos e também presentes. Também não sei onde estão aquelas fotos de passaporte, então vou ter que me candidatar ao passaporte lá por 8 de janeiro, três semanas depois vai ser dia 29 o que deve tornar possível, por um fio de cabelo, nossa data combinada de partida.

    Em Washington Gregory disse que ia conosco no mesmo navio... Mas ele pensou que Paris tinha um porto, então quando lhe disse que iríamos primeiro a Le Havre ou Marselha ou Gibraltar ele ficou bravo e disse que pegaria um navio sozinho até Paris porque não quer andar em trens velhos até Sura...

    Fizemos uma festa em Washington, escrevi o blues de Washington no quarto de Randall enquanto ele e Greg foram incomodar algum psiquiatra... Jarrell é um grande e bondoso tipo semelhante ao Merims e é mesmo um cara muito querido... Na primeira noite em que cheguei eu e Gregory começamos a pintar a óleo numa tela juntos e então G. ficou furioso e disse, "Pare, deixe eu mesmo fazer, EU SEI COMO", e começou a bater e a quebrar a tela com grandes tubos explosivos de todas as cores... no dia seguinte temos uma cidade surrealista... na outra noite pego grandes tubos e pinto um enorme e assustador rosto do Dr. Jekyll, e também um gato surrealista... que dei a Jarrell de presente, ele queria... então desenhei a bela filha (adotiva) dele Alleyne Garton... que meio que ama nós dois, eu e G. Corremos num Mercedes Benz, compramos árvores de Natal de $10, visitamos zoológicos, lojas de antiguidades etc. G. ficou bravo comigo porque eu estava entediado com seus malditos antiquários... mas se sentiu melhor quando fui embora. Bebi todo o uísque da família e fui embora bêbado, fugindo com grandes descolados de Washington até os becos e quase perdendo meu ônibus e minha mochila com todos os manuscritos e pinturas e equipamento... mas Deus é bom e guardou tudinho para mim. Randall trocou um grande sobretudo por um grande sobretudo de couro com pelo na gola, um blusão vermelho esperto e um boné descolado para Paris... mas mesmo este casaco novo é pesado demais para o mundo... não sei o que fazer.

No meu *Berkeley Blues* encontrei esse haiku: "Flores / miram tortas / a morte reta", que acho é melhor do que "chuva forte correndo para o mar"... e a razão pela qual você nunca o mencionou é porque você secretamente o plagiou no seu poema da flor torta sem lembrar de onde tinha tirado. Mas você sabe o que acho, enquanto dei a você "America", que finalmente você curtiu no tipo de América em *Visões de Neal*, você na verdade me deu o estilo de prosa de *Visões de Neal*, ele não veio só da carta do Neal, mas também de suas cartas corridas e loucas saltitantes de não me importo que vieram todo esses croquis, isso me arrancou de meu formalismo americano *a la* Wolfe. Então todos aprendemos uns com os outros e gritamos juntos mas meu Deus muito está sendo escrito por gente demais e mesmo bons escritores, montanhas de literatura inútil estão se empilhando sobre o mundo moderno e hordas incontáveis inteiras de escritores ainda não nascidos no útero do tempo vão chegar e aumentar essa montanha mais ainda, como pilhas de pura merda, para alcançar as estrelas mascaradas de Neal, até Céline mijar, Rabelais rir... ugh. E todo mundo em NY está tão envolvido numa IMPOSSÍVEL multiplicidade e lendo rápido como Howard e na verdade não se importam e não olham nem ouvem, isso tudo é só uma úlcera vasta e ultraexcitada. É por isso que não sei, acho que meu *Some of the Dharma* é melhor do que todos os outros livros porque está ciente deste problema da multiplicidade estúpida e da verborragia cega incessante.

De qualquer maneira, escrevi para John Holmes e fiz arranjos para uma visita em janeiro, ele vai avisar você. Gregory quer ir até [William Carlos] Williams conosco, então espere por mim também, chego depois de 8 de janeiro, de forma a poder encontrar Williams. Posso agora usar o nome de Jarrell para bolsas, portanto descubra o que puder sobre elas e me avise, a do Guggenheim é muito difícil, me dê umas dicas se você tiver tempo com toda essa loucura nervosa por aí.

Fiz arranjos para minha mãe se mudar depois que eu partir, e para um dinheirinho para a Europa, menos a passagem... ou seja, você ainda vai pagar minha passagem? De outra forma não vou poder ir, porque é isso que vai custar a mudança dela. Lá pelo outono vou ter dinheiro para pagar a você, vamos tratar isso como um empréstimo, já devo a você $40 da primavera passada, me empreste o dinheiro da passagem agora e no próximo Natal eu lhe pago todos

os $200, a essa altura minha mãe já vai estar estabelecida em Long Island e vou ter os cheques mensais da previdência social dela. Certo? Mas se não estiver bom para você, me avise. Além disso nem assinei os contratos ainda, e algo pode dar errado. Com relação ao dinheiro, o que você me der eu vou pagar de volta, não se preocupe com isso, Jarrell disse que vou ficar rico. Depois escrevo mais, outra carta, mais longa, mas antes disso me mande uma.
                    Jack

1957

Nota dos editores: Em meados de fevereiro, Kerouac partiu de navio para o Marrocos a fim de encontrar Burroughs e ajudá-lo a preparar o manuscrito de Naked Lunch. *No fim de março, Ginsberg e Orlovsky chegaram a Tânger e encontraram-se com Jack. Corso havia decidido ir direto para Paris, onde esperava reatar o relacionamento com Hope Savage, uma antiga namorada a quem chamava de Sura, mas ela estava ansiosa para conhecer a Índia e partiu logo depois da chegada de Gregory. Kerouac, cansado da vida no Marrocos, seguiu para Paris só para descobrir que não era bem-vindo para ficar com Gregory ou na casa de qualquer outro conhecido, e assim, depois de uma breve estada em Londres, voltou imediatamente para casa. Logo após chegar aos EUA ele e sua mãe, Gabrielle, decidiram mudar-se para Berkeley.*

Jack Kerouac [Nova York, Nova York] para Allen Ginsberg e William S. Burroughs [n.d., Tânger, Marrocos?]

c. fim de abril, início de maio de 1957

a/c Whalen

Caros Allen e Bill:

Sim, o manuscrito está seguro nas mãos de Frechtman em Paris. Quando parti ele ainda não tinha lido. Estou escrevendo esta carta do apartamento de Joyce [Glassman] em NY, enquanto me preparo para me mudar [para a Califórnia] com minha mãe, só estou esperando para ver se Neal concorda, se não concorda, vamos de ônibus. O pacote de quarta classe não serve para nada, nunca use a quarta classe, pegue terceira, tive que mendigar comida como um clandestino, teria morrido de fome não fossem meus potes de acampamento, dormi em colchões de saco de batata, entre soldados e árabes, sem nem mesmo cobertor, e tinha que pedir para os cozinheiros mal-humorados encherem meus potes de acampamento na cozinha. Tentei ir de carona de Aix-en-Provence até o norte, não consegui, a carona não funciona bem na Europa. Mas gostei muito dos campos de Cézanne e também de Arles, conto mais tarde. Paris me incomodou porque não havia quartos e não havia bons amigos americanos que me deixassem dormir no chão de suas casas, Mason Hoffenberg podia, mas não quis, Gregory não pôde por causa do contrato, passei cinco dias furiosos curtindo tudo a pé e então fui para Londres e peguei o adiantamento, comprei uma passagem de navio e curti toda Londres também, inclusive uma performance da *Paixão de São Mateus* na St. Paul Cathedral, e vi Seymour [Wyse] que está morando na Kingsmill, 33... A última coisa que soube de Gregory é que ele estava no Hotel des Ecoles, Rue Sorbonne, Paris. Ele me deixou bêbado e me fez gastar a maior parte de minha grana na primeira noite, e foi por isso que tive que ir embora tão cedo. Paris é melhor do que eu esperava, grandiosa, inacreditável, Allen, você vai adorar... mas NÃO fique em St. Germain Montparnasse, vá para o velho Montmartre, que é mais barato, tem carrosséis de criança na rua, artistas, artistas mais estropiados, distrito de trabalhadores... (Não está na moda agora, os americanos idiotas todos sentam-se nos cafés em

Montparnasse como se o Remo e o The Place não fossem suficientes, ugh.) Então fique em Montmartre quando chegar lá. Não perca o Louvre, vi tudo que tinha por lá... fiz anotações volumosas sobre os quadros que vi no meu diário. Em Paris nem mesmo Frechtman me deixou dormir no chão (de seu apartamento)... como resultado, tudo que consegui foram hotéis de uma noite, era chutado pela manhã e passava a maior parte do tempo caminhando por Paris com a mochila inteira nas costas, algumas vezes em meio ao granizo e à neve. Mas realmente adorei a viagem inteira, e agora que estou de volta a NY acho que valeu a pena, valeu o dinheiro gasto e os problemas. Agora estou em contato com Whalen e pronto para ir para lá. Últimas notícias: na *Publishers Weekly* desta semana [29 de abril de 1957] um longo parágrafo sobre o banimento de *Uivo* e um convite a editores e escritores para contribuir na luta contra o banimento, o processo está próximo.[1] Nada de ruim vai vir desse processo, e de qualquer maneira até lá a edição americana vai ter vendido como água. Ouvi que a Viking está interessada em *On the Road*, acham que será um best-seller (a velha história, né?).

A notícia ruim é que a Joan [Haverty] está atrás de mim de novo com os policiais, eles acham que ainda estou na Europa (espero que não tenham conferido as listas de passageiros de navios) e estão prestes a se grudar à minha fonte de renda com Sterling Lord etc. bem agora que estou passando dificuldade para trazer mamãe para a costa oeste. O que vou fazer é pedir um exame de sangue em alguns meses e resolver a questão. Aquela vaca, e eu estava me sentindo tão bem porque não estava gamado em ninguém e com pensamentos felizes de concentrar toda a minha atenção na lenda de Duluoz, foda-se ela, é como uma cobra atacando meus calcanhares. Ela conseguiu um médico para provar que não pode trabalhar para sustentar a filha por causa da tuberculose. Fez ligações bisbilhoteiras para Sterling, que sacou ela de cara mesmo sem eu dizer nada nem minha mãe. Então o que vou fazer, Allen, quando receber as cartas deles é respondê-las e enviá-las para você postá-las como se eu ainda estivesse aí em Casablanca.

E quais são as notícias da Casa, algum trabalho? Bill está com você? Peter? Peter está melhorando com a cura dele? Vi Elyse [Elise Cowen], ela disse que sente muita falta sua, quase chorou, contei a ela tudo o que pude. Mesmo Seymour não me deixou ficar em sua casa em Londres por causa de uma puta lá que me odiava, estou virado num Burroughs. Seymour ainda está magro e juvenil mas estranhamente pouco emotivo, embora enquanto passeávamos no Regent Park uma noite e eu dizia que ele não tinha que se deixar enganar a cada segundo (pela mente falsa) ele expressou uma nesga de reconhecimento. Ele está bem, mas a Inglaterra não é legal para ele, nada além de horror por lá. De toda forma é um bom contato para você

---

1. O livro de Ginsberg *Uivo e outros poemas* foi confiscado pelo Inspetor da Alfândega de São Francisco quando chegou da impressão na Inglaterra. Pouco depois, em maio, o processo contra o editor, Lawrence Ferlinghetti, foi abandonado quando Ferlinghetti decidiu encomendar uma nova impressão do livro, agora nos EUA, para evitar a jurisdição dos agentes alfandegários. Esta estratégia funcionou até junho, quando o Departamento de Polícia de São Francisco prendeu Ferlinghetti por publicar e vender material obsceno.

em Londres. Vá ao Hotel Mapleton em Londres e pegue um quarto "cubículo", o mais barato possível (na Mapleton com a rua Conventry). Em Paris, Montmartre. Aproveite bem os campos de Cézanne, que são exatamente (na primavera) como os quadros, e Arles também, o cipreste inquieto na tarde, as tulipas amarelas nas jardineiras de janela, fantástico.

Whalen e Rexroth e Ferlinghetti e Spicer estão fazendo gravações em fita para a Evergreen, vão acrescentar as suas e as de Gary [Snyder]. Recebi uma carta de um poeta de New Haven [John Wieners], depois de enviar a ele o *Book of Blues*. "cityCityCITY" acabou (infelizmente) ficando de graça com Mike Grieg em Frisco (New Editions).

A *Esquire* vai escrever uma matéria sobre você, segundo ouvi dizer, e eles querem um capítulo de *On the Road*.

Joyce vai conseguir um adiantamento de $200 pelo seu romance da Random e vai vir morar em Frisco por um tempo, Elise também talvez venha para Frisco com ela.

Vou me encontrar com Lucien antes de ir embora. O burro do Don Allen ainda quer "melhorar" *Os subterrâneos*, isso é um segredo (diz Sterling) provavelmente vamos tirar o livro deles e dá-lo para MacGregor[2] (mantenha isso em segredo, diz ele)... Mas eles aceitaram "October Railroad Earth" INTOCADO (!) para sair junto com seus poemas na *Evergreen #2*, o que é bom e vai dar uma edição sensacional.

Sinto-me melancólico e incomodado e Gregory não me ajudou em Paris me acusando de melancolia e de incomodar, passamos um dia feliz bebendo conhaque nos jardins de Luxemburgo com um vasto grupo de garotas francesas e bichas irlandesas de bicicleta... e naquela noite conheci todos os descolados e pintores americanos em Paris, Baird e outros. Vi Jimmy Baldwin, que também não me deixou dormir no chão de sua casa. Fui simplesmente forçado a ir embora de Paris, na Inglaterra a imigração não queria me deixar entrar porque pensaram que eu era um vagabundo (eu só tinha sete xelins) e suspeitaram dos meus enormes selos originais de Tânger, acharam que eu era um espião... terrível... então mostrei a eles um artigo de Rexroth na *Nation* e o inspetor me deixou entrar porque Henry Miller havia estado em sua cidade natal e escrito sobre ela (Newhaven, Inglaterra). Então agora estou de volta, voltei no *New Amsterdam*, nunca pegue um "navio de luxo", é um saco, e eu de jeans entre dândis, os garçons me encarando no restaurante, os velhos navios de carga são melhores, no fim das contas a comida não é tão boa assim e quem quer comer no mar... custou $190.

    Estava planejando escrever a você uma enorme carta feliz cheia de notícias sobre a minha viagem mas esse lance com a Joan me deixou melancólico de novo, já tem até uma intimação para mim e tudo mais... exatamente como antes. Como é que vou fazer quando for um Bhikku? Mesmo se eu conseguir provar que a filha não é minha, os custos, os problemas, ter que ver a cara feia dela outra vez, o juiz pode me obrigar a sustentar a criança porque não há ninguém mais para fazer isso, e então o que eu vou fazer? Abandonar a escrita e o estado de bhikku e pegar um trabalho fixo? Preferia pular da ponte Golden Gate. E se eu fugir

---

2. Robert MacGregor era o editor-gerente da New Directions.

minha mãe também mal consegue viver com $78 por mês e eles podem ir até ela para pegar as moedinhas. Se eu acabar matando alguém, imagine quem vai ser? Também tenho um machado. Vou aceitar o conselho do Profeta. Você há de conhecê-los pelos frutos. Ah, Deus, meus crimes têm sido no máximo crimes gentis de negligência, no máximo "sabotagem subterrânea" como diz Billy. O que todos diriam se eu de repente explodisse com uma espada de inteligência? Nada... porque nada nunca aconteceu. Ouça aqui, Bill Burroughs, quando você diz que o que eu digo "não quer dizer nada" é exatamente isso que quero dizer!

Allen, quando você for embora da África não deixe de levar muitos cigarros com você, os cigarros na França e na Inglaterra custam o equivalente a 60 centavos o maço e são difíceis de achar. No momento que cheguei a Nova York comprei tabaco como um louco feliz. Em Paris, pegue um apartamento com fogão, porque a comida nas vendinhas é baratíssima e sensacionalmente deliciosa... patês, queijos, frios, inacreditável. Que igrejas bonitas eu vi: Sacre Coeur na colina de Montmartre, Notre Dame etc. etc. A única coisa que eu não vi, saca só, foi a Torre Eiffel, que eu guardo para nós dois vermos juntos, dentro de uns cinco anos. Montmartre vai me chamar novamente... e foi lá que Van Gogh, Cézanne, Rousseau, Lautrec, Seurat e Gauguin estiveram, todos juntos, levando os quadros rua acima em carrinhos de mão.

E ouça aqui, Bill Burroughs, quando eu disse "sei de tudo" é porque não sei nada, o que é a mesma coisa.

Escreva-me, Allen, aos cuidados de Whalen, em cuja casa estarei daqui a uns dez dias... amor para Peter... no fim acenei para vocês do convés mas você e Peter não me viram de longe e lá estava você no molhe açoitado pelo vento olhando cegamente para o mar. Amor para o velho Bill que é uma alma gentil, é o que digo, e foda-se toda essa conversa. Encontro todos vocês no Paraíso.
Jack

Jack Kerouac [Berkeley, Califórnia] para Allen Ginsberg [Tânger, Marrocos]

17 de maio de 1957

Berkeley Way, 1943
Berkeley, Califórnia

Caro Allen

Por favor envie a carta em anexo para Joan Haverty (Kerouac) em NY, que então vai me enviar um negócio para assinar em Tânger para seu divórcio porto-riquenho (diz ela). Uma intimação foi emitida, mas todos acham que ainda estou em Tânger. Quando você receber os papéis do divórcio, me envie aqui para Berkeley – (no meu novo endereço residencial permanente, aqui com mamãe) (um apartamento muito bem mobiliado a $50 por mês) e envio de volta para você enviar pelo correio e isso vai ser o suficiente. Ela diz que quer casar de novo com um cara que adote a menina, diz que não quer dinheiro, só o divórcio.

Logo vou estar com minha máquina de escrever e aí escrevo uma carta longa. A esposa de Neal está brava *comigo* agora por eu ser má influência para ele, diz que ao menos você tinha um "motivo" – que mundo louco. Whalen está bem. O nome dele está nas colunas locais de fofoca (Herb Caen), Phil envia a você os recortes. O livro de Bill parece cada vez mais grandioso. Ansen, fiquei muito triste por não termos nos encontrado, tive problemas de tempo – mas vamos nos encontrar outra vez.

Frechtmann entrou em contato?

Don Allen está muito satisfeito com "Sather Gate" – e com as fitas também. W. C. Williams está magoado com uma enorme carta trambiqueira que *Gregory* escreveu pedindo um empréstimo, eu vi a carta, *você* não disse nada errado. Alguma chance de eu receber cheques de louco como Peter?[3] Vi Ronny Lowenson [Loewinsohn] em North Beach, ele me lembra Lamantia. Al Sublette foi preso por furtar em uma loja, [Bob] Donlin está trabalhando de barman em Monterrey. [Gene] Pippin perguntou por você. Hal Chase foi embora de Berkeley. Neal permanece o mesmo, me pediu dinheiro emprestado e tagarelou sobre Cayce.

Por favor repasse prontamente a carta de Joan.

      Amor

          Jack

Allen Ginsberg [Tânger, Marrocos] para Jack Kerouac [Berkeley, Califórnia]

31 de maio de 1957

a/c da Embaixada dos EUA, Tânger
31 de maio de 1957

Caro Jack:

Recebi duas simpáticas cartas, a de NY e sua nota de Berkeley, e fiquei com saudade da cabana e de Frisco e de Mill Valley ao ver que você já está aí confortável com sua mãe num apartamento permanente sob as verdejantes árvores. Mais tarde – primeiro – você vai encontrar a carta de Joan Haverty respondendo a sua e os papéis para assinar em anexo. Até onde pudemos ver (Bill, eu, Peter) ela quer mesmo o divórcio. Melhor então esquecer o constrangimento de ser descoberto na Costa Oeste dos EUA e assinar os papéis de uma vez – eles vão ter que ser reconhecidos em cartório aí, então não faz sentido continuar fingindo que você não está – e envie-os ao advogado dela. Não precisa preencher o remetente se tiver

---

3. Orlovsky recebia cheques mensais como veterano incapacitado devido à dispensa médica do Exército.

medo de que ela mesmo assim vá atrás de você. O remetente na carta dela era Rua 68 W, apto 4-c, NY. (Não conseguiríamos o reconhecimento aqui já que só pode ser feito na embaixada, com passaportes etc.) Supostamente isso deve enfim libertar você dessa coisa toda.

 Ansen está aqui e queria acrescentar uma notinha, mas saiu esta manhã pra uma viagem pelo sul da Espanha, Granada e Córdoba. Enquanto ele estava aqui conseguimos fazer muito com os manuscritos de Bill. Datilografamos toda a coleção de palavras (inclusive a parte que você já havia datilografado – com algumas mudanças, pontuação, separação em parágrafos) e então voltamos para os outros materiais ligados a *Interzone*, capítulos inteiros, rotinas reunidas e integradas a partir de cartas – e até esse momento temos cerca de duzentas páginas de material terminado ou pronto para ser terminado – chegamos até a contratar Eric como datilógrafo. *Interzone* agora aparece como um mosaico de todas as rotinas, cenas no Socco Chico, sonhos, teorias científicas e fantasias de controle do pensamento que Bill inventou nos últimos três anos, e termina com a revelação (uma transmissão de rádio talvez feita por um profeta louco) de *Word Hoard*. Tudo isso vai estar pronto e datilografado em duplicata até 8 de junho, e então nos mandamos daqui para a Espanha. Vai faltar apenas olhar o material autobiográfico mais antigo em cartas para encher mais umas cem páginas de narrativa pessoal entre *Yage* e *Interzone* – um trabalho que já está iniciado. Não sei onde vamos fazer isso. (Ansen foi ótimo, ele chegou e na mesma hora começou a datilografar, leu todos os cadernos e com uma caligrafia muito boa fez um índice enorme de todos os materiais nas cartas, frases, anúncios, rotinas, todos a serem integrados cronologicamente.) (Trabalhou em tudo como um excelente erudito pedante profissional com a biblioteca desarrumada cheia de manuscritos ancestrais do Venerável Bill).

 Trabalhávamos todos os dias, e depois eu e Peter íamos às compras – Ansen e Bill dividiam os gastos – e cozinhávamos refeições enormes todas as noites, Paul Lund ainda está lá. Bill e Peter não se deram muito bem; e eu me ofendi com Bill várias vezes até que uma noite, quando ele estava tirando sarro de mim chapado de majoun, saltei e rasguei sua camisa cáqui com uma faca de caçador e depois me senti mal.

 Ansen volta em alguns dias para continuar o trabalho; depois vai para Veneza e nós partimos para Madri. Depois disso não sei. Não tenho mais dinheiro e enviei cartas desesperadas para Neal e WCW e para casa. Williams (acho que você viu na carta do Whalen) me conseguiu $200 através do Instituto Nacional de Artes e Ciências. Mas o que o Gregory aprontou? Ele quase me fodeu, pelo que parece. De qualquer maneira, é esse o dinheiro que tenho agora. Tão logo você tenha algum dinheiro sobrando, por favor me envie. Bill disse que você não vai querer mandar nada, já que você acha que andei desperdiçando. Seja como for, mais tarde esse ano vou estar quase quebrado, então qualquer dinheiro que você possa me mandar a essa altura, por favor não deixe de mandar – eu vou estar totalmente quebrado para desperdiçar. Posso ir da Espanha para Veneza, e ficar com Ansen – mas Bill não quer ir para lá. Mas pode ser que seja barato, Ansen tem um apartamento e é ótimo para conhecer a Itália. Também recebi um convite de Bill Ullman para passar um verão barato numa villa italiana que ele alugou perto de Florença – dezoito quartos por dezoito dólares por mês. Estranho ele de repente nos escrever do nada e oferecer refúgio. Ou podemos depois da Espanha ir para Paris. Eu prefiro assim, e Bill também. Merims está lá também. Então de toda forma agora parece que vamos sair daqui (eu e Peter) com nossas mochilas e ir até Madri e encontrar Bill por lá – ele quer ir direto e rápido, nós vamos de ônibus de terceira classe. Talvez fiquemos em Madri por um tempo e então em julho vamos seguir para Paris. Enquanto isso a correspondência será repassada daqui, até a gente ir embora.

Bill está sentado na cama agora, lendo a nova *Time* sobre os tumultos em Formosa. Paul Bowles chegou lá três semanas atrás e chegou telefonando, com [Ahmed] Yacoubi, que é um belo e bem-humorado árabe de mais ou menos vinte e cinco anos de idade que senta no Café Paris relaxando de camiseta comprada na Índia e assobia para as garotas. Bowles nos arranjou M de Tanganyika e disse que o Quênia estava armado, com campos de concentração de famintos para os nativos. Peter e eu estivemos visitando sua casa e tudo foi muito amigável, me levou para comer escargot e conversamos sobre Gertrude Stein e voltamos para a casa dele, onde Ansen dormiu no sofá às 3 da manhã, e ele colocou umas fitas de música indiana e enrolou umas bombas e conversou sobre medicina com Bill. Jane B. [Bowles] também está na cena, achou que Peter era um santo. Também um grande pintor inglês Francis Bacon, que parece um erudito inglês de dezessete anos supercrescido, nasceu em Dublin, e começou a pintar tarde, aos trinta, e agora está com quarenta e sete e usa tênis e calças justas e camisas pretas de seda e parece que sempre está indo jogar tênis, gosta de ser chicoteado e pinta gorilas furiosos em quartos de hotel cinzentos trajando vestidinhos de noite com guarda-chuvas pretos mortais – disse que gostaria de fazer uma pintura pornográfica de mim e Peter. É um pouco como Burroughs – pintar é um hobbie, joga em Monte Carlo e perde e ganha todo o dinheiro da pintura, diz que sempre pode ser cozinheiro ou negociante se fracassar na pintura – é a pessoa mais interessante por aqui. Bowles usa ternos de nylon e é muito inteligente e soa como Bill Keck, embora seja pequeno e tenha um estômago nervoso e Bill vai ensinar o ópio a ele e ele tem um cabelo loiro cortadinho. Yacoubi pinta camelos infantis como Klee e é um grande descolado e ama M, Neal ia gostar dele. Às vezes ele passa assobiando para as garotas vestindo robes brancos radiantes – diz que é descendente de uma família sagrada de Maomé, tem enormes pergaminhos do Sultão para provar.... Ainda assim, Tânger é um saco. Mal posso ver a hora de ir, só não me arrependo porque trabalhamos muito nos manuscritos.

Peter está no andar de cima lendo *Bartleby*, começou a desenhar imagens da Baía semana passada. Estou lendo Israel Potter e li um bocado do Corão e também *Typee* e muito Melville. Não escrevi nada, exceto alguns sonhos e um pouco no diário. Ansen vai a Catalana e traz, "come um garoto por dia depois do almoço". Ele manda cumprimentos e diz que lamenta não ter visto você. O que você está fazendo e como você está? Bill anda mais quieto nos últimos tempos, ele teve problemas de fígado então não está comendo muito majoun ou bebendo muito, mais fácil viver com ele assim. Não sabemos ao certo para onde vamos

em seguida. Peter está infeliz aqui, quer se dar bem com as garotas e a Europa – logo, logo. Mas leu muito. Envie-me notícias. O que está acontecendo com os seus livros e o que está acontecendo com o meu no tribunal? Escreva.
          Amor, como sempre
          Allen

Nota dos editores: *A nota seguinte foi escrita por Ginsberg no mesmo dia numa carta de Peter Orlovsky para Kerouac.*

    Interrupção, Allen Falando – não, não tive notícias de Frechtman ainda. Como era a carta de Gregory para WCW? E sua visita a ele? Puxa, onde está Sublette na prisão agora? Você viu Chase antes dele ir, ou alguém viu ele? Enviamos a Juan [Joan Haverty] a carta que você nos enviou, e a sua resposta está anexada à minha carta formal. Por favor, trate de pegar aquele quadro fantástico que LaVigne pintou de Peter, guarde para nós, ou deixe com Whalen. Que poeta de New Haven??? Não era John Wieners de Boston? Diga a Whalen para enviar, definitivamente, o manuscrito de poesia para Wieners – ele tem o endereço – por SEGURANÇA. Estou enviando a Wieners alguns Burroughs também. Isto é para um lance de revista a longo prazo, como a *Black Mountain*, com praticamente o mesmo pessoal e Olson e a bênção de WCW. Ele me escreveu hoje pedindo material e queria saber onde estava Lamantia, e também Whalen e Snyder, disse que recebeu algo de que gostou de [Sterling] Lord, seu, e que estava disposto a publicar. (recebeu "dez páginas do livro") (presumo que seja o *Book of Blues*). Diga também para Whalen passar a você o "Green Auto", que enviei para ele, para repassar para Grieg na *New Editions*, se ele puder e se ele já não o entregou para a *Berkeley Review*. Elise disse que as garotas estão todas indo para Frisco em breve. O que aconteceu com Lucien quando você o viu? (seu nome agora está fora de meu livro). Fodam-se Baldwin, Corso, Frechtmen e Wyse pela falta de hospitalidade, espero que comigo seja diferente.
    Ok, me vou de novo,
          Amor,
          Allen

Jack Kerouac [Berkeley, Califórnia] para Allen Ginsberg, Peter Orlovsky, William S. Burroughs e Alan Ansen [Madri, Espanha]

7 de junho de 1957

Caro Allen e Peter e Bill e Monsieur Ansen:
    Bem, em primeiro lugar, Allen, peguei os papéis de divórcio que você muito simpaticamente enviou, reconheci a assinatura em cartório e enviei registrado, com todos os tipos de recibos como prova, então espero que agora eu seja deixado em

paz para construir aquela cabana isolada... E assim revelei minha presença na Costa Oeste mas disse que estava rumo à Flórida, para o México ou para algum outro lugar (caso estejam tentando me pegar)... mwee hi hi ha ha... nunca me passou pela cabeça não lhe pagar os $225 porque você os desperdiçaria, diga a Bill para parar de pressupor seus próprios pensamentos em meu espelho, só que eu não vou ter esse valor até outubro, quando grandes coisas estarão acontecendo em NY com a publicação de *On the Road* e talvez uma oferta de livro de bolso e opções de filme e excertos etc. então sem dúvida até o Natal você os recebe, não se preocupe. Com relação a Neal; sim, Peter, ele está bem mas pegou dez dólares emprestados dizendo que seus filhos estavam passando fome e então tive que ir a Frisco um mês depois e o peguei no trem mas ele só conseguiu me devolver duas pratas e ficou falando o tempo todo. Está mais louco do que nunca, feliz de xoxota, mas recebi uma carta enorme da esposa dele dizendo que eu era má influência para ele porque ele estava progredindo em tentar mudar para coisas melhores, diz ela (ela define o dharma como o caminho correto, embora realmente signifique "o sentido"). E então Neal me convence a passar a noite em North Beach e descolar umas garotas, e passei a noite com uma, mas acho que era sapatão. Encontrei o magnífico Hubert Leslie que é exatamente como DuPeru (que eu também encontrei, e ainda é o mesmo) e Hubert de fato está até mesmo vindo me visitar na minha casa em Berkeley (imagine Hube the Cube e minha mãe no mesmo recinto!). Hube é um ótimo pintor, ele usou manteiga no último trabalho e na verdade não é muito burro, ele conhece a PLASTICIDADE do pintar mesmo que use merda para seus marrons, que é como deveria ser). E também Leonard Hull e Doris são duas pessoas muito legais, Doris é a "mãe" de Hube etc. e eles têm fantásticos amigos loucos que aparecem e serpicamse com grandezaguuuuuulhas... Mas, antes, deixe-me fazer o relato sobre *Uivo*. O caso todo foi criticado e ridicularizado em Washington pelos advogados dos grandes inspetores da alfândega mais por dentro ou algo assim, então os tiras irlandeses locais por sua própria iniciativa correram e compraram *Uivo* nas lojas e prenderam o japonesinho legal que foi instantaneamente liberto com fiança paga pelo Sindicato dos Direitos Civis, mas fui até lá e não haviam mais *Uivos* nas prateleiras. Ferling não estava na cidade e logo vai aparecer para cumprir as formalidades da prisão e da fiança. É nojento – o que é pior é que até alguns intelectuais estão dizendo que é sujo demais, tenho a impressão que a intelligentsia da América é tão sem pulso que podem até se entregar perante os tiras gordos irlandeses, e daqui um tempo vai ser que nem a Alemanha, um estado policial. Estou realmente preocupado e Bill [Burroughs] sempre esteve certo. Ainda assim Rexroth está queimando e há alguns que não vão ser tão sem pulso então Allen não deve se preocupar. Escreva um grande poema chamado "Lamento" começando "Lamento pelos aleijados do Marrocos rastejando em suas barrigas no Socco Chico, Lamento pelos garotos árabes sem teto dormindo em mesas ao mar com suas cabeças nas mãos, LAMENTO por etc. etc." um super *Uivo* dos Felás do Mundo em vez de burros descolados americanos. Lamento pelos garotos com suas calças Pegue Maomé! – Lamento pelos Bichas Americanos insultados jogando fotos indecentes ao vento! – Lamento pelos pederastas de dois metros de altura levando garotinhos pelo corredor! – Allen, acabei de escrever um poema louco e enviei-o para John Wieners, sim, Whalen e eu enviamos uma carta louca com poemas de Corso, meus e dele, e também do Gary [Snyder], está tudo arranjado, fomos todos aceitos e vamos ser publicados nas próximas três edições: meu poema é: "Abrindo as gavetas humanas das garotas! / Deixando *pussywillows* inteiros! / Porque sou uma árvore sem fôlego!" que li para Ronny Lowensohn [Loewinsohn] outra noite no Place. Mike Grieg da New Editions está publicando meu "Neal and the Three Stooges" neste número, devo enviar a ele "Green Auto" agora? Está na casa do Phil [Whalen] logo ali perto. Foi rejeitado pelos invejosos menininhos certinhos do ensino médio de Berkeley. Diga a Ansen que vou dar um jeito de encontrá-lo daqui a um ano já que, se descolar a bufunfa neste outono, vou encontrar todos em Paris e ir para Veneza. Não consigo esquecer Paris, foi melhor do que vocês podem imaginar antes de ir! – então encontro vocês lá daqui a um ou dois anos... Allen G., é tão louco, isso é tão louco, Allen, essa frase "Ansen trabalhou nos manuscritos (de Bill) como um excelente erudito pedante profissional com a biblioteca desarrumada cheia de manuscritos ancestrais do Venerável Bill" (!) – Gregory escreveu uma carta enorme para Williams março ou abril passado pedindo dinheiro dizendo que você e eu estávamos cheios da grana mas que ele era pobre, mas de alguma forma acabou soando como se fosse um golpe organizado por nós. Sim, você devia aceitar a oferta de Ullman, e Florença é demais. Com relação a meu trabalho recente: poemas e alguma prosa, tentando escrever um enorme romance chamado *Avalokitesvara* mas na última bolinha acabei entrando em discussões metafísicas...ainda assim pintei A Visão dos Pastores, que são os pastores vermelhos olhando uma cruz cor de creme nos céus, com enormes nuvens azuis, e também pintei (sob efeito do peiotl na cabana de ?) mais flores loucas explodindo de um vaso (preto) e uma pintura do jardim que carreguei pela grama como um louco boêmio moderno (que não sou) e pintei Smerdiákov[4] no jardim (em lugar algum) e pintei outra flor e uma garota na cama e finalmente um desenho a carvão de Maria e José mas ainda não comecei. Ah sim, um desenho perfeito de Whalen sentado de pernas cruzadas com seu cachimbo, chamado Buda de Orelhas Vermelhas, ou eu já contei tudo isso?

    Allen, enquanto isso há grandes rumores pela cidade de que você foi visto várias vezes pela rua e no The Place, é como se você fosse Hitler e ninguém quisesse acreditar que você está realmente "morto". E você também foi "visto" até em Nova York e onde quer que eu vá sou apresentado como "aquele cara para quem *Uivo* foi dedicado!" (seu rato!) [?] Então de toda forma *Uivo* foi liberado pela corte de Imigrações Alfandegárias ou o que for (espere pelas explicações de Whalen) mas agora a polícia local entrou na questão. Escreva para Frechtman pelo amor de Deus, mostre para alguma outra pessoa se ele não gostar, como Cocteau ou o próprio Genet. Al S. [Sublette] está na cadeia por furtar de uma loja, ele vai

---

4. Pavel Smerdiákov é um dos personagens do romance de Fiódor Dostoiévski, *Os Irmãos Karamazov*.

ser solto em trinta dias. Minha visita a Gregory é uma história à parte. Sim, vou pegar a pintura de Peter feita por LaVigne, quero estudá-la. "O Poeta de New Haven" era John Wieners (ele já havia incomodado Sterling Lord com suas cartas "analfabetas"). Gary enviou grandes mantos de Buda para Phil Whalen – e a irmã de Gary está em Mill Valley, assim vou pegá-los em breve. Envie a Wieners o seu material e o de Bill e também o de Pete e se quiser fotos também, ele está aberto a qualquer coisa. Acho que ele seria melhor para o "Green Auto" porque acho que a *New Editions* é quadrada. Quando vi Lucien ele não estava mais bebendo, quieto, tinha que parar, eu bebi, fiquei bêbado e ele foi muito legal e amigável e eu contei a ele as histórias de todo mundo e ele riu. Em Paris se liguem nas garotas americanas no Café Bonaparte próximo do Café Deux Magots próximo à igreja St. Germain de Pres, melhores do que homens como [James] Baldwin etc. elas têm bufunfa e querem ser amadas, foi assim que Gregory se deu bem, mas tentem ficar em Montmartre, apenas meia hora a pé dali. Londres não vai a lugar algum, nem passem por lá, exceto é claro se quiserem estrangular alguém na neblina. Tentem ir até Aix e Arles também, e não percam o Louvre, não percam nada...(vocês não vão perder)... queria estar com vocês. Agora que minha mãe já se acomodou e está feliz estou quase me sentindo feliz também – mas as três garotas vão chegar em breve (Joyce, Elise, Carol) e Neal está bufando e uma longa temporada se inicia. Novo poeta na cena, um pequeno incunabular Burroughs de óculos chamado Dave Whitaker... (dezessete anos). Mande instruções sobre "Green Auto", seja para Grieg ou para Wieners. Ouvi dizer que há uma foto sua e de Gregory e Laff na nova edição da *Esquire* (de julho) e aquele artigo burro de Rexroth está na *New World Writing* no. 11 em que sou "do meu jeito menor" um semelhante de Céline e Beckett. A *Esquire* recusou o que oferecemos a eles depois de um almoço complicado em que eles queriam me encarar, os idiotas... devia ter lhes enfiado o pau na boca, era isso mesmo que eles queriam... vou escrever uma carta longa só para Pete agora, mas todo mundo pode ler.
Ti Jean

Nota dos editores: *A mãe de Kerouac não estava feliz na Califórnia, então eles se mudaram para Orlando para ficarem próximos da irmã de Jack, Nin Blake.*

Jack Kerouac [Orlando, Flórida] para Allen Ginsberg, Peter Orlovsky e Alan Ansen [Veneza, Itália]

21 de julho de 1957

Caros Allen e Peter e Alan:
 Enfim, novamente acomodado com minha mãe, dessa vez para valer, num bom apartamento aqui em Orlando, onde tenho o meu próprio quarto – a mudança custou centenas de dólares e me deixou sem nada mas agora já está tudo certo, ela

diz que não quer ir embora daqui e o aluguel de $45 é barato, então ela pode pagar sozinha, com os cheques da previdência social – então amanhã vou me embora dessa terrível onda de calor para o platô refrescante da Cidade do México, aonde chegarei com $33 e vou ter que escrever cartas desesperadas para Malcolm Cowley e meu agente pedindo dinheiro. Se Garver estiver morto e eu não tiver teto, vou para o Hotel Solin por 7 pesos por dia, onde morava Esperanza, e vou comprar velas e erva sagrada e um fogão a álcool e batatas e escrever a segunda metade de *Anjos da desolação*. Allen, o astuto Cowley quer que eu escreva mais cenas de infância para *Doctor Sax* e as envie até 1º de outubro e suspeito que ele vá arrancar a fantasia do texto sem minha permissão, da mesma forma que arrancou um montão de coisas de *On the Road* (já saíram as cópias para revisão) (*On the Road* é indizimável, ao contrário de *Sax*) sem minha permissão ou nem mesmo sinal de provas para a aprovação! Que vergonha! É uma vergonha para os Negócios Americanos! Então posso publicar *Sax* como está com Mike Grieg, só para fins de registro (de graça) ou deixar a Viking foder *Sax*? Você agora é muito famoso, Allen, por falar nisso não tenho dúvida de que vou estar recebendo dinheiro neste outono e vou enviar a você um cheque ao portador no valor de $225 antes do Natal, espero. O pessoal da Reprint vai pegar o *Road* qualquer dia desses, vai ter apenas 305 páginas no formato capa dura. Livro selvagem, por falar nisso – (primeiro romance puramente dostoievskiano da América). A *Evergreen Review* No. 2 também está ótima, "Uivo", "Railroad Earth", um bom do Gary, McClure, todo mundo arrasando, boa capa. Elise [Cowen] foi misteriosamente para Frisco, Joyce [Glassman] está em NY se perguntando onde estou, tem $500 para viajar. Prefiro ser pobre do que maluco. Recebi seus cartões--postais de anjos da Espanha. Se tudo acontecer como é para acontecer, devo me encontrar com todos vocês em Paris em maio. Tenho que explicar *Beat* para *Harper's* ou *Saturday Review*, grande artigo, até 15 de agosto. LuAnne [Henderson] e Neal e Al Hinkle apareceram na minha casa em Berkeley *bem* na hora em que recebi uma caixa de *On the Roads* da Viking, ficamos todos chapados lendo, LuAnne queria foder na noite seguinte, ah, mas eu tive que ir (passagens de ônibus). Vi Stanley Gould e Al Sublette em uma noite louca que me deixou exausto e assustou Elise. Diga a Gregory que escrevi uma carta para ele, mas para onde enviar? Lafcadio está triste em NY. *Anjos da desolação* está todo fragmentado. Bill está bem? Vão se encontrar com ele em Paris? Ele sabe do meu amor por ele? (Digo, em minhas cartas nunca o menciono de maneira afetuosa). Devo pedir à Viking que envie uma cópia de *Road* para você? – não se incomode com o que Cowley quis colocar, na página seis mais ou menos sobre seu "intelectualismo" e o de Bill e Joan [Burroughs] em contrapartida à pureza tesuda e faminta de Neal. Cowley pensa que sou um simplório, mas sou um bobo mesmo. Quem vai justificar uns merdas como nós?

    Peter, não peguei a pintura de LaVigne ainda, não tive tempo. Peter, escreva uma história louca, Mike Grieg quer publicar meus "gênios secretos" – você, Jack Fitzgerald, Hunkey, Laff etc. na *New Editions*. Que tal um ensaio legal sobre o barroco português pelo Sr. Alan Ansen? Don Allen veio a Frisco com Jonathan Williams, Whalen não gosta muito dele (ele despreza tantas coisas inclusive meu

jeito de escrever, diz que "*On the Road deve* ser um livro bom, os editores da Viking passaram três anos revisando") – e Rexroth dizendo num grande encontro desses, "Nós que temos poder perante os editores" e coisas assim, eles estão ficando todos loucos com o poder que a poesia concede, e não com o poder da própria poesia. Rexroth diz que *Road* é ótimo e me enviou uma mensagem dizendo isso. Até Mark Schorer tentou falar comigo. De toda forma, estou gastando todo meu dinheiro *antes* de ficar rico, então agora vou pegar um apartamento legal na Cidade do México e voltar para casa no inverno, está tudo arranjado. Agora vou para a Rua Panamá.[5] Escreva-me para cá até que eu envie meu endereço Mexicano. Logo vou escrever uma carta longa para todos vocês. Você vai se inscrever para a bolsa do Guggenheim? O prazo é até 1º de outubro. Eu vou. Gary vem para a Califórnia dentro de alguns meses, parece, de trem. Bem, fim da folha de papel.
  BOBAGEM ESTRAÇALHADORA DE DIAMANTES
    Jack

Jack Kerouac [Brownsville, Texas] para Allen Ginsberg [Veneza, Itália]

9 de agosto de 1957

Caro Allen:

  Esta é para ser também uma carta para Bill, então diga a ele que Bill Garver morreu, estando enterrado em algum lugar na Cidade do México com Joan [Burroughs], morreu no mês passado mais ou menos. Esta foi a primeira catástrofe, então quando fui para o hotel de Esperanza, ela havia desaparecido, e naquela noite houve um terremoto que me fez tremer e me esconder debaixo da cama de um quarto de hotel com um pé direito de uns 6 metros de altura (acordei do sono profundo para aquilo que eu sem palavras pensei que era o fim do mundo, e então disse "é um terremoto fortíssimo!" e esperei enquanto a cama ia para cima e para baixo, e rachaduras profundas surgiam no teto, as portas soltas do armário batiam, e aquele barulhão em meio ao SILÊNCIO no meu Quarto da Eternidade). Um horror depois do outro como sempre no México da Perdição. Agora, uns dias depois, caminho e vejo o prédio que costumava dizer "Burroughs", e ele está rachado ao meio, com todas as janelas quebradas e só "Burrou" ficou do nome na frente. Enfim, escrevi o artigo que eles queriam, EXPLICANDO A GERAÇÃO BEAT, tudo sobre nossas visões, as suas, as minhas, as de Bill, as de Philip Lamantia, as de Gregory. Visões de "diabos em presságios celestiais", as de Joan, de Hunkey, de Gary, de Phil – até as de Alene e do garoto na Times Square sobre a Segunda Vinda. Espero que publiquem o artigo, nele mostro que "beat" é a Segunda Religiosidade da Civilização Ocidental conforme a profecia de Spengler. Também menciono a religiosidade de Neal e a tentativa de Lucien de obter asilo em uma igreja, que é na verdade o evento mais louco e gótico de todos. Também estou escrevendo cenas novas para *Doctor Sax* mas

---

5. A Rua Panamá era uma conhecida área de prostituição e bordéis na Cidade do México.

decidi enfrentar Cowley ao inserir uma cláusula no contrato contra a remoção de fantasia (gótica) e na verdade contra extensas fodeções editoriais em geral. Mas só tenho $17, e estou esperando pelo socorro. Volto no dia 15 de setembro e vou para Nova York em outubro. Joyce [Glassman] queria me encontrar aqui.

Sigo pensando em Bill Garver... e no novembro em que todos ficamos juntos aqui. Não tenho máquina de escrever e estou pensando em procurar o velho pintor Alfonso para pedir uma emprestada, ou Donald Demarest do *Mexico City News* que mencionou você e Denise Levertov no último domingo numa resenha sobre a autobiografia de um pintor (o pintor, Lester Epstein, é um "aficionado" por você e por Henry Miller, diz o artigo). Pedi à Viking para enviar a você uma cópia de *On the Road*. Ah, que quarto louco eu tenho, pé direito de seis metros, espelhos de prostíbulo, sem janelas, bem no centro. Exceto pelo trabalho de escritor, não tenho razão nenhuma no mundo para ficar aqui, especialmente já que a catástrofe no. 3 foi minha visita à Rua Panamá. As putas foram todas tiradas da rua, *sem exceção*, aparentemente pela metástase do câncer do americanismo. Também estou sem erva sagrada! Escreva para mim na Flórida, estou partindo.
Jack
Últimas últimas notícias – estou com a gripe asiática e indo para casa.

Allen Ginsberg [Veneza, Itália] para Jack Kerouac [n.d., Orlando, Flórida?]

13 de agosto a 5 de setembro de 1957

13 de agosto de 1957
American Express
Veneza, Itália

Caro Jack:
Recebi sua carta hoje, sobre a morte de Garver, e as outras cartas de antes, e agora estou respondendo com uma carta longa, tenho procrastinado, vai ser uma carta terrivelmente longa, contando tudo sobre a Europa, desculpe ter demorado tanto, mas penso nisso todo dia e não consegui sentar na máquina de escrever com medo de não escrever algo belo. Mas Bill está sozinho em Copenhague, depois de Londres, depois da Espanha, esperando o que fazer, nós (eu e Peter) estamos em Veneza com Alan Ansen, Gregory (de quem recebemos notícias razoavelmente frequentes) ainda está em Paris (num apartamento enorme que alguém emprestou a ele, mas falido e faminto, nós enviamos cinco dólares para ele, mas ele conseguiu comer com Genet e conheceu os Brando), e agora estamos prontos para ir embora, custa só vinte para ir visitar a Grécia e depois Istambul, mesmo antes de ver Paris – mas nossos planos não estão fixos, então quando você estiver pronto em outubro depois de NY e onde mais você precisar ir, venha se encontrar conosco em Istambul ou Paris ou viver de graça às custas de Ansen (pague a própria comida, aluguel grátis e muita bebida grátis) em Veneza – já estamos aqui há quase um mês e meio.

Peter e eu deixamos Alan e Bill em Tânger e fomos sozinhos de mochilas nas costas em direção à Espanha [...]⁶

5 de setembro. Nunca terminei essa carta – estamos partindo para Paris depois de amanhã e estou limpando a mesa – vou continuar a escrever de lá e conto tudo mais que fizemos, e então você não perderá nada do que aconteceu na Europa. Consegui uma passagem para Veneza uns dias depois de escrever a última vez para você – escreva-nos a/c American Express – você está em NY?

  Amor
   Allen

Ferlinghetti me enviou um cheque de $100 de royalties (inesperados) por *Uivo*, todos vendidos, uma quarta impressão saindo. Talvez venha mais bufunfa nos próximos meses – ajuda a resolver os problemas financeiros, a situação agora está bem melhor. Vou me inscrever para o Guggenheim em breve – se tiver oportunidade, peça a Cowley para escrever uma recomendação para mim. Será que ele escreveria? Peça para a Viking enviar um *Road* para Paris, se ainda não mandaram.

Allen Ginsberg [Amsterdã, Holanda] para Jack Kerouac [Nova York, Nova York]

28 de setembro de 1957

Caro Jack:

  Passamos por Viena e Munique, depois uma semana em Paris e agora estamos em Amsterdã, dormindo no chão do Gregory. Cenas loucas na Holanda – é uma cidade fantástica – todo mundo fala inglês, eles têm bares descolados de poetas, bares que tocam bop, revistas surrealistas que publicam a poesia de Gregory e vão fazer resenhas de *Uivo* e *Road*, e Burroughs já tem fragmentos publicados por aqui. Canais, ruas silenciosas com chorões e escritórios de psiquiatria, hospedagem farta, comida barata, enormes sanduíches de rosbife malpassado por 12 centavos, cerveja e queijo, museus magníficos com Rembrandts e Vermeers – e um museu com cinquenta e cinco pinturas de Van Gogh – outro mais distante (35 km) com noventa e cinco Van Goghs – e as ruas das putas – enorme distrito da luz vermelha limpinho e bonitinho e silencioso – as garotas ficam sentadas como manequins em vitrines, como bonecas holandesas em casinhas de boneca, ao nível do chão, vitrinas brilhantes e limpas, elas sentam em cadeiras e cruzam as pernas e fazem tricô esperando os clientes na rua quieta – quadras e quadras de garotas em janelas

---

6. Ginsberg continua esta carta por várias páginas, dando a Kerouac uma descrição completa de sua viagem pela Espanha e pela França. Ele escreveu extensamente sobre as viagens na Europa e na Índia, mas já que Jack nunca respondeu aos detalhes específicos destas cartas, os editores não as incluíram neste volume. Esta carta em particular pode ser encontrada reproduzida completa em *The Letters of Allen Ginsberg* (DaCapo, 2008), pp. 158-168.

ao nível do chão bem iluminadas – como um paraíso – e elas não gritam com você nem puxam seu braço – só seguem fazendo tricô. Neal ficaria louco. E adoráveis canais ao lado das ruas. Peter raspou a barba e o bigode. Passei a noite acordado vagando pelo Les Halles (mercado), distrito dos açougueiros, até as 7 da manhã escrevendo um poema enorme sobre reboques cheios de pulmões e chifres saindo de uma cabeça pelada de bode – em Paris – fomos até a Torre Eiffel, uma bela máquina de sonhos no céu – maior do que eu imaginava – e então fomos de carona até a Bélgica – visitamos Rotterdã e fomos aos museus. O tabaco é também barato por aqui – amigos e garotas legais – cidade adorável – quase seguimos para a Suécia.

Bill está em Tânger escrevendo, ele está OK, talvez se encontre comigo em Paris quando Peter voltar para NY.

Vimos a resenha do *Times* de 5 de setembro,[7] quase chorei, tão boa e verdadeira – bem, agora você não tem por que se preocupar em existir apenas na minha dedicação, eu sim que vou ficar chorando sob sua grandiosa sombra. O que está acontecendo em NY? Você está sendo perseguido? Uma onda louca de fama está batendo contra seus ouvidos? O que Lucien disse sobre a resenha de *Road*? Acho que o padrasto dele deve ter ajudado a conseguir aquele espaço extra e a foto.

Estou escrevendo uma curta introdução ao livro de Gregory, *Gasoline*, por que você também não escreve uma página de introdução? – Envie-a para Ferl para que ele a use com a minha – nos unimos e assim damos um impulso a ele – porque certamente ele vai ser criticado a não ser que as pessoas sejam forçadas a prestar atenção nele – todo mundo em SF, de acordo com Ferlinghetti, o desacredita como "showman" e por essa razão Ferlinghetti nem vai publicar "Power". Fale de "Power" com Don Allen também.

Vou voltar para o quarto em Paris com fogão a gás em 15 de outubro para ficar por lá. Escreva em breve, conte as notícias. Amor para Lucien – tem visto ele?

Allen

Jack Kerouac [Nova York, Nova York] para Allen Ginsberg [Amsterdã, Holanda]

1º de outubro de 1957

Nova York, 1º de outubro

Caro Allen:

Claro que agora estou numa situação em que posso mandar seus $225 em algum ponto desse outono. Você viu Gregory em Amsterdã? Estou escrevendo para ele numa carta separada. Primeiro você precisa dizer a Peter que escrevi a ele uma longa e bela carta sobre a Alma Russa mas enviei a/c Orlovsky em vez de a/c Ansen, Veneza, portanto ainda está lá e com certeza ele precisa pedir para enviarem

---

7. A entusiasmada resenha de Gilbert Millstein para *On the Road* no *New York Times* fez do livro um best-seller e impulsionou a carreira de Kerouac.

a carta para ele... era também para você... é importante que você leia. Tudo está acontecendo por aqui, incluindo este último fim de semana de satori com Lucien e Cessa e as crianças e Joyce [Glassman] na casa de campo assombrada dele na Nova Inglaterra, com pássaros olhando pelas janelas sagradas, uma grande e nebulosa festa dostoievskiana com socialites na qual eu era O Idiota etc. tão louco de fato que poderia escrever um romance só sobre este último fim de semana, Lucien e eu ficamos loucos ao luar da casa assombrada uivando como coiotes e falando merda e realmente insanos sentados com nossas bermudas na velha sala de estar enquanto as garotas tentavam dormir. Então quando todos dormiram toquei por quatro horas um musical enorme sugando tudo que havia num órgão de fole – sonatas incrivelmente longas, oratórios trovejantes, você tinha que ter ouvido. Um cara chamado Leon Garen (que é melhor você conhecer, vinte anos, descoladérrimo) vai produzir uma peça sobre Neal se eu a escrever, me ofereceu um fim de semana no Hotel Taft num quarto com vista para a Broadway com sanduíches grátis e uma máquina de escrever se eu começar, o que é possível que eu faça (peça sobre Neal, cavalos, a noite do Bispo etc., com você e Peter nela também). Mas há outro cara chamado Joe Lustig cheio de dinheiro que também quer uma peça sobre Neal. Enquanto isso Hollywood está meio que ativa com relação a *Road*, ouvi que o agente de Marlon Brando (seu pai) estava interessado. Editores italianos compraram *Road*. A Grove Press comprou *Os subterrâneos*, um novo negócio, bem maior, agora em capa dura. A *Esquire* comprou uma história casual sobre beisebol por $400 (já foram gastos). A *Pageant* comprou o artigo sobre Beat por $300. Escrevi uma introdução para um livro de fotos de Robert Frank, que vai ser traduzido para o francês, para a edição em inglês (editora Delpire). Ferlinghetti recebeu meu *Blues* pelo correio. Carta de Robert Olson dizendo que sou um poeta, diz ele, após ler os lances de Ontário e "Three Stooges" (por falar nisso, enviei uma cópia da New Edition dos "Three Stooges" para Veneza, você a recebeu?). Bob Donlin está em NY (com o malvado Hittleman) e foi fotografado pela *Playboy* comigo, eu o beijando na rua, depois da foto dei comidinha em sua boca no bar Cedar, o bar louco dos artistas de Creeley. Donlin e eu caímos na calçada da Bowery e eu também caí na calçada da Bowery com Stanley Gould. Um número incrível de eventos quase impossíveis de lembrar, incluindo uma grande sala num hotel armado pela Viking Press com milhares de entrevistadores gritando e o pergaminho original de 100 milhas do manuscrito de *Road* desenrolado no carpete, garrafas de Old Granddad, grandes artigos na *Saturday Review*, na *World Telly*, por todos os lados, todos loucos, a universidade no Brooklyn queria que eu palestrasse para os alunos ansiosos e enormes perguntas nerds para responder. Claro que estive na televisão, grande segmento de entrevista, no show de John Wingate, noite louca, respondi perguntas malvadas de forma angelical, grandes cartas jorraram dizendo que eu era amado, e finalmente uma ligação de Little Jack Melody. Tive também surtos, dois, e agora estou com hemorroidas e estou deitado e leio *O Idiota* e descanso a cabeça. Tive umas pilhas de espíritos do mal e os sonhos mais loucos que já tive na vida em que acabo liderando paradas de loucas crianças gargalhando (e vestindo minha fita de cabeça) pela Rua Victory em Lowell e enfim na Ásia (o desfile serve para me esconder dos policiais quando eles procuram por mim, as crianças me escondem cantando, e no final os policiais se juntam felizes ao desfile e tudo acaba numa grande névoa de mantos na Ásia). Tenho pregado o Peterismo, também na TV, sobre amor, pregando o Nealismo, tudo. Acabei de fazer a grande e final pregação na América, que o deixaria de cabelos em pé se você soubesse os detalhes... enormes festas trovejantes enfim onde vejo velhos inimigos fora de foco gritando a meu redor – (Bill Fox etc.)... o novo é que Norman Mailer está satisfeito comigo, recebi um telegrama de Nelson Algren me elogiando etc. etc. em resumo não precisamos mais de agentes na imprensa (disse a Sterling para deixar os detalhes menores da nossa poesia e de Burroughs conosco, ele está ocupado com contratos e $$$ e desconcertado perante nossas exigências inocentes, você sendo poeta não entende a loucura de NY). Você vai entender quando voltar. Agora ouça, a Viking quer publicar *Uivo* e seus outros poemas e também a Grove – eles estão competindo para ver quem chega primeiro, faça a sua escolha, eu acho que *Uivo* precisa de distribuição, ele ainda nem começou a ser lido.

Mas não compreendo a política, se isso vai foder Ferlinghetti, não faça. Estou só contando as notícias... eles acham que você vai ganhar dinheiro com *Uivo*. *Uivo* nenhum, Whalen disse na gravação da Grove, porque foi cortado enquanto [James] Broughton seguia no seu monocórdio, Whalen está furioso. Um milhão de outras coisas aconteceram, só queria que você, Peter e Greg estivessem aqui, sem falar Burroughs e Ansen, foi demais, especialmente a TV, que me matou, a câmera se aproximando "Você já fumou drogas?" "O que você pensa do suicídio?" e a grande questão final "O que você está buscando?" "Estou esperando que Deus mostre a cara" (o que era verdade, pensei nisso uma semana antes, deitado doente na cama no sul triste). Surtei e tive que cancelar mais publicidade com Tex e Jix, Barry Gray etc. e assim por diante, Olha só, finalmente consegui ir a dois programas de rádio etc.etc. me metendo com um homem de rádio depravado que fez uma fita de mim e Leo Garen bêbados falando de bucetas jovens da Rua Organo e aquele depravado bêbado reformado corre para Lucien para levá-lo para o AA que é o departamento de não quero ouvir sobre de Lou, de fato um jorro ensandecido e perfeito de eventos engraçados sem nenhum páreo em Dostoiévski. Eu e Joyce até tivemos que deixar o telefone fora do gancho o dia inteiro até as quatro da tarde porque tocava feito louco a cada cinco minutos. Ed Stringham seguia aparecendo com loucos "descolados como Neal" que insistem em me levar a 150 km/h pela Quinta Avenida, um deles Howard Schulman, poeta, que me levou para ver Lafcadio e batemos numa porta do mal e alguém lá dentro gritou para irmos embora, dois homens, não era Laff... não sei onde está Laff, ouvi rumores de que estava na livraria da Rua 5 dando palestra (acho que sobre nós). Schulman será como Ronnie Cherney se ele não se cuidar, mas pode ser que seja bom. Por falar nisso, depois do show fiquei podre de bêbado com o entrevistador da TV, John Wingate, tivemos que ser arrastados para longe um do outro... então é isso... digo, ele não era tão do mal, mas a TV é um negócio do

mal. A entrevistadora queria saber se eu pensava que o sexo era "bagunçado", e eu disse "Quem falou isso?" e ela respondeu "James Gould Cozzens" e eu "Não, é o portão para o paraíso". "Ah, acho que não" "Feche a porta e vamos ver!" eu disse, suave, e ela enrubesceu, "VOCÊ SENTIU?" eu berro... grande Zen. Vi Anton [Rosenberg], que tinha um livro coberto de papel branco, e de um lado estava escrito, com tinta, "ZEN" e do outro lado "HOO". Ele tentou me arrastar para longe de Don Allen para me chapar com ele e Burnett. Anton foi muito amigável, me chamou de Playboy de "nossa" geração, disse ele, e tentou me vender um carro de $20.000 como se eu tivesse tudo isso... "Não tem ainda" ele gritou na loja. E até Thurston Wallace, encontrei com ele e ele me assediou num bar, me senti como Burroughs... nem cheguei a ir a Colúmbia, claro, onde o bar West End estava cheio de garotos lendo *Road*... pilhas de cartas de fãs, algumas de garotas de dezesseis anos que me viram na TV e me amam... que oportunidade para um grande amante, coisa que não sou... estou sendo um Sam Lunático silencioso, na verdade um quieto sonhador hinayana covarde... ou hinayana de Avalokitesvsrs. Ralph Gleason em Frisco fez uma resenha ainda melhor do que a de Rexroth! A melhor resenha de todas foi escrita dentro da prisão de Michigan State, onde todos os presos adoraram Neal, é claro. A melhor de todas veio do Mississippi onde um resenhista assinou "ah, gostaria de ser jovem de novo". Todos falam de você... você precisa ir até o centro em Paris agora e resolver umas coisas... o dinheiro está chegando. Amanhã supostamente vão fazer um perfil meu para a *Life*, mas estou ficando tão incomodado que posso até surtar e mandar a *Life* se foder. Já tiraram cento e cinquenta fotos coloridas de mim me agachando na Sheridan Sq., falando, gritando com mendigos bêbados na Rua Bleecker etc.... e também fotos na *Harpers Bazaar* seguidas de entrevista com donas inteligentes da classe média e coisas assim, a mãe de Cessa está furiosa com meu livro. Meu grande satori foi quando Cessa gritou comigo "Cale essa sua boca" quando eu estava sendo o idiota na festa no interior, um médico queria dar vacinas de gripe para os bebês dela e eu gritei "Não torture seus filhos" e o médico e todo mundo ficaram chocados mas no fim todos estavam bêbados no chão. Lucien e eu estávamos loucos, dirigi o carro pela floresta passando por cima de árvores pequenas e buracos... nunca amei Lucien tanto... e ele continuava cantando "Getting to know you". E pensei (no meio disso tudo) em Burroughs o tempo todo. Entreguei o manuscrito para [Donald] Allen, separei *Word* do resto do manuscrito para ele começar. Fiz grande amizade com o Sr. Von Hartz.[8] Conte algo sobre Paris tão logo o choque diminua e você esteja quieto em algum lugar, pois se o pessoal do cinema comprar algo com certeza vejo você ainda nesse inverno e não na primavera, talvez em maio, até lá você pode confiar que meu apoio temporário vai chegar. Escreva. Muitas outras coisas aconteceram, mas deixo-as para a próxima ocasião.
                    Jean-Louis

---

8. Ernest von Hartz era o sogro de Lucien.

Allen Ginsberg [Amsterdã, Holanda] para Jack Kerouac [n.d., Orlando, Flórida?]

American Express Amsterdã
9 de outubro de 1957

Caro Jack:

Recebi sua bela onda de 1º de outubro quebrando sobre você na América – a simples leitura já deixou Gregory exausto, o universo ficou rosa para Peter. Pensei nesse inevitável sonho louco da vida em que acabamos. ECONOMIZE SEU DINHEIRO!!!!!! Deus sabe em que tipo de esquecimento podemos cair, como Melvilles impopulares quando a Rússia chegar à Lua e o mundo estiver incomodado com os EUA! (noite passada num fantástico bar gay, homens dançando, pensei, na verdade Gregory pensou, ele ouviu o R&R de Bill Haley cantando "Little Rock, Little Rock, Little Rock, Little Rock, Se divirta muito.") Sim, estamos dormindo na cama de Greg num ótimo quarto em Amsterdã, cozinhamos filés e comemos pão holandês doido e pão suíço e Gregory escreve poemas loucos "Ó Povo, Ó Meu povo / algo esquisitamente arquitetural / como um canibal barulhento / veio ao Haarlem noite passada / e comeu um canal" e "Quatro moinhos, conhecidos / foram espiados numa manhã / comendo tulipas" e seguimos por Amsterdã em brumas por vastos museus cheios de Vermeers incomodando os holandeses com pedidos absurdos para que se juntem a nós na comilança dos canais. Ficamos acordados a noite toda ontem em Les Halles, em Paris, dos açougueiros de caminhões de carne escrevendo grandes poemas de carne sobre caminhões cheios de pulmões, e terminando com "Amigos conspiradores, comam". E aqui noite passada bebemos e escrevemos um enorme poema-manifesto de nossas exigências para a próxima lua – linhas muito belas, dezenas de páginas de caderno pequeno, Peter improvisando: "Não posso esperar até chegar à lua até que veja o que está lá na redonda planície da gazela humana nua chorando com longos cabelos e bochechas ossudas correndo a 80 por hora como um jipe sobre a terra de ninguém atrás de trutas" – e Gregory, "Nem posso esperar para ver o triste anjo das ruas em seu próprio beco pessoal, com as mãos no rosto, as asas cobrindo tudo, chorando sua dor celestial e um grito de saudades por Ebbets Field."

Enviei a Bill hoje um álbum de recortes do *London Daily Telegraph* que descreve uma doença da Nova Guiné, "Kuru" ou "doença do riso". Uma rara doença tropical, talvez Bill não a conheça, ligada aos Latah e os Amok de acordo com o jornal, "vinte nativos estão agora praticamente rindo até morrer no hospital..." Diz que alguns vilarejos estão cheios de "homens e mulheres rindo". "A risada incontrolável é seguida por paralisia, exaustão e morte." Gregory acabou de escrever o poema. Estou enviando-o a Bill, agora ele vai gostar de Gregory. Como epígrafe para a página inicial do livro *Gasoline*, Gregory cita as linhas de

Bill sobre "Mesas de jogo onde coisas incríveis estão em jogo." Enviei minha introdução para que Don Allen dê para você ler. Como disse no meu postal, escreva uma nota ou uma página se quiser sobre Gregory e envie para Ferl para usarmos também como prefácio para o livro, ou na contracapa. O livro dele é louco e perfeito. Deus sabe o que acontecerá com a poesia quando ela explodir e se Ferlinghetti publicar o seu livro. Entregue essa poesia "Zizi's Lament" para [Donald] Allen.

De volta aos negócios: quanto ao manuscrito de Bill, sei muito bem quão idiotas minhas cartas devem soar para [Sterling] Lord, mas em detalhes pequenos como O Senhor [Lord] construiu o seu Paraíso. Ele tem duas cartas cheias de instruções. Bem, você cuida aí que eu sigo o trabalho aqui. Philip Rahv da *Partisan Review* está com uma seção ("The Market", acho). Por favor, ligue para ele e descubra o que pretende fazer com ela. Lemos para ele um pedaço em Veneza e ele disse que gostou, então Alan Ansen enviou a ele aquela parte.

Wieners aceitou e vai publicar uma página. Se ele vir mais, talvez publique mais. Mike Grieg talvez possa publicar uma seção.

Don Allen Grove etc. deles você sabe bem.

A *Combustion* pode nos dar uma página, mas não entrei em contato. Se você tiver tempo mande algo para eles.

E para a *Needle* também, se ainda estiver em circulação.

É só uma questão de seguir falando com as pessoas. A *New World Writing* talvez também, se você conseguir ligar para Arabell Porter. Use sua imaginação. Você deve estar ocupado a ponto de enlouquecer. Bem, me diga o que você acha. Menciono estes pequenos lugares de forma que pelo menos algumas provinhas e seções possam atingir uma audiência selecionada e criar fama subterrânea e resposta para Bill.

Ferlinghetti uma vez pensou em publicar a seção das cartas sul-americanas de *Yage*, como um pequeno livro de bolso de prosa. Bem, ele disse que leria com simpatia o manuscrito para ver se uma seção louca de sessenta páginas, como "Market", poderia ser lançada. Vou pôr tanta pressão dourada quanto puder nele para que faça isso. Quando acabarem as pessoas de NY, envie o livro para ele. A New Directions neste ano não está favorável: só vão publicar traduções.

Enquanto isso em Paris nós vamos ao encontro de Beckett e veremos se ele pode ajudar. Frechtman quer ajudar, mas seria apenas um insetinho nessa causa. (Ele se ofereceu para tentar encontrar um tradutor para você – talvez seja uma boa ideia, já que ele se importaria com questões literárias estilísticas que podem ser negligenciadas em negociações comerciais comuns. De todo modo, não vai prejudicar em nada enviar uma cópia para ele, seja por mim ou diretamente para o endereço dele: Rua de la Michodiere, 27, Paris, França. Ele traduziu Genet e a Banda de Guignol – então, num sentido artístico, ele pode ajudar – não é uma questão de publicidade, mas de obter uma tradução inspirada.)

Não recebi a cópia de "Three Stooges", nem o *Road* – me envie um *Road* extra para colocar na vitrine da livraria do americano descolado Jerry Newman na Mistral. Se você conseguir. Se puder mandar qualquer revista interessante, ou recortes de notícias – não vejo nada – é como o esquecimento.

Não tenho notícias do processo, embora eu ache que já acabou. Lucien está noticiando o assunto de alguma forma? Gostaria que noticiasse, tirando o nome dele. [Henry] Miller foi ao julgamento – e os desdobramentos podem acabar liberando os livros dele também – e talvez também os de Bill – não é inconcebível – talvez Ferl [Ferlinghetti] tente outros casos em SF. Mostrei isto a Lucien. Oi Lucien. Faça o Jack economizar a bufunfa.

Todas as suas loucas notícias são muito legais. Escreva mais detalhes, ah, heroico! As respostas da TV parecem ótimas – o que você respondeu sobre fumar droga?

Com relação a *Uivo*, Ferl me enviou 100 dólares, está na quarta impressão, já vendeu próximo de 5000, vai vender mais – está circulando muito. Será que a Viking ou a Grove realmente fariam melhor? Pergunto-me. Mas não sei. Mas a City Lights o aceitou, muito tempo atrás, e lutou no tribunal, e Ferl foi para a cadeia por ele, então já disse a ele que não vou sair me prostituindo por NY. Diga a Lord que se ele puder reimprimir *Uivo* ele mesmo (ou qualquer outro poema) em qualquer lugar e me conseguir alguma grana – talvez na *Life* (é possível que a própria Rosalind Constable ajudasse, sabe) ou na *Look* (quem sabe?) ou na *New World Writing* (mais provável) que faça isso e seja meu agente se ele se importar e quiser. Isso não vai sacanear a Grove, já que a edição já esgotou, e só vai ajudar nas vendas da City Lights. De toda forma, diga a Lord, e peça a ele para investigar e pensar sobre isso se ele quiser.

Enviei uma enorme carta de Veneza para você, sobre a Europa, você a recebeu?

Enviei o pedido para a Guggenheim – referências utilizadas: Van Doren, Williams, Bogan, Rexroth, Eberhart, Josephine Miles, Witt Diamant e você.

Eu poderia ter usado Cowley, mas não sei o que ele pensaria.

Se puder vender para Hollywood, ótimo, mas talvez seja melhor esperar por um tratamento criativo original realmente fantástico – usar Neal e eu e você como atores – mas tudo de forma que o filme seja puro, mesmo que seja um grande fracasso comercial. Que uso, ou qual outro poder, tem a pobreza Zen – se não for para pedir tudo? Faça uma louca história intrépida, ó destruidor dos mundos!

O que e onde a grande pregação final?? Você mencionou.

Sei da gravação de Grove não ter dado em nada. A City Lights e a Fantasy querem gravar o livro todo em Paris e lançar um grande disco quando eu terminar a gravação. Vou fazer isso em breve.

Bela linha sobre estar quieto sonhador hinayana covarde. O que você sabe a respeito de Neal? Escreva-me para Paris, conte tudo, é fantástico. Escreverei em breve. Mandei suas notícias para Bill. Boa noite.

    Amor,
        Allen

Allen Ginsberg [Paris, França] para
Jack Kerouac [n.d., Orlando, Flórida?]

Paris,
American Express, Ginsberg
16 de outubro de 1957

Caro Jack:

Voltamos a Paris noite passada, temos um ótimo quarto aquecido, grande, com um fogão de duas bocas, no quinto andar da Rua Git Le Coeur, 9, a uma quadra do Place St. Michel, consigo ver o Sena da janela.

A carta de Peter conta os detalhes. Parece que Lafcadio está preso no galinheiro dos Orlovsky, e está surtando. A Sra. Orlovsky também está surtando. Qual surto é o pior não podemos saber, já que Laf não sabe escrever. De toda forma, a situação não parece nada boa – ou seja, temeemos pelo tom das cartas que ela chame a polícia e coloque Lafcadio num sanatório. (Ele está provavelmente surtando porque ela o está incomodando, não deve cuidar bem dele, deve estar tentando fazer com que visite o pai, Oleg, para arrancar dinheiro do velho e provavelmente quer que ele vá embora.) (Ela, por outro lado, está incomodada com ele, ele está surtado, e ela está quebrada e cheia de dívidas, e provavelmente assustada.) De qualquer modo, situação difícil.

Resolvemos que precisamos fazer algo, já que a situação parece estar saindo de controle e ele pode acabar internado por ela. Situação similar à de outros irmãos a quem ela internou.

Peter acha que precisamos voltar imediatamente para os EUA – se nada mais puder ser feito, e se a situação continuar como descrita.

Portanto, se puder, investigue para nós e veja o que pode fazer? A coisa a fazer é ir lá, ver se ela ainda não o internou, levá-lo para a cidade (se ele for), conseguir um quarto para ele e deixar dinheiro suficiente para ele comer. Você pode usar o dinheiro que me deve para fazer isso.

Não sei se você vai ter dinheiro suficiente para isso – é tudo hipotético – estamos tentando descobrir alguma solução de forma que Peter não precise voltar imediatamente.

Peter planeja voltar em dois meses, antes do Natal, de qualquer modo. Se você puder endireitar as coisas pelo menos temporariamente e resolver essa crise atual, a coisa pode aliviar e pode ser que seja possível Peter ficar esses dois meses. Se você não conseguir e a situação ainda estiver ruim, ele volta imediatamente – vai pedir para a Embaixada enviá-lo de volta por causa de uma emergência de família.

Estou enviando esta carta por avião, especial etc. Sei que a responsabilidade pode ser um incômodo para você, seria para mim, a proposta toda seria.

Não sei o que você está fazendo nessa semana, nem quais seriam as pressões de outros eventos selvagens, nem se você está numa posição em que possa fazer algo.

Se puder tentar, por favor, vá até lá com um dos aspirantes a corredores imediatamente e nos escreva dizendo o que está acontecendo.

Se não puder fazer nada, escreva imediatamente e nos avise também, de forma que possamos fazer os arranjos para a volta de Peter. O que quero dizer é que teremos que ir embora se não recebermos nenhuma carta sua nos próximos dias – não podemos esperar muito.

Normalmente eu esperaria que esses problemas se resolvessem sozinhos, como no sentido budista de não haver sentido em fazer qualquer coisa (O sol nasce e se põe sem minha ajuda) – mas algo realmente ruim poderia acontecer com Laf, nosso amado Laf, estamos preocupados.

Mas se for o caso, por favor, Jack, nos escreva imediatamente se você puder ir lá, ou se não puder, de forma que possamos tomar grandes atitudes históricas.

Peter está preocupado, triste.

Tudo mais está bem, salvamos Corso de Amsterdã, ele fez uma festa de três semanas por lá. Vimos [Barney] Rosset hoje, ele vai estar em NY quando você receber esta carta. Vimos Frechtman, ele ainda nem leu o manuscrito de Burroughs. KiKi[9] foi esfaqueado até a morte na Espanha, por um líder de orquestra ciumento, diz Bill. Jane Bowles surtou e está no Hospital Inglês. Bill está escrevendo mais. Escrevi para você ainda outro dia. O livro de Gregory vai ser fantástico. A minha família viu você na TV e disse que você também falou sobre *Uivo*, fantástico. O caso foi ganho, até onde sei, vi uma manchete no *Chronicle*. Estou escrevendo um grande poema para descansar do Universo, agora que saímos da terra – maior evento (conte a Lou) desde a invenção do Fogo. Você percebe que logo (em dez anos) vamos estar na lua, e nessa mesma vida vamos nos chapar com nossos irmãos marcianos? Haverá outros por lá, e nós vamos encontrá-los, estou certo – e nossos poemas também – vou reescrever Whitman para o universo inteiro – tenho o grande poema começado. Outra noite em Amsterdã vi a lua com novos olhos.

Então, então, então, caro Jack, por favor nos escreva, salve Lafcadio temporariamente (mesmo se for uma grande confusão) e se você não puder salvá-lo, não se preocupe, não se incomode conosco, mas nos escreva dizendo qual é a situação, se você não puder ir, de forma a podermos encontrar outra solução prática. Difícil lidar com os eventos dessa distância.

Pode também ligar para Eugene e pedir o carro e ajuda dele, se quiser – ele provavelmente vai ser simpático e deve aceitar bem, embora por dentro talvez se sinta incomodado por ser envolvido – mas talvez não, ele pode achar tudo uma grande aventura e ficar feliz de brilhar ao seu lado.

Gregory está bem, está conosco, escrevendo. Paris está ótima. Não fosse esse detalhe para atrapalhar minha felicidade. Estou livre e não sofro mais, de fato nunca sofri, mas todos ao meu redor parecem estar com problemas. Cumprimentos para Lucien e Merims (que escreveu outro dia sobre a grande festa

---

9. KiKi foi um jovem namorado de William Burroughs em Tânger.

em sua casa) – encontrei com Dexter Allen e Baird e Mason, hoje, ah, estou com vontade de cozinhar uns feijões no meu quarto e não ter que sair a não ser para ver filmes e encontrar anjos imaculados de 18 a 24 anos – anjos velhos são tristes demais. Nem comecei a me envolver com os anjos femininos ainda, mal cheguei aqui, mas logo terei cenas melhores, aposto.

Mande notícias.
  Amor,
    Allen

O que diz Holmes? (John Clellon)

Jack Kerouac [Orlando, Flórida] para Allen Ginsberg [Paris, França]

18 de outubro de 1957

Caros Allen e Turma:
  Acabei de enviar minha contribuição barata para Ferling sobre a questão da poesia de Gregory: foi assim: "Acho que Gregory Corso e Allen Ginsberg são os dois melhores poetas na América e não podem ser comparados. Gregory foi um garoto durão do Lower East Side que voou como um anjo sobre os telhados e cantou canções italianas tão docemente quanto Caruso e Sinatra, mas em *palavras*. 'Sweet Milanese hills' nasceu em sua alma renascentista, e a noite veio sobre as colinas. Fantástico e belo Gregory Corso, o inigualável Gregory, o Profeta. Leia Vagarosamente e veja."
  (Certo?) Como você sabe (ou não sabe?) Ferling pediu que Sterling mandasse meu *Blues* e o enviamos a ele. Disse a Ferling que colocasse o nome de simplesmente *Blues* se continuar com ele... boa sequência, *Uivo, Gasoline, Blues*!!! Enquanto isso datilografei "Zizi's Lament" e enviei-o para Don Allen, que cruzou no correio com seu prefácio para *Gasoline*, que está bom, na verdade muito bom... especialmente "mijo descolado". Então está tudo correndo bem... mas aqui (acho, espero) estão as realmente boas notícias: escrevi uma peça, uma peça de três atos para a Broadway ou off-Broadway, *ou*, Leo Garen definitivamente vai produzi-la no teatro iídiche dele da 2ª Av. mas também vamos ter Lillian Hellman e grandes produtores fazendo fila, o grande agente de imprensa Joe Lustig que também vai organizar recitais de poesia tão grandes na primavera que vai fazer valer todos os seus senões em vir para cá no início da primavera participar... ele quer fazê-las com jazz e eu vou dizer a ele para com certeza tocar uma música, deixar um poeta declamar um poema, tocar outra música, outro poeta declama, mas para NÃO misturar jazz e poesia juntos como uma PRAÇA DE SÃO FRANCISCO. Joe vai aceitar todos os nossos conselhos, ele é um bom santo iídiche, e de fato, Allen, você precisa se aliar com ele e aconselhá-lo, para ter pessoas como

Chas. Olson e Gary [Snyder] lendo conosco em vez de Richard Howard e Popa Ididoud. (embora ele até pareça ser interessante.) A peça vai se chamar *Geração Beat*[10] e isso vai ser apenas o início... enquanto isso Leo Garen está ansioso para ver as peças de Gregory... você pode contatar este carinha louco (diretor) através de Joyce Glassman, Rua 68 W, 65, entrem na festa. Peças! Produções! Saltar da caixa do autor para o palco para fazer palestras de flor! Fedoras! Óperas! Forros vermelhos em casacos pretos! Milhões! Dinheiro! Bucetas! – Bêbados na Bowery como Jack Dempsey! Caindo de cabeça com Stanley Gould no Ritz! Coquetéis de uísque cedinho de manhã no White Horse! Vomitar latas de lixo em Caitlin Thomas! Beijar os pés de Freiras! – Vocês seus ratos percebem que os Padres da igreja São Francisco de Assis na Rua 34 em Nova York estão mesmo rezando uma missa para meu bem-estar espiritual e temporal a pedido de duas freiras dostoievskianas num mosteiro de Connecticut por causa do que eu disse na TV? Escrevi minha peça em 24 horas, um pouco mais talvez, não consegui dormir até terminar, ali – todos discutem a favor do espontâneo. Aqui estão as grandes notícias: ALLEN! Você vai fazer o papel de Allen Ginsberg na peça! Corra para NY e se torne um grande ator, grite Rimbaud no palco, deite entre a mãe do Bispo e Titia no quarto imaginário de Neal! É tudo sobre a Noite do Bispo, precedida por um dia nas corridas e uma cena no primeiro ato na cozinha de Al Sublette com o grande Al Hinkle e o pequeno Charley Mew! Uma comédia! O diálogo escorre como uma cachoeira pelas páginas! – grande papel para Peter como Peter, Peter cantando "não consigo lembrar as horas, flores" (Peter, por favor envie o título e a letra dessa triste canção de rock and roll de forma que possa inseri-la na peça a tempo dos grandes produtores a entenderem com seus grandes charutos na boca * – grande papel para Peter finalmente Peter Allen e Jack começam gritando sagrado sagrado sagrado em frente ao Bispo... tenho uma sensação de que refiz o teatro americano com essa daqui... não está nem mesmo datilografada! Acabei de terminar! Leo Garen está vindo para a Flórida para vê-la! Os aviões estão voando! – quando voltar para NY perto do Ano-Novo vou voltar a buscar negócios com o manuscrito de Burroughs, enquanto isso Don Allen está com ele, pedi a Joyce Glassman para ligar para Philip Rahv, resposta em breve... a gazela de Peter ao luar é bela... tudo belo, Gregory, Allen, todos... Meu último poema é: "Carne a pagadora / contas do espírito." (Chamo os pequeninos de "Emilies") – O novo último poema é: "Eu a seduzi com jovem cola suave." – ooo – (querendo dizer a América, eu tendo sido jovem uma vez). Escrevi um poema "Envergonhado demais para mostrar meu cu para Jesus Cristo" e no outro dia tive hemorroidas.

          Jean-Louis

    P.S. Você ganhou o processo em SF. Meu dinheiro ainda não entrou – logo!
    P.S. A Alemanha acabou de comprar *On the Road*, a editora Rowohlt Verlag. Allen – o dinheiro que entrou até agora foi só a bufunfa do conto – mas mais vai

---

10. *Geração Beat* foi publicado em 2005.

vir e em janeiro recebo um cheque de royalties no valor de $8.000! Quando e como e onde você quer sua bufunfa? (O boato em NY é de que não quero pagar você!)

Allen Ginsberg [Paris, França] para Jack Kerouac [n.d., Orlando, Flórida?]

13 a 15 de novembro de 1957

13 de novembro de 1957, Paris

Caro Jack:

Gregory trouxe a carta dele para mim, vou acrescentar uma página e economizar nos selos e garantir a você que estamos como sempre estivemos, não num navio no meio do Atlântico – a razão pela qual ainda estou aqui é porque me deparei com uma vasta pilha de cartas não respondidas, e estive doente de cama com gripe asiática por duas semanas até agora, e tenho lido sobre Apollinaire e aprendido mais francês. De repente posso ler em francês um pouco melhor – não o suficiente para ler um livro, mas o suficiente para ler poemas que vejo citados em livros – estou amarradaço na poesia francesa, fui até uma grande livraria, vi traduções francesas de peças inteiras de Maiakovski, panfletos de ótimos poemas engraçados de Essenin, então as grandes prateleiras dos boêmios franceses do século XX, Max Jacob, Robert Desnos (uma garota francesa disse que eu parecia com Desnos de perfil), Reverdy, Henri Pichette – todos com seus livros enormes, Fargue, Cendrars etc., nomes, nunca os li, mas li um pouco de cada um, todos pessoais e vivos, Prevert, e todos os surrealistas engraçados, então eu queria melhorar meu francês para entendê-los, nenhum deles foi traduzido, e todos são caras legais, posso ver pelas páginas de rabiscos espraiados e soltos que eles publicam há cinquenta anos por aqui – que tesourarias tristes para a Grove ou a City Lights se alguém viesse aqui com tempo e inteligência suficientes para organizar e editar e traduzi-los todos, seria maravilhoso lê-los nos EUA – a maioria é quase desconhecida. De todo modo, estou feliz de dizer que meu francês melhora a cada dia, então um dia vou ser como R. [Richard] Howard com livros franceses na minha casa em Paterson e talvez seja capaz de aproveitá-los.

Gregory, como você pode ver, ele melhorou em Frisco, e ele melhorou desde então, e agora está ainda mais maduro, e é como um Apollinaire, prolífico e é um período de glórias douradas para ele, também em sua pobreza, maravilhosamente, como ele se sai bem aqui com uma mão na frente e outra atrás, diariamente, mendigando e armando e seduzindo, mas ele escreve diariamente poemas maravilhosos como os em anexo – já suficientes para outro livro enorme desde o manuscrito para a City Lights no mês passado. Gregory está num período de inspiração de ouro, como no México, mas mais ainda, e mais sóbrio e solene, um gênio calmo, a toda manhã ao acordar datilografa as duas ou três páginas de poemas da noite anterior, beirando o insólito, como ele vai cada vez mais além, ele vai entrar numa fase clássica vista ou possivelmente vai construir poemas estruturais e explorar grandes formas, seu gênio é banhado pela estranheza.

Estamos recebendo muito pico do bom também, melhor do que qualquer coisa que eu já tenha experimentado com Bill ou Garver, tão puro que dá para cheirar, simplesmente cheirar, nada de feias agulhas, e é tão bom como uma picada numa veia principal, mas dura mais e é mais forte com o passar do tempo. Muito barato também, e isso disponível para visitas ao Louvre.

Paris ainda não explorada, só polegadas, ainda fazendo visitas solenes a cemitérios Per Lachaise e visitas ao menir de Apollinaire. (MENHIR) e Montparnasse para o de Baudelaire.

Granito cercado de marfim.

Sentei chorando no Cafe Select, assombrado de uma só vez por Gide e Picasso e o bem-vestido Jacob, estive escrevendo nesta última semana as primeiras linhas de uma grande elegia formal para minha mãe –

"Adeus
com longos sapatos pretos
Adeus
corsetes sedutores e costelas de aço
adeus
partido comunista e meia furada
Ó mãe
Adeus
com seis vaginas e olhos cheios de dentes e uma longa barba negra ao redor
    da vagina
Ó mãe
adeus
incapacidade ao piano de concerto ecoando três músicas que você conhecia
com amantes ancestrais Clement Wood Max Bodenheim meu pai
adeus
com seis cabelos pretos no cisto do seio
com a barriga caída
com seu medo da vó rastejando no horizonte
com seu olhar de desculpas
com seus dedos de mandolins podres
com seus braços de gordas varandas de Paterson
com suas coxas de políticas inevitáveis
com sua barriga de greves e chaminés
com seu queixo de Trotsky
com sua voz cantando pelos trabalhadores quebrados apodrecidos
com seu nariz cheio de cracas e com o seu nariz cheio do cheiro de picles
    de Newark
com seus olhos

com seus olhos de lágrimas da Rússia e da América
com seus olhos de tanques e lança-chamas bombas atômicas e aviões de guerra
com seus olhos de porcelana falsa
com seus olhos de Tchecoslováquia atacada por robôs
com seus olhos de América caindo
Ó mãe ó mãe
com seus olhos de Vovó Rainey morrendo numa ambulância
com seus olhos de Tia Elanor
com seus olhos de Tio Max
com seus olhos de sua mãe nos filmes
com seus olhos de fracasso ao piano
com seus olhos sendo levados por policiais à ambulância no Bronx
com seus olhos de loucura indo para a aula de pintura na escola noturna
com seus olhos mijando no parque
com seus olhos gritando no banheiro
com seus olhos sendo amarrados na mesa de operação
com seus olhos de pâncreas removido
com seus olhos de aborto
com seus olhos de operação de apêndice
com seus olhos de ovários removidos
com seus olhos de operações femininas
com seus olhos de choque
com seus olhos de lobotomia
com seus olhos de derrame
com seus olhos de divórcio
com seus olhos sozinha
com seus olhos
com seus olhos
com sua morte cheia de flores
com sua morte da janela dourada de sol.."

Escrevo melhor quando choro, escrevi muito disso acima chorando, e tive uma ideia de um poema enorme expansível desse tipo, vou terminar mais tarde e fazer uma grande elegia, talvez menos repetição em alguns pontos, mas preciso do ritmo para chorar.

Com relação a Lafcadio: Boas notícias, de repente o pai Orlovsky há muito desaparecido voltou para casa, prometeu $10 por semana para ajudar a família, falou sério e digno com Laf, as crises ainda seguem na casa, mas não tão críticas, nenhuma loucura vai ser feita, então pode esperar pela volta de Peter – enquanto isso Joyce Glassman nos escreveu e se propôs a investigar com Donald Cook, então a situação aí está na mão e recebemos uma boa carta sensível de Laf, ele está de barba diz ele, e será um grande artista do espaço e do tempo e desenha constantemente, e nos enviou um rosto vermelho em chamas de lápis de cor, de um místico-astronauta-Laf com protetores oculares de vidro vermelho.

Avise-me quando as peças ficarem prontas. Acho que o melhor seria diminuir o falatório sobre a geração beat e deixar os outros fazerem isso, é só uma ideia, não deixá-los manobrar você em se prender muito a slogans, por melhores que sejam, deixe Holmes escrever essa parte, ainda que "Renascimento de SF" esteja correto, mas nada que resulte em polêmica (para nós). Digo, tenho evitado falar em termos de SF como se fôssemos uma entidade. Você só fica preso em publicidade--NY-política se permite isso ou é encorajado a bater a batida BEAT – você tem muito mais a oferecer do que ficar atado a isso e ter que falar nisso cada vez que alguém pede sua opinião sobre o clima – só vai envergonhar você (provavelmente já envergonhou) – Que Holmes cuide desse departamento. Da próxima vez que alguém perguntar sobre isso diga que é só uma frase que você inventou um dia e que significa algo, mas não tudo. Diga a eles que você tem seis vaginas.
[...]
O manuscrito de Bill [*Naked Lunch*] foi lido por Mason Hoffenberg, que o pronunciou o maior dos maiores livros que ele já leu em todos os tempos, Mason levou para a Olympia [Press] e me garantiu que vai ser publicado (Mason escreveu um livro pornô para eles e os conhece e é também parte do conselho) ele está embasbacado com WSB e sua reação... eu suspirei aliviado, acho que tudo vai dar certo com o livro, vai ser publicado aqui intacto e completo. Enquanto isso Bill me enviou mais trinta páginas e diz que tem mais cem chegando com um novo personagem final como um Grande Inquisidor que vai amarrar o livro inteiro em um único tema unificado e fluxo e trama de interespaço-tempo e preencher todas as lacunas e unificar tudo numa estrutura e num júbilo perfeitos, então.

Acho que vai ser publicado por aqui na primavera. Espero saber algo já nessa semana e então vou avisar Bill. Se. Acho que vai funcionar, embora eles pretendam comprar o livro em termos bem ruins, só vão pagar $600 por impressão (ou seja, se for reimpresso ele ganha mais 600) mas vou tentar conseguir um contrato formal reservando todos os direitos de revista para *Evergreen* para Bill etc. Tenho que contatar [Sterling] Lord e conseguir o nome do escritório dele em Paris e definir todos os detalhes legais, já que não quero ser pessoalmente responsável por outro problema como Wyn. Ainda assim com a fugidia e questionável Olympia, os termos de publicação parecem ser sempre desvantajosos e não há muito que possa ser feito, exceto que o principal é conseguir que o livro seja impresso de uma vez por todas. Talvez eu esteja agindo de forma muito nervosa e apressada apenas para conseguir imprimir o livro independente da alucinação de negócios dignos que Bill merece e poderia exigir – o que você acha? Não sei, vou ficar aliviado de vê-lo enfim aceito. Mas vou tentar fazer com que o escritório de Lord em Paris proteja Bill.
[...]
Recebo muitas cartas, e também de muitos jovens homens de negócio que me congratulam com lágrimas no rosto por eu ser livre e porque eles perderam

a alma. Tenho respondido a todas e tenho dezenas de cartas para escrever – e é por isso que mal chego perto da máquina de escrever, e é por isso que não tenho escrito para você. E devo seis cartas para LaVigne, e Whalen, e McClure começou a me escrever de novo (ele ficou tomado de loucura quando viu seu livro *Blues*, evidentemente Ferl está mostrando ele por aí) e o chamou de maior poema desde Milton – também disso que chorou lendo *Road*, na cena do mictório, em que você briga com Neal. E eu sempre devo cartas para Bill – e meu projeto inacabado de terminar outra carta de cinquenta páginas para você, detalhando minha turnê pela Europa – ainda tenho que descrever Itália, Viena, Munique e Amsterdã para você – o que farei em breve – e datilografar poesia, que é coisa que tenho feito muito pouco – não há tempo suficiente para todas as grandes tarefas floreadas. Você deve estar ainda mais enterrado na neve do que eu, gostaria de saber todos os detalhes. (Ah, e descobri o endereço de Lord, não se incomode).

Ainda não tive notícias de Genet. Que romance você está escrevendo? O "Zizi's Lament", por falar nisso, é sobre uma nova doença de que mandamos um recorte para Bill, KURU, uma parente de Amok e Latah asiáticas, uma doença do riso, "vilarejos inteiros rindo até a exaustão e a morte".

Pensei que o disco estava podre (toquei-o para alguns pintores descolados aqui e era sofrível) mas Ferl diz que eu devia fazer um novo álbum, que ele vai lançar pela Fantasy Records (está tudo assinado e arranjado) tão logo minha voz retorne depois da gripe vamos gravar o livro inteiro e alguns novos poemas. Minha gravação com a Grove foi censurada e estou furioso e fiquei envergonhado do meu próprio tom, porque onde eu realmente salvei uma seriedade de lágrimas naquele disco em particular foi nas partes um e três (que continuaram belas e para cima, e numa intensidade de lágrimas não boba) – e eu pedi à Grove que fizesse o disco com essas partes – o que ignoraram – então acho que tudo deu errado com aquele disco – perderam a carne boa, aqueles abutres. Ainda assim, não interessa. Além do que eu vou lançar um disco a tempo, ou não, mas vou. Fiquei tão enojado que vendi minha cópia do disco aqui por 800 francos, dinheiro para comer (menos do que $2, para alguém que estava indo para a Inglaterra). Um amigo livreiro de Ferlinghetti aqui tem uma grande vitrine que mostra cinquenta cópias do meu livro[11] e vende alguns por semana, então recebo um dinheiro dali.

Em que número na lista dos best-sellers você já está? Que sonho isso tudo. Graças a deus. Neal quer $5000, ou ele ainda não escreveu? Estivemos falando sobre seu dinheiro, nossas próprias fantasias e exigências, mas nada do que possamos conseguir vai se comparar à Grande Demanda final de Neal por cinquenta ou dez mil para os caras. O que cê vai fazer? Eu devia escrever uma carta para ele. Queria saber o que ele anda pensando. Quando o julgamento do *Uivo* acabou saiu uma manchete de primeira página, de um lado ao outro da página do *SF Chronicle* anunciando os resultados – o que será que ele pensou – e será que ele viu você na TV?

[...]

---

11. A Livraria Mistral era de George Whitman, um velho amigo de Lawrence Ferlinghetti.

Ainda não recebi uma cópia de *Road*, se você tiver tempo, tome as providências necessárias. Diga à Viking que não há nenhuma cópia à venda em Paris e que eles fariam uma fortuna por aqui também. Em inglês – centenas de cópias. Deve estar em falta, imagino.

Devo acrescentar que eu havia sugerido a Ferl vários meses atrás, pela décima vez, que ele relesse seu blues para a City Lights. Também disse a ele para ler o livro de Bill para uma seleção de partes publicáveis – talvez *Word*. Porém, se foi a minha sugestão que o levou a aceitar o seu livro ou não, quando ele entrar em contato sobre seu livro (supostamente ele vai fazer algo) lembre-o para que leia Bill e entregue o texto para ele depois que a Grove terminar, acho que ele pode publicar. Dessa forma teremos algum Burroughs nos EUA. Estou conferindo nossas cartas recentes para ver se tem algum negócio inacabado. (Nunca chegamos a ver a carta de Veneza do Peter).

Meu pai e meu irmão escreveram dizendo que você parecia confuso e distante na TV, você estava chapado? Suponho que eles não conseguiram captar o louco drama, digo, sonho.

Recebi uma enorme carta rimbaudiana de um garoto no Reformatório Bordentown.[12] Escrevi uma louca carta rimbaudiana para [Rosalind] Constable num ponto dizendo que Luce devia me enviar (e você) (e Peter e Greg) numa viagem secreta para a Rússia. Ela disse que passou a carta adiante, quem sabe? E nos desejou tudo de bom, estava triste, com nossa grandeza. Escrevi para Gary. Whalen está em N.W.

Amor,
        Lágrimas e beijos
        Allen

15 de novembro: a Olympia rejeitou o livro de Bill mas ainda vou tentar fazê--los mudar de ideia, e acho que consigo. A *Partisan* me enviou $12 por um poema e eu enviei a eles três Corsos. Podemos fazer uns anúncios grátis ou pagos para conseguir $ para publicar Bill nós mesmos, ou por assinatura, no pior dos casos.

Jack Kerouac [Orlando, Flórida] para Allen Ginsberg [Paris, França]

30 de novembro de 1957

Caro Allen:

Seu poema é muito belo, especialmente "olhos de Vovó Rainey morrendo numa ambulância." (porque você não usa a ortografia "aumbulância", que significaria veículo-om...)... bem, e o "docemente no arco do sol" de Greg é realmente fantástico... estou muito bêbado enquanto escrevo, me desculpe, também tenho mil novos poemas mas estou cansado, cansado demais para enviar alguns para

---

12. Esta é uma referência ao poeta Ray Bremser, que estava nessa prisão de New Jersey nessa época.

você... mais tarde. Vou para NY em três semanas para aparecer duas vezes numa casa noturna, a Village Vanguard, para declamar minha prosa, começando com *Road* e depois vou continuar com *Visões* e *Pomes*... eu faria apenas isso se me pagassem bem, e se isso não fizesse de mim um bêbado, nada faria... na verdade olho meio desconfiado para a aventura, mas preciso do dinheiro. Holly[wood] não vai comprar meu livro, Brando é um merda, não responde cartas do maior escritor americano e ele é só um bobo da corte inútil dos palcos, estou de cara, então vou mandar os seus $225 assim que puder, provavelmente em dezembro ou janeiro, quando receber os royalties, não se preocupe, e será seu dinheiro de segurança para a volta de todo modo. Da mesma forma que você pagou minha ida, vou pagar sua volta. Sem a venda para um filme, não vou receber muito mais do que o mesmo que recebi por *CP&CG* [*Cidade pequena, cidade grande*], o que é uma vergonha. Vocês ficaram animados por nada. Vou ser um bhikku até morrer. Mas espero encontrar produtores etc. nas apresentações em clubes e vou ser um MÚSICO DO SOM cool como Miles Davis e não vou beber muito, espero. Daqui a três semanas vou estar no apartamento de Henri Cru, na Rua 113 W, 307. [Paul] Carroll da *Chicago Review* me pediu para que lhe enviasse alguma coisa, enviei os poemas de "Lucien Midnight" (uns novos que vocês não viram, escrevi ontem na verdade) e outros poemas. Jay Laughlin vai fazer uma edição de partes selecionadas de *Visões de Neal*, talvez cem páginas, da melhor prosa, numa edição privada e uma encadernação chique de $7.50, diz ele para começar, é muito legal e educado nas cartas e me enviou uma pequena brochura de seus melhores poemas. É um poeta muito bom. Tenho medo dessa próxima viagem a Nova York, mas estou ficando gordo e entediado aqui. Vou acabar indo parar na Bowery nessa viagem, mas como Esperanza costumava dizer, NÃO TÔ NEM AÍ. Não, Gregory, não vou chorar no chão de Lucien, Lucien me faz rir feliz. Lucien é meu irmão. Dessa vez vou procurar Laff e levá-lo sob minha tutela para a cidade. Com a bufunfa da Vanguard vou comprar tinta a óleo e pintar mais retratos sagrados de minha mãe Virgem Maria, e de sua mãe, mãe. Sou uma vasta infindável nuvem gigante de cabeça nua não faço sentido nem mesmo para os carinhas no hospício, que destino para um simples jogador de futebol! Recebi uma carta de hospício de um certo B. Zemble e estou enviando a ele de volta um poema espontâneo tão louco que Gregory ia surtar, em que digo "afirmação da ciência é milhões de vezes propriedade de canetas tão enganosas quanto Aga Arnold do Bom Dia Papai Passarinho no Centro – vê? Sou um tolo! Amo o contrário! Tenho flautas-moo ocultas no meu chifre de vaca. Eu fiz papai porque fiz dinheiro – Sou Governador Presidente!" – etc. e termina com "Minha consciência é apenas neve. De fato minha consciência é um ponto frio."

Em outras palavras descobri o segredo de Gregory porque sou tão esperto e louco. Mas não me importo. Sou um romancista razoável agora, meu trabalho em andamento é *Os vagabundos iluminados* sobre Gary [Snyder] e 1955 e 56 em Berkeley e Mill Valley e é realmente um *On the Road* melhorado, se apenas eu conseguisse ficar sóbrio tempo suficiente para terminá-lo agora que sei que vou

fazer um papelão com o malvado Gilbert Millsteins em Nova Yoik. Se eu conseguir armar a venda de *Road* para o cinema, nesse passeio Brando pode vir me ver no clube, vou armar uma fundação e desaparecer na Estrada Zen da Loucura e vocês todos podem se juntar a mim. É para isso que vou fazer essa ação cansativa. "Toda a Europa Medieval numa polegada shakespeariana," escrevi na noite passada, onde também há: "Pobre perdu! Capacete fino!" Uau. Também estou lendo *Dom Quixote* que é talvez o trabalho mais sublime já feito por qualquer homem que já viveu, graças a Deus pela Espanha! Todas as criaturas vivas são *Dom Quixote*, é claro, já que viver é uma ilusão. Ho ho ho ho ho ho ho ho ho ho ho ha ha ahá ah woeieield.!"k3738#%#"($& Então eu vou mandar seu dinheiro em breve, todo ele, não se preocupe, *Alle, ubers ober* e você recebeu a carta que enviei para você mandar para Burroughs no mês passado? Bem, escrevo mais tarde. Estou incomodado e triste e louco e escrevendo um grande romance, *Os vagabundos iluminados*, uau, mal posso esperar que leiam este! Gary está fantástico nele, e Whalen... vocês vão ver. Enquanto isso tudo que tenho a dizer é: vamos todos morrer. Neal não escreve. Neal é fantástico. Neal diz "Ah! Agora vou sucumbir à vitória" enquanto joga xadrez comigo, ironizando quando eu disse que eu o deixaria ganhar os jogos porque sou um bodisattva... escrevi uma grande peça sobre Neal também, que foi mencionada no *Herald Trib* e agora quatro produtores a estão lendo, mas é curta demais, mas tudo bem seus papaizinhos, por favor rezem para que eu possa me juntar a vocês em Paris lá por abril porque quero abraçá-los, pobres perdus. Bem, aqui é John o Roi dizendo, Não pise no doce, garota.
                Joh Perdu

Allen Ginsberg [Paris, França] para
Jack Kerouac [Nova York, Nova York]

5 de dezembro de 1957

Caro Jack:

    Me chapei de pico na noite passada e pensei em você, disse para mim mesmo que precisamos – agora que somos famosos – não nos deixar separar pelos diferentes graus de fama ou mundos diferentes mas nos aproximar como irmãos solitários sem fama, só estou acrescentando isso como um extra para a carta de Petey, para não me estender, mas vou escrever uma longa carta de pensamentos sobre seus escritos. Sim, Brando deve ser um merda, já faz muito tempo que ele não entra em contato conosco, e tem feito filmes ruins, que carma triste. Ferlinghetti me mandou $100 ontem para comermos, paguei $20 que Gregory devia de aluguel e ele se mudou para cá temporariamente e trouxemos Genet e o livro sujo de Apollinaire e um papelote de pico e uma caixa de fósforos de *kief* ruim e uma enorme e cara garrafinha de shoyo maggi. Ah, esse Village Vanguard soa um tanto cansativo, eles não vão ouvir você, queria que estivéssemos por lá para animar a plateia e agitá-la, como você fez por nós em SF, mas talvez dê certo – você deveria fazer tudo como um santo e falar com eles mesmo se for humilhante, talvez seja, mas mesmo assim divertido – boa sorte e não beba muito e não seja infeliz com NY. Seria uma beleza ver isso, você parece estar solitário ao encarar NY, e gostaria que fôssemos camaradas nessa loucura. Não há pressa com relação aos $224 agora, a Grove Press vai publicar meu poema mexicano de dezessete páginas "Xbalba" e me pagar provavelmente este mês, e ainda tenho $35 daquela antologia da geração beat da Feldman-Citadel (acho que você sabe do que estou falando) (para reimprimir *Uivo*) e também mais dinheiro vindo da City Lights – você vê que milagre é eu já ter recebido (sem falar em duzentas cópias grátis) $200 deles até agora? Você vai ganhar um pouco de bufunfa assim pelo *Blues* se eles imprimirem. Então envie o dinheiro quando você tiver e não tenho me incomodado com isso (você fala tanto no assunto que acho que pensa que eu estaria impaciente) e realmente não esperava por esse dinheiro até o ano que vem. As notícias sobre *Visões de Neal* são ótimas, é realmente uma maravilha de prosa, o que eles vão selecionar, e por que só cem páginas? Talvez mais tarde haja esperança para Burroughs no mesmo formato. A Olympia rejeitou o manuscrito. A City Lites está ansiosa para ver o Burroughs também. Don Allen está demorando demais. Bill escreve que está expandindo numa enorme estrutura formal por acidente – o manuscrito atual vai ter que ser adaptado nos buracos da nova concepção leviatânica – centenas de páginas dela já prontas, diz ele – e vamos estar em Paris para depois do Ano-Novo. A *Partisan Review* agora aceitou dois poemas de Gregory, depois de uma enorme carta louca que enviamos – você devia tentar fazê-los pré-publicar passagens de *Visões de Neal* antes do lançamento pela ND [New Directions]. Eles também aceitaram dois poemas de Levertov – a praga está a toda (como escrevemos para eles). Carta de Holmes, ele vem para cá no Natal. E não vimos Parkinson, mas ele está na cidade desde ontem. Peter e Gregory pintam muito, Peter pinta estranhos anjos vermelhos em árvores vermelhas, Gregory esta semana está fazendo abstratos reluzentes sobre uma tela afixada em nossa parede. Sou tímido, não ousaria tocar num pincel – então pela mesma razão escrevo muito pouco, mas estou superando isso, acho, espero, me sinto envergonhado de escrever tão mal e tão pouco ultimamente. Triste. Sinto-me envergonhado como uma pera. G. Millstein é malvado ou só NY demais? Sua resenha me trouxe lágrimas ao rosto. Van Doren, se você lembrar, sempre falava bem de *Dom Q.*, e eu gosto das últimas páginas quando ele "acorda". Enviei sua carta para Burroughs, ele não escreveu para você? Não acho que eu vá para casa ainda mas vou ficar por aqui mais uns seis meses em Paris e então talvez, com você e Bill, podemos sair numa jornada de primavera pelo leste – primeiro quero conhecer Moscou, se puder, depois de circum-navegar o globo. Quero ter uma grande visão antes de retornar aos EUA. Venha logo para Paris se puder, querido. Pensei na noite passada que você só escreve bem (fora da prosa) sobre aqueles que você ama imaginariamente – Bill, Lucien, Neal, Huncke, seu pai – digo, aqueles que são seus pais, que te socaram o nariz e não nós que beijamos seus pés (eu e Peter por ora) – o que você faz com Phil e Gary – com grandes detalhes tristes em 3D sobre

eles e não passando por cima de incidentes depressa como você fez em *Desolação*. Talvez você não pinte a mim e Peter em detalhes por medo de nos ofender (com o que você vê) – mas eu prefiro ser escrito em detalhes trágicos do que ser mostrado de passagem como um garoto alegre. Mas é exaustivo escrever. Belo e jovem bar de beco na Rua Huchette com garotos existenciais de dezessete anos fugidos da escola e suas namoradas de quinze anos de idade, nenhum tem 40 francos para um copo de vinho, levamos Ansen lá, para olhar para os garotos de cabelo comprido até os ombros e barbichas de D'Artagnan. Peter vai estar em NY daqui a um mês então esperamos ver você no Vanguard, talvez com Laff. Amor, fique conosco, estou repetindo em resposta ao que senti que suas cartas também diziam.
Allen

Jack Kerouac [Orlando, Flórida] para
Allen Ginsberg, Peter Orlovsky e Gregory Corso [Paris, França]

10 de dezembro de 1957

Caros Allen e Peter e Gregory:
Acabei de receber suas maravilhosas cartas hoje e ainda nem tive tempo de relê-las e digeri-las mas quero já saltar e responder diretamente com blá-blá--blás... Quero contar que acabei de escrever meu novo e brilhante romance *Os vagabundos iluminados* todo sobre Gary [Snyder], uma visão realmente florestal dele, não uma visão surrealista e romântica, uma visão do meu próprio eu mesmo mente pura verdadeiro Ti Jean das florestas de Lowell sobre Gary, não o que em particular vocês gostariam, na verdade, embora haja muita Loucura Zen até o final e isso é o melhor: todos os detalhes tremendos e poemas e gritos de *Os vagabundos iluminados* finalmente reunidos numa narrativa rápida de um pergaminho de 30 metros. Então escrevi a Cowley e contei a ele, e se Cowley não quiser publicar, outra pessoa vai querer, é como *On the Road*, prosa realmente muscular. Mas quando *Os subterrâneos* sair em fevereiro vou estar tão orgulhoso que finalmente um de meus poemas verdadeiramente doces seja publicado, e a próxima tarefa será: *Doctor Sax*. No manuscrito de *Os subterrâneos* eu trabalhei vários dias desfazendo o desastre das vírgulas e mudanças idiotas de Don Allen... então agora é tão original, brilhante, rítmico, ensejando literaturas futuras por novos garotos grandiosos. Se posso dizer, os poemas de Peter sobre a pegada vermelha na neve são realmente grande poesia, então agora declaro Peter Orlovsky um grande Poeta Surrealista Americano de Primeira Magnitude. Peter, espero que você volte para Nova York daqui a um mês e como eu digo, vou estar na casa do Henri Cru, mas NÃO APAREÇA LÁ! Henri baixou um decreto segundo o qual posso ficar lá DESDE que nenhum de meus amigos apareça, então só ligue para lá que a gente faz os arranjos onde quer que fique bom para nós, na casa de Fugazzy, na de Helen Elliott, na de Joyce, onde for, na real Peter por que você não

fica com Joyce Glassman em seu novo endereço na 13 E, 338, onde ela tem um enorme apartamento com uma cozinha grande e tudo mais e onde você pode ficar porque quero me dar bem com Helen W[eaver]. Acabei de escrever uma grande carta para Laff dizendo que vou fazer uma visita. Sim, Al, sei que o recital vai ser meio que um fiasco mas acho que consigo fazê-los vibrar o suficiente para que eu possa ficar mais duas semanas e enviar o dinheiro a você e também guardar um pouco para minha própria visita triunfante a Paris (desolada, carne na rua) em março quando vou encontrar Burroughs, Ginsberg, Corso, Orlovsky, Ansen e Cocteau todos em um mar de pedras, eu ia dizer em um mar de rosas, quero dizer todos num mesmo caldeirão, quero dizer todos ao mesmo tempo, além disso a Gallimard acabou de comprar *On the Road* e me adiantou francos e ele vai ser publicado em francês em Paris em 1958, então agora Genet e eu temos a mesma editora. Francamente, nos últimos dois meses não tenho estado interessado em nada além de paz. Você sabe o que Cristo dizia quando entrava em uma casa "Eu trago minha paz", ou indo embora "Eu deixo a minha paz". Esse é o barato mais interessante de todos. Só sentar lá e não fazer nada, curtindo os gatos e as flores e os pássaros. Meu dedo rápido em escrever poesia é um dedo rápido, mas Gregory, você está certo, a beleza é lenta, mas veja você, se você não falar agora do seu jeito meio impulsivo você pode para sempre esconder a língua, esta é a lei de Shakespeare, como você acha que ele escrevia tão rápido e tanto e de forma tão sublime? O arbusto espinhoso na neve do tolo Lear e o bobo dançarino e Edgar no campo, foram todos pensamentos rápidos e selvagens. Ah, mijei mais água como um marinheiro dos vários mares do que os aforismos insalubres me permitiriam, e se eu tivesse escrito de maneira vagarosa e deliberada você poderia me chamar de insalubre por isso. O aforístico Lionel Trilling deliberadamente imitando Henry James com suas estruturas de sentenças imaginárias. Poesia é a ode do Vento Ocidental!? Acorda Poesia é Shakespeare e ninguém além de Shakespeare e não me Poundeia e me Tolstoieia me pergunte, sem resposta! Shakespeare é um vasto continente, Shelley é um vilarejo. Por que você insiste, Gregory, em ser DIFERENTE e escolher o improvável Shelley como seu herói, por que você teme ser como todo mundo e admitir a Grandeza Suprema do Bardo Will Shakespeare? Como, pergunte a Burroughs sobre Shakespeare, ele passou anos com o Bardo Imortal no colo... Burroughs de fato até meio que fala como Shakespeare. Ouça Burroughs falar. Não se engane pelo Poderoso Burroughs. Gregory, você está prestes a entrar em contato com o maior escritor vivo no mundo hoje, William Seward Burroughs, que também diz que Shakespeare é o fim. Apollinaire é uma grande bosta de vaca no campo no continente de Shakespeare. O maior poeta francês é Rabelais. O maior poeta russo é Dostoiévski. O maior poeta italiano é Corso. O maior poeta alemão é provavelmente Spengler, até onde sei. O maior poeta espanhol é claro é Cervantes. O maior poeta americano é Kerouac. O maior poeta israelense é Ginsberg. O maior poeta esquimó é Senhor Igluiglu Desolado. O maior poeta burroughsiano é o Mundo. Bem, garotos, vejo vocês em março em Paris e não surrem seus bonecos, e deixem umas garotas para mim, e alguma confusão, e não virem as mesas, e não se preocupem, não estou nem aí pelo que vi, quando eu vi o que eu vi ou o que é e é isso. Estou bêbado. Vocês podem ver que estou escrevendo esta carta bêbado. Certo. Digam a Alan Ansen para ir para aquele bar gay na mesma rua que o Café Napoleon, cerca de cinco quadras de onde eles todos sentam ouvindo aquela jukebox clássica bebendo café e vermute, fui ali com um motociclista irlandês de Dublin. Ou Ansen prefere jovens de cabelos longos de cavernas naturais de meninos? Pobre Ansen? Abençoem seus olhos, beijem seus olhos por mim! Oi Ansen! Oi Burroughs! Oi mamães aí atrás! Como estão? Oi Allen! Olhos de vovó Rainey morrendo numa ambulância! Há mentiras doces num arco solar! as pequenas mulheres púrpura monstras estão cavalgando o sol! O cowboy negro! O queijo sem bacon! Hello Irmão Peter, como cê tá, filho, beijo o chão onde você caminha! Oi a todos vocês, Franciscanos! Oi para todos! Tomem mais um conhaque! Oi seus miseráveis... fim da mensagem magnífica, fim da acumulação de blás, vejo vocês todos no Paraíso Paris em março quando acenderemos a tocha do santo.

    Allen, você sabe por que eu disse que eu era o maior poeta americano e que você era o maior poeta israelense? Porque você não sacou a [cultura] americana antes de ler *Visões de Neal*, até ali você era um grande burroughsiano desprezador da Americana. Lembra de Hal Chase e dos wolfeanos e dos sacerdotes negros? Você de repente viu a Americana de Neal e tudo mais, e sacou ela, e a usou muito bem, mas o seu coração está nas montanhas, ó tribo das montanhas, as montanhas da Judeia! Não estou certo? Você SABE QUE ESTOU CERTO. A própria Americana de Burroughs é sem esforço, é Brad gozando no assento de couro vermelho, então ele é intrinsecamente Americana, como eu (com poemas adolescentes para a Americana) mas você só entrou no lance depois. Essa é uma visão pura da história poética de Ginsberg. Porque você não é americano, você é Magiano, e pertence à nova cultura intensa do século XXI, que será toda Magiana, Ortodoxa, Sentimentos das cavernas... é por isso que os cansados monges franciscanos ocidentais da Itália não conseguem convencê-lo, porque você na verdade é um Árabe, e acima de tudo um Arameano da Terra mãe-natal-Russa. Judeus e árabes são semitas, e judeus e árabes e russos são todos ortodoxos no sentido mais profundo. Se você quiser mais informações, envie $25 centavos pelo livreto.

[...]

    Bem, esta carta foi esquisita, mas é tudo verdade... Quando eu chegar a Paris em março e ficar bêbado até cair vocês todos podem me chutar até a morte nas sarjetas de St. Danis e eu vou me erguer com Hm he h i hi hi he ha ha e ser Quasímodo e correr pelas ruas sangrentas de flores do sagrado coração e rasgar menininhas inteiras membro a membro, meus queridos, e então vocês vão ter que me amarrar no topo de uma velha chaminé com Lucien e vamos jogar baldes derretidos de Uísque Wilson Rye em suas cabeças atentas e coroá-los com uma guirlanda de glórias... entendem?

Jack Kerouac [Nova York, Nova York] para
Allen Ginsberg [Paris, França]

28 de dezembro de 1957

Caro Allen... Caro Alleyboo:

Estou na cozinha de Joyce e encarando a mesa de repente me vejo triste (ela está cozinhando um jantar de hambúrgueres) "Queria que Allen estivesse aqui" e ela disse "Ah, tudo bem, temos carne para um hambúrguer extra".

Apartamento louco na Rua 13 Porto Rico, próximo à Av. A... é onde estou me escondendo, nesta tarde finalmente disse a todos que chega, nesta vida não faria mais publicidade. Vejo porque Rexroth diz que sou um "Tom Wolfe insignificante" (ele pode realmente dizer isso sobre *Sax?*). Todos estão nos atacando feito loucos, Herbert Gold etc. etc. Você e eu agora estamos sendo igualmente atacados. Minha mãe diz que cada golpe é um impulso. Vi seu muito querido primo Joel [Gaidemak] outra noite e ele me deu um vidro de vitaminas, seu pai escreveu, quer que eu vá dar uma "palestra" em Paterson. Ah, palestra, palestra, falei para 1.500 pessoas semana passada. Leio bem. Lucien disse que sim, que eu leio bem. Lucien triste, me admira por lidar com tudo, querido Lucien dormiu no chão do meu banheiro depois de dois dias bebendo. Queria que você estivesse aqui. Terminei com Joyce porque queria experimentar umas morenas grandes e sexies e então vi o mal do mundo e reconheci que Joyce era minha anja irmã e voltei para ela. Na véspera do Natal li minha oração para uma casa cheia de bêbados, todos ouviram. Lamantia estava lá e tive dias loucos com ele caminhando oito quilômetros pela Broadway gritando sobre Deus e êxtase, ele entrou no confessionário e bem rápido já saiu, voou para Frisco, volta logo, deu grandes entrevistas publicitárias comigo e estava cheio de eloquência sagrada. Grande novo poeta: Howard Hart, um Peter completo, Católico, amigo de Lamantia. Vou escrever um grande romance sobre a semana passada e você vai poder curtir a cena toda, e já faço umas advertências. Veja... desculpe-me pela última carta, um lapso de paranoia, acho eu, sou um tonto engraçado meio faminto. Faminto por uma amizade suprema sem problemas, como era com Neal no início, e não para amizades de meio-expediente cheias de escárnio como com Gregory. Você nunca escarneceu de mim, mas eu já de você. Mas por quê? Digo que isso é o início de algo grande, vamos lá, vamos deixar tudo claro, vamos ir até o fim na publicidade e ir ao subterrâneo por algumas talvez finais cavernas de ouro. Com Gary e Pete. e Laff. e Bill. E se Greg quiser, eu digo, digo, foda-se o monstro. E sem mais poesia pela mera poesia, como esgrima, mas um verdadeiro eu-para-você e você-para--mim hei-ouve-só hei-diga-aí como Neal Joan Anderson [a carta] (com relação a isso, vejo pelo artigo de Robert Stock que Gerd Stern agora é considerado um poeta de SF, então eu acho que entendi, sim, ele roubou Joan Anderson, vamos pegá-la de volta). Bem, na verdade, não vou fazer nada, provavelmente nunca

mais vejo você, não sei o que vou fazer, só estou querendo paz. Você vem me ver na minha caverna. Queria estar falando com você por cabo transatlântico. Você está certo, você está certo, você está para sempre para sempre certo para sempre para sempre você está certo. Adeus. A d e u s. La ombras vengadora FAÇA O QUE QUISER NÃO ME OUÇA.
                Jack

1958

Allen Ginsberg [Paris, França] para
Jack Kerouac [Orlando, Flórida]

Rua Git Le Coeur, 9, Paris 6
4 de janeiro de 1957 [*sic:* 1958]

Caro Jack:
 Não grite comigo tão bêbado e malvado como no primeiro aerograma da Flórida, foi bem chato, não sei como responder – ensine de forma mais gentil. Minha escrita está toda fodida, é verdade, escrevo pouco demais e estou continuamente enferrujado no piano de cauda em vez de improvisar e ser extático. Nos últimos tempos o único momento em que posso escrever bem de verdade é quando estou sob efeito do pico (um sonho trêmulo) – embora eu tenha ótimas ideias. A última delas é dez páginas de poesia política (como a Revolução Francesa de Blake) (Então Necker levantou o manto cheio dos gritinhos de gostosas douradas e sua voz sacudiu as paredes úmidas do cavernoso Louvre berrando "Guilhotina!" amostra tipo Blake). Blake serve para Whitman como uma luva para se aplicar ao épico atual do Declínio da América. [...]
 Estivemos com Sterling Lord, ele levou nós três para jantar com seus amigos e gentilmente sentou para conversar conosco a maior parte do tempo, lemos para ele o novo poema louco de Gregory sobre SF – que ele escreveu a pedido da *Esquire*. "Olhei para Alcatraz agarrando meu pé de Pan com uma acumulação de Dannemora Ó Alcatraz atarracado chorando sobre a mesa de Netuno e vi a Morte sentada como um enorme fogão negro". Ele está vestindo suas roupas agora noite de domingo, sai com uma nota emprestada de 10 mil francos com o descolado grogue do andar de cima para tomar um trem e ser vendedor na Alemanha – tem dormido em um saco de dormir em nosso chão pelos últimos meses – tentar vender desenhos de monstros ou Enciclopédias Britânicas para soldados em Frankfurt, agora mesmo decidiu partir para tentar fazer alguma coisa da vida e ver a Alemanha. Disse-me para enviar o nome de garota a seguir, Joy, que está esperando por você, ele a tem comido mas cansou, ela mora em Paris e é uma modelo de arte simples da Indonésia, uma garota comum, ele disse que você pode ficar com ela para compensar por [Alene] Lee e a garota em Paris.
 De todo modo a *Esquire* nos ligou prometendo $35 na hora da entrega por poemas de SF, ele escreveu um e eu enviei "Green Auto" arrumado mas ainda sujo e "Over Kansas", eles não aceitaram mas me enviaram o dinheiro igual, os $35 – talvez no fim imprimam algum, quem sabe?
[...]
 É, não fazer mais poesia apenas pela poesia – embora eu ainda não tenha, como você e Greg já tiveram, passado por uma fase maníaca de escrever puramente sem revisões, ainda tenho que me soltar – como você pode ver o que está acima, embora imagístico, ainda é bem duro e pouco suave e dirigido demais – embora eu quisesse escrever um poema monstruoso e politicamente doura-

do ou histórico sobre o declínio da América, estive até mesmo falando sobre [John Foster] Dulles[1] – se podemos fazer poesia sobre latas de lixo por que não podemos falar de manchetes de jornal e de política? Falar sobre Dulles do jeito que Blake fala sobre os reis da França suando frio gelado das axilas até os cetros. Mas escrevo tão pouco e com tanta dor e reviso e não consigo me decidir com a livre expressão e tenho pesadelos sobre conseguir ou não completar a peça. Não é que eu não concorde com você sobre o método da escrita – não tenho sua energia de futebol para sair escrevendo de qualquer jeito infindavelmente papel após papel. Sou nervoso e incapaz de relaxar e tenho que me forçar a sentar – pelo menos ultimamente – noutras ocasiões já foi mais natural. Acho que toda essa publicidade é ruim. Bem, como eu disse, prevejo de qualquer jeito que uma obscuridade natural vá recair sobre mim e tirar os problemas de minhas mãos. Foda-se essa merda. E Bill está enlouquecido no Tânger, já são centenas de páginas novas, enviei algumas para a *Chi Review*. Vá atrás do Don Allen e descubra o que está acontecendo – ele tem estado silencioso sobre isso já há meses. Diga oi para Lucien e passe os melhores votos de ano novo para as famílias de todos. Estou triste porque está chovendo hoje em Paris e há um quarto vazio no fim do corredor. Talvez eu vá para Londres este mês, tive um sonho triste e exultante, parapeitos ingleses e eu não conseguia entrar, não tinha libras ou algo para dar em troca – mesmo sonho que sonhei dois anos atrás com uma viagem à Europa. Ano que vem acho que vão ser sonhos tristes de entrada exultante na Índia na garupa de elefantes. Escreva-me notícias e análises da cena monstro de NY – em particular a opinião de Lu sobre tudo. Escrevi para ele um tempo atrás. Tudo que penso é que estranhamente está conosco a responsabilidade de salvar os EUA – quem mais – ou que mais fazer a seguir? Quixote acorda nas cinco páginas finais.
  Amor,
    Allen

Escreva-me sobre o dinheiro para que eu saiba qual é a situação.

Jack Kerouac [Orlando, Flórida] para Allen Ginsberg [Paris, França]

8 de janeiro de 1958

Caro Allen:
  Meu cheque de royalties chega em fevereiro, então envio o dinheiro a você num só lançamento. Sterling me disse que você e Gregory se perguntam sobre minhas riquezas... ele não disse a você que receberei só uns meros $4.500 de todo aquele barulho do *ROAD*? Nada de cinema, é claro, e só umas gotinhas aqui e ali. Com essa bufunfa vou dar entrada em uma cabana para mim e para minha mãe, para meus

---
1. John Foster Dulles foi o secretário de Estado dos EUA durante o governo do presidente Dwight D. Eisenhower.

haikus de cabana de velhice de Emily, bem afastado em Long Island, mais longe que o Northport de Lafcadio. Acabei de enviar o manuscrito de Burroughs (aquele que ele me enviou sobre o barbicha veado que chama o atendente do jantar chique pelo primeiro nome e outro sobre Joseliot) para Ferlinghetti, que pediu, estou também enviando o endereço residencial de Don Allen a Ferling para ele pegar o *Naked Lunch* inteiro. – Ferling não acredita que *Mexico City Blues* seja poesia só porque digo que é... Na *Chicago Review* terei o poema principal (concepção de carne trêmula) e a nota principal sobre o que é poesia de SF, então era isso. Comentei tudo isso com Ferling. Ferling, como Gregory, acha que escrevi prosa (como eu mesmo digo) QUEBRAR LINHAS NÃO FAZ UM POETA... A poesia é poesia, quanto maior a linha melhor ela é, e quando chega a sentenças de duas páginas de Cassady, urra! Grande ataque contra mim na *Nation* dizendo que sou um garoto bobo poeta e que Richard Wilbur é um homem heroico poeta. Será que caras como [Richard] Wilbur e [Herb] Gold passam a noite toda acordados esperando que iniciemos ataques críticos contra eles? Jesus. Todos estão em cima de mim por declarar meu coração no Village Vanguard, descuidado de minha aparência, de minha "postura" etc., li como um santo Zen lunático, como você disse para fazer, eu teria feito isso de qualquer modo, mas você me inspirou confiança. Steve Allen vai fazer um disco comigo, acabou de me escrever. Seu primo Joel estava lá, querido, seu pai me escreveu de Paterson. Passei os momentos mais doidos de todos os tempos. Conheci um cara novo fantástico, Zev Putterman, de Israel, diretor de teatro. Vi Leo Garen de novo (seu irmão, ele é parecido com)... Fiquei tonto com seu barato de Paris mas sóbrio com Allen Ansioso. Uma noite tinha três garotas na minha cama. Eu e Philip L. [Lamantia] comemos uma juntos. Philip está realmente urrando esses dias, saiu nos jornais comigo, *NY Post*, fez grandes falas marcianas nervosas em gravação com Mike Wallace. Estou tentando pensar em todos os detalhes que interessariam a você. Eu devia escrever um romance sobre isso tudo. Li a última parte de *Uivo* no clube, foi mencionado pelo jornal. Também li "Arnold" as primeiras linhas que consegui lembrar, e me jogaram ovos, é claro, eu disse que era de Corso, duas vezes... até mesmo li um dos pequenos poemas sensíveis de Steve Allen... e li a confissão de Dave Tercerero... (o velho marido de Esperanza)... o lavador de pratos negro disse "Nada seria melhor do que ir pra cama com meia garrafa de uísque e ouvir você ler para mim" e Lee Konitz disse que eu toquei música, que ele podia ouvir música. Na Galeria Brata li seu último poema de elegia para sua mãe [*Kaddish*] e o "Concourse Didils" e use use use use de Gregory para uma enorme plateia de pálidos merdas sóbrios, a pedido de Philip e Howard Hart, mas mais tarde, depois que saí, um bêbado esbarrou em mim na Rua Bowery e todo mundo ficou bêbado e o recital foi um grande sucesso, pelo que ouvi dizer (na mesma hora em que eu lia no clube para uma plateia enorme de estreia e fui fotografado enquanto lia e sorri com escárnio para o aplauso trovejante e grandes goles e longas conversas com caras descolados nos bastidores). Um cara jovem de Denver disse que todos começariam a imitar Neal. De fato você precisava estar lá, porque todos os garotinhos bonitos vieram falar comigo (centenas). Por dias tentando dormir, meu chão está coberto de dorminhocos: músicos, editores de pequenas revistas, garotas, junkies, foi um espetáculo. Robert Frank vai ser nosso garoto: Robert Frank é o melhor fotógrafo do pedaço, já fez um filme experimental em Cape Cod com três atores malucos que só queriam vinho e vai fazer um filme comigo em Nova York em maio, quando vou ganhar experiência para o fim do ano quando você voltar e nós começarmos a trabalhar no nosso primeiro grande filme. Ele diz que só custa em torno de $200 para fazer um filme, mas nós também vamos ter som; ele vai conseguir dinheiro da grande fundação Meyer Schapiro. Já tenho uma ideia para um grande filme sobre Lafcadio e Peter como irmãos, a esposa de Frank é irmã deles, e você é o pai, ou você o pai como seu irmão malvado Tio Willie Burroughs (incesto). Este Frank sem dúvida é um futuro Rossellini mas se recusa a escrever os próprios filmes, quer que eu faça isso. Contei a ele nossos velhos sonhos e planos. Com Bill de volta a Nova York poderíamos realmente em 1958 fazer Burroughs na Terra. Gregory conhece Alfred Leslie, não conhece?, e Miles Forst, eles vão estar no filme, Leslie como técnico, de cabelos selvagens subterrâneos correndo com seus próprios filmes sagrados contra paredes furadas de apartamentos na Bowery como cenário. Então todos seguem alucinados para Fivespot... pobres, loucos, mas na verdade magnatas futuros de Hollywood como D.W. Griffiths. Descobri um cara para fazer o papel de Neal em *On the Road*, Kelly Reynolds, um Neal irlandês nervoso com olhos azuis e aparência imperiosa de Neal de perfil e o Neal nervoso de 1948... (ele é ator, MCA)... Recebi uma carta enorme de Gary Snyder vagando pelo mundo de novo, da Índia para a Itália etc. (* e *de volta* para a Índia). Recebi uma longa carta de [Elbert] Lenrow que me disse que [Archibald] MacLeish em Harvard está elogiando meu livro. Rexroth porém está contra mim, me chamou de um "Tom Wolfe insignificante" na KPFA, por quê? Vou escrever a ele e explicar os planos de me desligar de sua esfera de influência porque NÃO QUERO TER NADA COM A POLÍTICA, especialmente esquerdismo da costa oeste de futuro malvado de sangue pelas ruas (haverá uma revolução na Califórnia, e está se formando com ódio incrível, liderada por poetas sanguinários como "Jean McLean" e Rexroth segue tagarelando sobre a brigada internacional etc.). Não gosto, acredito na bondade do Buda e em nada mais, acredito no Céu, nos Anjos, e desprezo todo marxismo e bobagens relacionadas e a psicanálise, que é uma derivação deste... cuidado com a Califórnia.

Caro Camaradinha Gregory... Obrigado a você pelo belo postal de Buda, gostei dos monges, o jovenzinho tão livre e na dele que pode ficar na rua e não fazer nada a não ser fitar o próprio reflexo numa poça d'água... gostei de você ter me enviado isto. Anunciei você em NY, espero que alguém tenha ouvido, bem, *Gasoline* está saindo e você está dentro... Agora vejo, porém, que a fama nos faz parar de escrever, por que alguém pararia e faria um croqui de um pátio de ferrovia quando tem que ir para uma reunião de publicidade? Então de agora em diante encerrei todos os encontros de publicidade, inclusive os da *Life* e toda aquela merda. Se eles quiserem minha foto vão ter que correr atrás de mim na rua. Grande festa de ano novo. Jay Landesman (isto é para Allen também) vai pagar muito bem por recitais de poesia no Crystal Palace em St. Louis. Você e

Allen podem viver muito bem só em turnê pelo país em recitais. Bom para vocês, mas eu não vou mais fazer isso. Fico bêbado demais. Até fui na New School, eles me pediram, e li para um bando de quadrados no seminário. Vi Alene [Lee], que está muito malvada agora. Ela mora na Jones, 5. Vi [Stanley] Gould que é um cara muito legal. Vejo Anton [Rosenberg] o tempo todo. Usei um crucifixo no pescoço, dentro da camisa, enquanto declamava no clube. Cuidado com a fama, os poemas vão se tornar *non sequitur*. Estou preocupado comigo mesmo agora, sinto que os poemas não são tão importantes quanto escrever uma carta para meus editores, isso é ruim. Allen, quando Peter retorna? Foi humanamente impossível ir ver Laff. Bill está agora com você em Paris? Envie notícias de Bill, e de Ansen. Holmes foi vê-lo aí? Que número enorme... e pensar que isto está indo para todas as direções do universo, esta multiplicidade de anjos que uma vez foi UM SÓ ANJO.

    Escreva, para cá, Flórida. Amor
        Sim, amor
            Jack

    P.S. Grande artigo sobre Zen na nova *Mademoiselle* com citações de *Uivo*.

Allen Ginsberg [Paris, França] para Jack Kerouac [n.d., Orlando, Flórida?]

11 de janeiro de 1957 [*sic:* 1958]
Rua Git Le Coeur, 9
Paris 6, França

Caro Jack:
    Escrevi para você em NY cerca de cinco dias atrás e recebi hoje seu aerograma, acho que você ainda não recebeu minha carta, era longa, cheia de instruções sobre dinheiro inexistente e manuscritos melancólicos. Fevereiro está bem com relação a meu dinheiro, vou usar o dinheiro de forma mais esparsa nos próximos meses de todo modo, e este é o último que tenho por receber agora (exceto pela boa fortuna da *Esquire* publicar "Green Auto", o que é muito duvidoso de qualquer forma). Porém agora estou quebrado e não tenho dinheiro suficiente para ir até o fim do mês, hoje a vendinha me perguntou quando vou pagar minha velha continha de leite e ovos. Preciso de ao menos uns 20 ou $25 para ir até o fim do mês – por favor me envie pelo correio aéreo o mais rápido que puder, se for possível – realmente vou passar fome sem isso. Já usei todas as outras pequenas fontes de dinheiro disponíveis, vendi meu livro e *Evergreens* em várias livrarias, passei o Natal com $15 que minha família enviou e estou quase sem dinheiro para os selos desta carta e de uma última lúgubre carta para Bill perguntando quando ele vai chegar e pedindo que me envie alguns francos do Tânger, se ele tiver. Então me envie agora por favor o suficiente para eu ir até fevereiro – não

preciso muito, só dinheiro para a comida – pensei que você enviaria a bufunfa em janeiro e receberia os royalties em janeiro, como você disse numa carta uns meses atrás, então seus novos arranjos me pegaram de calça na mão. Não fique chateado com essa carta insistente.

Bill não escreve, não sei o que ele vai fazer, espera-se que apareça esse mês, reservei um quarto barato raro e difícil de conseguir para ele neste ótimo hotel – só $25 por mês – e escrevi a ele na semana passada dizendo que tudo estava certo, mas só silêncio do Tânger. Talvez ele esteja incestuosamente irado, Peter ainda estando aqui esperando que o governo o mande de volta. Ele provavelmente vai aparecer em fevereiro.

O governo chamou Peter na semana passada para dizer que o enviariam para casa na semana que vem – provavelmente ele parte no dia 17, e vai estar em NY antes do fim do mês. Que pena que você não tinha os dois poemas dele para declamar no Village, eles seriam o último inseto ingênuo de uma Manhattan de ternos negros. Prometo enviá-los em breve. Recebemos uma carta de Laf, tudo está louco na casa, mas todos ainda por lá e esperando que Peter venha com asas de anjo sobre os oceanos para salvar a todos. Seu pai há muito desaparecido até apareceu na casa e teve uma grande conversa de homem para homem com Lafcadio, que gostou dele.

Ah, Ferlinghetti! Não sei o que fazer, vou escrever outra carta para ele. Embora ele resista aos conselhos das pessoas, nunca aceitou minhas indicações de Gary [Snyder] e Phil [Whalen] e suspeito que também não acredita em Burroughs. Bem, seguimos tentando. Ele não me escreveu sobre seu livro, mas McClure escreveu, achou o maior poema desde *Paraíso perdido* – leu até o final. Cedo ou tarde.

Como relatado na última carta: o que está acontecendo com a reação de Don Allen a *Interzone*? Peça para ele enviar *Queer* e *Yage* para que eu tente publicar primeiro pela Olympia, que não publicará *Interzone*, mas quer ver *Queer* e *Yage*, pelo menos é um início. E é bom ele enviar o texto completo de *Interzone* para Ferlinghetti.

Vi o artigo de Gold, não vi o mais novo Wilbur, mas vi muitos outros, fiquei todo loucão um dia sob efeito da M e quase escrevi um enorme manifesto de nonsense, mas eram todos efêmeros e ilusórios efeitos colaterais da escrita e não a própria escrita, então decidi me calar. Talvez algum dia no futuro eu escreva algo por divino acaso que se aplique – mas estas pessoas estão cheias da pior bobagem e nonsense, é quase inacreditável o quão deselegantes e o quão ruins eles são enquanto artistas. É tudo fora de propósito. Não ligue para o que as pessoas dizem; a coisa mais importante nisso tudo (na publicidade) é que temos uma chance de semear nossos sonhos no mercado e muitas almas vão ler e ver, sem dúvida – aqueles que tiverem dúvidas vão ter dúvidas e o que podemos fazer? Eliminar suas dúvidas e as da civilização inteira em um ano? – quantos sputniks literários serão necessários – precisamos seguir mandando novos a cada ano... Ao ler toda a sua adorável fofoca de Lamantia (ele está escrevendo também?) e Gary e vários Garens[2] desconhecidos e [Lloyd] Reynolds e [Howard] Harts creio que vou me divertir muito quando voltar.

Estou tentando ir para a Inglaterra em fevereiro, ficar por lá com [Thomas]

---

2. Garens era o apelido de Ginsberg para Snyder.

Parkinson e encontrar alguns descolados ingleses, ver neblinas e fazer declamações pagas pela BBC (Parkinson diz que é possível, mas eu não vou censurar mais, então não sei) – tive sonhos de estar em Londres semana passada. Gregory ainda está em Frankfort, escreveu dizendo que surtou com a burocracia do Exército em relação à venda de enciclopédias e só está visitando museus e enganando alemães poéticos, talvez volte em breve. Conheço [Al] Leslie e [Miles] Forst. [Chris] MacClaine e essa bosta toda em SF vai morrer de morte natural e os comentários mais bregas de Rexroth também, então não precisamos responder a isso, ou mesmo com Gold etc. Deixemos as obras falarem, elas falam. Tive um longo período de seca procurando editores em NY e vagarosamente fui surgindo. Nada de Holmes ainda. Envie a grana.
    Amor a todos
    Allen

Você pode transmitir a bufunfa via cheque pessoal. Se ninguém por aí tiver cheque, envie em dinheiro, meu pai envia e o dinheiro chega.

Jack Kerouac [Orlando, Flórida] para Allen Ginsberg [Paris, França]

16 de janeiro de 1958

Caro Allen:
    Que triste, você receberia este dinheiro três dias antes, mas um de meus tornozelos me impediu de ir até o banco, alguma espécie de inchaço reumático, e não tinha ninguém para me levar de carro até lá. Espero que agora você se divirta mais, pelos próximos três meses. Por favor, não gaste a sua substância em tolos e parasitas, mas tente aproveitar Paris direito agora. Faça longas caminhadas com Bill. Acabo de receber do clube noturno Vanguard, daí pude enviar essa bufunfa. Também o adiantamento alemão acabou de chegar, e é isso que estou enviando. Vou estar em Paris neste verão a não ser que Hollywood me chame para ir trabalhar num roteiro, se eles aceitarem o livro, o que agora parece bem provável, acabo de receber uma grande carta do produtor Jerry Wald da 20th Century, ele quer fazer grandes mudanças melodramáticas no formato, mas suas ideias não são tão ruins, e além disso quero ficar rico de forma a poder fazer meus próprios filmes com Robert Frank mais tarde. A *BMR* [*Black Mountain Review*] saiu com o *Yage* de Bill nela, ficou ótimo. Seu "America", o que é esse tipo de adendo a América que você colou?... De todo modo só estipulei uma regra para Hollywood: nada de brutalidade no meu filme. Realmente disse na cara deles. "O segredo da geração beat é que você não mataria alguém nem se recebesse ordens (de um comandante ou algo assim)." Sei que não devia. Jerry Wald parece ver *On the Road* como uma espécie de *Wild Ones* com um aspecto de violência. Mas não é tão ruim quanto estou dando a entender. Quero curtir Hollywood (como roteirista, e sentar ao lado de diretores no set) de forma que eu possa escrever o maior romance derradeiro de Hollywood de todos os tempos. De outra forma, se as coisas forem muito devagar,

vou estar em Paris neste verão. Bill já está aí com você? Peter está mesmo vindo para NY? Grego teve mesmo que voltar de Frankfurt por causa daqueles cheques sem fundo? Vou encomendar *Gasoline* do Ferling e dar uma lida. Este é o grande ano do Zen na Madison Avenue, Alan Watts é o grande herói (a sabedoria da insegurança, seu novo livro, é um grande sucesso entre executivos de seguradoras)... então nós também entramos nesta... mas no meu novo romance *Os vagabundos iluminados* faço uma distinção entre "Zen" e o budismo mahayana original. Bem, muitas coisas para dizer e para fazer, escreva quando puder, e por favor me avise se você recebeu o dinheiro direitinho. Vou escrever grandes cartas em resposta a todas as suas perguntas (faça outras, daí respondo todas).
Jean Louis

Jack Kerouac [Orlando, Flórida] para Allen Ginsberg [Paris, França]

21 de janeiro de 1958

Caro Allen:
Sua escrita não está fodida, nunca esteve, digo em termos técnicos, em termos técnicos você é provavelmente o melhor escritor no mundo... são apenas suas ideias depressivas, quando estou feliz e puro de semanas estudando sutras e rezando e por acaso abro uma de suas cartas (algumas vezes) sinto uma depressão sem nome, como uma impureza negra sobre minha tigela lúcida. Bem, você sabe que É uma mancha negra tão cheia de dor... mas não, não esqueça que amo você, mas agora tenho medo de você, e por você, que depressão. Por que, por exemplo, bem, não tenho nada a ver com isso, mas por que você não ignora a guerra, ignora a política, ignora os injustos fodidos do samsara, eles são infindáveis... por que Chiang Kai Shek é pior do que Mao? E por que um santo não deveria caminhar um dia pela Casa Branca? Por que você está tão deprimido, anjo? E daí, automóveis de bijuteria de Detroit, há compradores de bijuteria e espiões de amores. Chaplin era tão incomodado com a "América" quanto os EUA com ele, um ódio duplo... e quando o universo desaparece nenhum filme pode ficar na garganta de Deus porque Deus não é nada (graças a Deus, vá em frente, agradeça a Deus por isso!) Dinheiro é dinheiro, por que se encolher perante o dinheiro? (Especialmente agora que vou ser rico.) Allen, fique frio. Abandone essa ira, fique mais cordeirinho, não é a melhor coisa a fazer na eternidade deixar todo mundo sozinho, os bons e os maus, e só entrar na pilha junto com eles e feliz? Ahá, nossa velha discussão de 1946.
Acabei de receber esta nota de Ferlinghetti: "Obrigado por enviar a amostra de Burroughs. Gostaria de ler mais e escreverei a Don Allen pedindo, embora eu duvide que sobre algo para mim depois que a Grove e a ND terminarem com ele... Onde está Allen? Não tive notícias."
Marlon Brando não quer que eu ou Sterling vendamos *Road* sem dar a ele uma chance de fazer um lance, essas são as notícias quanto ao filme.
Em duas semanas vou a NY para dar entrada numa casa e ficar próximo da

cidade para tudo isso. A casa é bem longe em LI [Long Island], algo como 80km ou mais. Lucien vai comigo dirigindo... parece que vou conseguir ir até Paris ver você e Bill neste verão se o filme for vendido e eu tiver meu novo fundo estabelecido, podemos todos viajar com esse dinheiro, dinheiro de graça (juros). Gostaria de retribuir a Bill um pouco de suas muitas bondades no passado, inclusive o último filé importuno em Tânger, na noite em que eu deveria ter pedido espaguete. O fundo será em nome de minha mãe e ela vai me enviar a bufunfa pelo correio. Isto é mais sábio do que você imagina (considerando Donlins e Neals).

    Se Peter ainda estiver aí, repasse a ele meu mais caloroso amor, de verdade. Sua descrição de Gregory indo para a Alemanha é fantástica! Já sei, Allen, você precisa escrever uma obra-prima de prosa agora e lucrar um milhão: escreva um enorme VISÕES DE GREGORY, dê outro nome, Joyce Glassman vai escrever um enorme VISÕES DE ELISE só para mim (e daí publicar exatamente como for, embora ela não acredite nisso)... Mande meu amor para Joy [Ungerer], diga a ela que quero beijar ela inteirinha tão logo a veja, diga a ela que estou disponível. Em NY de alguma forma em algum lugar alguém roubou minha cópia do poema use use use use de Gregory, embora eu ainda o possa achar* (*Será que Lamantia faria algo assim? Para se divertir secretamente? – ou eu só perdi em algum lugar? Diga a Greg –)... mas se você escrever prosa você pode ganhar a vida assim, como eu, e não me venha com essa de que você não conseguiria, suas cartas em prosa são as melhores que já vi, então nada disso. Bem, eu definitivamente vou comprar um gravador, e você vai me contar longas histórias de tudo que aconteceu. E eu vou descobrir um jeito de descolar sua bufunfa. Mas não fique tão preso em pensamentos amargos, e nem fique bravo comigo de forma permanente. Carl Solomon estava com alguém num bar em NY três semanas atrás, me disseram... é tudo que sei. Um cara secreto nas sombras do Vanguard que sabia quem eu era, sim era Lucien... mas também outros, como um jovem garoto que escreveu enormes poesias sobre isso, e muitos outros. Não consigo entender *SRL* [*Saturday Review of Literature*] dizendo que eu havia "perdido amigos" durante aquele recital... realmente não consigo entender todo esse amargor e toda essa maldade rolando por aí ultimamente. Eu mesmo, como Whalen, me sinto "indefinidamente feliz" (diz ele)... Que farei hoje? Vou datilografar *Os vagabundos iluminados* o dia todo, todos os dias, enquanto as pessoas se divertem em bares (é sábado à noite) trabalho e trabalho sobre minha máquina de escrever e fico entediado e volto a cartas como estas... que escrevinhador eu virei. Tenho que completar uma história sobre o Desolation Peak para a revista *Holiday* etc., tenho que inventar um filme para Robert Frank, tenho que escrever uma enorme carta de 5000 palavras para um produtor de Hollywood dando ideias etc., está saindo de controle... tenho que terminar de datilografar *Os vagabundos iluminados* e ao mesmo tempo estão começando a demolir a casa a meu redor e estou correndo contra o tempo. Ah, agora vou relaxar e não quero fazer nada quando chegar a Paris (espero que logo). Você não deveria ter pegado aquele quarto de $25 por nada, imagine se Bill só chegar em março? É isso que quero dizer com não desperdiçar seu dinheiro com bobagens...

isso não foi nada prático... mas se Bill chegar logo então tudo bem. Holmes está na Inglaterra, ainda não chegou em Paris, escreveu um artigo enorme sobre beat na *Esquire*, mais sobre mim na verdade, em nome daquele bom e jovem editor lá que também quer você, Rust Hills Jr, cara legal... não se desespere, todos querem você. Não comece a gritar contra a América robô com seus Lafcadios secretos na noite etc. seus milhões de Lafcadios, todos americanos com certidões de nascimento etc. A América não vai cair em Declínio... aí está a sua França com seu arranjo "ideal" e tudo mais, a França é chata. Os defeitos da América caem bem com suas imensas virtudes, você não reconhece isso... a França não tem defeitos, realmente, e portanto não tem virtudes. Estou feliz de você estar lendo *César Birotteau*, grande romance, você sabe que o melhor de todos os romances de Balzac é *Cousin Bette*. Todos os Orlovskys dormem muito, e eu também, e também Joe Louis, o campeão mundial dos pesos pesados... é normal para os campeões... dormir muito o tempo todo... então você armazena vibrações... e as liga numa vida brilhante. Da cena monstro em NY Lou disse, de todo modo, ele disse "Admiro você por aguentar isso tudo, K." ou algo assim, querendo referir-se a minhas aparições noturnas entre os sorrisos escarnecidos. Mas me diverti muito o tempo todo lendo e tagarelando com novos amigos, não entendo o que a *Village Voice* está imprimindo, o mais recente e terrível ataque, que ainda não vi, supostamente celebra enfim o nosso declínio (o seu e o meu)! Isso eu preciso ver, com *Os subterrâneos* saindo em duas semanas e um filme de *On the Road* já quase certo e com uma grande produtora (20th Century) e com o término de meu novo romance, tão bom (vendável, legível) quanto *Road*, e mil outras coisas, sem falar do seu lado, seus novos poemas. É, Spengler diz que a Rússia é a próxima, mas ele disse que ainda vai levar um tempo, a América ainda não chegou a seu momento de amadurecimento faustiano nem vai chegar por um bom tempo, vai explodir, não vai talvez só desbotar na verdade já que a história está sendo substituída pelas leis da natureza (ciência). Eu diria que a África então vai absorver a Rússia que se segue. Mas enquanto isso a Ásia vai ter se juntado com o Ocidente, e então haverá uma enorme corrente mundial... bem como você deseja... porque tudo, Allen, que você alguma vez desejou vai acontecer ao seu TEMPO, você não sabe o que isso quer dizer?
    Jean-Louis

Allen Ginsberg [Paris, França] para Jack Kerouac [n.d.]

c. 26 de fevereiro de 1958

Rue Git Le Coeur, 9, Paris 6, França

Caro Jack:
    Recebi uma carta de Peter, e suas notas – escrevi para você um tempo atrás para a Fla [Flórida] – então pensei que estivesse esperando por algo seu esse tempo todo. Escrevi cinco páginas para Peter outro dia, inclusive o poema Leão de duas

páginas ["The Lion for Real"], e tenho escrito cartas, para Phil, LaVigne, hoje para Gary, *Climax, Yugen* etc. etc. ainda tenho que escrever para Lucien. Bem, só estou aqui sentado em Paris, no meu quarto. Bill e Gregory hoje estavam falando sobre engolidores de espada e gangues juvenis em NY. Tenho estado caidaço e taciturno, escrevendo meio sem rumo, sem lucidez. Apesar de que depois de seis horas olhando para o teto e lendo um maço de manuscritos de Whalen fiquei até feliz de novo. [...] Você já foi para sua casa nova? Como ela é? Onde é? Talvez próxima da casa de meu irmão em Plainview – Huntsville? Lá é perto da cabana onde nasceu Whitman. Também é perto da família de Peter. E já vendeu *Os vagabundos iluminados*? Você sabia que ainda não recebemos uma cópia de *On the Road* – ainda não o vi, embora tenha recebido *Os subterrâneos* – será que você não conseguiria que Cowley ou Lord (por avião?) nos enviasse uma cópia? Não está à venda aqui até onde pude ver. Herb Gold esteve aqui, e como escrevi para Peter estive muito paranoico a respeito dele. Bill também achou esquisito, mas no final isso passou porque ele veio muito seguido, curtia Bill, e li para ele County Clerk, expliquei o que pude sobre seu método de escrita, e talvez ele esteja mais favorável agora. Na primeira noite gritei com ele, mas ele levou na boa. Ele é só de outra espécie, algo assim. Deprimente. Como você está levando NY? Estou com medo de voltar e me deparar com todas essas forças do mal eriçadas e acabar me fechando e tentando entender e aí me parece bem ruim mesmo. Com relação aos recitais, tenho esse álbum a fazer com a gravadora Fantasy, e já fui ao estúdio duas vezes tentar, mas não consigo gravar quando sei que é para valer, que envolve dinheiro, contratos de que não posso regravar por cinco anos etc. Só fico meio tonto e não consigo declamar com qualquer sentimento e não sei como quero soar e fico envergonhado. Ainda assim, quando estive na Inglaterra fui até o estúdio da BBC, fiquei um pouquinho bêbado com Parkinson e irrompi no choro secreto da alma de Blake, uma tremenda gravação – eles tocaram uns sete minutos e ela recebeu uma ótima ovação cheia de dignidade na *Listener*, pedindo pelo resto. Mas não consigo gravar ou declamar sob auspícios formais, só eventualmente. Da mesma forma não consigo escrever quando esperam que eu escreva, algo com que encerrar *Uivo*. Isso tem me incomodado desde o princípio. Por um lado é bom, me impede de me tornar uma espécie de profissional – e me deixa livre para ser selvagem quando eu finalmente estouro como um champanhe – mas eu não conseguiria declamar continuamente e dentro de uma agenda, sou muito tímido ou ambicioso para fazer isso bem – quando eu voltar vou fazer recitais loucos mas ocasionais e não vou ser capaz de ganhar dinheiro de verdade com isso – acho. Não sei. De qualquer forma eu não devia voltar só por isso. Eu gostaria de fazer outro grande recital bêbado em NY e desaparecer. Vou ficar aqui por mais quatro meses sozinho, pelo menos isso até que eu me endireite um pouco, enquanto isso quero ver Berlim, Varsóvia e talvez fazer uma curta viagem a Moscou, se eu puder ser convidado, de toda forma eu só poderia ir convidado. Está tudo bem de dinheiro e Bill tem um pouco, e a City Lights me deve royalties este mês, talvez uns 200, então estou bem. Gregory voltou de Veneza, lá ele escreveu alguns fantásticos poemas longos e os enviou para Don Allen, especialmente "Army Army Army", um fantástico estranho grito de guerra

sobre Nabucodonossor. Recebi um postal de Gary, escrevi a ele hoje. O que está rolando em NY? Lafcadio está mesmo mais esquisito, como diz Peter? Como lhe parece o Peter? Bill manda amor para você. Até agora vimos poucas resenhas de *Os subterrâneos*, embora Peter tenha me escrito que já vendeu 12.000. Como está *On the Road*? Você está certo, você precisa publicar *Sax* antes que tentem rotular você com a cena Beat – saiu na Pogo, eu vi, acho que então você entrou para a história – Uau! Vou escrever para Lucien dentro de um ou dois dias, e Bill também vai escrever.
   Amor
    Allen

Jack Kerouac [Nova York, Nova York] para Allen Ginsberg [Paris, França]

8 de abril de 1958

Caro Allen:
  Minha mãe não me repassou a carta que você escreveu para a Flórida de acordo com a sensação dela de que você é má influência para mim, mas, por favor, não fique chateado, porque agora como antes seremos amigos nessa nossa nova circunstância. Agora estou completamente na minha e quieto depois de cambalear podre de bêbado outra noite, armaram para cima de mim, um ex-boxeador veado e seus dois bichinhas me pegaram fora do San Remo e me nocautearam duas vezes, e me cortaram com um anel, Stanley Gould fugiu, e também Steve Tropp meio que fugiu, na coluna de Dorothy Kilgallen saiu que eu tinha sido "esfaqueado"... fui para o hospital, levado pelo bondoso Lamantia e Joyce [Glassman] e Leroy MacLucas, amigo de LeRoi Jones, e um bom médico me endireitou, me deu uns comprimidos para eu parar de beber, e agora me sinto bem, um pouco entediado, mas isso é porque daqui a dois dias saio dirigindo com o fotógrafo Robert Frank em sua caminhonete para buscar minha mãe, gatos, máquina de escrever etc. e levá-los para a casa nova em Northport LI, onde vou na verdade viver uma vida muito reclusa, quieta e monástica, vou anunciar aos fãs de escritores de Northport que estou lá só para escrever e que não vou ter vida social, exceto quando for a NY ver Joyce, Lucien, Sterling, Peter, você etc. A casa é ao estilo vitoriano, com um corrimão onde se pode deslizar descendo dos quartos, e um sótão etc., um grande pátio com uma videira e um jardim de pedras e PINHEIROS sob os quais meditar na escuridão da noite, e tudo vai estar bem depois desse pesadelo de ser surrado... o motivo da briga eu não saberia explicar, acho que Stanley Gould disse algo em voz alta sobre "bichas" e eles caíram em cima de mim. Seu novo cara descolado G.J. parece uma repetição da mesma porcaria de sempre, vamos mudar, além disso quem iria fazer melhor do que Neal em seu melhor momento? Diga a esse G.J. que ele não tem nem como entender o quanto Neal ia além de tudo. Herbert Gold é um nada como escritor, foi desmascarado, está fodido, perdido, faminto, pergunte a ele o quanto ele sofreu pelo seus trabalhinhos ridículos. Sigo agora um princípio de ignorar completamente Golds e assemelhados que estão na verdade pedindo é para serem refutados, como outra noite em uma grande discussão da Liga da Juventude

Socialista chamada "A Onda de Kerouac", um dos meus espiões relatou que o líder tentou me ridicularizar mas um grande e engraçado russo de sessenta e cinco anos se levantou e com seu sotaque russo disse que a minha cena de puteiro no México (em *Road*) falava por si mesmo e ele continuou tagarelando sobre a revolução enquanto todos aplaudiam, revolução do romance etc. Os amigos de Trilling também estão escrevendo a meu respeito, *Os subterrâneos* finalmente (por causa do conteúdo intelectual óbvio) varreu os intelectuais da *Partisan* e da *Kenyon* etc. *Os vagabundos iluminados* está vendendo, o adiantamento já está chegando... sai em outubro, vai ser o grande lançamento de outono na Viking, você aparece nele como Alvah Goldbook... eles me fizeram mudar o seu *Uivo* (de autoria de Goldbook) para *Lamento*. Sim, a cena em NY veio das forças do mal, mas você as manda para longe com um uivo, não se preocupe. Se quiser, você pode fazer muito dinheiro agora com recitais, e numa turnê pelo país, como [Jay] Landesman[3] de St. Louis etc., Nova Orleans etc. Lamantia se mandou para o México hoje, ele também foi assaltado e disse que a grande purgação está chegando em NY... tudo que você precisa fazer é ficar sóbrio. Nunca mais vou ficar bêbado. Comprimidos por cinco semanas e então força de vontade, como Lucien. Lucien não está bebendo e se sente muito bem e está muito querido, não há como descrever...Você não poderia oferecer sua fita de declamações na BBC como um álbum para a Fantasy? Fiz um álbum com Steve Allen, bêbado, e três com Norman Granz, bêbado, e eles são ótimos, na verdade são tão pirados que me pergunto se vão lançá-los, quanto mais cedo você vier melhor, Rexroth está fazendo a abertura no Five Spot[4] na semana que vem e paga bem, mas não vou vê-lo, ele me insultou numa resenha de *Os subterrâneos* dizendo que eu não sei nada sobre jazz e negros, que idiota, justo ele que nunca jamais deixou negros entrarem em casa. Lafcadio é o mesmo, ele me disse "Você está ficando velho, Jack" e disse a Peter "Não seja um poeta". Peter não vejo nunca, mas vi duas vezes até agora, ele é um grande enfermeiro anjo até onde posso ver e está lidando muito bem com tudo... ele é um pouco tímido comigo, me parece. *Road* ainda está vendendo, duzentos por semana, algumas vezes quatrocentos. O que disseram na *Pogo*? Eu não vi! Ganhei a resenha principal da *New Yorker* para *Os subterrâneos*, bem esnobe, por Donald Malcolm queridinho, que duvidou de minha virilidade... Vou me mudar para a casa nova (ainda tenho um tema de casa da *Life* na viagem de volta), mobiliá-la com gravador e tudo etc. e me assentar quietinho e escrever um grande livro cheio de lágrimas sobre a minha infância em Lowell, que vai se encaixar ao redor de *Sax* como um halo. A única viagem que contemplo é nesse outono para encontrar Gary [Snyder] para caminhadas vagabundeando iluminadamente pelas Sierras até a trilha do Oregon etc. e talvez nem mesmo isso, estou voltado para dentro... um dia vou para a França. Fiz outro show de TV, em resposta ao que seria tomar nos canos cantei uma melodia de jazz trocando pela letra onde dizia "dançar nos campos", muito Zen, até Giroux

---

3. Jay Landesman tinha uma casa noturna em St. Louis que oferecia recitais de poesia bem como outros entretenimentos mais tradicionais.
4. O Five Spot era uma casa de jazz na Bowery.

gostou. Fodam-se todos, na boa, essa fama, esses socos, eu sou um cordeirinho e as pessoas me chamam de leão terrível [...]
Jackiboo X

Bill volta com você no verão?
Não consigo enviar *On the Road* sem passar por grandes complicações, e de qualquer forma você já o leu – mas eu queria que Bill e Gregory o vissem. As pessoas seguem roubando as minhas cópias. Estou de saco cheio da poesia e voltando para a velha prosa "sem tempo para poesia". Mas você, Greg e Lamantia são [?]

Allen Ginsberg [Paris, França] para Jack Kerouac [n.d., Northport, Nova York?]

Rue Git Le Coeur, 9, Paris 6, França
26 de junho de 1958

Caro Jack:
Escrevi para você no mês passado, não recebi resposta, está bravo comigo? Escreva-me, querido, estou cheio da branca agora, conhecendo várias pessoas interessantes e ricas por aqui, um deles é um jovem Rothschild, um Burroughs júnior, ele e Bill vão para a Índia juntos um dia desses, e eu – alguém, outro milionário loiro acabou de trazer uns ternos velhos, Bill está fumando erva todo bem vestido numa flanela preta e distinta de Averill Harriman, magro e grisalho: eu não tinha um terno há anos, ótima lã inglesa, vai durar mil invernos – mas depois – Ai ai ai, Jack recebi uma carta longa de LaVigne hoje, Neal está na cadeia, LaVigne não o viu, falou com Carolyn por telefone para descobrir o que tinha ocorrido e me escreveu – ele está na prisão do condado de San Bruno, esperando julgamento, "Os dois fatos são 1) que ele foi preso vendendo para agentes do departamento de narcóticos, e ele foi ligado (equivocadamente) a uma série de outras prisões como fonte da carga (já que ele vem em trens do sul), há uma grande lista de acusações contra ele (embora Carolyn não as consiga enumerar todas), 2) ele foi descoberto como Dean M. de *On the Road* pelos porcos." Foi isso que LaVigne disse que Carolyn disse, embora duvido que o segundo item queira dizer qualquer coisa, é provavelmente só a paranoia dela. Ainda assim ouvi que a cena em SF está muito ruim, uma garota de lá me mostrou insinuações malvadas na coluna de Herb Caen sobre o cheiro da fumaça de maconha hoje em dia em North Beach estar mais forte do que o de alho, que qualquer um pode comprar na esquina da Columbus com Bway, a polícia está por todo lado por causa da publicidade, os políticos da cidade surtando. Houve uma batida no The Place, e o uso do mezanino foi proibido e apenas um máximo de 35 pessoas lá dentro de cada vez, LaVigne estava apresentando uma exposição lá e mandaram ele encerrar – um cara chamado Paul Hansen caiu de um prédio no domingo e dilacerou o crânio, Connie Sublette[5] foi estrangulada na "madrugada de terça por um marinheiro negro que confessou na tarde do mesmo dia". – Encontrei

---

5. Connie era a esposa de Al Sublette.

alguém aqui dois meses atrás que a conhecia e disse que ela era viciada em codeína e estava meio louca, ligando para os policiais e mandando prender, não sei o que mais – uma longa saga de bebedeira a semana toda e gente a seguindo e brigando com ela e alguns maconheiros malvados, algo assim, não sei. Não sei nada de [Al] Sublette. Acho que ele está bem – na cadeia, ouvi, por furto.... tudo que ouço de lá me parece ruim... exceto as cartas de Gary [Snyder], que está no hospital para uma operação nas bolas, e [John] Wieners que está morando no [Hotel] Wentlay com LaVigne, são amigos agora, acho que estão até juntos... mas o que fazer com Neal – queria escrever para Carolyn, mas não tenho mais o endereço da Bancroft, a carta voltou – LaVigne esqueceu de enviar – você tem o endereço? Vou tentar escrever para ele na cadeia. Carolyn disse ainda que achava que ele ia pegar talvez entre dois e cinco anos – só deus sabe o que se passa na cabeça dele agora. Tive uma premonição ruim ontem, chapado, pensei que talvez ele estivesse cometendo suicídio, de repente pensei nele talvez na cadeia, e então recebi essa carta hoje. Mas triste é a pequena Connie, que maldição.

Estou voltando para Nova York em algumas semanas, espero sair logo daqui, mas ainda tenho que juntar o dinheiro da passagem – mas ele vai aparecer, senão a minha família disse que enviaria, se não houvesse outro jeito. Gregory e eu fomos entrevistados por Buchwald, Art, entrevista boba, ele tentou ser amigável mas estávamos bêbados e bobões, mas na outra noite enviei a ele uma grande e séria carta bondosa e profética, disse para ele talvez publicar a carta, e que Gregory enviaria outra doce e luciferina – mas no fim do artigo ele disse que estávamos tentando levantar fundos para a passagem de volta, e eu estava, talvez alguém se interesse em me dar. [...]

Será que existe algo que possamos fazer por Neal? Talvez depoimentos sobre a personalidade dele – ele está completamente sozinho e só a velhaca da Carolyn vai estar lá, e provavelmente com raiva dele, Gary está no hospital e não consegue descobrir nada, ele saberia o que fazer, se pudesse, mas não há mais ninguém lá a quem possamos escrever que pudesse ajudar – embora talvez Ruth Witt Diamant ou Rexroth, digamos só umas cartas dizendo que Neal é um escritor – ele está sendo crucificado, leis maldosas da M, armaram para ele com tiras disfarçados, ele que não fez nada pelo que merecesse sofrer – e provavelmente enormes teias de aranha de paranoia da parte dos policiais – embora seja possível que ele esteja tendo alguma paz e bastante tempo para meditar e ficar longe dos cavalos, e da ferrovia, e da M, e de Carolyn, da casa e da vida, férias forçadas, talvez um mal que venha para o bem, e ele talvez esteja sorridente e pacífico na cadeia, ou escrevendo orações para Saturno, talvez ele volte a escrever, morra, e eu vou ficar na casa de Eugene-NY--Paterson-Long Island, em qualquer lugar, por um ano, talvez Peter consiga um apartamento de veterano no Bronx – tenho anotações infindáveis, poemas, para datilografar, quero terminar o poema do "Fall of America", talvez, o livro de Jeremias da Bíblia, a China vai ter bilhões de habitantes lá pelo ano 2000, nós vamos ver isso, daqui uns quatorze anos o país vai ser tão industrializado quanto a Inglaterra, li em algum lugar, preciso fazer um chamado à América Sagrada e fazê-lo num soul beat angelical, promovendo Walt [Whitman] como camarada para o embaixador de Budh – de outro modo talvez paire sobre nós a máquina de paranoia vinda da nova Ásia – ou poderemos enfim ser uma América como ilha visionária – ainda interessado na *Democratic Vistas*, lá ele diz que se nós não produzirmos bardos e uma América espiritual e se a ganância materialista nos tomar por inteiro vamos ser "uma fábula maldita entre as nações" – posso ver isso acontecendo em um ano e meio na Europa, da Europa – sim, vejo as enormes virtudes mas o domingo de família em casa com a TV eterna como a solidez e força de *Cidade pequena, cidade grande* – mesmo isso e a espuma das ondas da história – a raça branca é pequena demais – chineses de rostos metálicos suaves em trajes de astronauta talvez possam ir a Marte. Burroughs aterrorizado com toda a conversa de torpor comunista, ouvimos isso em Paris de viajantes, atiraram em todos os fumadores de cânhamo na China etc. etc. – agora a M é banida (legalmente e com a lei cumprida de leve) em Tânger (os árabes agora precisam esconder os cachimbos sob a mesa nos cafés) – então a América precisa ser a sábia pacífica entre as nações do mundo, e sobreviver – talvez precise tomar um voto de pobreza e doar a posse do prédio Empire State para a Índia. Não sei, é só um lampejo brilhante de sonho. [...] (A porta acabou de bater, tranquei-a para ter privacidade, são 3h da manhã e estou cheio de coca escrevendo para você.) Você já recebeu uma carta de coca antes? Caro Jack, você ainda me ama, eu amo você, não fique bravo que eu tenha feito aquele comentário longo da outra vez e sobre sua mãe – de porque você não responde? [...]

Bem, ontem Art Buchwald, estávamos todos fritos, vejo que não sai muita coisa de uma entrevista como aquela, embora ele tenha sido simpático. Escrevi a ele um solene poema em prosa noite passada para sua coluna. Entendo o que você enfrentou, queria ter estado lá, agora me sinto muito cansado e de língua presa demais para estourar, de novo, quando eu chegar em casa, meus baratos virgens e minha energia e senso de missão como eu tinha com Gary no Northwest, e mais cedo em SF, tudo isso parece ter se acabado – nada novo para dizer, brincadeiras poéticas repetidas – me pergunto como vou me sair em NY e se vou ter que fazer algo selvagem – não tenho nem vontade de ler, *Uivo*, não consigo nem fazer aquela fita extática no estúdio com isolamento acústico da Vogue na França, mesmo que eu tenha recebido $50 adiantados por ela, não consigo talvez no estúdio de Newman em NY possamos beber – talvez fazer uma última gravação chorosa. Peço ajuda. O que você vai fazer? Eu soube que sua gravação (gravações?) foi lançada – Steve Allen? Mas não ouvi nada sobre a respeito disso. Mando em anexo uma carta de Terry Southern, amigo de Mason [Hoffenberg], escrevi sem eira nem beira mas descolado sobre o livro N. West publicado por seu alemão na Inglaterra – talvez você possa responder a ele – vou dizer que as partes de veadagem, alguns personagens difamatórios e toda a sintaxe no pergaminho inteiro de *On Road* foram adulterados pela Viking – eles tiraram alguma erva? Tenho a impressão de que quebraram a prosa em um bocado em frases menores e assim perturbaram o fluxo da bolinha. Ele (Sulista) parece bem-intencionado e interessado na prosa e se deu o trabalho de escrever e investigar, então eu me senti à vontade para responder informalmente. Você viu a resenha de *Road* na *Time* inglesa e no *Observer*? Alguém (John Wain) usou citações extensas de nós dois para nos atacar etc.

Buchwald disse que nos apresentaria (e em particular apresentaria Bill) a John Huston, que está aqui fazendo um filme. Bill tem uma ideia para um filme panorâmico em Tânger (episódios vistos pelos olhos de bill-junkie procurando por uma farmácia doente no feriado do ramadã, garoto de rua procurando por programa de veado, turista afeminado acompanhado da mãe), a cidade vista através de diferentes olhares de Burroughs, justapostos. Ou talvez Greg [Corso] e eu façamos uma bufunfa de viagem em pedacinhos – ou talvez assistamos a uma conversa Huston-Burroughs.

Sopa de lentilha e costela de Bayonne no fogão, céu azul chuvoso enevoado de aurora a semana toda, a coca baixando, estive rangendo os dentes a noite toda, o gato está na cama lambendo o peito, um gato cinza e calmo, Bill não os atormenta mais, por que você não me escreve uma carta de amor, você tem vergonha de mim porque não escrevo o suficiente ou porque não entrei suficientemente no vácuo pronto para a morte? Ah, Jack, cê tá cansado – tem escrito aquele longo e solitário halo para o *Sax*? Estarei em casa em NY, vejo você daqui a um mês, vamos nos encontrar como anjos e ser inocentes, o que você está remoendo triste em Long Island, pegue na minha mão, quero ver Lucien de novo e a sombra de Rubenstein e London Towers e 43, 1943, nossa caminhada pela Rua 119 até o Seminário de Teologia, quando contei a você sobre dizer adeus a Lucien e a minha porta no 7º andar e uma oração de adieu para aquela escadaria, Sebastian [Sampas] não permanece fiel até o fim? Vi [Seymour] Wyse em Londres um mês atrás rindo atrás do balcão de sua loja de discos em Chelsea, indiferente, sério, nenhuma mudança em seu rosto, parece o mesmo de antes, nem está gordo. Escreva-me uma notinha, estou voltando para casa, escreva para Neal, o que há de novo, como estão os simplórios? A neve derreteu, agora vou dormir.

Boa noite,
Allen

Nota dos editores: *Kerouac enfrentou dificuldades para lidar com a pressão imposta pela fama. Começou a se afastar cada vez mais do mundo da geração beat, um mundo que Ginsberg continuaria a abraçar entusiasmado nos anos subsequentes. A carta seguinte exemplifica a distância cada vez maior entre os escritores.*

Jack Kerouac [Northport, Nova York] para Allen Ginsberg [Paris, França]

2 de julho de 1958

Caro Allen:

A esta altura você já deve ter recebido a carta de minha mãe para você, que ela escreveu e enviou antes de me avisar e assim só colocou um selo de 6 cents? Você recebeu? De toda forma, se recebeu ou não, não é nada novo, as mesmas situações de Ozone Park em 1945, só que agora concordo um pouco mais com ela, não pelo que ela diz, mas me afastei (como você me viu me arrastar em Tânger e Peter objetou, lembra) e quero viver do meu próprio jeito minha vida de Ti Jean simples (o que quer que você pense dela), tipo de macacão o dia todo, sem sair de casa, sem chorar as multidões da Ásia sob meu pinheiro de Buda à meia-noite, nenhuma "horda de capacetes de prata" (isso está bem para o grande historiador e poeta Corso, que é um romântico como Shelley) – sou apenas um budista-católico e não quero mais nonsense de merda e rosas. O que isso significa? Ah, e por falar nisso, eu não estava bravo com sua carta anterior, estava apenas pensando no que dizer para você, não tem nada a ver com aquilo ou com nada que você fez já que você nunca mudou, sou EU que estou mudando. Fora algumas visitas calmas a você em NY ou melhor ainda em Paterson na casa de seu pai, não quero mais noites frenéticas, associação com descolados e veados e tipos do Village, muito menos viagens loucas para a nada sagrada Frisco, só quero ficar em casa e escrever e sacar as coisas por mim mesmo, na minha própria mente de Criança. Isso significa, é claro que não sonharia interferir com a boca suja de Julius [Orlovsky] ou a queda de Neal, quantas vezes eu disse para ele ficar na dele, não é mais possível fumar isso na Califórnia ou aliás, em nenhum lugar nos EUA, e além disso ele sai e vende o troço para talvez economizar um dólar para um café da manhã mais reforçado, pobre N sempre economizou centavos e gastou dólares. Ele agora pode escrever *O primeiro terço*, aliás, acho – o que mais ele pode fazer? Pelo menos não é uma pena dostoievskiana na Sibéria com trabalho forçado. A Carolyn pode estar errada sobre os porcos saberem de Dean, mas de todo modo qual seria a relação? Ficcional, diz a capa, e Dean nunca traficou. Li tudo sobre as histórias de horror de suicídio em Frisco e assassinatos e Lucien veio aqui e me fez dar uma entrevista para a United Press me desvinculando de toda essa merda. Concordo com minha mãe na questão de você não usar meu nome em quaisquer atividades suas (fora poesia e prosa puras) tais como política, sexo etc. "ação" etc.etc. Estou aposentado do mundo agora e vou para a minha cabana na montanha e eventualmente vou desaparecer na floresta, na medida em que isso pode ser feito nos dias de hoje. É por isso que nem fiz esforço algum para ver o pobre Peter ou mesmo Joyce [Glassman], Lamantia me incomodou muito na primavera me usando como publicidade para seus recitais de poesia, correndo até a casa de Joyce com o enlouquecido Howard Hart (foi divertido por uns dias) e então desaparecendo como se nada tivesse acontecido, é realmente um trapaceiro. Muito bonita toda essa estética Proustiana de Bill acamado e gênio milionário, espero que eles façam algo juntos como ir para a Índia, porque para onde Bill pode ir agora? Ele disse África portuguesa da última vez. Gregory sabe que foi mencionado na coluna de Dantono Walker (*NY Daily News*) que dizia "Enquanto os escritores da geração beat estão aparecendo em recitais em casas noturnas, Gregory Corso, que iniciou a tendência anos atrás, passa fome em silêncio em Paris." E também Robert Frank, o grande fotógrafo acha que ele é o maior de todos os poetas. E também há uma garota que conheço (vinte anos, rica) que já está apaixonada por ele. Sim, estou além das ideias de declínios e orientes e massas, o mundo é grande o suficiente para se consertar a si mesmo, *Sax* diz que o universo se livra de seu próprio mal, e a história é assim também. Você subestima a compaixão de Tio Sam, observe o que já foi feito. Sei que tudo vai chover em nossas mentes paranoicas, mas talvez não na natureza. Com relação à sábia e pacífica América acho que você pescou bem essa. Simplesmente acredito nisso, não tenho fatos para substanciar, como Einstein não tem fatos para substanciar tudo o que o Buda sabia (êxtase eletromagnético). Bem, Burroughs, ok, Grande Professor, o universo tem exatamente dois bilhões de anos de idade – mas e com relação aos outros 2.999 Grandes Universos? Não fique bravo, Allen. Não estou gritando com você. Agora sou como Lucien, um homem de família quieto, de volta à solidez de *Cidade pequena, cidade grande*, e não estou cheio da grana também. Ainda não recebi nada do cinema, e os dinheiros dos royalties foram todos na casa... mas quero ver por mim mesmo como prosseguir daqui em diante... estou cansado de influências externas. Estou criando uma espécie de halo de isolamento. Além disso, só o que me interessa é o paraíso, que evidentemente é nossa recompensa por toda a gritaria e todo sofrimento que estão acontecendo. Quando você voltar podemos discutir em detalhes todos os itens de publicação seus, de Bill e de Greg... Cuidado com NY desta vez, você sabe que fui quase morto quando fui surrado bêbado pelos inimigos de Henry Cru e há pessoas que escrevem nas paredes dos banheiros do Village "Kerouac, vá embora"... isso não me deixa muito estômago para lidar com a mesma merda com que eu lidava anos atrás, cara. Eu estou voltado para o silêncio da meia-noite, e o frescor matutino, e as nuvens à tarde, e o meu próprio tipo de vida de menino em Lowell. Com relação às implicações freudianas, ou marxistas, ou reichianas, ou spenglerianas, compro as de Beethoven.

    Ah, por que eu não me calo, sempre me exibindo? Sua carta é muito fantástica e sinto muito e ainda assim fico feliz que agora você tenha um novo tipo de relacionamento quieto, ao estilo Van Doren. Lucien, aliás, aprova vocês totalmente, diz que estou louco, e diz que todas as mulheres temem os veados masculinos que empinam o peito mas que não têm medo de maricas. Minha própria razão é: Paz. E a Pomba. Na rachadura de meu telhado, a pomba. George Martin morrendo na cozinha. Jogos de beisebol. *Memory Babe* é meu novo livro, uma corrida de Ferrovia Terra às memórias de Lowell. Vejo você por aí em setembro, não vou sair de casa até lá, de acordo com voto feito em junho, por razões de trabalho.
    É triste, Allen Boa Noite

Jack Kerouac [Northport, Nova York] para Allen Ginsberg [Paterson, Nova Jersey]

11 de agosto de 1958

Rua Gilbert, 34
Northport NY

Caro Allen:
    Como você pode ver, enviei a você um cheque de $5 um tempinho atrás, mas devo ter lembrado mal o endereço que Peter me deu. De todo modo, aqui está. Percebi que você não me escreveu, então infelizmente você deve estar boanoitando também, mas tudo bem porque por agora e pelos próximos meses estarei indo para a cidade por *Memory Babe,* que é um grande feriado de Natal em Lowell

culminando numa enorme visão da estrela de Belém e do Menino Jesus. Um grande novo poeta surgiu em Chicago, Stan Persky, que me enviou um longo poema seu "How the Night Came to Me" e eu lhe respondi e (justamente) o elogiei como sendo o maior cara desde Gregory (desta vez você vai concordar) (eu não estava tão entusiasmado com relação a [Jack] Micheline-Silver), e ele respondeu minha resposta dizendo "Caro Sr. Kerouac, E chorei cem casas em corredores insanos ao ler sua mensagem e o fruto sob a árvore da vida da Cidade da Cobra está maduro. Rezarei por você quando rezar para Deus esta noite. E naquele mesmo dia eu havia adentrado a Marinha e no mesmo dia que recebi seu postal fiquei o dia todo de pé com multidões nuas e olhamos envergonhados uns para os outros com nossos paus mútuos e agradeço a você e agradeço loucamente em minhas jovens lágrimas de felicidade e meu nome é judeu e vim de centenas de milhares de gerações incontáveis de pastores marrons na sabedoria da noite da Cabala." E então num ímpeto como os de Gregory, depois de dizer como lê a poesia de Ginsberg para seu pai mendigo "Jackie Andarilho", ele segue "Em que ponto na triste história terei o privilégio de sentar a seus pés e o ouvir em minha desavergonhada idolatria?" E termina com "Encontro o senhor em breve em miragens de neon e noite e rios desolado." Como soa ele a você? Disse para ele enviar poemas para Don Allen. Você deveria escrever para este garoto, ele é o maior entre os novos, Stan Persky, Av. Menard, 17 N, 27, Chicago 44, Illinois.

Dei a ele seu endereço imperfeito, então escreva para ele, talvez, enfim, essa carne toda é sua. Carne de poeta. – Bill Burroughs escreveu para minha mãe dizendo "Não vou repassar mais nenhuma de suas cartas loucas para Allen. Por favor, pare de me incomodar." – No outono vou sair da minha neblina de escrita para ver a todos na cidade, quando os ventos soprarem a favor. Enquanto isso estou com problemas com Hollywood, que se recusa a pagar por algum de meus materiais. Não sei por quê. Parecem querer tudo de graça. Tenho só dinheiro suficiente para mobiliar esta casa, pagar por ela, e então não tenho mais dinheiro, então eu preciso fazer com que Hollywood me pague de alguma forma. Gary [Snyder] se foi para as montanhas. Holmes me escreveu, gostaria de ver você em Saybrook Old. Não se acanhe de me escrever se quiser, como planejamos. Viu Lucien? Gostaria de ir para a casa de campo dele com você no outono, já que até lá ele vai estar bebendo de novo e então poderemos uivar sob as estrelas de Adirondack e arrebentar o carro dele na floresta e ir para grandes coquetéis com o Gov. Harrimans. Até lá escrevo de novo. Logo comprarei umas tintas a óleo (minha primeira vez com óleo) para começar a pintar no meu sótão. É por isso que não me preocupo com Laff, talvez um dia eu seja um grande pintor. Laff não falou comigo no trem. Carta calma de Gregory em Estocolmo, diz que vai para a Lapônia.

Bem, certo, e acho melhor dar a Peter uma parte desse dinheiro. Vejo você em Ha He Her Had Hea Hero
Hok

Allen Ginsberg [Nova York, Nova York] para
Jack Kerouac [Northport, Nova York]

Terça-feira, 20 de agosto de 1958
Rua 2, 170 E, apto 16 NY 9

Caro Jack:
    Notinha rápida, não tenho ainda uma mesa confortável em que datilografar. Estou morando na Rua 2, 170 E, apartamento 16 em Nova York – é entre as Av. A e B – ótima vizinhança do Lower East Side. Dou longas caminhadas pela Rua Orchard – entrei numa casa funerária judia e vi uma grande lápide na vitrine GINSBERG. Nós (Peter e eu) temos quatro quartos – frente, com vista para uma padaria de pães de centeio 24h com caminhões barulhentos, mas tudo bem à noite, luzes e o barulho de vidro – ainda não temos móveis, mas temos um colchonete extra em um dos quartos e alguns tapetes indianos – temos aquecimento, um enorme fogão novo, geladeira, chuveiro, água quente etc. etc. um bom e sólido apartamento de família – $60 por mês divididos entre nós dois embora Peter tenha pago tudo até agora. Apartamento confortável como uma caixa, com peças quadradas, não é grande demais, mas portas grossas com muita privacidade entre os quartos – passei a semana lavando paredes e limpando o resto. Você pode ficar por aqui se precisar de um refúgio em NY – com a política nova de que não haja visitas, é um castelo silencioso para dormir, transar, cozinhar e escrever. Toda noite espero Peter chegar do trabalho às 11h e então saímos pelos bares, visitamos o Five Spot, ninguém me conhece, exceto o garçom que me deixa entrar de graça e me presenteia com uma cerveja ocasional e fofocas, ouço horas de Thelonious Monk totalmente anônimo. Então às vezes visito Lucien depois da meia-noite e assistimos TV com ele, não bebemos, então não conversamos muito, ou ao menos não profundamente. Ele sai hoje de férias para o interior por três semanas. Vi Monacchio e Merims por lá ontem, e Luce e Hudson estiveram lá semana passada. Até agora eu e Lou falamos apenas de política. Então vou para o San Remo ou para o Bar Cedar, vi [Michael] Rumaker uma vez, e vejo seguido Edward Marshall, grande poeta religioso, ele é o melhor dos jovens poetas – você viu o seu longo poema louco na *BMR*?? [*Black Mountain Review*] Pensei que ele seria um rabugento esquizoide esquisito com espinhas, mas ele é um veado atarracado e loiro, um veado masculino que lê bíblias de teologia episcopal e trabalha na Biblioteca da Colúmbia, e escreve longos, primitivos e originais poemas confessionais. Também encontrei [Frank] O'Hara uma noite dessas, só conversamos, e outra noite encontrei as garotas (Joyce [Glassman] e Elise [Cowen] e Helen Eliot), em outra noite encontrei Dusty [Moreland], e Walter Adams, visito todo mundo, chego como um fantasma e passo a noite toda falando sobre o que aconteceu com eles. Depois eu vou para casa, levei meus livros de Paterson para lá, e leio a *Ilíada* ou o que seja, deito e penso, e cozinho. Vi Don Allen de novo também – esta semana toda vou estar em Easthampton, Peter tem férias

de cinco dias, vamos lá foder em cima das pedras ao sol, ficar na casa de Richard Howards e conhecer todos os pintores ricos. Então retorno na quinta que vem.

Recebi sua carta em Paterson, atrasada, e agradeço pelo cheque, feliz por você ter escrito, não estava certo se você queria que eu escrevesse, então esperei uma sinalização. Também recebi uma carta de Gregory, ele visitou a Lapônia e já voltou para Paris, não soube nada de Bill ainda, Whalen disse (ele escreveu) que vai me visitar no outono ou no inverno – e também Sheila Boucher [Williams] – minha namorada de antigamente – apareceu, fugida do marido, fui passear com ela pela Bowery até a Ponte de Manhattan para que ela tivesse um relance da eternidade de Manhattan. Ela esteve na cadeia por quatro dias em Minnehaha, no centro do país, EUA, não lembro o estado, por vadiagem, conheceu o seu amigo pintor e agora está viajando com ele. Ela conta que Gary [Snyder] foi até a casa dela, passou pelo marido furioso e disse "Sheila, você está pronta?", ajudou ela a fazer as malas e a levou até SF. Segundo ela, Gary quer se casar – ter bebês com ela no Japão. Então Gary, diz ela, vai estar também aqui no outono. LaVigne também está vindo, em setembro. Nova York vai estar fantástica nesse inverno. Talvez nós todos devêssemos fazer um único e grandioso recital gratuito, aberto para as multidões, não estou brincando. Encontrei Howard Hart, não gostei de sua poesia, ele me recitou um pouco, e ele só falava de pão e bufunfa e queria que eu concedesse recitais caros com ele como parceiro, tentou me aplicar uma, imaginei. Acho que você está certo, Lamantia e ele são malandros de recitais de poesia e só acabam com a reputação da coisa toda. Ainda por cima ele brigou com Lamantia em Frisco. Foda-se essa merda.

[...]

Lucien contou que você diz que tem a doença de Buerger – você tem um bom médico por aí? Se você não tem, você devia vir fazer uma consulta com [Dr.] Perrone e dar um jeito nisso. Parece que já passou do ponto em que simplesmente ficar de cabeça para baixo é suficiente. Por favor, se cuide e trate de não desistir e morrer justo agora. Sempre precisei de você.

Dê uma escapadinha e venha nos ver daqui uma semana ou mais tarde, se você ficar aqui até setembro. Não quero cenas selvagens e bebedeira, e nem quero vê-lo bêbado, nem vou mais compactuar com grandes bêbados suicidas. Eu ficaria apenas caminhando ou sentado conversando, ou veria o museu Metropolitan, li que há quadros de Brueghel por lá.

[...]

Bem, mais tarde escrevo de novo, me envie um postal para Rua 2, 170 E de forma que eu saiba que você recebeu esta carta, e que ela não caiu nas tristes mãos do destino.

Ah sim, vi [William Carlos] Williams em Rutherford, jantei com ele e a esposa e eles me disseram que acharam você muito querido e encantador, me pediram para lhe mandar cumprimentos. [Ezra] Pound veio e passou a noite lá depois que saiu do hospital – eles o acharam meio bizarro. Ele levou cinco pessoas com ele, a esposa e também uma namoradinha. WCW mostrou-me uma foto

deles – W triste, sentado, Pound atrás dele, magro e elétrico e sem camisa, os dois olhando para a câmera. Depois conto mais. Falei sobre métrica e uivos com ele.
  okokokokokok
  Kokomo

Jack Kerouac [Northport, Nova York] para
Allen Ginsberg [Nova York, Nova York]

28 de agosto de 1958

Caro Irwin:
  Fui da terra para um lugar melhor que eu conheço, ouço vozes de anjo chamando Old Black Joe... estou indo, estou indo... pois minha cabeça está caída.
  Que música boa, tocando ainda agora no meu programa de domingo de FM só de música. "Por que suspiro, para que meus amigos não voltem..." e essa foi a música que toquei na cítara para uma enorme plateia com 11 anos de idade. Agora vejo que é minha música favorita.
  Sim, Edw. Marshall é um bom poeta. Mas você ainda não descobriu Stan Persky? Da próxima vez que nos encontrarmos levo o trabalho dele.
  Carolyn me destruiu em Berkeley no ano passado, então vou ficar na minha. Neal tem dinheiro suficiente, estou sabendo. Ele nunca escreve, se ele escrevesse para mim seria diferente, porque nunca esqueço a ocasião em que levei doces e revistas para ele no hospital e ele me disse que eu o havia "agredido". Neal de queixo taciturno andava bravo comigo e um dia desci do trem na baía e o vi sem querer, e ele foi embora, dirigindo cheio de culpa.
  Você provavelmente está certo sobre os direitos de *On the Road* se tornarem mais valiosos com o tempo, mas quero ver o que acontece com essa bagunça toda agora, eles querem Joyce Jamison para fazer o papel de LuAnne e isso tornaria o filme um sucesso, e eu receberia cinco por cento, e Mort Sahl disse que queria que o filme fosse muito próximo do livro, e nisso é melhor do que a MGM. Enquanto isso a MGM está fazendo um filme chamado *Geração Beat* com Jerry Lee Lewis, ainda não me consultaram sobre meu direito autoral de 1955 sobre esse título (lembra, Jean-Louis, *New World Writing #7*, de um romance em progresso *BEAT GEN*, copyright Jean-Louise etc.). Então Sterling vai processá-los pelo pagamento dos direitos. Também tenho o artigo de Holmes dizendo que eu cunhei a expressão e outras coisas. Eles estão realmente me sacaneando em Hollywood, *Os subterrâneos* saiu por quase nada. Imagine que Sloane Wilson recebe quinhentos mil dólares por *A summer place*. Não quero tudo isso, mas quinze mil com certeza não é nada em Hollywood, ou os 25 que primeiro foram oferecidos e depois recusados por *Road*. Isso tudo pode parecer tolo para você em sua pobreza, mas se eu começasse a ter uma renda (um fundo fiduciário) eu teria dinheiro para você de vez em quando, por nada. Não para todos, não

para vorazes Gregorys e Neals, mas para bondosos poetas santos fazendo cozido de pulmões em silenciosos palácios do East Side. Não, não tenho a doença de Buerger. Tenho um bom médico chamado Rosenberg. Tive furúnculos e acho que vieram de urtiga entrando diretamente no meu sistema de tanta vezes que vou buscar a bola de basquete nos cantos cheios de urtigas. Não, não estou com flebite, nada disso. Meu problema de verdade é a bebida. Bebo sozinho e às vezes bebo demais até mesmo sozinho. Tomo dexamyls para escrever e eles não são saudáveis (me foram prescritos). Você lembra como a maravilhosa benzedrina nos fazia cagar e suar e mijar e perder peso e ficar santos chapados, esse dexamyl constipa, fode, destrói, ugh, com depressões feias piores do que as das bolinhas. Nossos médicos pudicos não me receitaram bolinhas. Aposto com você que tem codeína nesses dexamyls, causa constipação. Então ainda estou gordo.

    Fico contente de saber que você faz longas caminhadas tranquilas com Lucien. Pergunto-me como ele consegue aguentar todas aquelas visitas gritando, inclusive eu? Pobre diabo, não tem vida própria. Ele é realmente um verdadeiro aristocrata gracioso. Ele disse que meu "Lucien Midnight" era pejorativo a seu respeito, mas era para ser majoritativo. Não consigo nem achar as palavras no dicionário! Acabei de escrever uma longa carta para Joyce [Glassman] descrevendo meu trabalho atual, pedi a ela que o lesse para você se você quiser ter uma ideia. Estou incomodado e entediado com ele, mas eu também fiquei incomodado e entediado com *Os vagabundos iluminados*. Para mim não há mais divertimento na escrita. Pfui. Comprei uma Webcor de três velocidades e toquei os álbuns que gravei, meus três álbuns de Norman Granz são as maiores gravações de poesia desde Dylan Thomas e acho que Granz não vai lançá-los por simples pudor. Realmente li como um filho da puta. E numa boa voz grave. O álbum de Steve Allen parece que vai sair pela gravadora Hanover, também é uma pequena joia. Se você tiver um toca-disco posso levá-los comigo. O meu é muito pesado. Sim, e Hart saiu mesmo no braço com Lamantia? Se você fizer o grande recital grátis de poesia com Gary [Snyder] por favor não me peça para participar, vou só assistir como fiz em Frisco. Tenho ofertas para declamar por dinheiro por todo o país e as rejeito todas. Tenho muita vergonha, droga, não gosto de ficar no palco. Se Gary vier, e Phil [Whalen], vai ser esquisito, não é? Se você quiser contatar Bob Lax, telefone dele é TWining 9-1323, e ele mora na Rua Warren, 3737, Jackson Heights. Acabou de me enviar uma carta, um envelope vazio (!) (?) Hoje pela manhã o dia estava ótimo, agora vou lá morrer, me sinto muito mal (os dexies). Vejo você em breve. Snipsnip snip.

    Queriam que eu escrevesse um comentário para a conversa do Descolado e Deus de Norman Mailer, ele diz que Deus está morrendo etc. meio idiota embora ele seja um bom rapaz sério. Mas não quero me envolver com ele e com sua patota. Eles também queriam que eu falasse no palco com Max Lerner por $100 na Universidade de Brandeis, mas não acho que eu pudesse curtir isso, grandes escárnios de liberais burocratas... adeus pobres $100. Quando você e eu e Bill tivermos TODOS os nossos trabalhos publicados ninguém mais vai falar de Nabokovs e Silones. Vai demorar muito, mas quando acontecer, não vai mais importar, e então vamos para a eternidade e sem nos importar com nada. E portanto isso já é a eternidade e aqui nós dormimos dentro do túmulo do êxtase.

Enquanto isso Jonathan Williams me enviou sua terrível lista de desastrosos, dissidentes intelectuais pobríssimos, aquela turma toda da BM [Black Mountain] é muito cheia de si, se você quer saber... grandes tratados abstratos pretensiosos sobre o nada.

 Seguindo uns aos outros,
  meus gatos param
 Quando troveja

 E com relação a Alan Watts, em *Os vagabundos iluminados* o chamo de Arthur Whane, que é inglês antigo para mutuca, pela forma com que ele nos picou na *Chicago Review*. Ah, o Paraíso vai nos respeitar. Eu na verdade devia começar a respeitar o pobre Sr. Watts. Esse negócio da fama nos faz mais lamentar do que exultar, não é mesmo?
  Adios
   Jack

 Rosenthal na *Chicago Review* quer que você envie *prosa* para ele. Vai escrever para você a/c Paterson em breve. Envie um excerto de correspondência.
 P.S. Decidi aceitar aquele convite de Lerner e comprar um kit completo de óleos e telas. O cheque de royalties acabou de chegar, metade do que eu esperava.

Allen Ginsberg [Paterson, Nova Jersey] para Jack Kerouac [n.d., Northport, Nova York?]

c. 31 de agosto de 1958

Caro Fantasma:
 Bem, você é o mais esperto. Porque você não me disse que a vida era um sonho? Usei Óxido Nitroso, duas vezes em sequência para um experimento, na cadeira do dentista hoje – passei por todos os kalps, kalpas, "em todas as direções" por dentro e por fora, como você diz – nunca imaginava. Muito sobre o que falar, escrevi algumas linhas, porra, é tudo um grande engodo – uma grande vaia cósmica como um ridículo desaparecimento do Pica-Pau num buraco se afastando ao infinito num desenho animado cósmico, todos os universos desaparecendo de uma só vez. Sinto ter sido tão surdo, estava tão preso no Deus do Harlem – ainda não entendo como ambas as expressões do absoluto podem existir sem contradição no mesmo universo. Mas só vou deixar que tudo entre num ouvido e saia pelo outro.
 Agora quero reler seus poemas e seus livros de Buda. Traga-os junto com você, os manuscritos, por favor, por favor – sem brincadeira, estou falando sério. Quando você vier.
 Todo tipo de coisa se encaixando, e tempo suficiente para deixá-las se encaixarem, então não se preocupe, não estou surtando. Só não entendia do que você estava falando antes, ou mesmo, aliás, do que Gary ou Phil falavam.

Estou em Paterson, escrevo mais quando chegar a NY – recebi sua carta. Que coisa engraçada.
Irwin

P.S. A carta de Gregory era ótima – como uma velha carta de Neal. Li "Bomb" bêbado no Five-Spot, às 3h da manhã para três pessoas.

Jack Kerouac [Northport, Nova York] para Allen Ginsberg [Nova York, Nova York]

8 de setembro de 1958

Caro Allen:

Recebi sua carta sobre o satori do gás do dentista... ou talvez seja a iluminação suprema... sim, e se você quiser saber mais sobre esse assunto, você já sabe onde ir... Surangama Sutra, Escritura Lankavatara, Sutra do Diamante, os ESCRITOS DO MAHAYANA (não os do hinayana ou as menos elaboradas estratégias morais anteriores) (embora o mahayana seja ainda mais moral)... então, pegue a *Buddhist Bible* de Dwight Goddard na biblioteca, a não ser que eles não tenham reposto a cópia que eu roubei)... bem, vamos conversar sobre tudo isso de qualquer jeito. Não quero deixar meus originais de *Some of the Dharmas* etc. fora de casa e Don Allen (se você quiser ver) está com o sutra do *Mexico City Blues* no apartamento dele. De todo modo, não se preocupe. Acabei de escrever uma carta enorme para o Gregory elevando-o às alturas da estratosfera por finalmente ter me feito chorar depois de todos estes anos após a fantástica carta de Neal. Eles dois são melhores do que eu, exceto talvez em *Sax*, onde obtive ajuda sobrenatural e truques de prosa... mas truques de prosa não chegam perto de prosa de lágrimas suspirantes. Pobre grandioso Gregory e Jesus, como ele sofreu! Bem, vamos discutir isso também. Há uma garota aqui, Jill Lippman, rica, sexy, magra de foder, que foi comigo visitar Lafcadio no último sábado à noite e o vimos caminhando ao luar e entramos e conversamos na terrível cozinha com Marie [Orlovsky] e olhamos as pinturas dele, ou seja, as "simples", sei que ele está passando por uma fase estranhinha de rococó... então demos o número de Jill a Marie para quando você e Peter vierem ligarem para ela vir com um carrão nos buscar e nos levar a todos para nadar ao luar, mas na verdade agora já quase nem dá mais, ela está indo para a Universidade de Yale em breve... enfim. Você viu a nova revista *Horizon* em que eu e você somos mais uma vez triturados com requintes de humilhação por outro comparsa de Trilling em Colúmbia? Mas cada soco é um impulso, e nós somos mesmo impulsionados e socados e triturados neste artigo. Mais uma vez somos acusados de fomentar atrocidades de adolescentes assassinos. Isso, amigo, você pode ver vem lá do Sr. Holmes, que disse na *Esquire* que era extremamente "significativo" que um crioulinho cretino retirasse a faca do peito de Michael Farmer e dissesse

"Obrigado, cara, queria ver como era". Como alguém pode fazer afirmações irresponsáveis como esta de sua posição segura eu nunca vou entender mas de toda forma parece que esses Trillianos pensam que NÓS dissemos uma coisa idiota dessas, e já são dois os críticos a pôr assassinato na nossa conta... e você e eu que nem pescamos ou caçamos. Eles têm nossas fotos, nossos poemas etc., e eles imprimem a primeira página de *Os subterrâneos*, que não diz nem mostra nada, porque o livro começa a tomar forma duas ou três páginas depois. É verdade mesmo que Gary e Phil estão vindo? Me avise. Sterling está louco por Gary por causa de seus possíveis romances... e também Phil. (Ah sim, e com as ideias de assassinato de Colúmbia e de Trilling, percebi hoje que logo devem desenterrar Lou. Se fizerem isso eles provavelmente vão ter outro assassinato nas mãos.) Kingsland me escreveu uma carta de Philly dizendo que dirigiria até Northport e passaria por aqui, eu disse a ele que era a casa de minha mãe, acho que ele se incomodou, imagine o enorme e ruidoso Kingsland entrando na cozinha rosa inocente de mamãe. Uma cozinha rosa paranoica, mas ela acordou às seis da manhã por dez anos enquanto me era permitido ficar em casa (acredito nisso completamente) com meus saxes e sexos, então não esqueça disso. [...] Não se preocupe, não vou fazer cenas de louco bêbado no seu calmo e impressionante apartamento quando eu aparecer, se eu aparecer... ur ur ur... apareço aí em breve, daqui a algumas semanas. *A ton coeur.*
Jean

Allen Ginsberg [Nova York, Nova York] para Jack Kerouac [Northport, Nova York]

c. 16 a 17 de setembro de 1958

Rua 2, 170 E, NY
17 de setembro [*sic:* 16?] de 1958

Caro Jack:
Impressionante e calmo apartamento e caminho ai ai ai inferno, as garotas estão todas aqui, além de alguns caras, e agentes do FBI no Village perguntando se sou de SF (um agente negrão de quem ouvi de uma namorada paranoica de Peter – que se mudou temporariamente conosco para satisfazer o carma de buceta dele) – chegou em mim no Jim Atkins – como se profetiza ele sempre faz com caras de SF no Village – e disse "não te conheço de SF" – mas eu não queria incomodá-lo, então disse não, o que era verdade, e também, "na real sou de Nova Jersey" o que também é verdadeiro, então ele saiu um pouco perplexo – de todo modo Sheila [Williams], minha namorada de antigamente, está em um quarto (já está morando aqui há duas semanas, mas diz que volta para SF assim que alguém que a incomoda muito na costa oeste lhe enviar uma passagem de

avião, talvez antes deste fim de semana) – seu namorado, um cara legal, pintor, está com ela no quarto e eles dormem o dia todo e desaparecem melancólicos nas ruas à noite, e chegam em casa e discutem a masculinidade dele.

Ela conta que ela e Gary estavam tendo algum tipo de caso, e Gary veio buscá-la com um carrinho na casa do marido para resgatá-la e levá-la para Frisco, e havia dito que a encontraria em NY. Mas agora ela mudou de ideia e está voltando.

E também há outra garota chamada Sheila [Plant] de SF, que havia transado com Peter e Laff por lá, e depois havia estado em vários hospitais, também se acomodou hoje em preparação também para um retorno a SF ("Não acredito que estou em NY, isto aqui é NY?"). Peter está se divertindo, e eu também, me deixa livre para deitar na cama e olhar para o teto e ler. O que vou fazer é me mudar para um quarto isolado lateral, e vai ser como se eu tivesse alugado um quarto mobiliado só para mim. Então na verdade estamos todos bem, e talvez até mesmo a onda atual de inquilinos se disperse.

Então venha e fique tão bêbado quanto você quiser, ou não fique. Vou estar aqui e gostaria de conversar com você.

No entanto, é melhor mais tarde, Lucien nos convidou para irmos para o interior com ele neste fim de semana, mas eu tenho coisas a fazer por aqui neste fim de semana de qualquer maneira e Lucien no final não conseguiu um carro. Ele diz que vamos fazer isso mais adiante no outono.

Fui até a New Directions pegar uma cópia do novo *Paterson* de [William Carlos] Williams, que tem uma carta minha, e encontrei [James] Laughlin, e conversei com ele. Expliquei a ele sobre os livros não publicados de Gary e Phil, e ele disse que queria lê-los e que talvez os publicasse. Expliquei para ele como as apresentações de poesia estão se deteriorando na ausência de seu trabalho de alta classe e da cegueira de Ferlinghetti etc. Eu acabara de encontrar Don Allen por dois minutos para pegar o seu *Blues* (que eu carregava) e Laughlin disse que também queria vê-lo, quem sabe ele não poderia publicar o texto inteiro, eu disse. Ele disse que ainda estava interessado e trabalhando em *Visões de Neal*, que ele acha que é grande prosa, mas que tem problema com editoras temerosas – mas cedo ou tarde seria capaz de encontrar uma que o publicasse. Ele também perguntou o endereço de Gregory e deve mandar um postal para ele.

Sim, eu vi a *Horizon*, e ela me fez quebrar o voto de não responder, várias semanas atrás, e escrevi para eles criticando o seu corte das bolas e pau intermináveis da linha onze e deixando de fora outras duas linhas e as emendando de novo, dizendo que "quebrou meu ritmo" e que eles tinham que anunciar no número seguinte que eu desaprovava e que não havia sido consultado, e que via aquilo como um insulto à estrutura (que na verdade é mesmo, já que as duas linhas que eles tiraram eram o gozo rítmico das onze linhas anteriores). Estou curioso para ver como vão lidar com isso. Eles primeiro me escreveram dizendo que não tinham má intenção e que consultaram a Grove, então escrevi de volta e dei uma explicação detalhada de uma página explicando o ritmo e me oferecendo para declamar para eles pelo telefone se eles não conseguissem ouvir, e pedindo uma resposta imediata. Mas eles nunca responderam.

Além disso, eu disse que era eu que detinha o direito autoral e não a Grove. Não sei, acho que foi só um sintoma do tédio, como discutir com o motorista do ônibus.

Ainda assim, considerando toda aquela besteira sobre não haver forma, seria engraçado eles imprimirem um anúncio sobre terem fodido com minha forma.

Também saí de mim semana passada e enlouqueci por doze páginas em espaço simples, empilhando reclamações para [John] Hollander numa escola de meninas em Connecticut.

Enquanto isso tenho lido o livro de Goddard que uns três anos atrás roubei acho da biblioteca de San Jose, e que tenho comigo desde então. Phil me escreveu que Gary agora estava lá com ele, e que ele, Phil, ficaria no Oregon até depois das eleições (ele tem que ajudar um amigo juiz a se reeleger) e então talvez venha para cá (eu tinha dito isso antes) lá pelo Natal. Ele ainda não havia se encontrado com Gary quando escreveu (estava esperando por ele no outro dia). Gary vai escrever daqui a uns dias, acho. Mas acho que ele não vem para cá não.

Reli todos os *Bles Blues* e vou devolver para Don Allen. Eu gostaria de ler *Some of the Dharma* etc. depois. Nunca perdi seus manuscritos e tive muitos deles comigo. *Blues* é ótimo, agora os compreendo mais perfeitamente e eles são como uma sequência de sonetos shakespearianos monumentais – todos a serem publicados completos – na verdade, foi uma boa coisa Ferlinghetti não ter publicado uma seleção deles. Talvez Laughlin possa publicar. São uma explicação maravilhosa e uma reação aos *Vagabundos*, e é tão bom quanto qualquer romance recente, melhor de fato do que toda poesia.

Li *Os vagabundos iluminados* numa sentada, cerca de cinco ou quatro horas, na noite em que Peter o trouxe. A coisa toda é uma grande obra de livro testemunhal religioso, coisa estranha de ser publicada, estou feliz que já tenha saído, porque antes pensei que pudesse ser publicado fora da ordem cronológica – mas a apresentação definitiva e crível do material de Buda é inspiradora como um filme louco sobre São Francisco. As últimas páginas de haikus são boa prosa. As sentenças parecem mais curtas e não tão energicamente contínuas como antes, e não tão loucas. Você está se fixando numa prosa mais simples ou só está cansado, como disse antes? [John] Montgomery está ótimo ali, e Gary está bem também, não gostei de mim mesmo (muito mentalmente inconsistente) (nos argumentos). É um grande livro de ensinamentos que é raro e inquietante. É inquietante, como a 20th Century e os jornais de NY vão reagir a ele? Dessa vez vai ser engraçado. Você vai ser atacado por ser iluminado. Fiz umas anotações nas seções e páginas que considerei bacanas, mas mostro para você quando você vier aqui. As sentenças dos ratos no sótão no final são sublimes, bem como todos os haikus e arco-íris no final. A meditação nas flores eu li em voz alta, ou Sheila [Williams] leu em voz alta, grande e curiosa prosa de testemento final séria e sustentada. É fantástico que depois de todos estes anos ainda haja uma encarnação de algum sentido pré-profetizado romântico do Fim.

Contei para você do verso de Gregory, "Feno como o universo, pilhas douradas num muro de fogo, espetando na direção da erradicação diáfana da tinta

swindleresca" – decidi enfim que deve ser uma profecia do desaparecimento da ilusão cósmica. eu nunca tinha entendido isso em Paterson. Você tinha percebido?
[...]
A minha poesia está ficando como os seus Blues. Deus sabe no que isso vai dar e que tipo de problemas literários vou encontrar, mas será que faz alguma diferença? Também estou escrevendo parecido com Whalen.
[...]
Dei meu livro para o Thelonious Monk – ele ficou uma semana em silêncio – então o vi fora do Five Spot e perguntei se ele tinha lido – "Sim, tô quase acabando." "E aí?" "Faz sentido", que resposta curiosa.

Devo uma carta a Gregory. Bill já deve ter voltado para Paris – esteve em Tânger – a situação está difícil para as bichas – "Índia, desenrole seus tapetes" escreve ele.

Quando e como será a apresentação com Lerner? Gostaria de ir e ouvir tudo. Nunca vi você em público.
    Como sempre,
       Allen

Jack Kerouac [Northport, Nova York] para
Allen Ginsberg [Nova York, Nova York]

5 de outubro de 1958

Allen:
Cheguei em casa exultante, o que logo se tornou exaustão mental. Não acho que possa mais fazer a coisa no Hunter College. Como a América, estou entrando em colapso mental. Vou me exilar. Escrevi uma grande descrição do dia para Whalen. Todas essas pessoas bem-vestidas olhando para mim de olhos semicerrados, por que eu simplesmente não me retiro do universo. Ah, que se foda, quero retomar Li Po. Detesto o meu coração palpitante. Algo está errado com o mundo. Vou estar bem pela manhã. O Avô Noite nesta casa velha me assusta com seu caixão negro.
Entende?
    Jacky

Jack Kerouac [Northport, Nova York] para
Allen Ginsberg [Nova York, Nova York]

28 de outubro de 1958

Caro Allen:
Eis o que vou dizer para Sterling fazer, e é isso que quero: conseguir que aquele novo editor compre *Sax* por $7500 adiantados, mas sem nenhuma al-

teração; então *Sax* vai ser publicado, que me interessa por quem? Ou se será capa dura ou não? Será publicado e lido e em cinco anos pode ser reimpresso em capa dura. Preciso dos $7500 agora para completar a compra desta casa de forma que eu a possa vender, se eu não comprar agora perderei os $7000 que já coloquei nela por conta de um grande processo de inadimplência. É um mundo duro e malvado. Mas *Sax* vai ser publicado de maneira angelical. Se eles fizerem mudanças, não aceito, entrego de volta para Don Allen. Enquanto isto, sigo insistindo para que a Viking aceite e publique em breve o glorioso *Visões de Gerard*. Não vou fazer mudanças exceto trocar as imagens budistas e colocar imagens católicas, já que a história é sobre um pequeno santo católico. Isso não vai produzir nenhuma diferença teológica... O Espírito Santo é o Dharmakaya (o corpo da verdade). Entende? Etc. Dharmakaya literalmente significa o Espírito Santo, ou a Verdade Sagrada, então para que toda essa celeuma? Então eu disse a eles, tudo bem eu vou para Paris mas não vou escrever o livro sobre Paris até um ano mais tarde, quando já vou ter tido tempo suficiente para digerir os eventos. Enquanto isso, e mesmo na verdade, penso agora, sei agora, quando eu for para a pacífica Flórida neste Natal vou escrever *The Beat Traveller* sobre minha viagem de visitas a Burroughs em Tânger, seguida por minhas visitas à França e Londres, e então toda a louca escrita de mar em torno disso tudo, de quando fiquei preso numa enorme tempestade e tivemos que seguir para o sul e quase fomos a pique e vi toda a escada de quebra-peito no mar e também vi a Stella Maris e embora NADA TENHA ACONTECIDO A NÃO SER DEUS que foi a única coisa em que consegui pensar porque achei que íamos todos nos afogar... Ó pobres marinheiros.

Certo. Acho que isso está decidido. Enquanto isso vou enviar "Lucien Midnight" para [Irving] Rosenthal[6] e se ele o rejeitar é louco, mas ele pode rejeitar porque eu disse a ele para me pagar o que pudesse, ou quisesse.

Minha mão está tremendo hoje, Henry Cru chegou sem avisar hoje enquanto eu estava transando com minha garota e a casa então se encheu de bêbados locais e se não fosse a garota limpar e cozinhar estaria tudo parecendo o inferno agora. Ela volta quinta para cuidar das coisas enquanto eu tento responder umas mil cartas. Então hoje tentei sozinho, em casa, sentar e escrever a você um enorme poema glorioso sobre a eternidade dourada e não consegui porque estive tão importunado por este mundo ultimamente que não consigo nem mesmo segurar mais uma caneta então agora sei que se eu quiser aceitar o conselho de Lucien e escrever mais preciso ir embora de NY, e vou fazer isso (na verdade não tão "importunado" mas prazerosamente festejado, na verdade, mas meu deus cada dia, cada noite, sem descanso, sem isolamento, sem reflexão, sem possibilidade de olhar para o teto ou para as nuvens.) Um enorme telegrama louco, por exemplo, de Lucien, um lorde britânico quer vir até aqui me entrevistar e eu ACABEI de ser entrevistado pelo *Herald Tribune* aqui em casa ontem, "milhões de belos e descolados Marlon Brandos" disse a ele para dizer o que é a geração beat... E a revista *Look* deve também estar vindo me entrevistar, e enquanto isso tento alimentar e cuidar de meus

---

6. Irving Rosenthal era um dos editores da *Chicago Review*.

pobres gatos assustados, o pátio está cheio de gatos. Quando vou achar tempo de datilografar Neons de Neal. Allen, você não poderia ir até o escritório da New Directions e datilografar o que quiser (e Laughlin deixar)? Se você precisar de uma carta de apresentação e permissão eu envio. Se não der, tudo bem, eu vou datilografar Neons, só me avisa. Com relação aos poemas, não sei quais são para sempre eternos, merda, os que dei para Don Allen naquela ocasião são para sempre eternos mas depois daqueles escrevi muitos outros. Por que você não me envia alguns e julga por si mesmo, não sei. Além disso, qual é o seu prazo com a City Lights? Me avisa do prazo, isso vai me ajudar a fazer isso acontecer. – Bruno nunca voltou no outro dia, provavelmente saiu dizendo "ele é só outra bicha", você não sabe como são essas figuras, a não ser que você esteja certo sobre o "rio de merda" "não estou nem aí para nada tudo bem". Em todo caso, quando quer que eu venha com um foda-se não é isso que eu quis dizer, é só uma piada Zen. De fato é a única coisa que eu nunca fiz, lembre-se disso.

    E a situação da Tuttle etc. e da Grove?[7] Não entendo mas me avise quando chegar a hora, pelo amor de deus, sim não estou nem aí mas é uma boa ideia para Gary e Phil se mexerem e saírem com uns poemas.

    Dody [Muller] é uma pintora, uma grande combinação de Alene-Esperanza em visual (ri exatamente como Alene) mas não é frígida como Alene, não é viciada como Espy, mais carnuda também, grande mulher, meio índia comanche e meio francesa, boa pintora (enormes telas de Al Leslie de mulheres rosas e azuis se banhando) (também umas pequeninas gigantes) e está sempre de pés descalços como Helen Parker em Provincetown e na Cidade do México, sofisticada também e uma fantástica cozinheira, e limpa quando cozinha, deixa a cozinha toda bela com flores e arranjos de legumes e seu rosto à luz de velas é sagrado e ela tem olhos negros e bochechas altas como eu gosto e todos gostam dela e ela é uma jovem viúva. E me ama. E eu a amo. Não sei o que vai acontecer. Costumava desenhar imagens pornográficas em seus cadernos que sua mãe atirou no mar chorando. Em outras palavras uma grande boneca favorita de Neal tão incrivelmente sensual que não consigo acreditar na minha boa sorte. Ela conhece todo mundo, o que também é ruim. É bom porque eu também conheço todo mundo. Que cena complicada esta, uau, é demais. Henri [Cru] foi despejado do apartamento, os vagabundos que ele deixou lá perderam o gato dele, ele voltou e não havia apartamento, a mobília toda penhorada por um advogado, e ele está vagando por aí procurando um apartamento barato no Lower East Side, me avise se você souber de algum. Henri é um cara excelente. Agora gosta de você, ele me disse. Deve ter lido os seus livros, algo assim – enviei uma parte de *O livro dos sonhos* para Robert Lowry[8] e também parte de uma carta de Gregory que acabei de receber, sobre sua teoria de poesia. Você vai ver. – O que fazer? Tomar outra cerveja.

    E para aumentar toda essa confusão relativa à publicação do meu livro e toda essa nova inundação de publicidade e nervosismo, minha irmã acrescentou as

---

7. São referências a vários projetos de antologias que Ginsberg havia proposto a Kerouac.
8. Robert Lowry era um editor e romancista que escrevia resenhas para *The Saturday Review*.

complicações DELA e fez minha mãe ser babá por um mês, e aqui estou sem tempo para cagar e a casa ficando cada dia mais suja. Se você vier, você podia mesmo vir mexer nos manuscritos e datilografar o que você quiser para antologias, venham você e Peter tendo em mente não sujar a casa, estou realmente cheio de manias. Gostaria que você viesse, agora mesmo neste fim de semana, foda-se Norman Mailer, ele está tentando se meter na coisa toda. Por que ele não era um descolado quando isso valia alguma coisa? Por que ele não falava sobre Deus quando todo mundo estava falando de Freud? Na noite de sexta do dia 6 de novembro vou estar na Hunter Playhouse, na 68 com a Park, e depois voltarei dirigindo com Dody. Ainda não sei o que vou dizer. Quero falar um pouco, dar o valor do ingresso para geração beat de Kerouac e então vou começar a declamar "Bomb", acho, a não ser que você pense em algo novo. (Porque eu na verdade não concordo que o apocalipse do mundo de "Bomb" seja bom, acredito nas pessoas dizendo que não vai acontecer agora que evoluímos e nos tornamos uma raça humana esperta. Espero). (microfone no Paraíso). Eu preferiria declamar "Marriage", pode trazer esse para mim? E devo atirar para você uma pergunta da plateia? Vou estar do lado dos inimigos naquela noite louca? Devo vestir Poderosa Boa-vontade? Sou Sirdanah, o Poderoso Boa-vontade? Tenho que ser inteligente? Tenho mesmo que pensar? Posso beber cerveja no palco ou devo aparecer calmo, taciturno e sóbrio? Vou falar diretamente com Dean Kauffman? Ah sim, não perca minha entrevista na página editorial do *Herald Tribune*, feita por Ray Price, na qual eu falei o velho ditado descolado, impresso agora pela primeira vez, "Não seria maravilhoso se Ike e Dulles e Macmillan e DeGaulle e Khrushchev e Mao e Nehru sentassem todos numa mesa e fumassem erva? Que humor e abertura de mentes, que percepções amáveis não resultariam disso?" Ele disse que faria disso sua abertura. Quando os porcos fodidos vierem à minha casa não haverá nenhum baseado ou boleta em minha casa então não tragam nada, você e Pete. Tudo que tenho são dexhamyls, prescritos por um médico local. [...] Mike Goldberg me contou quão terríveis você e Pete foram nos Hamptons, disse que Joyce [Glassman], nem lembro bem, eu estava concordando com tudo que ele dizia (podre de bêbado) e Joyce disse que eu havia vendido a você e Peter ao longo do caminho e que eu era um inflado e que estava sempre preocupado com o que os vizinhos iam pensar e etc. envergonhando ela em público, ela acrescentou, e realmente, agora, quando fomos ao show do Hetch, de onde tentamos sair escondidos pelos fundos. Será que ela pirou? Espero que não atire em mim antes que eu consiga publicar *Sax* e *Gerard* no próximo outono. Com relação à nova garota (nova, NOVA, como se eu tivesse uma velha) Henry diz que porque ela é índia e francesa ela me vai me esfaquear se eu pular a cerca. Garoto, lá se vai Léon Robinson aos confins da noite.[9] E essa coisa de ser rasgado ao meio na terra entre você e minha mãe, no paraíso por Buda e Cristo, nenhum dos quais vou poder reunir e não sei por que exceto sobre minha carcaça sofredora, uau, este vai ser meu fim, sempre achei que era forte demais para ser Stephen Craneado

9. Léon Robinson é um personagem no primeiro romance de L. F. Céline, *Viagem ao fim da noite*.

como Louis Simpson mas está quase acontecendo E NINGUÉM É CULPADO? Veja, Ninguém é Culpado. Nem mesmo eu. Nem mesmo minha mãe. Primeiro perdoo a mim mesmo e depois a todos vocês pela ignorância origigan original de querer nascer em primeiro lugar mas estivemos todos fazendo nosso melhor, especialmente você, docinho.

Jack

Allen Ginsberg [Nova York, Nova York] para Jack Kerouac [n.d., Northport, Nova York?]

Rua 2, 170 E
NY 9
29 de outubro de 1958

Caro Jack:

Liguei para Don Allen. Ele diz que a Grove vai realmente publicar livros de Gary e Phil, e quer publicar o *Mexico City Blues*. Diz que a Grove que não ia querer toda essa poesia dada para a Tuttle, e que então vai publicá-la. Escrevi para Gary e Phil dizendo, então, para pedir para a Grove cagar ou sair da privada (opa, desculpa aí) e descobrir os planos da Grove, e então fazer o que quiser, escolher seus editores – ou deixar Phil daí em diante lidar com Tuttle – e avisar de qualquer disposição e edição que queiram fazer ou que saibam que não pode ser feita – de forma que eles não recebam cartas contraditórias de ninguém. Também escrevi para a Tuttle dizendo que Phil entraria em contato com eles, que Gary e Phil podem ter outros compromissos que desconheço, que a carta deles foi doce e que mesmo se eles não conseguissem o livro Zen de nossos poemas haveria ainda muitos outros manuscritos seus – poesia, *Some of the Dharma* e a biografia de Buda, e passei a eles o endereço de Lord para o caso de estarem interessados em investigar melhor estes itens. Então agora eu saio de cena e deixo tudo com Phil, e Lord pode entrar em contato com eles, avise-o, se você quiser tentar publicar *Some of the Dharma* – que seria ótimo vê-los publicar.

Don Allen também estava chateado – não havia recebido *Dr. Sax* e queria saber se alguma coisa estava errada. Disse a ele que não sabia, mas que você já havia parado ou quase parado de trabalhar nele. Minha opinião: não permita que a Madison Avenue tente diluí-lo e tornar você palatável para a mentalidade dos resenhadores, servindo-lhes livros selvagens e produzindo livros de viagem (por melhores que sejam). *Sax* é, pela lógica, o próximo livro a ser lançado, e você está numa posição em que pode fazer o que quer. Esteticamente *Sax* e *Visões de Neal* e *Poems*. Depois de *Sax* eles vão ter que ver a bela prosa do Neal, e também a verdadeira beleza do herói – eles têm cagado naquele pobre menino e o comparado em termos desfavoráveis com o bonzinho Japhy [o personagem de *Os vagabundos iluminados* baseado em Gary Snyder]. Talvez [Sterling] Lord se deixe impressionar por essa mentalidade.

Enviei a [Irving] Rosenthal o manuscrito inteiro do *Interzone* de Burroughs para que ele use quanto quiser no próximo número.

Envie-me por favor todos os excertos de *Visões*, e seus melhores poemas de todos os tempos para a antologia da City Lights. Havia um poema curto de uma linha adieu / goodby / bonsoir etc. para o homem em Lowell que morria, pai de GJ? Você me mostrou em Berkeley. Também vi uns dois anos atrás no apartamento de Helen Weaver um poema em "linhas longas" sobre o vinho escorrendo pelo beco à luz do luar. Gostaria que enviasse esses, e escolha os seus blues. Pode ser? Ou não – devo pegar os poemas manuscritos com Don Allen?

Navaretta escreveu sobre a festa "No momento mais bêbado, ou melhor, extático, Jack continuava a provar que conseguia assimilar tudo e ainda cantar. Isso depois de todas as palavras bonitas, proclama o poeta e artista. É uma questão de aguentar, e Jack aguenta – Por favor diga a ele que ele escreve como um irmão e que eu o amo como um irmão. E agradeça a ele por vir à nossa festa, como também agradecemos a você, Allen Ginsberg". E ele quer que eu escreva um artigo a 3 cents a palavra sobre abstração extrema na poesia. Não sei nada sobre isso. Você sabe? Gregory é um pouco abstrato, é tudo que sei. Talvez midnight seja considerado prosa abstrata. Vou dizer a ele que não sei do que se trata.

Você em público? Bobo! Quantas vezes você (desmemoriado, bêbado) me desafiou (e a Peter e outros) em público, "Vem cá, vou te foder". Fodam-se as relações públicas e sejamos gentis e verdadeiros. Quem mais ousaria?

Amor,
Allen

Allen Ginsberg [Nova York, Nova York] para Jack Kerouac [n.d., Northport, Nova York?]

Rua 2, 170 E
Segunda-feira, 17 de novembro de 1958

Caro Jack:

Acabo de trazer uns móveis de Paterson para fazer um bom escritório com escrivaninha aqui no apartamento. Em anexo você encontra um artigo que escrevi para a *Village Voice*. Também em anexo uma carta de Robert Cummings, editor de *Isis*, a revista da graduação em Oxford. Enviei a ele alguns poemas seus enquanto eu estava na Europa, e vão publicá-los com alguns poemas meus e de Gregory.

Rosenthal da *Chicago Review* me enviou um telegrama pedindo que eu telefonasse para ele no sábado à noite. Fiz isso, e ele disse que a Universidade de Chicago o havia proibido de publicar a edição do inverno, que teria consistido de trinta e cinco páginas de Burroughs selecionados e relativamente limpinhos, "Sebastian Midnite" completo e umas trinta páginas de [Edward] Dahlberg.

Também disseram que o proíbem de publicar qualquer coisa de Bill, ou sua, e talvez até mesmo de Dahlberg (ele escreveu um livro sobre Príapo). A Universidade também pode proibir meu recital de 5 de dezembro, que ocorreria sob os auspícios da *Review*. Rosenthal não sabe o que fazer. Pedi a Don Allen e McGregor da New Directions para solicitar alguma orientação de Laughlin, mas eles não deram nenhuma ideia. Disse para Rosenthal escrever para Ferlinghetti e pedir a ele que publique como a edição banida da *Chicago Review*, e a City Lights provavelmente vai fazer isso. Enquanto isso Rosenthal e seu pessoal não se decidem se devem ir em frente e foder com a universidade e acabar com a Review – mas eles provavelmente não poderiam fazer isso, a revista é impressa na editora da universidade. Ele provavelmente vai escrever para você. Mesmo assim, estão me esperando por lá de qualquer jeito (no 5 de dezembro) para ler, em algum lugar, só que não vão poder me pagar, eu esperava receber $150. Quer ir para Chicago e ser um mártir baderneiro comunista comigo? (Parece que uma editora de lá, a Hearst, está tentando pressionar a universidade, ano passado baniram um livro de Maud Hutchins, ex-mulher do reitor; e mais fedor parece vir de colunistas de fofoca ao estilo de Herb Caen, anunciando que revistas sujas estão sendo patrocinadas pela universidade. Então a escola cedeu.)

[...]

Fui até Paterson e trouxe velhas cartas e documentos etc. incluindo alguns outros escritos de Huncke enterrados no sótão cinco anos atrás. Tenho que olhar tudo ainda.

Sexta passada almocei com Rosalind Constable e fiz um descrição cronológica de todos os seus livros, a pedido dela.

A casa está ótima agora, quartos especiais e isolados para escrever, uma enorme pintura de Brueghel com crianças brincando presa com uma corda na parede, usei corda para emoldurar uma reprodução de papelão.

Acho que vou sossegar e datilografar a poesia rabiscada dos últimos anos, ignus etc.

Gregory me escreveu para dizer que está se sentindo muito bem de volta a Paris e que quer voltar para casa, vai aparecer numa rádio-TV em Berlim para declamar "Bomb" a convite deles. Nada ainda do Bill. [John] Montgomery começou a me bombardear de cartas.

Don Allen diz que [Barney] Rosset rejeitou volumes separados para Gary e Phil, mas que faria um livro com Gary, Phil e eu e você. Porém Rosset ainda está lendo *Blues* e Allen acha que ele vai publicar o livro inteiro.

Don Allen também diz que ele quer publicar *Dr. Sax*. Também quer ler *Visões de Neal* de novo e estudá-lo para ver se pode ser legalmente impresso completo por aqui. Disse que *Gerard* é "mais sentimental", mas que seria bom mais tarde, como um livro de Natal.

Sterling Lord não parece perceber a qualidade literária de *Sax* nem o potencial comercial do livro, nem o quanto poderia fazer por sua reputação.

Ele (Lord) está pensando bastante sobre a própria reputação. Ele acha que *Os vagabundos iluminados* foi bom para sua reputação comercial e intelectual. Ele acha que um livro sobre Paris seria meio que material novo para o *Spokesman*. Tudo isso ocorre no nível mental da Viking-Madison Avenue.

Tentei explicar a ele naquela noite com a Deutsch que concordo que é uma boa coisa considerar a reputação, que sou a favor disso, e que *Sax* seria o livro para trabalhar a reputação. Ele me perguntou se essa realmente era a minha opinião literária. Eu disse que sim e ele me pareceu surpreso. Então considero que a razão por que ele está se enrolando com *Sax*, promovendo o livro de Paris pela Viking como a próxima Grande Coisa, é apenas o fato de que ele não saca como *Sax* é bom.

Conversamos sobre isso. Ele disse que o próximo livro de Jack deveria
1. lidar com material diferente
2. ter uma estrutura-forma mais comum

Expliquei que *Sax* lida com material novo, de cidade pequena e mitologia gótica, e que ele tem, mais do que qualquer outro livro seu, uma estrutura clássica normal e reconhecível. Ele não parece entender que isto seja relevante para seus planos ligados à reputação, nem que *Sax* seja realmente assim.

Então eu digo que talvez tanto a Viking quanto Lord estejam negligenciando seus bons livros e tentando fazer você escrever "caça-níqueis" de acordo com as próprias ideias sobre a direção que sua carreira deveria tomar.

Então afirmo que já que a Grove quer publicar *Sax* como seu próximo livro, nessa primavera, você deveria deixar o livro com eles. Se a Viking objetar e quiser publicar outro livro primeiro (embora eles já tenham publicado o anterior) – veja com eles se não poderia ser *Sax*, *Gerard* ou *Neal*, ou outro livro qualquer que *você* queira ver publicado.

Também, Don Allen diz, *Os subs* se saiu bem financeiramente, eles gastaram muito dinheiro em publicidade ($6000 disse ele) e de um jeito ou de outro ganharam dinheiro para você na revenda – ele também disse que podem cobrir ofertas financeiras de qualquer outra editora. Peça a Lord para tentar. Don Allen também disse que eles pediram o livro e o querem já há muito tempo, e já até assinaram um contrato por ele (assinaram e entregaram para Lord, mas ele não assinou ainda) então gostariam de saber qual é a estratégia dele. Eu disse a Don Allen para almoçar com Sterling e falar de negócios. Então não sei.

Como disse, não interessa quem vai publicar *Sax*, mas apenas que deve ser o próximo livro. Não sei. De todo modo tive a impressão que a razão para toda essa tranqueira de Lord com a Viking, *Sax*, Paris etc. é causada por ele não entender a qualidade de *Sax*, senão ele simplesmente o publicaria e seguiria com os próximos cronologicamente.

Disse a Allen que você estava de saco cheio de confusões de publicação e que queria ficar quietinho na sua, e que então estava deixando todos os arranjos com Lord e com o Tao.

O que há de novo?
  Como sempre,
    Allen

Jack Kerouac [Northport, Nova York] para
Allen Ginsberg [Nova York, Nova York]

19 de novembro de 1958

Caro Allen:

Eu disse a Sterling que Don Allen tinha dito que cobriria qualquer oferta feita para *Sax* e vou me encontrar com Sterling na noite de sexta – vou estar no apartamento de Dody [Muller] na quinta-feira à noite na 2ª Av., 81 acima da padaria, a princípio vou visitá-lo, a não ser que você ligue. Disse a Sterling que quero *Sax* publicado nesta primavera (por um adiantamento de $7500, por que não?) e então *Gerard* pela Viking no outono e então em 1960 meu livro de Paris, que será bom, e de fato será chamado *European Blues* e vai ser todo sobre a Espanha e a Itália e também Hamburgo – (eu e Dody curtindo as esposas dos pescadores) – ou *God Over Europe*, algo assim – de fato vou me chapar e pescar um título. Acabei de escrever minha primeira coluna para a revista *Escapade*, tudo sobre Bill e Gregory e eu e você e o estado atual da literatura americana ser uma merda porque não foram ainda publicados por causa de editores e dos próprios escritores que descartam seus melhores manuscritos. Sua resenha na *Village Voice* foi a melhor que tive, é claro, mas *Road* não foi escrito sob influência das bolinhas, sob o café, em 1951 (em maio), e não foi um rolo de teletipo de papel fininho, mas no formulário contínuo de Bill Cannastra etc. deveríamos ter nos consultado antes. Achei que a manobra da página 34 para a página 25 foi muito idiota – (feita por editores espertinhos que não acreditam em nós, de toda forma).[10] Mas você os colocou no devido lugar. Da próxima vez que você começar um artigo diga, "Para botar um fim nessa bosta toda..." Tudo bem por mim quanto a Cummings em Oxford – Agora que Ferling pode imprimir a *Chicago Review* rejeitada, acho que nossa antologia vai ficar de lado por um tempo, de toda forma já sei como podemos fazer, suas notas chegam a trinta páginas de material e então eu vou adicionar a elas "The Three Stooges" (já publicado na *New Editions* de Mike Grieg, sem quaisquer erros exceto alguns travessões) e "Old Bull Balloon" para um panorama bem completo. Podemos fazer isso com um prazo, sou bom com prazos. Dê-me um prazo neste fim de semana. Não, não vou a Chicago, para quê, seria melhor não ir a lugar algum e só dar longas caminhadas com LeRoi Jones ou outra pessoa ou mesmo arranjar uma semana de recitais de poesia para você mesmo no Village Vanguard ou algo assim, o que dá para se fazer, seria ótimo, e você faria uma graninha ($400 por semana). Ou leia no Half Note, ou não leia, só datilografe seus poemas. Aceite esse conselho de um homem que criou uma obra-prima, qual a finalidade de viajar por toda a América a não ser que você tenha um carro ou algo assim. Não sei. Só datilografe seus poemas. Faça um livro novo de suas próprias coisas para Don ou Ferling. Não vá para

---

10. Ginsberg ficou incomodado que a primeira parte de sua resenha de *Os vagabundos iluminados* na edição de 12 de novembro de 1958 tenha aparecido bem mais para trás no jornal que a segunda parte.

Chicago quando você deveria ir até a costa oeste antes de Gary ir embora. Estou em casa sozinho com minha mãe e ainda não consigo dormir muito bem e estou muito nervoso e meio trêmulo, vou conseguir esse adiantamento da Viking e pegar meu passaporte e ir embora para a Europa. Espero que Gregory retorne. Quero levar Dody, e assim vou ter companhia para o amor e para conhecer as damas e os cavalheiros da Europa, viajar mais e sermos investigadores espetaculares como Scott Fitzgerald e não apenas eu como um ladrão – com Dody posso ir a coquetéis em Paris e conhecer gente fina e cair de bêbado sendo bonitinho, não um vagabundo – tem que ser assim, senão não vou. Digo, talvez nem vá. Que me importa a Europa? Como está Peter? Ele escreveu alguma carta? Diga para ele que Lafcadio veio com suas tintas e uma tela em branco e pintou meu retrato na cozinha, me fazendo parecer pequeno e infantil como Jake Spencer, e levou a pintura para casa para mostrar para sua mãe. Quer que eu compre, mas agora estou economizando, gastei $150 semana passada em comida e bebida para todos, é demais – não sou um escritor de filmes como William Faulkner ainda. Mas a pintura é boa e ele disse que não mostraria para você ou para Peter, então não comente. Dody diz que ele é um bom garoto, só tímido, nada louco. Não o pressione muito, ele me disse que estava incomodado porque você e Peter insistiram para ele "se soltar". Ele não quer se soltar. Ele não quer. Todos querem que ele se solte – até estranhos como Henri Cru – deixe-o ser sonhador. Minha mãe e eu vamos ficar em Northport agora, então está tudo bem e vamos poder nos ver seguido. As brigas políticas de Hearst em Chicago não valem o seu tempo. Quem é Hearst na Eternidade? Quando encontrar Lucien diga a ele que vou vê-lo neste fim de semana. Na verdade não sei o que está acontecendo e não me importo, talvez eu deixe tudo nas mãos de Lord e apenas siga adiante, agora estou com vontade de fazer uns croquis da Europa, bem como de Manhattan, quando estiver sozinho na cafeteria. Vejo você em breve. (Sexta ou quinta ou sábado).
    Jean
    Jack

Jack Kerouac [Northport, Nova York] para Allen Ginsberg [Nova York, Nova York]

16 de dezembro de 1958

Caro Allen (16 de dezembro):
  Acabei de receber "Midnight" de [Irving] Rosenthal, ele não gosta de Jean-Louis então decidi "Old Angel Midnight" de uma vez por todas. Fiquei acordado a noite toda tentando encontrar nomes na Bíblia e no Dicionário, e acabei com dor de cabeça, e listei nomes como Lauschen M., Listen M., Lumen M., Luscious M., Labium M., TiJean M., Jean-Louis M., Jeshua M., Hezion M., Vision M.,

Grecian M., Goshen M., Nimshi M., Ziphion M., Nineveh M., Neriah M., Misham M., Mishma Midnight, Misham Midnight, Leshem, Shelah, Shelumiel, Shelomi, Sheshan, Elishua, Enosh, Ephean, Eliatha, Shimeon, Marcion, Halcyon, Elysean, Lover Midnight, Illusion Midnight, Notion M e no fim não consegui dormir e assisti Charley Van Doren no show de TV matutino onde ele de repente começa a contar o conto do Ling Risonho Ling de Mark Twain sobre um "velho anjo" no céu e foi como a mágica de seu pai, e eu a aceitei. Então estou enviando isto hoje com estas mudanças, usando Lúcifer Woidner em uma parte já que ele é um velho anjo de luz, segundo dizem. Rosie diz que tem os $600 para a publicação, então está tudo arranjado.

Envio em anexo nesta carta a sua história que escrevemos na fazenda de Lucien, que tem alguns poeminhas aqui e ali para você, seus, e vou copiar para você uma carta que acabei de receber de Henry Miller:

"Big Sur 9/12 de 58 Caro Jack Kerouac – não sei onde Ginsberg recebe correspondência, então escreva a ele um cartão-postal, por favor, e agradeça a ele pela carta que me enviou. Diga a ele que a resenha que ele escreveu do seu *V.I.* [*Os vagabundos iluminados*] na *Village Voice* (NY) me impactou como sendo muito, muito maravilhosa... Quando li seu *V.I.* senti que você devia ter escrito milhões de palavras antes – e vejo, por A.G., que você de fato escreveu. Saudações! P.S. Você lê em francês? Sei, ou ouvi por aí, que você é canadense francófono, mas– ? De toda forma, se você lê, gostaria de enviar a você 'Salut Pour Melville' de Jean Giono" etc.

Estou largando quase tudo, decidi que fora você, Dody e Peter em NY, com algumas exceções, realmente não estou nem aí se nunca mais vir os seis milhões de loucos de novo. Estou de saco cheio. Tenho um grande romance louco em mente e acho que vou escrevê-lo depois do Natal, começa logo depois de *Anjos da desolação* no deserto do Arizona, até o México com Bill, você e Greg e Laff e Pete no México, pirâmides etc. jardins suspensos etc. até NY naquele carro insanamente lotado, os Helens, WCWilliams, o navio de carga de Yugo, Tânger, Paris, Greg, (Bill), Londres, navio de volta, Flórida, louca viagem de ônibus com minha mãe para Berkeley, Whalen, de volta para a (depois de algumas historinhas de North Beach) Flórida, de volta sozinho de ônibus para o México em tempo para o terremoto, de volta para a Flórida, doença, seguindo então para o enorme "como você chama outubro de ondas de beleza caindo na minha cabeça" lançamento de *Road* até as casas noturnas, recitais, gravações, entrevistas, toda a cena louca na maluquice completa (incluindo os fins de semana de Lucien, Pat McManus,[11] etc. etc.) mostrando como começa comigo como um vagabundo de mochila no deserto trôpego sem saber que a fortuna é um embuste na América. Pense em um título bom para mim. Fama na América? Provação na Terra. Espremido no passador de roupa. Amor na Terra. (O peso do mundo é de fato amor). (Sim, incluindo a cena louca das freiras que já escrevi etc.) Um enorme

---

11. Patricia McManus era a diretora de publicidade na Viking Press.

livro épico contando tudo sobre os críticos e resenhadores e o quanto eles são cheios de si e de bosta, bem nas fuças deles. Bem, vou escrever um livro logo de qualquer maneira, talvez fique louco e faça apenas um *Memory Babe* de infância de reminiscências de *Cidade pequena, cidade grande* na vida real no âmbito da não ficção.

Enquanto isso parece que a Viking deu ok para *Gerard*, e Allen (Don) quer *Sax*, e Jerry Wald está interessado em *Road* de novo, diz ele. Estou ficando calmo e saudável e feliz e caminhando muito na temperatura abaixo de zero, no pátio realmente gelado, à luz do luar, e ganhei cor e os olhos estão mais brilhantes, não bebo em casa, faço exercícios e me sinto ótimo. Como enormes refeições na cozinha e desdenho a TV e digo para as pessoas na TV "Ah, como somos espertos, não é mesmo?" que é meu velho eu ok original. Digo, todo esse voto consanguíneo do Sutra do Diamante de ser bondoso para com todo mundo e desperdiçar minha saúde e energia. Bondoso com repórteres de esporte e padres, bondoso com vendedores de blocos de notas e cinematógrafos. Ah sim, tenho uma fita, agora só estou gravando jazz nela, mais tarde languij.

Vejo você neste fim de semana dos dias 19, 20 e 21.

Jean-Louis

1959

Nota dos editores: *Em janeiro de 1959, Kerouac e Ginsberg participaram do filme de Robert Frank e Al Leslie,* Pull My Daisy. *Quando Jack estava na cidade ele tendia a beber demais e se retirava com mais frequência para a casa de sua mãe para se isolar. Ginsberg ficou mais ocupado com recitais, entrevistas e aparições públicas em todo o país. Em 26 de março, Allen estava agendado para recitar em Harvard e tinha expectativa de que Jack o acompanhasse, mas Kerouac enviou desculpas. De forma a manter sua sanidade, Jack estava tentando se manter longe dos holofotes.*

Jack Kerouac [Northport, Nova York] para Allen Ginsberg, Gregory Corso e Peter Orlovsky [Nova York, Nova York]

24 de março de 1959

Caros Allen, Gregory e Peter:

    Parece que não poderei ir a Harvard mesmo, já que a revista *Holiday* quer aqueles dois artigos até 30 de março e vou levar vários dias para datilografá-los e também criar frases maiores a partir do nosso material. Em outras palavras, vou ficar em casa para ganhar seu dinheiro para a Índia e Creta. Além disso, estou cansado. Ouvir as gravações de Chicago novamente me deixou deprimido com relação a recitais de poesia. Muita repetição do mesmo material para novas audiências etc. Muita ânsia em ser aceito. Ah, bem, você sabe como me senti e ainda me sinto sobre isso tudo em Frisco.

    Aqui está seu cheque de 15 pratas que devo a você. Se de repente eu enlouquecer e decidir ir para Harvard com vocês, devo chegar ao apartamento às 3 ou 4 de quinta.

    Mas isso só se eu já tiver terminado e enviado esses dois artigos para a *Holiday*. Quase impossível.

    O que vocês acharam da tipografia da minha máquina nova?

    O American College Dictionary me enviou uma enorme e quadrada definição de "geração beat" e queria saber se eu poderia revisar, ampliar ou escrever uma nova. A definição deles é terrível, "certos membros da geração que cresceu após a Segunda Guerra Mundial e que afeta um distanciamento de formas e responsabilidades morais e sociais, supostamente por desilusão. Termo cunhado por John Kerouac."

    Então enviei isto: "geração beat, membros da geração que cresceu após a Segunda Guerra Mundial e a Guerra da Coreia e que se une no relaxamento de tensões sociais e sexuais e defende a antirregimentação, a desafiliação mística e os valores da simplicidade material, possivelmente como resultado da desilusão causada pela Guerra Fria. Termo cunhado por JK"

    Se eu não for a Harvard, leia essa definição e diga a eles que eu "invoco o trabalho como minha desculpa por não comparecer à leitura em Harvard, pois qualquer garoto de Massachusetts sonha com Harvard".

Minha mãe (não querendo que eu vá me embebedar em NY tão seguido, e eu também, já que passo mal e fico imundo e não trabalho) convida vocês três para vir aqui quando quiserem, então depois de Harvard vamos gravar nossas fitas etc. Vocês também vão poder ver minhas pinturas etc. Também tenho uma cópia de *Jabberwock* enviada para você a meus cuidados por uns grandões da Escócia que querem publicar nossas obras por lá no outono, bem como outros itens.

De toda forma, não sou um mentiroso. Com relação à minha bebedeira beligerante mais recente, hoje percebi que começou em abril passado, logo depois de aquele vagabundo esmurrar minha cabeça e cérebro com uma soqueira enorme... talvez tenha sido dano cerebral, talvez uma vez na vida eu tenha sido um bêbado bondoso, mas agora sou um bêbado de cérebro constipado com a válvula da bondade entupida pelo dano físico.

Mais em breve. Addio.
Jack

Nota dos editores: *Em abril, Ginsberg fez seu primeiro voo a jato, indo para São Francisco, onde além de aparecer em vários eventos públicos visitou Neal Cassady, que estava na prisão de San Quentin cumprindo pena por acusações ligadas a drogas. O relacionamento entre Kerouac e Ginsberg estava se tornando muito complicado, em parte devido às ligações telefônicas bêbadas e ofensivas que Kerouac fazia para Allen, e em parte devido à promoção contínua da Geração Beat por parte de Allen.*

Allen Ginsberg [São Francisco, Califórnia] para Jack Kerouac [n.d., Northport, Nova York?]

City Lights
Columbus, 216
SF, Califórnia
12 de maio de 1952 [sic: 1959]

Caro Jack:

Muito bom, seu cheque chegou um dia depois que entreguei uma máquina de escrever para Neal – custou exatamente $50 – uma portátil recauchutada – silenciosa por questões de etiqueta de cela. Não, não estou paranoico quanto a tagarelices de cozinha embora se eu me calasse (como já fiz antes) e não respondesse gritando eu fosse acabar paranoico. Acabei de pensar que era hora de responder aos gritos e você foi receptivo. Escrevi uma carta de duas páginas para o *NY Times* sobre *Dr. Sax* ontem, disse que era um "vasto poema luminoso" e talvez eles a publiquem. Até agora vi o *NY Post*, *SRL* e o *Times*. Algum outro? Mencionei Melville na carta. Artiguinho veado ardiloso sobre mim na *Partisan*, escrito por Diana Trilling. Ela acha que "Lion" é um poema bicha para Lionel. Argh, cruzes. Don Allen esteve aqui preparando uma nova edição de SF [da *Evergreen Review*] e mencionou que esperava conseguir mais Guarda-Freios na Ferrovia ["October in the Railroad Earth"] de você para esta edição então é uma coincidência feliz você tê-la ainda agora.

Sim, sim, Sterling Lord nos mandou um grande e gordo cheque de $450 semana passada. Que deleite, muito obrigado, que nobre isso de todos nós agora termos esse dinheiro fácil graças aos seus trabalhos e à sua amizade. Também recebi algum dinheiro da City Lights de forma que tenho $600 e vou fazer uma viagem lenta de volta para casa se conseguir alguém com um carro, e vou ver o Death Valley e o Grand Canyon, vou estar em casa no máximo lá pela metade de junho. E Bill diz que está vindo para NY no fim de junho ou julho – e Don Allen diz que vai tentar descolar um adiantamento para Bill na Grove para cobrir a passagem de volta. Burroughs está agora em Paris, voou para lá de Tânger – a polícia está atrás dele com algumas suspeitas, mas não é o caso, então ele está bem.

Quero levar Phil Whalen para cima e para o leste comigo, ele está falido mesmo e não tem nada para fazer aqui, a não ser conseguir um trabalho que ele não quer.

Gregory me escreveu um postal maluco depois que lhe enviei $40 dizendo que Nicholson[1] havia lhe dado $675, é verdade?

Quando você vai para a Flórida?? Bill provavelmente vai para lá ver Willie [filho de Burroughs], então vocês vão se encontrar.

Fazendo recitais com todos os poetas por aqui, Wieners, McClure, Whalen, Duncan etc. etc. para levantar fundos para a revista *Measure* e também vou conceder um recital gratuito na Mission, e depois vou parar por alguns anos.

Você quer *Kaddish* para seu livro da Avon?[2] *Big Table* e *Yugen* são divididos em partes, e [Stephen] Spender pediu por eles inteiros para a *Encounter*, mas talvez não dê, porque as revistas já publicaram partes. Avise se você quiser algo para a Avon. Como vai o trabalho? Deve requerer muita cerveja heroica. Avise qualquer coisa que quiser de mim. Talvez o poema da política?

Don Allen tem muito material que ele juntou em SF. Duncan está de barba e parece Whitman e barbudo e rústico e vive isolado no litoral e vem à cidade uma vez por semana para o dentista e está muito mais vigoroso do que antes, menos esteta florzinha, de voz mais alta, de barba grisalha – a aparência é muito melhor. Ainda assim, continua burro. E encontrei [Irmão] Antoninus, que sempre parece prestes a chorar, e fala apertando as mãos no saco em seu terno negro, de cabeça baixa olhando para o chão e gemendo. Gente esquisita. O clima aqui é exatamente como em Tânger. Céu azul e a baía. Vi Neal três vezes em SQ [San Quentin], ele está meio preso na dor de mártir de cinco anos até perpétua por três fininhos. E não existem pessoas para organizar sociedades pró-marijuana.

    Amor,
        Allen

---

1. Johnny Nicholson era um abastado dono de restaurantes e amigo de Kerouac.
2. A Avon havia pedido a Kerouac que editasse um volume de poesia contemporânea. Embora ele tenha trabalhado nele e o mencionado nas próximas cartas, o livro nunca foi publicado.

Gavin Arthur, professor de Neal na aula de religião aos sábados pela manhã em SQ, vai fazer meu horóscopo. Declamei "Caw Caw" na aula e todos os prisioneiros agora caminham pelas celas dizendo "Cara então uiva mesmo – Caw Caw". Semana que vem vou para Stanford tomar LSD 25.[3]

Jack Kerouac [Northport, Nova York] para Allen Ginsberg [São Francisco, Califórnia]

19 de maio de 1959

Caro Allen:
    Envie esta carta para Neal, não sei seu "número", e também, quando me responder, por favor envie o endereço completo de Neal. Leia a carta e depois a sele de novo. É só um bilhetinho. – Tem tanta correspondência no meu quarto que não consigo sentar. Você poderia perguntar se 5000 palavras a mais em "Old Angel" são suficientes? Elas estão escritas e prontas para enviar, e também a capa (tinta e pastel, esquisito). Mas aquele maldito [Irving] Rosenthal ainda não apanhou nossa versão final de Old Angel! E nunca me pagou o sinal de $50 como prometido! Qual É o endereço de Irving?
    Fiquei contente pela máquina de escrever. Agora Neal pode trabalhar. E é o que ele vai fazer. Nunca vi a resenha de *Sax* no *NY Post*, deve ter sido horrível, mas a *Time* mandou bem. A *Time* gosta de ser menosprezada, Dennis Murphy os esculhambou e eles retribuíram com uma bela resenha. Nós chegamos a enviar aquela carta furiosa para Lipscombe? Não vi a de Diana Trilling, mas ouvi muitas reações enojadas por todos os lados e mesmo na universidade Wesleyan onde por impulso fui acompanhar Gregory e me diverti muitíssimo, quase impossível de descrever em detalhes. Dancei de bermuda com garotas adolescentes, bem como um garoto (elas também estavam de bermuda)... A Wesleyan é dirigida, digo, liderada, os garotos são liderados por dois estranhos judeus russos com nomes falcatruas (Charley Smith e o cara que escreveu a introdução para o recital). Disse a eles que converteríamos Moscou, ou algo assim. Fui meio bobo. Mason H. [Hoffenberg] nos levou em um carrão até Persia New Haven. Autografei vinte *Saxes* e *Roads* e *Subterrâneos* etc. com todos os poemas esquisitos neles e desenhos de Gwegowy. Bati nas teclas do piano. Lutei com a equipe de luta na grama. Gregory foi a um piquenique com cem garotas enquanto eu dormia. Tivemos que saltar fora. O recital: a declamação de "Bomb" de G me fez chorar (em silêncio), li "Doc Benway" em meio a ruidosas gargalhadas, recitei exatamente como Bill. Também li as duas últimas páginas de *Vagabundos*. Recebi uma carta legal de Gary Snyderee. Está tudo bem. Vou-me embora para a Flórida. Daqui a umas seis semanas, não sei bem, acho que me encontrarei com Bill em NY. Com Whalen

---

3. Ginsberg foi voluntário em experimentos para estudar os efeitos do LSD no cérebro humano. Foi sua primeira exposição à droga.

também na cidade é melhor ficarmos frios, Gregory quase começou um tumulto racial no Seven Arts quando um negro o estapeou, fúria italiana fora de controle, Lucien e Cessa estavam lá. Nosso filme ([Robert] Frank) é o melhor filme que já vi. Os alemães o estão comprando. Acho que a cadeia TransLux também vai comprá-lo. Mas é tudo demais e agora estou com medo, precisamos sair de NY. O arco da Washington Square fica lotado com milhares de beatniks aos domingos. Gregory e eu e o cara de Persia e Stanley Gould caminhamos por ela para cima e para baixo curtindo tudo. Por que você não escreve um poema sobre a aventura no avião a jato para a antologia da Avon? Por favor diga a McClure e McLaine que recebi os manuscritos e que o pessoal da antologia da Avon é muito lento. Escreva um poema novo para mim, o que quer que você queira. Antonius [Brother Antoninus] parece interessante. Recitar em SQ [San Quentin] é um triunfo de sua alma profética, garoto. Você profetizou certo sobre *Sax* também, *Sax* ao invés de Mad Avenue e a Winking Wiking Pwess. Caw Caw. Você é o mais descolado de todos, garoto. Se Irving Layton ou sei lá seu nome, digo Lawrence Lipton soubesse quão descolado é ser descolado como você... ah, merda, aquele livro é horrível, todo ele sobre seus amigos barbudos descalços artistas desempregados que não escrevem mas só falam e se gabam e sempre pejorativo quando fala sobre nós que começamos tudo. *Holy Barbarians* é a primeira tentativa em larga escala do partido comunista de se infiltrar na geração beat, e, por favor, diga a quem quiser ouvir que eu disse isso, se você quiser. Não quero ter nada com os comunistas: peça para não mencionarem o meu nome. E eles conseguem até colocar os pobres e inocentes músicos de jazz em complicação, sua terrível complicação de ódio. Você e eu e Burroughs e Gregory acreditamos em Deus e DIGA ISSO A ELES, GRITE! (Burroughs disse em *Word*.) (Mas por que foi deletado do manuscrito original de *Word*, que eu tenho aqui?) – Deus é o que tudo é. Tudo é uma visão da mente de Deus que é uma Não Mente. Quando as pessoas estão mal é porque não sabem disso. E deus em sua misericórdia me deu o alcoolismo em vez da lepra. Recebi uma enorme carta furiosa de Lamantia no Méhico. E também uma enorme matéria de primeira página num jornal dinamarquês de Copenhague, com enormes fotos de mim, [James] Dean e [Norman] Mailer e tudo sobre você também dentro do jornal, em dinamarquês. Vi John Holmes, certo, fomos à abertura do terrível musical *Nervous Set* de Jay Landesman, a música era boa, a história era uma peça de classe-média sobre beatniks do lumpenproletariado. A condescendência escorria do palco. O beatnik era um tolo idiota. Jay ficou triste. Mas ele vai ganhar o dinheiro de volta de toda forma, a peça vai seguir por seis semanas. Por que ninguém produz a peça angelical que eu escrevi? Por que Hollywood não compra meu angelical *Road* se eles querem filmes beat? O que está acontecendo, Allen? Não é mais com o dinheiro que estou preocupado, mas com a perversão de nossos ensinamentos que começaram na ponte do Brooklyn anos atrás. Gregory e eu também esbarramos em Jay Laughlin, e em Richard Wilbur, e eu recebi os poemas de Samuel Greenberg para a antologia (do Sr. Laughlin). Não tive tempo de escrever para minha nova coluna. Não vou mais para NY, exceto

quando Bill estiver lá. Quebrei a perna. O dia todo ontem eu estava usando um chapéu que não estava na minha cabeça (conte isso para Creeley).
Tchau.
Não roube essa do chapéu. Quero para mim. Grook. Yak. Tagarelice de cozinha. Não é importante. Deixa disso. Além disso, logo vamos nos separar, vamos ficar velhos, morrer, e você nem vai estar no meu funeral... vamos lembrar de tudo em meio a lágrimas. Desculpe ter magoado você. Nossas vidas não são mais nossas. Então vamos para casa. Bem longe. Clima dourado. Não perca energia com o frenesi das mediocridades. O gênio é calmo. Whalen é um Gênio. Gênio de lagarta. Peter é um Santo. Então durma. Escreva um hino para mim.
Jack

Jack Kerouac [Northport, Nova York] para
Allen Ginsberg [São Francisco, Califórnia]

18 de junho de 1959

Oi Mike!

Caro Allen:
Recebi todos os seus poemas e também os outros, de Whalen etc. (inclusive seu lote recente com a carta de Burroughs em anexo) então está tudo pronto exceto que o tipo de louco que é editor na Avon segue me levando para bebedeiras que sempre terminam do mesmo modo com ele surtando e batendo na namorada, que chora no meu ombro etc. Continuo com a sensação de que a antologia nunca vai sair, ele vai cometer suicídio ou algo assim (louco Tom Payne)... Disse a ele várias vezes para se apressar em seu trabalho porque estou indo embora, mas ele não me ouve, então parece que vou ter que escrever meu comentário intercalado sobre as (agora) duas antologias (tenho material para tanto!) na Flórida, ou talvez até no México, uma vez que estou partindo de Northport em um mês... na verdade talvez consiga fazer tudo em cima da hora. Vou deixar a pilha atual com Sterling. Se esse cara surtar (e W. R. Hearst acabou de comprar a Avon Books!) e nada mais der certo eu vou ser acusado por todos os poetas de roubar seus manuscritos! Mas vou ter que devolvê-los pelo correio do meu próprio bolso. O problema com esses (como você diz) caras dos "negócios" (Payne é o cara que escreveu aquela carta sobre o desastre que seria publicar *Sax* nesse momento) é que eles não têm a sensação calma e serena de trabalho realizado que nós poetas "beatnik" temos, eles surtam e tudo se desfaz!! Eu terminaria essa antologia, teria as duas prontas em dois dias se ele me enviasse o lote dele, que eu agruparia com meus novos lotes, acrescentaria os comentários e mandaria para a impressão! – Bem, vamos ver.
Allen, a gravadora Hanover que fez meu disco com Steve Allen agora quer lhe dar $500 adiantados para fazer um álbum com eles, aqui em NY, e eles tam-

bém querem Gregory. Então aí está o dinheiro que você precisa! ESTE poderia ser seu último recital.

Sterling vai ser seu agente neste negócio de qualquer maneira, então escreva para ele e consiga todos os detalhes. Ele DEVE ser seu agente, caso contrário eles vão foder você com os direitos subsidiários depois, então fique com ele, ele tem sido justo e honesto comigo, e também está disposto a arranjar as coisas para Gregory. O cara que está atrás de você é Bob Thiele.

Tudo é demais, estou tentando fugir para minha alma silenciosa agora mas há tantas coisas pendentes, então abri mão de outra oferta para disco (ia gravá-lo amanhã) e até mesmo abri mão de artigos para a *Playboy* etc., estou com a mente exausta e espiritualmente desencorajado por toda essa merda de ter que fazer o que todos querem que eu faça em vez de levar minha velha vida privada de poesias e romancitos de antigamente.

Encontrei seu irmão Eugene no trem e disse que gostaria que ele fosse meu advogado na venda da casa, mas quando voltei para N'Port o corretor já tinha feito todos os arranjos com um advogado local e eu queria avisar Eugene, mas perdi o cartão e não tenho o endereço dele, então pode avisá-lo? Ele me enviou um postal mas o endereço está completamente ilegível.

Até mesmo Lucien me procurou ontem à noite para passarmos um fim de semana selvagem no campo, mas não vou poder, tenho que me concentrar na mudança e em escapar disso tudo. Lucien disse que eu havia me tornado estranhamente filosófico. Vi uma foto tirada de mim recentemente e pude ver com meus próprios olhos o que essa bosta de importância social está fazendo comigo: está me matando, e rápido. Tenho que fugir para não morrer, entende? Não posso ficar assim tão preso a nada, a NADA, neste momento. Então o que eu posso fazer, como um último ato, é pedir a Laughlin para que escreva a Neal e ofereça um trabalho a ele, certo? Não tenho nem mesmo energia espiritual para escrever o prefácio para *Visões de Cody* que Laughlin me pediu.

Com relação a Jacques Stern, se ele puder escrever prosa como a de *Os subterrâneos* e tiver imaginação para conceber um *Dr. Sax* e energia para escrever um *On the Road* e fervor espiritual para escrever um *Visões de Gerard*, vou acreditar no que Bill diz a respeito dele. Soa como se ele tivesse hipnotizado Bill, e também com todas aquelas drogas. Vai existir um grande escritor maior do que nós, estou certo disso, mas vai ser um garoto americano daqui a dez ou vinte anos, exatamente como depois de Melville e Whitman veio Twain. Não se desencoraje com essas conversas do Bill, ele parece estar com inveja. Estou meio cheio de ser insultado por todos e todos os críticos e agora até mesmo por Bill a quem tanto louvei e tanto elogiei na universidade wesleyana! Foda-se ele. Além disso nenhum Stern Jackes pode escrever "Bomb" como Gregory, ponho a mão no fogo por isso. Já viu a afirmação esquisita do Dr. W. C. Williams sobre Peter Orlov? – que temos muito a aprender com Petey? – naquela nova revista publicada pelo filho de Willard Maas? Alguém roubou meu exemplar. Revista do Wagner College.

Enquanto isso espero encontrá-lo, quando você voltar venha só com Peter para visitar a mãe dele e dê uma passada aqui, minha mãe não vai se importar e podemos nos despedir. Se não for tarde demais, vejo você na Índia ou no Céu...

Não é horrível isso tudo? Éramos maneiros, não éramos? E agora os jovem poetas nos ridicularizam? E dizem que agora somos apenas clássicos suaves? Sem nem mesmo ler *Sax* e *Kaddish*? Na verdade, gritando assim todos ao mesmo tempo, como poderiam ler? – Ho Ho! – Sei para que parte do céu azul. Vou para... Ho Ho estou feliz. Estou feliz de ser livre de novo... Ho Ho.

Cruseke, tolo ele, todos
Jean XXX

Allen Ginsberg [São Francisco, Califórnia] para Jack Kerouac [Northport, Nova York]

1º de julho de 1959 a/c City Lights

Caro Jack:

Estou passando os últimos dias antes de voltar num hotel ruim aqui em North Beach. Ainda estou lidando com a situação de Neal – infindáveis complicações, jornalistas com comentários maldosos e conexões políticas, advogados etc. Quando a coisa começar a andar, vou embora – daqui a uns dias. Laughlin escreveu uma breve e bela carta.

Sinto muito mas não vou conseguir vê-lo antes do dia 4 – a gravação na Fantasy foi lenta e então me deparei com esses dilemas do Cassady. Talvez eu visite você na Flórida com Burroughs. Obrigado por acertar o negócio com a Hanover, mas já assinei um contrato bom com a Fantasy e estava trabalhando na gravação. Eles também enviaram $150 para Gregory em Veneza, ele escreveu que está na cadeia. Você está certo de sumir na Flórida e dar um tempo. Todos os poetas aqui, Duncan (que é um bom poeta) e os ruins estão me estilhaçando psicologicamente com suas ambições insossas. Por falar nisso, John Wieners – ouvi ele declamar os poemas de seu *Hotel Wentley* – me fez chorar, são clássicos como "Behind my fathers cannery works" de Hart Crane – Você tem esse livro? Ele é um poeta verdadeiro, triste e maldito e caloroso. Digo, melhor que qualquer outro aqui exceto Chances.

Ah, Bill deve estar maluquinho com a droga agora, é só isso, e Stern o hipnotizou com elogios, pico e iates. E Stern é inteligente – eles devem estar em algum barato esquisito juntos. Bill provavelmente vai escrever cartas desiludidas do Mediterrâneo em breve. Sim, ele esqueceu o pacto da revolução da arte e o carinho sob pontes de dez anos. Mas ele nunca curtiu isso tanto quanto curte magias misteriosas com químicos e estranhas vitórias psíquicas. Então ele está bem no próprio nicho. Vi a revista de Wagner, é engraçada e muito atenta, mas me deprimiu, ninguém entende a piada. Por outro lado, Williams fala de Peter com um coração de ouro. Não sei por que o velho Inglês Anarquista [Sir Herbert] Read acha que somos niilistas, mas ele é mais simpático do que a maioria dos grandões.

Depois de um ano de burrice, finalmente entendi – Peter datilografa seu poema *com* erros de ortografia. São parte da beleza de sua alma, agora vejo. Eu sempre tentei deixar tudo bem limpinho e ajeitado. Até agora, veja o que já conseguimos em anexo. Há alguns outros mas ele datilografa tão devagar e eu só os estrago quando tento, embora eu tenha datilografado alguns.

De toda forma, vamos embora daqui em breve, e de carro, com algumas centenas de $ da Fantasy, e vamos ziguezaguear pelo oeste e caminhar de mãos dadas em cidadezinhas pequenas nos desertos e esquecer o mundo por um tempo, quero ainda ver o Grand Canyon. Vamos seguir pelas Yosemite Sierras e até o lado leste das montanhas e talvez em seguida sigamos pelo Death Valley.

Do meu poema do LSD – tire *fora* aquela pequena sessão de linhas "Deuses dançam em seus próprios corpos… Este é o fim do homem" – e coloque-as separadas como um pequeno poema. Não pertence às notas do LSD, acrescentei depois.

Deixe a ortografia de Peter do jeito que é, se por você estiver tudo bem – mas mude o que achar necessário, se preciso for.

Estou deprimido e de saco cheio da política literária – meu próprio defeito por ter me envolvido – OK, livre sobre o céu azul em breve. Flores,
Allen

Jack Kerouac [Northport, Nova York] para Allen Ginsberg [Nova York, Nova York]

6 de outubro de 1959

Allen:

Apesar do comentário de Truman Capote[4], ainda estou tentando olhar tudo que escrevi à mão, só agora (como você) estou datilografando *Orlando Blues*, escrito em 1957, e também muito ocupado. Organizar uma antologia não é tão difícil como você pensa, posso eu mesmo responder diretamente a [Marc] Schleifer[5], de fato estou fazendo isso agora mesmo, certo, posso fazer a coisa toda sozinho se você quiser. Pensei que você precisaria do dinheiro e TAMBÉM teria um olho melhor do que o meu para pegar as joias verdadeiras e os diamantes históricos… ou seja, mais oportunidade, andando pelo Village etc. Deixe-me claro o que você realmente sente sobre trabalhar ou não comigo na antologia da Avon. O segundo número já está bem arranjado com os ótimos poemas novos de Ed Dorn, sua história de "Buck", com a grande história de [Bob] Donlin, com as novas joias de [Herbert] Huncke que você mencionou (Huncke, tudo que ele tem que fazer é seguir escrevendo essas vinhetas joycescas e então teremos um LIVRO e o levaremos para Sterling) – (Peter também) – (você também). Contem

---
4. Capote rejeitara o trabalho de Kerouac dizendo "Isso não é escrever, é datilografar".
5. Marc Schleifer era o editor da revista *Kulchur*.

suas histórias, seus filhos da mãe preguiçosos, as pessoas pagam dinheiro por histórias e não só por poemas fáceis arrancados de sofás. Sim, nós podemos pedir que a Avon nos devolva o que não quisermos com enormes cartas diplomáticas por Preston ou Payne, bem fácil. De fato Schleifer já recuperou seu manuscrito e quer nos entregar de novo! Você não tem que visitar Payne e incomodá-lo, faça tudo pelo correio. Como disse, posso fazer tudo sozinho – vou começar a escrever comentários mais longos intercalando esse material também – a primeira ocasião é de curtas notas bêbadas – é Hora de ficar Durão, como a revista *Time* – ENTÃO SE DECIDA SOBRE A COEDIÇÃO.

Em que estação de rádio você quer apresentar *Mexico City Blues*, quando, que data? Vou para Hollywood de trem no dia 12 de novembro para um lance na 2G com Steve Allen, quero recitar prosa de ferrovia ou algo assim – ou algo de *Visões de Neal* sobre o oeste – o oeste dourado – e não vou embora de NY até essa ocasião, mas quero ir para o México depois disso. Recebi uma nota e um poema de Creeley, vou pedir a ele material para a segunda antologia.

A única forma de se desapegar de toda essa atividade literária é se mandar, ir para a Grécia se juntar ao Gregory e escrever poemas dourados sob as figueiras de Creta. Se você trabalhasse como seu pai segue trabalhando em Paterson você se acabaria numa mesa de escritório – viagem! Aqueles $100 que você gastou na semana passada já dariam meia passagem até a Grécia. Quando meu negócio com *On the Road* for fechado, se é que algum dia ele vai ser fechado, dou ou empresto o dinheiro para qualquer viagem que você queira. Vamos tentar fazer uma viagem com Lucien para as montanhas no próximo outubro, certo?

Big Table vendeu 7000 exemplares daquela revista, fez dinheiro suficiente para me pagar meus meros $50 por "Old Angel", mas ainda não pagou, ainda por cima tiveram a audácia de escrever cartas deselegantes para Sterling, que só está fazendo seu trabalho, e como se não bastasse me prendeu com meu negócio com Ferlinghetti, que bando de merdinhas ardilosos, pode socá-los no cu, e ainda por cima usaram MEU título. Comece uma revista você mesmo – para que ficar lidando com Paul Carroll[6] – que está louco não só para me malhar, mas também quer malhar os pobres McClure, Whalen e Lamantia, como uma megera – quem dá atenção a ele? O que ele fez para chamar sua atenção? – e o que há de tão bom sobre essa revista? LeRoi [Jones] está começando *Kulchur* e você tem *Yugen* e *Beatitude*, todas estas pequeninas vão um dia crescer e ficar grandes como a *Dials*.

Tudo bem para o mescal, vai estar aqui logo, mas esperando por você e Pete virem até aqui já que você disse que pegaria umas roupas e curtiria o porão... pensando bem, espere, eu mesmo vou e levo as roupas numa mala. Tudo misturado, de fato – o pessoal do cinema está vindo hoje à tarde, um telegrama bobo acabou de chegar, não consigo nem escrever cartas, boletins surgem por todos os lados.

[...] O vírus já se foi, só que agora estou com uma tosse ruim como a que tive, lembra, em janeiro de 1957 na casa dos Helen quando todos tossíamos por causa da

---

6. Paul Carroll foi um dos fundadores da revista *Big Table* em Chicago.

viagem de carro do México? Sim, lembro-me do Spencer... Não tenho o endereço do holandês – por que eu não faço isso na sua cozinha, num lençol branco? São legais essas coisas legais que você escreve sobre mim. Na próxima antologia vou tentar retribuir.

Acabei de escrever o sutra do dedo, no meu pátio, a outra noite, uma vagem. Bobo, acho. Estou meio entediado. Mando em anexo um seminário em que os beatniks lúmpen e delinquentes atiram o que sobrou da parte artística da América numa poça criminosa. Achei que você iria querer jogar uma bomba neles. Este é o bom trabalho de Alfred Zugsmith aparecendo, da mesma forma que ontem à noite fizeram uma paródia de mim na TV "Jack Crackerjack" eu salto (cabelo colado na testa) e começo a gritar "Eu vi as melhores mentes de minha geração destruídas por histeria nua... Matem pelo prazer de matar!" (Louis Nye era o ator) ugh.

Jack

Allen Ginsberg [Nova York, Nova York] para Jack Kerouac [n.d., Northport, Nova York?]

16 de outubro de 1959

Outubro de 1959

Caro Jack:
Recebi sua carta, eu tinha enviado uma ontem respondendo algumas questões, sim, estou trabalhando, e olhei o material da Avon como eu disse e não incomodei Payne – de toda forma ele me pediu para ir lá independente de qualquer material para sugerir alguns outros livros para ele (poemas reunidos de Melville, Dickinson, Lindsay etc.).

Enviei aquele item de volta para Schleifer como havia dito que faria. A revista *Kulchur* será editada por ele – ele quer fazer uma espécie de revista de sátira que será em sua maior parte sociologia de *Village Voice* ao estilo daquela parada Mickey Mouse que ele faz, esse é o lance dele, não vai ser uma revista literária a não ser que alguém lhe envie poemas, o que eu me disponho a fazer.

Sim, estou feliz por trabalhar na antologia da Avon, mas preciso terminar alguns projetinhos menores. Tudo que teremos que fazer é passar um dia montando tudo.

Não quero contar minha história, poemas fáceis são o suficiente, não gosto de trabalhar, a vida é curta demais. Trabalhei demais na Bickfords,[7] me recuso a escrever prosa até que ela venha sem esforço como um sonho e como poesia.

Boa coisa sermos mais durões no livro da Avon, sim, sejamos sérios.

Faça uma boa viagem até o oeste de trem – tente parar e ver o Grand Canyon. Vou assistir você na TV. Vou fazer uma fita com Casper Citron [na] WBAI na próxima segunda pela manhã, não sei quando vai ao ar.

---

7. Bickford's era uma cantina na Times Square onde Ginsberg lavava pratos e onde muitos de seus amigos se encontravam.

Lucien vai entrar em contato com você sobre as montanhas.

Entendo que as contas da gráfica para a *BT* [*Big Table*] I & II estão sendo pagas agora, mas não sobrou dinheiro para dar para a gráfica para o próximo número, é por isso que eles estão com problemas financeiros. Eles só não têm dinheiro suficiente para financiar a viagem dos poetas de SF, não os estavam menosprezando. De fato Podell, o diretor, conseguiu que a *Playboy* financiasse a viagem para uma filmagem de TV, então a *BT* vai patrocinar um recital para dividir os lucros e ajudar a levantar dinheiro para o próximo número. Paul Carroll perdeu o trabalho na Loyola por causa do escândalo de envolver-se com a *BT* e ele mesmo está falido e pagando pela revista de seu próprio bolso, mas agora não tem trabalho. Eles não estão impedindo o negócio com Ferlinghetti, ele não é má pessoa, o próprio Ferl quer esperar até que o correio dê ok para "Midnight"; a questão da venda da *Big Table I* é algo que ele considera, mas não a questão principal. A *Big Table* não faria objeção a Ferl ir em frente com o negócio, acho que não. Se você quiser que Ferlinghetti o publique agora, escreva para ele e diga o que você quer, mesmo que ele não tenha autorização do correio. Isso não é um grande problema, e se você realmente quiser o livro publicado logo, tenho certeza de que ele concordaria.

O que quero dizer é que me recuso a ficar bravo e sair falando mal de Carroll, que não é ninguém com relação a tudo isso, e é uma megera mediana, mas que está trabalhando dentro de suas limitações o melhor que pode e não é uma perda total. Em todo caso, me recuso a ficar bravo com qualquer coisa agora porque a beleza é o grande assassino. Eu gostaria de ver a *BT* não acabar já que investi tempo e esforço nela, foi a primeira a publicar Burroughs e Carroll ainda está brigando nos tribunais por causa disso, ela imprimiu pela primeira vez "Old Angel Midnight" que o pessoal de Harvard recusou, e é muito trabalho começar uma revista nova, além do que já temos uma com a Avon, mas não uma Revistinha na qual pode haver crítica e resenhas de livros de *Gasolines* e *Mexcity Blues*, e *Kaddishes*, e a *Kulchur* não vai lidar com Poesia, e a *Yugen* é só Poesia, e a *Beatitude* é agora dirigida pela Missão de Pão e Vinho de SF, mas é em parte apenas para publicar poesia adolescente da área de North Beach, e deve ser só para isso mesmo. Não que a *BT* seja *tão* necessária assim. Mas a *Evergreen* já foi para a tigela dos franceses. Então enquanto eu estiver de pé não quero desencorajar a ideia mais do que o próprio Carroll já a desencorajou, e talvez até mesmo me dedique a ajudá-lo a fazê-la funcionar bem de novo. Enquanto isso no próximo número ele vai ter poemas de Peter, "Laugh Gas", uma prosa de Selby, um artigo de Creeley sobre a prosódia de Olson etc. então talvez não esteja totalmente morta.

De fato enviei a Carroll aquele ensaio que fiz sobre a sua prosa, vão conseguir publicá-lo mais rápido do que Al Leslie. Não há necessidade de ficar bravo com ele – mas preciso dizer que Carroll consegue incomodar mais pessoas mais rápido do que eu poderia imaginar – até Irving [Rosenthal] desistiu de escrever para ele, se sentiu insultado. Que bagunça – digo, é uma grande comédia de Buster Keaton, não é tão séria como Oatmeal. É só muita merda, nada para se levar a sério. Carroll enlouqueceu temporariamente (talvez permanentemente) porque ele sempre teve dinheiro, e bons trabalhos, e agora está endividado e envolvido com as questões da vida e está histérico. Talvez se recupere.

Fui para Paterson semana passada e sentei para conversar com Tio Abe. Vou enviar um comunicado para o seminário.

OK – Como sempre
Allen

Quando você vai se apresentar? Não responda com uma carta grande a não ser que você esteja muito incomodado com tudo mais. Vejo você em breve na cidade. Tudo está bem por aqui, novo postal de Gregory com Charreteiros Gregos. Ano que vem vou para a Índia, assim vou ter bastante tempo para ficar isolado.

A imagem pública geral dos beatniks foi construída a partir de filmes, da *Time*, da TV, do *Daily News*, do *Post* etc. para os descolados é falso, e para as massas é malévolo e entre os intelectuais liberais uma bagunça – mas o que é bom de um jeito meio esquisito, pelo que entendo, é que ainda somos tão puramente obscuro para os filisteus que é inevitável sermos malcompreendidos – desde quando uma nação inteira percebe a ilusão da vida em um só ano? E já que acabamos sendo os defensores da camaradagem e do satori, como poderíamos esperar ser compreendidos em massa nos mundos da guerra? A zombaria é um elogio inevitável. Veja só o que aconteceu com o pobre Cristo, foi crucificado.

[...]
Amor,
Allen

Jack Kerouac [Northport, Nova York] para Allen Ginsberg [Nova York, Nova York]

2 de novembro de 1959

Allen:

Aqui está o cheque de Herbert [Huncke]. Ele pediu por $25 ao telefone, mas é demais, não sou Frank Sinatra. Eu ficaria feliz se ele me pagasse de volta quando a *Playboy* aceitar a história dele. Envie "Hermaphrodite", eles não vão aceitar "A Sea Voyage" por causa das cenas de veadagem. A "Sea Voyage" de Huncke mostra que ele é um escritor perfeito. (Também envie "Cuba" para a *Playboy*).

Anfetamina foi a causa do surto de Lois [Sorrells] e do meu próprio quando cheguei em casa, exausto e à beira da loucura. Então estou feliz por não tê-la trazido para cá. Que ninguém use esse troço.

Quando cheguei em casa havia trinta cartas e telegramas, cada um deles pedindo alguma coisa com urgência. Agora vejo claramente que preciso largar a cena de vez. Não quero ver nem falar com ninguém, quero voltar para minha própria mente. É assassinato puro e simples.

    Um deles era um telegrama de William Morris exigindo que eu fizesse um recital no congresso monstro de poesia. Você morreria ao ver a lista. Exigências de prosa e poesia grátis, para que eu ligue imediatamente, para que eu vá a recepções e festas de Halloween, para que eu escreva publicidade para o filme da MGM de *Os subterrâneos*, para que eu responda questões literárias obscuras na Inglaterra, para que eu apareça em público, para que escreva colunas que nunca tive ideia de escrever, para que envie livros para todas as partes do mundo, para que eu eu eu em um único corpo trêmulo... então estou me desligando. Depois do show de [Steve] Allen em Hollywood planejo ir para o México e não volto até o meu aniversário no dia 12 de março. Mande meu amor para Huncke, Petey, Lucien. Isto é horrível. Estou FORA. Não há nada pessoal. Sinto que agora preciso do Caminho de Gary. Por um tempo, por um longo tempo. É sério isso. Estou louco. Não há esperança. Eugene Burdick estava certo quando disse "espectadores pasmos cercando a visão beat em multidões a sufocaram." Sei que você se diverte passando manhãs inteiras respondendo cartas, mas o meu trabalho de prosa exige mais energia. Tenho a última parte de Tristessa toda pensada para sentar e escrever a história de Lucien e se ele mudar de ideia eu escondo tudo direitinho. Há um sonho de cadeias de montanhas frias num dia cinza com nuvens que abrem uma janela silenciosa. Cidades e poetas são repetitivos. É hora de o mundo mudar. Ninguém acredita na iluminação, ou seja, na tranquilidade gentil, no silêncio gentil. Sei que você e Petey estão se esforçando muito sem telefone etc. mas se mandem para aquela finca. De todo modo, amor como sempre e nos vemos.
    Jack

    Não sou um Messias, sou um artista.

Allen Ginsberg [Nova York, Nova York] para Jack Kerouac [n.d., Northport, Nova York?]

5 de novembro de 1959

    Sim, estou feliz por você ter largado a anfetamina – eu só a consigo usar raramente, para escrever, por um dia – depois abandono por seis meses. Não dá para usar seguido.

    A decisão de se mandar é boa. A situação é desequilibrada, são muitos com muitas coisas a fazer, isso elimina a realidade da mente. Passe para mim ou para Sterling o que você acha que precisa ser feito – faça ele cuidar de *todos* os pedidos, não vou mais enviar nenhum para você – nenhum pedido literário – mas deixe organizado com ele e não se preocupe muito com dinheiro, diria eu. Se você quiser largar os problemas da antologia, isso também pode ser feito, passe para mim e eu arranjo tudo com Payne, compilo a segunda e me disponho a acrescentar algum

Burroughs e mais Huncke à primeira. Então essa responsabilidade você não precisaria mais ter. Mantenha seu nome como editor do segundo livro, se você acha isso vantajoso sob alguma perspectiva. Talvez pare também de escrever os comentários, deixe que Lord escolha da pilha de manuscritos que ele já tem, não há necessidade de gastar seu tempo com esse trabalho de secretária, e na verdade trabalho de agente. Ele tem datilógrafos por lá. Bom, de qualquer modo divirta-se, vou sentir sua falta.

Fui até a casa de Lucien noite passada, ele conversou bastante comigo depois que ligou para você – furioso comigo por ficar em volta, batendo palmas e me deleitando em ouvi-lo dizer para você escrever sobre ele se necessário. Na verdade ele não quer que você escreva, sério, e sou eu o culpado por incitar você esse tempo todo. Ele me assustou. Encontrei nele algo que ainda não tinha sentido, ou percebido, aparentemente ele está mal desde aquela noite de bebedeira, comendo muito pouco, tendo pesadelos – meio fora de foco por causa dessa situação. Ele me passou algo de seu horror e medo. É mais do que posso aguentar, e sinto muito por ter me intrometido, Lucien acha que eu tentei prejudicá-lo e me fez sentir assim. Disse que falou com você no telefone e que você não ia escrever, isso é bom. Porque realmente o deixa muito incomodado, e parece uma questão de vida ou morte para ele. Ele perdeu muito peso de uma hora para outra e parece mudado, nu, ou estou louco, ou as duas coisas, me assusta. Ele nos ama, e tentei retribuir da melhor forma possível. (E aqui me dobro a seus desejos e sentimentos).

Acho que não vou vê-lo antes de março. Vou estar por aqui até lá, e então se eu for até o Chile vou parar na Cidade do México para ver você, se você me disser onde vai ficar. Escreva se puder, mande postais, se não puder não tem problema, eu vou estar bem. Silêncio para mim, se acontecer, vai ser mais tarde na Índia – McClure e Whalen chegam aqui neste fim de semana, vou tomar conta deles, de fato não me incomoda – não é muita pressão sobre mim, e *Kaddish* vai estar pronto em breve. Mas fiquei perturbado com Lucien noite passada, chateado mesmo.

Avise-me o que fazer com a Avon, ou talvez o melhor seja mesmo só deixar de lado, você é quem sabe, é o seu querubim.

Peter está datilografando poemas e Huncke está na cama com hemorroidas, mande um oi pro silêncio.

Amor, Como sempre
Allen

Jack Kerouac [Northport, Nova York] para Allen Ginsberg [Nova York, Nova York]

24 de dezembro de 1959

Cher Alain:

Acabei de concluir uma disputa amigável com relação a *Tristessa* e vou vê-lo publicado do jeito que está (sem acréscimos) exatamente como Lucien e Cessa disseram que devia ser.

A sedução, afinal de contas, não torna um livro sexy, nem um ditirambos.

É um livro tão curto que eu mesmo fito o espaço assombrado pelas poucas palavras que ela falou (você nunca leu a coisa toda atada com o segundo ano de escrita, então você não sabe o que eu quero dizer com isso).

Estou ouvindo a *Paixão de São Mateus* enquanto escrevo a carta, me maravilhando com o bom gosto que você já tinha quando cheguei à sua cabana na noite ocidental em outubro de 1955. Eu havia chegado do México e não tinha ninguém em casa, então toquei seu São Mateus e esperei por você chapado de bolinha, lembra?

Bem, recebi uma carta da garota da Grove Press perguntando o que eu planejara fazer no Chile, eu NUNCA recebi nenhum convite para ir para o Chile, você interceptou meu convite para que Peter o usasse? Se foi isso mesmo as suas maquinações não valeram de nada, porque eu não queria ir mesmo... estou feliz no meu sótão com o morcego. A única explicação que posso dar para isso é que você mordeu o lábio, mexeu na barba e pegou o convite para dar para Peter, o que por mim está bem. Quem quer ir para o sul do norte? Mas me escreva de lá e descubra por que não fui convidado, sou muito grosso? Grosso demais para ser um Mahatma? Eu, que só beberico um pouco?

O drama não vai a lugar algum sem poesia (veja a Broadway) e a poesia não vai a lugar algum sem o drama... é por isso que escrevo o que você chama de PROSA, romances, entende? Meu modelo é Shakespeare. Por essa razão aconselho a você que agora faça um enorme poema dramático Miltonesco como seu próximo lifro. Lirvo, quero dizer. Imagino você ficando todo apreensivo nas tragédias de uma grande cidade shakespeariana moderna, com linhas curtas, longas, prosódia, elipses etc. entende? Cheguei a essa conclusão olhando minha poesia e meus "romances", estes últimos que têm as melhores linhas.

Karl Paetel[8] está causando problemas para Sterling [Lord]. O que ele é, um alemão falsário? Um sinistro cobrador burroughsiano? Um bizarro espreitador? Sterling só pede que agora para cada nova antologia eu ganhe um pagamento "premium" porque sem meu nome nada iria adiante... é só isso. Reuni-me com Sterling porque tive uma longa conversa com Albert Saijo, que me lembrou de que "o dinheiro é poético" (v. Balzac, Shakespeare etc.) e não devia ser menosprezado por si só. De fato, pretendo ter um milhão de dólares quando estiver com sessenta anos, e vou doar tudo e sair de mochila, grisalho, pelas estradas da América, todos vão ficar muito surpresos. Imagine se, tipo, Hemingway fizesse isso amanhã. Nenhum policial o prenderia. Todos o ouviriam. É por isso que Buda nasceu um REI, um Maharaja. O único problema é que não tenho mensagem nenhuma para dar.

Bem, docinho, de todo modo, vejo você no réveillon na casa de Lucien ou na órbita de Lucien, eu e Lucien nunca perdemos um réveillon.

Espero que Peter tenha esgotado seus doldrums. Vi Laff na rua, à noite, de olho em tudo, parece feliz. Todo mundo seria feliz com toda aquela sorte de isolamento.

Vou pegar uma cópia do meu novo disco quando for a NY, eu e você vamos

---

8. Karl Paetel foi o editor de *Beat, Eine Anthologie*.

quem sabe juntos até a Gravadora Hannover na Rua 57 para apanhar uns quatro ou cinco. Grátis. O pagamento por *Tristessa* vai ser 7500 dólares e vai tudo direto pro banco. Não vou começar a gastar até acumular uns 50.000 – digo, em supérfluos. Ainda sou franco-canadense e esperto. Nunca retiro dinheiro do banco a não ser que eu coloque MAIS dinheiro lá. Dessa forma sempre consigo passar um cheque sem hesitação. Nada a ver com as ideias americanas. Recebi um cartão de Natal de Neal.

 Só estou escrevendo isso para desejar a você um grande feliz feriado de boas-vindas.
   Escrevendo, enfim
   Mande-me uma notinha
    Ton Jean, Jean Louis

Allen Ginsberg [Nova York, Nova York] para Jack Kerouac [n.d., Northport, Nova York?]

29 de dezembro de 1959

Ano-Novo

Caro Jack:
 Lafcadio da lua chegou aqui noite passada com Peter, estranho. Ele e Peter estão agora assistindo Chaplin e Harold Lloyd no museu. Tenho estado adoentado, passei os quatro dias do Natal em Paterson no sofá enrolado em cobertores ouvindo o *Messias* até tarde da noite no escuro, com todo mundo dormindo, saindo do meu corpo junto com a música, algum tipo de Ioga Judaica. Estou lendo sobre místicos judeus medievais e Isaac o Cego, que disse que o Sem Nome era "aquilo que não é concebível pelo pensamento" como se ele tivesse lido o Diamante em Toledo. Há uma velha fórmula cabalística explicando em 1300 que "Deus ele mesmo, enquanto ser absoluto, e assim por sua própria natureza incapaz de se tornar o objeto de uma revelação para outros, e seu sentido não está e não pode estar nos documentos da Revelação, nos escritos canônicos da Bíblia e na tradição rabínica. Ele não é o objeto desses escritos e portanto também não tem nome documentado, uma vez que cada palavra de escrita sagrada se refere afinal de contas a algum aspecto de Sua Manifestação do lado da criação", e não a seu estado perfeito como Nada. De fato todos os rabinos sempre falam sobre as meditações como sendo tentativas de "fazer Algo se tornar Nada", e estão sempre fazendo grandes doutrinas sobre "o Nada" e rezando para ele.

 De toda forma estou lendo sobre a Cabala e Zohar e os Gnósticos, sempre fui curioso e nunca encontrei o livro certo sobre eles até esses últimos tempos. Como o Zen, no fundo.

 Não, nunca recebi uma passagem para Peter. Por falar nisso, nem recebi a minha própria passagem ainda, só um convite. Pensei que você seria convidado porque Ferlinghetti me disse. Talvez você não seja. A razão pela qual fui convidado é porque um professor chileno em Berkeley roubou *Uivo* e o traduziu numa edição pirata no Chile, e agora quer compensar o fato de não ter me avisado e me pagar de algum modo com o convite.

Sim, a poesia não vai a lugar algum sem o drama, volte você a escrever dramalhões que eu vou fazer a mesma coisa. *Kaddish* é na verdade uma história de quarenta páginas, uma narrativa. Só que eu nunca sei o que estou escrevendo e não tenho a força de um romancista para sentar e continuar numa única coisa por mais de trinta horas por vez – não consigo voltar de onde parei. Na verdade nunca tentei. Talvez com bolinhas eu fosse capaz de fazê-lo. Toma muita energia corporal continuar, sem parar, na mesma sequência por várias sessões. Nunca fui capaz desse truque, da mesma forma que nunca fiz um mestrado.

Paetel não é um bizarro espreitador, acho, nunca achei que fosse, de fato ele é um bibliógrafo erudito, o único que tem paciência de fazer uma bibliografia erudita. Não sei nada sobre os negócios dele e não me importo. Deixe isso com os agentes. Sim, no seu caso o dinheiro é poético. POR QUE NÃO? Na verdade pense em Shaw, o louco mentalista socialista capitalista.

Quando eu sair do apartamento (estou tomando antibióticos) vou ligar para Lucien e me inteirar sobre o Ano-Novo, telefonei para ele de Paterson para dizer Feliz Natal na véspera e disse a ele para ligar para você e repassar meus votos. Peter está feliz com Lafcadio aqui. Era por isso que ele estava esperando.

50.000 não é muito dinheiro, 100.000 faz mais sentido – invista em algo estável e viva de renda.

Recebi um cheque de $500 de Ferlinghetti e paguei minhas contas de anos atrás – $60 para [Bob] Merims, $50 para Al Leslie, $203.11 para Colúmbia, $17 do dentista, $5 do médico e $100 para o departamento de estado para recuperar o passaporte de Peter. Agora estou zerado, mas não devo nada a ninguém. É uma sensação esquisita. Os fodidos da Colúmbia estavam processando meu irmão pelo dinheiro – algum anônimo pagou $100 para reduzir a dívida – e Barzun me escreveu que não seria capaz de fazer o comitê de finanças perdoar minha dívida em troca do grande recital que fiz por lá. São realmente malévolos. Escrevi para eles uma louca carta de três páginas de ACUSAÇÃO exigindo que parem de ensinar minha poesia em Colúmbia – daí a rasguei e paguei os $200 que faltavam, disse tchau para eles e agora o assunto está esquecido para sempre e não tenho que me preocupar com isso.

[Ray] Bremser ainda está na cadeia e é possível que continue por lá durante mais um ano. Parece que o pároco em Bordentown o ouviu no rádio falando contra as prisões e as leis da maconha, o delatou e agora a burocracia o pegou pela boca. Ele foi acusado de "associação com pessoas indesejáveis" entre outras coisas. Ou seja, eu. As instituições e academias realmente não têm coração. Se alguém fizer uma revolução, não quero participar, mas não vou me importar nem um pouco.

O cartão de Natal que Neal me mandou dizia "Ajoelhe-se!" e nada mais, só isso de assinatura.

Terminei de datilografar as notas de Laughgas – agora o poema está pronto e é composto de onze páginas engraçadas.
[...]
    Allen

Vejo você essa noite.

1960

Jack Kerouac [Northport, Nova York] para
Allen Ginsberg [Nova York, Nova York]

4 de janeiro de 1960

Caro Allen:

Recebi sua carta, que coloquei na minha nova pasta de CARTAS INTERESSANTES. Tenho uma pasta de CARTAS DE FÃS, e um ARQUIVO DA NATA, e uma pasta de ANTOLOGIA BEAT, e é uma boa organização de trabalho.

Não que aquela sua carta não fosse do arquivo da nata, mas seu novo poema que é muito bom e vai ser publicado, esse sim foi para lá.

Mando em anexo $40 para cobrir os custos com o táxi, com outros táxis, com as garrafas e com parte das contas do restaurante chinês.

Recebi uma carta de Lew Welch, um cartão engraçado de John Montgomery, que na verdade é um chato porque quer que eu envie discos e livros para ele e critica *Mexico City Blues* (diz que é "material inferior").

Vou estar em casa em segurança por milhares de anos.

Quero escrever. Não quero escrever cartas (recebi uma carta enorme de um cara meio Brierly dizendo que Neal não é tão fantástico como Jerry que roubou casas e se elegeu presidente de uma turma do ensino médio e por que não escrevo sobre ELE em vez de escrever sobre Neal) (isso não é horrível?) (Neal que leu *As Vidas dos Santos* nunca roubou nada PESSOAL de gente pobre).

Então vou ficar em casa por 1000 anos e escrever *Beat Traveler* bem rápido (tão logo Don Allen se encarregue de minhas necessidades) (que não são exigências absurdas) e um livro mais lento sobre algo, talvez a visão de Harpo Marx... Eu e Harpo e W.C. Fields e Bela Lugosi indo de carona juntos para a China.

Nota, envie-me uma notinha antes de ir para o Chile.

Ou não... ou do Chile...

[...]

Jack

Nota dos editores: *Em janeiro de 1960, Ginsberg e Ferlinghetti foram para o Chile participar de uma conferência de escritores. Allen decidiu permanecer na América do Sul e ficou por lá durante seis meses, em regiões remotas, buscando o yage, o cipó alucinógeno que Burroughs havia descrito dez anos antes.*

Jack Kerouac [Northport, Nova York] para
Allen Ginsberg [Paterson, Nova Jersey]

20 de junho de 1960

Caro Allen:

Peter me enviou suas notas do éter, numerei as páginas antes que se embaralhassem e até prendi um clipe nelas, mas se você quiser que eu as datilografe para você posso fazer isso, e provavelmente vou fazer mesmo, já que gostaria de ler a coisa inteira e depressa. Um fantástico e longo poema novo de sua autoria. Ainda não o estudei na verdade, estou respondendo a carta primeiro – Mas me surpreendeu mesmo que quando você estava bem chapado de éter e ouviu os sinos ("O som do sino saindo do sino," disse Bashô num haiku) pensou em mim, como pensei em você no teto de mescalina outono passado. Sob o efeito da mescalina fiquei tão chapado que vi todas as nossas ideias sobre uma nova trupe "beatífica" de pessoas cosmopolitas, e sobre a verdade instantânea como sendo a verdade definitiva etc. etc. Vi todas elas como perfeitamente corretas e profetizadas, como jamais as tinha visto bêbado ou sóbrio. Como um anjo olhando para sua vida pregressa vê cada momento perfeitamente encaixado no outro e cada um com um sentido florescente. Seu "universo é uma nova flor" é uma afirmação perfeita desse tipo, como se realmente pensada "alta", em altitudidade. Mas não estou mais fazendo nenhum esforço (como você) para ficar realmente chapado e escrever visões, parece que vou ter que esperar agora, estou na verdade um pouco exausto de todos esses Angel Midnights dos últimos anos em que me expressei completamente. Mas o que realmente preciso fazer é sair por aí sozinho pela primeira vez desde *On the Road* em 1957, por isso vou fazer uma viagem secreta neste verão e vou morar sozinho num quarto e caminhar e acender velas, na Cidade do México, provavelmente, onde ninguém vai me conhecer nem me ver. Tenho que tirar umas férias para redescobrir meu coração, sabe – estas minhas amizades incontáveis são demais. Veja só o que aconteceu nesta mesma semana por exemplo: Jack Micheline me escreve uma enorme carta maluca toda manchada de lágrimas enviada de Chicago em que finalmente me pede dez dólares – Gregory escreve "Venha para Veneza imediatamente! O dinheiro é meu amigo!" (quando disse a ele que poderia ser enviado para lá pela *Holiday* para um artigo) – Charley Mills e Grahame Cournoyer me ligam insistentemente do Village pedindo dinheiro e já mudei meu número – minha irmã quer mil emprestados para a casa dela – (antes mesmo de ter a casa) – Lew Welch insinua que precisa de cem para seu jipe. Você me convida para voar para o Peru, Gary [Snyder] para o Japão, [Alan] Ansen para a Grécia, [John] Montgomery para o Mill Valley para, imagine só, morar com ele, a antiga escola de Horace Mann convida para uma reunião, as galerias de arte me chamam para exposições para que eu compre arte etc. etc. Não coloquei você ali porque você está na categoria do batalhão dos que pedem dinheiro (veja, se eu concordasse com todos esses pedidos, e mais uns outros, eu não teria mais dinheiro! Sempre me perguntei por que os "ricos" eram "pães-duros" como Jay Laughlin ou o velho

Bill de 1945 e agora vejo que é porque, NÃO é porque eles são pães-duros, mas porque são poucos diante das exigências de dinheiro (e se entristecem com elas também). Enfim, como posso entrar em contato com o Sem Nome por me deixar aberto para tudo isso? Preciso ir embora e ficar sozinho e quieto, como Deus, por um tempo, de novo. Para voltar com algo para escrever. Não que eu não tenha escrito o suficiente e deus estou de saco cheio de poesia e literatura. Talvez todo mundo esteja e é por isso que estão começando uma guerra. Bem ainda não mostrei a você minhas anotações da mescalina do outono passado. Vou fazer isso quando você voltar – São bem semelhantes ao éter. Quando usei éter com Jordan Belson em 1955 não estávamos sozinhos para deitar e pensar e ouvir sinos e escrever, mas conversamos e fomos a um filme do Chaplin. Só vi Peter uma ou duas vezes desde que você se foi, o mesmo com Laff, e Huncke, o jantar chinês de sempre. Laff disse a Lois [Sorrells] que ele era um belo garotinho cuspido de um vulcão com uma arma – (citação) – disse a ela para anotar tudo que ele disse, ele fala muito com ela enquanto caminham de braços dados até Chinatown atrás de mim e Petey e Hunk. Mas principalmente sento sob as estrelas e percebo que o mesmo velho samsara gosmento ainda assim segue vazio. Sinto-me como se estivesse indo para o Paraíso nesse exato instante, para dizer a verdade. Mas eu poderia realmente escrever um livro selvagem e louco para nocautear a todos – inclusive a mim mesmo. A antologia de Don Allen era boa. Quanto às nossas próprias antologias, acho que Tom Payne vai ser demitido e vai trabalhar na editora Bantam e vai editar meus futuros romances – *Tristessa* sai essa semana – nem uma palavra alterada. Boa resenha por aquele Dan Talbot da cobertura da West End Avenue, lembra disso? Em 1957, a noite das duas garotas israelenses, com Sterling – Onde ele diz que as pessoas que afirmam a "imensa sinceridade" da geração beat como sendo fajuta estão errados. De todo modo estou entediado com tudo isso de novo, a história atual inteira do mundo espalha rumores no horizonte mas estou assistindo a liberdade da eternidade no céu estrelado e me perguntando por que os sonhos da vida e da história parecem tão reais e então me lembro de velhos sonhos (sonhos ao dormir) de quando uma árvore era tida por real, um agressor era tido como real, de fato, ah sim, Ferling vai publicar *Livro dos sonhos* com todos os meus fantásticos sonhos NOVOS no final, incluindo os Cavalos Voadores que vi e um fantástico sonho final sobre merda – O que vai ser: para este ano: *Golden Eternity* publicado por LeRoi [Jones]: *Tristessa*, publicado pela Avon; *Viajante solitário*, publicado pela McGraw-Hill (agrupei 250 páginas de material para revistas incluindo nossa vida noturna beatnik em Nova York e os vagabundos mendigos de Gregory, e a tourada e a estátua de Cristo e todas as coisas novas sobre Henri Cru, o México, ferrovia (toda ferrovia terra e novos capítulos) e coisas sobre montanhas, Tânger etc. não é um livro ruim e deve ficar na lista de não ficção) – agora tenho 18 mil no banco e não vou tocar nesse dinheiro – quatro mil separados para os gastos – o fisco comeu 16 mil ano passado – (pagos neste ano) – não é muito se comparado com o Senador Herbert Lehman e sua doação de meio milhão de dólares para o zoológico semana passada.

Mas minha mãe está cuidando de meu dinheiro, de minha saúde, e Lois vem foder e chupar, Tom Payne (recém-casado) vem com a nova esposa milionária para beber. Tem uma cabine em Vermont onde posso ir morar em breve. Acho que vou só me esquivar incógnito para o México (não conte para ninguém, especialmente para Lamantia!) e conseguir minhas visões.

Se por acaso você passar pelo México no fim de julho ou em agosto devido a seu itinerário, me avise, vou ter um bom apartamento com flores na janela e você pode ficar por uma semana ou duas. É isso, se é que vou mesmo. Entenda, essa é minha vida agora, nunca mais vou a lugar algum ou faço qualquer coisa. Minha última visita a Nova York foi horrível, um mês atrás, não voltei – tive pesadelos, vi fantasmas – Bill Heine me assustou, Charley Mill me assustou, um corpulento trapista maluco seguia tentando me fazer beijar uma relíquia encrustada de rubis (mas ele tocou Bach para mim por duas horas). Todos sorriam para mim até mesmo Ornette Coleman, e eu estava vestindo um jeans azul que Lucien havia rasgado, e também estava com cuecas rasgadas bem em frente a Cessa na casa e nem lembrava disso no dia seguinte. Há também muita conversa sobre vodu no Village hoje em dia, e isso me assusta. As pessoas estão alfinetando bonecos. A polícia acabou de fechar o [Café] Gaslight e alguns outros lugares com a desculpa de que seriam "ameaças de incêndio". Henri Cru está agora mesmo voltando de Gênova para me ver e vai me contar tudo sobre Fernanda Pivano, do encontro que arranjei para ele com ela e isso tudo poderia consumir mil horas em visões solitárias, entende? E lembre-se, lembre que minha preguiça introspectiva não é como sua enorme energia social. Ah sim, disseram no *Times* que eu era um discípulo de John Holmes e de [Anatole] Broyard e de [Chandler] Brossard em 1952 (esquecendo dos capítulos descolados de *Cidade pequena, cidade grande*, já em 1950) e então Holmes bebe e me escreve enormes cartas sentimentais sobre meu sorriso de criança e sobre "o Allenzinho" – Será que ele está louco? Acho que Holmes está ficando louco – Micheline ele já esqueceu. Estou mandando a carta que ele repassou a você sobre uma de suas visões malucas de blocos de madeira esculpidos (você lembra, aqueles blocos que vimos com Gilmore em 1945 e que mostravam "o jovem poeta em Nova York"?) a visão sentimental da "juventude" de camisa branca entre torres escuras – isto é Micheline, sua visão – digo, querido, diretamente de Marc Brandel.

Não tive notícias de Burroughs mas fiquei contente por ele ter mencionado que fui eu que dei o título *Naked Lunch* (lembra, foi você, lendo o manuscrito, que leu errado "naked lust" e fui eu que percebi o que estava escrito) (uma notinha interessante de história literária). James Wechsler publicou seu livro *Reflections of an Angry Middle-aged Editor* onde ele me chicoteia (e talvez também a você) por irresponsabilidade política e por complicar a América com Poesia. [Al] Aronowitz vai publicar algo em breve, acho, fiquei furioso com ele por um milhão de erros, corrigi vários deles (a maioria deles sobre mim, mas também alguns erros sobre outros).

Bem, por que estou vivendo? Agora só o que sei fazer é reclamar reclamar reclamar assim? – Se eu pudesse ao menos ter um mês sozinho, e sorrir e falar

sozinho bem baixinho em francês num florido e triste estúdio mexicano, com um grande muro ajardinado com lagartixas talvez... por deus é isso que vou fazer! Não conte a ninguém! É claro que no outono a energia vai se renovar para todos nós. Tenho realmente medo de ir para a Índia porque podemos ficar presos por lá numa grande invasão dos Chineses Vermelhos e acabarmos como torturados emaciados em campos de concentração porque não vamos admitir a existência de insetos na neve. Não, melhor, vou comprar uma montanha de duzentos hectares e construir uma cabana na encosta sul. Tom Payne quer fazer uma grande e alegre viagem por Paris com as mulheres de Scott Fitzgerald no outono, mas não sei. Tenho feito maravilhosas gravações de jazz no rádio FM, tenho várias horas de jazz. Acabei de escrever uma coluna de jazz para a *Escapade* com tudo sobre Seymour Wyse. A coluna anterior foi sobre Zen, mencionei você e Peter. Mas em primeiro lugar, agora gostaria de escrever à luz de velas. Mas, você sabe, parece que vou ser como o velho Kerouac de 1944, quando Lucien e você falavam e eu só sentava olhando para o nada, lembra, porque eu estava tão entediado e confuso. Talvez seja melhor para o resto da minha vida ser aquele Lunático Zen tagarelando sobre estágios de Brandeis que na verdade não me interessam – sim – eu amo você, Allen, mas quando você voltar a Nova York não me incomode com seus planos entusiasmados de ir para lá, de ir para acolá (como o fiasco de me levar para o Living Theater quando eu queria ouvir jazz e acabei me metendo em confusão com Butch [Frank] O'Hara) – só uma piada – mas me perdoe e me ame, se você tiver a impressão de que eu não partilho de seus entusiasmos particulares, e daqueles do pobre e querido Gregory, eu só não me ligo do mesmo jeito de antes, agora vou me tornar um velho careca sem pensamentos e sem conversa. Estou tentando parar de beber – minha alma é mais profunda do que nunca, talvez por estar se esvaziando – tudo que você escreve em "Aether" é verdade é para sempre verdade. Reze por todos, acho. E o Velho Neal está livre – uau – mas não quero vê-lo porque no passado ele me repreendeu por ser um beberrão tagarela, e agora ele vai rir de mim porque estou ganhando dinheiro com isso (embora eu saiba que ele tem sérias cuecas jesuítas onde ele sabe que sou apenas um sacerdote humilde e engraçado). Um brinde a nosso Aniversário! Com muito amor.
     Volte logo
        Ti Jean XXX

Nota dos editores: *Enquanto Ginsberg estava fora do país, Kerouac continuou a lutar contra o alcoolismo. Em julho ele foi para a cabana de Ferlinghetti em Big Sur para tentar se livrar de vez do vício. Não conseguiu, mas como estava na Califórnia visitou Neal e Carolyn pela última vez.* Big Sur *é baseado neste período.*

Allen Ginsberg [Nova York, Nova York] para Jack Kerouac [n.d., Northport, Nova York?]

19 de setembro de 1960
Rua 2, 170 E NY

Caro Jacky:
 Você está em casa? Você está em casa? Você está em casa? Saia daí! Voe para o Congo! Parta para o Tibete! Se mande pra Cuba! Pule para a Argélia! Caia em Taiwan! Cante os pneus numa parada na Ilha de Weight! Ronque o motor!
 Tudo segue igual por aqui, fora Huncke, que se mudou para o Hotel Belmore na Lex com a Rua 25, mas diminuiu seu consumo de cocanil a uma garrafa por dia e vendeu uma história (Cuba) para Seymour Krim da *Swank*. Carl Miel Inesquecível Solomon sai nos fins de semana, e já ficou no meu apartamento bebendo tranquilizantes e falando a noite toda, quase sempre reclamando sobre sua identidade. Tasquei nele a real de que é ele mesmo que está criando todas estas identidades mas não parece que ele considere a ideia. De toda forma, está menos violento do que era.
 Obrigado a você pelo amor de Deus que chegou por telegrama de Frisco, e que foi seguido no dia seguinte por um comprimido verde de [Bob] Kaufman, que dorme no andar de cima, mas não me incomoda, um comprimido que segundo me disseram dão para as pessoas na noite antes de irem para a câmara de gás em Alcatraz, sentei-me à mesa às 15h da última quarta e não levantei senão para mijar até as 21h da noite de quinta, datilografei o manuscrito completo de *Kaddish* acrescentando vários hinos Shelleyanos escritos em transes exaustos de choro convulsivo e o levei até o correio na Rua 33 para enviar a Ferlinghetti por encomenda especial sábado às quatro da manhã, feito.
 Gregory em Berlim me pergunta se deve voltar. Bill escreve para dizer que está filtrando e visualizando panoramicamente recortes de prosa em busca do ouro e a reagrupando com cola de vírus. Acho que ele não transa há tanto tempo que está ficando aveadado... mesmo assim as últimas cartas são muito doces e gentis, ele até cortou e datilografou alguns de meus poemas para me mostrar como está trabalhando. Então Peter e eu cortamos alguns de nossos salmos mágicos para embaralhar e enviar a ele. Só estamos brincando, mamãe.

 "Entrei – os corredores novamente com um cheiro esquisito – para cima de elevador – até uma porta de vidro no Pátio de uma Mulher – até Naomi – duas enfermeiras de branco voluptuoso – elas a conduziram para fora – Naomi me fitou – nó na garganta –

 magra demais, seca aos ossos – a velhice chegou para Naomi – agora quebrada de cabelos brancos – vestido solto no esqueleto – rosto afundado, velho! – bochechas de bruxa –

 O peso dos 40 e da menopausa reduzidos a uma batida do coração – uma mão paralisada – uma cicatriz na cabeça, a lobotomia, a ruína – a mão caindo em direção à morte –

Ó mulher de rosto russo na grama, seu cabelo preto está adornado de margaridas, o mandolim nos seus joelhos

Beleza comunista, esse verão promete compartilhar suas flores onde quer que você ponha a mão

Mãe sagrada, agora você sorri para aquele que ama, seu mundo nasce de novo, seus filhos correm nus nos campos cheios de dentes-de-leão –

comem na gruta da ameixeira no fim da relva e brincam perto da cabine de um negro de cabelos brancos que mostra a eles o mistério do barril em que recolhe a chuva –

irmã do exílio a nova era é sua, sua felicidade é a Revolução e sua esperança é a única guerra que ninguém irá perder

Filha abençoada, venha para a América, saudades de ouvir sua voz lembrando da música de sua mãe, nas canções do Fronte Natural

Ó musa gloriosa que me pariu do útero, me ensinou a fala e a música – cuja cabeça cheia de dores me deu Visões – Ah, as loucas alucinações dos malditos

que me arrancou de meu próprio crânio para buscar a Eternidade até que encontrei paz para Vós – ó Poesia! – e já que toda a humanidade clama pela origem – ó bela Garbo de meu Carma, seu rosto de velhas estrelas do cinema – flores brancas no seu cabelo –

agora vista sua nudez para o sempre, nenhuma Revolução poderia destruir essa meninice – com todos os professores de Newark – nem Elanor se foi, nem Max vai esperar por seu fantasma, nem Lois vai se aposentar da escola.

Para trás! você mesma! Naomi! caveira em você! que venham a imortalidade cadavérica e a revolução – bochechas enrugadas, lábios certeiros – e olhos acinzentados de interior de hospital, cinzura da ala na pele – pequena mulher quebrada –

Isso vem a você agora? – o que vou ser quando for louco como seu cabelo nos anos 90, quando eu gritar pelos telhados das sinagogas, barbudo, em direção ao céu?"

Então enviei tudo isso para a City Lights. Ainda tenho que montar todos os outros poemas – já são quarenta páginas, talvez eu publique dois livros ao mesmo tempo. Enviei a ele "Laughgas" para a *Beatitude* e um louco poema encadeado por mim, Orlovsky e Corso, escrito ao luar em Amsterdã. Peter vai levar Laf para o escritório estadual de desemprego de NY para investigar a possibilidade de uns bicos de meio expediente para ele e Laughcadio o acompanha vestido de preto brilhante, bem dócil, estão saindo agora logo em seguida.

Estou escrevendo uma introdução para o livro de [Ray] Bremser.

Bebi mais um montão de ayahuasca e percebi que SOU a vacuidade que está projetando o monstro Kali como um filme na minha tela mental, e que está projetando até mesmo essa mesma tela mental. Então não estou mais com medo. Mas ainda não consigo parar a aparição dessa merda de tela mental, digo, não consigo aquietar meu organismo num silêncio total. Agora vou ter que estudar ioga ou algo assim.

Se Castro pagar, vou passar duas semanas em Cuba no fim de outubro para ver qual é a dessa revolução. Meu tio dentista do gás do riso que é esquerdista mas não radical e passa férias por lá há vinte anos acaba de voltar dizendo que todos estão felizes e surpresos e entusiasmados e que a revolução com o dinheiro das famílias ricas está em curso, progresso social, escolas, trabalhos etc. e que os jornais americanos estão basicamente cheios de porcaria. LeRoi [Jones] diz o mesmo. Os dois concordam que um forte controle mental marxista também está acontecendo, mas que não é tão malvado quanto a ditadura anterior, nem tão selvagem em comparação com o controle mental histérico dos Estados Unidos. Meu livro vai estar terminado então vou fazer essa curta e esquisita viagem a Cuba e ao retornar quero escrever um enorme poema revolucionário atacando a China Vermelha e os EUA e então vou para a Índia calar a boca.

Então isso é o que se passa comigo, bolhas. Recito longos trechos de *Visões de Cody* para Stanley Gould, que teve uma crise de nervos na minha cozinha devido a bolinhas em excesso e ele disse que é a melhor coisa que já ouviu, até parou de ser malvado com Neal. Como está Neal? O que aconteceu? Você o viu, não é? Eu soube por Whalen, acho. Ainda não escrevi para ele, embora tenha escrito um enorme poema para/sobre ele três anos atrás que finalmente datilografei esta semana. Neal ainda é o mesmo ou está mais sóbrio?

Peter tem estado triste a semana toda. Ah, ele também está tendo um caso com a bela Janine [Pommy], de dezenove anos, às vezes vou para a cama com os dois.

Estou levando Laf para ver Marcel Marceau amanhã à noite, fazendo pantomima no City Center. Vamos com Robert Frank e Mary. Ele já quase terminou o filme de Babel, e depois vai querer fazer um longa-metragem. Perguntei por que ele não fazia *On the Road?* Ele disse que era uma boa ideia, mas que Jack queria vendê-lo para Hollywood. Eu disse "quem sabe". Vi *Os subterrâneos*, não era bom. Por que você não o cede a Frank de graça (numa base de porcentagem pela renda) com a condição de que ele faça um épico desnudo? Se não for assim, ele talvez queira fazer *Viagem ao Fim da Noite*. Ou então quem sabe escreva um roteiro para filme, novo, só para ele.

[...]

Bem, vejamos. Tenho dinheiro. Como você anda, precisa de $2 emprestados? Diga a sua mãe que você é o homem na lua. Deus, estou me complicando com papai com relação a *Kaddish*, ele quer que eu retire partes interessantes sobre sua própria vida privada, sobre um caso que ele teve com a mulher do verdureiro vinte anos atrás. Ele não quer nem mesmo parecer humano. Bem, vou retirar. Ele está se aposentando em janeiro próximo e planeja viajar a Paris em setembro. Também quer experimentar a mescalina. Escrevi ao médico dele pedindo conselhos e uma prescrição para mescalina.

[...]

Lucien, ele se mudou, mesmo telefone, eu e Peter e Laf fomos até lá passar dias enormes pintando as paredes de branco. Então voltei para casa e também pintei meu apartamento de branco reluzente. Tudo novo e limpo onde vivo com pergaminhos chineses dependurados na parede. Joguei fora a TV e um monte de outras coisas inúteis.

John Wieners está muito melhor e morando com Irving [Rosenthal], escreveu um livro chamado *Jewels*. Então fomos a uma festa com ele todo bem vestido, na livraria da Rua 8, e lá ele estava muito durão, bebendo sozinho como um elefante alcoólico, não como a barata do ano passado, então ele começa a me bolinar, levo ele até o banheiro e faço um boquete nele, e ele embaixo da pia não consegue nem gozar. Eu digo, "certo, esqueleto, ainda não te desiludiste dos teus cadáveres orgásmicos?" E ele diz "já faz tempo", e retira a dentadura e me mostra a caveira. Ficamos sentados rindo no chão do banheiro sobre nossos corpos decadentes, eu apontando para a minha cabeça careca. Que loucura tudo isso! Que eternidade esquisita essa em que vivemos!

Peter geme, John não está satisfeito, May segue na mesma, Irving está com saudades, Bill faz seus recortes, Gregory luta com Berlin, Laf veste suas roupas, Janine é traçada, Huncke se esconde, você não sente a ternura? Alguns dos garotos estranhos jovens espectrais surgiram na cena zanzando pela Segunda Avenida e a Rua 8 perto da Galeria de Jazz esperando Monk caminhar pela rua para comprar um jornal e encará-lo com gentileza. Peter os encontrou enquanto eu estava na América do Sul, um deles é chamado de Turk, outro é Mickey, eles leram *Alice no País das Maravilhas* e usam pó para asma que compram na farmácia, se você comer aquilo fica cego, alucina cigarros e portas, acha que está caminhando na rua quando está na cama, eles observam a esquisitice por vinte e quatro horas, então voltam ao normal.

Tenho um tambor de 45 centímetros que alguém trouxe da África, e já o toco bem depois de dois meses de prática diária esporádica. Tem um som muito bom, melhor tambor que já tive por perto.

Ok, vou calar a boca.
      Amor
           Allen

Jack Kerouac [Northport, Nova York] para Allen Ginsberg [Nova York, Nova York]

Caro Allen: (22 de setembro de 60)

Sim, acabo de retornar, grande voo no Ambassador da TWA, dedutível do imposto de renda, com vinho, champanhe, filé mignon e a esposa do embaixador chinês em Taipei na minha frente etc. Nova York parece pequena e grosseira depois da anárquica, louca e espontânea Frisco. Encontrei-me com todo mundo. Neal está mais fantástico do que nunca, muito mais doce, está bonitão, saudável. Caminha até o trabalho em Los Gatos na recauchutadora de pneus – gostaria de fazer o papel de Dean no filme de *On the Road*, qualquer coisa é melhor do que recauchutar.

A ferrovia SP não o aceita de volta, mas ME aceitaria de volta (diz Al Hinkle) (porque todos leram "Railroad Earth" e se esqueceram que merda de condutor eu era). Tenho muito a contar sobre Neal e o resto do pessoal. Dei dinheiro a Neal numa crise, ele está muito contente agora, a crise foi solucionada e ele comprou um ótimo jipe novo vermelho-vinho com um bom motor – dei a ele 100 – (para o aluguel) (foi demitido). Ele conseguiu um trabalho novo para o qual consegue ir a pé. Tive um caso e quase me casei com sua amante Jacky [Gibson], mas eu estava bêbado. Antes da bebedeira fiquei sozinho por três semanas na floresta numa bela e silenciosa neblina, apenas com os animais, e aprendi muito. De fato, mudei – estou mais quieto, não bebo tanto, ou pelo menos não tão frequentemente, e comecei novos hábitos tranquilos e caseiros de leitura. Por exemplo, pedi pelo correio a 11ª edição da *Enciclopédia Britânica* (35 pratas) 29 volumes contendo 30.000 páginas e exatamente 65.000.000 de palavras de prosa erudita de Oxford e Cambridge (65 milhões, eu disse) e na noite passada fiquei até as cinco da manhã surpreso naquele mar de prosa – procurei por Logia, onde se diz que Jesus disse (um papiro egípcio do século II) que não devemos cessar de buscar pelo reino e que ACORDAREMOS "SURPRESOS" no reino! (exatamente como meu êxtase-surpresa do desmaio da eternidade dourada). Apócrifo, schmapócrifo! – Pensei também em olhar morcegos, já que havia um morcego em Big Sur que rondava meu saco de dormir todas as noites até a aurora, e fui direcionado para *Chiroptera* (*chirop* é grego para "mão", *tera* "asa") – e descobri o que acabou sendo um pequeno volume de explicações técnicas completas com fotos e diagramas. É o melhor dos prêmios! Estive esperando por essa edição de 29 volumes desde que a vi pela primeira vez aos dezesseis anos na biblioteca da escola em Lowell. É possível fazer estudos completos de teologia em TODAS as religiões, por exemplo, ou estudar todas as Tribos do Mundo, ou toda a Zoologia, toda a história até 1909, todas as campanhas até essa época em detalhe, todas as biografias até essa data, todos os misticismos, todas as cabalas e shmabalas, todos os tratados eruditos raros sobre o Novo e o Velho Testamentos, tudo sobre Buda, sobre os hindus, religiões Malaias exóticas, toda a ornintologia, optometria, pasometria, futurometria e em outras palavras TUDO. Não consigo nem visualizar um oceano vasto como o Pacífico da mesma forma que não consigo visualizar essa enciclopédia – então meus novos hábitos de leitura: comprei também cinquenta pratas de livros de Ferling e estou com eles (Pound etc.) – e estou estudando de maneira sóbria agora, escrevendo um novo livro (o comecei) – fazendo exercícios (bananeiras, flexões, alongamentos e aeróbicos) – estou me sentindo muito bem – perdi uns cinco ou seis quilos – só fiquei bêbado uma vez desde que cheguei em casa duas semanas atrás. Queria já estar com o novo romance encaminhado antes de ligar para você, mas eu o recomecei. Tive que me manter longe de Henri Cru, que conseguiu um trabalho como eletricista em Northport (!) e queria inundar minha vida como sempre com todas as trivialidades ridículas de que ele gosta – então ficou bravo. Mas não posso me incomodar com cada um que costumava me deixar em paz para escrever *Visões de Neal* em minha feliz e solitária escrivaninha de porta de enrolar no início dos anos cinquenta.

Enquanto isso, em Big Sur, sentei perto do mar todos os dias, algumas vezes numa assustadora e trovejante nebulosa escuridão de escarpas e ondas enormes, e escrevi Mar, primeira parte, MAR: o Oceano Pacífico em Big Sur na Califórnia. Tudo som de ondas, como James Joyce faria. Escrevi quase tudo de olhos fechados, como um Homero cego. Li para a turma à luz de uma lamparina a óleo. McClure etc. Neal etc. todos ouviram mas é como o Old Angel, só mais ondas que batem e rebatem plop kerplosh, o mar não fala em sentenças, mas vem em pedacinhos, assim:

> Não há palavra humana
> pra tristezas mais antigas
> que velha essa onda
> quebrando aflige a
> areia com o ploch
> da ideia arenosa
> torcida – Ah mudar
> o mundo? Ah cobrar
> o preço? São corda os
> anjos pelo mar?
> Ah lontra cordosa
> coberta de cracas –

(coberta de cracas), assim mesmo, com o "de" separado. De toda forma isso, e o que Logia Jesus disse sobre a surpresa do paraíso, parece-me muito mais na direção de paz mundial do que toda a histeria de tumultos e gritos falsos comunistas recentes (e da política em geral). Cuba shmuba – vou para Nova York abrir sua porta com a chave que você me deu, e se você não estiver lá vou esperar, estou comprando uma mochila etc., vou visitar Lucien etc. então vejo você e Petey em breve. Ok.

Volto lá pelo dia 28 – enquanto isso, por favor ligue de novo e me envie *Mescaline Notes* e *Gregory Letters* para o Arquivo da Nata.

Jean

Allen Ginsberg [Nova York, Nova York] para Jack Kerouac [n.d., Northport, Nova York?]

c. 13 de outubro de 1960

Caro Jack:

Acabo de terminar um hambúrguer. Pete e Laf estão na Rua 14, ajudando LeRoi Jones a pintar um novo apartamento enorme. Não queria entristecer você deixando-o num táxi sozinho em direção ao outro lado da cidade. Aqui segue um poema. Você está bem? Seu livro [*Viajante solitário*] é muito bom, li tudo numa sentada ontem e muitas vezes ri alto, divertido com as frases. Não sei bem o que Lucien estava gritando, só que você não devia ter sido tão bonzinho de preencher o formulário da McGraw Hill, algo assim. Ainda assim vi Cessa noite passada assistindo ao debate entre Nixon e Kennedy, e mais tarde descobri o que incomodou a ela e Lucien: quando bêbado você começou a contar a saga do irmãozinho dela, Lucien, em 1943, e falou em escrever um livro sobre ele. Ouvi essa parte de passagem, mas não sabia que isso era o centro da noite para ele. Você precisa ir lá sóbrio uma hora dessas e conversar tranquilamente com eles, fazê-los felizes. A biografia dele é apenas um nervo exposto para ele quando você atira isso nele dessa forma, especialmente bêbado.

Também li os poemas de Leadbelly (canções) esta tarde. Ele é um ótimo poeta. Também reli *Happy Birthday of Death*, Gregory é ainda melhor do que eu pensava. Eu não havia lido nada dele nem pensado nele por quase um mês e então li isso e fez muito sentido ético, especialmente o poema sobre o Palhaço.

De qualquer modo, dois dias atrás terminei meu livro [*Kaddish e outros poemas*] e enviei por correio aéreo especial para Ferlinghetti. Tenho mais um poema enorme de fúria política para acrescentar se eu conseguir terminá-lo.

Vi o debate. Nixon está dizendo que deveríamos entrar em guerra com a China pelas ilhas Matsu e Quemoy. Kennedy diz que não, o que taticamente é um erro dizer. Mas Nixon toma vantagem disso e fala hipocritamente dos EUA não "darem mole" para os comunistas. Ele é muito mau, é sim. Descobri que vou votar no Kennedy. Os dois são falsos e os dois são explicitamente sedentos por guerra, quanto a isso os comunistas não têm dúvida. Ambos querem CO-MEÇAR uma guerra física com Cuba – e disseram isso. Mas ao menos as hipocrisias de Kennedy a respeito disso parecem mascarar um desejo de retrair toda essa tendência agressiva dos EUA, e Nixon parece que realmente quer guerra, como o *Daily News*. O *Daily News* está realmente pedindo por Guerra, li isso lá. Ou pelo menos Nixon parece ser o mais demagogo superpatriota fanfarrão dos dois. Não entendo por que você voltou a favorecê-lo. Kennedy é obviamente mais moralmente liberal e mais voltado à ajuda humanitária e menos ligado à falsa grandiosidade patriótica, tem menos cara de FBI, assim, em termos de sua motivação. Não que isso faça muita diferença, de qualquer jeito a América está afundada, já que ela é simplesmente egoísta. Quanto mais extremamente maldosos nos tornamos, piores ficam os comunistas e todos que não estão nem aí ficam presos no meio.

Ocorreu-me hoje que já temos uma economia planejada, mas que todo o planejamento da maior parte do enorme orçamento governamental é militar. Então já somos socialistas, e assim por que toda essa gritaria sobre não querermos ser socialistas bem-planejados por que não fazemos comida e energia ao invés de bombas de gás para nos defendermos do socialismo? Ninguém considera que haja gente morrendo de fome no mundo. Pelo menos na América ninguém pensa nisso. Esse país é maldoso e Whitman e eu agora cuspimos nele e dizemos a ele para ser bom ou morrer, porque é isso que no fim vai acontecer. ODEIO A AMÉRICA! E Nixon e Kennedy combinam tudo que há de mais irritante. Mas Nixon ganha.

Suponho que esse ódio todo não seja patriótico perante a eternidade, mas foda-se, vou morrer igual.

As sugestões subliminares que recebo lendo os jornais são horríveis. Não entendo por que você gosta de Nixon. AGHHHHhhh! Preciso ir para o outro lado da cidade jantar com meu pai, ele vai ver uma peça hoje. Perdoe minha exaltação.

Amor,
Allen

Jack Kerouac [Northport, Nova York] para Allen Ginsberg [Nova York, Nova York]

18 de outubro de 1960

Não, eu estava brincando sobre a biografia de 1943 – e também sobre Nixon – só refazendo velhas rixas argumentativas no sofá, entende? – diga a eles. Não vou votar, mas votaria em Kennedy – todos deviam simplesmente fazer um voto de gentileza e deixar assim, também tentar ficar sóbrio – começar uma nova festa, uma festa de Voto de Gentileza. Sim, fome no mundo, porque há muitos bebês aparecendo por todo lado, então não há necessidade de voto de pobreza. Façamos um voto de gentileza. Nenhum ódio é patriótico perante a eternidade – as pessoas têm esquecido disso ultimamente, até mesmo você e eu, é por isso que o mundo está ficando triste. Preciso ficar fora de NY agora, não há nada mais para fazer lá por agora – se Greg vier, você ele e Petey vêm e conversamos no grande apartamento da Dona O. Eu não bebo mais – estou louco – vejo hodu vodu – a sua tartaruga chimu está cheia de vodu? – não posso responder suas perguntas sobre política porque é impossível discriminar todos esses tumultos, já que não os culpo por temerem bombas, rezo pelo mundo e rezo para que funcione, me sinto muito mal hoje, não vou escrever mais tarde.

J

1961

Jack Kerouac [Northport, Nova York] para
Allen Ginsberg [Paris, França]

14 de abril de 1961

Caro Allen:
    Acabei de ler a sessão narrativa de *Kaddish*, que tem o impacto de um romance de Dostoiévski. A coisa toda, com os poemas visionários em seguida, o torna um livro explosivo. Não teve resenhas ainda, como se eles só quisessem vê-lo desaparecer da existência por si só, os grandes Wilburs e Hollanders chorando no travesseiro – nenhuma resenha também, é claro, do meu *Livro dos sonhos*. É hora de largarmos essa cena literária e não falar mais com nenhum deles, é o que digo. As coisas aqui estão bem, Gene está bem, nos mudamos em breve – também tenho rezado para cortar a bebida, e as orações têm sido ouvidas. Quando tiver tempo me relate as últimas da mente-alma de Gregory. Sua previsão anterior de problemas de polícia-cabarés-beatnik se realizou – grande batalha política em aberto agora com John Mitchell se impondo como Prefeito. Eu estou estudando Kant, Schopenhauer, Spinoza etc. todas as grandes mentes concordam com Buda – Lucien e Harry Smith me ligaram chapados. Por que Bill "fugiu"? – Infinito enxame de luz – O Hassan Sabbah de Bill diz que não há Tempo e não há Coisa no Espaço – E aí? Ele não concordaria com isso em 1957. Ah Hum, a vaidade é um saco. Um mundo novo está chegando – Oi.
                                      Jean-Louis

1963

Nota dos editores: Desse ponto em diante, as cartas se tornam cada vez mais raras. Ginsberg escreveu longas descrições de suas aventuras de viagem, mas Kerouac não respondeu à altura. Duas cartas escritas ao fim do exílio de dois anos de Ginsberg na Índia foram trocadas em 1963. Elas resumem a grande consideração que um nutria pelo outro.

Jack Kerouac [Northport, Nova York] para Allen Ginsberg [Quioto, Japão]

Caro Allen: (29 de junho de 1963)
    Hesitei em escrever para você aos cuidados da maldita Índia, achei que a carta se perderia, mas espero que você a receba afinal – Agora mesmo tive um insight sobre que tipo de amizade passada realmente tivemos, não somente todas as cartas selvagens que trocamos (tenho todas as suas cartas organizadinhas aqui no meu novo arquivo de metal, e é possível procurar e usar a qualquer hora etc.) e todas as aventuras selvagens que tivemos na Ponte do Brooklyn, em Colúmbia, Frisco, México etc. e mais adiante por todos os lados, mas toda aquela literatura explodida que começamos (de explodir a mente) e todos os rodopios e níveis, por exemplo agora eu estava sentado sonhando acordado com o prospecto de Burroughs e Huncke finalmente encontrando-se em sua cozinha na Rua 7 amanhã e eu e você esfregando as mãos de deleite e piscando um para o outro quando Huncke diz "Bem, bem," e Burroughs responde etc. O que equivale a outra forma de dizer o quanto eu respeito e valorizo você, Poetinha. Quando você vier até minha nova casa em Northport vai ser perfeito se você já não tiver essa barba e esses cabelos longos, quem dá a mínima para isso? Deixe-me ver seu corte de cabelo querubínico. Acabei de ver Eugene [Brooks] que acabou de vir para minha casa e realmente queria falar com ele (já conversei muito com Eugene desde que você partiu e descobri que ele é extremamente inteligente, tanto quanto você de certa forma), mas ele trouxe um rabino louco que quer me carregar por aí como Norman Mailer, alugando o Carnegie Hall e indo para o Clube Stork e entrando em Winchell porque "grandes obras de arte" precisam ser divulgadas etc. O nome dele é Richard alguma-coisa, na verdade é um cara legal, mas eu não quero abandonar meu isolamento por um monte de bobajadas de exposição pública. Fora isso *On the Road* foi finalmente comprado para o cinema, vou receber cinco por cento do orçamento quando começarem as filmagens, cinco por cento do orçamento do filme lançado e cinco por cento das rendas da distribuidora, que deve ser encabeçada pelo cara que vai transformar *Road* num roteiro e também vai dirigir: Bob Ginnet, o nome dele... então acho que não preciso ter chiliques por dinheiro, é o suficiente para mim, já que como você sabe eu sempre junto meus trocados quando salto fora de um relacionamento, e além disso odeio as vagabundas agora, são um bando de putas e mentirosas como Joan [Haverty],

ou ainda mais duplamente mentirosas – mentiras sobre mim que *me* colocam perante o mundo como um mentiroso!¹ – Mas para o inferno com tudo isso, estou pensando em outras coisas, acabou de começar a chover: minha nova residência aqui fica na Rua Judyann Court, 7, na saída da Estrada Dogwood, guarde esse endereço em segredo e coloque em seu caderninho com o nome do Mago do Ozone Park, sob a letra "M", e quando você vier a Northport, lá está a casa, Rua Judyann Court 7, na saída da Estrada Dogwood, com instruções etc. – Melhor casa que já tive, com um enorme pátio com trinta e duas árvores ao redor e uma cerca de 1,80m de cedro do Alasca, ao estilo de cesta trançada, ninguém fica me observando enquanto eu leio ao sol ou me agacho entre os tomateiros ou minha mãe alimenta os pássaros e eles se agitam tomando banho e no meu quarto fica uma ótima nova FM da Telefunken (Alemanha Ocidental) com ótimos Bachs e Mozarts ou jazz a qualquer hora, e um porão repleto de música FM e discos e quem sabe logo uma mesa de sinuca – Nada suntuoso, só na medida – O único problema são as inúmeras visitas de chatos – Nenhum Lucien apareceu, nenhum Allen, só visitantes pé no saco, como sempre – Um dos novos amigos é bem legal, Adolf Rothman, professor escolar e "o cara", erudito e tranquilo – rosto de Lênin judaico – Mas hoje, argh, uma visita inevitável de dois adolescentes que queriam que eu saísse para encontrar garotas em dancetarias, não vou, mas coloquei um pouco de música para eles – Por favor diga a Gary [Snyder] quando o encontrar, ou escrever para ele, que me desculpo pela carta furiosa que escrevi para ele bêbado de meia garrafa de uísque Canadian Club na qual amaldiçoei as mulheres para sempre, embora seja verdade, eu não queria ter sido desagradável com Gary, que na verdade não pareceu se importar e me respondeu enviando um presente. (Alguma vaca japonesa chapada "psicanalisou" *Os subterrâneos* na escola como uma verdadeira quadrada.) Uma "mulher vivida" é certo, o que querem que eu faça, que eu trepe com cadáveres? Esta carta está toda confusa, não consegui colocar meu coração nela, tinha tanto a dizer quando peguei a máquina ainda agora, bem, de todo modo ela serve para dizer que estou com você até o final, mas só para avisar também que não gosto mais de escrever cartas, estou ficando como Neal, não sei por quê, mas em vez de escrever eu gostaria mesmo de ver você. Fiz Giroux dar uma olhada no novo livro de poemas de Whalen (é ótimo), devolvi o romance de McCLure sem comentários (odiei, beatniks miseráveis com armas em valises chutando garotas e largados por aí no torpor da erva), estou gravando um ótimo acervo de fitas de música clássica e jazz, guardando cartas, arquivando-as, escrevi uma carta defendendo *Os subterrâneos* para um juiz italiano em Milão onde o banimento do livro está sendo julgado. Os bispos de Milão estão por trás disso, e Montini, que foi o bispo de Milão. É possível que minhas pinturas de Montini sejam impressas coloridas na *Time* ou no *Satevpost* [*Saturday Evening Post*], acabei de vender um capítulo do romance novo para a revista *Holiday*, é sobre "On the Road com Memere" (eu e minha

---

1. Um artigo por Joan Haverty descrevendo Kerouac como um pai inadimplente tinha sido publicado na revista *Confidential*.

mãe em Juarez na viagem de retorno a Frisco em 1957), e de forma geral estou sendo manso e legível embora tenha tido que abandonar os bares locais devido a uma bicha loira que quer me dar um tiro acho porque a chamei de bicha loira, não lembro, os policiais estão me vigiando, os caras legais por aqui estão todos fodidos, meu primo Nuvem-lunar veio me ver aqui contar sua história e era um monte de bosta (ainda não sei do que se tratava), saímos feito Lucien em NY e garotas e lugares, é tudo uma grande bagunça sempre que saio de casa, então vou ficar quietinho aqui o verão inteiro e acho que seria legal ir para Quebec e escrever esse lance para a *Holiday* e então no outono, quando *Visões de Gerard* sair, me mandar para Colônia na Alemanha, Londres, Paris, Cornualha e Bretanha, mas já não sei, nem me importo, está tudo no meu coração, AQUI NO MEU CORAÇÃO, Ami.

De qualquer forma vamos fazer uma grande viagem juntos para algum lugar, ou vamos fazer alguma coisa de novo uma hora dessas, companheiro.

Recentemente tive horríveis visões do exagero do mundo, que requer de nós muito de nossa atenção, nossa essência da mente fica completamente desgastada por música, pessoas, livros, artigos, filmes, jogos, sexo, conversa, negócios, impostos, rabos, gases etc.etc. e quase morri engasgado com isso tudo – Por exemplo agora, estou quase rompendo com Gregory, tivemos uma enorme reunião alegre lá por abril e concordamos em escrever um enorme artigo para a *Playboy* sobre Beat, de forma que ele tivesse dinheiro para seu casamento com Sally November, que acho me odeia, e tudo deteriorou com Gregory reescrevendo tudo pelas minhas costas e xingando a mim e a Luce, dizendo que somos esquisitões, e ele não, ele é um "poeta lírico puro", que Lucien na verdade disse a ele um dia antes, e inflou seu ego – Mas principalmente tive a sensação de que Gregory é louco, porque ele sempre me manteve em altos e baixos com ele, tive esse flash de percepção de que ele é louco e na verdade não quer a amizade de ninguém, talvez ele queira ser punido por isso? O artigo que escrevemos juntos, ditando para namoradas minhas etc. era ridículo, não era um artigo, mas um poema bêbado escrito a dois que não significava nada – Na verdade, acho que a cabeça de G[regory] está cheia de H[eroína] – Aquela Sally dele é, pra mim, uma mal-humorada – Mas talvez eles tenham um filho e os sonzinhos de bebê podem fazer algum bem para o pobre e torturado Gregory Corso – mas nestas visitas a NY, piores do que nunca, retornei com visões do horror tão ruins quanto a visão de Ayahuasca do neandertal por milhões de anos em cavernas, os horrores da vida! – Ainda assim todo o meu futuro vai ser brilhante, com *On the Road* se tornando um filme, um novo romance no outono, dois romances ainda por publicar (*Anjos da desolação* e sua continuação sobre você e Pete e Laf e Gwegowy no México *Passando*) e não vejo nada à minha frente senão conforto e alegria e ainda assim minha mente está totalmente às escuras, fico tão solitário às vezes que poderia chorar no seu ombro, ou no ombro de Bill ou Neal, a qualquer momento. E o pobre do Neal? Carolyn está se casando com outro cara, será que eu não podia virar um milionário e ter Neal como motorista? Será que preciso de um motorista louco chapado de erva escondendo garotas no porta-malas? E Bill, como é que não consigo vê-lo mais, e se eu viajasse a Paris a jato de Air France ou Lufthansa será que ele seria gentil comigo se eu fosse até ele? Ou daria risada por eu estar gordo? O QUE aconteceria? Onde está Peter, por que você largou Peter? Por que você e Peter levaram Laf a uma situação dessas? Enfim, como você conseguiria levar Laf na garupa ao redor do mundo? Não existe saída. E como está Gary? Acho que ele está bem. Whalen está muito triste com seus enormes olhos azuis neutros. Às vezes ele me assusta. Lew Welch está passando um tempo numa cabana isolada, nu, em Forks of Salmon na Califórnia, e diz que está ficando tão louco quanto Han Shan. Você chegou a olhar o romance *Big Sur* que lhe enviei? E o que você acha do desfecho ridículo DELE? É tudo verdade. Ai ai. Enquanto isso todos estes chatos secundários seguem martelando, monges de Aquino negando minha teologia em enormes cartas tolas escritasdessaformacomarranjosjoyceanos, ou chatos de Los Gatos me dizendo que EU TIVE alguma importância quando a América precisou de mim e obrigado – mesmo assim, Allen, meu caro amigo, sinto um estranho êxtase, agora mesmo, e na verdade quase sempre. Holmes tem me bombardeado com enormes perguntas para seu livro de não ficção sobre tudo: passei três noites respondendo as perguntas detalhadamente, na máquina de escrever, agora ele deve ter ficado contente. O livro é sobre você, eu, Mailer, Baldwin etc. a cena toda... Mas está chovendo, grandes gotas diretas de chuva constante que vêm pelas árvores negras... está um dia bem bonito. Um dia para beber uísque na verdade, mas, merda, já fiz isso ontem. Foi um dia perdido. Pergunto-me o que Joan Adams está pensando... Por onde anda Huncke? Como Laf está? O que Paul Bowles está pensando, onde ele está? E Ansen? E Walter Adams? Que lata de lixo triste! De toda forma, quando você voltar vou mostrar a você todos os papéis empilhados que dizem respeito a tudo desde que você partiu, cartas, poemas de Gregory etc. e vamos torcer para que os grandes corações calmos de Melville, Whitman e Thoreau nos sustentem nos próximos anos frenéticos de américas supercomunicantes e satélites e outras galáxias... O que fizemos? Boa poesia original, isso deveria ser suficiente. "Princesinhas charmosas enxovalhadas" por todos os lados por sua culpa... e ondas repentinas de jogadores de futebol americano inteligentes por acaso. "Por acaso", tô sabendo. Por falar nisso gostei de seu sonho de "Eliot buzinando" e agora mesmo estava estudando um sonho antigo seu numa carta de Chiapas, não, de San Jose mas sobre Chiapas, um sonho que você teve lá de Burroughs ser fotografado num carrinho romano, e um sonho de eu estar liderando milhões de turistas vagando em Brooklyns infindáveis... acabei de ter um sonho de bêbado em que estava cagando o tempo todo, estando no banheiro ou não, merda por todo o chão, nas minhas mãos, nos meus pés, no meu rosto, realmente merda por todo lado, como balões... Lucien, Ah... Ele teve um casinho com Lois [Sorrells Beckwith] mas Cessa endireitou isso... não foi bem um caso, mas deitar no chão o dia todo com ela na casa de Jacques [Beckwith], deixando Jacques furioso – não consigo manter o ritmo com Jacques e tudo mais, quero voltar para meus simples Lucien e Allen e Bill. De toda forma meu trabalho atual é escrever o romance *Vanity of Duluoz*, sobre 1939 a 1946, não vai ser fácil, futebol americano, guerra, Edie etc. Prisão no Bronx, você, Colúmbia etc. ui.

        Volte logo para casa
        Jack

Allen Ginsberg [São Francisco, Califórnia] para Jack Kerouac [Northport, Nova York]

City Lights Columbus, 261
SF Califórnia, EUA
6 de outubro de 1963

Caro Jack:

    Fiquei pensando que deveria responder a você rápido com uma enorme e adorável carta floreada, recebi a sua no Japão, tenho coisas DEMAIS para te contar, DEMAIS MESMO, DEMAIS DEMAIS DEMAIS, opa, por onde começar, no Japão ou noutro lugar? Na Índia, o Ganges e estou me banhando o tempo todo e rezando para Blakes transcendentalistas e indo ver homens sagrados e tudo que eles me dizem é "Aceite Blake como seu Guru," ou "O seu Coração é Seu Guru," ou "Ó, quão machucados você e Peter são. Ó, quão machucados, quão machucados", até que finalmente fui embora quando chegou a hora e voei para o Vietnã e todos estavam matando uns aos outros ou com grande paranoia de Americanos e então semanas nas ruínas do Camboja em Ankor Wat e maconha e garotos chineses em Bangcoc, e finalmente chegamos à pacífica Quioto, sentamos no mosteiro com Gary [Snyder] e fizemos respiração diafragmática e isso acalmou minha mente e então a doçura de todos aqueles gurus calava cada vez mais fundo em mim e então Joanne [Kyger] e Gary foram tão legais comigo que me levaram para a cama e até Gary fez amor comigo e de repente comecei a curtir Joanne já que estava tudo bem sentir o que eu de toda forma estava sentindo, quero uma mulher esposa senhora, quero sim, quero vida, não morte, acabei chorando num trem de Quioto para Tóquio e escrevi um poema final: No Meu Assento no Trem Renuncio a Meu Poder: Para que eu Possa Viver Morrerei, e assim aceitando a Cristo, e acabaram as confabulações de imagens mentais do universo: sou o que sou e o que sou exatamente? Por que sou eu? E eu sou meus sentimentos pelo chiclete e esses sentimentos estão localizados, para ser exato, na minha barriga quando digo Sim e em meu peito o tempo todo, NÃO é minha cabeça nem ideias de Cristo ou Buda – Cristo e Buda estão em meu corpo e em nenhum outro lugar. E tudo mais são concepções arbitrárias. De agora em diante não vou aceitar nada senão amor e não vou dar nada senão isso, em sentimentos, só que – bem, voltei com meu choro para Vancouver e lá estava Olson Duncan Creeley Levertov e todos os demais para serem ensinados e eu disse que não podia eliminá-los do meu universo, nem qualquer um outro, nem mesmo Norman Podhoretz, eles são todos eus exatamente como eu e puxa estivemos discutindo e vendo uns aos outros como beatniks e poetas e tudo mais exceto por esse eu que chora, então só chorei e não ensinei, só continuei sentindo todos até que estávamos juntos num feliz piquenique terrestre sem ideias na cabeça sobre elevar poesia ou rebaixar poetas ACABARAM AS GUERRAS todos são risadas imortais e estão nivelados sem poetas superiores sem poetas inferiores e ademais não há mais necessidade de ayahuascas ou peiotes porque o infinito já esta fluindo da barriga e do peito quando o sentimento é aberto e isso soa bem e não é assustador – tudo que vi em Blake em 1948 finalmente se tornou verdade, durou semanas, adoráveis êxtases de Jerusalém, até mesmo reconheci (finalmente) que minha mãe morreu tendo visto e me disse nos seus últimos dias que a chave era a luz do sol, mas eu não entendi o que ela queria dizer até que senti a mim mesmo de volta para casa em meu próprio corpo na terra e soube que ele havia estado ali e sabia. Então está tudo bem, vou me casar e ter pequenas quedas de cabelo um dia – e eu mesmo não sou uma queda de cabelo, sou eu mesmo, e eu não tenho nome, mas certamente não é uma má sensação "tá certo" como queda de cabelo, se você me enfeitiçar por anos, e Burroughs quase me matar com seus recortes – seus recortes estão bem já que cortam a cabeça, mas ele também quer cortar o sentimento de seu corpo, e isso não soa bem de forma alguma – a perda de cabelos serviu também para que eu descesse de minha cabeça inflada, mas você poderia ter me salvado mais rápido ao me chamar de docinho, queridinho – tudo está bem e vamos ser o quê? Ser o que é! Não é fantástico? Sou louco e grilado demais para conseguir explicar direito, mas de toda forma, Jack, estou dizendo a você como você me diz, sim, tudo está certo, de fato não posso explicar mais, só o SINTO e isso é melhor do que explicar, então da próxima vez que nos encontrarmos vou fazer você se sentir bem. Vou beijar e acariciar você e ler seus poeminhas sobre os lancezinhos e vou também beijar sua mamãe e pedir o perdão dela e pedir a ela que me ame, e eu já rezei para seu papai e vou ver o meu papai e agradecer a ele por me dar o nascimento e fazê-lo sentir que está tudo bem e retorno ao universo humano exatamente como na profecia de *Dr. Sax* (cujos últimos capítulos li para a sala de aula em Vancouver) JÁ DEMOS CONTA DA COBRA. E a sua carta está cheia de doçura, então não vou mais fazer sermão, embora eu ainda perceba dúvidas na sua mente se para você está bem ter nascido, bem, vá direto até a sua mãe hoje e GARANTA a ela que ela fez o que era correto ao dar a vida para você. E por que "correto"? Porque deus está sentindo e você reclamando o tempo todo de que não queria ter nascido isso a faz se sentir mal. Você não se sentiria mal se seu filho dissesse a você que estava bravo com você por dar nascimento a ele? E você não se sentiria bem se seu filho viesse para casa e dissesse, pai, conseguimos, estou contente de estar vivo, você fez o que era certo? Você não se sentiria melhor? E o que mais nos resta além de sentimentos, temos ideias vastas ou alguma outra coisa para ser? Além de nossos corações? Todos os gurus na Índia dizem Abhya mudra abhya mudra e também é isso que disse o Buda e assim eu digo ao pequeno Kerouac Inglês que AGORA estamos na morada de Deus e rejubilamo-nos como cordeirinhos: sem mais fantasmas.

Então agora estou aqui zanzando por São Francisco perguntando a todos se posso beijá-los. É patético, não é, pedir a todos que me amem? O que, sendo eu um cabeludo pateta fodido, todos estão prontos a derreter e aceitar, mas acaba sendo um trabalho duro. De toda forma você olha para estes rostos por todos os lados e o que há para ver senão o mesmo eu repetido vez após vez, machucado e degradado – e Lucien esteve aqui e nós nos abençoamos mutuamente de novo – e agora Neal. Bem, estou num apartamento enorme com alguns poetas tranquilos do Kansas num quarto nos fundos, e Neal e a garota dele têm outro quarto (a mesma Ann [Murphy] que você viu em Northport) e ele compreende por que era tão difícil lá (em Northport) – e para começar espero sentar com Neal na segunda-feira para ele finalmente escrever um lance, de todo modo ele largou o trabalho e Carolyn se divorciou dele (passei uns dias com ela) e eu passo horas cantando mantras hindus calmos para ele para suavizar a atmosfera até que ele retorne a seu corpo de fantasmas das corridas e do frenesi sem sentimentos e todos nós retornemos novamente pois la tierra est la nostra. Vou ver você no natal sem cabelo se você assim deseja, ou com cabelo se você me aceitar, e se você quer semanas calmas venha para cá se reunir a nós NADA DE BEBEDEIRAS, isso destrói os sentimentos. Não uso mais drogas, nada exceto flores na barriga. Vou para cama com garotas, renasço, sou feliz, canto hare krishna a oração do senhor choro por Sebastian [Sampas] que sabia que não sabemos nada a não ser que amemos. Agora temos que ir salvar a América da ausência de amor. Eu inverto o *Uivo*, escrevo um Uivo branco, sem morte, Ó Walt, Oi Jack!

Vou fazer um filme de *Kaddish* com Robert Frank mais adiante, você me ajuda com os diálogos?

Escrevo de novo em breve. Você promete me amar para sempre? Peter está deixando suas pegadas do Paquistão na direção da Pérsia e de Nova York no Natal.

Somos todos bebês! É legal. Enfim a palavra!!!

Índice remissivo

Nota: AG refere-se a Allen Ginsberg. JK refere-se a Jack Kerouac.

20th Century Fox 389, 392
A Visão dos Pastores (pintura de JK) 350
Academia Americana de Artes e Letras 305, 321
Academia de Ciência Política 38
acampamento de verão: trabalho de JK no 11-12, 11n[1], 16
Acavalna (México): estada de AG em 214-18, 222, 230
Ace Books (editora)
    e as finanças de JK 158, 161
    e obras de AG 169
    e obras de Burroughs 169, 189-92
    e publicações de JK 160, 171, 173, 176, 195-96
    Solomon na 133-34, 133n
    Ver também Wyn, A. A.
acidente de carro de AG 67-68
Ackerman, Mary 223, 224, 225-26
acordo de cavalheiros 47, 48
Adams, Joan Vollmer
    comentário de AG sobre Celine para 25
    comentários de AG sobre 9, 184
    e a reunião em Colúmbia 22
    e AG na cadeia 67
    e AG no hospital psiquiátrico 98
    e as preocupações de JK com a moralidade 21
    e o fundo fiduciário de Burroughs 109
    encontro de JK com 3, 22
    pensamentos de JK a respeito de 472
    perguntas de AG sobre 106
    pseudônimos de 3n
    relacionamento de – com JK 14, 53
Adams, Walter 51, 91, 91n, 100, 108, 109, 114, 195, 223, 403, 472
Adler, Alfred 5, 5n
Admiral (restaurante em Nova York, Nova York) 17, 18, 20, 25
Alasca: AG no 327-29
Alfred A. Knopf Editores 246, 267, 317
Algren, Nelson 358
Allen, Donald
    AG envia introdução para 361
    almoço de – com Lord 419
    comentários de AG sobre 384
    discussões/encontros de AG com 403, 410, 416, 428-29
    e "Sather Gate" 345
    e "Zizi's Lament" 365
    e a antologia 451
    e a publicação de obras de JK 416
    e as obras de AG 361, 420
    e as obras de Corso 356, 385, 393
    e as obras de Lamantia 416, 418
    e as obras de Persky 402
    e as obras de Snyder 416, 418
    e as visões de JK sobre publicação 419
    e *Beat Traveler* 449
    e *Book of Blues* 410, 411, 418
    e Burroughs 366, 375, 388, 390, 429
    e *Doctor Sax* 335, 413, 416, 418, 420, 423
    e Ferlinghetti 385
    e *Mexico City Blues* 408, 416
    e o banimento de obras de AG e JK 418
    e o encontro com JK 359
    e o encontro com JK e Rosenberg 359
    e o pedido de AG por cópias de poemas de JK 417
    e o prefácio de AG para *Gasolina* 365
    e os contratos e finanças de JK 419
    e os escritos budistas de JK 408
    e *Os subterrâneos* 335, 343, 376, 419
    e *Visões de Gerard* 335, 418
    e *Visões de Neal* 418
    em São Francisco 352, 428-29
    JK entrega poemas para 414
Allen, Steve 385, 395, 398, 406, 432, 436, 440
alteridade 39
"América" (AG) 337, 389
América do Sul: viagem de AG para a 449
American Mercury (revista) 161, 172
Americana: visões de JK sobre 378
amizade 116, 196
    Ver também relacionamento, AG e JK
amor
    comentários de AG sobre o 221, 293, 475
    comentários de JK sobre o 358
    desejo de AG de escrever sobre o 36
    e a amizade entre AG e JK 197, 219
    histórias de JK sobre o 12
    visões de AG sobre o 10, 26-27, 47, 48, 49, 60, 88, 98, 99, 101, 161, 221, 255, 265, 266
    visões de Burroughs sobre o 237
    visões de JK sobre o 43, 44, 54, 63, 268-69, 270
Amsterdã, Holanda: AG em 355-59, 360-62
Anderson, Joan 270, 271-72, 278, 379
Anjos da desolação (JK) 352, 375, 422, 471
Ansen, Alan
    comentários de JK a respeito de 224-25, 345, 378
    como secretário de Auden 133n
    convite a AG de 195
    convite feito a JK por 450
    desaparecimento de 310
    e AG como agente literário 173
    e AG em San Jose 229
    e AG no México 230
    e as cartas trocadas por JK e Orlovsky 356
    e as drogas 347
    e Burroughs 229, 346, 350, 361
    e Gaddis 224-25
    e JK em São Francisco 352
    e o talento de AG para escrever 230
    e os planos de JK de viajar à Europa 350, 377
    e suas cartas de/para AG 328
    e suas cartas de/para JK 348-51
    e Whalen 352
    em Cape Cod 105
    encontros com AG 141-42
    encontros com JK 222
    escritos de 141-42
    influência de – sobre AG 162
    JK manda cumprimentos para 148

---

1. Esta informação encontra-se na nota de rodapé.

JK pergunta por 387, 472
JK sente saudades de 358
leitura das obras de – por AG 138
na Europa 328, 345, 346, 347, 348-53, 354, 355, 376, 450
niilismo de 276
publicação de obras de 133, 142, 150, 172
sugestão de JK para escritos de 352
talentos de Duncan similares aos de 240
antissemitismo 235
Antoninus, Irmão 429, 431
Apollinaire 4n, 367, 368, 374, 377
Aronowitz, Al 452
arte
visões de AG sobre a 10, 26, 52, 297
visões de JK sobre a 5, 24-25, 26, 27, 63
As cartas do Yage (AG e Burroughs) 193, 196, 249, 306, 346, 361, 388, 389
Associated Press: emprego de AG na 63
Atlantic Monthly (periódico) 227, 236
Auden, W. H. 133n, 140, 142, 155, 223n, 249, 277, 288, 328
autora mexicana. *Ver* Shields, Karena
Avalokitesvara (JK) 350
Avon (editora)
JK e AG editando antologia para 429, 429n, 431, 432, 435-36, 437, 438, 440-41, 451
Tristessa publicado pela 451

Babbitt, Irving 279
Bach, Johann Sebastian 284, 311, 452
Bacon, Francis (pintor inglês) 347
Baker, Jinny 45-46
Baldwin, James 245, 246, 247, 343, 348, 351, 472
Balzac, Honoré de 140, 186, 253, 392, 393, 442
Bantam Books (editora) 451
Barnes, Djuna 103, 103n
Barzun, Jacques 444
Baudelaire, Charles 4n, 368
BBC 393, 395
Beatitude (revista) 436, 438, 455
Beckett, Samuel 351, 361, 364
Beebe, Lucius 97, 303
Beethoven, Ludwig van 5, 185, 401
Belson, Jordan 249, 277, 451
Berkeley Blues (JK) 337
Berkeley Review (periódico) 348
Berkeley, Califórnia
AG em 318, 320, 321, 325-26, 332-35
escritos de JK sobre 373
JK em 325, 344-51, 352
JK se muda para 341, 342
planos de AG de se mudar para 315-16, 317
Biblioteca do Congresso 333, 333n
Biblioteca Filosófica (Nova York) 308, 321
Biblioteca Pública de Nova York 243
Bickford's (cafeteria em Nova York): trabalho de AG na 437, 437n
Big Sur (JK) 453, 472
Big Sur: JK em 453, 459-60
Big Table (revista) 429, 436, 436n, 438
"Birthday Ode" (AG) 89, 89n
Black Mountain Review 325, 348, 389, 403, 407
Blake, Nin (irmã de JK) 73, 178, 291, 308, 325, 351, 414-15, 450
Blake, Paul 59, 75, 175, 273, 306, 307, 383, 384, 474

Blake, William 38, 49, 89, 90, 263, 264, 296-97, 383, 393, 473
Bles Blues (JK) 411
Bloom (paciente psiquiátrico) 104-5
Blues Europeu (JK) 420
Bobbs-Merrill 184
bolsas de Artes e Ciências 154, 158
Book of Blues (JK) 343, 348, 357, 365, 371, 372, 375, 410, 411, 412, 418
Bowery Blues (JK) 282, 285
Bowles, Jane 347, 364
Bowles, Paul 197, 236, 301, 302, 347, 472
Brandel, Marc 452
Brando, Marlon 295, 354, 357, 373, 374, 390, 413
Bremser, Ray 372, 372n, 444, 455
Brierly, Justin 31, 73, 73n, 74, 75, 81, 97, 98, 105, 108, 296
Brody, Iris 223
Brooks, Eugene "Gene" (irmão de AG)
AG comprando os discos de Corso para 332
carta de JK para 304
casa de – próxima à de JK 393
como advogado de AG 154
e a carta X de AG 270
e a investigação de JK e Orlovsky (Laff) 364
e a viagem de AG para Nova York 397
e a viagem de JK para Nova York 299
e a volta de AG para Nova York 252
e AG na cadeia 67, 67n
e AG no hospital psiquiátrico 105
e AG no México 203, 207
e as finanças de JK 304, 307, 317
e as questões financeiras de AG 193, 203
e as visões de AG sobre os EUA 232
e Naomi no hospital psiquiátrico 69, 299
e o aparecimento de JK na televisão 372
e o fechamento do negócio da casa de JK 433
e os contratos de publicação de JK 133, 142, 148
e os pagamentos de pensão alimentícia de JK 157, 160, 267-68
e os planos de JK de visitar a Califórnia 298, 304
e Solomon no hospital psiquiátrico 285
e suas cartas de/para AG 284-85
e uma cama para AG 75
encontro de AG com 334
encontro de JK com 469
filhos de 327
na Carolina do Norte 285
o casamento de 252
permanecendo em contato com AG 70, 105
processo de Colúmbia contra 444
relacionamento de AG com 327
semelhança de Garen com 385
sonho de AG de matar 207
visões de JK sobre 157, 304-5, 469
Broyard, Anatole 231n, 452
Brubeck, Dave 239, 244
Buchwald, Art 397, 398
Buddha Tells Us (JK) 282, 291-92, 301, 302, 308, 321
budismo
comentários de AG sobre 221, 473, 474
crença de JK no 218-20, 221, 223-26, 228, 231-32, 253, 263, 266-72, 273, 281, 294-95, 306-8, 309-10, 386, 399-400, 465
e a investigação de JK e Orlovsky (Laff) 364
e Carr 246, 273

e Elvins 231
e Lamantia 313
e Orlovsky (Peter) 278
escritos de AG sobre 243
escritos de JK sobre o 280, 282, 290, 291-92, 300, 301, 302, 308, 309-10, 390, 413, 416
interesse de AG no 222, 228, 243, 244, 250, 262, 265, 271, 273, 278, 279, 281, 283-84, 287, 294, 316, 407, 408, 411
interesse de Burroughs no 237, 246
pensamentos de JK de abandonar o 289-90
traduções de obras do – por JK 276
Bureau Federal de Investigações (FBI) 409
Burford, Bev 272, 296
Burford, Bob 147, 147n, 162, 169, 172, 184, 245, 246, 247
Burnett, Dave 276, 279, 301, 306, 359
Burroughs, Joan (esposa) 126, 131, 168, 170, 268, 276, 302, 304, 307, 316, 352, 353
Burroughs, William "Bill" "Denison"
"Doc Benway" de 430
"salvação" de 44
"Sebastian Midnite" de 417
a *Yiddishe Kopfe* de 12
ação de arrastar as palavras de 64
Adams como esposa de 3n
AG como agente literário de 143, 160, 172, 173, 189-92, 325, 361
AG concordando com 90
AG envia dinheiro para 276-77
AG pergunta por 86, 106, 229
ajuda para compilar e datilografar as obras de 346, 350
análise de AG por 99
As cartas do Yage de 193, 196, 249, 306, 327, 346, 361, 388, 389
as finanças de 244, 247, 249, 393, 429, 451
banimento de livros de 418
Burroughs, William "Bill" "Denison," e AG
busca da polícia por 429
codinomes de 71
comentários de Baldwin sobre 245, 246
comentários de Burford sobre 245, 247
comentários e preocupações de AG sobre 13, 76, 201, 222, 228-29, 234, 242, 245, 294, 303, 434, 454, 457
como "leproso" 21
como Fatualista 63
como homossexual 201
como Ignu 86
como louco 99
como perdido 222
confiança de AG em 59
conhecimento de – do México 206, 211
conhecimento de Shakespeare de 377
conselhos de – para AG 9, 13
críticas de 13, 245, 246, 247, 288-89
curiosidade de 25
curiosidade de 26
desejo de AG de fazer um filme sobre 204
doença de 229, 298, 347
e a antologia da Avon 440
e a autoimagem de AG 11
e a doença do riso 371
e a entrevista de Buchwald 398
e a extinção da raça humana 80
e a loucura de AG 50
e a Marinha Mercantil 21
e a morte Branca 138-39
e a publicidade para *Junkey* 189-92
e a religião 431
e a reunião de Colúmbia 22
e a viagem à América do Sul 316
e AG como gênio 94
e AG e as mulheres 126
e AG e JK ajudando um ao outro 300
e AG no hospital psiquiátrico 92, 93-94, 98, 100, 103, 104, 106, 108-9
e AG no México 173, 203, 204, 206, 207, 209, 210, 211, 213, 230
e Allen 366
e Americana 378
e as cartas trocadas entre AG e JK 374
e as cartas trocadas entre AG e Lord 361
e as drogas 239, 286, 298, 299, 334, 347, 368, 396, 434
e as finanças de AG 170
e as mudanças no mundo 211-12
e as visões de AG sobre a morte 48
e *Big Table* (revista) 438
e Burroughs como complicador na amizade de AG e JK 246
e Carr 242, 394
e Corso 360-61
e Cowley 247, 302, 306, 326
e doença da Nova Guiné 360
e Ferlinghetti 361, 372, 385, 388, 390
e Frechtman 364
e Garver 138n, 318
e Huncke 69
e KiKi 238, 364, 364n
e moralidade 20
e o budismo 237, 246
e o cipó yage 449
e o comunismo 243, 398
e o encontro com Huston 398
e o novo movimento literário 158
e o processo de *Uivo* 362
e o relacionamento entre LaVigne, Orlovsky e AG 256
e o sexo 156
e o talento de escritor de AG 230
e os medos de AG 127, 173
e os problemas legais de AG 67, 69-70, 71, 87
e Rexroth 233, 248, 277, 283
e Solomon 150
e sua história do dedo 272
e suas cartas de/para AG 27, 171, 196, 203, 211-12, 213, 220, 228-29, 233, 244, 245, 258, 262, 272, 276-77, 284, 298, 316, 320, 327, 328, 334, 360, 362, 371, 387, 388, 454
e Vidal 175
e Wieners 348, 351
e *Word Hoard* 346, 359, 372, 431
escritos de 138, 162, 247, 384
falta de informação a respeito de 21, 404, 418
filhos de 138
fundo fiduciário de 109
ideia de filme de 398
ideias spenglerianas e antropológicas de 27
imitações de 165
Interzone de 272, 346, 388, 417

479

Junkey de 150, 152, 155, 156, 168, 173, 189-92, 227, 233, 278, 306
Lee como um pseudônimo de 189, 190, 191
método de escrita de 277
na Baía Sheepshead 15, 16, 17, 19, 21
na Europa e na África do Norte 203, 204, 207, 211-12, 222, 229, 262, 277, 294, 328, 334, 341-44, 346-47, 348-51, 354, 355, 356, 393, 412, 429, 454
Naked Lunch de 247, 277, 302, 306, 325, 341, 370, 385, 452
niilismo de 276
no Equador 156, 157
no hospital psiquiátrico 100
no México 124, 131, 138, 144, 147, 152, 156-57, 162, 167-68, 169, 173, 176, 178
no Peru 193
no Texas 86
ode ao filho de – por AG 89, 89n
parecido com Bacon 347
planos de AG de encontrar 334
processo de 131, 144
publicação de obras de 133, 143, 159, 161, 169, 172, 277, 355, 370, 372, 375, 384, 388, 389, 401, 406, 417, 438
Queer de 156, 159, 168, 172, 173, 176, 249, 306, 388
referências de AG a 195
relacionamento de AG com 242, 244, 245, 246, 248, 250-51, 329, 331, 346, 358, 399, 474
relacionamento de Marker com 201
retorno aos EUA de 242
Rothschild amigo de 396, 400
seduzindo mulheres 15
sonhos de AG sobre 115-16, 207, 209, 472
Stern louvado por 433
viagem de – a Nova York 196-97, 429, 430, 432
viagem para a Flórida de 244, 247, 249, 434
visita São Francisco 233, 245, 246
visões de – sobre a *intelligentsia* 349
visões de – sobre a mente 98
visões de – sobre o dinheiro 82
visões de AG sobre os escritos de 143, 155
Wernham comparado com 317
Burroughs, William "Bill" "Denison," e JK
amor de JK por 54, 197
carta para a mãe de JK de 402
comentários de – sobre JK 246
comentários e preocupações de JK sobre 82, 156, 168, 212, 238, 246, 268, 272, 288-89, 290, 307, 322, 345, 349, 377, 378, 389, 391-92, 400, 401, 465, 472
como complicador na amizade entre AG e JK 246
conselhos de – para JK 344
desejo de JK de encontrar 160
e "cityCityCITY" 291, 305
e a autoimagem de JK 274
e as cartas trocadas entre JK e AG 374
e as finanças de JK 160
e as visões de JK das pessoas como deuses 53, 59
e as visões de JK de que metade da vida é morte 63
e Burroughs rindo de JK 59
e *Cidade pequena, cidade grande* 118, 156
e JK como sucesso 359
e JK e AG ajudando um ao outro 300
e JK escrevendo *Doctor Sax* 185
e o artigo de JK explicando a geração beat 353
e o divórcio de JK 345
e o equilíbrio psíquico de JK 24
e o método de escrita de JK 393
e *On the Road* 156, 173, 396
E os hipopótamos foram cozidos em seus tanques (com JK) de 144
e os planos de JK de viajar para a Europa 109, 295, 377
e suas cartas de/para JK 53, 108-9, 133, 137, 156-57, 196-97, 222, 236-37, 245, 246, 280, 285, 291, 298, 314-15, 322, 341-44, 348-51, 352, 353, 375, 432, 452
e uma ideia para filme de JK 386
em *Geração Beat* 302
encontros de JK com 124, 341
escritos de JK sobre 144, 173, 230, 280, 413, 420, 422
esperança de JK de ver 236
JK cancela encontro com 23
JK empresta dinheiro para 247, 249
JK imitando o estilo de 34
JK pega dinheiro emprestado de 178
JK pergunta por 193, 292, 342, 352, 387, 390, 396
JK sente medo de 26
JK sente saudades de 358, 359
JK sonha acordado com 469
pensamentos de JK de assassinar 53
planos de JK de encontrar 391
promoção feita por JK das obras de 277
relacionamento de JK com Burroughs 9, 15, 168, 246, 274, 344, 352, 358, 375, 379, 391, 433, 473
Burroughs, Willie 89, 89n, 168, 429
Butorac, Pete 223, 226

Caen, Herb 345, 396, 418
Califórnia
JK decide não ir para a 289
planos e desejos de JK de viajar para a 22, 290, 292
Cambridge Review 303, 331
Cannastra, Bill 105, 114, 127, 142, 151, 162, 170, 209, 231, 253, 420
cantiga de AG 139
Cape Cod: desejo de AG de ir para 105
Capote, Truman 81, 186, 435, 435n
Carman, Dean 87, 87n
Carolina do Norte
Brooks na 285
JK na 52-57, 178, 280-96, 300, 304-13, 325-26
planos de JK de ir para a 40-41
viagem de carro de Cassady para a 55-57
Carr, Cessa von Hartz 42, 138, 158, 161, 176, 224, 231, 357, 359, 431, 441, 452, 460, 472
Carr, Lucien "Claude"
"salvação" de 44
a religião de 353
autocompreensão de 42
autoimagem de 5, 124
casamento de 134, 135, 138
codinomes para 71
como homem de família 401
doença de 441
e a bebida 35, 37, 42-46, 161, 219, 224, 230, 322, 351, 358, 359, 395, 402
e a cena-monstro de Nova York 384
e a frase do estranho encapuzado 158
e a garota de patins 43-44
e a liberação de Paris 4
e a nova visão 24

e a poesia de Hardy 70
e a realidade 99
e as confissões e honestidades da geração beat 246
e Burroughs 242, 394
e Corso 224, 302, 431, 471
e o amor 101
e o assassinato de Kammerer 3, 12, 12*n*, 44*n*
e o budismo 246, 273
e o México 169, 170, 176, 302
e o novo movimento literário 158
e o poema-sonho sobre Joan 304, 307
e os esforços do "lucienismo" 16
egocentrismo de 26
em festas 123
em São Francisco 475
empregos para 326
encontro de Garcia Villa com 223
espiritualidade de 222
festas de Ano-Novo na casa de 57, 442, 444
heróis nos escritos de 174
imitações de 165
mulheres/amantes de 86, 472
na cadeia 140
na prisão 4*n*, 44, 44*n*
niilismo de 276
no Brasil 217
no Village Vanguard 391
o casamento de 152, 156
o relacionamento de Celine com 22
o ressentimento de 21-22
publicação de obras de 144
relacionamento com Livornese 46
Robinson como amigo de 61
visões de – sobre Nova York 392
Carr, Lucien "Claude," e AG
AG conversa com 406, 444
AG envia amor para 356
AG morando com 190
AG no casamento de 152, 156
AG pergunta por 222, 229, 348
AG pintando a casa de 456
comentários de AG sobre 124, 196, 222, 229, 239, 277
compreensão de – dos poemas de AG 151
confiança de AG em 59
consideração de AG por 294, 364, 384
convite de – para AG 410
desejo de AG de ver 399
e a autocompreensão de AG 49
e a ida de AG a Nova York 252, 334
e a nova fé de AG 50
e AG e mulheres 126
e AG no hospital psiquiátrico 93, 100, 106
e AG no México 204, 213, 217, 220, 230
e as cartas trocadas entre AG e JK 230
e as experiências visionárias de AG 265
e o processo de *Uivo* 362
e o relacionamento entre Burroughs e AG 242
e os poemas de AG 152, 159, 364
e os problemas legais de AG 71, 77, 85-86
e os talentos de escritor de AG 159, 230
e *Siesta in Xbalba* 239
e suas cartas de/para AG 394
e visões de AG sobre a morte 48
e visões de AG sobre o ódio 59, 60

e visões de AG sobre sistemas 117
encontros de AG com 403
influência de – sobre AG 88
poemas de AG dedicados para 145
relacionamento de AG com 51, 251, 301, 307, 441, 475
semelhança de AG com 64
sonhos de AG sobre 106
visões de AG sobre 10, 26, 162
visões/comentários de – sobre AG 44-45, 302, 401, 406, 409
Carr, Lucien "Claude," e JK
a escrita de JK comparada com a de 181
apoio de – para JK 379
caronas de carro de JK com 230, 231, 359
comentários de – sobre *Cidade pequena, cidade grande* 123
comentários de JK sobre 135-36, 180, 219, 224, 231, 273, 307, 312, 373, 401, 406
comentários sobre JK feitos por 24, 44-45, 289, 302, 326, 406, 409
como personagem nos escritos de JK 162
conselho de – para JK 413
e a autoimagem de JK 274
e a doença de JK 404
e a mudança de JK para a Califórnia 343
e a necessidade de JK impressionar 42
e a publicidade de *Cidade pequena, cidade grande* 123
e a venda dos papéis de marinheiro de JK 317-18
e a viagem de JK a Nova Jersey com 231
e a viagem de JK a Paris 94, 378
e as cartas trocadas entre JK e AG 230
e as finanças de JK 158, 300
e as revisões de *Tristessa* 441
e as visões de JK de que metade da vida é morte 64
e *Doctor Sax* 177, 301
e entrevistas de JK sobre os assassinatos de São Francisco 400
e JK bravo com AG 185
e JK como "escritor desconceituado" 43, 47
e JK e a bebida 42-46, 460
e JK em São Francisco 326
e JK na cidade de Nova York 302, 357, 358, 359, 391, 452
e o afastamento de JK 394
e o casamento de JK 158
e o relacionamento entre Baker e JK 45, 46
e *On the Road* 356
e suas cartas de/para JK 393
escritos de JK sobre 422, 440, 441, 460
JK como imitador de 156
JK encontra/conversa com 351, 357, 421, 436, 459, 465, 470, 471
JK pergunta por 41, 402
memórias de JK de 453
o amor de JK por 54, 440
relacionamento de JK com 138, 274, 375, 433, 441, 473
resolução das discussões de JK com 62
semelhança de JK com 64
Carroll, Paul 373, 436, 438-39
casamento: visões de JK sobre o 63
Cassady, Carolyn
AG encontra-se com 475
cartas de AG para 201-11, 213-18, 219, 238
comentários de AG sobre 234, 240, 241, 251
comentários de JK sobre 292, 400

como conselheira de JK sobre mulheres 155
divórcio de 475
e a estada de JK em São Francisco 301, 303, 325
e a influência de JK sobre Neal 345, 349
e a viagem de JK ao México 163
e a viagem de Neal de carro pelo país 56, 57
e AG em San Jose 234
e AG no México 201-11, 213-18
e as cartas trocadas entre AG e JK 145
e Cayce 287
e JK e o budismo 218
e Neal na cadeia 396, 397, 400
e o encontro de JK e Cassady com Lamantia 166
e o relacionamento entre AG e Neal 238-39, 241
e os empregos de Neal 166
e os escritos de JK 223
em San Jose 201-11
encontros de JK com 453
gravidez de 57n
influência de Horney em 212
JK contempla morar com Neal e 193
no Arizona 163
relacionamento de AG com 229, 234, 251
relacionamento de JK com 186, 405
relacionamento de Neal com 218, 234, 238-39, 240, 249, 250, 281, 286, 287, 293, 325, 333
segundo casamento de 471
semelhança de Ackerman com 223
viagem de – ao Tennessee 146
visões de JK sobre 148, 166
Cassady, Diana Hansen 114, 121, 123n, 126-27, 182, 223
Cassady, Neal "Pommy"
"Carta para Joan Anderson" de 258, 258n, 271-72, 278, 379
a alma de 152, 222
amantes/mulheres de 109, 254, 258, 258n, 285, 332, 349, 475
aniversário de 137
as finanças de 154, 166, 345, 349, 371, 405, 458
Brierly oferece ajuda para 82
cartas de Chase para 279
casamento de 114n, 126
codinomes para 71
como Ignu 86
como religioso 212-13, 212n, 213, 220-21, 353
divórcio de 475
doença de 332
e a festa de ano novo (1948) 57
e a história de Dostoiévski 92
e a palestra de Mann 76
e Ansen 141
e as drogas 212, 249, 251-52, 255, 286, 330, 394, 396, 400
e as mulheres na Holanda 355
e Cayce 234, 240, 250, 251, 287, 307, 332, 345
e Corso 330
e Gould 456
e Hinkle 251, 255, 268
e Jackson 281, 286, 303, 325
e Lamantia 140, 165-66
e o grego e os estilos de poesia 306
e o México 127, 249-50, 262, 331, 332, 333
e o novo movimento literário 150, 158
e o roubo de carros 55-56, 57
e os recitais da Sexta Galeria 316

e seu relacionamento com as pessoas 68
e Solomon 124, 158
e Sublette 227, 233, 250
e Williams (Sheila) 249
em San Jose 178-80, 201-11, 213-18, 219
em São Francisco 56, 74, 86-87, 113, 131-35, 137-45, 149-50, 165-66, 212, 232, 240, 281, 286-87, 316
empregos de 34, 56, 145-46, 166, 249, 262, 320, 332, 333, 433, 457-58, 475
escritos de 123, 132, 134, 140, 234, 240, 332, 430, 475
ferimentos de 146, 146n, 193
filhos de 126-27, 219, 223, 240, 242, 296, 349
foto de 144
imitações de 385
infância e juventude de 104
na cadeia 34, 104, 396, 397, 400
na prisão 359, 428, 429, 430
no Arizona 163
no Colorado 90
o niilismo de 276
O primeiro terço de 155, 258n, 400
peça de Garen sobre 357
peça de Lustig sobre 357
planos de viagem a Nova York 258
publicação das obras de 140, 149, 174, 416
relacionamento de Carolyn com 234, 238-39, 240, 249, 250, 251, 281, 286, 287, 293, 325, 333
relacionamento de Diana com 126-27
roubando o livro de Giroux 180
sonhos de 175
talento de escritor de 230
viagem de – ao Tennessee 146
viagens de carro de 55-57, 281
Cassady, Neal "Pommy," e AG
AG encontra-se com 428, 429
AG envia escritos para 38
AG pergunta por 70, 75, 100, 362, 456
AG trabalhando com 434
carta de recomendação de AG para 87
ciúmes de AG em relação a 120
comentários de – sobre poemas de AG 143
comentários e preocupações de AG com 124, 149, 152, 155, 169, 213, 221, 222, 228, 229, 230, 234-35, 240-42, 249-50, 251-52, 299, 396,397
dedicação de poemas de AG para 145
e a decisão de AG de não ir para São Francisco 152
e a doença de AG 114
e AG como agente literário 173
e AG em San Jose 220-21, 222, 228, 233, 234
e AG em São Francisco 251, 254, 255
e AG na Europa 346
e AG no hospital psiquiátrico 100, 104, 108
e AG no México 201-11, 213-18, 220
e as cartas trocadas entre AG e JK 172, 303, 304
e as finanças de AG 346
e o processo de *Uivo* 371
e os planos de AG de ir embora de São Francisco 284
e os problemas legais de AG 71
e suas cartas de/para AG 131-35, 137-43, 145, 155, 184, 201-11, 213-18, 397, 445
influência de – sobre AG 258n
pedido de AG por carta/poemas de 135, 153
poemas de AG sobre 84, 91, 329
primeiro encontro de AG com 31

relacionamento de AG com 119, 121, 134, 238-39, 240, 241, 251, 255, 265, 285, 286, 475
sentimentos de – em relação a AG 145-46
sentimentos de AG por 54, 59-60, 121, 140, 143
sonhos de AG sobre 36, 326
Cassady, Neal "Pommy," e JK
   carta de recomendação de JK para 34
   comentários de JK sobre 212-13, 219, 247, 248, 288, 289, 292, 301, 307, 312, 335, 349, 374, 394, 400, 449
   como ator em peças/filmes de JK 362, 366, 457
   como personagem nos escritos de JK 295, 371
   desejo de JK de encontrar-se com 31
   e a ida de JK a Denver 296
   e a ida de JK a São Francisco 296, 298, 299, 301, 303, 304, 320
   e a mudança de JK para a Califórnia 341
   e a viagem de JK a São Francisco com 67
   e a viagem de JK ao México 163, 166
   e as cartas trocadas entre JK e AG 172, 303, 304
   e as finanças de JK 391, 405-6
   e as mudanças de Cowley em *On the Road* 352
   e as obras de JK na *New World Writing* 286
   e as visões de JK de que metade da vida é morte 63, 64
   e *Doctor Sax* 177
   e JK e o budismo 218
   e JK em Berkeley 351, 352
   e JK em Denver 108
   e JK em São Francisco 330
   e JK na televisão 371
   e JK no México 318
   e o afastamento de JK 470
   e *On the Road* 137, 173, 174, 177, 178, 179, 183, 352, 362, 371, 386, 396
   e os planos de JK de ir a São Francisco 290, 293, 294, 296, 300
   e os planos de JK de viajar a Paris 94
   e os planos/desejos de JK de visitar São Francisco 302, 303, 305, 307
   e suas cartas de/para JK 108, 245, 249, 252, 262, 278, 282, 333, 374, 399, 405, 408, 430, 443
   e trabalhos para JK 146
   encontro de JK com 325, 327, 453, 457, 459
   escritos de JK sobre 137, 157, 175, 235, 245, 258, 295, 330, 449
   estilo de escrita de JK comparado ao de 181
   imitações de – por JK 181
   influência de – sobre JK 134, 258*n*
   influência de JK sobre 345, 349
   JK lê poesia para 459
   JK morando com 178, 186
   ódio de – em relação a JK 54
   peça de JK sobre 374
   pedindo dinheiro emprestado de JK 56-57
   pensamentos de JK sobre 81, 471
   primeiro encontro de JK com 31
   relacionamento de JK com 147, 148, 185-86, 262, 285, 318, 375, 379, 405, 453
   visões de JK sobre 158, 166, 179, 186, 271-72, 408
   Ver também Visões de Neal
catolicismo 413
caverna de AG no México 216-18, 229
"Caw Caw" (AG) 429
Cayce, Edgar
   Cassady (Diana) e as cartas de 223

Cassady interessado em 212-13, 212*n*, 234, 240, 250, 251, 287, 307, 332, 345
comentários de JK sobre 213, 292, 307
e AG em San Jose 220-21
e as visões de AG sobre os EUA 232
e Cassady (Carolyn) 287
e JK e o budismo 218
visões de AG sobre 240, 287
Céline, Louis-Ferdinand 104, 121, 121*n*, 286, 337, 351, 415*n*, 456
Cervantes, Miguel de 71, 374, 375, 377
Cézanne, Paul 42, 47, 50, 100, 104, 151, 245, 284
Chaplin, Charlie 288, 390, 443
Chase, Hal
   AG comparado com 250
   AG pergunta por 134, 279, 348
   amantes de 22, 126
   comentários de – sobre *Cidade pequena, cidade grande* 31-32
   comentários de AG sobre 256
   confiança de AG em 59
   e a introspecção de AG 77
   e *Americana* 378
   e as visões de AG sobre o ódio 60
   e as visões de JK das pessoas como deuses 53
   e Cassady 87
   e o amor 101
   e os seminaristas 53
   e suas cartas de/para AG 329
   em Denver 9
   experiência visionária de 58
   falta de informações sobre 138
   indo embora de Berkeley 345
   morte de 98, 108
   pensamentos de AG sobre 79
   poema sexual de AG sobre 329
   profundidade de 32
   reputação de 207
   visões de JK sobre 179-80
Chicago Review 373, 384, 385, 407, 417-18, 420
Chicago, Illinois
   JK em 235
   viagem de AG a 418, 420-21
Chile
   convite a JK para visitar o 442, 443-44, 449
   viagem de AG ao 449
Cidade pequena, cidade grande (JK)
   AG dá a Parker uma cópia de 127
   barman no West End pede por uma cópia de 225
   comentários de AG sobre 115, 117-19, 183, 184, 220
   comentários de JK sobre 273
   continuação para 318
   e a publicidade para o *Junkey* de Burroughs 189, 190
   e as finanças de JK 73, 94, 373
   e as visões de AG sobre os EUA 398
   e as visões de JK sobre a imortalidade 63
   e JK como discípulo de outros 452
   e o relacionamento entre Edie e JK 94
   e problemas de JK com a "pessoal-idade" 34
   edição de capa barata de 184
   escrita de 142, 186
   exemplar de Carr (Cessa) de 158
   frases de 33
   personagens em 156

483

publicação de 31, 34, 37, 40, 41, 51-52, 51*n*, 193, 302
publicidade para 123
resenhas de 123
visões de Carr sobre 123
visões de JK sobre 62, 423
Citron, Casper 437
City Lights (livraria/editora em São Francisco, Califórnia) 303*n*, 320, 325, 326, 328, 362, 367, 372, 375, 393, 414, 417, 418, 429, 455
"cityCityCITY" (JK) 289, 291, 301, 302, 303, 305-6, 343
clarividência 186, 224, 232
"Classic Unity" (AG) 61-62
Climax (revista) 393
Cloud of Unknowing (anônimo) 209
Cocteau, Jean 210, 350, 377
Colorado
    JK no 73-109
    Ver também Denver, Colorado
Colúmbia, Hospital Presbiteriano de 92
Colúmbia, Universidade de
    dívida de AG com a 444
    Ginsberg como aluno na 9
    Ver também pessoa específica
Combustion (revista) 361
Commentary (revista) 159, 161
comunismo 235, 243, 386, 398, 431, 455, 460
Confidence Man (AG) 196
conhecer: visões de AG sobre o 48
Constable, Rosalind 362, 372, 418
contemplativos: visões de AG sobre os 209
Corso, Gregory
    "Army Army Army" de 393
    "Arnold" de 385
    "Bomba" de 408, 415, 418, 430, 433
    "Clown" de 460
    "Concourse Didils" de 385
    "Power" de 333, 334, 356
    casamento de 471
    como ator 398
    como celebridade 303, 306
    como o maior poeta italiano 377
    como principal poeta da geração beat 134*n*
    como romântico 399
    e a bebida 301, 343, 397
    e a City Lights 328
    e a cópia de Lee de *Os subterrâneos* 231
    e a estada de Orlovsky em Nova York 306
    e a gravadora Hanover 432, 433
    e Allen 393
    e as drogas 471
    e Burroughs 360-61
    e Carr 224, 302, 431, 471
    e Cassady 330
    e Cowley 301, 302, 303
    e De Angulo (Gui) 332, 333
    e Ferlinghetti 333, 356, 365
    e Jarrell 333-34, 336-37
    e Lord 383, 409, 433
    e Moreland 134
    e o budismo 224
    e o encontro com Huston 398
    e religião 431
    e Wieners 350
    e Williams 337, 345, 348, 350
    em Los Angeles 336
    em Paris 354, 374, 400, 404, 418
    em Washington 336-37
    entrevista de – com Buchwald 397
    escritos de 332, 360, 367
    estilo de 373
    finanças de 333, 334, 346, 350, 367, 429, 434, 471
    foto na *Esquire* de 351
    Gasoline por 356, 360-61, 365, 386, 390, 438
    Happy Birthday of Death por 460
    incidente com os negros de 431
    Laughlin pergunta sobre 410
    mulheres/amantes de 301, 341, 351, 383
    na cadeia 434
    na Universidade Wesleyan 430
    peças de 366
    Persky comparado com 402
    pinturas/desenhos de 336, 375, 383
    poema "use use use" de 385, 391
    poema ao luar encadeado por 455
    poemas de 303, 306, 375, 383, 393, 411-12
    poesia abstrata de 417
    publicação de obras de 333, 355, 372, 375, 401, 409, 417
    recitais de poesia por 331, 334, 336
    The Vestal Lady on Brattle de 302
    This Hungup Age de 306
    vai embora de Nova York para a Costa Oeste 134
    viagem ao México de 329, 331, 332, 335, 336
    viagem europeia de 333, 336, 341, 343, 345, 355, 356, 360, 364, 365, 368, 376-78, 389, 391, 393, 402, 421, 434, 436, 439, 450, 454
    visões de – sobre a geração beat 400
    visões de Garcia Villa sobre 310
Corso, Gregory, e AG
    AG envia cumprimentos para 243-44
    AG pedindo dinheiro emprestado de 374
    comentários de AG sobre 304, 312, 332, 348, 367, 408, 417, 457, 460
    e a poesia de AG 331
    e AG no Alasca 328
    e suas cartas de/para AG 328, 404, 408, 412, 418, 429, 439, 454
    e *Uivo* 328
    leitura de AG das obras de 311
    relacionamento de AG com 224
    visões de AG sobre a obra de 364, 411-12
Corso, Gregory, e JK
    comentários de JK sobre 288, 373, 377, 391, 421, 461
    cópia de *On the Road* para 396
    cópias de JK de poemas de 472
    e a estada de JK em Nova York 301, 306
    e a ideia de JK para um filme 386
    e a mudança no estilo de vida de JK 453
    e as finanças de JK 384, 405-6
    e as visões de Giroux sobre *Doctor Sax* 301
    e as visões de JK sobre poesia 377
    e JK em Washington Park 224
    e JK perdendo cópia de poema de Corso 391
    e o artigo de JK e Corso sobre a geração beat 471
    e o artigo de JK explicando a geração beat 353
    e os planos de JK de viajar a Paris 377
    e os poemas roubados de JK 335
    e suas cartas de/para JK 352, 356, 367, 376-78, 386, 402, 408, 414, 427-28, 450

elogios de JK a 365
encontro de JK com 351
escritos de JK sobre 330, 361, 420, 422, 451
JK pergunta por 356, 390, 465
JK propõe a AG que escreva livro sobre 391
JK sente saudades de 358
leitura da obra de – por JK 385
poema de – sobre JK 306
poema de JK sobre 373
relacionamento de JK com 379, 471
visões de JK sobre 179, 224, 318, 377, 399, 402, 471
Cowen, Elise 342, 343, 348, 351, 352, 391, 403
Cowley, Malcolm
   como apoiador de JK 194, 196, 235-36, 240, 246, 266, 277, 302
   como consultor da Viking Press 194n
   discussão de Williams e AG sobre 293
   e "cityCityCITY" 289
   e a bolsa de JK 321
   e a cópia de AG de *Os subterrâneos* 393
   e a oferta de JK de ir para o México 302
   e a publicação das obras de JK 194, 196, 240, 277, 302, 305
   e a visita de JK a Nova York 295, 300, 302
   e as finanças de JK 352
   e as obras de Burroughs 247, 302, 306, 326
   e *Buddha Tells Us* 308
   e *Doctor Sax* 352, 353
   e *Geração Beat* 300-301, 303, 305, 321
   e o apoio de Rexroth a JK 277
   e o conhecimento de Solomon sobre a publicação das obras de JK 196
   e o pedido de AG ao Guggenheim 355, 362
   e *On the Road* 194, 194n, 235-36, 289, 300, 302, 302n, 326, 352
   e os escritos de AG 239, 302, 304
   e os escritos de Corso 301, 302, 303
   e *Os vagabundos iluminados* 376
   e suas cartas de/para JK 196, 280, 321, 352, 376
   encontro de AG com 325-26
   JK bebe com 301
   JK compara AG com 318-19
   JK mencionado no livro de 238, 246, 252
   relacionamento de JK com 292
   viagem a São Francisco de 325-26
   visões de AG sobre 229, 326
   visões de JK sobre 291, 301, 308
Crane, Hart 14, 97, 154, 434
Crazy Lights (AG) 262, 272, 278
credo de AG 221
Creeley, Robert 327, 330, 331, 335, 357, 432, 436, 438, 473
crime: visões de JK sobre o 82
Criterion (editora) 301
críticos: visões de JK sobre os 422-23
croquis 172, 174-76, 245, 299, 337
Cru, Henri 139, 139n, 222, 226, 301, 373, 376, 401, 413, 414, 415, 421, 451, 452, 458
crucifixo de JK 335n, 386
Cuba
   guerra dos EUA com 460
   história de AG sobre 454
   viagem de AG a 456
cultura: visões de JK sobre a 82
cummings, e. e. 140, 320
Cummings, Robert 417, 420

Dahlberg, Edward 417-18
Dakar Doldrums (AG) 31, 38n, 141, 312
Dante Alighieri 36, 263
Davalos, Dick 170-71, 170n, 172, 176, 289, 294, 295, 296, 300
Davis, Miles 163, 373
De Angulo, Gui 331, 331n, 332-33
De Angulo, Jaime 149-50, 149n, 165, 204, 228
Delpire (editora) 357
Delta Chemical Works 316, 319
Dempsey, David 189, 190
Denver, Colorado
   planos de AG de ir para 329
   viagem de JK a 31, 73-79, 80-109, 296
"Depois de Gógol" (AG) 145
desconhecido/incognoscível: visões de AG sobre o 263-65
Desolation Peak, Washington 327-29, 391
Despertar: uma vida de Buda (JK). Ver *Buddha Tells Us*
Deus
   crença dos líderes da geração beat em 431
   visões de AG sobre 40, 47, 48, 58, 88, 101
   visões de JK sobre 43, 52, 53, 55, 58, 59, 63, 113, 331, 431
   visões de Mailer sobre 406
Deutsch (editora) 398, 419
Diamond, David 53, 53n, 302
Dickens, Charles 4, 33, 54, 253, 257
Dickinson, Emily 49, 97, 175, 306, 307, 437
dinheiro
   comentários de AG sobre o 221, 444
   visões de JK sobre o 82, 442, 443
   Ver também pessoa específica
Doctor Sax (JK)
   carta de AG para o *NY Times* sobre 428
   como mito 177, 181-82, 183
   contrato para 353-54
   cópias de – autografadas por JK 430
   e a reputação de JK 419
   e AG como agente de JK 192-93, 194-95, 196, 257, 278-79, 280
   e Allen 335, 416, 418, 423
   e as finanças de JK 412-13, 420
   e as visões de JK sobre os EUA 400
   e comentários de Carr sobre JK 302
   e Cowley 352, 353
   e críticas recebidas por JK 434
   e Lord 290
   escrita de 94, 174, 178, 185, 399
   JK escrevendo cenas novas para 353
   origens de 247
   personagens em 183
   poemas de JK em 182
   profecia em 474
   publicação de 173, 184, 193, 194-95, 247, 253, 280, 289, 301, 352, 376, 394, 412-13, 415, 418, 419, 420, 432
   recital de – por AG em Vancouver 474
   resenhas de 430
   revisões de 352
   sexo em 184
   visões de AG sobre 177, 180-83, 184, 185, 186. 228, 418-19, 431
   visões de Giroux sobre 301
   visões de JK sobre 408
   visões de Rexroth sobre 282-83, 379
   visões de Van Doren sobre 226, 228
Dodd Mead (editora) 301, 302

Don't Knowbody Laff Behind My America Hunchback (AG) 143
Donlin, Bob 345, 357, 391, 435
Dostoiévski, Fiódor 20, 22, 33, 41, 50, 91-92, 96, 135, 161, 179, 245, 253, 255, 268, 305, 350, 350n, 352, 357, 358, 377
drama
   e poesia 442, 444
   visões de JK sobre 442
Du Peru, Peter 242, 254, 349
Dulles, John Foster 383-84, 415
Duncan, Robert 240, 253, 257, 262, 262n, 283, 325, 330, 334, 429, 434
Durgin, Russell 37, 50, 153, 209, 313
Dutton Publishing 227, 246, 282

E os hipopótamos foram cozidos em seus tanques (JK e Burroughs) 144
Eager, Alan 201-2, 201n, 227, 385
Eberhart, Richard 327, 362
editores/publicação
   comentários de Rexroth sobre 353
   poder dos 353
   visões de AG sobre 120, 149, 159, 161-62, 229, 243
   visões de JK sobre 31, 40, 419, 420
   Ver também editor, autor ou obra específico
educação: visões de JK sobre a 82
Einstein, Albert 114, 288
Eisenhower, Dwight D. 232, 415
"Elegy for Mother" (AG) 368-69, 372
Eliot, T. S. 89, 96-97, 107, 108, 120, 228, 279, 327, 472
Elvins, Kells 86, 86n, 137, 138, 156, 163, 169, 171, 193, 223, 231, 244, 317
Empty Mirror (AG) 184, 265, 311
Enciclopédia Britânica: leituras de JK da 458
Encounter (revista) 429
Enrique (descolado Mexicano) 163-64, 165, 166, 167-68
envelhecer: visões de AG a respeito de 457
Equador 156, 157
Escapade (revista) 420, 453
escrita
   "má" 43
   teoria da 35, 36
   visões de AG sobre a 160, 388
   visões de JK sobre a 18-19, 337, 406
Esoteric (gravadora): recital de JK para a 209n
Esquire (revista) 343, 351, 357, 383, 387, 392, 408
Essentials of Spontaneous Prose (JK) 240, 262n
Estação de Treinamento do Serviço Marítimo (Sheepshead Bay, Brooklyn): AG na 9-14, 16-17
Estados Unidos
   visões de AG sobre os 121-22, 232, 243, 383-84, 392, 397-98, 460-61, 475
   visões de JK sobre os 392, 400, 461
"Êter" (AG) 453
eu
   visões de AG sobre o 98
   visões de JK sobre o 266, 308
Europa
   AG na 341-59, 360-62
   JK na 341, 399
   planos/desejos de AG de viajar para a 204, 209-10, 250, 281, 284, 295, 299, 305, 329, 334, 393
   planos/desejos de JK de viajar para a 108, 146, 158, 280, 289, 330, 331, 334, 336, 350, 395, 421, 471

poemas de AG sobre a 239
relutância de AG em ir para a 155
Ver também Paris, França; pessoa específica
Evergreen Review 335, 343, 352, 370, 387, 428, 438
experiências visionárias
   de AG 38-40, 41-42, 87, 144, 153, 228, 231, 232, 265, 270, 288, 313
   escritos de JK sobre 96
   visões de AG sobre 221
   visões de JK sobre 269

factualistas 63
Faculdade de Direito de Harvard 186
"Fall of America" (AG) 397
fama: visões de JK sobre a 387
Fantasy (gravadora) 362, 371, 393, 395, 434, 435
Farrar Straus 176
Faulkner, William 135, 140, 142, 154, 207, 229, 312, 327, 421
Feldman-Citadel: antologia da geração beat 375
felicidade: visões de AG sobre 52
Ferlinghetti, Lawrence
   cabana de – em Big Sur 453
   comentários de AG sobre 388
   e Allen (Donald) 385
   e as finanças de AG 374, 444
   e as finanças de JK 430
   e as gravações de AG 371
   e as rejeições da *Chicago Review* 420
   e JK escrevendo sobre Corso 361
   e *Kaddish* 454, 460
   e *Mexico City Blues* 385
   e o banimento das obras de AG e JK 418, 420
   e o *Blues* de JK 357, 365, 371, 372, 411
   e o convite de JK para ir ao Chile 444
   e o *Livro dos sonhos* 451
   e o negócio da revista *Big Table* 436, 438
   e obras de Burroughs 361, 372, 385, 388, 390
   e obras de Corso 333, 356, 365, 385, 390
   e obras de Lamantia 410
   e obras de Snyder 388, 410
   e poema "Old Angel" 430
   e suas cartas de/para JK 390
   e *Uivo* 327, 342n, 355, 358, 362
   e Whalen 388
   gravações de – na Evergreen 343
   JK compra livros de 458
   prisão de 342n
   viagem de – ao Chile 449
Ferrovia Southern Pacific 34, 233, 235, 262, 274, 295, 304, 314, 332, 333
Field, Joyce 21, 22
Fields, W. C. 151, 234, 243, 254, 449
filhos
   e os pagamentos de pensão alimentícia de JK 157, 160
   visões de AG sobre 54
   visões de JK sobre 54, 97
filmes
   e a imagem da geração beat 438
   Ver também Hollywood; filme ou obra específica
Fitzgerald, Jack 124, 124n, 174, 352
Five Spot (bar em Nova York) 308, 386, 395n, 403, 412
Flórida
   AG na 201-2
   Burroughs na 244, 247, 249

escritos de JK sobre a 422
JK na 336-38, 351-53, 354-55, 360-74, 376-78, 383-92
planos de JK de visitar a 413, 429, 430, 432
viagem de JK com Frank para a 394
Foley, Martha 193, 193*n*
Folio (revista) 262
Forst, Miles 386, 389
Fox, Bill 225, 358
Fox, Joe 253, 267
"Fragments of the Monument" (AG) 145
Frank, Robert 357, 385-86, 389, 391, 394, 400, 427, 431, 456, 475
Frechtman, Bernard 341, 342, 345, 348, 350, 361, 364
Fromm (paciente psiquiátrico) 101-2
Fundação Ford 262
Fundação Guggenheim 333, 337, 353, 355, 362

Galeria Brata: recital de poesia de JK na 385
Gallimard (editora) 377
Garcia Villa, Jose 158, 223, 310
Garen, Leon 357, 358, 365, 366, 385
garota de patins: história sobre a 43-44
Garver, Bill
    e a morte Branca 138
    e AG 204, 205, 316, 320, 331
    e as drogas 138*n*, 319, 320, 368
    e JK 212, 318, 322, 330, 335, 354
    morte 352, 353, 354
    no México 204, 205, 212, 314, 318, 320, 322, 330, 331, 335
    visões de Burroughs sobre 318
Gellhorn, Martha 154, 154*n*
Genet, Jean 104, 133, 140-41, 147, 151, 155, 161, 162, 169, 171, 175, 286, 317, 350, 354, 361, 371, 374, 377
gênio 52, 63, 94, 184, 197, 352
geração beat
    antologia da – pela Feldman-Citadel 375
    artigo de Holmes sobre a 392
    artigo de JK e Corso sobre a 471
    artigos de JK sobre a 353, 357
    como a "Renascença de São Francisco," 370
    confissões e honestidades de 1947 da 246
    conselho de AG para JK para escrever sobre a 370
    definição da 427
    e a brutalidade 389
    e *Junkey* de Burroughs 189
    e o afastamento de JK 399
    entrevista de JK sobre a 413
    figuras-chave da 190
    Holmes como um coespecialista na 190
    imagem da 439
    infiltração comunista na 431
    matéria da *Mademoiselle* sobre a 335, 335*n*
    promoção da – por AG 399, 427, 428
    visões de JK sobre a 190, 389, 427, 432
    vista como fajuta 451
Geração Beat (Corso) 306
Geração Beat (filme) 405
Geração Beat (JK)
    artigo da *Harper* sobre 352
    como título para *On the Road* 227, 236
    e Cowley 300-301, 303, 305, 321
    Giroux pede uma cópia de 289*n*
    publicação de 253, 267, 282, 285, 300, 302, 303, 305
    sonhos sobre a compra de – por Hollywood 295

Geração Beat (peça de JK) 366, 366*n*
Geração Beat Road (JK) 246
Gide, André 14-15, 21, 368
Gilmore, Bill 17, 18, 21, 26, 27, 36, 452
Ginsberg, Allen
    alma de 93, 113, 143
    amantes/mulheres de 14, 124, 125-26, 134-35, 170*n*, 239, 242-43, 244-45, 248, 251, 252, 255-57, 297-98, 335, 351, 365, 456, 457, 473, 475
    aniversário de 137, 296
    aparições de 252, 288, 469
    apartamento em Nova York de 184, 456-57
    artigo na *Partisan* sobre 428
    autoconceito de 184
    autoimagem de 10-11, 41-42, 60, 123-24
    bolsas e prêmios para 346
    conquistas de 472
    depressão de 297, 298, 299, 317, 390, 435
    diário de 68, 153, 261, 266, 329, 347
    doença de 19, 20, 114-15, 254, 261, 367, 443
    e a bebida 229, 233, 250, 296, 360, 393, 397, 398
    e a necessidade de independência 160
    e as drogas 221, 239, 249, 251, 255, 299, 316, 319, 346, 368, 374, 383, 397, 398, 399, 407, 440, 450, 454, 475
    educação de 51
    educação de 4, 4*n*
    ego de 25-26, 40, 58
    experiências visionárias e alucinações de 38-40, 41-42, 87, 144, 153, 228, 231, 232, 265, 270, 288, 313
    finanças de 126, 133, 170, 172, 193, 203, 204, 205, 207, 217, 218, 281, 284, 293, 299, 304, 312, 316, 320, 327, 329, 329*n*, 334, 336, 337-38, 346, 355, 362, 372, 375, 377, 383, 384, 387-88, 389, 390, 391-92, 401, 404, 429, 432-33, 435, 436, 444, 456
    história de Gold sobre 161
    homossexualidade de 121, 124
    imitações de 165
    insegurança de 70-71
    introspecção de 46-47, 48-50, 75, 76-77, 88-90, 98, 138, 263-66
    loucura de 41, 49, 50, 59, 69-70, 77, 80, 248
    máscara de "cara normal" de 13-14
    medos de 127, 170
    na cadeia 67-68
    natureza dupla de 25-26
    natureza verdadeira de 41, 42
    no hospital psiquiátrico 68, 92-93
    preocupações metafísicas de 263-66, 268-71, 272-73
    problemas legais de 67-70, 76-77, 85-86, 87
    reputação de 333-34
    sonhos de 115-16, 207, 209, 297, 302, 326, 328, 384, 472
    trabalhos para 116, 193, 229, 233, 239, 284, 326
Ginsberg, Allen – poemas/escritos de
    AG trabalhando em 311
    banimento de 418
    comentários de AG sobre 38, 61, 88-90, 151-52, 230, 265, 331, 365, 383, 412
    como o maior poeta israelense 377, 378
    croquis de JK como similares a 172
    datilografia de 150
    dedicações de 145, 146
    e AG na cadeia 67-68
    e AG no hospital psiquiátrico 99, 105
    e as dificuldades de escrever de AG 393

e o desejo de escrever de AG 71
e o método de AG 79, 132-33, 258n, 319
e os planos de AG de ir embora de São Francisco 284
e os problemas legais de AG 77
e os sonhos de AG 83-84
encorajamento de JK para 391
enviados para JK 27, 27n, 229, 232
gays 334
imagens em 79, 83-84
influência de JK em 145, 146, 147-48, 315, 337
método/estilo de 288, 412
modernos 152
na Estação de Treinamento Marítimo 14
no Japão 473
publicação/rejeição de 36, 84, 107, 120, 122, 123, 132, 145, 150, 159, 172, 178, 283, 287-88, 320, 331
referências a JK em 24
revisões de 84-85
sem métrica 121
sem título 79, 90-91, 99, 105, 133, 170, 254, 257, 261, 284, 297, 312-13, 320-21
títulos para 36, 143, 145
tópicos de 84, 91, 135, 257, 356
visões de JK sobre 80, 81, 135-36, 143, 144, 146-47, 151, 152, 154, 179, 247, 287-89, 311-12, 377, 378, 390, 449, 450
Ver também poema, pessoa ou assunto específico
Ginsberg, Louis (pai) 38, 50, 68, 69, 70, 71, 72, 94, 113, 114, 116, 132, 157, 160, 170, 184, 289, 320, 334, 372, 379, 385, 389, 436, 456, 461, 474
Ginsberg, Naomi (mãe) 69, 80, 105, 157, 170, 241, 285, 299, 329, 329n, 368-69, 454-55, 474
Ginsberg, Sheila (irmã) 115, 283
Giroux, Robert
    Cassady roubando o livro de 180
    comentários de JK sobre 180
    como editor para mulher no México 206, 211
    conselho de AG para JK sobre 292
    e a descoberta da caverna no México por AG 218
    e a obra de Van Doren (Charles) 226
    e a publicação de obras de JK 285
    e a publicidade para *Cidade pequena, cidade grande* 123
    e a visita de JK a Nova York 302
    e as cartas trocadas entre AG e JK 109
    e as obras de AG 107, 120
    e as obras de JK sobre Buda 289n, 290, 291, 300, 302, 308
    e as obras de Whalen 470
    e *Denver Doldrums* 108
    e *Doctor Sax* 301
    e JK comparado a Goldsmith e Johnson 113
    e JK na televisão 395
    e o "Go, Go, Go" de JK 157
    e *On the Road* 108
    e os escritos de Burroughs 168
    e suas cartas de/para JK 292
    e visões de AG sobre *Cidade pequena, cidade grande* 117
    em Denver 98, 108
    Lord recomendado por – como agente para JK 247
    relacionamento de JK com 108, 288
    visões de AG sobre 118
    visões de JK sobre 308
Glassman, Joyce
    cartas de JK para 406
    como contato para JK 366

e "Visions of Elise" 391
e a mudança de JK para a Califórnia 341
e a mudança de JK para Nova York 354
e a popularidade de JK 358
e a situação de Laff 369
e a visita a JK e Carr 357
e AG nos Hamptons 415
e o afastamento de JK 394, 400
e o ataque a faca sofrido por JK 394
e o encontro de Orlovsky e JK 376
e o relacionamento de JK e AG 379, 415
e Orlovsky 376-77
encontro de AG com 403
escritos de 343
mudança de – para a Califórnia 343, 352
relacionamento de JK com 341, 379
visita a Berkeley de – com JK 351
"Go, Go, Go" (JK) 157
Goddard, Dwight 262, 266, 267, 278, 279, 408, 411
Gold, Herb 161, 379, 385, 388, 389, 393, 394
Gould, Stanley
    aparência de 127
    comentários de JK sobre 274
    como empregado de Wyn 231, 231n
    como subterrâneo 142
    e a visita de JK a Nova York 295, 301, 357
    e AG 127, 456
    e as drogas 301, 456
    e Cassady 456
    e JK no Washington Park 224
    e o ataque a faca sofrido por JK 394
    e *Os subterrâneos* 231
    e Pound desenhando 275-76
    JK bebendo com 394
    namoradas de 254-55
    relacionamento de JK com 227
    visita de JK a 352, 366, 387, 431
goyeshe kopfe (cabeça de gói) 12, 16
Grande Mito Branco 100, 101
Granz, Norman 395, 406
gravações
    de AG 427, 432-33
    de JK 398, 442-43
    feitas por JK 209n
    Ver também gravadora específica
Green, Julian 21, 24
Greenwich Village
    e a visita de JK a Nova York 301
    festas no 33
    polícia/FBI no 409, 452
    visões de JK sobre o 452
Greyhound (poema, AG) 327
Grieg, Mike 343, 348, 350, 351, 352, 361, 420
Grove (editora) 283, 335, 357, 358, 361, 362, 367, 371, 372, 375, 390, 414, 416, 419, 429, 442
Guerra do Vietnã 473
Guerra Fria 232, 427

Hale, Barbara 35, 40, 42, 45, 46, 52, 53, 54, 57, 60, 123
Hall, Leonard 227, 310
Hamptons, Nova York: AG em 403-4, 415
Hanover (gravadora) 406, 432-33, 434, 443
Hansen, Diana. *Ver* Cassady, Diana Hansen
Harcourt Brace (editora) 107, 123

Hardy, Thomas 70, 140, 239
Harlem
  AG no 37-40, 41-42, 50, 60, 144, 152-53, 247, 265, 288
  poema de AG sobre o 279
Harper's Bazaar (revista) 352, 359
Harrington, Alan 54, 107, 107, 126, 150, 158, 161, 162, 172, 173, 288, 317
Harris, Julie 331-32
Hart, Howard 379, 385, 388, 400, 404, 406
Harvard University Press (editora) 301
Haverty, Joan 131, 148, 157, 160, 162, 163, 267-68, 342, 343-46, 348-49, 469-70, 470*n*
Hearst (editora) 20, 418, 421, 432
Hemingway, Ernest 126, 154*n*, 155, 442
Henderson, LuAnne 108, 108*n*, 146*n*, 352
Herrick, Robert 81, 90
Hesse, Herman 140, 283
Hindus, Milton 121, 121*n*
Hinkle, Al 56, 134, 142, 235, 243, 251, 255, 268, 272, 281, 303, 352, 366, 458
Hinkle, Helen 243, 251
história: visões de JK sobre a 82
Hodos Chameliontos 88-89, 96, 177, 182
Hoffenberg, Mason 341, 365, 370, 398, 430
Hoffman, John 139-40, 139*n*, 165, 288
Holiday (revista) 391, 427, 450, 470, 471
Holiday, Billie 150, 197
Hollander, John 88, 88*n*, 145, 151, 152, 304, 312, 411
Hollywood
  como se recusando a pagar JK 402
  e as ideias de JK para filmes 386, 391
  e os planos de JK de visitar a Califórnia 294
  e os planos de JK de visitar Paris 389
  e os sonhos de JK sobre *Geração Beat* 295
  filme de romance para 295
  viagem de AG a 297
  viagem de JK para 436
  visões de AG sobre 294
  visões de JK sobre 295
  Ver também obra específica
Holmes, John Clellon
  AG fala com 70
  AG pergunta por 222, 365
  artigo sobre a geração beat de 392
  casa de Newman próxima à de 227
  comentários de JK sobre 225-26, 288, 408-9
  como coespecialista na geração beat 190
  como invejoso de JK 178-79
  cumprimentos de AG para 229
  Dickens comparado a 253
  e a alma de AG 93
  e a amizade de AG e JK 59
  e a bebida 225-26, 452
  e a carta de JK para Temko 53
  e a festa de ano novo 57
  e a gravação de AG 289
  e a obra de Solomon 123
  e AG como agente literário 173, 184
  e AG em San Jose 229
  e arranjos com Schapiro 119
  e *Doctor Sax* 184, 186
  e escritos da geração beat 370
  e o casamento de Cassady 126
  e o direito autoral de JK sobre geração beat 405
  e o novo movimento literário 158
  e *On the Road* 159, 176
  e publicidade para o *Junkey* de Burroughs 189, 190, 191
  e suas cartas de/para AG 325, 375, 389
  e suas cartas de/para JK 321, 337, 402, 472
  em Cape Cod 93, 105
  encontros de JK com 222, 431
  escritos sobre JK e AG de 472
  falta de contato de AG com 133
  finanças de 226
  Go de 141, 154, 155, 157, 178, 186, 189, 190, 191, 226
  Harrington como amigo de 107*n*
  JK como discípulo de 452
  JK pergunta por 176, 387
  leitura de AG das obras de 140
  na Inglaterra 392
  publicação de obras de 150, 172, 178
  relacionamento de Marian com 141, 155, 226
  título de livro de 154
  visões de AG sobre 141, 155, 161
  visões de JK sobre 54, 179, 186, 452
Holmes, Marian 54, 57, 141, 155, 179, 226
Holmes, Shirley 225, 226
homens: visões de JK sobre os 53, 307
homossexualidade
  como força na literatura americana 196-97
  visões de AG sobre a 251
  visões de Cru sobre a 226
  visões de JK sobre a 196-97, 236, 246, 247
  Ver também pessoa específica
honestidade 55, 60
Horace Mann School 139*n*, 179, 292, 450
Horizon (revista) 408, 410-11
Horney, Karen 212, 212*n*
hospital psiquiátrico
  AG no 92-106, 113, 124
  AG prestes a ir para 68, 76-77, 85
  Burroughs no 100
  contos de AG sobre o 101-5, 107
  JK no 75, 76, 107-8, 107*n*
  mãe de AG no 241, 285
  médicos no 103
  Orlovsky (Laff) ameaçado de ser mandado para 363-64, 369-70
  Pound no 107
  saída de AG do 120
  Solomon no 103, 104, 285, 299
Hotel Marconi (São Francisco, Califórnia) 238, 239, 250
Household, Geoffrey 67
Howard, Richard 365-66, 367, 404
Hudson Reviews (periódico) 104, 172
Hudson, Jim 230, 231, 300, 318, 403
Huncke, Herbert
  AG encontrando-se com 184
  codinomes para 71
  comentários de AG sobre 76, 457
  comentários de JK sobre 80, 212, 288
  como colega de quarto de AG no Harlem 50
  condenação e prisão de 67, 87
  cópias de AG de obras por 418
  desumanização de 68
  ditos de 76
  doença de 441
  e a antologia da Avon 435, 440

e a frase do estranho encapuzado 158
e a introspecção de AG 77
e AG como agente literário 173
e AG no hospital psiquiátrico 104
e Burroughs 69
e o artigo de JK explicando a geração beat 353
e o caso da propriedade roubada 67, 68-69, 87
e o novo movimento literário 150, 158
e os problemas legais de AG 68-69, 71, 77, 87
e seu relacionamento com outras pessoas 68-69
em Nova York 454
encontros de JK com 451
finanças de 439
frases piegas de 119
JK pergunta por 32, 472
JK sonha acordado com 469
niilismo de 276
no México 166, 167
poema de AG sobre 84
publicação das obras de 150, 172, 352
relacionamento de JK com 375
revitalização da obra de 150
visões de AG sobre 313
Hunter College: apresentação de JK no 412, 415
Huston, John 398

Ignu 86
imaginação: comentários de AG sobre a 293
imortalidade: visões de JK sobre a 63
Índia
  Burroughs planeja visitar 396, 400
  pensamentos de AG de visitar 384, 439, 441
  viagem de AG à 456, 469, 473
  visões de JK sobre viagem para 453
Instituto Geológico do México 216
Instituto Nacional de Artes e Ciências 346
Instituto Psiquiátrico de Nova York: AG no 92-106, 113, 120, 124
intelectuais
  e a imagem da geração beat 438
  e as mudanças de Cowley em *On the Road* 352
  visões de JK sobre os 349, 395
interrogatórios de McCarthy 305
"Introduction to the Prose of Jack Kerouac" (AG) 195
Isis (revista) 417

Jackson, Natalie 254-55, 256-57, 281, 285, 286, 303, 325
Jackson, Phyllis 193, 194
James, Henry 175, 377
Japão: AG no 469-73
Jargon Press (editora) 325*n*
Jarrell, Randall 333-34, 336-37, 338
jazz: escritos de JK sobre 235, 238, 286, 452
Jennison, Keith 302*n*, 305
"Joan Rawshanks" (JK) 258, 283, 298, 301
Johnson, Samuel 41, 113, 114
Jones, LeRoi 394, 420, 436, 451, 456, 459
Joyce, James 5, 153, 173, 178, 181, 272, 276, 283, 459
judeus: visões de JK sobre os 287-89
Julgamento Final 82, 156, 159

Kaddish e outros poemas (AG) 385, 429, 434, 438, 441, 444, 454, 456, 460, 465, 475
Kafka, Franz 39, 100, 140, 277

Kallman, Chester 155, 223, 223*n*, 226
Kammerer, David 3, 12, 12*n*, 44*n*, 306
Karney, Varda 117, 119, 226
Kazin, Alfred 57, 247, 302
Keck, Bill 142, 209, 212, 233, 243, 347
Kennedy, John F. 460, 461
Kenyon (revista) 36-37, 104, 395
Kerouac, Edie Parker (esposa) 3, 3*n*, 4, 22, 94, 97, 100, 108, 109, 113, 179, 253
Kerouac, Gabrielle (mãe)
  AG pega manuscrito com 162, 193, 194
  AG pergunta por 90, 100, 334
  amor de JK por 54
  carta de Burroughs para 402
  casa em Northport para 384, 394, 421
  como babá 415
  conselho de – sobre trabalho para JK 62-63
  convida AG para visita a Northport 428
  e a mudança para Nova York 94
  e a mudança para Orlando de 351-52
  e a visita de Kingsland 409
  e as finanças de JK 158, 160, 247, 268, 391, 452
  e as mulheres de JK 35
  e as visitas de JK a Nova York 295, 314
  e Brooks na Carolina do Norte 285
  e busca da polícia por JK 157
  e críticas a JK 379
  e Hube the Cube 349
  e o empréstimo de JK para Cassady 56-57
  e o processo de paternidade de JK 267
  e o relacionamento de AG e JK 394, 398, 399, 400, 402, 433, 474
  e o retorno de JK para a Carolina do Norte 325
  e os pensamentos de JK sobre o México 219
  e os planos de viagem de JK 273, 280
  em Berkeley 422
  em Denver 73, 90
  escritos de JK sobre 422, 470
  JK morando com 421
  mudança para Califórnia de 341, 342, 345, 351
  mudança para Long Island de 337-38
  preocupações de JK com 330
  questões financeiras de 344
  residência "oficial" de JK com 190
  sonhos sobre os escritos de JK de 295
Kerouac, Jack
  afastamento de 399-401, 427, 433, 439-40, 450, 469
  aniversário de 440
  apelidos de 119*n*
  ataque a faca sofrido por 394, 401, 428
  autocompreensão de 49-50
  autoimagem de 124, 377
  canção favorita de 405
  casamento de 158
  casamento de 4, 131
  como louco 53, 55
  conquistas de 472
  depressão de 230
  diários de 18-19
  divórcio de 344-46, 348-49
  doenças/ferimentos de 267, 292, 296, 314, 315, 354, 404, 406, 432
  e a bebida 223, 224, 225-26, 230, 236, 270, 272, 291, 301, 309, 310, 314, 322, 337, 343, 351, 358, 359, 372,

490

        373-74, 378, 385, 387, 394, 395, 404, 406, 409, 410, 423, 427, 428, 453, 458, 460, 461, 470, 472
e a polícia 3-4, 19
e as drogas 164, 165, 166-67, 169, 197, 212, 223, 270, 296, 301, 307, 310, 316, 318, 321, 330, 359, 406, 415, 420, 439, 442, 450
equilíbrio psíquico de 18, 19-20, 23-24
escritores favoritos de 307
experiências visionárias de 42, 58, 230
fama de 339, 440, 472
felicidade de 280-81, 391
finanças de 94, 108, 133, 133, 142, 146, 158, 160, 172, 178, 184, 236, 289, 290, 292, 294, 295, 296, 298, 300, 301, 302, 304, 305, 307, 321, 334, 335, 336, 337-38, 341, 343-44, 349, 351-52, 353, 354, 356, 360, 363, 366-67, 373, 377, 387-88, 389, 391-92, 400, 401, 402, 404, 405-6, 407, 412-13, 419, 420, 421, 427, 429, 430, 431, 436, 443, 444, 449, 450-51, 452, 453, 469
imitações de 165
infância e juventude de 24
Missa pelo bem-estar espiritual de 366
mudança de estilo de vida de 453, 458
mulheres/amantes de 22, 23, 35, 45-46, 53, 108, 109, 143, 147, 148, 158, 169, 179, 223, 225, 226, 310, 330, 342, 349, 352, 377, 394, 414, 415, 421, 452, 458, 469
na prisão do condado do Bronx 3-4
no hospital psiquiátrico 75, 76, 107-8, 107n
pagamentos de pensão alimentícia de 157, 160, 267-68, 342, 343-46, 349
pensamentos sobre casamento de 53
pensamentos suicidas de 291
popularidade de 357-59
problema de "personal-idade" de 34
pseudônimos de 421-22
relacionamento de Haverty com 267-68, 342, 343-46, 348-49, 469-70
reputação de 333-34
residência "oficial" de 190
sonhos de 290-91, 312, 357-58
trabalhos para 11-12, 11n, 16, 80, 146, 178, 189, 305, 326, 329, 458
transgressões e arrependimentos de 23-24
Kerouac, Jack – poemas/escritos de
    AG como agente de 189, 192-93, 194-96, 229, 257-58, 262, 277-78, 283
    AG pergunta pelos velhos 182
    antologia de 414, 414n, 415, 417, 420
    banimento de 418
    contratos para 195, 353-54, 419
    críticas de 379, 385, 392, 408, 452
    croquis de 172, 174-76, 245, 337
    e a falta de interesse de JK em escrever 335
    e a reputação de JK 418-19
    e JK como o maior poeta americano 377, 378
    e JK na Flórida 366
    e o desejo de JK de escrever 449
    e o desejo de JK de ser o maior escritor do mundo 280
    e o estilo de JK 411
    e o pedido de JK para AG devolver as cópias de todas as suas obras 289, 289n
    e pedidos de AG por poemas/excertos de JK 153, 417
    e poemas loucos 80-81

entrevistas de JK sobre 413-14, 415
imagens em 80-81, 83-84
influência de AG em 147-48, 337
leituras de – por AG 407
método de 181, 258n, 393
problemas de JK com 413
publicação/rejeição de 51-52, 172, 229, 277-78, 331
resenhas de 411, 417
roubados 335
sem título 80-81, 106-7, 223-24, 257-58, 314-15, 459
Shakespeare como modelo para 442
simbolismo em 71-72
visões de AG sobre 71-72, 85, 88, 100,1 53, 155, 230, 245, 257, 263, 265, 411, 420, 420n, 422
visões de JK sobre 81, 247, 337, 373, 414
Ver também poema, pessoa ou assunto específico
Kerouac, Janet Michele "Jan" (filha) 131, 267
Kerouac, Leo (pai) 375, 474
Kilgallen, Dorothy 394
Kingsland, John 9, 14, 21-22, 151, 155, 209, 222, 223, 228, 252, 287, 293-96, 301, 409
Knopf Publishers. *Ver* Alfred A. Knopf Publishers
KPFA (estação de rádio) 262, 316, 317, 386
Kulchur (revista) 435n, 436, 437, 438

Lamantia, Philip
    briga de Hart com 406
    cartas de JK para 393, 431
    comentários de AG sobre 140, 240, 388, 404
    comentários de JK sobre 226, 288, 400
    e a bebida 385
    e a cópia de JK de poema de Corso 391
    e a correspondência entre Williams e AG 132
    e a discussão entre JK e Cassady 166
    e a religião 313
    e AG em São Francisco 227
    e Allen 416, 418
    e Keck 142
    e o artigo de JK explicando a geração beat 353
    e o ataque a faca sofrido por JK 394
    e o budismo 313
    e o encontro de Cassady com 140
    e o interesse de AG sobre o budismo 407
    e o negócio da revista *Big Table* 436
    e o pedido de AG por peiote 133
    e os escritos de Burroughs 345
    e os planos de JK para o México 452
    e Snyder 411
    e suas cartas de/para AG 416
    e Williams 348
    em Nova York 379, 409
    em São Francisco 165
    encontro de JK com 165, 313
    experiências visionárias de 313
    JK faz propaganda da poesia de 400
    leitura da poesia de Corso por 333
    Loewinsohn como similar a 345
    no México 331, 395, 431
    no Oregon 411
    orgia de JK com 385
    poesia de 140
    publicação de obras de 410, 416, 418
    recital de – na Sexta Galeria 132n, 325
    relacionamento de JK com 375
    visões dos *hipsters* mexicanos a respeito de 165

Landesman, Jay 122-23, 122n, 127, 386, 395, 395n, 431
"Laughgass" (AG) 445, 455
Laughlin, James 138, 138n, 233, 410, 411, 414, 418
Laughlin, Jay 108, 143, 152, 277, 278, 283, 373, 431, 433, 434, 451
LaVigne, Robert 252, 254, 255-57, 261, 315, 318, 326, 348, 351, 352, 371, 393, 396, 397, 404
Lawrence, Seymour 51, 51n, 227, 236, 267
Leadbelly 461
Lee, Alene 142, 222, 225, 231, 290, 301, 304, 307, 353, 383, 387, 414
Lee, William. *Ver* Burroughs, William
Lenrow, Elbert 70, 71, 86, 86n, 88, 120, 386
Lerner, Max 406, 407, 412
Leslie, Alfred 386, 389, 427, 438, 444
Leslie, Hubert "Hube the Cube" 333, 349
Levertov, Denise 354, 375
Life (revista) 122, 330, 330n, 335, 359, 362, 386, 395
Liga dos Jovens Socialistas 394-95
"Lines Writ in Rockefeller Center" (AG) 80
Ling Risonho 80-81, 88, 89, 145, 422
Listener (revista) 393
literatura
  comentários de AG sobre 221
  homossexuais como força na – americana 196-97
  visões de JK sobre a 185, 197, 317-18, 420, 451
Little Brown & Co. 227, 236
Livornese, Tom 42, 43, 44, 45, 46, 272
Livro dos sonhos (JK) 224, 414, 451, 465
Loewinsohn, Ronny 345, 350
Look (revista) 362, 413
Londres, Inglaterra
  JK em 341, 342, 343
  passagem de AG por 384, 388-89, 393
  visões de JK sobre 351
"Long Live the Spiderweb" (AG) 132, 135, 144, 151-52, 158
"Long Poem" (AG) 145
Lord, Sterling
  AG devolve material para 283
  almoço de Allen com 419
  cartas de Wieners para 351
  cartas/pedidos de AG para 281, 358, 361, 371
  como agente de AG 433
  conselho de AG para JK sobre 292, 293
  e a antologia da Avon 432, 435, 441
  e a cópia de AG de *Os subterrâneos* 393
  e a procuração para AG 247
  e a publicação de *Os subterrâneos* 335, 343
  e a publicação de poemas de JK na *Big Table* 436
  e a publicação em francês de obras de JK 247
  e a reputação de JK 418-19
  e as finanças de AG 429
  e as finanças de JK 352, 384, 429
  e as obras de AG 362
  e as visitas de JK a Nova York 295
  e *Blues* 365
  e *Buddha Tells Us* 308
  e *Doctor Sax* 290, 412-13, 418, 420
  e *Geração Beat* 305
  e o afastamento de JK 394, 440
  e o direito autoral de JK sobre Geração Beat 405
  e o encontro com Talbot 451
  e o filme de *On the Road* 390
  e o relacionamento entre JK e Haverty 342
  e obras de Burroughs 361, 370
  e obras de Cassady 416
  e obras de Corso 383, 409, 433
  e obras de JK sobre Buda 290, 291
  e obras de Lamantia 416
  e os contratos de JK 419
  e os pedidos de JK para AG informar Lord sobre suas atividades 280
  e Paetel 442
  em Paris 383
  encontros de JK com 420
  envia obras de JK para Williams 348
  Giroux recomenda 247
  jantar de AG com 383
  reclamações de JK sobre 290, 291
  visões de AG sobre 292, 419
  visões de JK sobre 308
Los Angeles, Califórnia
  desejo de JK de ir para 12
  viagem de AG para 334, 336
loucura: visões de AG sobre a 39
Lowell, Massachusetts 247, 307, 357, 395, 401
Lowell, Robert 107, 140, 151
Lowry, Robert 414, 414n
LSD 430, 430n, 435
"Lucien Midnight" (JK) 373, 406, 413
"Lucien's Face" (AG) 36
Lustig, Joe 365-66
Lyons, Martin Spencer 32

MacClaine, Chris 227, 310, 317, 389, 431
"MacDougal Street Blues in Three Cantos" (JK) 300
MacGregor, Robert 343, 343n
MacLeish, Archibald 328, 386
Macmillan Publishing (editora) 415
Mademoiselle (revista) 335, 335n, 387
Maggie Cassidy (JK) 192-93, 194-95, 196, 278
Mailer, Norman 57n, 301, 358, 406, 415, 431, 469, 472
mal
  visões de AG sobre o 117
  visões de Burford sobre o 247
manifesto do poema encadeado, AG 360
Mann, Thomas 5, 10, 22, 25, 76, 82
Marinha Mercante: e AG 9-11, 326
Marker, Lewis 138, 144, 156, 169, 201
"Marriage" (JK) 415
Marshall, Edward 403, 405
Martinelli, Sheri 275, 279
May, Joe 60, 158
MCA 184, 185, 191, 92, 194, 195, 196
McClure, Michael 325, 334, 352, 371, 388, 429, 431, 436, 441, 459, 470
McGraw-Hill Publishing (editora) 451, 460
McManus, Patricia 422, 422n
Measure (revista) 348, 429
Melody, "Little Jack" 42n, 67, 69, 87, 357
Melville, Herman 95, 124, 134, 141, 174, 185, 213, 247, 272, 293, 347, 428,433, 437, 472
Memory Babe (JK) 401, 423
mente
  visões de AG sobre a 135, 293
  visões de JK sobre a 97-98, 135, 253, 269, 290, 308, 471
Merims, Bob 201, 201n, 209, 304, 329, 336, 347, 364, 403, 444

Merton, Thomas 107, 123
Mestre Dançarino. *Ver* Brierly, Justin
"Metaphysics" (AG) 131, 132, 135
Mew, Charles 310, 366
"Mexican Girl" (JK) 321
México
    AG no 170, 201-18, 220, 265, 279, 302, 329, 334, 471
    e a oferta de JK para Cowley 302
    e as drogas 316, 319
    escritos de JK sobre o 422
    JK no 124, 125-27, 162-72, 173-78, 314-22, 329, 330-36, 471
    planos de AG de visitar o 176, 303, 329, 331, 332, 333, 441
    planos de JK de visitar o 146, 147, 274, 295, 300, 303, 305, 307, 352, 353, 432, 436, 440, 450, 452
    relutância de AG de ir para o 169-70, 173
    terremotos no 213-17, 353, 422
    visões de JK sobre o 330
    Ver também pessoa específica
Mexico City Blues (JK) 318, 320, 335, 385, 408, 416, 436, 438, 449
MGM 405, 440
Micheline-Silver, Jack 402, 450, 452
Michigan State (prisão) 359
Michigan, JK em 4, 9
"Midnight" (JK) 421-22, 438
Mill Valley, Califórnia: JK em 326-27
Miller, Henry 82, 140, 332, 343, 354, 362, 422
Mills, Charley 450, 452
Millstein, Gilbert 356*n*, 373-74, 375
Milton, John 371, 388
Mistral (livraria) 371, 371*n*
Mitchell, John 465
mito
    Doctor Sax como 177, 181-82, 183
    visões de JK sobre o 63
    Ver também Grande Mito Branco
Mito da noite chuvosa: visões de AG sobre o 89
"Moloch" (AG) 326
Monacchio, Tony 35, 180, 307, 403
Monk, Thelonious 197, 403, 412, 457
Montgomery, John 411, 418, 449, 450
Montini, pinturas de JK de 470
Moore, Marianne 151, 155
Morales, Adele 57, 57*n*
moralidade 20-21, 33
Moreland, Dusty
    AG pergunta por 222
    apartamento de 134, 138, 139
    Corso observando 134
    e a visita de AG a Nova York 252
    e a visita de JK a Nova York 301, 306
    e a visita de Orlovsky a Nova York 306
    e Davalos 176
    e o relacionamento entre Burroughs e AG 242
    e os poemas de AG 135, 151, 152
    encontro de AG com 403
    encontro de JK com 231
    relacionamento de AG com 154-55, 184, 231, 242, 252
    relacionamento de JK com 148, 174
    sonhos de AG sobre 139, 209
    Williams (Sheila) como sendo parecida com 244
morte
    como assunto da poesia 180
    do mundo 115-16
    e a autoimagem de JK 53
    falta de imaginação como 221
    loucura como 50
    visões de AG sobre 48, 49, 50, 75, 90, 115-16, 151, 221, 475
    visões de JK sobre 53, 63-64, 180, 275, 290, 406
    visões de Williams sobre 151
mulheres
    e as visões de JK de que metade da vida é morte 63
    na festa de Ginsberg (Sheila) 115
    na Holanda 355
    sedução 15
    visões de AG sobre as 54, 77 255
    visões de Carr sobre as 401
    visões de JK sobre as 53, 54, 81, 82, 97, 308-9, 469-70, 471-72
    Ver também pessoa específica
Muller, Dody 414, 415, 420, 421, 422
Mulligan, Jerry 197, 212
mundo como morte 115-16
Museu de Arte Moderna (Nova York) 86, 86*n*, 203
Museu de História Natural (Nova York) 204
música
    gênio na 197
    interesse de AG por 317
    Ver também jazz; *pessoa específica*

Nações Unidas 186
nada: visões de JK sobre o 269
Nation (periódico) 343, 385
National Maritime Union 135, 142
Navaretta, Emmanuel A. 417
"Neal and the Three Stooges" (JK) 350, 357, 361, 420
Needle (revista) 327, 361
Negros
    e AG como um "cara normal" 14
    incidente de Corso com os 431
Nervous Set (musical) 431
Neurotica (revista) 122, 122*n*
New American Reader (periódico) 301
New Directions Books (editora) 132, 138, 143, 145, 177, 184, 229, 233, 248, 277, 343*n*, 361, 375, 390, 410, 414, 418
New Editions 343, 348, 350, 351, 352, 357, 420
New School 40, 212, 387
New Story (periódico) 160, 172, 175, 176
New York Daily News (jornal) 20, 400, 439, 460
New York Herald Tribune (periódico) 320, 374, 413, 415
New York Post (jornal) 385, 428, 430, 439
New York Times (jornal) 190, 331, 356*n*, 428
New Yorker (revista) 123, 395
New World Writing (revista)
    a resenha de Rexroth na 286
    AG em busca de um exemplar da 284-85
    cartas de Cowley e JK sobre a 196
    e a publicação de obras de JK 193, 194-95, 227, 235-36, 277, 282, 285, 286, 292, 301, 306
    e as obras de AG 362
    e o direito autoral de JK sobre geração beat 405
    e os escritos de Burroughs 277, 361
    o artigo de Rexroth na 351
Newman, Jerry 138, 172, 209*n*, 209, 226-27, 244, 361, 398, 449
Newsweek (revista) 317
Nicholson, John 429, 429*n*
Niilismo 434

Nixon, Richard 460, 461
Noonday Press (editora) 301
Northport, Nova York
   casa de JK em 394, 433, 470
   JK em 396-402
   visita de AG a 415
nova visão 4, 4n, 5, 24-25
Nova York
   AG em 3-5, 11-27, 33-42, 46-50, 92-109, 117-20, 137-45, 149-55, 159-62, 176-78, 180-85, 189-97, 262-66, 336-38, 403-23, 427-28, 435-45, 449, 454-61
   apartamento de AG em 184, 456-57
   drogas em 457
   JK em 3-5, 9-27, 31-52, 58-64, 67-73, 113-24, 190, 194-97, 218-58, 261-79, 296-303, 341-44, 355-59, 374-76, 379-80, 394-96, 427
   planos de AG de voltar para 252, 334, 397, 399, 429
   planos de JK de se mudar de volta para 94, 108
   planos de JK de visitar 173, 295-96, 300, 314, 354, 373
   viagem de carro de AG para 435, 437
   visita de AG a 252, 255, 336-38
   visitas de JK a 300-301, 302-3, 341-44, 391, 452, 459, 471
   visões de AG sobre 393
   visões de Carr sobre 392
   visões de JK sobre 33, 395, 431-32, 461
novo movimento literário 150, 158
"Now Mind is Clear" (AG) 145

"O estranho encapuzado" (AG) 84, 120, 145, 147, 154, 157-58, 184, 320
O'Hara, Frank 403, 453
"October Railroad Earth" (JK) 343, 429
ódio
   visões de AG sobre o 54, 59-60, 99
   visões de JK sobre o 54
"Old Angel Midnight" (JK) 421-22, 430, 436, 450
"Old Bull Balloon" (JK) 420
Olson, Charles 325, 348, 365
Olympia Press (editora) 370, 372, 375, 388
On the Road (JK)
   adiantamento por 133n
   AG envia cópia para JK de 171
   apoio de Cowley para 194, 194n, 235-36, 289, 300, 302, 302n, 326
   comentários de JK sobre 136-37, 156, 172, 173, 174-76, 178, 179, 185
   como arte factualista 63
   como best-seller 356, 356n, 371
   contrato para 133, 133n, 148, 176
   cópia de AG de 352, 354, 355, 361, 372, 393, 396
   direitos europeus para 357, 366, 377
   e a "loucura por Kerouac" 395
   e a visita de JK a Nova York 303
   e AG como agente para JK 195, 196, 283
   e as finanças de JK 384, 436
   e Cassady 177
   e JK e AG "plagiando um ao outro" 146
   e o relacionamento entre Giroux e JK 108
   edição de capa barata de 144
   foto para capa de 143-44
   Geração Beat como título para 227, 236
   influência de AG em 146
   JK autografa cópias de 430
   JK quer saber notícias sobre 169
   matéria na *Esquire* sobre 343
   Os vagabundos iluminados parecido com 376
   perguntas de AG sobre 394
   personagens em 46n, 137, 139n, 156, 174, 396
   poemas em 95
   publicação de 133, 142, 143-44, 148, 149, 157, 159-60, 171, 173, 176-77, 178, 194, 194n, 195, 227, 235-36, 279, 289, 302n, 342, 349, 422
   reação de McClure a 371
   recital de – no Village Vanguard 373
   redação e datilografia de 96, 134, 142, 146, 148, 174, 175-76
   reimpressões de 352
   resenha de AG de 420
   resenhas de 355, 356n, 359, 398
   revisões de 398
   revisões de Cowley em 352
   seção de "A rosa da noite chuvosa" em 94-96
   sentença clássica em 285
   título para 176, 227, 236
   últimas frases de 136
   vendas de 395
   versão cinematográfica para 349, 357, 362, 373, 374, 384, 386, 389, 390, 392, 405, 423, 431, 456, 457, 469, 471
   versão pergaminho de 131, 420
   visões de AG sobre 134, 159-60, 176-78, 179, 180-81, 183
   visões de JK sobre 174-75, 373
   visões de Rexroth sobre 353
   visões de Whalen sobre 352-53
"On the Road com Memere" (JK) 470
oração: visões de AG sobre a 88
Orlando Blues (JK) 435
Orlovsky, Lafcadio "Laff"
   AG encontra-se com 376, 443, 444
   AG pergunta por 393
   ameaçado de ser mandado para o hospital psiquiátrico 363-64, 369-70
   comentários de AG sobre 457
   comentários de JK sobre 318, 392, 442
   como deficiente mental 303n
   como homossexual 421
   e a ideia de JK para um filme 386
   e a pintura da casa de Carr 456
   e a visita de JK a Nova York 373
   e as drogas 326
   e o sexo 326
   e Peter 303n, 326, 363-64, 369, 421, 443, 444, 455, 472
   e Sorrells 451
   e suas cartas de/para AG 388
   e suas cartas de/para JK 377
   em Nova York 352
   em São Francisco 315
   escritos de JK sobre 330, 422, 471
   foto na *Esquire* de 351
   investigação de JK sobre a situação de 363-64, 369-70
   JK encontra-se com 358, 408
   JK pergunta por 387, 472
   mulheres/amantes de 410
   no México 329, 336, 471
   no show de Marceau 456
   pintando o apartamento de Jones 459
   pinturas de 402, 408, 421

publicação de obras de 352
relacionamento de AG com 317
relacionamento de JK com 379, 395
trabalhos para 455
Orlovsky, Marie (irmã) 408
Orlovsky, Oleg (pai) 363, 369, 388
Orlovsky, Peter
  AG passa a morar com 252, 254
  AG pergunta por 393
  aparência de 356
  casa de JK em Northport próxima à casa da família de 393
  comentários de AG sobre 454, 457
  comentários de JK sobre 268, 301, 344, 392, 442, 461
  comentários de Williams sobre 433, 434
  como ator na peça de JK 366
  depressão de 281, 442, 456
  desafios de JK a 417
  e a Alma Russa 356
  e a antologia da Avon 435
  e a ideia de JK para um filme 386
  e a peça de Harris 331-32
  e a religião 431
  e a viagem à Europa 334, 341, 342, 346, 347-53, 354, 355, 356, 360, 363-64, 369, 376-78, 388
  e a viagem ao México 329, 331, 332, 335, 336, 471
  e a visita de Jarrell a São Francisco 333
  e a visita de JK a Nova York 306
  e a visita de JK a Paris 377
  e as cartas trocadas entre JK e AG 278
  e as drogas 255
  e as vendas de *Os subterrâneos* 394
  e Bowles (Jane) 347
  e Cassady 349
  e De Angulo (Gui) 332
  e JK em São Francisco 298, 301, 335
  e Laff 303n, 326, 363-64, 369, 421, 443, 444, 455, 472
  e o afastamento de JK 394, 399, 400
  e o budismo 278
  e o conceito X de AG 263, 270
  e o convite a JK de ir para o Chile 442, 443-44
  e o divórcio de JK 345
  e os planos de AG de ir embora de São Francisco 284
  e os poemas roubados de JK 335
  e *Os vagabundos iluminados* 411
  e personagens nos escritos de JK 318
  e suas cartas de/para AG 393, 394
  e suas cartas de/para JK 348-51, 356, 360, 363, 372, 374, 376-78, 392, 427-28, 450
  e Wieners 351
  em Nova York 303, 303n, 304, 306, 313, 376, 388, 397, 403, 408, 410
  em São Francisco 315, 319
  encontros de JK com 415, 451
  escritos de 352, 376, 388, 434-35, 438, 441, 455
  escritos de AG sobre 261, 318
  escritos de JK sobre 330, 422, 453, 471
  experiências visionárias de 261
  finanças de 345, 345n, 402, 403
  foto pornográfica de 347
  JK pergunta por 342, 387, 390, 421, 436, 472
  leitura da poesia de Corso por 333
  Monk encontrando-se com 457
  mulheres/amantes de 330, 335, 376-77, 409, 410, 456
  nos Hamptons 403-4, 415
  passaporte para 444
  pintando a casa de Carr 456
  pintando o apartamento de Jones 459
  pintura de LaVigne de 348, 351, 352
  pinturas de 375
  primeiro encontro de AG com 254
  publicação das obras de 438
  reações aos escritos de JK de 283
  relacionamento de AG com 252, 255-57, 261, 285, 297-98, 317, 319, 327, 472
  relacionamento de JK com 375, 379, 395, 422
  relacionamento de LaVigne com 252, 254, 255-57, 261
  sentimentos de JK por 350, 358, 391, 440
  viagens asiáticas de 475
  visões de JK sobre os escritos de 376
Os subterrâneos (JK)
  "psicanálise" de 470
  comentários de Trilling sobre 395
  cópia de AG de 393
  cópia de Lee de 231
  cópias de – autografadas por JK 430
  críticas a 392, 409
  e AG como agente de JK 283
  e Allen 343
  e as finanças de JK 419
  e JK na casa de Lee 225
  e Rexroth 290, 291, 292, 395
  e Williams 291
  JK pede por cópia de 292
  personagens em 53n
  processo italiano com respeito a 470
  publicação de 267, 278, 301, 335, 357, 376, 392
  resenhas de 393-94, 395
  revisões de 343, 376
  versão cinematográfica para 405, 440, 456
  visões de JK sobre 376
Os vagabundos iluminados (JK) 325, 373-74, 376, 390-91, 393, 395, 406-7, 411, 416, 418, 420n, 422, 430
"Over Kansas" (AG) 383

Paetel, Karl 442, 442n, 444
pais: visões de JK sobre os 33, 375
Paris Review (periódico) 305, 321, 326
Paris, França
  AG em 356, 360, 361, 363, 363-80, 383-401, 465
  amigos de AG e JK em 147, 147n, 172
  convite de JK a AG para ir a 157
  escritos de JK sobre 413, 419, 420
  JK em 341-42, 421
  mulheres em 351
  planos/desejo de JK de visitar 4, 94, 108, 147, 330, 350, 351, 359, 374, 377, 378, 389, 390, 391, 413
  planos/desejos de AG de visitar 154, 160, 210, 334, 355
  poema de AG sobre 155
  relutância de AG em ir para 155
  visões de JK sobre 341-43, 344, 351, 378
Parker, Charley "Bird," 197, 275, 303, 328
Parker, Edie. *Ver* Kerouac, Edie Parker
Parker, Helen 125-27, 222, 224, 225, 229, 310, 414
Parkinson, Thomas 331, 331n, 333, 375, 388-89, 393
Partisan Review (periódico) 104, 120, 361, 372, 375, 395, 428
Passing Through (JK) 471

495

Paterson, Nova Jersey
    AG em 9-11, 42-46, 51-64, 68-92, 113, 114-17, 120-27, 131-37, 143-48, 151, 153, 162-76, 178-80, 185-86, 401-2, 407-8, 450-53
    descrição de AG de 85
    encontro de AG e JK em 400
    livro de Williams sobre 85, 131, 135, 177, 293, 410
    planos de AG de ir para 38, 189
    política em 116
    sonhos de AG sobre 326
    visitas de AG a 252, 418, 439, 443, 44
    visões de AG sobre 160
Payne, Thomas 432, 436, 437, 4440, 451, 452, 453
pecado: visões de AG sobre o 47
peças, JK 365, 370, 374, 431
peiote 133, 140, 142, 163, 176, 227, 249, 249n, 284, 313, 319, 350
Persky, Stan 402, 405
personalidade: visões de AG sobre 48
Perspectives (editora) 195
piada do gato de Hoffman 139-40
pinturas/desenhos
    de JK 421
    por AG 106
    por Corso 375, 383
    por JK 335-37, 350, 373, 375-76, 402, 428, 470
    por Leslie 349
    por Orlovsky (Laff) 402, 408, 421
    por Orlovsky (Peter) 375
    pornográficos 347
Pippin, R. Gene 143, 143n, 151, 313, 345
Playboy (revista) 357, 433, 438, 439, 471
Podhoretz, Norman 473
"Poem Decided Upon in Ohio" (JK) 74-75
poema encadeado escrito ao luar, AG 455
poema Joan Dream (AG) 328
poemas de carne, AG 360
poemas de carne, de AG 460
poemas de pensão, AG 135, 152
poemas do avião, AG 288
Poems (JK) 373, 416
poesia/poetas
    abstração na 417
    e drama 442, 444
    interesse de AG nos – franceses 367
    visões de AG sobre 11, 47, 434, 444
    visões de JK sobre 180, 269, 377, 379, 385, 387, 396, 442, 451
Poesy (revista) 438
Poetry (revista) 120, 152
polícia 67, 157, 239, 342, 350, 429, 471
política
    comentários de JK sobre a 386, 416, 459, 461, 465
    escritos de AG sobre a 383-84, 460
    visões de AG sobre a 383-84, 460-61
Pommy, Janine 456, 457
por quês e comos: conversa entre AG e JK 17-18, 32
Porter, Arabelle 235-36, 277, 361
Pound, Ezra
    AG envia *Uivo* para 327
    Cantos de 301
    descrição por Yeats de 71
    desenho de Martinelli de 275-76
    discussão de Williams e AG sobre 151, 404-5

Duncan como amigo de 240
e as visões de JK sobre a poesia 377
e o livro de De Angulo 150
interesse de AG em 281, 284, 287, 306
interesse de JK em 301, 306
JK como semelhante a 146
leituras de – por JK 458
no hospital psiquiátrico 107
obras budistas de 281
Rexroth comparado a 233
Translations from Chinese de 284
Price, Ray 415
Prisão do Condado do Bronx: Kerouac na 3-4
programas de rádio 294, 316
Protter, Eric 175, 247
Proust, Marcel 12, 149, 210, 238n, 272
Provincetown, Rhode Island 125, 300
psicanálise: visões de AG sobre a 39, 47
Publishers Weekly (periódico) 342
"Pull My Daisy" (AG) 84, 122
Pull My Daisy (filme) 427

Rabelais, François 71, 377
Rahv, Philip 361, 366
"Railroad Earth" (AG) 327, 352, 458
Random House (editora) 145, 146, 158, 159, 293, 303, 343
Rauch, Jerry 99, 99n
razão: visões de AG sobre a 101
realidade
    visões de AG sobre a 47-48, 99, 101
    visões de JK sobre a 106, 135, 269, 275
recitais de poesia
    BBC 389
    Big Table como patrocinadora de 438
    como fonte de dinheiro 395
    e jazz 365-66
    em Nova York 373, 374-75, 385, 404, 406
    em San Quentin 430, 431
    em São Francisco 334, 429
    em St. Louis 386, 395, 395n
    Lustig 365-66
    na Alemanha 418
    na Galeria Brata 385
    na Universidade de Colúmbia 444
    na Universidade de Harvard 427
    na Universidade Wesleyan 430
    no Half Note 420
    no Hunter College 415
    no Village Vanguard 373, 374-75, 385, 388, 389, 391, 392, 420
    para a revista *Measure* 429
    pedidos para JK em 440
    Sexta Galeria 132n, 316, 325
    visões de Corso sobre os 400
    visões de JK sobre os 386-87, 406
Reich, Wilhelm 94, 100
relacionamento entre AG e JK
    ajudando um ao outro 300
    animação filosófica no 64
    Burroughs como complicador para o 246
    cartas entre AG e JK sob custódia da polícia 67
    ciúme entre 178-79
    comentário de Glassman sobre 415
    como plagiadores um do outro 146, 154

como um relacionamento ao estilo Van Doren 401
como um relacionamento carinhoso 54, 135, 156, 197, 219, 390, 398, 453
confiança no 236, 330
dificuldades no 428
distância no 399-401
e "nosso poema" 72-73, 83-84
e a afeição de JK por AG 113
e a decisão de AG de não ir para São Francisco 152
e a imitação de um pelo outro 60
e a loucura entre AG e JK 59, 185, 268, 391
e a mãe de JK 394, 398, 399, 400, 402, 433
e a necessidade de JK por AG 321
e a satisfação mútua 63, 64
e a verdade 54
e AG com saudades de JK 140, 143
e AG como agente de JK 194
e AG e JK como irmãos 60
e as saudades de JK por AG 379
e as visões de AG sobre o ódio 60
e as visões de JK sobre AG 80, 179
e compatibilidade clarividente 186, 224
e JK como gênio 27
e o convite de JK a AG para ir a Paris 157
hipocrisia no 178-79
honestidade no 60
liberdade no 58
mudança no 9-11
rompimento 180
sofrimento como base do 60
visões de AG sobre o 27, 52, 473-75
visões de JK sobre o 24, 25, 54, 330, 379, 469-73
religião
e Lamantia 313
e o "beat" como Segunda Religiosidade da Civilização Ocidental 353
e *Os vagabundos iluminados* 411
escritos de JK sobre a 413
estudos de JK da 458
visões de AG sobre a 47, 221, 329, 411, 443
Ver também budismo
renascimento: visões de JK sobre o 274-75
Revelações de Gólgota (pinturas de AG) 106
Revolução Americana 232, 243
Rexroth, Kenneth
apoio de – para JK 280, 286
artigo na *Nation* sobre JK por 343
comentários de JK sobre 301
comentários sobre *Doctor Sax* feitos por 279, 282-83, 379
comentários/visões de AG sobre 233, 283, 389
como conselheiro da New Directions 248
como poeta e escritor de São Francisco 227*n*
críticas a JK feitas por 282-83, 379, 386
discussão de Williams e AG sobre 293
e a inscrição de AG para a bolsa no Guggenheim 362
e a prisão de Cassady 397
e a publicação de obras de JK 236, 240, 277, 278-79, 282-83
e AG como agente literário de JK 257, 279
e AG em São Francisco 227, 233
e AG no recital de poesia 248-49
e as obras de Burroughs 233, 248, 277, 278, 283
e as obras de JK na *New Writing* 292
e Cowley 278, 292

e Jarrell 333
e o poder dos editores 353
e o processo de *Uivo* 349
e *On the Road* 353, 359
e *Os subterrâneos* 290, 291, 292, 395
e *Visões de Neal* 278
em São Francisco 329
festa na casa de 313
gravações na Evergreen de 343
no Five Spot 395
programa de rádio de 286
publicação de artigo de – na *New World Writing* 351
recitais de poesia de 248-49, 325
recital de *Visões de Neal* por 283
resenhas das obras de JK por 359
visões de AG sobre 278
"Richmond Hill" (JK) 136, 144, 153
Rilke, Rainer Maria 20, 145
Rimbaud, Arthur 26, 27, 52, 88, 103, 140, 210, 234, 328, 366, 372
"River Street Blues" (AG) 154
Riviera (bar em Nova York) 301, 310
Roberts, Ed 135, 227, 233, 310
Robinson, E. A. 87, 97
Robinson, Jethro 61, 64, 84, 226
Rochambeau (bar em Nova York) 42-43
rodeio: JK no 81
romance da Guerra Civil, JK 174
romances filmados 295
romântico: AG como 77
romantismo 16-17, 18
Rosenberg, Anton 142, 209, 276, 279, 290, 301, 359, 387, 406
Rosenthal, Irving 407, 413, 417-18, 421-22, 430, 438, 457
Rosset, Barney 364, 418
Rotha, Paul 203, 203*n*
Rowohlt Verlag (editora) 366
Rubens, Peter Paul 74, 80, 97
Russell, Vicki 67, 68-69, 71, 87

Sampas, Sebastian 114, 114*n*, 270, 399, 475
San Francisco Blues (JK) 224, 247, 257, 282, 283
San Jose, Califórnia
AG em 218-38, 299
Cassady em 178-80, 201-11, 213-18
JK em 178-80, 201-18
San Luis Obispo, Califórnia: JK em 192-94
San Remo (bar em Nova York) 394, 403
sanduíche de carne pura (poema de AG) 159
São Francisco, Califórnia
AG em 227, 233, 238-58, 261-313, 314-22, 327, 330-32, 335-36, 428-35, 473-75
decisão de AG de não ir para 152
e a geração beat como a "Renascença de São Francisco" 370
e a poesia de SF 385
escritos de JK sobre 330
investigação do FBI de pessoas de 409
JK em 113, 131-62, 165-66, 180-86, 189-92, 310, 326, 329, 330, 335, 349, 352, 457-58
planos de AG de ir embora de 284
planos de AG de ir para 207, 211, 218, 329, 334
planos/desejos de JK de visitar 272, 274, 280, 290, 293-94, 295, 296, 298, 300, 301, 302, 305, 307, 310, 314, 316, 317, 318, 321, 322

poema de Corso sobre 383
recitais de poesia em 429
viagem de avião a jato de AG para 428
viagem de JK e Cassady para 67
visões de AG sobre 396
visões de JK sobre 400
Ver também pessoa específica
Saroyan, William 34, 120, 120, 160, 231
Saturday Evening Post (revista) 470
Saturday Review (periódico) 352, 357, 391, 414n, 428
Schapiro, Meyer 69, 69n, 103, 119, 120, 299, 319, 327, 386
Schleifer, Marc 435, 435n, 436, 437
Schnall, Norman 108, 108n
Schorer, Mark 303, 303n, 312, 353
Schweitzer, Albert 98, 98n
Scribner's (editora) 33, 34, 37, 171, 176
sexo
   e a visita de JK a Nova York 301
   e AG na Estação de Treinamento Marítimo 14
   em *Doctor Sax* 184
   escritos de Cassady sobre o 234, 240
   escritos de JK sobre o 181
   poema de AG sobre o 329
   visões de AG sobre o 77, 90, 139, 154-55, 229, 278
   visões de Burroughs sobre o 156
   visões de JK sobre o 223, 301, 358
Sexta Galeria: recital da 132n, 316, 325
Shakespeare, William 36, 37, 59, 61, 70, 97, 135, 157, 175, 243, 334, 374, 377, 411, 442
Shelley, Percy Bysshe 20, 377, 399
Shields, Karena (autora mexicana) 206, 211, 303, 307, 316, 318
Siesta in Xbalba (AG) 239, 375
Sim, Alistair 253, 254
Simpson (editora) 176
Simpson, Louis 171, 184, 283, 288, 416
Sindicato dos Direitos Civis 349
Slochower, Harry 63, 63n
Snyder, Gary
   amantes de 410, 473
   apelido de 388
   comentários de AG sobre 326, 388
   comentários de JK sobre 352, 414
   convite de – para JK 450
   doença de 397
   e Allen 416, 418
   e Ferlinghetti 388, 410
   e Lamantia 411
   e Merims 329
   e o artigo de JK sobre a geração beat 353
   e o budismo 326
   e o interesse de AG no budismo 407
   e os recitais de poesia de Lustig 365
   e *Os vagabundos iluminados* 325, 373, 374, 376, 411, 416
   e recitais de poesia 325, 406
   e suas cartas de/para AG 372, 393, 411, 416
   e suas cartas de/para JK 386, 393, 430, 470
   e Whalen 351
   e Wieners 350
   e Williams (Sheila) 404, 410
   e Williams (William) 348
   em Mill Valley 326
   em São Francisco 397
   gravações de – na Evergreen 343

   JK morando com 326
   JK pergunta por 472
   nas montanhas/Oregon 402, 411
   no Japão 450, 473
   planos de JK de visitar 395
   possível visita de AG a 421
   primeiro encontro de AG com 325
   publicação das obras de 331, 410, 416, 418
   relacionamento de AG com 398
   relacionamento de JK com 375, 379, 470
   viagem à Califórnia de 353
   viagem de acampamento de – com JK 325
   viagens de – pelo mundo 386
   visita de – a Nova York 404, 409
sociedade
   visões de AG sobre a 87-88, 98, 121-22
   visões de JK sobre a 82, 88
   visões de Van Doren sobre a 82, 87, 88
sofrimento
   como base da amizade entre AG e JK 60
   visões de AG sobre o 39-40, 60, 88, 262
   visões de Burroughs sobre o 237
   visões de JK sobre o 273
Solomon, Carl
   AG pergunta por 222, 244, 258, 262
   comentários de AG sobre 103, 161, 293
   comentários de JK sobre 158, 179, 272, 290, 294, 318
   como invejoso de JK 178-79
   e a editora Harrington 150
   e a piada de Hoffman 139
   e a publicação de obras de AG 150, 157
   e AG como agente literário 173, 196
   e as finanças de JK 160
   e as obras de Ansen 150
   e as obras de De Angulo 149-50
   e as obras de Holmes 150
   e as obras de Huncke 150
   e *Empty Mirror* 184
   e Genet 162, 171, 175
   e o relacionamento entre Cassady e AG 124
   e *On the Road* 133, 134, 142, 143-44, 148, 149, 157, 159, 160, 171, 173, 176
   e os encontros de AG e JK 117
   e os escritos de Burroughs 133, 150, 159, 161, 189, 190, 191
   e os escritos de Cassady 140, 149, 150, 158, 174
   e os escritos de JK 155, 179, 184, 196
   e suas cartas de/para AG 285
   e suas cartas de/para JK 291
   e *Uivo* 103n
   em Denver 272
   em Nova York 391
   em Paris 103
   encontro de Cassady e Lamantia na casa de 140
   encontros de AG com 454
   homossexualidade de 103
   identidade de 454
   na editora Ace Books 133-34, 133n
   no hospital psiquiátrico 103-4, 285, 299
   o passado de 103
   primeiro encontro de AG com 103
   problemas de 149-50
   publicação de obras de 122-23, 122n, 172
   recomendações de – por AG para Landesman 122-23

semelhança de Du Peru com 242
tentativa de suicídio de 103
viagens de 119, 149
Some of the Dharma (JK) 230, 280, 302, 337, 408, 416
"Song: Fie My Fum" (AG com Landesman) 122, 122*n*
sonhos
   visões de JK sobre 274-75
   Ver também experiências visionárias; *pessoa específica*
Sorrells, Lois 439, 451, 452, 472
Spender, Stephen 108, 429
Spengler, Oswald 27, 40, 136, 243, 353, 377, 392
Spokesman (periódico) 419
Sputnik: visões de AG sobre o 360
Stendhal 53*n*, 140
Stern, Gerd 262, 277, 278, 294, 379, 434
Story (revista) 193*n*
Stringham, Ed 57, 105, 302, 358
Sublette, Al
   amizade de JK com 212
   comentários de AG sobre 229, 277
   como ator na peça de JK 366
   descrição de JK de 212
   e a bebida 229, 233, 250, 285
   e AG em São Francisco 227, 229, 233, 239, 244, 249-50, 285
   e as drogas 212, 239, 249, 285
   e as obras de JK na *New World Writing* 286
   e Cassady 250
   e JK em São Francisco 310
   e o encontro entre JK e Taylor 246-47
   e suas cartas de/para JK 252
   e Williams (Sheila) 239, 244
   encontro de JK com 352
   JK pergunta por 282
   no Hotel Marconi 239
   prisão e detenção de 345, 348, 350-51, 397
   trabalhos para 285
   viagem de – a América do Sul 250
   viagem de – a Nova York 158
   visões de – sobre JK 307
   visões de JK sobre 158, 227, 301, 318
Sublette, Connie 396, 97
Surrealismo 140, 140*n*, 177, 316, 367
"Surrealist Ode" (AG) 89, 89*n*
Suzuki, D. T. 266, 279, 282, 308, 321

tambores: AG tocando 457
Tejeira, Victor 46, 46*n*
televisão
   e a imagem da geração beat 438
   entrevistas de JK na 358-59, 362, 364, 366,3 71, 372, 395
   paródia de JK na 437
   visões de JK sobre a 423
Temko, Allan 37-38, 53, 108, 147, 147*n*, 247, 288, 333
tempo
   Bloom fala sobre o 104-5
   escritos de AG sobre o 58, 59, 78-79, 91
   visões de AG sobre o 78-79, 89, 91, 137-38, 153, 234, 263
   visões de Van Doren sobre o 87
Tennessee: viagem de Cassady ao 146
Tercerero, Dave 168, 168*n*, 169, 385
terremotos no México 213-17, 353, 422
Texas, Li'l Darling (musical) 122, 122*n*
Texas: JK no 353-54

"The Angels in the World" (JK) 330
The Beat Traveler (JK) 413, 449
The Book of Martyrdom and Artifice (AG) 27*n*, 89*n*
"The Complaint of the Skeleton to Time" (AG) 78-79
"The Death of George Martin" (JK) 51-52, 51*n*, 227
The Denver Doldrums (AG) 31*n*, 37, 108, 312
"The Fantasy of the Fair" (AG) 36
The Green Automobile (AG) 243, 245, 265, 348, 350, 351, 383, 387
"The Lion for Real" (JK) 392, 428
"The monster of Dakar" (AG) 160
The Place (bar em North Beach) 317, 326, 350, 396
"The Poet: I and II" (AG) 27, 27*n*
"The Rose of the Rainy Night" (JK) 94-96
The Shadow of Dr. Sax (JK) 173
Thomas, Dylan 123, 253, 269, 406
Thoreau, Henry David 82, 279, 307, 472
Time (revista) 317, 347, 430, 436, 439, 470
Times Magazine 189
"Tip my Cup" (AG) 91
Tolstói, Leo 20, 174, 377
"Trembling of Veil" (AG) 152-53
Trilling, Diana 87, 428, 430
Trilling, Lionel 9, 17, 18, 20, 21, 25, 27, 69, 76, 87, 277, 327, 377, 395, 409
Tristano, Lennie 42, 42*n*
Tristessa (JK) 335, 440, 441-42, 443, 451
Tumbas (Ilha de Riker) 138, 138*n*
Tuttle (editora) 414, 416
Twain, Mark 32, 37, 422, 433

Uivo e Outros Poemas (AG)
   "Power" de Corso como semelhante a 333
   admiração por 331
   AG envia cópias para outros autores de 327
   banimento de 342, 342*n*
   cópia de JK de 318, 319, 320
   dedicação de 350, 356
   e as finanças de AG 355, 362
   e Ferlinghetti 327, 342*n*, 358
   e JK na televisão 364
   e o convite de AG para ir para o Chile 444
   e Solomon 103*n*
   e Whalen 358
   e Williams 325
   influência de JK sobre 319
   JK sugere título para 319
   leitura de – por AG 398
   leitura de – por JK 385
   poema Joan Dream contido em 328
   processo legal de 303*n*, 342, 342*n*, 349-50, 362, 366, 371
   publicação pela City Lights de 320, 328
   reimpressões de 375
   resenhas de 355
   revisões de 395
   trechos de – citados na revista *Mademoiselle* 387
   visão de peiote como inspiração para 249, 249*n*
   visões de AG sobre 393, 475
   visões de Corso sobre 328
   visões de Jarrell sobre 334
   visões de JK sobre 318, 352
Ulanov, Barry 176, 176*n*
Ullman, Bill 346-47, 350
"Um Louco Gospel" (AG) 143

United Press 41, 317
Universidade da Califórnia em Berkeley 303, 306, 312, 316, 318
Universidade de Chicago 417-18
Universidade de Harvard 306, 312, 427, 438
Universidade de Stanford: participação de AG nos experimentos com LSD na 430, 430*n*
Universidade Wesleyan: JK na 430
universidades: visões de AG sobre as 444
USNS *Joseph F. Merrell*, AG no 326-27
USNS *Sgt. Jack J. Pendleton*, AG no 327-29

Van Doren, Charles 226, 422
Van Doren, Mark
    AG envia *Uivo* para 327
    almoço com AG 159
    comentários de – sobre Shakespeare 135
    comentários de AG sobre 228
    como um homem de moral 33
    confiança de AG em 59
    e a amizade de AG-JK 401
    e a loucura de AG 69
    e a publicação dos poemas de AG 120
    e AG no hospital psiquiátrico 94
    e as visões das pessoas em Colúmbia sobre AG 70
    e Cervantes 375
    e *Cidade pequena, cidade grande* 31, 32, 33
    e Giroux 108
    e notas sobre Melville 134
    e o livro de AG 105
    e o pedido de bolsa de AG ao Guggenheim 362
    e os escritos de JK 33
    e os problemas legais de AG 77, 87
    encontro de JK com 134
    escritos de 87
    humildade de 32-33
    influência de – sobre AG 226
    visões da sociedade de 82, 87, 88
    visões de – sobre o tempo 87
    visões de JK sobre 31, 32, 33, 185, 226, 228, 277
Van Meter, Peter 142, 242
Vanguard Publishing (editora) 373, 376
Vanity of Duluoz (JK) 473
Viajante solitário (JK) 451, 459-60
verdade
    visões de AG sobre a 98
    visões de JK sobre a 275, 290, 308, 450
vida
    como sonho 225
    visões de Burroughs sobre a 237
    visões de JK sobre a 63-64, 82, 225, 336
Vidal, Gore 168, 175, 196-97
View (revista) 140
Viking Press (editora)
    Cowley como consultor da 194*n*
    e as finanças de JK 302, 421
    e *Doctor Sax* 419
    e *Geração Beat* 321
    e o livro de JK sobre Paris 419
    e *On the Road* 194*n*, 236, 302, 302*n*, 342, 352-53, 354, 355, 357, 372, 398
    e *Os vagabundos iluminados* 395
    e *Uivo* 358, 362
    e *Visões de of Gerard* 413, 420, 423

publicidade para JK na 422*n*
visões de AG sobre 419
Village Vanguard (Nova York) 373, 374-75, 385, 388, 389, 391, 392, 420
Village Voice (periódico) 392, 417, 420, 420*n*, 422, 437
Visões de Bill (JK) 230, 280
Visões de Cody (JK) 173*n*, 209*n*, 433, 456
Visões de Gerard (JK) 325, 326, 335, 413, 415, 418, 419, 420, 423, 433, 471
Visões de Neal (JK)
    Americana em 378
    comentários de AG sobre 183, 262
    e AG como agente de JK 196
    e Allen 410, 418
    e comentários de Carr sobre JK 302
    e Williams 298
    em "Jazz Excerpts" 235
    felicidade de JK ao escrever 458
    influência de AG sobre 337
    leitura de – por AG 255, 257, 262, 277, 378
    leitura de – por Cassady 222
    leitura de – por Duncan 325
    leitura de – por Laughlin 373
    mudança do título de *On the Road* para 176
    pedidos de AG por excertos de 417
    publicação de 246, 277, 375, 410, 416, 418, 419
    recitais de – por JK 436
    recital de – no Village Vanguard 373
    redação e datilografia de 414, 459
    resenhas de 375
    sentença clássica em 285
    visões de Burford sobre 246
    visões de JK sobre 272
    visões de Rexroth sobre 283
Voices (revista) 283
Von Hartz, Ernest 138, 217, 359, 359*n*
VVV (revista) 140, 140*n*

Wake (revista) 51*n*, 227
"Wail" (JK) 349-50
Wald, Jerry 389, 423
Wallace, Mike 385
Warren, Henry Clarke 228, 228*n*
Washington Blues (JK) 336
Washington: JK em 336-37
Watts, Alan 279, 390, 407
WBAI (estação de rádio) 437
Weaver, Helen 377, 417
Weitzner, Richard 59, 59*n*, 61, 62, 105
Welch, Lew 449, 450, 472
West End (bar em Nova York) 25, 214, 225, 359
Whalen, Philip
    comentários de AG sobre 326, 372
    comentários de JK sobre 345, 414, 472
    desenhos de – por JK 350
    e a antologia da Avon 432
    e a mudança de JK para a Califórnia 342
    e a visita de Jarrell a São Francisco 333
    e AG no Alasca 328
    e Ansen 352
    e as cartas trocadas entre JK e AG 341, 344
    e *Big Table* (revista) 436
    e Ferlinghetti 388
    e Giroux 470

    e JK em São Francisco 326
    e o estilo de escrita de AG 412
    e o retrato de Orlovsky feito por LaVigne 348
    e *On the Road* 352-53
    e *Os vagabundos iluminados* 374
    e recitais de poesia 325, 406, 429
    e Snyder 351
    e suas cartas de/para AG 329, 371, 404, 456
    e suas cartas de/para JK 412
    e *Uivo* 350, 358
    e Wieners 350
    e Williams 348
    encontro de AG com 334
    felicidade de 391
    finanças de 429
    gravações da Evergreen de 343
    leituras de obras de – por AG 393
    publicação das obras de 331
    viagem de – a Nova York 404, 409, 429, 430, 441
    visões de JK sobre 432, 470
"What The Young French Writers Should Be Writing" (JK) 175
White Horse (bar em Nova York) 310, 366
White, Ed 37, 37*n*, 105, 147, 162, 172, 174, 176, 225, 245
White, Phil 64, 138-39
Whitman, George 371, 371*n*
Whitman, Walt 134, 136, 155, 174, 247, 329, 364, 383, 393, 397, 429, 433, 461, 472
Wieners, John 343, 348, 350, 351, 361, 397, 434, 457
Wilbur, Richard 385, 388, 431
Williams, Jonathan 325, 325*n*, 352, 407
Williams, Sheila Boucher
    comentários de JK sobre 301
    desejo de JK por 310
    e a aparência de AG 252
    e as drogas 249
    e Cassady 249, 258
    e o interesse de AG no budismo 411
    e o relacionamento de AG e Orlovsky 252
    e o relacionamento de Burroughs e AG 242
    e o relacionamento de Cassady e AG 248
    e Snyder 404, 410
    e Sublette 239, 244
    em Nova York 409-10
    encontro de AG com 404
    Morele parecida com 244
    na cadeia 404
    passagem ferroviária para 303
    primeiro encontro de AG com 239, 256
    reações de – aos escritos de JK 283
    relacionamento de AG com 239, 242, 244-45, 248, 251, 252, 254, 255, 409-10
    volta para São Francisco 409-10
Williams, William Carlos
    "Notes on the Short Story" de 293
    AG e JK visitam 337
    AG lê obras de 140, 284, 285
    bolsa de Artes e Ciências para 154

carta de Lowell para 151
Collected Essays de 285
comentário sobre Orlovsky de 433, 434
comentários de JK sobre 307
e a revista *Measure* 348
e AG na Europa 346
e AG no NMU 135
e as cartas trocadas entre JK e AG 136, 151, 160
e as finanças de AG 346
e Corso 337, 345, 348, 350
e Lamantia 348
e o pedido de bolsa de AG ao Guggenheim 362
e o recital de poesia de Rexroth 249
e os escritos de AG 131-32, 145, 147, 150-51, 152, 159, 304, 325, 331
e os escritos de JK 137, 162, 291, 293,2 96, 298, 325, 348
e Pound 404-5
e Snyder 348
e suas cartas de/para AG 131-32, 325, 348, 410
e suas cartas de/para JK 303
e Whalen 348
encontro de AG com 293, 404-5
encontro de JK com 156
escritos de JK sobre 422
na Escola Horace Mann 292
Paterson de 85, 131, 135, 177, 293, 410
publicação de obras de – pela City Lights 320
relacionamento de AG com 334
Selected Essays de 293
viagem de – a Paterson com AG 151
viagem de – a São Francisco 287, 293
visões de – sobre a mente 135
visões de – sobre a morte 151
visões de AG sobre 132, 134, 258, 293
Wilson, Edmund 277, 283
Wingate, John 357, 358
Witt-Diamant, Ruth 333, 333*n*, 362, 397
Wolfe, Thomas 4, 10, 13, 16, 17, 33, 38, 42, 121, 122, 272, 301, 337, 379, 386
Woods, Dick 234, 240
Wyn, A. A. 133, 133*n*, 134, 142, 149-50, 152, 192, 193, 194, 195, 231*n*, 236, 246
    Ver também Ace Books
Wyse, Seymour 162, 169, 172, 210, 226, 253, 273, 328, 341, 342, 348, 399, 453

X, conceito de AG 263-66, 268-71, 272-73, 290, 293, 294

Yeats, W. B. 58, 61, 71, 88, 90, 101, 106, 174, 177, 264, 306
yiddishe kopfe (visão arguta iídiche) 12, 14-15, 16, 31
Yokley, Sara 143-44, 143*n*
Young, Bob 242-43
Young, Celine 3, 3*n*, 4, 9, 14, 17, 22, 25, 35
Young, Lester 37, 197
Yugen (revista) 393, 429, 436, 438

Zen: escritos de JK sobre 453
"Zizi's Lament" (AG) 361, 365, 371

Livros de Jack Kerouac publicados pela **L**&**PM** EDITORES

Anjos da desolação
Big Sur (**L**&**PM** POCKET)
Cenas de Nova York e outras viagens (**L**&**PM** POCKET)
Cidade pequena, cidade grande
Despertar: uma vida de Buda
Diários de Jack Kerouac – 1947-1954 (**L**&**PM** POCKET)
Geração Beat (**L**&**PM** POCKET)
O livro dos sonhos (**L**&**PM** POCKET)
On the Road – o manuscrito original (**L**&**PM** POCKET)
On the Road – Pé na estrada
On the Road – Pé na estrada (**L**&**PM** POCKET)
Satori em Paris (**L**&**PM** POCKET)
Os subterrâneos (**L**&**PM** POCKET)
Tristessa (**L**&**PM** POCKET **PLUS**)
Os vagabundos iluminados (**L**&**PM** POCKET)
Viajante solitário (**L**&**PM** POCKET)
Visões de Cody

Livros de Allen Ginsberg publicados pela **L**&**PM** EDITORES

Cartas do Yage (com William Burroughs, **L**&**PM** POCKET **PLUS**)
Uivo (**L**&**PM** POCKET)
Uivo (Edição revisada e ampliada)

Leia também na Coleção **L**&**PM** POCKET:

Kerouac – Yves Buin (Série Biografias)
Geração Beat – Claudio Willer (Série **ENCYCLOPAEDIA**)